中华传世藏书

【图文珍藏版】

曾国藩全集

[清]曾国藩⊙原著 赵征⊙主编

线装书局

曾国藩

曾国藩全集

谋略

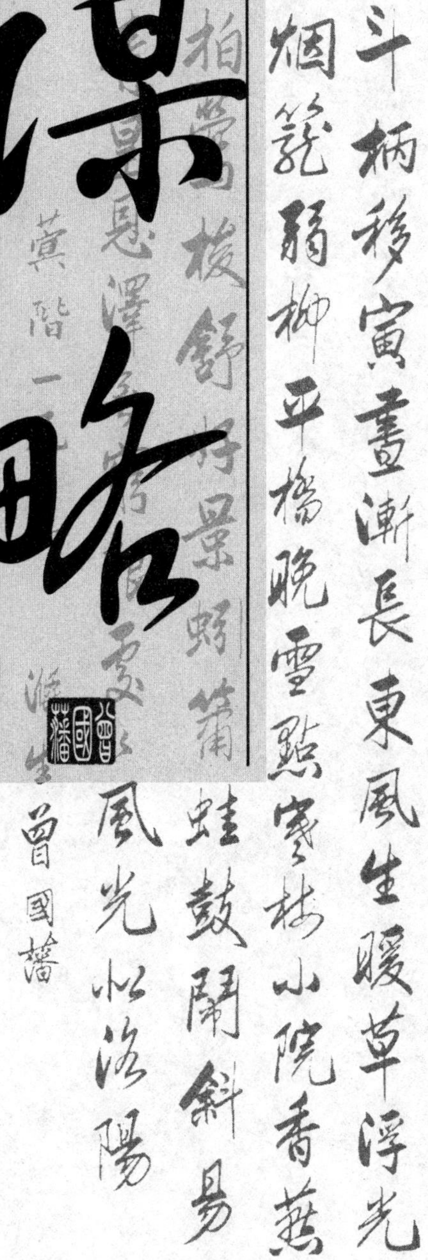

[清]曾国藩⊙原著　赵征⊙主编

斗柄移寅昼渐长东风生暖草浮光

烟笼弱柳平桥晚雪点寒梅小院香燕

蛙鼓闹斜易风光似洛阳

曾国藩

卷一　修身养性谋略

经文释义

【原文】

古来圣哲,胸怀极广,而可达天德者约有数端:如笃恭修已而生睿智,程子之说也;至诚感神而致前知,子思之训也;安贫乐道而润身晬面,孔、颜、曾、孟之旨也;观物闲吟而意适神恬,陶、白、苏、陆之趣也。自恨少壮不知努力,老年常多悔惧,于古人心境不能领取一二,反复寻思,叹喟无已。

【译文】

古来圣贤之人,胸怀非常宽广,而可以泯除物我之见,达到天人合一之境界的品德,大概有以下几方面:如笃实恭谨,独善其身而增长聪睿智慧,这是程灏的教诲;至诚而感通神灵,先知先觉,这是子思的劝诫;安于贫困,以仁义道德自悦,以德调身,以德沐面,这是孔子、颜回、曾参、孟子的意旨;欣赏咏唱自然界的美好景物,心境安宁,精神恬静,这是陶渊明、白居易、苏轼、陆游的志趣。自恨少壮不努力,老年常多遗憾、戒惧之心思,而对古人之心境不能领略一二,反复思虑,叹喟不已。

【原文】

是日细思古人工夫,其效之尤著者,约有四端:曰慎独则心泰,曰主敬则身强,曰求仁则人悦,曰思诚则神钦。慎独者,遏欲不忽隐微,循理不间须臾,内省不疚,故心泰。主敬者,外而整齐严肃,内而专静纯一,斋庄不懈,故身强。求仁者,体则存心养性,用则民胞物与,大公无我,故人悦。思诚者,心则忠贞不贰,言则笃实不欺,至诚相感,故神钦。四者之功夫果至,则四者之效验自臻。余老矣,亦尚思少致吾功,以求万一之效耳。

曾国藩朝服像　清

【译文】

今日细思古人修身功夫,其成效特别显著的大约有四方面:慎于独处,则心胸安泰;端恭谨慎,则身体强健;追求仁义,则人们敬慕热爱;正心诚意,则神灵钦敬。慎独,就是说遏禁私欲,连非常微小的方面也不放过,循理而行,时时如此,内省而无愧,所以心泰。主敬,就是说仪容整齐严肃,内心思虑专一,端恭不懈,所以说身体强健。求仁,就是说从本体上讲,有民胞物与之怀,大公无私,所以人们敬慕热爱。思诚,就是说内心忠贞无二,言语笃实无欺,以至诚感应万物,所以神灵钦敬。如果真能达到上述四方面的修身功夫,效验自然而至。我虽然年纪衰迈,但还想讲求此修身之功夫,以求得万一之效。

【原文】

吾人只有进德修业两事靠得住。进德,则孝弟仁义是也;修业,则诗文作字是也。此二者由我作主,得尺则我之尺也,得寸则我之寸也。今日进一分德便算积了一升谷,明日修一分业又算余了一文钱。德业并增,则家私日起,至于功名富贵,悉由命定,丝毫不能自主。

【译文】

我们只有进德修业这两件事靠得住。进德,就是恪守孝悌仁义;修业,就是写诗词文章、写字。这两件事可以由自己做主,得到一尺这个一尺就是我的,得到一寸这个一寸也是我的。今天进了一分德就像积贮了一升谷一样,明天修了一份业又像富裕了一文钱一样。德和业一起增加,家中的财产也就越来越多。至于功名富贵,这都是命里注定的,自己一点都不能做主。

【原文】

《记》曰:"清明在躬。"吾人身心之间,须有一种清气。使子弟饮其和,乡党薰其德,庶几积善可以致祥。饮酒太多,则气必昏浊;说话太多,则神必躁扰。弟于此二敝,皆不能免。欲保清气,首贵饮酒有节,次贵说话不苟。

【译文】

《礼记》说:"清明在躬。"我们身心之间,应有一种清纯之气,使子弟后辈感受到你的恬淡慈和,邻里乡亲沐浴着你的高风亮节,这样才可以积累善行,带来吉祥。喝酒过量的话,神思必定混乱不清;说话过多,情绪就必然烦躁不宁。这两个缺点,弟弟你都未能免掉。要保持自己身心中的清和之气,道德强调的是喝酒要有节制,其次应注意的是不随便说话。

【原文】

静中细思孟子之万物皆备,张子事天立命,王文成之拔本塞源,鹿忠节之认理提纲,圣祖《庭训》之仁厚,张文端公家书之和平。每日含咀吟咏,自有益于身心。庚午正月。

【译文】

安静中仔细思量孟子的"万物皆备"学说,张载的"事天立命"学说,王守仁的"拔本

塞源"学说,鹿善继的"认理提纲",康熙皇帝《庭训格言》的"仁厚",张英家书的"和平"。每天都能品味吟咏,自然会对身心有益。同治九年正月。

【原文】

余生平略述先儒之书,见圣贤教人修身,千言万语,而要以不忮不求为重。忮者,嫉贤害能,妒功争宠,所谓怠者不能修,忌者畏人修之类也。求者,贪利贪名,怀土怀惠,所谓未得患得,既得患失之类也。忮不常见,每发露于名业相侔势位相埒之人;求不常见!每发露于货财相接,仕进相妨之际。

【译文】

我平时约略述说先儒们的书,发现圣贤教人修身的理论,千言万语,总括起来,最关键的一条是不忮不求。忮,就是嫉贤害能,妒功争宠,所谓怠惰的人,自己不能修德进业,妒忌的人,又害怕别人修德进业。求,就是贪图名利,安于现状,就是没有得到的东西想方设法去得到,得到了的东西又害怕失去的这一类人。忮,并不常见,一般是都在名望、事业相当,地位相等的人身上表露;求,也不常见,往往发生在财物交往、仕途进取相互有所妨碍的时候。

【原文】

养生之道,"视""息""眠""食"四字最为要紧。"息"必归海,"视"必垂帘,"食"必淡节,"眠"必虚恬。归海谓藏息于丹田气海也。垂帘谓半视不全开、不苦用也。虚谓心虚而无营,腹虚而不滞也。谨此四字,虽无医药丹诀,而足以祛病矣。

【译文】

养生之道,"视""息""眠""食"四字最为紧要。"息"必归海,"视"必垂帘,"食"必淡节,"眠"必虚恬。归海就是指气息藏于丹田气海,垂帘就是讲眼睛半视半张,不过度使用。虚就是说心中不掺杂念,无所营求,腹中空虚,没有滞塞之气。谨守这四个字,即使没有灵丹妙药,也可祛病养生。

【原文】

少年征逐,见朋辈中天分绝高而终无所成,是谓有来历而无积累。积累者,积功累行,冥冥中所以厚植其基,根本盛大而后发生始繁。然其建功立名,如曾涤生、左季高之成就,又自有因缘。若或使之,若或助之,随所至而机缘巧合,争相拥护,而觌面者景从,闻声者响附,三者合而后功成名立。

【译文】

年轻人在一起嬉戏成长,见友辈中有天分很高而最终无所建树的人,因此说这是有来历而没有积累的缘故。所谓积累,就是积累功德,一步一个脚印地去实行,好像冥冥中厚植根基一样,根基盛大而后枝叶繁茂。然建功立名如曾国藩、左宗棠等人的成就,又自有其成功的道理。仿佛有的引诱他们那样做,有的帮助他们做,随便做什么都适峰其机,争相拥护，刚一见面就跟从，听到声音就随声响应，这三个方面而相交在一起，而后才能功成名立。

【原文】

变有变法，何以谓之？吾于凡事皆守"尽其在我，听其在天"二语，即养生之道亦然。体强者如富人，因戒奢而益富；体弱者如贫人，因节啬而自全。节啬，非独食色之性也，即读书用心，亦宜检约，不使太过。余八本篇，申言养生以少恼怒为本。又尝教尔胸中不宜太苦，须活泼泼地，养得一段生机，亦去恼怒之道也。既戒恼怒，又知节啬，养生之道，已尽其在我者矣。此外，寿之长短，病之有无，一概听其在天，不必多生妄想，去计较他。凡多服药饵，求祷神祇，皆妄想也。吾于药医祷祀等事，皆记星冈公之遗训，而稍加推阐，教尔后辈。尔可常常与家中内外言之。

【译文】

变有变法，这怎么讲呢？我对于一切事情都采取"尽其在我，听其在天"的态度，在养生之道上也是如此。体格强健的好比是富人，因为戒除奢侈而更为富裕；体格弱的人好比是穷人，因为节俭而得以自我保全。节俭吝啬，不光是在食色之性上，就是在读书用脑等事情上，也该加以约束，不要让它过了头。我在八本之说中，说明了养生要以少恼怒为本。又曾经教你心中不应该太苦，而就该养出一段活泼的生机，这也是去除恼怒的方法。戒除了恼怒，又知道节俭吝啬，那么养生之道就全部掌握了。除此之外，至于寿命的长短，有没有疾病，就一概听命于天，而不去多费心思，去加以计较。那些多服药，求祷神祇的做法，都是没有用的。我对于医药祈祷之类的事情，都是记取星冈公的遗训，稍加推广，用来教育你们这些晚辈。你可以常常跟家里人说。

曾文正公书札 清

智慧通解

【原文】

养生之法，约有五事：一曰眠食有恒，二曰惩忿，三曰节欲，四曰临睡洗脚，五曰饭后行三千步。惩忿，即余匦中所谓"养生以少恼怒为本"也。眠食有恒及洗脚二事，星冈公行之四十年，余亦学行七年矣。饭后三千步近日试行，自矢永不间断。弟从前劳苦太久，年近五十，愿将此五事立志行之，并劝沅弟与诸子侄行之。

【评述】

曾国藩修身养性之智，首在内心，意在：反省、好评、明过、名号、乐天。他认为变乱之

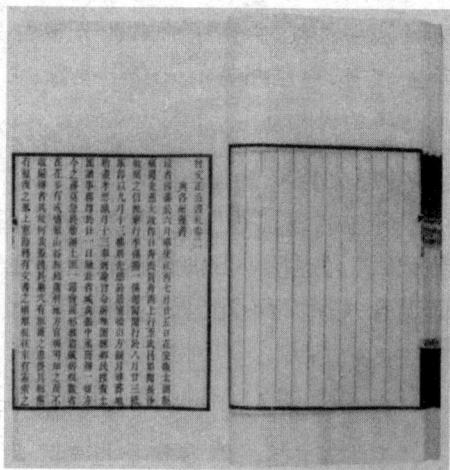

际,更应有一副"清明内心"的面具,使其身心之间充溢一种清纯之气,来冲淡、缓和变乱中的浮躁与不安。

曾国藩注重品行,以为人圆融通达而著称于世的。但是曾国藩在这一方面的成就并非一日之功,而是经历了整整一辈子辛苦磨炼的功夫,这是因其戴面具的想法所致,至少不能让人坏面子。

据说,曾国藩从小就很有心计,尤好报复。嘉庆二十四年下半年,九岁的曾国藩随父至桂花塘一位姓欧阳的家中就读。一天,他与主家小孩口角,主人纵子,不问情由,将曾国藩骂了一通,在那里当塾师的曾竹亭还连连道歉。曾国藩将此事暗记在心,到散学时,偷偷把主家的金鱼缸底部打破,水干鱼死,这才解恨。十二岁时,曾国藩与小伙伴在神王庙里玩,不小心把神王翻倒在地。竹亭狠狠地训斥了他一顿,还给神王重新装了金身。为了让曾国藩摆脱与邻居小孩的嬉游,竹亭带着曾国藩到距家六里的九峰山古罗坪定慧庵去读书,早出晚归。从此,曾国藩路过神王庙时,常把当作马骑的竹棍系上绳子,放在神王肩上,气愤地说:"搭帮你,我到山冲里读书去了! 你好好把我的马看着,如果我的马走了,定不饶你!"曾国藩生成一副三角眼,似闭非闭,个性内向,有什么事,常在心里打圈圈,因此,人们又给他取了个外号,叫"闭眼蛇"。

1. 反省

即使在曾国藩封官以后,我们从当时曾国藩的一些家书中可以发现,他也曾是一个很小气的人,也曾为自己升官发财而沾沾自喜。

道光二十七年(1847)四月,曾国藩参加翰詹大考,题为《远佞赋》,以"请问下民常厥德"为韵,赋有《君子慎独论》和《澡身浴德》。曾国藩列二等。至此,他才最后通过了仕途上层层的八股制艺考试,六月初二日,六迁至内阁学士,兼礼部侍郎衔。擢次如此之快,连曾国藩本人也深感意外。他于十七日写信给祖父说:孙"由从四品骤升二品,超越四级,迁擢不次,惶悚实深"。话虽然这般说,实际上他却按捺不住内心的激动,同一天,给叔父母写信说:"常恐祖宗积累之福,自我一人享尽。"第二天,又给在家的三个弟弟写信,不无自负地说:"湖南三十七岁至二品者,本朝尚无一人","近年中进士十年得阁学者,惟壬辰季仙九师、乙未张小浦及予三人"。因此,他叮咛诸弟说:"祖母大人葬后,家中诸事顺遂,祖父之病已好,予之癣疾亦愈,且骤升至二品,则风水之好可知,万万不可改葬。若再改葬,则谓之不祥,且大大的不孝矣。"

曾国藩自率湘军东征以来,战事上常常胜少败多,四处碰壁,究其原因,固然是由于没有得到清政府的充分信任而未授予地方实权所致,同时,曾国藩也感悟到自己在修养方面也有很多弱点,在为人处事方面固执己见,自命不凡,一味蛮干。后来,他在写给弟弟的信中,谈到由于改变了处事方法所带来的收获,"兄自问近年得力唯有一悔字诀。兄昔年自负本领甚大,可屈可伸、可行可藏,又每见得人家不是。自从西巳、戊午大悔大悟之后,乃知自己全无本领,凡事都见得人家有几分是处。故自戊午至今九载,与四十岁以前大不相同,大约以能立能达为体,以不怨不尤为用。立者,发奋自强,站得住也;达者,

办事圆融,行得通也。"

因此一年以后,当他再次出山时,他则变得善于应酬左右逢源,他自己也承认:"余此次再出,已满十个月。论寸心之沉毅奋发志在平贼,尚不如前次之志;至于应酬周到,有信必复,公牍必于本日完毕,则远胜于前。"以前,曾国藩对官场的逢迎、谄媚及腐败十分厌恶,不愿为伍,为此所到之处,常与人发生矛盾,从而受到排挤,经常成为舆论讽喻的中心,"国藩从官有年,饱历京洛风尘,达官贵人,优容养望,与下下者软熟和同之气,善已稔知之。而惯尝积不能平,乃亦而为慷慨激烈,轩爽肮脏之一途,思欲稍易,三四十年不白不黑、不痛不痒、牢不可破之习,而矫枉过正,或不免流于意气之偏,以屡蹈怨尤,丛讥取戾"。

2. 好评

在经历了一段时期的自省自悟以后,曾国藩在自我修养方面有了很大的改变。及至复出,为人处事不再锋芒毕露,日益变得圆融、通达。

正因为曾国藩一生兢兢业业,在自己的道德修养上一刻不敢放松,所以他的人品得到了世人的一致好评,如他的同僚薛福成曾有一大段评论曾国藩的人品,尤其是他待人处世的话:

背洋枪的湘军 清

"曾国藩自通籍后服官侍从,……请求先儒之书,剖析义理,宗旨极为纯正,其清修亮节,已震一时。平时制行甚严,而不事表暴于外;立身甚恕,而不务求备于人。故其道,大而能容,通而不迁,无前人讲学之流弊。继乃不轻立说,专务躬行,进德尤猛。其在军在官,勤以率下,则无间旰宵;俭以奉身,则不殊寒素,久为众所共见。其素所自勖而勖人者,尤以畏难取巧为深戒,虽祸患在前,谤议在后,亦毅然赴之而不顾。与人共事,论功则推以让人,任劳则引为己责。盛德所感,始而部曲化之,继而同僚谅之,终则各省从而慕效之。所以转移风气者在此,所以宏济艰难亦在此!"

而在曾国藩死后,对他的人品事功更是好评如潮。曾国藩和左宗棠都是清廷镇压太平天国的"功臣",两人一生有很好的私交,当时又曾结有很深的恩怨,而在曾国藩死后,左宗棠在给儿子的信中对他是这样评价的:

"对于曾国藩的不幸逝世,我的内心感到很悲痛。不但时局大可忧虑,而且在交游和情谊方面也难无动于衷。我已经致赠费用400金,并撰挽联一副说:'知人之明,谋国之

忠,自愧不如元辅;同心如金,攻错如石,相期无负平生。'这说的也是实话。我看到江苏巡抚何景代恳请皇上加恩,抚恤曾国藩的奏折之后,感到对于曾国藩的心事很中肯地做了叙述,阐发其中内容不遗余力,知曾国藩的儿子曾纪泽也能有父亲那种实际作风,可以说无愧其父了。君臣朋友之间,居心宜于正直,用情宜于厚道。从前我与曾国藩之间的争论,每次写好奏折送到朝廷后就立即抄录稿子咨送给曾国藩,可以说是除去世事的变化,一点也没有待人处事富于心机的意思。在这感情悲伤没有闲暇的时候,还有理由与他负气吗?'知人之明,谋国之忠'两句话也久见于我写给朝廷的奏章之中,并非我从前对他诋毁,今天对他赞誉,孩儿你应当知道我的心思。曾国藩的灵柩经过湖南时,你应当前往吊丧,以敬重父亲的朋友,祭祀用的牲畜和甜酒以及丰盛的菜和饭自然不可少,进而如能做祭文表示哀悼,申述我不尽之意,尤是道理。……我与曾国藩所争的是国事与兵略方面的问题,而不是争权竞势所能比拟的,同时那些心术不正的读书人对曾国藩妄加评论之词,何不一笑置之呢?"

因为曾国藩曾为清政府立下汗马功劳,所以清政府对他更是非同一般,在曾国藩死后第八天,即二月十二日,清廷的上谕便开始"盖棺论定":"曾国藩学问纯粹,器识宏深,秉性忠诚,持躬清正。"四月二十八日的上谕又说:"曾国藩器识过人,尽瘁报国。……尤得以人事君之义,忠诚秉义,功德在民。"在御赐的三篇祭文中,一篇赞扬他"赋性忠诚,砥躬清正";另一篇称颂他"学有本原,器成远大;忠诚体国,节劲凌霜;正直律躬,心清如水";还有一篇表彰他"学蔚儒宗,忠全令德"。概而言之,他被封建统治者视为"百僚是式"的"完人"。同治皇帝对于他的死"震悼良深""弥增悼惜",派专人致祭,令人祀京师昭忠祠、贤良祠,并在湖南原籍及江苏、安徽、湖北、江西、直隶等省城和天津建立专祠,又令将其生平政绩事实宣付史馆,还令其长子曾纪泽承一等侯爵,次子曾纪鸿附贡生,孙子曾广均着赏给举人,一体会试,尚未成年的孙子曾广铨等也分别赏给员外郎和主事,俟及岁时分部学习行走。

3. 明过

曾国藩的是非功过,虽已成为过去,难免会智仁各见。但是,他注重道德修养,并时时在品德上激励自己,这么一种积极向上的风格和态度,无疑是值得后人借鉴和学习的。

曾国藩的修身践行主要在于知过、改过,以致能恕忍为宝诀,确为处世为人之真知灼见。

曾国藩求过的方法,第一是自己求过,便是记日记。日记的功效是很大的,只要能诚实不欺,无事不记,曾国藩的日记,便能做到这一步。曾国藩依照倭仁的办法,在日记中写出自己的过失,时时警惕以求改过。他的日记中自己找出自己过失的例子很多,直到他年衰官高,勤求己过仍不肯稍宽。他说:"吾平日以俭字教人,而吾近来饮食起居,殊太丰厚。"又说:"人不勤劳,什么事都会荒废,整个家都会衰败。我在三四个月里不做一事,大大损害了家庭,又惭又愧!"这种勤求己过的精神是一般人不可及的。

记日记并不是难事,而日记终身不间断,却不是一件容易的事情,非有极大毅力的人

是不容易做到的。

曾国藩求过的第二个方法，便是请求朋友和兄弟直言相告。他说："若得一两个好友，胸怀宽广、豁达，博学多才，能文善诗，批评我，可对我大有益处。"

至于他请兄弟常进箴规，我们可以在他的家书中常常看到。他说：

"诸位兄弟相隔千里，必须不断地批评我。要时时来信指正我的过失，不要让祖上几世的积德，因我之过失而堕失。这样才能免于灾难。诸弟若能经常向我进言劝告，你们就是我的良师益友了！

"外边有人指责我们家几个弟弟过于恶劣，我也有所闻，自当一一告诉他们，责备劝诫，有错改正，没有错要加以勉励，不可掩盖。"

喜谀怒诟，乃是人之常情。但朋友们对于曾国藩的忠告，他可真肯接受。他说：

"竹如教育我要有耐心。我常说竹如的贞忠足可以干大事，我所缺的正是贞忠浩达啊！这一字，足可以医治我的心病！"

许多居大位的人，因为听不到一句逆耳的话，听不到一句真实的舆论，结果把他的前程葬送了。曾国藩这种"勤求己过""喜闻诤言"的态度，是很难得的。

他找到过失后能时时严于自律。

曾国藩有一件持之以恒终生不渝的自律事情，便是起早。他常说："起早，尤千金妙方，长寿多丹也。吾近有二事法祖父：一曰起早，二曰勤洗脚，似于身体大有裨益。"

其实起早不仅有益于身体，于做事方面也很有裨益。湘军的所以有战斗力，便是能吃苦，而湘军起身早吃饭早，也是比人家强的地方。

凡是律己以严的人，都是有坚卓志向的人。曾国藩这样律己严苛，并不是口里说说的。他是说得到做得到。我们看他立志写日记，直到他逝世的前一天，中间没有间断，可见他做事是如何有恒了！

等到他带兵以后，他对于自己绝不宽容。带兵的人最要紧的是得人心，而得人心的不二途径，是律己以严。只要以身作则，身先士卒，才足以指挥将士，激励兵心，曾国藩的战略本来平常，他所以能得到最后胜利，完全是待自己严厉的结果。

荀子《劝学篇》有一句名言："君子博学而日参省乎己，则知明而行无过矣。"这句话的意思是说，一个人广泛地学习，每天多次反省自己，他就会变得聪明，而且行为也没有过错。这里最难的不是"博学"，也不是"省乎己"，而是"日"和"参"，不仅"每天"，而且"多次"反省自己，天下有几人做得到呢？

曾国藩比荀子还严格，要求也更具体。在道光二十二年正月的日记中，他这样写道："一切事都必须每天检查，一天不检查，日后补救就难了，何况修德做大事业这样的事？汤海秋说：'别人道德行为比我高的我得找到自己不足之处，与抱怨者相处而能保持心情平静，就可以算是一个君子了'。"

他不仅逐日检点，而且事事检点，天下能够做到这一步的人，大概寥若晨星。曾国藩的这种检点思想，并不是他心血来潮的奇思异想，实在是扎根于深厚的文化传统的自然

秉承。孔子就说过"见贤思齐（看齐）""见不贤而内自省也"，看到别人有毛病就反省自己，孔子大概是中国第一个善于反省的大师。孟子也是一个善于反省的大师，曾国藩最服膺于他，表示"愿终身私淑孟子"，"虽造次颠沛"，也愿"须臾不离"，而孟子是从别人对自己行为的反应中来反省的，他最著名的方法就是"反求诸己"：爱人不亲，反其仁（反问自己的仁德）；治人不治，反其智；礼人不答，反其敬。曾国藩认真钻研过的程朱理学也强调"正己为先"。曾国藩正是在这样的一个背景下来"逐日检点"的，事关进德修业的大事，所以他才对自己要求得那样严格，不可有一天的怠慢。

银茶壶　清

　　至于如何检点，曾国藩很赞赏汤海秋的话，那就是与怨恨自己的人相处，因为怨恨自己的人，往往是对自己的缺点或过错最敏感的人，也往往是对自己的缺点能给予无情抨击的人。然而接受他人的批评是需要勇气和胸襟的，尤其是接受那些与自己有矛盾的人的批评；有人总是怀疑他人的批评怀有敌意，不管正确或错误一概拒绝，他没有气量不说，更重要的是他失去了一次检点自己的机会。

　　清代有个叫钱大昕的人说得好："诽谤自己而不真实的，付之一笑，不用辩解；诽谤确有原因的，不靠自己的修养进步是不能制止的。"器量阔大，使我们能检点自己，大度本身就是一种魅力，一种人格的魅力，那不仅是对自己缺点的正视，而且也是对自身力量的自信。

　　曾国藩的一生是在日日严于自律中度过的。在家庭里，他负有教育诸弟及子女的责任，他做一个好榜样，而不训斥；在国家中，他是封疆大吏，负有转化社会腐败风气的义务，他非但严于督己而还善诱部下。正是由于他处处以身作则，才使得他获得了巨大的成功。

　　而且难能可贵的是知错即改，勇于剖析自己。

　　在中国古代，曾国藩大概是自我反省和批判最多的人之一，不仅严厉，而且精细，如针如刺，直指心灵中最漆黑的部分。也许你不佩服他的功业，不佩服他的道德，也不佩服他的做文章，但你不得不佩服他对自我剖析的勇颜。

　　人非圣贤，孰能无过？

　　谁没有说过假话？谁没有说过大话？谁没有嫉妒他人？谁没有伤害他人？谁从来不好女色？谁从来不占他人便宜？谁敢拍着胸膛对自己或者苍天说，我从来不做亏心事？没有，从来没有。只有过错的大与小，多与少，或者你所犯的过错是人人都会犯的，是人们可以原谅的，可以接受的，但不能说你从来就没有过错。只要是人，有七情六欲，

就有人的弱点和局限。曾子为什么"吾日三省吾身",就是为了少犯过错啊!

《周易》说,君子"见善则迁,有过则改",《尚书》也说:"改过不吝(吝音)。"这一方面告诉人们过错是难免的,另一方面也告诉人们要有过必纠,有错必改。然而说说容易做起来难,很多人知道自己犯了什么错,也知道问题的严重性,可真正让他改正过错,那就很难了。圣人之所以少,是因为知错必改的人太少了;况且很多过错都是美丽的过错呢!比如看见一个美丽的姑娘,情不自禁地想她,虽然自己不会伤害她,也不会告诉她,只是情不自禁地想她,甚至过了好久也还是想到她。这个过错太美丽了,以致很多人都不认为它是一个过错。

所以,曾国藩说,知己之过失,承认它,并且改正它,毫无悯惜之心,这是最难的。豪杰之所以是豪杰,圣贤之所以是圣贤,就在这里。磊落过人,能透过此一关,寸心便异常安乐,省得多少纠葛,省得多少遮掩,还有那修饰装点的丑态。

过错虽然美丽,但改正过错就更加美丽,况且很多过错都是丑陋无比的呢!改正一个过错,哪怕它很小,很轻,它都会使你身心更加轻松,无愧无悔。如果你是一个有心人,不妨体验一下改正过错的感觉,虽然有那么一点难堪或难过,但是同时你也感到踏踏实实、坦坦荡荡、自由自在。还是说你见到一个美丽的姑娘,你意识到了情不自禁地想她是不好的,如果你改变一下思维呢?这个姑娘很美丽,所以这个世界也很美丽;她很幸福,我曾看见过这个姑娘,所以我也很幸福。同样是见到一个美丽的姑娘,动机不同,心境也不同。

一个省心修身的人,注重颐养德性的人,他所犯的过错不一定是坑蒙拐骗之类的淫恶,往往是一些不为人知,不足挂齿的小隐私或小阴思。不断地涤除这些小隐私、小阴思,他就会一天比一天高大起来。明代杨继盛说:"或独坐时,或深夜时念头一起,则自思曰:这是好念是恶念?若是好念,便扩充起来,必见之行;若是恶念,便禁止勿思。"他说得太好了。

4. 名号

曾国藩的名号很多,他乳名叫宽一,名字诚,又名国藩,字伯涵,号涤生,谥号文正,宽一是父母所取,国藩是曾白所赐,文正是皇上所封,涤生则是曾国藩自己所为,因而最能反映他的思想和趣旨。

曾国藩的解释是:

> 余今年已三十,资禀顽钝,精神亏损,此后岂复(又)能有所成?但求勤俭有恒,无纵逸欲,以丧先人元气(古人把己身当作先人的身体的延续,比如自己享福,说成是呈祖上德福)。因知勉行(知难而进,勉力而行),期(希望)有寸得(一点收获)以无失词臣(文臣)体面。日日自苦,不至伯(安逸)而生淫。如种树然,斧斫纵寻(纵情砍伐)之后,牛羊无从牧之;如燃灯然(点灯),膏油欲尽之时,无使微风乘之(乘虚而入)。庶几(也许)稍稍培养精神,不致自(自己)速死。

诚(果真)能日日用功有常,则可以保养身体,可以自立,可以抑事(处理不仰仗)俯蓄(省有积蓄),可以惜福,不使祖宗积累自我一人享受而尽,可以无愧词臣,尚能以文章报国。

曾国藩号涤生,说明他能自律,十年以后,他旧事重提,说明他自律严格。曾国藩之所以能有所作为,就在于他能日日反省,天天自新。他有一种强烈的、热切的洗心革面的愿望,他是自己卑琐灵魂的严厉审判者,他是自己淫邪恶欲的无情拷问者,他是自己羸弱身躯的猛烈抨击者,这使他得以洁身、保身、全身。

他是多么爱自己,他又是多么善于爱自己。他的功业,不在他的道德,也不在他的文章,而在他对自己肉体和心灵的永无休止地洗涤和更新。

对曾国藩而言,名心太切和俗见太重,大概是他最大的缺点了,它不仅损害了他的人生境界,而且也严重地损害了他的躯体。

同治十年(1870)三月的一篇日记写道:

近年焦虑过多,无一日游于坦荡之天,总由于名心太切,俗见太重二端。名心切,故于学问无成德行未立,不胜其愧(惭愧)馁(气馁)。俗见重,故于家人之疾病、子孙及兄弟子孙之有无强弱贤否,不胜其萦绕,用是忧惭,局促如蚕自缚。

这是曾国藩临死前一年写下的文字,实际上是他对自己一生经验的总结。名心切,这对一个中国文人差不多是件不可避免的事情,从小他们就受到这样的教诲:"太上有立德,其次有立功,其次有立言。"而以"饱食终日,无所用心"为天下的最大耻辱。我们不能容忍一人去为盗为匪,为娼为妓,但我们能接受并欣赏一个人成功成名,立德立言。我们只知道为盗为娼的危害,但不知道成功成名的危害。

名心切的人,必然俗见重。名心的表现形态是多种多样的,如成功、成名、成人、成才、成绩、成就、成仁、成礼、成全、成事、成家、成熟,等等等等,正是这样一种广泛的,普遍的心理愿望,使人们对任何事情都有这样的一种心理期待,事事周全,样样完满,件件顺遂,这就是俗见。自然,就对疾病的有与无、子孙贤良与否也格外看重。没有得到,就希望得到,得到了,又害怕失去;自己得到了,害怕子孙失去,自己没有得到又希望他们得到。人一天到晚就处于这样的患得患失之中,何处是个尽头呢?

怎样消除这两种弊病呢?曾国藩在同一篇日记中继续写道:今欲去此二病,须在一"淡"字上着意。不仅(只)富贵功名及身家之顺遂,子姓之旺否悉由天定,即学问德行之成立与否,亦大半关乎天事,一概淡而忘之,庶(也许)此心稍得自在。

曾国藩不仅找到了自己的病根,而且也找到了治疗的方法。一个"淡"字可谓一字千金,淡然无累,淡然无为,深得庄子真意。庄子说:"淡然无极而各种美德归属于他",在《刻意》中他说:"平易恬淡,则忧患不能人,邪气不能袭,故全其德而神不亏。"(《养生主》)这样心静神宁,莫然无愧,才能四时安平处处顺利,悲哀的情绪不能侵入。

5. 乐天

曾国藩以抱残守缺的态度看待人世,故能乐天知命,才能无忧。

年有四季，岁有轮回。人生在世，有顺境，也有逆境，有飞黄腾达日，也有潦倒落魄时。这就要求你宁静、平和，淡然处之。所谓"居上位而不骄，居下位而不忧"。(《周易》)

曾国藩说，君子处顺境，兢兢业业，常觉天之过厚于我，我当以所余补人之不足。君子处困境，也兢兢业业，常觉天之厚于我，其实并非真厚也，而是与更困难的人相比，才觉得优厚的。古人说，处困境看不如我者，指的就是这种情况。

曾国藩曾认真研究过《易经》，探索过盈虚消长的道理，从而懂得人不可能没有缺陷。他说："日中则昃(太阳偏西)，月盈则亏，天有孤虚(指日辰不全)，地阙(缺)东南，未有常全不缺者。"

《剥》封，是《复》卦的征兆，君子认为是可喜的。《咸》卦，是《姤》卦的开始，君子认为是危险的。事物就是这样彼消此长，福祸相依，所谓苦尽甘来，绝处逢生，山穷水尽，柳暗花明。所以，在大吉大利后，就是大凶大难时。

人人都喜欢吉利，本能地回避凶难。那么，有没有办法保持吉利，回避凶难呢？曾国藩的办法是悔改、收敛、抱残守缺。他认为在大吉大利时，通过悔改可以走向吉利。一般人只知道有了过错才需要悔改，而不知道取得了成绩还需要悔改。这件事我明明没有过错，从何悔改？也许这件事你确实没有过错，然而别的事情就没有过错了吗？难道我从来就没有过错吗？

悔改是什么？曾国藩说："悔者，所以守其缺而不敢求全也。"有一点残缺和遗憾就让它有一点残缺和遗憾，不要求全、求圆、求满，这就是抱残守缺。很多人不明白这一点，一味追求大获全胜，功德圆满；可是一旦大获全胜或者功德圆满，那凶险和灾祸也就随之降临了。所以清代朱柏卢劝诫子嗣："凡事当留余地，得意不宜再往。"

【原文】

二十日接纪泽在清江浦、金陵所发之信。二十二日李鼎荣来，又接一信。二十四日又接尔至金陵十九日所发之信，舟行甚速，病亦大愈为慰。

老年来始知圣人教孟武伯问孝一节之真切。尔虽体弱多病，然只宜清静调养，不宜妄施攻治。庄生云：闻在宥天下，不闻治天下也。东坡取此二语，以为养生之法。尔熟于小学，试取"在宥"二字之训诂体味一番，则知庄、苏皆有顺其自然之竟，养生亦然，治天下亦然。若服药而日更数方，无故而终年峻补，疾轻而妄施攻伐强求发汗，则如商君治秦、荆公治宋，全失自然之妙。柳子厚所谓"名为爱之其实害之"，陆务观所谓"天下本无事庸人自扰之"，皆此义也。东坡游罗浮诗云："小儿少年有奇志，中宵起坐存黄庭。"下一"存"字，正合庄子"在宥"二字之意。盖苏氏兄弟父子皆讲养生，窃取黄老微旨，故称其子为有奇志。以尔之聪明，岂不能窥透此旨？余教尔从眠食二端用功，看似粗浅，却得自然之妙。尔以后不轻服药，自然日就壮健矣。

余以十九日至济宁，即闻河南贼匪图窜山东，暂驻此间，不遽赴豫。赋于二十二日已入山东曹县境，余调朱星槛三营来济护卫，腾出藩军赴曹攻剿。须俟贼出齐境，余乃移营

西行也。

　　尔侍母西行，宜作还里之计，不宜留边鄂中。仕宦之家往往贪恋外省，轻弃其乡，目前之快意甚少，将来之受累甚大，吾家宜力矫此弊，馀不悉。

　　李眉生于二十四日到济宁相见矣。四叔、九叔寄余信二件寄阅。他人寄纪泽信四件、王成九信一件查收。

【评述】

　　过早将自己的底牌亮出去，往往会在以后的交战中失败。羽翼未丰满时，更不可四处张扬。《易经》乾卦中的"潜龙在渊"，就是指君子待时而动，要善于保存自己，不可轻举妄动。

　　曾国藩早在京城为官，深研《易经》，对"潜龙在渊"尤为加意。他初建湘军时，水陆两军加一起只有一万余人，这时若和太平天国的百万之师相对抗，无异以卵击石。因此曾国藩为保护他的起家资本，四次抗清廷圣旨，而且眼睁睁看着自己的老师吴文镕被太平军击败，见死不救，可以说把事做得够绝情了。

　　1853年，曾国藩把练勇万人的计划告诉了爱将江忠源。江忠源不知深浅，立刻向清廷合盘奏出，结果船炮未齐就招来咸丰皇帝的一连串征调谕旨。第一次是1853年，太平天国西征军进至蕲、黄一带，武汉危急，清廷接连下令曾国藩率炮船增援湖北。第二次是同年12月，太平军大将胡以晃进攻庐州，清廷令曾国藩督带船炮兵勇速赴安徽救援。第三次是，854年2月，太平军袭破清军黄州大营，清廷再次催促曾国藩赴援武汉。曾国藩深知太平军兵多将广，训练有素，绝非一般农民起义队伍可比，没有一支劲旅是不能贸然去碰的。况且与太平军争雄首先是在水上而不在陆上，没有一支得力的炮船和熟练的水勇，是无法与拥有千船百舸的太平军相抗衡的，甚至连兵力调动

太平军"典金靴衙听使"号衣

和粮饷供应都会发生困难。因而，曾国藩打定主意：船要精工良木，坚固耐用！炮要不惜重金，全购洋炮。船炮不齐，决不出征。他在给朋友的信中说，"剑戟不利不可以断割，毛羽不丰不可以高飞"。"此次募勇成军以出"，"庶与此剧贼一决死战，断不敢招集乌合，仓卒成行，又蹈六月援江之故辙。虽蒙糜饷之讥，获逗留之咎，亦不敢辞"。一时形成"千呼万唤不出来"的局面。

　　其实，清廷催曾国藩赴援外省，不过以湖南乡勇可用，令其前去配合绿营作战，以解决兵力不足的困难，这也是过去常有的事，绝非要他弃当主力，独力担负与太平军作战的

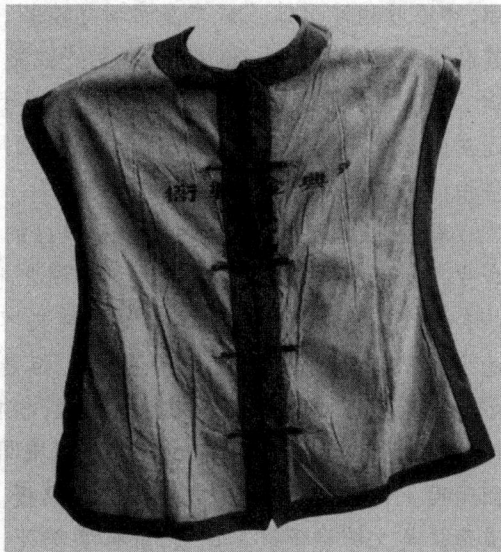

重任。所以当曾国藩在奏折中处处以四省合防为词,声言"事势所在,关系至重,有不能草草一出者"时,咸丰皇帝即以讥讽的口吻在奏折上批道:"今览你的奏章,简直以为数省军务一身承当,试问汝之才力能乎否乎?平日矜诩自夸,以为天下人才没有超过自己的,及至临事,果能尽符其言甚好,若稍涉张皇,岂不贻笑于天下!"可见,咸丰皇帝对曾国藩是很不理解的,在他看来不过是无知书生的好高骛远和自我吹嘘,并非深思熟虑的举动。因而,咸丰皇帝再次促其"赶紧赴援",并以严厉的口吻对曾国藩说:"你能自担重任,当然不能与畏葸者比,言既出诸你口,必须尽如所言,办与朕看"。曾国藩接到谕旨后,仍然拒绝出征。他在奏折中陈述船炮未备、兵勇不齐的情况之后,激昂慷慨地表示:"臣自知才智浅薄,唯有愚诚不敢避死而已,至于成败利钝,一无可恃。皇上如果责臣以成效,则臣惶悚无地,与其将来毫无功绩受大言欺君之罪,不如此时据实陈明受畏葸不前之罪。"并进一步倾诉说:"臣不娴习武事,既不能在籍服丧守孝贻讥于士林,又复以大言偾事贻笑于天下,臣亦何颜自立于天地之间乎!每到夜间焦思愁闷,只有痛哭而已。为臣请皇上垂鉴,怜臣之进退两难,诚臣以敬慎,不遽责臣以成效。臣自当殚尽血诚,断不敢妄自矜诩,亦不敢稍涉退缩。"咸丰皇帝看了奏折,深为曾国藩的一片"血诚"所感动,从此不再催其赴援外省,并以"朱批"安慰他说:"成败利钝固不可逆睹,然汝之心可质天日,非独朕知。"曾国藩"闻命感激,至于泣下",更以十倍的努力,加紧了出征的准备。多少年后,他还对此念念不忘,并专门请人从京中抄回原奏(因底稿在九江与座船一起丢失),与咸丰皇帝的"朱谕"一起保存,"同志恩遇。"

曾国藩为坚持船炮不齐不出省作战的原则,不仅拒绝了清朝最高统治者咸丰皇帝的命令,也摈弃了师友的私人情谊。当湖北第一次危急时,他于咸丰谕旨之先,已接到湖广总督吴文镕求其急速援救的函札。吴文镕是曾国藩的老师,长期以来二人交谊甚厚,无论公理私情他都是应该迅速赴援的。但是,曾国藩接到吴的信函后仍不想赴援,只是由于王鑫誓报江西谢邦翰等人被歼之仇,积极要求赴援湖北,才不得不勉强同意。后来一接到"武昌解严,暂缓赴鄂"的谕旨,便乘机取消了金鑫赴鄂之行。不久太平军西征部队回师西上,吴文镕接连发信向曾国藩求援。曾皆复函拒绝,并反复说明不能草草轻发的道理。吴文镕终于被其说服,虽自度必死,仍令曾国藩万勿草草而出。还特致书说:"我今为人所逼,以一死报国,无复他望。君所练水师各军,必等稍有把握,然后可以出而应敌,不要因为我的缘故,轻率东下,东南大局,完全依仗你一人,务以持重为意,倘若你有不测之险,恐怕连后来的继承人都找不到了。我虽然是老师,牵涉国家的分量还是不如你重要。希望三思。"当太平军进攻庐州时,江忠源危在旦夕,曾国藩亦拒绝出征,仅派刘长佑和江忠璿率一千新勇由陆路赴援。结果江、吴二人先后兵败自杀。这对曾国藩是个沉重的打击。江忠源在曾国藩诸门生中,办团练最早,最有实战经验,同时也任职最高,最得清政府的信任。曾国藩曾打算练勇万人概交江忠源指挥,完成镇压太平天国革命的重任,而自己只在后方办理练兵筹饷等事。不料未待出征而江忠源毙死,这无异于砍去曾国藩的左膀右臂,使他明知自己不善带兵而又不得不亲自出征。吴文镕的死对曾国藩

打击更甚,吴文镕身任湖广总督,既是曾国藩的老师,又是他强有力的后台。若吴文镕仍在,处处有人帮他说话,或许不至陷入后来那样的政治困境。可见,曾国藩坚持不轻易出省作战的方针,虽然使他赢得了充分的准备时间,为其后的军事胜利打下了基础,但同时也为此付出了巨大的代价。

曾国藩深通天道盈缩、洪荒变换的道理,他常常告诫诸将说:"宁可好几个月不开一仗,决不可以开仗而毫无安排、准备和算计。凡是用兵的道理,本来力量强而故意显示给敌人以懦弱的多半会打胜仗,本来力量弱小而故意显示给敌人以强大的多半会打败仗。敌人向我进攻,一定要仔细考究衡量而后应战的多半会打胜仗;随意而没有仔细考究衡量,轻率地发兵向敌人进攻的多半会打败仗。兵者是不得已而用之的,应常常存留着一颗不敢为先之心,必须让对方打第二下,我才打第一下。……与强悍敌人交手,总要以能看出敌人的漏洞和毛病为第一重要的道理。如果在敌方完全没有漏洞、毛病,而我方贸然前进,那么在我方必有漏洞和毛病,被对方看出来了。不要乘自己有急躁情绪的时候,不要为大家的议论所动摇,自然能够瞄准敌方可破的漏洞。"

【原文】

八月初四日抵徐州府,接沅弟七月两缄并摺稿二件。前颇以弟病甚深为虑,得此二缄,益为放心。年仅四十二岁,即再养二年,报国之日方长。此次固辞恩命,能认真调养年余,于保身之道、出处之节,均属斟酌妥善,特恐朝命敦促,不容久住林下耳。二摺措辞均极得体。养病之期,总以养到自己能用心作奏时再行出山。接舫仙及各处信件,似前此谣诼之辞,业已涣然冰释,尽可安心静摄。刘、朱撤营之早迟,金、唐各营之变否,余当细心料理,弟可概置不问。

余决计不回江督之任,拟于九月间将全眷送回家乡。郭宅姻事,拟于十二月初二日在湘阴成礼。顷有与泽儿一信,抄寄弟阅。

[又十月十五日书云:]

沅弟已具摺谢恩否?如身体果未全好,明年二月再行辞谢,尚不为迟,目下则不宜疏辞。以朝廷之仁厚,凡任事之臣,当可善始善终,两弟悉心酌之。

【评述】

无论"以意志统帅志气"还是"以静制动",大体上重视精神修养,以保持心理的健康。曾国藩回复胡林翼的信中,有"寡思"的说法,也是重视心理健康。其中说道:"古人说'少说话来养气,少看东西来养神,少想事情来养精神。'你那里好朋友很多,难以少说,书信如麻,难以少看;或许用少想来稍稍休息一下吧?"

清心就可以寡欲,饱食却足能伤体。曾国藩对于养生的道理,曾说应当从睡觉吃饭两个字细心体会。他的《日记》上说:"养生的道理,应当从睡觉吃饭两个字细心体会。吃平日饭菜,只要吃得香,就胜过珍贵药物。睡觉不在于多睡,只是实际上睡得香,即使片刻也是养生了。"

在另一封信中说:"纪泽身体也弱,我教他专门从眠食二字上用功。睡眠可以滋阴,饮食可以养阳。养眠也贵有一定时刻,要戒除多思多虑。养食也贵在一定时间,要戒除过饱。"

"少食多动",在于求得身体的健康,可以叫"生理的修养。"曾国藩重视"少食"。至于注重"多动",从他所说"养生五事",可以知道。他给弟弟曾国潢的信中说:"养生之法,约有五件事:一是睡觉吃饭有定规;二是制止愤怒;三是节制欲望;四是每夜临睡洗脚;五是每日两顿饭后,各走三千步。"

他所说的"每日两顿饭后,各走三千步",就是多从事运动的明证。至于"每夜临睡洗脚",在于保持身体的清洁,促进血液的循环,增加足部的运动,也和"多动"有关,是生理卫生中的重要项目。

曾国藩有养心治身法,对体质不好的青年毛泽东有很大影响。毛泽东的早期读书笔记《讲堂录》中,十几处摘录曾国藩治心养心的话,如:

精神愈用而愈出,不可因身体素弱过于保惜;智慧愈苦而愈明,不可因境遇偶拂遽尔摧沮。

心常用则活,不用则窒;常用则细,不用则粗。

吾教子弟不离八本:读书以训诂为本,做诗文以声调为本,养亲以得欢心为本,养生以少恼怒为本,立身以不妄语为本,治家以不晏起为本,居官以不要钱为本,行军以不扰民为本。

1915年8月毛泽东致肖子升信:

"尝诵程子之箴阅曾公之书,上溯周公孔子之训,若曰惟口兴伐,讷言敏行,载在方册,播之千祀。"这里把曾氏列入圣哲之位,推崇讷言敏行的修养之道。

【原文】

九月二十六日接尔初九日禀,二十九、初一等日接尔十八、二十一日两禀,具悉一切。二十三如果开船,则此时应抵长沙矣。二十四之喜事,不知由湘阴舟次而往乎?抑自省城发喜轿乎?

尔读李义山诗,于情韵既有所得,则将来于六朝文人诗文,亦必易于契合。

凡大家名家之作,必有一种面貌,一种神态,与他人迥不相同。譬之书家,羲、献、欧、虞、褚、李、颜、柳,一点一面,其面貌既截然不同,其神气亦全无似处。本朝张得天、何义门虽称书家,而未能尽变古人之貌,故必如刘石庵之貌异神异,乃可推为大家。诗文亦然,若非其貌其神迥绝群伦,不足以当大家之目。渠既迥绝群伦矣,而后人读之,不能辨识其貌,领取其神,是读者之见解未到,非作者之咎也。

尔以后读古文古诗,惟当先认其貌,后观其神,久之自能分别蹊径。今人动指某人学某家,大抵多道听途说,扣槃扪烛之类,不足信也。君子贵于自知,不必随众口附和也。

余病已大愈,尚难用心,日内当奏请开缺。近作古文二首,亦尚入理,今冬或可再作数首。唐镜海先生没时,其世兄求作墓志,余已应允,久未动笔,并将节略失去,尔向唐家或贺世兄处(蔗农先生子,镜海丈婿也)索取行状节略寄来。罗山文集年谱未带来营,亦

向易芝生先生(渠求作碑甚切)索一部付来,以便作碑,一偿夙诺。

纪鸿初六日自黄安起程,日内应可到此。余不悉。

【评述】

心理学家早已证明:人是有个性差别的,也有聪明与愚笨的区别。同样一件事,一个绝顶聪明的人很快就会处理完,对于愚笨的人就会是另一番结果。

但是,聪明与愚笨并不是一成不变的。除了遗传因素人无法改变外,环境和教育的作用尤为明显。曾国藩是"依靠学问来变得精明"的典型。曾国藩的个性,就他的智力方面来看,虽然比较呆板迟钝,但终究可以算是中等。曾国藩本性的迟钝,在他的家世中已经有过大概的介绍。胡哲敷写的《曾公治学方法》中,提到曾国藩的才智,他说:"曾国藩的才智,并不能算聪明,老实点说,他的确是个很拙钝的学者,不但在他的《日记》和《家书》中,常常见到他说自己天性鲁钝,即使他自己不说,我们只要看一看他修己、治人、齐家、读书等事情,几乎没有一处见不到他的鲁钝或是拘拙。"

曾国藩可以算作中才,他自己写的《五箴》里也曾谈到。看他写文章,则是仿效经史百家作为基础的;学诗又是完全学习十八家诗,所以看得出曾国藩并不是天才,当然也绝不是低能者。到了曾国藩意识到自己天性鲁钝之后,就崇尚专心踏实,结果由于勤学好问,遇到困难激励自己去克服,渐渐的高明起来,这就是平常人难以做到的。《中庸》中说:"爱好学习就离智慧不远了。"董仲舒也说:"勉励自己学习,那么就会见多识广,日益聪明;勉励自己修养德行,就会每天进步而大有成绩。"拿曾国藩的生平来对照,果然是这样的。

曾国藩的个性,就意志方面来讲,是很坚强倔强的。这在曾国藩的家世中也曾提到。龙梦荪写的《曾文正公学案》,序中写道:"遇到困难激励自己去克服,力图赶上从前的贤人;下定决心立即行动起来,自己不甘流于鄙俗。虽然遇到千般万苦的事情,但也不改变自己的决心;即使遇到千折百阻,也没改变自己的志向。贤贞自信的人,不受外界的改

粉彩十八罗汉图碗　清

变;狂妄的人必定不能坚持,古人的话果然是对的。"这一段把曾国藩的意志坚强刻画得淋漓尽致。只有意志坚强,才能遇到困难而不放弃,不追求于眼前的功利,才有巨大的成就。

曾国藩的个性,就其发展来看,与其年龄的增长也大有关系,早年时期,举止行为非常活泼,而且态度乐观,但也不免有点轻浮,大概是和多血质有关。到了京城以后,学习宋时理学,言行举止,都规规矩矩,感情上虽然沉静没有变化,但理智异常丰富,大概和神经质(忧郁质)有点相近。统率军队之后,意志变得坚强起来,态度沉着冷静,虽然屡次遭到挫败,但仍能本着"屡败屡战"的精神,始终如一的战斗,这一时期的个性,又与胆汁质相似。到了晚年,经历了许多忧患挫折,对世上的事情,也看得很清楚,因而一举一动都

权衡利害,深思熟虑,即使因为过于谨慎小心而受人非难,也在所不惜,这又与粘液质极为相近。一般认为,才子的气质是多血质,学者的气质是忧郁质,豪杰英雄多是胆汁质,依曾国藩的生平来看,也觉得差不多是这样的。曾国藩年轻的时候,爱好诗文,行为浪漫,自然就是风度翩翩的才子。后来专心研究义理,讲究个人修养,思想谨慎,自然又是一个道貌岸然的学者。

曾国藩的个性发展,都是靠勤奋、踏实、观察、学习而实现的。

【原文】

四月廿日,孙发第五号家信,不知到否?五月廿九日接到家中第二号信,系三月初一发。六月初二日接到第三号信,系四月十八发的。具悉家中老幼平安,百事顺遂,欣幸之至。

六弟下省读书,从其所愿,情意既畅,志气必奋,将来必大有成,可为叔父预贺。祖父去岁曾赐孙手书,今年又已半年,不知目力何如?下次来信,仍求亲笔书数语示孙。大考喜信,不知开销报人钱若干?

孙自今年来,身体不甚好,幸加意保养,得以无恙。大考以后,全未用功。五月初六日考差,孙妥帖完卷,虽无毛病,亦无好处。前题"使诸大夫国人皆有所矜式",经题"天下有道,则行有枝叶",诗题"赋得角黍,得经字",共二百四十一人进场。初八日派阅卷大臣十二人,每人分卷廿本,传闻取七本,不取者十三本。弥封未拆,故阅卷者亦不知所取何人,所黜何人。取与不取一概进呈,恭侯钦定。外闻谣言某人第一,某人未取,俱不足凭,总待放差后方可略测端倪。亦有真第一而不得,有真未取而得差者,静以听之而已。同乡考差九人,皆妥当完卷。六月初一,放云南主考龚宝莲(辛丑榜眼)、段大章(戊戌同年),贵州主考龙元僖、王桂(庚子湖南主考)。

孙在京平安,孙妇及曾孙兄妹皆如常。前所付银,谅已到家。高丽参目前难寄,容当觅便寄回。六弟在城南,孙已有信托陈尧农先生。同乡官皆如旧。黄正斋坐粮船来,已于六月初三到京。馀容后禀。

【评述】

曾国藩的立志、为学、办事,也对青年毛泽东产生了深远的影响。

1913年,毛泽东进入湖南省立第四师范(随即并入第一师范)后,对他影响较大的国文教员袁仲谦和奉为楷模的修身课教员杨昌济,都是服膺曾国藩的。杨昌济在《达化斋日记》(1915年4月5日)中,提到毛泽东这个得意门生,以为他出身农家,"而资质俊秀若此,殊为难得。余因以农家多出异材,引曾涤生、梁任公之例以勉之。"

基于这些影响,毛泽东在青年时代很下过一番功夫读曾国藩的著作。后人辑曾所著之诗、文、奏章、批牍、书信、日记等,编为《曾文正公全集》,其中的《家书》《日记》有各种版本流行于民间。对这两本书,毛泽东是读过的。《曾文正公家书》凡一千多封,内容极为广泛,大到经邦纬国,进德为官,朝政军条,治学修身,小到家庭生计,人际琐事,养生之道,事无巨细,无不涉及。毛泽东当年读过的《家书》,系光绪年间传忠书局的木刻本,现

韶山纪念馆尚收藏有该书的第四、六、七、九卷,每卷的瘫页上都有毛手书的"咏芝珍藏"。曾国藩虽然将封建的纲常名教视为"地维所赖以立,天柱所赖以尊"的至高本体地位,以儒教卫道者自居,但他确善于将性理之学与经世致用结合贯通。其伦理思想有自己的鲜明特色,讲究人生理想,精神境界,以及道德修养与自我完善的一些具体做法,如反省内求,日新又新,磨砺意志,勤俭刻苦,力戒虚骄,以恒为本,等等。

曾国藩家书及日记中的一些见解观点,可以在《讲堂录》中看到。《讲堂录》是毛泽东长沙求学期间的笔记。这是马日事变后,他的塾师毛宇居从即将焚毁的毛泽东留在韶山家中的一大堆文献资料中抢救出来的。系1913年10月至12月毛泽东在四师读书的笔记,主要是听杨昌济的修身课和袁仲谦的国文课,1936年毛泽东对斯诺说,他的国文老师袁仲谦不赞成他学梁启超的文体,他便转而钻研韩愈的文章,学会了古文文体。所以《讲堂录》中也有毛泽东自己阅读韩文的笔记。

从《讲堂录》我们可以看到杨昌济教学和曾国藩著述对毛泽东的影响,领略毛泽东听课、读书的心感,以窥毛泽东读书为学的功夫。

《讲堂录》直接记"修身"从11月1日至12月13日凡六次。显然这是听杨昌济六次"修身"课的笔记,既包括老师所讲的要点,也包括他自己听后的心得。

杨昌济的"修身"课十分注意从道德伦理和为人做事等方面入手培养学生的人生观和世界观,而在教学内容上又常常讲自己的《论语类钞》《达化斋日记》等著述。这在毛泽东的《讲堂录》中得到直接的反映。

王夫之(船山)是曾国藩景仰的经世致用的思想家。曾国藩刊刻《船山遗书》,彰明王夫之的思想,对当时及后世均有很大影响。《论语类钞》在解释孔子"三军可夺师也,匹夫不可夺志也"时说:"王船山谓豪杰而不圣贤者有之也,未有圣贤而不豪杰者也。《论语》中如此节语言,可以见圣人之精神也。"这在《讲堂录》则有进一层的意思:"王船山:有豪杰而不圣贤者,未有圣贤而不豪杰者也。圣贤,德业俱全者;豪杰,歉于品德,而有大功大名者。拿翁(拿破仑),豪杰也,而非圣贤。"并且还记有"孟子所谓豪杰,近于圣贤"。这些进一层的意思既可能是杨昌济课堂上讲的,也可能是毛泽东听课的发挥,但不管属于哪种情况,对于青年毛泽东都是重要的,这是他当时所谓希贤世界观的一个根据。

杨昌济在解释曾子"士不可不弘毅,任重而道远"这句话时说到自己:"吾无过人者,惟于坚忍二字颇为著力。常欲以久制胜,他人以数年为之者,吾以数十年为之,不患其不有所成就也。"这段话的主旨与《曾国藩日记》中的数则均有渊源关系。与师表是学生的楷模,《讲堂录》记着:"以久制胜。即恒之谓也,到底不懈之谓也,亦即积之谓也。"应当说,这对毛泽东的成长及其以后所表现出来的钢铁般的"持久"不懈的意志,不能不发生影响。

【原文】

二十三日在九江接弟初八日一缄,二十六日在隘口途次又接弟十三日一缄,具悉一切。

改民船为战船，是贼匪向来惯技。自前年水师舢板出，遂远胜贼改之船。弟营若距水次太远，似不必兼习炮船，恐用之不熟，或反资敌也。

十一日击太和援贼，尚为得手。与此贼战有两难御者，一则以多人张虚声，红衣黄旗漫山弥谷，动辄二万三四万不等，季洪岳州之败，梧冈樟树之挫，皆为人多所震眩也；一则以久战伺暇隙，我进则彼退，我退则彼又进，顽钝诡诈，揉来揉去，若生手遇之，或有破绽可伺，则彼必乘隙而入，次青在抚州诸战是也；二者皆难于拒御。所幸多则不悍，悍则不多，盖贼多则中有裹胁的人，彼亦有生手，彼亦有破绽，吾转得乘隙而入矣。

告示及实收，新岁再当继寄。季高信甚明晰，以后得渠信，弟即遵而行之，自鲜疏失。余于十九日抵九江，廿五六日自九江回吴城，廿八九可抵省城。迪庵之陆师更胜于甲寅塔、罗合军之时，厚庵水军亦超出昔年远甚，而皆能不矜不伐，可敬爱也。

袁州往返千余里，吾即不请父大人远出。若江西军事得手，明年或可奏明归觐乎？余不一一，顺贺岁喜。

再：梧冈于军中小事，尚能办理妥协；遇有大事，则无识无胆。设有探报称东路有贼数千，西路来贼数千，南北两路各数万，风声鹤唳，大波特起，则梧冈摇惑无主，必须吾弟作主也。

到吉安后，专为自守之计，不为攻城之计。打数大仗后，则军心民心大定，此军乃可特立也。

弟若久驻吉安，余于正月初旬即至吉安犒师，并拟请父亲大人来袁州一行。父子相离四年，或得借此一见，则弟军在吉安不遽掣动，亦一好事也。于公则吉安有一技劲旅，筹饷较易；于私则兄可借此以谒父亲，不知弟意以为然否？如以为然，则请在彼深沟高垒，为坚不可拔之计，先为不可胜，然后伺间抵隙，以待敌之可胜。无好小利，无求速效。至要至嘱。再问近好。

【评述】

曾国藩认为，一般人在透视成功者时往往难以顾虑到事物仍在发展变化中的因素，对成功者更难识别是少年早发还是大器晚成。他说，具备早成天赋及聪慧的人会很快崭露头角，处理事务游刃有余；但是那些大器晚成者，往往持重，愿意通过艰苦努力获得成功。对后一种人更不可以掉以轻心。

曾国藩不承认天才，而主张后天的努力和磨炼。认为没有韧性，在不经意间成功的人，会导致因初时太顺利而忘乎所以。因经验积累不够，心理也不够成熟，又不愿再付出艰苦努力，成就难以通天，一如江郎才尽。他认为一寸一分地积累功夫的人，表面看来比那些投机取巧、轻取轻进的人似乎又钝又迟，甚至有点迂，但功底深厚，厚积薄发，必成大器。对于绝大多数并非天才的人来讲，这是成才的正道。

曾国藩主张，办事情也是如此，要稳中求成。1863年12月，曾国荃的湘军围困天京已经一年之久，但不见攻下。1864年2月，曾国荃又指挥军队一面在太平门东侧挖地道，准备以炸药炸塌城墙攻城；一面以重炮狂轰地堡城。然而，连续进攻几个月，地堡城仍旧

固若金汤，岿然不动。地堡城攻不下来，太平门一带皆在此堡垒的火力控制之下，地道也就挖不成，湘军在地道口丢下数百具尸体仍挖不通，弄得湘军将领一个个垂头丧气，急得曾国荃天天骂娘。这时，各方面的压力纷至沓来，一是朝廷的压力，越摧越紧，二是舆论压力，认为曾氏兄弟为争天京全功，拒绝他军助援，当然还有其他对湘军不满情绪的发泄，而这时曾国藩并没有急躁，写信给他的弟弟曾国荃，有条不紊地进行指导和忠告：望弟无贪功之速成，但求事之稳适。两个月后，天京终于被攻克。

由此可见，一点点进步都是来之不易的，任何伟大的成功都不可能唾手可得。千里之行，始于足下，不积跬步，无以至千里；不积小流，无以成江海。西方的德·迈斯特也说："耐心和毅力就是成功的秘密。"西方还有一句格言："时间和耐心能把桑叶变成云霞般的彩锦。"

不贪功之速成，就不要被别人的俗见所左右，亦即不以众人之喜惧为喜惧。曾国藩说：我辈办事，成败听之于天，毁誉听之于人，唯在己之规模气象，则我有可以自主者，亦曰"不随众人之喜惧为喜惧耳。"通过曾国藩对其弟攻南京一时未成之事的开导与筹划，足以看出曾国藩不求速成但求稳适的办事之道。

【原文】

久未接弟信，惟沅弟五月底信，言哥老会一事，粗知近况。吾乡他无足虑，惟散勇回籍者太多，恐其无聊生事，不独哥老会一端而已。又米粮酒肉百物昂贵，较之徐州济宁等处数倍，人人难于度日，亦殊可虑。

余意吾兄弟处此时世，居此重名，总以钱少产薄为妙。一则平日免于觊觎，仓卒免于抢掠；二则子弟略见窘状，不至一味奢侈。纪泽母子八月即可回湘，一切请弟照料。"书蔬鱼猪早扫考宝"八字，是吾家历代规模。吾自嘉庆末年至道光十九年，见王考星冈公日日有常，不改此度。不信医药、地仙、和尚、师巫、祷祝等事，亦弟所一一亲见者。吾辈守得一分，则家道多保得几年，望弟督率纪泽及诸侄切实行之。富托木器不全，请弟为我买木器，但求坚实，不尚雕镂，漆水却须略好，乃可经久。屋宇不尚华美，却须多种竹柏，多留菜园，即占去田亩，亦自无妨。

【评述】

清淡是曾国藩喜尚的人生涵养。他认为：涵养深有容量的人品德就高尚，遇事忍耐的人事情才能成功。这是因为，容量大就能原谅他人，有忍耐就会好事多磨。有一点不满意就勃然大怒；有一件小事违背自己的意愿就愤然发作；有一点优于他人的长处就向众人炫耀；听到一句赞颂的话就为之动容，这些都是没有涵养的表现，也只是小有福分的人啊。古人说器量随见识而增长，遇事不喜不惊，才可以担当大事业。的确，"有容德乃大，大忍事乃济。"

他还说：弟读邵子诗，领得恬淡冲融之趣，此自是襟怀长进处。自古圣贤豪杰、文人才士，其志事不同，而其豁达光明之胸大略相同。以诗言之，必先有豁达光明之识，而后有恬淡冲融之趣。如李白、韩愈、杜牧之则豁达处多，陶渊明、孟浩然、白香山则冲淡处

多。杜、苏二公无美不备,而杜之五律最冲淡,苏之七古最豁达。邵尧夫虽非诗之正宗,而豁达、冲淡二者兼全。吾好读《庄子》,以其豁达足益人胸襟也。去年所讲生而美者,若知之,若不知之,若闻之,若不闻之一段,最为豁达。推之即舜禹之有天下而不与,亦同此襟怀也。

这是曾国藩从传统文化中领会了恬淡冲融的情趣,这自然是胸怀有长进的地方。

所谓平淡,实际上主要是对老庄淡泊寡欲之说的继承和阐发。我们知道,一个健康的人,如果对世间之事不能看得平淡,一切都视为至关重要,都想去得到它,那么他的心境就会自觉或不自觉地被外物所扰乱,精神就会时时要受到牵累,常常会因一些不愉快的事情而耿耿于怀,就会影响到待人接物、处世治事的好坏成败。因此,曾国藩在

豆青釉加彩梅竹纹笔筒　清

强调静字的同时,还主张要有平淡的心境。他说:"思胸襟广大,宜从'平、淡'二字用功。凡人我之际,须看得平,功名之际,须看得淡,庶几胸怀日阔。"并表示要"以庄子之道自怡,以荀子之道自克",要把"世俗之功名须看得平淡些"。因为他认识到,一般人之所以胸襟狭窄,全是物欲之念太重,功名之念太深。更具体些说,则是私欲围绕于心,精神无安静之日,自然也就日觉有不愉快的心境。他这里所谓的宜在"平、淡"二字上用功,即是要使心中平淡,不致为私欲所扰乱,务使精神恬静,不受外物之累,使自己置身于物来顺受,然后可以处于光明无欲的心境。

【原文】

日来接尔两禀,知尔《左传注疏》将次看完。《三礼注疏》,非将江慎修《礼书纲目》识得大段,则注疏亦殊难领会,尔可暂缓,即《公》《穀》亦可缓看。尔明春将胡刻《文选》细看一遍,一则含英咀华,可医尔笔下枯涩之弊;一则吾熟读此书,可常常教尔也。

沅叔及寅皆先生望尔作四书文,极为勤恳。余念尔庚申、辛酉下两科场,文章亦不可太丑,惹人笑话。尔自明年正月起,每月作四书文三篇,俱由家信内封寄营中,此外或作得诗赋论策,亦即寄呈。

写字之中锋者,用笔尖着纸,古人谓之"蹲锋",如狮蹲虎蹲犬蹲之象。偏锋者,用笔毫之腹着纸,不倒于左,则倒于右。当将倒未倒之际,一提笔则为蹲锋,是用偏锋者,亦有中锋时也,此谕。涤生字。

【评述】

历史上许多有成就的人物如果专注某一方面,可能会取得更大的成功。曾国藩经常慨叹:古往今来有大作为者,他们的才智只发挥到三成,而七成却没有用上。所以他信

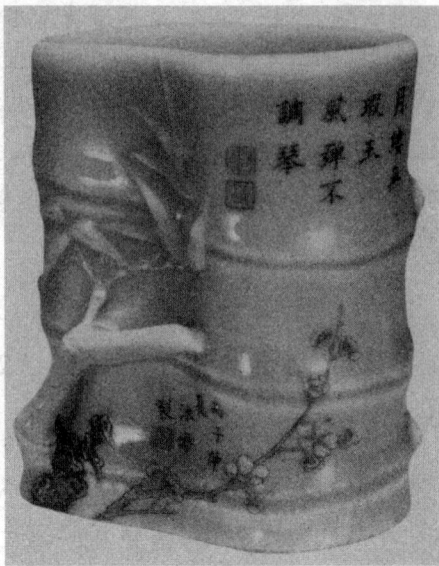

天、信运气。梁启程作为近代的改革家无疑是时代的骄子,但他的变法事业没能推进下去。他在文学、历史、文字学等方面也造诣非凡。但他在临终前谆谆教导子女们:以他的博杂不专为戒。后来他的儿子梁思成专攻建筑,成为当代中国建筑学的开山祖师。

曾国藩常以不专注为戒,他说:"不能专注于一的毛病,是因为温习得不够熟练,因为志向没有立好,也因为对此认识得不真切。如果真正清楚地了解了不能专注于一就会害心废学的危害,就像食鸟啄杀人一样,那么,精力就一定会专注了。不能专注于一,没有选择没有抱守,那么,纵然是心思用在《四书》《五经》上。也只算是浮思杂念,这是神思没有统率的缘故。"

曾国藩把做事专注有成运用到军事上,论到战守事宜时,他曾经说:"主守就是专守,主战就是专攻,主城就是专门修城,主垒就是专门修筑堡垒,万万不可以脚踏两只船,到打仗时候张皇失措!"

这里说治心作为治兵的根本,要想求得军事稳妥,应当专心致志。他在给左宗棠的回信中曾说过:"凡是准备好多事项时,就会分散精力,心专,就会考虑的周全。"

【经典实例】

苏东坡养心秘诀

曾国藩一生服膺苏东坡,对苏氏兄弟、子侄的一套养心法深研再三,并劝他那位颇有刚烈性格的弟弟曾国荃以及文弱得有些柔滑的儿子曾纪泽,多向苏东坡"请教"。苏东坡究竟练成了什么特殊的"养心经"让曾国藩如此钦服呢?

那是在宋神宗元丰三年(1080)初发生的事,苏东坡带着妻子儿女离开京都前往幽居之地黄州。黄州是长江边上一个穷苦的小镇,在汉口下面约六十里地。在这里,苏东坡开始深思人生的意义。在六月他写的别弟诗里,他说他的生命犹如爬在旋转中的磨盘上的蝼蚁,又如旋风中的羽毛。他开始沉思自己的个性,而考虑如何才能得到心情的真正安宁。他转向了宗教。在他写的《安国寺记》里他说:

> 余二月至黄舍。馆粗定,衣食稍给,闭门却扫,收召魂魄。退伏思念,求所以自新之方。反观从来举意动作,皆不中道。非独今之所以得罪也。欲新其一,恐失其二。触类而求之,有不可胜悔者。于是喟然叹曰:"道不足以御气,性不足以胜习,不锄其本而耘其末,今虽改之,后必复作。盍归诚佛僧,求一洗之。"得城南精舍,曰安国寺,有茂林修竹,陂池亭榭。间一二日辄往焚香默坐。深自省察,则物我相忘,身心皆空。求罪始所生而不可得。一念清净,染汙自落。表里悠然,无所附丽。私窃乐之……

在黄州,苏东坡的灵魂真正得到了解脱。苏东坡曾经说:"未有天君不严而能圆通觉悟者。"解脱,或佛道,皆始于此心的自律。人在能获得心的宁静之前(心情宁静便是佛学上之所谓解脱),必须克服恐惧、恼怒、忧愁等感情。在黄州那一段日子,苏东坡开始钻研佛道，以后的作品也就染上了佛道思想的色彩。他潜心研求灵魂的奥秘。他问自己，人如何才能得到心情的宁静？有印度瑜伽术，有道家的神秘修炼法，为人提供精确的心灵控制法，保证可以达到情绪的稳定，促进身体的健康，甚至，当然是在遥远的以后，甚至发现长生不死的丹药。对于精神的不朽呢？他对寻求长生之术十分着迷。他的弟弟子由也是养心有法。子由到淮扬送兄长到黄州时，苏东坡发现弟弟外貌上元气焕发。子由在童年时夏天肠胃消化不好，秋天咳嗽，吃药不见效。现在他说练瑜伽气功和定力，病都好了。苏东坡到了黄州，除去研读佛经

海南儋州东坡书院载酒亭　北宋

之外，他也在一家道士观里闭关七七四十九天，由元丰三年冬至开始。在他写的《安国寺记》里可以看出，他大部分时间都练习打坐。他在天庆观深居不出，则是练道家的绝食和气功，这种功夫，反倒在道家中发展得更高深，其实是从印度佛教传入中国的。元丰六年（1083年），苏东坡对佛经《道藏》已然大量吸收，而且时常和僧道朋友们讨论。以他弟弟为法，他开始练气功和身心控制。对求长生不死之药的想法，他并不认真，但是即使没法得到，但对获得身体健康与心情宁静，他总是喜欢的。

苏东坡在描写自己的修炼时，他发现瑜伽术有很多明确的特点。他控制呼吸，似乎是脉搏跳动五次算呼吸的一周期。吸，停，呼的比率是一：二：二。停止呼吸最长的时间是"闭一百二十次而开，盖已闭得二十余息也"，照印度的标准，较低的限制，是大约一百四十秒。像一般瑜伽的修炼者一样，他计算他的呼吸周期，也和他们一样，他自称在控制呼吸时（吞吐比例规则）有一段时间完全自动而规律。在集中注意力时，他也是凝神于鼻尖，这是瑜伽的一个特点。他也描写了一种为人所知的瑜伽感觉，在此一期间，心灵完全休息，再加上内有知觉的高度锐敏，他觉察到脊椎骨和大脑间的振动，以及浑身毛发在毛囊中的生长。最后，在他写的那篇《养生论》里，他描写此种状态的舒服，与从此种运动所获得心灵宁静的益处。

袁枚修葺"随园"

乾隆十三年（1748）秋天，袁枚还在江宁任知县时，用三百两银子买下当时金陵城郊的一座废旧庄园，进行修葺改造，并更名为随园。随园坐落在金陵城西北的小仓山北麓，原是雍正时江宁织造隋赫德的私人花园，故人称"隋织造园"。

由金陵城东门桥向西行约二里，遇到不算很高的两道山梁，这便是小仓山。小仓山

自清凉山分岭而下，中间有清池和水田，山间有树木掩映，郁郁葱葱，直至北门桥而止。每逢夏天到来，山间树木茂盛，繁花锦簇，百鸟争鸣，溪水淙淙，因而这里历来便是皇亲贵族们的避暑之地。历代不少文人墨客喜爱这个地方，据说，当初李白曾经过这里，十分迷恋这里的景色，便希望将自己的墓地修建在这里。袁枚一到这里便深深地为其独特环境所吸引，并决定将此地作为自己意绝仕途后的归宿。

在袁枚购得之前，随园因长期无人看管、年久失修，几乎成为一座荒园，园内亭台颓废、杂草丛生、树木枯萎、百花凋零，一片惨败景象。袁枚买了此园之后，按照自己的意愿和审美情趣，像是进行一项艺术创作一样，对此荒园进行精心的修葺和改造。

茨墙剪阖，易檐改涂。随其高，为置江楼；随其下，为置溪亭；随夹涧，为之桥；随其湍流，为之舟；随其地之隆中而歆侧也，为缀峰岫；随其蓊郁而旷也，为设宦瘪。或扶而起之，或挤而止之，皆随其丰杀繁瘠，就势取景，而莫之夭阏者，故仍名"随园"，同其音，易其义。

由此可见，袁枚精心修造的新的随园处处体现一个"随"字。实际上，这也正是他当时内心世界的反映。经历了几年的个人奋斗、宦海浮沉，他的人生态度发生了根本的转变，此时他所追求的不再是金榜题名、仕途升迁，而是远离尘世的烦嚣，顺应自己的情感和愿望，一种无拘无束、自由自在地生活的一种暇心，他是在寻找着一个能够实现他这一愿望、能够"随心所欲"地生活的世外桃源。因而，袁枚对随园的修葺和改造，实际上是在营造着自己的"精神家园"。

袁枚也是被林语堂称为把生活作为艺术的"匠人"。袁枚修葺完随园后，在《所好轩记》中这样自我表白：不喜音律，不善饮酒，不信佛道，不嗜赌博，喜爱风花雪月，古玩字画，山光水色，美女优倡，称得上"憎爱分明"了。

袁枚好色，对此他毫不自讳。他曾在《子不语·妓仙》中借妓仙之口表达了自己的思想："惜玉怜香而心不动者，圣也；惜玉怜香而心动者，人也；不知玉，不知香者，禽兽也。"在他看来，怜香惜玉，男女欢爱，本人之天性，是无可厚非的。他在《子不语》中还讲述了这样一个

乾隆皇帝礼冠上的顶珠

故事：一个小和尚跟随师傅在深山老林修行数年。一日，师徒二人下山，小和尚看到什么都觉得新鲜，见到牛马鸡犬，全不认识，师父就一一指给他认："这是牛，可以用来耕地；这是马，可以骑；这是鸡犬，可以打鸣报晓，可以看守门户。"小和尚一一点头，记在心里。忽然，一少女从眼前走过，小和尚问："这又是什么？"师父怕他动心，便非常严肃地告诉他：

"这是老虎，人一旦靠近，必被咬死吃掉，而且连骨头都不剩。"小和尚又点了点头。晚上回到山里，师父问他："你今天山下所看到的东西，可有心里老惦记的吗？"小和尚回答："所见的东西都不曾想，只是那吃人的老虎，心里总也割舍不了。"在这里，袁枚所表达的不单单是对小和尚的认同，里面也包含了他自己的一些思想和情愫。

在袁枚的人生旅途中，有过不少女子相伴和点缀。他二十四岁时娶王氏为妻，这算是正室，在此之后，他又先后纳陶姬、方聪娘、陆氏、金娘、钟姬等为妾。

袁枚对女性的好感，并不独钟于自己的妻妾。正像历史上众多的风流才子一样，每每遇到姿色艳美的女子，他常常要为之动心。

乾隆十三年(1748)的一天，一位朋友写信告诉他，一王姓女子因犯了一点官司，住在扬州，他愿将这女子送给袁枚做妾，袁枚得信后，忙租船赶往扬州。在一观庙中袁枚见到这位女子，一看果然丰姿绰约，楚楚动人，而且见到生人也毫不羞涩胆怯。袁枚动心了，想娶她为妾，只是又觉得皮肤稍微地黑了点，略显美中不足，于是作罢。乘船返回的路上，心里又割舍不下，当船到苏州时，急忙又派人回去打探，却早已被江东一小官吏娶走，不禁扼腕痛惜。袁枚历来对填词不屑一顾，可今日却专门为这一失之交臂的女子填了一首《满江红》：

> 我负卿卿，撑船去，晓风残雪。曾记得庵门初启，婵娟方出。玉手自翻红翠袖，粉香听摸风前颊。问嫦娥，何事不娇羞，情难说。
>
> 既已别，还相忆，重访旧，杳说庐江小吏公然折得，珠落掌中偏不取，花看人采方知惜。知平生，双眼太孤高，嗟何益？

从来不作词的袁枚，一道《满江红》却写得缠绵悱恻、情真意切，可见袁枚的确是动情了。

曾国藩读《随园诗话》时是否也想到随园主人的"生活艺术"，已经不得而知，但显然曾国藩赞同一个"随"字，"随"就是适意、适可之谓。他说自己"雕饰字句，巧言取悦"，已脱离了"随意"之旨趣，简直如作伪一样。一次闲暇，曾国藩在吴竹如家中听唱昆腔，心中甚为平静，由此联想到"古乐陶情淑性，其入人之深，当何如。"由此慨叹"礼乐不兴""天下缺乏人才"。

曾国藩修身砺志

曾国藩非常自信地认为，只要立志不摇，奋发努力，他的目的是可以达到的。他说："人苟能立志，则圣贤、豪杰何事不可为？"又说："我欲为孔孟，则日夜孜孜，唯孔孟是学，人难得而御我哉！"为了实现自己的目标，曾国藩广为涉猎，认真研读，刻苦治学，进行了巨大的努力。道光二十年至道光二十七年(1840至1847)间，曾国藩一直在翰林院、詹事府担任闲散文职。当时一些翰林耐不住清闲、寂寞之苦，纷纷告假以归。但曾国藩却认为这两个部门虽无具体事情可做，可真正是修身养望的地方，一定要充分利用这个难得

的条件,广为交流,精心研究适合当时社会的儒家经典和历代典章制度,从中汲取适合自己志向和应具备的经验才智。通过这一段真正的、扎扎实实的治心功夫,不仅为曾国藩当时步步高升奠定了坚实的基础,也为后来十分辉煌的事业准备了优良的条件。

曾国藩认为自己应首先"志大人之学"。他说:读书之志,须以困勉工夫,志大人之学。

人之气质,由于天生,本难改变,唯读书可以变化气质,古之精相法者,并言读书可以变换骨相,欲求变化之法,总须先立坚卓之志。即以余生平言志,卅岁最好吃烟,片刻不离,至道光壬寅十一月廿一日,立志戒烟,至今不再吃。四十六岁以前,做事无恒,近五年深以为戒,现在大事小事均有恒。即此二端,可见无事不可变也。古称金丹换骨,余谓立志即丹也。

这里所举的都是志大人之学之事。所谓大人之学,其中说得十分具体,民胞物与之量,内圣外王之业,使匹夫匹妇,皆得其所。所谓悲天命而悯人穷,这是何等盛德大业,岂是读书求官求荣之辈所能企及,又岂是终日诗赋帖括者所能望其项背。在曾国藩看来,假如

味余斋印 清

不把志向定得正大,则其流毒将不堪闻问。张蒿庵说过这么一句话,"学者一日之志,天下治乱之源,生人忧乐之本矣"。所谓一日之志,这里应该指的是学者读书为学之初,自己所期望于自己的,究竟是朝哪个目标发展与进取,是内心为何而奋斗的愿望与理想。这种目标与愿望若在于自己一身之屈伸,一家之饥饱,一族之荣辱,他就不会关心世俗之荣辱得失,难以天下为己任。假如志向与目标以及愿望在民胞物与,悲天悯人,那么所谓得志与民同之,不得志修身自好于世。无论在上在下,都可以正人心而厚风俗,才算得是学者正经。有了这种志向和愿望,虽然自己气质稍下,也可以加以改变。以民胞物与为怀、以天下为己任者,则子贤之言,皆我之言;书中之事,皆分内之事,自然会早晚以思,去其不如尧舜、不如周公者,而求其所以为尧舜为周公者。孜孜以求,朝吃夕惕,则未有不能达其愿望和理想的。而他努力和为之艰苦奋斗的地方,则在自己有十分坚韧的志向。所以,曾国藩所说的立志就是换骨之金丹。然而,所谓立志,又不是朝三暮四,或作或辍,一曝十寒所能奏效的,必须朝斯夕斯,抱定一息尚存此志不容稍懈的精神,然后才能不希望其速成,不为势利所诱惑。所以,曾国藩经常在立志之下,特意加上"有恒"二字,意思就是说志向必须有始终不懈的精神。

纵观曾国藩一生,几乎无时无刻不在立志,或立志德业惊人,或立志出人头地,或立志扫平"洪杨"。而其中最值得一提的却是两件事,一件是青年曾国藩在任翰林后,立下五箴自勉;一件则是官拜帮办团练大臣后,却受同僚之辱,因而愤走衡阳,练成了湘军。

道光十八年，又值三年大比。但曾国藩家中为了上次的进京会试和偿还易家借款，此时已无余款可供再度进京的旅费。幸得亲戚族人帮忙，借来三十三吊钱，曾国藩才得以成行。到得北京后，已只剩下三吊。倘若这一科再不中，少不得又要举债回家了。那时像这样苦的考生真是不多。

三月礼部会试，曾国藩得中第三十八名进士。接着复试、殿试、朝考成绩都很优异。引见皇帝之后，年仅二十八岁的曾国藩被授予翰林院庶吉士。科举时代的翰林，号称"清要词臣"，前途最是远大。内则大学士、尚书、侍郎，外则总督、巡抚，绝大多数都出身翰林院。

很多人到了翰林这个地位，已不必在书本上用太多的功夫，只消钻钻门路，顶多做作诗赋日课，便可坐等散馆授官了。曾国藩来自农村，秉性淳朴，毫无钻营取巧的习气；在京十余年来勤读史书，倒培养出一股"以澄清天下为己任"的志气来。为此，他将名字子诚改为"国藩"，即暗寓为"为国藩篱"之意，并做五箴以自勉。

1853 年 1 月 21 日，曾国藩正在家里措办母亲的丧事，接到咸丰帝的寄谕，命他帮同办理湖南省的团练乡民、搜查土匪等事务。曾国藩经过一番思想斗争后，毅然接受了这一任务。但是，帮办团练大臣却是一个极为特殊的职务，它不隶属于省的三台——抚台、藩台、臬台之内，但究竟又是朝廷的命官，不属地方绅士。这种"不官不绅"的特殊地位，给帮办团练大臣带来许多方便，即在募勇、练兵及其他举措方面存在灵活性，少受各种陋习的制约。但同时也带来许多难题，其中最重要的是地方官的支持与否，地方官若紧密配合，则事半而功倍，否则寸步难行。然而不久的永顺兵事件就让曾国藩大丢面子，当时他极想立即将永顺兵闹署事件上告朝廷，拼个究竟，但他经过对利弊的权衡，终于忍耐了下来，而冠冕堂皇地对人说："为臣子者，不能为国家弭大乱，反以琐事上渎君父之听，方寸窃窃不安。"

在这种左右交相煎迫的情况下，曾国藩只有一个办法：走！这年六月间，他跟鲍起豹等人的矛盾初起时，就曾私下对友人郭昆焘表示："久虱此地，以在戚而攘臂从政，以绅士而侵职代庖，终觉非是。何日江右解围，楚省弛防，脱然还山，寸心少安耳。"他准备以终制为名，超脱这是非之地；并且饬令张润农所带之兵"全数驻永"，王璞山所带之勇则"驻郴"，均不回省城，为自己的退避之路做准备。但是，他并没有真正打算解甲归乡，而是想着自己几个月来"弹压匪徒"的名声大振，不可半途而废。于是，他在永顺兵署事件后的第七天，即给朝廷上了个《移驻衡州折》，第二天就匆匆离长沙返乡。在乡间沉思了几天，于八月二十七日愤走衡阳。在奏折中，他声称"衡、永、郴、桂尤为匪徒聚集之薮，拟驻扎衡州，就近搜捕，曾于二月十二日在案"，现移驻衡州，正是实现原有的"查办土匪"的计划，要在衡州镇压农民暴动，这确是曾国藩当时的实情，但曾国藩却把自己移驻衡州的近因和内心活动向咸丰帝隐瞒了。

曾国藩从咸丰三年八月二十七日到达衡阳起，至他于咸丰四年正月二十八日自衡阳

起程出征止，共在这里生活了整整五个月。

曾国藩愤走衡阳之后，摆脱了许多应酬、牵制与无谓的烦恼，故得以放手发展和训练乡勇，终于形成了一支颇具规模、有较强战斗力的军队。曾国藩因祸得福，愤走衡阳成为他后半生成就事业的真正起点。后来他对幕僚谈起往事时，感叹地说："起兵亦有激而成。初得旨为团练大臣，借居抚署，欲诛梗命数卒，全军鼓噪入署。几为所戕。因是发愤募勇万人，浸以成军。其时亦好胜而已，不意遂至今日！"对于自己后来成为一代风流人物，位至侯爵，曾国藩确是始料不及的。

此时，曾国藩已练就水陆两师共一万人，其水师十营，前、后、左、右、中为五正营，五正营之外又分五副营，分别以诸汝航、夏鑾、胡嘉垣、胡作霖、成名标、诸殿元、杨载福、彭玉麟、邹汉章、龙献琛为营官带领，共五千人；陆勇亦五千余人，编列字号，五百人为一营。"其非湘乡人各领乡军者随所统为小营"，共十三营，分别由塔齐布、周凤山、朱孙诒、储玫躬、林源恩、邹世琦、邹寿璋、杨名声、曾国葆等带领。水路以诸汝航为各营总统，陆师以塔齐布为诸将先锋。"合以陆路之长夫、随丁，水路之雇船、水手，粮台之员弁、丁役，统计全军约一万七千人"。所备之粮台，带米一万二千石，煤一万八千斤，盐四万斤，油三万斤，军中所需之器物，应用之工匠，一概携带随行。

且说曾国藩从咸丰四年正月二十八日（1854年2月25日）起，统率全队水陆并进，浩浩荡荡，进驻长沙。军容之盛，使在这里的绿营相形见绌。这是曾国藩自咸丰三年八月愤走衡阳之后五个月中"打掉牙齿和血吞"，坚韧自励的结果。

曾国藩曾说，我常常忧心忡忡，不能自持，若有所失，到今年正月还是如此。我想这大概是志向不能树立，人就容易放松潦倒，所以心中没有一定的努力方向。没有一定的方向就不能保持宁静，不能宁静就不能心安，其根子在于没有树立志向啊！

另外我又有鄙陋之见，检点小事，不能容忍小的不满，所以一点点小事，就会踌躇一晚上；有一件事不顺心，就会整天坐着不起来，这就是我忧心忡忡的原因啊。志向没树立，见识又短浅，想求得心灵的安定，就不那么容易得到了。现在已是正月了，这些天来，我常常夜不能寐，辗转反侧，思绪万千，全是鄙夫之见。在应酬时我往往在小处计较，小计较引起小不快，又没有时间加以调理，久而久之，就是引盗入室了啊！

由此可见，曾国藩也是和我们一样的人，他有斤斤计较的时候，有见识浅短的时候，有心浮气躁的时候，但他敢于面对自己心灵中最黑暗的部分，无情地加入拷问，并提出努力改正和提高的方向，由此立志，正是曾国藩的过人之处。

曾国藩说："励志之心不可磨灭"，意思是：曾国藩讲求砺志，并强调砺志又必须通过读书来取得，不读书是难以立志的。不但自己，而且对他的子弟、幕僚、下属，也谆谆以砺志相勉。而砺志有为，进取向上的人也往往能得到贤达者的奖掖和提携。

曾国藩一生成就，可以说都是在砺志中，在"修身、治国、平天下"的教化下取得的。而曾国藩的家书，是其毕生奉行"砺志"的生活最为可信的实录。在他这数千封家信中，他以亲切的口吻、流畅的文笔，真实地表达了在砺志过程中的成功、失败、得意、困惑等种

种感情。

人们可以从这些信中，具体地看到生活现实与理性教条的碰撞，在一身居高位者心中激起的千般情绪；可以看到他怎样在极其复杂的人际关系中，坚持"孝悌忠信"，而使他内对长辈、平辈，上对皇帝、上司以及同级、下级都能通权达变获得成功。他的这些故事，生动有趣，更有价值的是，在这些故事中包含的许多即使在今天的生活中，也很有意义的教训和经验。有人说，它是一部协调人际关系的指南，一部正直、严肃地为人处世的教科书。

应该说，这些家书的最大的魅力在于诚恳。曾国藩一生以"砺志"相标榜，在家书中，对待亲人，它的字里行间，更有一种真诚的热情在流露，其中，不夹杂着世上常见的虚伪和造作成分，这是最能感人的。在家书中有许多篇是曾国藩教训其弟弟的，之所以能不引起对方的反感，恐怕就在于这个"砺志"上。

曾国藩在京任职时，还担负着教育诸弟的责任。他叫几位弟弟寄文到京，改阅后再寄回去。曾国荃本来随他在京读书的，后来回去了，他便写信给他的几位阿弟说：

九弟在京年半，余散懒不努力。九弟去后余乃稍能砺志，盖余实负九弟矣，余尝语岱云曰："余欲尽孝道，更无他事；我能教诸弟进德业一分，则我之孝有一分；能教诸弟十分，则我孝有十分；若全不教弟成名，则我大不孝矣！九弟之无长进，是我之大不孝也！"唯愿诸弟发奋砺志，念念有恒，以补我之不孝之罪，幸甚！

这样的兄长，兄弟能不受感动？读此家书能不感动？

曾国藩的家书中，内容极为广泛，大到经邦纬国，进德为官，朝政军务，治学修身；小到家庭生活，人际琐事，事无巨细，无不涉及。尽管许多信很琐碎，但处处流露出诚恳。

在曾国藩的家书中，充分反映了传统儒学的为人立世之道，表露了曾国藩在人品、精神上令人夺目的一面，这也是人们喜欢曾氏家书的原因之一。

在家书中，曾国藩袒露了他的砺志修身志向和为人处世的法则。

他以"君子庄敬日强"自勉。为此他勤于自省，在寄其父亲的信中曾说：

男从前于过失每自忽略。自十月以来，念念改过，虽小必惩。

又寄弟一函说：

余自十月初一日起，记日课，念念欲改过自新。思从前与小珊有隙，实是一朝之忿，不近人情，即欲登门谢罪。

曾国藩缘何写了那么多的书信，那么多的日记？知情者道，那是他在砺志。

以写大量的书信、日记砺志，历史上可为罕见。

生逢乱世的高明谋略家

唐朝李泌曾以与世无争的谋略，几度出山匡扶唐廷，力挽狂澜，立下卓著功勋。

李泌少聪敏，博涉经史，精研《易象》，善为文。得手长，常游于嵩、华、终南诸山间。当时他的名声很大，唐玄宗赏识他，夸他为"神童"。宰相张九龄器重李泌胆识，呼他为"小友"。唐玄宗欲授李泌官职，李泌固辞不受。玄宗命他与太子游，结为布衣交。太子常称其先生而不称名。

在天宝年间，李泌看到天下的危机形势，赴朝廷论当世时务，但为杨国忠所忌，于是他又潜遁名山。后安史之乱发生后，太子唐肃宗即位于灵武，特地召见李泌。李泌陈述天下成败之事，堪称肃宗之意。但李泌固辞官职。李泌说："陛下屈尊待臣，视如宾友，比宰相显贵多了。"最后被授以散官拜银青光禄大夫，使掌枢务，凡四方表奏，将相迁除，皆得参与。李泌虽不是宰相但权逾宰相。李泌劝唐肃宗俭约示人，不念宿怨，选贤任能，收揽天下人心，终于收复长安洛阳。李泌见唐廷转危为安立即要辞归山林。唐肃宗坚决不同意，说："朕与先生同忧，应与先生同乐，奈何思去？"李泌说："臣有五不可留，一是臣遇陛下太早；陛下任臣太重；宠臣太深；臣功太高；迹亦太奇；所以不可复留。"后来终于说服唐肃宗，李泌隐归衡山。

唐代宗时，时局艰难，藩镇割据，又特召李泌出山，命他为相，李泌一再固辞。代宗只好在宫中另筑一书院，使李泌居住，军国重事无不咨商，李泌又成了实际上的宰相。后来当时局好转后，李泌又辞归山林。

唐德宗时，又召见重用李泌。公元785年，陕虢都知兵马使达奚抱晖鸩杀节度使张劝，想以木已成舟之策，胁迫朝廷任其为节度使。唐德宗派李泌处理此事，并拟以神策军护送。李泌说："陕城三面悬绝，攻之未可以岁月下也，臣请单骑入之。"唐德宗说："单骑如何可入？"李泌回答说："陕城之人，不贯

执茶具女侍图　唐

逆命，此特抱晖为恶耳。若以大兵临之，彼坚壁定矣。臣今单骑抵其近郊，彼举大兵则非敌，若遣小校来杀臣，未必更为臣用也。"于是，李泌单骑赴陕，行至陕州近郊，抱晖将佐不等抱晖之命就来迎接。李泌入城后并不问抱晖罪，但索簿书，治粮储。有人告密，李泌概不接见，军中镇静如常。然后，李泌召见抱晖说："你擅杀朝使，罪应加诛，惟今天子以德怀人，我也不愿执法相绳，你且赍着币帛，虔祭前使，此后慎无入关，自择安处，潜来接取家属，我总可以保你无虞。"抱晖亡命而去，陕州遂为朝廷所有。李泌大智大勇，单骑下陕州，平定了内乱。

后来李泌辅佐德宗发挥了重大作用。他调和君臣，使君臣不疑，天下无事。仗义救

良将而不使株连无辜。主张联诸国、抗吐蕃。又清汰冗官，分隶禁军，调边境戍卒，屯田系师。与蕃贾互市，鬻缯易牛；募边人输粟，救荒济贫。其治国安邦之良策，均为唐廷采纳。李泌在适当时机辞去了相职，只任学士的散职。

李泌一生，好谈神仙，颇尚诡诞，实际这是个幌子。他危时出山辅政不争权位，安则归山养性，始终与世无争。但他历仕三朝，不是宰相胜过宰相，任凭风云变幻，他终能发挥济世安民的巨大作用。这个传奇人物实际是个生逢乱世的高明的谋略家。

陶渊明不为五斗米折腰

晋代，政治污浊，官员腐败，官场逢迎成风，以清高自命的陶渊明不为五斗米折腰，辞去县官，赋《归去来》辞，充分显示了他没同流合污的高尚情操。

陶渊明，东晋大诗人，一名潜，私谥靖节。因他任彭泽令，也称陶令。他是当阳柴桑（今江西九江）人。据《晋书·隐逸传》记载：渊明少时志怀高尚，博学善文，颖脱不羁。尝著《五柳先生传》，实是自况，说："先生不知何许人，不详姓字，宅边五柳树，因以为号焉。娴静少言，不慕荣利，好读书，不求甚解，每有会意，欣然忘食。性嗜酒，而家贫不能恒得。亲旧知其如此，咸置酒而招之，造饮必醉，既醉而退，曾不吝情，环堵萧然，不蔽风日，短褐穿结，箪瓢屡空，晏如也，常著文章自娱，颇示己志，忘怀得失，以此自终。"

陶渊明

陶渊明因亲老子女多，耕种不能自给，受聘为州祭酒，不堪吏职，便辞归。彭泽距家百里，便求得彭泽令。他素清高，不私事上官郡派，都督到县，其属吏说应束带见之，他叹气说："吾不能为五斗米折腰，拳拳事卿里小人邪！"于是解职归，乃赋《归去来》，其辞开头说："归去来兮，田园将芜胡不归！"最后说："已矣乎！寓形宇内复几时，曷不委心任去留，胡为乎遑遑欲何之？富贵非吾愿，帝卿（仙卿）不可期。怀良辰以孤往，或植杖而芸籽，登东皋（田旁高地）以舒啸，临清流（清澈的清水）而赋诗。聊乘化而归尽，乐夫天命复奚疑！"

陶渊明归后，以耕种、赋诗自乐。他长于诗文辞赋，有《陶渊明集》。其中的优秀作品隐喻着他对腐朽统治集团的憎恶和不愿同流合污的精神；《咏荆轲》《读山海经·精卫衔微木》等篇，则寄寓抱负，颇多悲愤慷慨之音。但也有宣扬"人生无常、乐天安命"等消极思想。

卷二　治军为政谋略

经文释义

【原文】

当此时事艰难，人心涣散之秋，若非广为号召，大振声威，则未与贼遇之先，而士卒已消沮不前矣。是以与抚臣往返涵商，竭力经营，图此一举。事之成败，不暇深思，饷之有无，亦不暇熟计，但期稍振人心而作士气，即臣区区效命之微诚也。

【译文】

正在这种时事艰难、人心涣散的非常时期，如果不广泛号召，大造声势，重振威风，那么，还没有和匪徒交锋，士兵就已经消沉沮丧、不思前进了。因此，我和巡抚反复书信商议，尽力策划准备，完全是为了这一行动。事情的成败，来不及深思；粮饷的有无，也来不及仔细考虑。只希望稍稍振奋人心，鼓舞士气，这就是我为国效命的一片诚心。

曾国藩

【原文】

不虑阁下之不善抚士，不善用奇，为谋，为勇，俱非所虑；但虑寸心稍存轻敌之见，则恐为士卒所窥，亦足长其骄气。

【译文】

我不忧虑阁下不善于抚慰士卒，不善于运用智谋。作为谋略和勇力都不必忧虑；只是忧虑你稍微存有轻敌的思想，就恐怕被士卒们看出，也就会增添他们的骄气。

【原文】

治军以勤字为先，由阅历而知其不可易。未有平日不早起，而临敌忽能早起者；未有平日不习劳，而临敌忽能习劳者；未有来日不能忍饥耐寒，面临敌忽能忍饥耐寒者。吾辈当共习勤劳，始之以愧厉，继之以痛惩。

【译文】

治军以"勤"字为先，从我的经历中就可以证明这是不变的真理。没有平时不早起，

而临敌时忽然能早起的人;没有平时不习惯劳苦,而临敌时忽然能习惯劳苦的人;没有平时不能忍饥耐寒,而临敌时忽然能够忍饥耐寒的人。我们都应当习惯勤劳,开始时要使人有惭愧之心并惕厉,继之以痛加惩戒。

【原文】

古人用兵,先明功罪赏罚。

救浮华者,莫知质。积玩之后,振之以猛。

医者之治瘠痈,甚者必剜其腐肉,而生其新肉。今日之劣弁羸兵,盖亦当为简汰,以剜其腐者,痛加训练,以生其新者。不循此二道,则武备之驰,殆不知所底止。

太史公所谓循吏者,法立令行,能识大体而已。后世专尚慈惠,或以煦煦为仁者当之,失循吏之义矣。为将之道,亦法立令行、整齐严肃为先,不贵煦妪也。

立法不难,行法为难。凡立一法,总须实实行之,且常常行之。

九弟临别,深言御下宜严,治事宜速。余亦深知驭军驭吏,皆莫先于严,特恐明不傍烛,则严不中礼耳。

吕蒙诛取铠之人,魏绛戮乱行之仆。古人处此,岂以为名,非是无以警众耳。

近年驭将失之宽厚,又与诸将相距过远,危险之际,弊端百出。然后知古人所云:做事威克阙爱,虽少必济,反是乃败道耳。

【译文】

古人用兵,必定要首先明确立功受赏、有罪受罚的原则。

救治浮华的最好措施,便是质朴。在长期的军风不整、纪律松弛之后,自然应当大刀阔斧,厉行改革,用公正、严明的重法加以纠治。

医生在治疗瘦弱的痈疮病人时,对于严重的,必定要剜去患处的腐肉,以便能长出新肉。今天的老弱残兵和劣质兵将,也应当全部予以淘汰,就像剜掉腐肉一样,割去没用的,留下有用的,并严加训练,促使新生力量的早日形成。如果不走这两条道路,则武备的废弛,不知何时才能达到尽头。

太史公司马迁所说的循吏(即良吏),只不过是法立令行、能顾全大局的人而已。后世专门推崇仁慈恩惠,有人以温和地行施仁义的官吏为循吏,已失去循吏的本义了。为将之道,也是以法立令行、整齐严肃为先,而不看重温和的妇人之慈。

立法并不难,难的是行法。每订立一项法令,总须实际在在地施行它,并且要持之以恒,不可有始无终。

九弟在临别时,特别强调治军应当严,处理事应当快。我也深知驭军驭吏,最重要的都莫过于"严"字,只是担心自己的见识太低,以致严得不合情理,不合法度。

吕蒙曾诛杀了私取铠甲的士兵,魏绛曾处死了私自乱行的仆人。古人这样做,绝不是为了沽名钓誉,只是因为不如此,就无法立威警众。

近年来,我驭将失之于太过宽厚,又与诸将距离甚远,因而在危难之际,弊端百出。有了此段经历之后,才能理解古人所说的话:做事如果能使威胜过爱,则人数虽少也能取

胜。反之，如果做事只讲慈爱而不讲立威，则必定是取败之道。

【原文】

前此泾县捉夫抢掳诸案，业经枭示数人，亦杀一警百之道。惟一味撇清，谓与贵镇营内勇夫无涉，究未免信心太过。盖统辖既多，必有耳目难周，号令不行之处。本部堂治军多年，刻刻严禁骚扰，而每遇人告我部下扰民之案，不敢护短以拒人言，不敢信我兵之皆良，不敢疑告者之皆诬也。贵镇于此类重案，事前既失于防范，事后袒庇部曲，坚拒人言，该军弁勇，从此益无忌惮，官民从此益不敢以实言相告矣。欲舆情之不怨，其可得乎？前此贵镇初驻泾时，发粥搭棚诸惠政，泾民靡不歌诵，本部堂每为之嘉慰无已。当此营规初坏，声名骤减之际，果能严于自治，实力整顿营规，保全旧日声名，在百姓最存公道，又将化怨詈为歌诵矣。不然以爱民始，以扰民终，先后判若两人，非本部堂拳拳委任之意也。凛之凛之，至嘱至嘱！

【译文】

此前泾县捉夫抢掳等案件，经枭首示众数人后，业已告结，也起到了杀一儆百的作用。只是你一味地声称自己是清白的，说此事与贵镇没有关系，这样终究是信心未免太过了。一般说来，统辖既多，一定会有耳目难以听到看到的地方，也有号令不执行的地方。我治军多年，一刻不停地严禁士兵骚扰百姓，每次遇到有人控告我的部下骚扰百姓的案件，我都不敢护短以拒绝别人的控告，不敢相信我的士兵都是善良的，也不敢怀疑控告的人都是诬陷。贵镇对于这类案件，事前既失防范，事后又袒护部下，坚决拒绝别人的控告，那么该军的士兵从此就会更加肆无忌惮，官民从此就更不敢对军队说实话，想使他们不怨恨军队，怎么能做得到呢？在此之前，贵镇最初驻扎泾县时，对百姓曾施行了发粥搭棚等惠政，对此泾县的老百姓没有不歌颂的，我每想到此都感到欣慰不已。当此营规初坏、声名骤减的时候，如果真的能严于自律，着力整顿营规，保全旧日的声名，百姓心中是最为公道的，他们又将化怨詈为歌颂。不然，以爱民开始，以扰民告终，先后判若两人，并不是我委任你们的真正本意。对此话要非常严肃地对待啊！

【原文】

国藩每念今日之兵，极可伤恨者，在"败不相救"四字。彼营出队，此营张目而旁观，哆口而微笑。见其胜，则深妒之，恐其得赏银，恐其获保奏；见其败，则袖手不顾，虽全军覆没，亦无一人出而援手拯救于生死呼吸之顷者。以仆所闻，在在皆然，盖缘调兵之初，此营一百，彼营五十。征兵一千而已，抽选数营或十数营之多，其卒与卒已不相习矣，而统领之将，又非平日本营之官。一省所调若此，他省亦如之。即同一营也，或今年一次调百人赴粤，明年一次调五十赴楚，出征有先后，赴防有远近，劳逸亦遂乖然不能以相入。"败不要救"之故，半由于此。又有主将远隔，不奉令箭不敢出救者；又有平日构隙，虽奉令箭故迟回不往救者。至于兵与勇遇，尤嫉恨刺骨，或且佯为相救，而倒戈以害勇，翼蔽以纵贼，种种情态，国藩尚得之闻问，阁下则身经百战，目所亲见者。今欲扫除而更张之，非营营互相救应不可，欲营营互相救应，非万众一心不可。

【译文】

　　国藩我认为现今的军队最可深痛的是"败不相救"。这个营出阵作战,那个营旁边侧立,边看边笑。见到其胜,就嫉妒它,恐他们得到赏银,恐他们得到保举;见到其败,就袖手旁观,不予相助,即使全军覆没,也没有一个军卒去援救他们出那陷围之中。我所听到的都是这种情况,只因为在调兵之初,这营一百,那营五十。如果征兵一千人,就抽选几营甚至十几个营的士兵,士兵与士兵之间都互不熟悉,况且统领将官,又不是平日本营的将官。一省是这样征调,他省也是如此。就是同一营的士兵有的今年一次调动百人去广东,明年一次调五十去湖北,出征时间有先后,出防地点有远近,劳逸不能有机结合。"败不相救"的缘由,一半出于此。又有主将远隔,没有奉到令箭无人敢去援助的;又因平日有隔阂,即使有令箭也迟迟不去救助。至于士兵和乡勇相见,尤其嫉恨入骨,有的假装相救,而临阵倒戈而杀害勇兵,保护放跑贼兵,这其间的种种情态,我还

将官盔帽　清

是听说,阁下你身经百战,自会亲见。现在欲废旧布新,使各营之间相互救助,除非团结一致,万众一心不可。

【原文】

沅弟左右:

　　昨日寄去二缄,一交来勇,一交解洋火之舢板。夜间接蒋、毛二公信,知寿州城外苗之营垒甚多而坚,二十八日虽破贼二垒,则伤亡颇众,余垒尚多。且闻苗将另调逆党截蒋、毛之粮道,调周军门赴六安,而萧军遂仍守巢县等处,不能进剿矣。苗逆既不易破,余须分力专顾北路。其东路二浦等处,望弟稳慎图之,总不外多用活兵、少求速效二语而已。霆军饷项极绌,而勇丁间有怨言,逃亡亦多,余时时惧其败挫。弟若果至北岸,望就近察看霆军气象何如?弊病安在?有何法可以整理?诸维留心,密以告我。顺问近好,并贺节喜。

　　　　　　　　　　　　　　　　　　国藩手草　五月初四日巳刻

【译文】

沅弟左右:

　　昨天寄去两封信,一封交给前来的兵勇,一封交给押解洋火的舢板。晚上收到蒋、毛两位的来信,得知寿州城外苗军的营垒较多而且坚固,二十八日虽攻破敌人的两个营垒,但是伤亡惨重,剩下的敌垒还有很多。同时听说苗将领另外调派逆党截断蒋、毛的粮路,调周军门赶赴六安,而萧军仍然守住巢县等地,不能前往剿敌。既然苗军不容易攻破,我必须分出兵力专门对付北路。东路的二浦等地,还希望弟弟小心对待,总的来说不外乎

多用机动部队，少追求快的效果这两句话而已。霆军的军饷十分紧张，而且丁勇们已有怨言，逃跑的也很多，我时时担心霆军溃败了。弟弟如果到北岸去，希望就近察看一下霆军的士气如何？弊病在哪里？有什么整治的方法？诸事留心察看、秘密地告诉我。顺问近好，并贺节喜。

国藩手草　五月初四日巳时

【原文】

少荃宫保于吾兄弟之事极为扶助，虽于弟劾顺斋不甚谓然，然但虑此后做官之不利，非谓做人之有损也。弟于渠兄弟务须推诚相待，同心协力，以求有济。淮军诸将在鄂中者有信至少荃处，皆感弟相待之厚，刘克仁感之尤深。大约淮湘两军、曾李两家必须联为一气，然后贼匪可渐平，外侮不能侵。

【译文】

李鸿章官保对于我们兄弟的事情一向极力帮助，虽然对你弹劾他的弟弟顺斋一事不很以为然，只是担心今后做官不利，并非觉得你在做人方面有缺陷。你对他们兄弟应当推诚相待，同心协力，以求成就大业。在湖北作战的淮军将领们写给李鸿章的信中，都感激你对他们待遇的优厚，刘克仁的感激尤其深。大约淮湘两军、曾李两家，必须联为一气，然后才能逐渐平定敌寇，抵御外侮。

【原文】

古人用兵，先明功罪赏罚。

救浮华者莫如质，积玩之后，振之以猛。

【译文】

古人用兵，首先明确立功有赏、有罪受罚的原则。

挽救浮华之弊的最好措施，便是质朴，在长期的恶习积存之后，必须采取刚猛的措施予以纠正。

【原文】

居高位之道，约有三端：一曰不与，《论语》所谓"巍巍乎，舜禹之有天下也，而不与焉"者，谓若于己毫无交涉也；二曰不终，古人所谓"日慎一日，而恐其不终"，盖居高履危而能善其终者鲜矣；三曰不胜，古人所谓"懔乎若朽索之驭六马，栗栗危惧，若将殒于深渊"，盖惟恐其不胜任也。鼎折足，履公悚，其形渥凶，言不胜其任也。方望溪言汉文帝之为君，时时有谦让，若不克居之意，其有得于不胜之者乎！孟子谓周公有不合者，仰而思之，夜以继日，其有得于惟恐不胜之义者乎！

庚申六月

【译文】

身居高位的方法，大约有三条：一是不参与，《论语》所说的"舜和禹真是崇高得很呀！

贵为天子，富有四海，但一点也不为自己。"是说好像与自己毫无交涉；二是不长久，古人所说的"一天比一天谨慎，唯恐高位不长久"，是因为身居高位、行走危险之地，而能够善终的人太少了；三是不胜任，古人所说的"惊心啊，就像以腐朽的绳索驾驭着六匹烈马，万分危险，就好像将要坠落在万丈深渊里。"说的是唯恐自己不能胜任。方望溪说汉文帝做皇帝，时时谦让，像有不能胜任的意思，莫非他在不胜任这方面有心得体会吗？孟子说周公遇到与自己意见不合的人，仰天而思虑事情的原委，以致夜以继日，莫非是他在唯恐不长久的道理上有心得体会吗？

庚申六月

【原文】

知足天地宽，贪得宇庙隘，岂无过人姿，多欲为患害：在约每思丰，居困常求泰，富求千乘车，贵求万钉带，未得求速赏，既得勿求坏。芬馨比椒兰，磐固方泰岱。求荣不知厌，志亢神愈忟，岁燠有时寒，日明有时晦，时来多善缘，运去生灾怪。诸福不可期，百殃纷来会。片言动招尤，举足便有碍。戚戚抱殷尤，精爽日凋瘵。矫首望八荒，乾坤一何大，安荣无遽欣，患难无遽憝。君看十人中，八九无依赖。人穷多过我，我穷犹可耐；而况处夷涂，奚事生嗟气？于世少所求，俯仰有余快，俟命堪终古，曾不愿乎外。语云：名根未拔者，纵轻千乘甘一瓢，总堕尘情；客气未融者，虽泽四海利万世，终为剩技。

【译文】

知足就会觉得心中像天地一样宽广，贪得无厌会觉得宇庙也十分狭小。对于没有超乎常人姿质的人来说，多欲多求就更招致祸害：贫困时总想到丰盛，困境时经常寻求平安，富贵时要求有千乘车，尊贵时追求万钉带，没有得到又要求迅速赏给，得到后又永久占有。芬芳的香气可比椒兰，位置稳固如同泰山。追求荣华富贵，没有知足，整日志气昂扬但精神越来越委顿，天气有寒有暖，日月有全有缺，时运好时多结善缘，时运不好会生灾患。各种福分不可期求，各种祸害往往纷至沓来。一句话会招人怨尤，一举足便会有障碍。怨尤逐渐加深，精神日渐萎靡，举首望世界，乾坤是多么大啊！得到荣誉不要立即欢欣，遇到患难也不要立即气馁。你看十个人中，八九没有依赖。别人穷困多超过我，我的穷困仍然可以忍耐；况且处于平坦夷途，还有什么事值得嗟气叹息呢？对于世界少一些索求，走路、睡觉都十分愉快，听天由命活到老，就不会四处不安，俗话说：一个名利思想不能彻底拔除的人，即使能轻视富贵荣华而甘愿过着清苦的生活，最后还是无法逃避名利世俗的诱惑；一个受外力影响而不能在内心加以化解的人，即使他的恩泽能广被四海甚至遗留给千秋万世，其结果仍然是一种多余的伎俩。

【原文】

澄弟左右：

正月初六日起行，十五日抵徐州，十九接印。近又两奉寄谕，令回金陵。文武官绅，人人劝速赴江宁。申夫自京归，备述都中舆论亦以回任为善，辞官为非。兹拟于二月移

驻金陵，满三个月后，再行专疏奏请开缺。连上两疏，情辞务极恳至，不肯作恋栈无耻之徒；然亦不为悻悻小丈夫之态。允准与否，事未可知。

沅弟近日迭奉偷旨，遣责严切，令人难堪。固由劾官、胡二人激动众怒，亦因军务毫无起色，授人以口实；而沅所作奏章，有难免于讪笑者。计沅近日抑郁之怀，如坐针毡之上。

霞仙系告病引退之员，忽奉严旨革职。云仙并无降调之案，忽以两淮运使降补。二公皆不能无郁郁。大约凡作大官，处安，荣之境，即时时有可危可辱之道，古人所谓富贵常蹈危机也。纪泽腊月信言宜坚辞江督，余亦思之烂熟。平世辞荣避位，即为安身良策；乱世仅辞荣避位，尚非良策也。

二月初五日

【译文】

澄弟左右：

我正月初六日起行，十五日到徐州，十九日上任。最近又接两道令我回江宁的谕旨。文武官员和乡绅都劝我马上去江宁。申夫从京城回来，为我详细讲述京城的舆论也都是认为我应该回江宁，而不能辞职。现在我准备二月去往江宁，等满了三个月，再专门写奏章请求辞职。接连呈上两篇奏章，态度一定要表现得诚恳，不做贪恋官位、毫无廉耻的人，但也不做愤愤不平的姿态。能不能得到批准，那就不清楚了。

沅弟最近几天连连接到圣旨，受到很严厉的批评，让人难以接受。本来是因为弹劾官、胡二人，结果引起众怒，也因为军务没有什么转机，给人留下了把柄；而且沅弟写的奏章，也难免有嘲笑别人的话。我想他这些天肯定是心情忧郁、如坐针毡。

霞仙本是准备告病退休的官员，突然接到用词严厉的圣旨而被革职，云仙并没降职的原因，却忽然降职、补授两淮运使。两位都难免心情忧闷。大约做大官，处在安乐、荣耀的地位上，就随时有招来灾祸、导致败辱的可能。古人所说的，富贵往往使人走向危险，就是这个意思。纪泽腊月给我的信里说应该坚决辞去两江总督的职务，我也再三想过。太平时辞去荣誉、避开高位，就是安身的好办法；乱世时这样做还不是好办法。

二月初五日

【原文】

臣窃闻国贫不足患，惟民心涣散，则为患甚大。自古莫富于隋文之季，而忽致乱亡，民心去也；莫贫于汉昭之初，而渐致乂安，能抚民也。我朝康熙元年至十六年，中间惟一年无河患，其余岁岁河决，而新庄高堰各案，为患极巨；其时又有三藩之变，骚动九省，用兵七载，天下财赋去其大半，府藏之空虚，殆有甚于今日，卒能金瓯无缺，寰宇清谧，盖圣祖爱民如伤，民心固结而不可解也。

【译文】

我认为国家贫穷不必担忧，只有民心涣散所造成的祸患却是最大的。自古以来没有

比隋文帝末年更富的时候了，可是突然之间天下大乱，直至灭亡，主要原因是丧失了民心；自古以来没有比汉昭帝初年更穷的时候了，可是渐渐走向治理安定，关键在于能安抚百姓。我朝康熙元年至十六年，只有一年没有河患，其他每年大河都要决口，而新庄高堰各地区造成的灾难最为重大；恰在当时又发生了三藩事变，惊扰了九个省，打了七年仗，天下的财物耗损了大半，仓库空虚，比现在还要严重，但最终还能够使领土完整，天下安宁，那是因为圣祖能够全心全意地关怀爱护百姓，致使民心坚定团结，不可瓦解。

【原文】

至于设法防范，殊乏良策。洋人语言不通，风俗迥异。彼以助我而来，我若猜忌太深，则无以导迎善气。若推诚相见，又恐其包藏祸心。观于汉口焚船等案，片言不合，戎事立兴。嫌衅一开，全局瓦裂。臣始终不愿与之会剿者，盖亦筹之至熟。与其合而复离，不若量而后入。倘我军屯驻之处，彼亦不约而来，实逼处此。臣当谆饬部曲，平日则言必忠信，行必笃敬；临阵则胜必相让，败必相救。但有谦退之义，更无防范之方。吾方以全力与粤匪相持，不宜再树大敌，另生枝节。庶几有容有忍，宏济艰难，愚虑所及，不审有当万一否。所有遵旨妥议缘由，理合会同浙江抚臣左宗棠、江苏抚臣李鸿章，恭摺复奏，伏乞皇上圣鉴训示。

【译文】

对于设法防范方面，实在没有好的办法。洋人与我们语言不通，风俗又大不相同。他们打着帮助我们的旗号而来，我若猜忌太重，则无法导引友善和气。若推诚相见，又恐怕其包藏祸心。考虑汉口焚船等案，片言不合，战事立生。嫌衅一开，全局瓦裂。我始终不主张与他们会剿的原因，已经考虑得非常透彻了。与其先合后离，不如先考虑成熟再联合。倘使我军屯驻之处，他们不约而至，实逼处此。我必当谆诚士卒，平日言必忠信，行必笃敬；临阵胜必相让，败必相助。只有谦退之义，却无防范之办法。我们正与粤匪相持，不宜再树大敌，另生枝节。应该容忍谦让，共济艰难，我考虑到的，不知有当万一否？所有遵旨妥议缘由，理应会同浙江抚臣左宗棠、江苏抚臣李鸿章，恭以折上奏，希望皇上圣鉴训示。

【原文】

窃臣于正月十七日请训摺内，具陈直隶劣员风气甚坏，必须大加参劾，以做官邪。荷蒙圣慈垂鉴。覆任以后，密扎藩臬两司，令将府、厅、州、县各员开列优者一单，劣者一单，面呈商办，而清河道官直隶最久，亦令就所见所闻，开单密呈，以备参劾。旋据卢定勋、张树声等先后呈送清单，分注考语，臣详加核对，与臣在途在京所采访者大致相合。足见直道之公，古今无异，秉彝之好，远近攸同。而月余以来，接见群僚贤员亦尚不少，差喜所见，胜于所闻，但令彰瘅之无私，可冀风气之渐转。兹就劣迹尤著甄劾十一人，开具清单，恭呈御览。虽鉴衡未必允当，然在臣实已博访周咨，不敢轻听浮言，不敢稍涉成见。此外尚有十余人访察未确，俟两三月后详细推求，于行据实具奏。重者仍令罢斥，不致同罪而异罚，轻者予以自新，略示

大诚而小惩,其两司单开之贤员与臣所访各单相合者,亦分作两次进呈御览。

【译文】

我在正月十七日上奏的请训折中,将直隶官员风气败坏的情况都已经陈述明白,我认为必须大加整顿,给那些贪官予以警告。承蒙圣上明察。我到任以后,暗地里给藩臬两司书信一封,让他们将府、厅、州、县的官员分清廉、贪,各列一单当面呈上协商处理,清河道在直隶最久,也就令他把所见所闻,列单秘密呈上,用来准备整治。过了不久,根据卢定勋、张树声所列清单,分别考证,我详细地加以审核,这和我在赴任途中所调查的情况基本相符合,由此可见忠直的官员,无论何时都是极尽本分的。一个多月来,我接触的官员有很多,从他们那里所听到情况还是令人鼓舞的。希望从此风气能有所好转。现在我把所查核的罪大恶极的十一人列单呈上,恭请圣上过目。虽说不十分确实,但是我确实多方查问,不敢轻信旁人,不敢稍带个人成见。另外还有十几个未曾察明,等两三个月后,详细查清再据实上奏圣上。严重的仍罢官受斥责,不会因犯同一罪过而惩罚有所不同,案轻的责令他们改过自新,对他们应该重在劝诚而不在惩罚,藩臬两司所列的正直官员与我调查也相符合,我也分作两次呈圣上御览。

【原文】

仆虽浅鄙,亦尝私聆君子之风,以为国家政体,当持其大端不宜区区频施周罔,遮人于过。即清理籍贯一事,亦谓宜崇宽大未可操之壹切,使人欲归不得,欲留不许,进退获尤,非盛朝采庶士之谊。仆持此议,盖非一日,适会朱君出仆门下,外人仆持之颇坚,以为是固私有所徇,非天下之公义也。仆怀不能因足下言及此,遂尽与披。顷以为仆不欲操之壹切,乃大体宜尔,非护门生而勤私属也。中有所激,则词色稍厉;而足下乃遂谓语意见侵,无乃以凡近之言相律,而不深察所以立言之意乎?若谓曹司主议,堂上啸诺,则今日见风气滔滔已久,仆之不能障而挽之,盖亦慨然内伤。足下幸未置身其中,天下事履之而后艰耳。书不能一二,它日相见,当盛加宾敬,以崇节概,且敦雅故。

【译文】

我虽浅薄庸俗,但也曾在私下领受过有德君子的风范,认为国家的施政方针,应当在大的方面重点把握,不该在枝节方面过多干预周密算计,使人动辄得咎。就说清理籍贯这一件事,我也认为应该崇尚宽大,不能搞一刀切,使有些人想回原籍回不了,想留现居之处又不允许,无论怎么做都是错,这不合我们强大兴旺之皇朝广揽人才的一贯情理。我坚持这一主张,由来已久,碰巧朱君是我的门生,他人见我主张这一点较为坚决,就认为我原来是出于私心而故意如此,不是从天下的公道出发的。我的内心隐衷无法表白,因您说到了这些,于是就全盘向您披露出来。不久前我说不想搞一刀切,乃是从大局考虑应该如此,不是袒护门生而照顾自己的亲朋故人。因为心中有所激愤,言辞上就不免稍显严厉;而您由此就说我盛气凌人,莫非您这是仅在随手写出的言辞上吹毛求疵,却没有深入体察我之所以说这番话的本来用意吗?至于说中央各曹衙门的负责人在主持议案时，各官员无不齐声附和赞同，眼下的这种风气已经泛滥很久，我不能阻止并挽救这一局面，同样也感慨万千，黯然伤神。您幸亏没有置身于官场之中，不过您要知道，天下的事情往往是在亲自做了之后才深知它的难处啊！信上不能多说，将来见到您，一定要隆重欢迎款待，既对您的节操气概表示崇敬，而且进一步加深我们的老交情。

【原文】

窃查场商运盐，须持执照先赴场官衙门挂号铃印护运出场，原以区别官私。乃泰州分司所属何垛场大使徐友庚，于各商呈照请运，并不随时印发。上年清水潭决口，该场猝遭水患，存垣之盐人人争先趱运，期保商本。徐友庚辄藉公出为名，捺搁照票，勒借各垣商经费，以致商怨沸腾，赴司控告，业经署运使程桓生将该大使撤任。

臣查场员有保卫商灶之责，徐友庚平日操守平常，办事苛刻，本属不协商情。今复必捺照阻运，藉词索借，实属任性妄为，不知自爱。相应请旨将何垛场大使徐友庚即行革职，永不叙用，以示惩儆。

【译文】

我私下查访盐场商人运盐，必须拿执照先到盐场衙门挂号、盖印办手续，方可运盐出场，原意是区别官私。可是泰州分司所属的何垛场大使徐友庚，对各盐商出示执照请求运盐，却不及时印发。去年清水潭决口，该盐场突然遭到水淹，存在仓库的盐人人争先搬运，以保商业的本钱。徐友庚就借公家支出为名，扣押运盐的照票，勒索盐商向他们借钱，以至于商人纷纷抱怨，把他控告到上司那里，已经由署过使程桓生将该大使撤职。

我认为场员有保护商人利益的责任，徐友庚平时人品才能平常，办事却十分苛刻，所领导的下属又不熟悉商情。现在竟又敢扣押运照阻碍盐运，向盐商索取贿赂，实在是胆大妄为，不知道自爱。应该请求圣上将何垛场大使徐友庚立即革职，永不再用，以示警诫。

【原文】

臣查去冬以来，巢、含失守，庐江戒严，吴燮和每禀军情，张惶失措，臣已屡批严行申饬。其办理防守，挪用正款，均经造报核销，何得藉端科派？系前此所买，二月以前，禀明存仓有案，何得于五月复行开报重价？吴燮和又于四月禀请缓收上忙，以纾民困，何得私收亩捐钱米至二、三千串之多？种种狡诈贪鄙，实出情理之外，若不从严参办，何以励廉

棕漆皮铜镀金六节望远镜　清

隅而做官邪？相应请旨将五品衔署安徽庐江县事候补知县吴燮和即行革职，永不叙用，仍勒追所收捐项，按数清缴，以为营私罔上者戒。

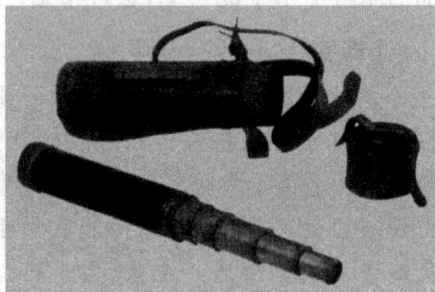

【译文】

据我核查，自去年冬天以来，巢、含二县失守，庐江戒严，吴燮和每次禀报军情，总是张皇失措，我已多次批文严厉告诫。他负责办理防守事宜，挪用正当款项，都已经批准报销，怎能又借此事派收捐税呢？米是以前买的，二月以前，他还写过票明仓有存米的文书，怎能在五月又开出重价报销？吴燮和又于四月请示缓收上期田赋，以缓解百姓的穷困，又怎能私自收取亩捐钱米达二、三千串之多？种种狡诈贪鄙的行为，确实是超出情理之外，若不从严惩办，凭什么来勉励廉洁、告诫百官呢？应当请示圣旨，将五品衔代理安徽庐江县事候补知县吴燮和立即革职，永不再用，还要下令追回所收亩捐钱米，如数清理上缴，以此来告诫那些营私舞弊、欺骗上司的人。

智慧通解

【原文】

廿三日接弟十八日信，欣悉甲五、科三两侄于初一、初四均得生子，先大夫于十日之内得三曾孙。余近年他无所求，惟盼家中添丁，心甚拳拳，今乃喜溢望外。弟之有功于家，不仅谋葬祖父一事，然此亦大功之昭著者，即越级超保，亦必不干部驳也。

来汝会晤一节，尽可置之缓图。顺斋排行一节，亦请暂置缓图。此等事幸而获胜，而众人耽耽环伺，必欲寻隙一泄其忿；彼不能报复，而众人若皆思代彼报复者。吾阅世最久，见此甚明。寄云一疏而参抚，黄藩又一片而保抚，郭、臬、李非不快意，当时即闻外议不平。其后小蘧果代黄报复，而云仙亦与毛水火，寄云近颇悔之。吾参竹伯时，小蘧亦代为不平，至今尚痛诋吾兄弟。去冬查办案内密片参吴少村，河南司道颇为不平，后任亦极隔阂。陈、黄非无可参之罪，余与毛之位望积累尚不足以参之，火候未到，所谓燕有可伐之罪，齐非伐燕之人也。以弟而陈顺斋排行，亦是火候未到，代渠思报复者必群起矣。苟公事不十分掣肘，何必下此辣手？汴之紫三本家于余处颇多掣肘，余顷以密片保全之，抄付弟览。吾兄弟位高功高，名望亦高，中外指目为第一家。楼高易倒，树高易折，吾与弟时时有可危之机。专讲宽平谦巽，庶几高而不危。弟谋为此举，则人指为恃武功，恃圣眷，恃门弟，而巍巍招风之象见矣。请缓图之！

再，星冈公教人常言："晓得下塘，须要晓得上岸。"又云："怕临老打扫脚棍。"兄衰年多病，位高名重，深虑打扫脚棍，蹈陆、叶、何、黄之复辙。自金陵告克后，常思退休藏拙。三年秋冬，应让弟先归。四年夏间，僧邸殉难，中外责望在余，万难推卸，又各勇遣撤未毕，不得不徘徊审慎。今年弟既复出，兄即思退。逮大暑病瘦之后，言路又有"避贼而行"之劾，决计引归，拟八九月请假二次，十月开缺；今群捻东窜，贼情大变，恐又不能遽如吾意。弟若直陈顺斋排行，则人皆疑兄弟熟商而行，百喙无以自解，而兄愈不能轻轻引退矣。望弟平平和和作一二年，送阿兄上岸上，再行轰轰烈烈做去，至嘱至嘱！

胡润帅奉朱批不准专衔奏军事，其呕气百倍于弟今日也，幸稍耐焉。兄又手致。

[又九月初二日书云：]

顺斋一案，接余函后能否中辍？悬系之至。此等大事，人人皆疑为兄弟熟商而行，不关乎会晤与否。譬如筱泉劾官，谓少泉全不知情，少泉劾余，谓筱泉全不知情，弟肯信乎？天下人皆肯信乎？异地以观，而弟有大举，兄不得诿为不知情也。审吴厚庵告病，季高调督陕甘，仲山升督闽浙，子青督漕，鹤侪抚秦，环视天下封疆，可胜两湖之任而又与弟可水乳者，殊难其选。朝廷亦左右搜索，将虽器使，良具有苦心耳。

【评述】

其实，早在安庆战役后，曾国藩部将即有劝进之说，而胡林翼、左宗棠都属于劝进派。劝进最有力的是王闿运、郭嵩焘、李元度。当安庆攻克后，湘军将领欲以盛筵相贺，但曾国藩不许，只准各贺一联，于是李元度第一个撰成，其联为"王侯无种，帝王有真"。曾国藩见后立即将其撕毁，并斥责了李元度。在《曾国藩日记》中也有多处诫勉李元度审慎的记载，虽不明记，但大体也是这件事。曾国藩死后，李元度曾哭之，并赋诗一首，其中有"雷霆与雨露，一例是春风"句，潜台词仍是这件事。

李元度联被斥，其他将领所拟也没有一联合曾意，其后"曾门四子"之一的张裕钊来安庆，以一联呈曾，联说：

天子预开麟阁待；

相公新破蔡州还。

曾国藩一见此联，击节赞赏，即命传示诸将佐。但有人认为"麟"字对"蔡"字不工整，曾国藩却勃然大怒说："你们只知拉我上草案树，（湖南土话，湘人俗称荆棘为草案树）以取功名，图富贵，而不读书求实用。麟对蔡，以灵对灵，还要如何工整？"蔡者为大龟，与麟同属四灵，对仗当然工整。

还有传说，曾国藩寿诞，胡林翼送曾国藩一联，联说：

用霹雳手段；

显菩萨心肠！

曾国藩最初对胡联大为赞赏，但胡告别时，又遗一小条在桌几上，赫然有："东南半壁无主，我公其有意乎？"曾国藩见之，惶恐无言，将纸条悄悄地撕个粉碎。

左宗棠也曾有一联，用鹤顶格题神鼎山，联说：

神所凭依，将在德矣；

鼎之轻重，似可问焉！

左宗棠写好这一联后，便派专差送给胡林翼，并请代转曾国藩，胡林翼读到"似可问焉"四个字后，心中明白，乃一字不改，加封转给了曾国藩。曾阅后，乃将下联的"似"字用笔改为"未"字，又原封退还胡。胡见到曾的修改，乃在笺末大批八个字："一似一未，我何词费！"

曾国藩改了左宗棠下联的一个字，其含意就完全变了，成了"鼎之轻重，未可问焉"！所以胡林翼有"我何词费"的叹气。一问一答，一取一拒。

安庆省城战图　清

　　曾国藩的门生彭玉麟，在他署理安徽巡抚，力克安庆后，曾遣人往迎曾国藩东下。在曾国藩所乘的坐船犹未登岸之时，彭玉麟便遣一名心腹差弁，将一封口严密的信送上船来，于是曾国藩便拿着信来到了后舱。但展开信后，见信上并无上下称谓，只有彭玉麟亲笔所写的十二个字：

东南半壁无主，老师岂有意乎？

　　这时后舱里只有曾国藩的亲信倪人毓，他也看到了这"大逆不道"的十二个字，同时见曾国藩面色立变，并急不择言地说：

　　"不成话，不成话！雪琴（彭玉麟的字）他还如此试我。可恶可恶！"

　　接着，曾国藩便将信纸搓成一团，咽到了肚里。

　　当曾国藩劝石达开降清时，石达开也曾提醒他，说他是举足轻重的韩信，何不率众独立？曾国藩默然不应。

【原文】

　　九月初二日刘一来江西，奉父亲大人、叔父大人手谕，敬悉家中平安。而澄弟在永丰，沅弟在省，季弟居稍远，均无安信，纪泽儿亦未写信，则殊不可解。自瑞、临道梗，不通音问者已八阅月，此次刘一等回家，纪泽应惊喜异常，写详禀以告家中之琐事，以安余之心。即今年新婚一节，亦应将喜事之首尾、新妇之贤否缕晰禀告，何竟无一字上陈耶？嗣后每次长夫来营，纪泽必写详禀一封，细述家中及亲邻之琐事，并陈己身及诸弟之学业，每次以一千字为率，即以此当问视之子职可也。

　　温甫病已痊愈，眠食均皆复旧，惟脚力略软，是以尚留省城再为调养。余于初三日自省起程，初五日至瑞州，见刘峙衡营务整肃，治全军如治一家，每日皆饭毕始近黎明，深堪佩服。普承尧宝勇营亦队伍整齐。吴竹庄彪勇现已分出进省，另剿东路广信之城。省兵五营在瑞者，亦尚有规矩。余驻瑞数日，即行回省，令温弟来瑞也。

　　沅弟在长沙招勇，不知系代南坡兄办就后即交他人管带？抑系系亲自统辖与周凤山并为一军乎？抑各树一帜乎？此间有凤新虎三营千七百人，周凤山之旧部也，益以渠在长沙所招之千五百人、王吉昌投效之八百人，已足自成一军，皆永州道，新宁，江西四属之人,即不收王吉昌之勇,亦尚有伍化蛟等营可以合并。沅弟所招之湘勇似不必与周合,如来瑞州,则与峙峙衡合可也,与宝勇合亦可以;如来吉安,则须另觅一军合之。沅弟与黄南兄、夏憩兄熟商后,望专人飞速寄信来江。安五在营浮躁,不甚守规矩,兹遣之送信回,以后不可令渠来营。余俟续布。

[又十七日与沅弟书云:]

十七日李观察处递到家信,系沅甫弟在省城所发者。黄南兄劝捐募勇规复吉安,此豪杰之举也。沅弟能随南翁以出,料理戎事,亦足增长识力。南翁能以赤手空拳干大事而不甚着声色,弟当面留心仿而效之。

[又十月初二日与沅弟书云:]

弟所部之千五百人者,兄意决望其仍来瑞州,与温并营。盖峙衡治军整肃,实超辈流,弟若与之同处一二月,观摩砥厉,弟与温合之二千人决可望成劲旅。而憩兄与南兄与我投契凤深,又为此间官绅之所属望,一至章门,则嘘枯振萎,气象一新,使我眉间忽忽有生气。望弟商之季兄、憩兄、南兄,即率此千五百人速来瑞州。兄得与憩、南两君熟商一切,大局或有转机,温弟亦得更番归省,公私实为两利。

【评述】

曾国藩共有 4 个弟弟。大弟叫曾国潢,字澄侯,比他小 9 岁;三弟曾国荃,字沅甫,比他小 13 岁;四弟曾国葆,字季洪,后改贞干,字事恒。

其中二弟曾国华和三弟曾国荃,都先后跟随曾国藩一起在北京读书,虽然后来科举考试失败,但却与其兄结下了很深的情谊。他们都不是安于现状的人,看见曾国藩在外带勇打仗,也总想出来一显身手,曾国藩知道军营的风险,不愿意自己的弟弟们也来受这份罪,所以,多次写信回家,要求他们安心读书,勤俭持家。他在一封家信中说到:

带勇之事,千难万难,任劳任怨,受苦受惊,一经出头,则一二三年不能离此苦恼。我食禄有年,受国深恩,自当尽心竭力办理军务,一息尚存,此志不懈。诸弟则当伏处山林,勤俭耕读,奉亲教子,切不宜干涉军务,恐无益于世,徒损于家。至嘱至嘱。

然而,当曾国藩坐困江西,一筹莫展之时,他又常常想自己的身边要是有几个亲兄弟帮助,一定比现在的这帮人可靠。他的苦处,曾国华等在湘乡也明显地感觉到了。曾国藩几个月不通家信,便使他们心中极为不安。特别是曾国藩的父亲曾麟书更是思儿心切,一连数日,饭茶不香,明显消瘦,脸上的颊骨又突了出来。几个儿子成天围着他,不知如何是好。曾府的气氛压抑得让人有些喘不过气来。

曾国荃和曾国华终于憋不住了,去找父亲和其他的兄弟商议办法。大家计议,总觉得不能在家中干等着,应该找人帮助曾国藩一把。去找谁最合适呢? 无非就是在长沙的左宗棠和在武昌的胡林翼。左宗棠虽与曾国藩有些矛盾,但毕竟是仗义之人,到了这种危急的时候,想他也不会撒手不管。至于胡林翼,曾家对他历来不错,这个人也最懂得讲究大局,自然会想方设法帮助曾国藩。他们最后商定,分两头进行联系,而将重点放在胡林翼的身上。于是,曾府给骆秉璋和左宗棠各发去一封信,请求他们组织援军以解救曾

国藩和他的湘军部队。

在家人的努力下，终于组成三支救援的队伍开到江西，于是曾国藩深深感到亲族血缘的关键与珍贵。因而他也赶紧给兄弟送去温情回报，再也不反对其弟弟进入军营。

【原文】

十六日在南康府接父亲手谕及澄、沅两弟、纪泽儿之信，系刘一送来，二十日接澄弟一信，系林福秀由县送来，具悉一切。

余于十三日自吴城进扎南康，水师右营、后营、向导营于十三日进扎青山。十九日，贼带炮船五六十号、小划船五六十号前来扑营，鏖战二时，未分胜负。该匪以小划二十余号又自山后攒出，袭我老营。老营战船业已全数出队，仅坐船水手数人及所雇民船水手，皆逃上岸。各战船哨官见坐船已失，遂尔慌乱，以致败挫。幸战舟炮位毫无损伤，犹为不幸中之大幸。且左营、定湘营尚在南康，中营尚在吴城，是日未与其事，士气依然振作。现在六营三千人同泊南康，与陆勇平江营三千人相依护，或可速振军威。

曾国荃

现在余所统之陆军：塔公带五千人在九江，罗山带三千五百人在广信一带，次青带平江三千人在南康，业已成为三枝，人数亦极不少。赵玉班带五百湘勇来此，若独成一枝，则不足以自立；若依附塔军、依附罗军，则去我仍隔数百里之远；若依附平江营则气类不合。且近日口粮实难接济，玉班之勇可不必来。玉班一人独来，则营中需才孔亟，必有以位置之也。

蒋益澧之事，唐公如此办理甚好。密传其家人，详明开导，勒令缴出银两，足以允服人心，面面俱圆。请苹翁即行速办，但使探骊得珠，即轻轻着笔，亦可以办到矣。

此间自水师小挫后，急须多办小划以胜之，但乏能管带小划之人。若有实能带小划者，打仗时并不靠他冲阵，只要开仗之时，在江边攒出攒入，眩贼之眼，助我之势。即属大有裨益。吾弟若见有此等人，或赵玉班能荐此等人，即可招募善驾小划之水手一百余人来营。

冯玉珂所缴水勇之抢银及各银应缴营者，可酌用为途费也。余在营平安，惟癣疾未愈，精神不足，诸事未能一一照管，小心谨慎，冀尽人事以听天命。诸不详尽，统俟续布。父亲、叔父大人前恭请福安。

顷与魏荫亭谈及招小划水勇一事，渠可家与萧可卿商办。大约每划五人，五划立一哨官，每百人四哨官，十余哨即立一营官。此不难于招勇，而难于选求哨官、营官。澄弟

若见有可当哨官者,或令其来营,或荐于荫亭。勇则不必招,听萧、魏办理可也。

【评述】

"塞翁失马,焉知非福"的典故就是告诫人们,失败有时也会带来意想不到的成功,或者说损失也会带来意想不到的收获。《菜根谭》中的一段话说得更加明确:

居逆境中,周身皆针砭药石,砥节砺行而不觉;处顺境中,眼前尽兵刃戈矛,销膏靡骨而不知。

这就是说,对失败与成功要有辩证的态度,失败和成功是经常可以互相转化的。因为一个人生活在艰难困苦的环境中,那身边所接触的全是犹如医疗器材般的事物,在不知不觉中会使人产生一种危机感,因而在不知不觉中就会磨炼自己的意志,由此把人带入成功;反之,一个人生活在无忧无虑的顺境中,这就等于在你的身边摆满了刀枪利器,在不知不觉中使人的身心受到腐蚀而走向失败。这就告诉人们,失败的时候,有利于奋起,下一步就是成功;成功的时候,会导致骄傲,下一步就是失败。因此,成功与失败是可以互相转化的,遇到失败不要悲观失望。

对于这一点,曾国藩深有见地,他不仅自己能够正确地面对失败挫折,而且当他的亲人遭遇挫折的时候,他也以这种深刻见的去开导他们。如他的弟弟科考不利遭遇挫折的时候,他写信说:

洪弟考试不利,一点儿小小得失,不值得在意。补发的案卷上有名,不去复试,较为妥当。今年的院试若能考得满意,才真正是大幸;即使不被录取,去年家里既然已经考中一人,今年有点小挫折,也属自然盈虚曲折的道理,不必郁闷忧愁。植弟的书法非常好,然而按照惯例,凡未经过岁考的人是不符合选拔条件的,弟若去参考选拔,必定会受到同行的指责而被冷眼相看。及至选拔不上,旁人也不以为是不符合条件而失利,反而认为是由于你写作不好而被除名的。自己既然明知道去参考不符合惯例,又何必要去受人家一番指责呢?弟来信问我是否应该去参考,我的意见是应以科考正场为依据,如果正场能取一等补廪,则考试选拔时,就已经是作为正式的原生入场了;如果不能补为廪生,而是作为增生去考试选拔,那就全然不必去参考,以免白白招人妒忌。

曾国藩自己也是一个着眼于大局、对小的失败或挫折能淡然处之的人。攻占天京后,曾氏兄弟功成名就后也招人忌恨。尤其是锋芒毕露的曾国荃更是如此,仿佛不回籍"养病"就不能平息众怒一般。曾国藩对他说:我们兄弟已占尽天下难有的功劳,这段历史怕是要载入史册的。至于那些怨谤的话,已无足轻重,听之任之吧。曾国荃回到家乡后,他更是一天一信,千叮咛万嘱咐,主要强调的是留得青山在,不怕没柴烧。有了曾国藩的劝导、鼓励,曾国荃的心绪也好了起来,不久也就出山了。

但是,真正有远见的人,还是在挫折与失败中,保持希望与热情,不屈不挠,坚韧不拔。或者是在胜利中深谋远虑、高瞻远瞩,尽量避免失败与挫折,曾国藩可谓是一个这样的人。

【原文】

初四夜连接二十八、三十及十月初一日三次信缄,具悉一切。

初四日接奉二十日寄谕,夷务和议已成,鲍军可不北上。九月初六日派带兵入卫一疏,殆必不准,从此可一意图东南之事。

安庆所挑余亲兵两哨,若悉系上选,恐狗贼来援,打仗又少些好手,弟细心斟酌,或待击退狗援后,再令两哨南渡亦无不可。余前廿八日一缄,谓不须挑人来祁,一半是恶刘、李索钱太多,一半是恐安庆挑出好手,难当大敌也。此次商令缓来,则专来恐扯薄安庆起见,弟细酌之。

贼若有大股从练潭来集贤关,希庵若不递援,弟军足支持二三日否?千言万语都不要紧,惟此是性命关头。次青以不能战守,身败名裂,弟所争者在能守与否,若能守住四五日,则希庵之援兵必至矣。专意待希之救,万一希被桐城等处之贼牵制,不能援怀,亦事势之所时有。弟此刻与诸将约定,预为守营五日昼夜不息之计。贼初来之日,不必出队与战,但在营内静看,看其强弱虚实,看得千准万准,可打则出营打仗,不可打则始终坚守营盘,或有几分把握。闻迪庵于六年八月在武昌击石逆援贼,即坚守静待之法。每日黎明贼来扑营,坚守不动,直至申酉间始出击之,故无日不胜。希庵新援皖泉。莫令当撤委,令希查办。

【评述】

一个人无论如何伟大,相对于奔腾不息的历史而言,总是渺小的。就一个人的一生而言,也往往是逆境多而顺境少。孟子有"天将降大任于斯人也,必先苦其心志,劳其筋骨,饿其体肤,空乏其身,行拂乱其所为,所以动心忍性,曾益其所不能。"也是说一个人要想有所作为,必须忍受住逆境的煎熬。

对待逆境,曾国藩首先是承认现实,保存自己,不做以卵击石般的无谓牺牲。他说:我在《杂著》中专门引用《周易》的"否卦",我对这一卦的卦辞有不同常人的理解:事业得不到发展,道路闭塞不通,是因为行为不正的奸佞之徒当道而造成的。奸佞当道,道德高尚、坚守正道的人是吃不开的。这种时刻,做什么事情总是失去的多,得到的少。

奸佞当道,小人得势,不会政通人和,事业会遭受损失。正派而能干的人是不能展示才干、发挥作用的;如果直言或试图有所作为,不仅无济于事,反而会遭受陷害。大的方针政策不能变动,只好在具体工作的小地方做些补救。损失是不可避免的。曾国藩所讲的是"识时务"。

但是,如果一味顺从,人成为逆境的奴隶,也就不能改善自己的环境,更谈不到有所为了。因此,曾国藩从承认现实、识时务的角度出发,引申出逆境的第二种应对策略:练内功、求自强。他于1866年12月在一封家书中历数自己经历许多逆境而成功的例子说:困心横虑,正是磨炼英雄,玉汝于成。李申夫尝谓余悁气从不说出,一味忍耐,徐图自强,因引谚曰:"好汉打脱牙,和血吞",此二语是余生平咬牙立志之诀。余庚戌辛亥间为京师权贵所唾骂,癸丑甲寅为长沙所唾骂,乙卯丙辰为江西所唾骂,以及岳州之败,靖江之败,湖口之败,盖打脱门牙之时多矣,无一次不和血吞之。

曾国藩自谓"打脱门牙之时多矣,无一次不和血吞之。"可见其坚忍卓绝的意志,强毅不屈的气度。唯其时受挫折,经患难,故其德业也时有长进。对此,曾国藩说:

谚云:"吃一堑,长一智"吾生平长进,全在受挫受辱之时。

又说:余生平吃数大堑,而癸丑六月不与焉。第一次壬辰年发佾生,学台悬牌,责其文理之浅。第二,庚戌年上日讲疏,内画一图,甚陋,九卿中无人不冷笑而薄之。第三,甲寅年岳州靖港败后,栖于高峰寺,为通省官绅所鄙夷。第四,乙卯年九江败后,赧颜走入江西,又参抚臬,丙辰被困南昌,官绅人人目笑存之。吃此四堑,无地自容,故近虽忝窃大名,而不敢自诩为有本领,不敢自以为是。俯畏人言,仰畏天命,皆从磨炼后得来。

对身处逆境时应守的道理,曾国藩说:就像《西铭》所讲的"没有地方可以躲避,只有等着被烹死,这就是晋献公世子申生的恭顺。勇敢地承认现实,又顺从命令的,只有伯奇能做得到。"这些话,太真切了。

【原文】

初二专丁到,接廿八夜之缄,具悉一切。

东流在江边,周万倬一营驻焉,向归厚庵调遣。建德在山内,去江五十里,普钦堂全军驻焉,向归江西调遣。曾得胜者,普部九营中之一营也。池州贼来东流,则畏水师,若至建德,并不与水师相干。全调普军则可,专调曾营则不可。弟屡指调该营,不知何人所说,似不甚当于事理。兄目下实无以应弟之请,谅之。

长濠用民夫,断非陈米千石所可了,必须费银数千,此等大处,兄却不肯吝惜。

有人言莫善徽声名狼藉,既酷且贪,弟细细查明。凡养民以为民,设官亦为民也;官不爱民,余所痛恨。

宁国尚未解围。闻贼将以大队救安庆,南岸似可渐松。

南坡信大有可采,此人真有干济之才,可敬可敬!

家信四件附还。

【评述】

曾国藩在修身、求才、治军、治政的方面深有心得,为了达到礼治的目的,他"以礼自治","以礼治人"。为此,先正己,以正人。

曾国藩致胜之由,首先得助于他有一股强大的精神力量。他昭告天下说:"本人德薄能少,独仗'忠信'二字为行军之本。"这是实在的。他就是凭着对封建王朝的耿耿忠心而百折不回,最后达到了他的反动事业的"光辉"顶点。

但"忠信"是封建时代大部分臣下的共同思想,除此之外,曾国藩的政治思想中还有更深层次的东西,这便是礼治。

礼治,是儒家的传统学说,曾国藩完整地继承了这一学说,并有所发展,使之成了他的政治思想的核心。

礼是随着人类社会的诞生而诞生的。原始社会中,人类对图腾的崇拜,对天地的祭

祀,便大有一种"礼"存在其中;中国封建社会初期出现的《仪礼》《周官》,是孔子及其后学将他之前的礼仪、礼节和典章制度加以整理而成的。《礼记·礼器》说:"经礼三百,曲礼三千。"这都是繁文缛节,但通过这些繁文缛节所体现出来的,却是上下尊卑的等级制度。"于《仪礼》用力甚深",且任过礼部侍郎的曾国藩,根据自己的理解,对礼的内容做过详尽的叙述,他认为礼包括两方面的内容:一是洒扫沃盥等等生活方面的"常仪""定位"或"常度";一是"辅世长民""治国平天下"之术。自然后者是礼的最基本的最本质的内容。

封建社会的"礼",也是一个不断发展的概念;它的具体内容,常因时而变革。《说文》:"礼,履也,所以事神致福也。"礼,本是用以祭祀神灵的。后来,才逐渐用于政事和人事。孔子说:"殷朝沿用夏朝之'礼',并有所增补,这可得知。周朝沿用殷'礼',并有增补,这也可得知。那些继承周礼的,即使百年,还可得知。"经过长时间的演变、补充和完善,到了曾国藩生活的时代,礼的内容已大大扩充。"虽极军旅战争食货凌杂,皆礼所应讨论之事。"

曾国藩相当推崇清初秦惠田的《五礼通考》,原因之一是,他认为这本书除介绍吉、嘉、宾、军、凶五礼外,"自天文、地理、军政、官、制,都荟萃其中,并综九流,细破无内",而且"举天下古今幽明万事,而一经之以礼,可谓体大思精矣。"所以他感慨地说:"先圣制礼之体之无所不包,本来如是也!"在曾国藩看来,礼是"无所不赅"的,包括为人治世的一切具体内容:"先王之道,所谓修己治人,经纬万汇者,怎么汇聚?亦曰礼罢了。"这样,他便把礼和他的经世致用之学沟通了起来。这就无怪乎他极力推崇那本各种制度沿革史的《通典》,说:"杜君卿《通典》,言礼者十有其六,其识已跨越八代矣。"又说:"欲全览经世大法,必自杜氏《通典》始矣。"并且自己"尝欲集盐漕、赋税、国用之经,分别为一遍,傅于秦书之后",以补秦书之缺,而消弥"其食货稍缺"之憾。

正因为礼无所不赅,所以,声称要效法"尧、舜、禹、汤、文、武、周公之学"的曾国藩,便强调礼为治政之本。他说:"昔孔子好语求仁,而雅言执礼,孟子亦仁礼并称,盖圣王所以平物我之情而息天下之争,本质之莫大于仁,外表之莫急于礼。""船山先生注《正蒙》数万言,注《礼记》数十万言,少以究民物之同目源,显以纲维万事,灭世乱于未形。"他把礼的作用看得如此之宏大,以致可以究民物之同原,可以纲维万事,平物我之情,可以息天下之争,弭世乱于未形。礼,简直成了曾国藩治国平天下的不二法门。

当然,这样阐述礼与政治的关系,并不是曾国藩的发明。《孟子》说:"见其礼而知其政。"《荀子》说:"礼者,政之輓也。为政不以礼,政不行矣。"《左传》中说:"礼以体现政。""礼,国之干也。""礼,政之舆也。""夫礼,所以整民也。""礼,经国家,定社会,安定人民,利于后嗣者也。"《国语》说:"夫礼,所以正民也。""夫礼,国之纪也。"《礼记·礼运》说:"礼者,君之大柄也,所以别嫌明微,傧鬼神,考制度,别仁义,所以治政安民也。"《中庸》说:"明乎郊社之礼,细尝之义,治国其如示诸掌乎!"在中国封建社会的三千多年的历史长河中,儒家关于礼与国政的这种至大又至纤的关系的学说,被历代统治者所接受。作为湘军的总头目、两江总督的曾国藩也认为，"古之君子""修身、齐家、治国、平天下"，则一秉乎礼。从深处说，舍礼无所谓道德；从表面说，舍礼无所谓政事。礼不仅是修身、齐家的道德规范，更是一切社会行为的正宗标准。曾国藩进一步直截了当地说："古之学者，无所谓经世之术也，学礼焉而已。"从正面说，学经世之术，就得学礼，或者干脆一点说，经世之术就是礼；从反面说，维护"三纲九法"，就得隆礼。他说："将欲黜废邪恶而反经，果操何道哉？夫亦曰：隆礼而已矣！"总之，学习礼，尊崇礼、遵循礼，是治政的根本方针。故李鸿章概括曾国藩说："其学问宗旨，以礼为归。"郭嵩焘也概括说："曾氏以为圣人经世宰物，纲维万事，无他，礼而已矣。"

【原文】

二十四早接二十二酉刻之信，闳论伟议，足以自豪，然中有必须发回核减者，意诚若在此，亦必批云："该道惯造谣言也。"

苏州阊门外民房十余里，繁华甲于天下。此时乃系金陵大营之逃兵溃勇，先行焚烧劫抢，而贼乃后至。兵犹火也，弗戢自焚，古人洵不余欺。弟在军中，望常以爱民诚恳之意、理学迂阔之语时时与弁兵说及，庶胜则可以立功，败亦不至造孽。当此大乱之世吾辈立身行间，最易造孽，亦最易积德。吾自三年初招勇时，即以爱民为第一义。历年以来，纵未必行得到，而寸心总不敢忘爱民两个字，尤悔颇寡。家事承沅弟料理，绰有余裕，此时若死，除文章未成之外，实已毫发无憾，但怕畀以大任，一筹莫展耳，沅弟为我熟思之。吉左营及马队不往发矣。王中丞信抄去，可抄寄希、多一阅。

再，余有信、银寄吴子序、刘星房，望传知嘉字营帮办吴嘉仪，令其派二妥当人来此接银、信，送江省并南丰为要。

【评述】

任何时代能够建功立业的人，都有一个较为普遍的特点，即通过顺应时代——乘势而起——造势而雄的三段式作为人生成长的基本轨迹。

一个人无论多么伟大，他成功的第一步都首先需要将自己融入社会，并且要适应社会。这一时期，他必须深入地观察社会，认识社会，接受社会大熔炉的磨炼，形成自己的"思想"并发挥自我、改造社会的潜在技能。

第一时期的关键是，一个人不能只作社会的附庸，在他的个体生命熔铸社会后，就当很快走入第二阶段——乘势而起。这一阶段是最艰难的阶段，能否跨越这一阶段，可以说是成功的关键。一种情况是，许多人运气很好，个人天赋也有成就大事的条件，但随时俯仰，与世沉浮，让个体销蚀在社会与时代之中。另一种情况是，因为在走向成功的成长期，挫折颇多，几乎没有平坦之路可走。孟子所说的"天将降大任于斯人"，"必先如何如何"，显然孟子是把这些作为一个成功者必要的和先决的条件提出来的。孟子的话包括三层意思：一是必然经历精神磨砺，也即意志考验；二是肉体的折磨。三是你不胜任的东西要由你来完成（增益其所不能）。成功者经过诸般艰苦卓绝的过程后，他走完了脱颖而出、鹤立鸡群的过程。曾国藩做事情，讲究自胜自强，不随时浮沉。咸丰九年（1859）六月

的一则日记由写字联系到成功,他说:

> 余近日常写大字,渐有长进,而不甚贯气,盖缘结体之际不能字字一律。如或上松下紧,或上紧下松,或左大右小,或右大左小。均须始终一律,乃成体段。余字取势,本系左大右小,而不能一律,故恒无所成。推之作古文辞,亦自有体势,须篇篇一律,乃为成章。办事亦自有体势,须事事一律,乃为成材。言语动作亦自有体势,须日日一律,乃为成德。否则,载沉载浮,终无所成矣。

曾国藩这里讲的是他一贯倡导的成功要义之一法,即有恒法。同治五年(1866),曾国藩在一封家书中历数自己经历许多逆境而成功的例子说:困心横虑,正是磨炼英雄、玉汝于成。李申夫尝谓余悭气从不说出,一味忍耐,徐图自强,因引谚曰:"好汉打脱牙,和血吞",此二语是余生平咬牙立志之诀。余庚戌辛亥间为京师权贵所唾骂,癸丑甲寅为长沙所唾骂,乙卯丙辰为江西所唾骂,以及岳州之败、靖江之败、湖口之败,盖打脱门牙之时多矣,无一次不和血吞之。

曾国藩还说:

"吃一堑、长一智"吾生平长进,全在受挫受辱之时。

他历数早年经受的四大耻辱,使自己猛然警醒时说:

> 余生平吃数大堑,而癸丑六月不与焉。第一次壬辰年佾生,学台悬牌,责其文理之浅。第二,庚戌年上日讲疏,内画一图,甚陋,九卿中无人不冷笑而薄之。第三,甲寅年岳州靖港败后,栖于高峰寺,为通省官绅所鄙夷。第四,乙卯年九江败后,赧颜走入江西,又参抚臬,丙辰被困南昌,官绅人人笑存之。吃此四堑,无地自容,故近虽忝窃大名,而不敢自诩为有本领,不敢自以为是。俯畏人言,仰畏天命,皆从磨炼中得来。

曾国藩总结度过困境的经验,说"余于凡事皆用困知勉行功夫,困时切莫间断,熬过此关,便可少进,再进再困,再熬再奋,自有亨通精进之日。"

正由于曾国藩经受了艰难、耻辱、危急等多重考验,打通了"极困极难之境",所以才成为"好汉"。

成功者的第三阶段是事业的发展和辉煌时期。这一时期用造势而雄来形容十分恰当。因为这一时期已经没有太大的阻力,用势如破竹来形容可以,用排山倒海来说明也不是不可。因为他个体的生命已发生裂变,裂变成能够左右时局的"原子体"。他个人已经走过"借势"之时,开始造势、造新势,造有利于时代发展的另一种势。

走过第二阶段的标志是人已达到了一定的位置,有了一个足以施展个人才能的舞台。在走向第三阶段后,关键是个人的才能是否足以驾驭一个大小不等的环境。为什么同样的舞台,同样的位置,但结局却大不相同甚至截然相反呢?这可以归结为个人的差别。这种差别既有"硬件"方面的如才能,也有"软件"方面的,如素质等。

回过头来看曾国藩,他考中进士是个体融入社会的第一步,他跟随唐鉴、倭仁从事理学是融入时代的第二步。因为清朝崇尚理学,这是取悦于君、取悦于世的一个重要条件。但曾国藩没有停留在传统理学上,他又加入了实学的内含,这就是人世的根本,他后来的成就,在此奠定了许多。

咸丰二年(1852)开始,他开始步入艰难的成长期。这一阶段十分漫长,大体经过了十五年左右的时间,直到他担任两江总督为止。在此期间他多次自杀,又为京师、地方权贵所笑骂,为当局者所折抑,他自己说此期间"打脱牙之日多矣",就是最好的证明。同时,他是文人带兵,自将必败,但他最终打败了十几倍、几十倍于己的太平军,这就是"增益其所不能"的过程。曾国藩经历了孟子所说的多重考验,才有"花团锦簇"之后来。因此,当江南大营再次溃败时,左宗棠敏感地意识到"天意其有转乎",这就是机运。时代的变革已不可能在极短的时间内再组织成江南大营,历史选择了湘军。而当时曾国藩是湘军的创始人之一,是湘军这个团体的灵魂,因此选择湘军作为镇压太平天国的同时,也选择了曾国藩。难怪胡林翼等人说:以江南事付曾公,乱不足平。意思是让曾国藩收拾乱摊子,没有问题。这就是说,曾国藩的成功又有某种必然性。

【原文】

吾自服官及近年办理军事,心中常多郁屈不平之端。每效母亲大人指腹示儿女曰:"此中蓄积多少闲气,无处发泄。"其往年诸事不及尽知,今年二月在省城河下,凡我所带之兵勇扑从人等,每次上城,必遭毒骂痛打,此四弟、季弟所亲见者。谤怨沸腾,万口嘲讥,此四弟、季弟所亲闻者。自四月以后两弟不在此,景况更有令人难堪者。吾惟忍辱包羞,屈心抑志,以求军事之万一有济。现虽屡获大胜,而愈办愈难,动辄招尤,倘赖圣主如天之福,歼灭此贼,吾实不愿久居宦场,自取烦恼。四弟自去冬以来,亦屡遭求全之毁、蜚来之谤,几于身无完肤。想宦途风味,亦深知之而深畏之矣。而温弟、季弟来书,常以保举一事疑我之有吝于四弟者,是亦不谅兄之苦衷也。

甲三从师一事,吾接九弟信,辞气甚坚。即请研生兄,以书聘之。今尚未接回信,然业令其世兄两次以家信催之,断不可更有变局。学堂以古老坪为妥。研兄居马圩铺乡中,亦山林寒苦之士,决无官场习气,尽可放心。至甲三读书,天分本低,若再以全力学八股、试贴,则他项学业必全荒废,吾决计不令其学作八股也。

【评述】

古往今来,那些成就大事业的人,都是积累有素,厚积而薄发,一旦机会到来,乘势而上。除非动乱之世,社会处于无序状态,人的发展往往打破既定程序,就一般性而言,都从日积月累中成就。曾国藩历来将眼界宏大与小处入手相提并论,认为二者缺一不可。他还特别从历代有作为的帝王和宰相身上,印证他的结论。他曾有过这样的精彩之论:

古之成大业者,多自克勤小物而来。百尺之楼基于平地,千丈之帛,一尺一寸之所积也。万石之钟,一铢一两之所累也。周文王是中国难得的圣人,但自早晨至中午连吃饭的时间都没有。周公夜以继日,处理政务直到天亮。这些圣贤勤劳若此,则无小无大,何事敢怠慢!诸葛亮为相,自杖罪以上,皆亲自临决。杜慧度为政,纤密一如治家。陶侃综理密微,虽竹头木屑皆保存起来作为有用之物。朱熹曾说为学须铢积寸累,为政者亦未有不由铢积寸累而能够有所作为的。秦始皇用石来量书,不处理完毕不入睡;魏明帝自

己代行尚书事,隋文帝批文件无暇吃饭,令卫士送餐,这些皆为后世所讥笑,以为天子不当亲理细事。我认为天子或可以不亲细事,若为大臣者,则断不可不亲。汉帝向陈平问钱谷的事,不知,问刑狱的事,尚不知,未可以为人臣效法也。大凡建功立业,一定以亲眼所见者为有效。如有车必见其车具,如有衣必见其襟袖,若为广见博闻的君子,必见其著述满家,手稿累筐。若为躬行实践的君子,必见其面色之兴奋,徒党对他的感慕。如果善于治民,必见其所居之地百姓高兴的地方,离任时老百姓会十分眷恋他。假如善于治军,必见其有战则胜,有攻则取。若不以目所共见者为根据,而但凭心所揣度者为高,则将以空虚浅薄为哲理,而轻视务实,以崇尚空泛为贤能,而耻笑勤奋谦谨,何异于邓扬之徒,流风相煽,高心而空腹,尊己而傲物,大事细事,皆堕坏于稀里糊涂之中。亲者贤者,皆被拒于千里之外。以此而希望大业之成,不亦荒谬吗!孔子许诺仲弓为重要人才,而雍正以居敬为奉行简约之本,都一定是因为能够勤敬才无废事的。

事事从小处做起,则大事可成。曾国藩说:"泰山之高以其不弃粪壤,沧海之大,以其不拒浊流。"就是这个意思。

曾国藩善于体察人情世故,他认为人常有两种积习:或者好高骛远,眼高手低,这种人大事做不成,小事不愿做。他形象地称这种人其实是瞽者,即看不到方向的人。还有一种人整日陷于琐事中,只见树木不见森林,缺乏远见卓识。在此基础上,他提出"成大事者,目光远大与考虑细密二者缺一不可"的处世韬略。没有远大的目标,就会迷失方向,但必须按目标一步一步走下去,方有成功的可能。

曾国藩在给他弟弟的信中曾说:"古代能办成大事的人有两条,目光远大和考虑细密二者缺一不可。弟在考虑细密方面,精力比我强。军队中的器械,稍微精良的,应该另立一册,亲自登记,交代给一个可靠的人。古人用铠甲武装的鲜明作用,具有威震敌人显示威风的重要性,常可取胜。刘崎衡对于火器经常维修保养,对刀矛就全不讲究。我曾经派褚景明去河南采购白蜡杆子,又置办腰刀,分别赏给各将领和头目,他们很是喜爱和重视。弟一定留心这件事,这也是综理细微的一项内容。至于规模宜大,弟也是要讲求的。但讲究宏大的人最容易混入散漫的一路,遇事颠顶,毫无条理,就是再大,那又有什么可宝贵的?等级不乱,可以长久,器量宏大,就没有流弊了。"

就军事来说,军事计划最好是规模远大;整理军营内务最好是综理细密。不但要从"大处着眼",还必须从"小处下手"。他曾经说治军应当"认真对待小事",意义就在这里。他还说:"治军必须脚踏实地,注意小事,才可以每日有功。"

在给吴竹如的信中,曾国藩也说:"近年在军队里的经验多了,更知道天下的事应当从大处着眼,小处下手。陆氏强调说:'首先立下大志向的人',如果不辅之以朱子所说的'铢积寸累'的功夫,那么下梢就会完全没有把握。所以国藩治军,摒去一切高深神奇的说教,专在粗浅纤悉处下功夫。虽然遵守这一条不会取得大的功效,但从自己钝拙考虑,那么还像遵守约法那样去做。"

曾国藩在军事调度方面,常从大处着眼。他对于军事计划,虽然讲究规模远大,但仍然以稳妥可行为主,不至于流入散漫的那一路。如他在给左宗棠的回信中说:"我们凡是进行军事调度,都要考虑我们的力量够不够,同时也要考虑我们的智慧够不够。"

在给李元度的回信中说:"对于大的调度,在危急的情况下,特别要注意保住全军的士气为主。孤军无援,粮食和物资都供应不上,奔波疲惫,都会造成散乱,这是必然导致失败的道理。"

正因为曾国藩"规模远大",他率先设立水师,并坚守长江中游,与太平军打阵地战,寸土不让,寸土必争。也正因为如此,他敢于抗圣旨,不派鲍超入援京师,因为鲍军一撤,对太平军的多年持久战可能流于失败。这些都是大的方面。从综理密微而言,曾国藩做得更多,幕僚们赞叹他细微,任何小事都瞒不过他。

【原文】

春二,维王来营,接奉父亲大人手谕并诸弟信函,敬悉一切。

此间自五月十三日水战获胜后,三十日该逆七十余舟上犯至青山一带,我军出队迎敌,又获胜仗,夺回余去年所坐之拖罟船外,又夺贼战船五只,军心为之一振。六月初七日、初九夜两次风暴,营中坏船十余号,应修整者二十余号。

十三日派人至南康对岸之徐家埠,水陆搜剿。其地去湖口县七十里,贼匪督率土匪在该处收粮,诛求无度,民不聊生,因派水陆六百人前往搜剿。真贼十余率土匪三百人与我军接仗,仅放两排枪,该匪即败窜。追奔十余里,焚贼营十余所,焚辎重船百余只,击毙十余人,生擒七人。十四日收队回南康。十五日水师至湖口探看贼营情形,该匪坚匿不出,迨我军疲乏将归,逆船突出大战。我军未约定开仗,人心忙乱,遂致挫败,被该匪围去长龙一号,舢板船二号,三船共阵亡五十余人,受伤二十余人,军士之气为之一减。今年内湖水师共开四仗,两胜两败,湖口一关竟难遽、行打出,不胜焦灼!塔军门在九江十三日打一胜仗,杀贼三百余人,亦无益于大局也。自义宁州失守,不特江西省城戒严,而湖南亦有东顾之忧。盖义宁与平江、浏阳接壤,贼思由此路窥伺长沙。罗山现回江西省,拟即日进攻义宁,以绝两省腹心之患。若能急急克复,则桑梓有安枕之日,否则三面受敌,湖南亦万难支持。大乱之弭,岂尽由人力?亦苍苍者有以主之耳!

余癣疾未愈,用心尤甚,夜不成寐。常恐耿耿微忱,终无补于国事。然办一日事,尽一日心,不敢片刻疏懈也。陈竹伯中丞办理军务,不惬人心,与余诸事,亦多龃龉,凡共事和衷,最不易易也。澄弟近日尚在外办公事否?宜以余为戒,步门不出,谢绝一切。余食禄已久,不能不以国家之忧为忧,诸弟则尽可理乱不闻也。

子侄辈总宜教之以勤,勤则百弊皆除,望贤弟留心。即问四位老弟近好。

并请四弟将此呈父亲大人前跪请福安,叔父大人均此问安。

【评述】

和平时代的人们,做事情的敢与不敢主要体现在有没有承担风险的勇气以及抗拒风险的能力,换句话说,敢不敢承担大的风险,往往这种敢并不直接威胁身家性命。而战争时代的敢则不一样了,他直接面对的是生死的抉择。曾国藩就是在关键时刻具备这种敢

的人。

咸丰四年四月初二日(1854年4月27日)凌晨,曾国藩指挥湘军水陆,沿湘江北上,浩浩荡荡向靖港进发。顺流疾进,刚至中午,湘军水师和陆师都到了靖港镇外。

陆师过了浮桥,曾国藩即下了进攻的号令。然而,一进靖港镇,只听一声炮响,埋伏在港外的太平军一齐杀出。湘军初战受挫,这次又遭遇伏兵,一下子乱了阵脚,纷纷后退。李续宾、王鑫等人想督军迎战,谁也不听指挥。一片喊杀声震山荡水,"活捉曾国藩"的吼声更让中计的曾国藩心惊胆战。然而,他心知不能一败再败,必须誓死抵抗。面对溃逃如潮的湘军,他怒火中烧,令护卫把将军旗插在江边,自己执剑立于旗下,高声断喝:"过旗者斩!"

溃兵涌来,曾国藩大吼一声,挥剑砍翻一个,余者呆立瞬刻,绕过军旗,继续狂奔。后面的败兵如排山倒海,曾国藩一把长剑再也不知刺向何人了!

这时,太平军大队冲入湘军队伍中,一片砍杀之声,湘军完全失败了。卫兵一把拉过曾国藩,护入座船,仓皇向长沙败逃。

曾国藩呆坐舱内,五内俱焚。衡州出师后,与太平军交锋,两仗两败,落了个狼奔豕突的结局,自己惨淡经营,苦练了将近一年的湘军,竟是如此无用。他想如此下去,原先的豪言壮语将全部落空。再回长沙,官绅们的冷眼将不堪入目。何况,这次是否能逃得回长沙,也很难说。耳畔,响起一片败兵的嚎叫,一片"活捉曾妖头"的怒吼!他左思右想,决定不如趁早一死,免得自讨其辱。这时,幕僚陈士杰、李元度看到曾国藩神情有异,命令章寿麟驾一舢板,随护座船左右。

岂料座船随员稍未注意,曾国藩猛然起身,推开舱门,纵身跃入江心。"曾大人跳水了!"章寿麟一面大叫,一面由舢板跳入江中,很快救出曾国藩,扶进船舱中。大家七手八脚为他换衣、推腹,好在他并未呛水,尚无大碍。大家一路解劝,狼狈退回长沙。

曾国藩的勇敢与倔强,后来在他兵困祁门时也有充分的表现。1860年,曾国藩驻扎在祁门。当时安徽南北十室九空,从金陵到徽州八百余里,遍地都是太平军,没有哪一天没有战斗。徽州刚失陷时,休、祁一带大为震惊。有的人劝曾国藩将军营移到别的地方,他说:"我初次进兵,遇到危险就退却,以后的事情怎么说呢?我离这里一步,就没有死的地方了。"何等的勇敢与倔强!敌军到后,四面围攻。他亲笔写下遗嘱,营帐上悬挂佩刀,从容布置迎敌,没有改变平常的态度。死守了二十来天后,征召鲍超一军大战一场,将敌军驱赶到岭外。他的幕僚曾总结说:以十余年来共同诛杀未果的狂妄"敌军",曾国藩领军四年,就依次予以荡平,都是因为祁门刚开始时的倔强和不胆怯,才能够使敌军胆寒而振作士气。

曾国藩在艰危的形势下敢于"誓死如归"。别人不怕的,他怕,别人都怕的,他却不怕,这往往是一种大智大勇。

人生的戏,不同于舞台的戏。舞台的戏,演错了可以重演,不会有什么生命之虞。而人生的戏,在表演生与死的"艺术"时,则很可能弄假成真,因此他更需要表演

者有一种超乎常人的大智大勇。人生许多峰回路转的佳境，都是靠这一"表演"艺术再现的。因此，更多的时候就看芸芸众生敢不敢在这一舞台上一试身手。

【原文】

初六日俊四等至，接廿八夜来缄，具悉廿五日业经拔营，军容整肃，至以为慰。

吉安殷富甲于江西，又得诸绅倾诚输助，军饷自可充裕。周梧冈一军同行，如有银钱，宜分多润寡，无令己肥而人独瘠。梧冈暗于大局，不能受风浪，若扎营放哨，巡更发探，开仗分枝，究系宿将，不可多得。

主事匡汝谐在吉安招勇起团，冀图袭攻郡城，闻湖南援吉之师，将别出一枝，起而相应，若与弟军会合，宜善待之。

袁州既克，刘、萧等军当可进攻临江。六弟与普、刘在瑞声威亦可日振。弟与夏、黄诸兄到吉安时，或宜速行抽动，或宜久顿不移，亦当相机办理。若周军与桂、茶诸军足以自立，弟率湘人雕剿来江，兄弟年内相见，则余之所欣慰者也。

军事变幻无常，每当危疑震撼之际，愈当澄心定虑，不可发之太骤，至要至嘱！

【评述】

在人生的搏击场上，败要败得明白，胜亦不应胜得糊涂。胜要知其所以胜，败要知其所以败。只有这样，才能败中求胜，胜中防败。比较起来，知其所以败对很多人是比较容易的，失败的残酷现实常常逼迫你从睡梦中清醒过来，从中查找原因，吸取教训。而知其所以胜，不为胜利冲昏头脑，则是比较困难的。有的人一旦胜利，便忘乎所以，或者认为是天机所助而轻视了自己的进取，或者因看重自己的作用而贬低了机遇或他人的价值与作用。前者成了守株待兔之人，后者成了夜郎自大之辈。都是于成功所不可持久的。

曾国藩则是一个在胜败之间都能保持一个清醒头脑的人，他常说，凡成大事，天力居半，人力居半。切不可小觑这种认识，有了这种认识，才能知道哪些地方应尽人力，哪些地方应知天命，才能做到胜不骄，败不馁，才能在胜败之际保持清醒的头脑。

失败之际，曾国藩这样说："困心横虑，正是磨炼英雄，玉汝于成。""唯有一字不说，咬定牙根，徐图自强而已""每怪运气不好，便不似好汉声口。""吃一堑、长一智，吾生平长进，全在受挫受辱之时。"

攻克天京后，对曾国藩的第一个打击莫过于剿捻无功，厚着脸皮回两江总督任了。曾国藩虽然围剿捻军没有成功，但平定捻军最终是由于曾国藩防守两河的策略，这件事在王定安的《湘军记》中曾经提到，其中说："夏、商、周三代时中国没有骑兵，行军作战都靠战车。到战国才知道使用骑兵，大概是仿效北方沙漠民族的做法。当时诸侯王国方圆千里，差不多相当于现在的一个行省，动则号称几十万铁骑，纵横驰骋，几天就能到达别人的国都。因此，韩、赵、魏、燕、齐都修筑长城自卫。这些都出于《战国策》，可以查证。秦始皇统一天下，中国没有了战乱，于是修筑万里长城抵御匈奴骑兵。从中可以看出，墙长可以抵御骑兵，由来已久。从捻军强大以来，剽悍的骑兵何止五六万？僧格林沁率领蒙古骑兵追赶，经常被落在后面。曾国藩奉命北征，开始苦于无马，屡次派人出去购买，

太平天国天京陷落图　清

买到的马不多,但是反贼却日益强大,于是才改变主意修筑长城,守住运河和沙鲁等河,听说的人都笑他迂腐。其后李鸿章又实行这种战略,坚守住胶莱河、北运河。城墙和马一般高,反贼害怕,于是最终取得成功。筑成千里长墙,聚集几个省的兵力坚守,反贼或许不能自保,这是最笨拙的计策。然而天下最巧妙的事物,只有笨拙的事物才能克制,坚守其拙,巧者必然失败。"

所以总体上看,曾国藩围剿捻军,虽然没有立下赫赫战功,但是他的深谋远虑,是很值得称道的。曾国藩也始终认为自己的剿捻策略是正确的,所以才有后来朝廷让李鸿章接替他的剿捻大任时,曾国藩开始时拒交关防一事。

王定安在《湘军记》中还说,当时人们责怪曾国藩过于迂腐,曾国藩领兵作战时间长了,指挥更加谨慎。当初主张驻扎军队四处镇守,继而扼守运河,都很得要领。在临淮搜捕根除蒙城、亳州的反贼,以绝后患。在徐州处理了"湖团"大案,杜绝了反贼合拢。大小几十伏,遏制了反贼的气焰,捻军势力因此大为削弱。

但当时言论几次弹劾曾国藩,曾国藩又因为以运河作为防线没有成功,上奏请求让李鸿章作为两江总督驻扎在徐州,和山东巡抚一同治理东路。曾国荃以湖北巡抚的身份驻扎在襄阳,与河南巡抚一同围剿西路,自己驻守在周家口策应。有人弹劾曾国藩狂妄自大,曾国藩畏惧谗言,请了几个月的病假,继而请求辞官,留下其他人在军中效力,另请大臣接管军务,又上奏围剿捻军无功,请求注销封爵,以表示自责,清廷不允。

同治五年(1866)冬天,曾国藩奉旨回到两江总督住所,李鸿章代替他总揽军权。当时张总愚进入陕西,赖文光进入湖北,捻军分为东西两部分,从此没有再合并。同治六年(1867)六月,曾国藩补授大学士,仍然治理两江。任柱、赖文光再次进入河南,流窜到山

东，渡过运河，侵扰登州、莱州、青州。李鸿章建议，集合四省的兵力，一起堵住运河。英瀚请求合兵守住胶莱河，把反贼固在海角，都是按照当初曾国藩防守黄河的建议行事，反贼再次引兵向西，越过淮河进入海州，官军在战斗中杀死任柱，在寿先得尔河大破反贼。赖文光逃至扬州战死，东部捻军平复。清廷下诏加封曾国藩为云骑尉世职。张总愚后来被刘松山打败，渡过黄河，窜入山西，进入河北，进犯保定、天津、河间，京师戒严，刘松山绕道出现在反贼面前，大破捻军，丁宝桢前来支援，驻守固安，左宗棠驻守天津，李鸿章驻守大名，英瀚、李鹤年防守黄河的南北两岸。反贼绕过运河窜至东昌武定，李鸿章移师德州。当时黄河水涨，官军扼守黄河围困反贼。曾国藩命令黄翼升、欧阳利见率领水师协助围剿，会合各路军队，在茌平大破捻军，张总愚投水而死，西部捻军平定，可以说，凡是防守黄河的计策，都出自曾国藩的计策。

因此，直至曾国藩卸直隶总督之任，由李鸿章接其剿捻，他也不承认自己是"失败"，只是无功而已。可以说曾国藩对自己剿捻的失败是败得明白的。

而当曾国藩取得成功之时，他也是那种"知其所以胜"的明白之人。面对成功成名，他则说"虽忝窃大名，而不敢自诩为有本领，不敢自以为是。俯畏人言，仰畏天命，皆从磨炼后得来。"他在给朝廷的上书中还曾说："臣不敢以一次作战的功劳，就忘掉了自己的丑陋。"足以证明曾国藩在胜利之际的清醒头脑。

【原文】

十月十五日接来缄并季公、筠公信，具悉一切。

攻吉攻瑞，二者俱无把握。瑞则纵筑长围，环攻数月，仍不能下，亦属意中之事；吉则初锐后顿，仍蹈袁、瑞之辙。守吉安者为周业春，绰号"豆皮春"，贼中颇有名迹，必谓我师能一至而举之，余则未敢深信。惟此军初起，劝捐皆以援吉为名，湘省官绅皆以援吉为念，势之所在，余何能违众而独成其说？纵余欲违众，弟与梧冈之三千人者，岂敢违上而自定所向，无口粮而直赴瑞州乎？弟可从憩、南两兄，一听骆中丞、左季兄之命，救东则东，救西则西。其周梧冈一军，刻有禀来，余亦拟其听候南抚院调度。周歧山败挫之营，余亦饬其回湘，归并梧冈一军，同赴吉安，以符湘省官绅之初议，而开江西上游之生面。

至沅弟之所处，则当自为审度。辱南翁青睐，代为整理营务，送至吉安，无论战之胜败，城之克否，则可敬谢速行，或来章门与余相见，或归里门侍奉老亲，无为仆仆久淹于外也。此事登场甚易，收身甚难。锋镝至危，家庭至乐，何必与兵事为缘？李次青上年发愤带勇，历尽千辛万苦，日昨抚州一败，身辱名裂，不特官绅啧有烦言，即其本邑平江之勇亦怨詈交加。兵犹火也，易于见过，难于见功。弟之才能不逮次青，而所处之位，尚不如次青得行其志，若顿兵吉安城下，久不自决，以小战小胜为功，以劝捐办团为能，内乘脊令之义，外成骑虎之势，私情公谊，两无所取。弟之自计不可不审，与憩兄、南兄约不可不明也。日内平江等勇，因口粮久缺拥闹衙署，兄情绪瞀乱，不克详陈，季翁、筠公两处，并不克作答，弟可婉告颠末，或即将信一呈，亦足以稍见余之郁郁。余俟续布，不尽不尽。

【评述】

被动,是一种暂时的不利或轻量级的失败。在剿捻不利的艰难时期,曾国荃不识时务,不知事情利害,参劾官文给曾氏兄弟带来了极大的被动。

曾国荃为什么会参劾势力强大的满族贵族官文呢?起因由曾国荃出山任湖北巡抚开始。

官文坐镇湖广,是清政府插在长江上游的一颗钉子。湘、淮军在长江流域的崛起,清朝满族权贵是不放心的,利用官文控扼长江,是清政府对付湘、淮的一个筹码。胡林翼做湖北巡抚时,知道其中缘由,一直对官文采取笼络政策,督抚同城,关系融洽,官文对胡林翼也是有求必应。胡林翼死后,官文与湘军的矛盾暴露,湘军进攻安庆时他不发兵,不供饷,曾国荃兵驻雨花台,在急需救援时他奏调多隆阿去陕甘"剿回"。但当时清廷用得着湘军,曾氏兄弟与他亦无多大干系,所以矛盾也没有公开爆发。可是,如今曾国荃做了湖北巡抚,又在那里组建"新湘军",加上曾老九其人锋芒毕露,目空一切,不把他这个满洲贵族看在眼里,他就决心想法整整这个不可一世的曾国荃。

官文与湖北按察使唐际盛商量对策,唐为官出谋划策,让官文出面给皇帝上奏折,保奏曾国荃为"帮办军务",让他率军去鄂北"剿捻",离开武昌,驻兵襄阳,拔去这个眼中钉。官文依计而行,谕旨很快批复,正如官文所请。

曾国荃不知是计,一直带兵打仗也不知"帮办军务"的官衔有多大,应不应该专折谢恩,只好写信给大哥。曾国藩回信说,帮办军务属毫无实权的空名,如李昭寿、陈国瑞等降将,刘典、吴棠等微品职衔时,都曾得到过"帮办军务"之名目。故此不必谢恩,但也不可推辞或气恼,权当没有此事,以后公牍上也别署这个头衔,不然会惹人笑话。

恰在此时,湖北粮道丁守存向曾国荃拨弄是非,说湖北"新湘军"组建,所需粮草由粮台筹集,但官文却不让给"新湘军"供粮。原来这个丁守存曾因贪污公款被官文发现,敲诈他大部家产才没有参劾他,他这次想借曾氏兄弟之手报复官文。曾国荃把这两事合起来考虑,大为恼火,决定向皇帝告发官文。

曾国荃幕中无文吏,恰在此时曾国藩的长子曾纪泽来湖北,遂同侄子商量拟稿。曾纪泽时年已 27 岁,由于父亲的熏陶,已知官场之险恶,叔父之鲁莽。所以当即提出官文是满洲贵族,为太后和皇上所宠信,要弹劾他实非小事,最好先同父亲商量后再定。然而曾国荃却认为自咸丰八年复出后,哥哥的胆子越来越小,反而办不成大事,这次弹劾官文不该让哥哥知道,免被阻挠。曾纪泽只好按九叔提供的内容拟稿,最终稿成,列举了官文贪庸骄蹇、欺罔徇私、宠任家丁、贻误军政、笼络军机处、肃顺党孽等多款罪状,此折在襄阳郭松林营中发出。

曾氏叔侄不甚明了弹劾官文的利害,写奏折的水平也无法与曾国藩相比,因此奏折过于草率,文字虽洋洋数千言,但语言欠斟酌,参劾内容尽管多是事实,但疏奏多不中肯。曾国藩闻到九弟具疏弹劾官文,深恐此举会遭大祸,赶紧从曾国荃手中要来底稿,看看奏言是否立得住脚,或可设法补救。看罢底稿,曾国藩认为所奏虽是事实,但言辞涉及军机

处和"肃党",怕是要引出更多麻烦。于是,立即写信给九弟,让他忍隐、克己、修身而自保自强,不要"在胜人处求强",不要"因强而大败",信中对儿子反复责怪,不该做出此等招非惹患之举。

曾国荃读罢哥哥来信,方知事情的利害,但后悔已迟,只能等着事态发展。曾纪泽受责,赶紧离开武昌,避开是非圈子。

正如曾国藩预料,曾国荃的奏折在清廷中引起了轩然大波,尤其折中牵连军机处,说官文笼络军机处,军机处"故意与鄂抚为难"等,立即引起军机处的不满。军机大臣胡家玉面禀慈禧太后,说曾国荃诬告官文,指责军机,存心不良,所奏情事亦多不合,要求拟旨驳之。还说曾国荃指官文为"肃顺党孽",更是凶险之词,要求照例反坐,治其诬陷之罪。这一参劾,给曾氏兄弟带来了极大的被动。

慈禧只得让军机处派人去湖北调查,并给调查者一个钦差头衔。调查湖北督抚纠纷的钦差回到北京回奏时,把奏折所列各条全部驳回,要求朝廷下旨治曾国荃之罪。慈禧对此颇感为难,她一见奏折,就知事出有因,表面上是曾、官督抚相争,实则满洲权贵与湘、淮头领发生矛盾。曾国荃背后有一大批湘、淮军阀,官文背后有一大批仇视汉官的满洲贵族。她既不愿惩处官文,也不想在需要湘、淮军为她打仗之时开罪这些军阀。

在慈禧犹疑之际,曾国藩为解救被动局面,来了一个弟弟唱黑脸,哥哥唱白脸的策略,上密折保官文。

正在慈禧太后思考如何处理之际,忽然接到曾国藩和左宗棠的两个奏折:一折密保官文,是曾国藩所上;一折说曾国荃弹劾官文一疏,是当今第一篇好文章,以自己在湖广多年所见为证,指责官文种种劣迹,要求太后、皇上对官文惩处,以昭朝廷公正。原来曾国荃折劾官文之后,湘、淮诸大员频繁交换意见,大多认为曾国荃鲁莽,不该得罪权贵。李鸿章为曾国藩出一策,让他在此时拟折密保官文,请求清廷不要深究官文之罪,这样做可以挽回满贵对湘淮的仇恨,或可息事宁人。曾国藩本也痛恨官文,但迫于形势,只好照此办理了。但远在西北镇压回民起义的左宗棠,手握兵权,处于清廷不得不重视之地位,听到曾国荃疏劾庸劣卑鄙的官文,大感乘心,于是在西北战场给朝廷上了那篇词气亢厉的奏疏。

慈禧太后便服像　清

慈禧见湘、淮大将都表了态,只好从中维持"和局",按照督抚同城不和的成例处理:把官文内调京师,以大学士掌管刑部,兼正白旗蒙古都统。官文调走,未加任何惩处。曾国荃仍为湖北巡抚,未加指责,使此事宣告结案。官文调走后,湖广总督由李鸿章担任,因苏抚一职暂不能脱离,调其兄李瀚章暂署湖督,让淮军首领李氏兄弟从中拣了大便宜。

经曾国藩这一举动，暂时地渡过了这一危机。

【原文】

四月初五得一等归，接弟信，得悉一切。兄回忆往事，时形悔艾，想六弟必备述之。弟所劝譬之语，深中机要，"素位而行"一章，比亦常以自警。只以阴分素亏，血不养肝，即一无所思，已觉心慌，肠空如极饿思食之状。再加以憧扰之思，益觉心无主宰，怔悸不安。

今年有得意之事两端。一则弟在吉安声名极好，两省大府及各营员弁、江省绅民交口称颂，不绝于吾之耳；各处寄弟书及弟与各处禀牍信缄俱详实妥善，犁然有当，不绝于吾之目。一则家中所请邓、葛二师品学俱优，勤严并著。邓师终日端坐，有威可畏，文有根柢而又曲合时趋，讲书极明正义而又易于听受。葛师志趣方正，学规谨严，小儿等畏之如神明，而代管琐事亦甚妥协。此二者皆余所深慰，虽愁闷之际，足以自宽解者也。弟声闻之美，可恃而不可恃。兄昔在京中颇著清望，近在军营亦获虚誉。善始者不必善终，行百里者半九十里，誉望一损，远近滋凝。弟目下名望正隆，务宜力持不懈，有始有卒。

治军之道，总以能战为第一义。倘围攻半岁，一旦被贼冲突，不克抵御，或致小挫，则令望隳于一朝。故探骊之法，以善战为得珠，能爱民为第二义，能和协上下官绅为第三义。愿吾弟兢兢业业，日慎一日，到底不懈，则不特为兄补救前非，亦可为吾父增光于泉壤矣。精神愈用而愈出，不可因身体素弱过于保惜；智慧愈苦而愈明，不可因境遇偶拂遽尔摧沮。此次军务，如杨、彭、二李、次青辈皆系磨炼出来，即润翁、罗翁亦大有长进，几于一日千里，独余素有微抱，此次殊乏长进。弟当趁此增番识见，力求长进也。

求人自辅，时时不可忘此意。人才至难，往时在余幕府者，余亦平等相看，不甚钦敬，洎今思之，何可多得！弟常常以求才为急，其阘冗者虽至亲密友不宜久留，恐贤者不愿共事一方也。

澄侯弟初九日晋县，系刘月槎、牛尧阶等约去清算往年公账。亦山先生近日小疾，服黄芪两余，尚未全愈，请甲五在曾家凹帮同背书。如再数日不愈，拟令科四来从邓先生读，科六则仍从甲五读；若渐愈，则不必耳。纪泽近亦小疾，初八日两人皆停课未作。纪泽出疹咳嗽，亦难遽期全瘳。余自四月来眠兴较好，近读杜佑《通典》，每日二卷，薄者三卷。惟目力极劣，馀尚足支持。四宅大小眷口平安。王福初十赴吉安，另有信，兹不详。

再：弟前请兄与季高通信，兹写一信，弟试观之尚可用否？可用则便中寄省，不可用则下次再写寄可也。又行。

迪安嘱六弟不必进京，厚意可感。弟于迪、厚、润、雪、次青五处，宜常常通问。恽廉访处，弟亦可寄信数次，为释前怨。

《欧阳文忠集》，吉安若能觅得，望先寄回。

【评述】

人的一生时常处于一种选择当中，而每种不同的选择往往对以后的人生轨迹带来不同的凡响。有时甚至迈出一小步都关系着以后人生的大方向、大结局，更何况面临大抉择和大跨步的重要关口。因此，要想给人生导航，必须把握那些足以决定社会发展潮流

和天下大势的事物的状态与动向,由此来正确地决断自己的进退隐显。

曾国藩在自己走的每一步之前,都把他的这一行动和时代脉搏联系起来考虑。而曾国藩所把握的天下大势的主要方面之一就是清王朝的命运以及朝廷内的变故。

咸丰十一年(1861)湘军攻下安庆立下大功之后,曾国藩在面临新的进退抉择关头时,便对清朝的情况倍加关注。其实曾国藩以及像胡林翼等高明之士虽然身在疆场,但却一贯对朝廷大事非常关注,并且从来都反应非常敏感,因为朝廷上的任何变化都有可能影响到他们个人以及湘军这个集团的利益与未来。

胡林翼和曾国藩是在八月初,也就是湘军攻占安庆后大约一个星期之后,得知咸丰皇帝驾崩消息的,但这消息来源于友人之间的私人通信。

胡林翼在获知此情之后,当即写信向曾国藩表示:

朝廷七月十七之事,主少国危,又鲜哲辅,殊堪忧惧。

由于肃顺等人久久隐丧不报,胡林翼和曾国藩天天在军营中等待进一步的消息,却长时间未接奉国丧明诏,愈发让他们忧心忡忡。胡林翼竟至半夜惊起,仰望上苍,哀声长叹:"京师必有大事发生,不知是祸是福。"

专制统治易于保守政治机密,加上通信和交通条件的落后,信息的传递也就非常的慢。

慈禧太后在北京发动政变一个多月的时间里,身居安庆的曾国藩等人竟然一无所知。直到12月15日,曾国藩才首次得知其初步消息。这一天,他一共接奉廷寄四件,中有谕旨一道,又有军机处转抄的不知上奏人姓名的奏折一件。他先扫了一眼抄示的奏折,发现咸丰皇帝所立赞襄政务八大臣的名字都在上面,便立刻引起了他的高度警觉。仔细读来,只见奏折中写道:"载垣、肃顺、端华明正刑典,人心欣悦。"但奏折并未说明赞襄政务大臣们是哪一天被逮被杀的,也未说他们犯了何罪。曾国藩看后,真是吓了一大跳。

他赶紧拿起谕旨看个究竟,以为谕旨会对此事做出解释。更让他惊异的是,谕旨却一字未提赞襄政务八大臣的事,而是公布了有关他自己的新的职务任命,其中写道:

钦差大臣两江总督曾国藩统辖着江苏、安徽、江西三省,并浙江全省军务,所有四省巡抚、提督以下各官,悉归节制。

曾国藩通过对朝廷内的大势的把握与深入细致地分析,得出这即是重用又是警告、鞭策自己,认为自己权太重,位太高,虚名太隆,因此必须辞谢大权的结论。这一决定无疑是正确的。不仅使自己进一步摸清了清政府的意图,为自己下一步决策提供了参考,而且也使清政府心甘情愿得更为放心地将大权交给曾国藩。清廷让曾国藩节制四省军务的决定具有非凡的象征意义。曾国藩作为湘军的创始人和统帅,曾长期受清廷的猜忌和压抑,自从1860年摆脱这种状况以来,其权势日渐增大,在清朝政治军事权力格局中的地位稳步上升。现在,清廷不但对他已完全表示信任,而且还为了能让他更好地发挥作用,竟然不惜打破祖制旧规。清廷此时也并不是不知道地方督抚权力过大,会有尾大

不掉的危险,最终结果就有如慢性自杀,但为了打败最大的敌人,他们已顾不得那么多了。

在一个王朝的末期,最高统治者对军政大权的下放,往往需要先经历一个较长的痛苦过程,但当他一旦迈出第一步,以后的行动便会变得惊人的勇敢。一方面是因为被时势逼得无奈,另一方面也是因为在前一阶段的放权行动中尝到了甜头。其实这只是一种本能的求生反应。这种对于地方官员先是特权不予,继则又滥施滥予,是中央集权条件下君主专制统治的必然行为模式。但无论是前者还是后者,都是非正常现象,都意味着将王朝的统治进入坟墓,只是速度和方式不同而已。

曾国藩在把握了朝廷的这些内情与动态后,根据自己的推断,找出了自己思考的重点以及行动的方向。他认为,以现在的形势推断,最应担忧的,不再是朝廷内部的矛盾问题,因为对于清廷中央来说,他们现在最大的敌人仍然还是太平天国,为了打败这个你死我活的对手,是可以暂时将权力下放给湘军将领的,即使做出一些超越体制和常规的做法,也是能够接受的。慈禧太后和奕䜣将政变的消息以一种婉转的方式告诉曾国藩等人,虽然有敲打湘军将领的意思,但并不希望他们就此裹足不前,他们更主要地还是要鼓励他们更好地为朝廷办事,赶紧将太平天国彻底打垮。

而随着湘军实力的扩展、地位的提高,真正需要曾国藩担忧的则是集团内部的维系问题。曾国藩已经很明确地意识到了这一点。

因此曾国藩在把握了这样的"天下大势"之后,采取了一系列的果断行动,如为湘军集团的长远利益及维护他的个人权威,将有深厚交情被他称为"三不忘"的朋友李元度参劾革职;为出一口积之已久的恶气,拖延救援危在旦夕的政敌王有龄的时间,终于使王有龄没有得到及时救援陷城而死,以及让李鸿章办淮军援攻上海等等理性或有远见的安排。为后来湘军攻下天京作了有力的准备。

这些,都是在把握天下大势的情况下才具有的远见和胆识。

【原文】

河间途次,奏稿箱到,接尔禀函,顷又由良乡送到十二月初二日一禀,具悉尔母目疾日剧,不知尚可医否?

尔母性急而好体面,如其失明,即难久于存活。余尝谓享名太盛,必多缺憾,我实近之;聪明太过,常鲜福泽,尔颇近之;顺境太久,必生波灾,尔母近之。余每以此三者为虑,计惟力行孝友,多吃辛苦,少享清福,庶几挽回万一。家中妇女近年好享福而全不辛劳,余深以为虑也。

洋人电气线之说断不宜信,目光非他物可比。所恶于智者,为其凿也。不如服药,专治本病,目光则听其自然,穆相一生患目疾,尝语余云:"治目宜补阳分,不可滋阴,尤不可服凉药。"如彼之说,则熟地大有碍于目矣,试详参之。

余十三日进京,十四五六日召见,应酬纷烦,尚能耐劳,拟正月灯节前后出京。兹将初一至十六日记寄南,尔可将十四五六日另出交子密转与各契好一看,但不可传播耳。

此次日记,余另钞一分寄澄、沅叔矣,尔不转寄亦可。此嘱。

【评述】

官场外面的人只知羡慕当官者前呼后拥,号令一方的荣耀,却看不到一入仕途,人生失去很多滋味、全无自由的苦恼。尤其是做大官的人,要免于失败,可以说无时不处于高度紧张状态。尤其是进退都不自由的时候,当官的兴致也就减去许多。康熙皇帝说:大臣们头发白了,还不让你们退休回家,我有所不忍啊!可是朕哪有退休的时候?想到这里,你们就该多体谅啊。曾国藩于同治初年写给他弟弟的信中说:

"诸事棘手,焦灼之际,未尝不想干脆躺在棺材里算了,也许比活在世上更快乐。越这样想,焦虑越多,公事越繁,而长眠快乐之期更是杳无音信。可是在这种时候,曾国藩又被升为大学士,责任越重,事务越多,被人指责也就越多。

曾国藩说:世人都以官至极品为荣,而我现在真是把它当作苦恼的处境。然而时势如此,决不能置身事处,他只有当一天和尚撞一天钟了。宦海真是令人无奈!

当曾国荃打下天京却回家暂时休息时,曾国藩像算卦先生一样,为其卜算是出去做官还是继续在家好。他还说:在家应占六分,出去应占四分。但曾国荃耐不住了,总想早点出去。不久,清廷果真任命曾国荃为山西巡抚,曾国藩立即去信一封,千叮咛万嘱咐,核心是让老九"宦海之途当知畏"。曾国藩说:

我的情况如此,沅弟你的处境也不妙。你在山西,虽然清静,但麻烦也不少。山西号称天下富国,然而京城的银饷,大部分来自山西。厘金还没有改动,收入款项与道光年间相差无几,而开支款项则比以前大为增加。山西离京城又近,银钱账目的一丝一毫户部都清清楚楚。沅弟有开销太大的名声,现在既然担任没有战乱的平静省份的巡抚,那么在正务、杂务的各项款项就不能不谨慎节俭,账目上丝丝入扣。

外界正在拟议让老弟再次出山,赴任之处一定是军务棘手的地方。现在山西虽然还没有贼寇活动,但是圣上担心捻军进入山西,逼近京城一带。老弟此番上任,似乎应多带得力的将军,勇丁则就近在山西招募。南方人吃不惯面食,山西尤其买不到稻米,不像直隶、山东两省,还可以由大海或河运设法转运。弟弟来京,可以从安庆登陆,到徐州与为兄相会,畅谈一番。听说钦差大臣到达山西,实际上是到陕西查办霞仙(刘蓉)一案,真是一波未平,一波又起,宦海真是可畏啊!

曾国藩比曾国荃年长十四岁,当他四十多岁时曾国荃也才三十,当他五十多岁曾国荃方逾四十,所以曾国荃总是比哥哥血气更旺,斗志更强。曾国藩看在眼里急在心上,血气一旺,遇事就欠冷静,就往最高处想,就不计后果,总以为自己是对的,别人是错的。于是麻烦也就接连不断。

当弟弟率兵收复了两个省之后,曾国藩便给弟弟写了一封信警醒他:

"你收复了两省,功绩绝对不能磨灭,根基也极为深固。他只担心不能飞黄腾达,不担心不能安命立身;只担心日子不稳适,不担心岁月不峥嵘。从此以后,你只从波平浪静处安身,莫从掀天揭地处着想。"但这是不是说,曾国藩是一个自甘平庸的人呢?他将心

比心地说：

"我也是一个不甘心于庸庸碌碌，无所作为的人，近来阅世千变万化。所以我一味在平实处用功夫，不是萎靡不振，而是因为地位太高，名声太重，如果不这样，那么处处是危途。"又说：我们兄弟位高、功高、名望也高，朝野上下都将我家视为第一家。楼高易倒，树高易折，我们兄弟时时都处于危险之中。所以应该专心讲究宽和、谦逊，也许这样可以处高位而无危险。

过去祖父星冈公常常教导人说："晓得下塘，须要晓得上岸。"所以我们应在大功告成后，位高权重时，常常想到退引藏拙，我准备先行引退。我希望你平平和和干一二年，等我上岸以后，你再去轰轰烈烈地大干一番。

【原文】

前月寄信，想已接到。余蒙祖宗遗泽、祖父教训，幸得科名，内顾无所忧，名遇无不如意，一无所缺矣。所望者再得诸弟强立，同心一力，何患令名之不显？何患家运之不兴？欲别立课程，多讲规条，使诸弟遵而行之，又恐诸弟习见而生厌心；欲默默而言，又非长兄督责之道。是以往年常示诸弟以课程，近来则只教以"有恒"二字。所望于诸弟者，但将诸弟每月功课写明告我，则我心大慰矣。

乃诸弟每次写信，从不将自己之业写明，乃好言家事及京中诸事。此时家中重庆，外事又有我料理，诸弟一概不管可也。以后写信，但将每月作诗几首，作文几首，看书几卷，详细告我，则我欢喜无量。诸弟或能为科名中人，或能为学问中人，其为父母之令子一也，我之欢喜一也。慎弗以科名稍迟，而遂谓无可自立也。如霞仙今日之身份，则比等闲之秀才高矣。若学问愈进，身份愈高，则等闲之举人、进士又不足论矣。

学问之道穷，而总以有恒为主，兄往年极无恒，近年略好，而犹未纯熟。自七月初一起，至今则无一日间断。每日临帖百字，抄书百字，看书少亦须满二十页，多则不论。自七月起，至今已看过《王荆公文集》百卷，《归震》乃有进步也。

【评述】

当今人类的智慧可以说发展到了一个前所未有的高度。也许由于人类太聪明了，所以凡事"急于求成"应该说已成为时代的通病。对此我们似乎应从曾国藩的成功学中汲取点有价值的东西。

对于欲速则不达的认知，曾国藩有一段极为精彩的论述他说：

天下之事，有其功必有其效。功未至而求效之遽臻，则妄矣。未施敬于民，而欲民之敬我，未施信于民，而欲民之信我；鲁莽而耕，灭裂而耘，而欲收丰穰十倍之利，此必不得之数也。在《易》恒之初六曰：浚恒，贞凶，无攸利。胡瑗释之曰：天下之事，必皆有渐。在乎积日累久，而后能成其功。是故为学既久，则道业可成，圣贤可至。为治既久，则教化可行，尧舜可至。若是之类，莫不由积日累久而后至，固非骤而及也。初六居下卦之初，为事之始，责其长久之道，永远之效，是犹为学之始，欲亟至于周孔。为治之始，欲化及于尧舜，不能积久其事，而求常道之深，故于贞正之道，见其凶也。无攸利者，以此而往，必无所利。孔子曰:欲速则不达也。是故君子之用功也,如鸡伏卵不舍而生气渐充,如燕营巢不息而结构渐牢。如滋培之木,不见其长,有时而大。如有本之泉,不舍昼夜,盈科而后进,放乎四海。但知所谓功,不知所谓效,而效亦徐徐而至也。

嵇康曰:夫为嫁于汤之世,偏有一溉之功者,虽终归于焦烂,必一溉者后枯。然则一溉之益,固不可诬也。此言有一分之功,必有一分之效也。程子曰:"修养之所以引年,国祚之所以祈天永命,常人之至于圣贤,皆工夫到这里,则自有此应。此言有真积力久之功,而后有高厚悠远之效也。孟子曰:宋人有闵其苗之不长而揠之者。谓其人曰:予助苗长矣。其子趋而往视,则苗槁矣。此言不俟功候之至,而遽期速效,反以害之也。苏轼曰:南方多没(潜入水中)人,日与水居也。七岁而能涉,十岁而能浮,十五而能没矣。北方之勇者,生不识水,问于没人而求所以没。以其言试之河,未有不溺者也。此言不知致功之方,而但求速效,亦反以害之也。

曾国藩主张"缓字取胜",通俗地说就是"慢功夫"。政治家的功业不是一天建立起来的,同样,成就大事业、大学问,获得大成功都不是一蹴而就的。肤浅的人谈论他人成功,只看其一、二件惊天动地、不同凡响的事就以为他的成功原来就是因为如此,那就大错特错了。农夫收获庄稼,士人积累学业都是积之数年而有成的。如同鸟类伏在卵上,昼夜不舍,用体温使卵内的胚胎发育成雏鸟,像燕子营造巢穴,日积月累方才坚固一样,强调的都是慢功夫。

曾国藩由事物的生长道理,联系到治学,练习书法也当如此,他以练字须下苦功,不可求速效为例,教训他的弟弟说:

你临柳帖《琅邪碑》如果学其骨力,就会失其结构,有其间架结构,就会掌握不住它刮摩的功力。古帖本来就不好学,而你学习不过半月时间,怎么能各方面都掌握住,收效那么快呢?

我以前学颜柳帖,每一次临摹就是数百张纸,可仍是一点也不像。我四十岁以前在北京所写的字、骨力和间架都不好看,自己都感到太不好而自觉惭愧。四十八岁以后,练习李北海《岳麓寺碑》,经过八年之久,数千张纸的临摹,才有了一些进步。今天你用功不满一个月,哪能一步登上神妙的境地呢? 对于一切事情都要下一番困知勉行的功夫,你不可求很快出名,很快就见成效。以后每日练习柳字百个,单日用生纸临,双日用油纸摹。临帖要慢,摹帖要快,专门在学其间架结构上下功夫。数月之后,手会变得越笨,字会变得越丑,兴趣也会越低,这就是所谓的困。困时切记不要间断,熬过这一关,就可有些进步了。再进再困,再熬过这一关,就会大有进步了,就会有亨通掌握之日。不仅是练字,做什么事都有极困难的时候,只要克服困难坚持下去,就是好汉。我给你布置的功课并不多,每日练习一百个字,读五页《通鉴》,背诵熟书一千字(或经书或古文、古诗,或八股试帖,总是高声朗诵),逢三日作一篇文章,逢八日作一首诗。这些课非常简单,每日用不了两个时辰就可做到,将看、读、写、作四方面的任务都完成。余下的时间你可自己进行安排。

进而，曾国藩更深刻地体会到，古圣贤豪杰，多由强作而臻绝诣，他说，昔人云："善吾生者，乃所以善吾死也。"若非精诚积于毕生，神志宁于夙昔，岂能取办于临时哉。

曾国藩并引古代的事体来谈自己的体会。魏安厘王问天下之高士于子顺，子顺以鲁仲连对。王曰："鲁仲连强作之者，非体自然也。"子顺曰："人皆作之，作之不止，乃成君子。作必不变，习与体成，则自然也。"余观自古圣贤豪杰，多由强作而臻绝诣。然而，这种"强作"，绝不是急于求成的揠苗助长，而是大功之前的奋力营造。

【原文】

初七、初八连接弟由便足寄回及由胡二、安七送回两信，具悉一切。

亮一去时，信中记封有报销折稿，来信未经提及，或未见得耶？二十六早地孔轰倒城垣数丈，而未克成功，此亦如人之生死早迟，此刻自有一定，不可强也。

总理既已接札，凡则承上起下之公文，自不得不照申照行，切不可似我疏懒，置之不理也。余生平之失，在志大而才疏，有实心而乏实力，坐是百无一成。李云麟之长短，亦颇与我相似，如将赴湖北，可先至余家一叙再往。润公近颇综核名实，恐亦未必投洽无间也。

初八日祖父大人八十四冥诞，共二十席，彭寿七、曾题五等皆来，留萧丕八之龙午饭。初九日温弟妇来曾家坳住，二妹子亦同在彼。七十侄女则回老屋。纪泽随易芝生至罗、李、峙衡三家拜年，即至沅堂先生家，吊其师母之丧。温弟十一日至永丰等处拜年。澄弟拟节后至城一次。王福、韩升均不在此。余甚不方便。

近日身体略好，惟回思历年在外办事，愆咎甚多，内省增疚。饮食起居，一切如常，无劳廑虑。今年若能为母亲大人另觅一善地，教子侄略有长进，则此中豁然畅适矣。弟年纪较轻，精力略胜于我，此际正宜提起全力，早夜整刷。昔贤谓宜用猛火煮、漫火温，弟今正用猛火之时也。

李次青之才，实不可及。吾在外数年，独觉惭对此人。弟可与之常通书信，一则少表余歉忱，一则凡事可以请益。玉班兄送弟《二十二史》甚好。余京中书籍承漱六专人取出，带至江苏松江府署中，此后或易搬回。书虽不可不看，弟此时以营务为重，则不宜常

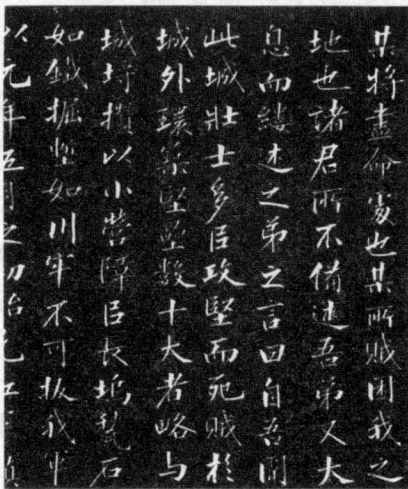

金陵湘军陆师昭忠祠记　清　曾国藩

看书。凡人为一事,以专而精。荀子称耳不两听而聪,目不两视而明,庄子称用志不纷,乃凝于神,皆至言也。

家中四宅大小平安。甲五目疾,右目尚未好,略有光,能辨对联字耳,左目已将全好。因谷四胡子仙逝,今日自往一吊,余亦未出门也。诸不详尽,顺问近好。

【评述】

曾国藩于道光十八年(1838)成进士以后,终于尝到了读书的甜头,从而更加勤读苦学,在科举仕途一帆风顺,平步青云至礼部左侍郎。洪秀全却府考连试不第,人都病疯了,终于尝到了读书的苦果,从而心灰意冷气懒,直至科第入仕的愿望破灭,再不肯读圣贤之书,并在时代因素的刺激下萌生"造反"的念头。当然,曾国藩走的是一条中国封建社会一般士子的正统道路。这条道路,就是穷经、守道,用封建的一整套伦理纲常来规范自己、育化自己;用儒家的经典和程朱理学武装自己,充实自己;用立功、立德、立言的人生追求目标来督促自己、鞭策自己;用修身齐家治国平天下的抱负来约束自己,激奋自己。而这一切必须将读书贯彻始终,须臾不可离。这确是一条传统的路,是一条稳妥的路,无论时代如何变化,社会如何嬗递,朝代如何更迭,走这条路都不会有太多风险,只需毅力、意志、坚忍不拔地苦学而已。曾国藩走过来了,而且是成功者,他读书的兴味一直未改;洪秀全没有走通,是失败者,对读书则产生强烈的厌恶。

曾国藩素有经世之志,入翰林院后,刻苦治学,坚持不懈。他从宋明理学、乾嘉汉学和顾炎武、王夫之、魏源等的"经世致用"之学吸取营养,又与当时著名理学家唐鉴、倭仁和汉学家刘传莹等交往请教,从而形成了他借姚鼐之语称之为"义理、考据、辞章三者不可偏废",而又特别重视现实政治研究和实践的所谓"经济之学"。

曾国藩在仕途上的发展是颇为一帆风顺的,其实他得以迅速发迹的重要原因之一,还是在于他能够充分利用在翰林院这一难得的条件,刻苦、认真、努力读书治学。他出生于湖南一个偏僻的农村,一切都全靠自己的读书与奋斗;而他也一再声称自己没有什么天分,全靠"挺经"拼搏出来的。与他一起参加朝考的人,排在他前面有一批,但那些人没有几个人在中国历史上留下什么影响,而曾国藩却成了近代中国史上叱咤风云的人物,这并非时势造英雄,而是时代造就了他成为政治家,拒绝他成为学问家。

曾国藩封侯拜相后,仍苦读不缀,直到临终前一天,仍在读书,读儒家的经典之书,他从书中找到了"黄金屋",找到功名利禄,更重要的是,他从书中吸取了古人的智慧,正是由于先人的成败得失,才教育曾国藩成为一个"得者、成者",而避免走向败者、失者的道路。

对于这一点,曾国藩自己在诗中也有所流露:

山县寒儒守一经,出山姓氏各芒馨。
要令天下销兵气,争说湘军聚德星。
旧雨三年精化碧,孤镫五夜眼常青。
书生自有平成量,地脉何曾独效灵。

洪秀全因为读书科考而贻误了人生的宝贵时光,他痛恨书、痛恨中国的传统儒学之家,连最高贵的孔孟他也要"反"。他因为没有从中国传统文化中吸取到营养,因而一旦金陵称帝后,就总以真天王自居,彻底远离了现实,把自己封闭起来,用虚幻的人生毁弃美好的一切。

【原文】

廿八日由瑞州营递到父大人手谕并弟与泽儿等信,具悉一切。

六弟在瑞州,办理一应事宜,尚属妥善;识见本好,气质近亦和平。九弟治军严明,名望极振。吾得两弟为帮手,大局或有转机。次青在贵溪尚平安,惟久缺口粮,又败挫之后,至今尚未克整顿完好。雪芹在吴城名声尚好,惟水浅不宜舟战。时时可虑。

余身体平安,癣疾虽发,较之往在京师则已大减。幕府乏好帮后,凡奏折、书信、批禀均须亲手为之,以是未免有延阁耳。余性喜读书,每日仍看数十页,亦不免抛荒军务,然非此更无以自怡也。

纪泽看《汉书》,须以勤敏行之,每日至少亦须看二十页,不必惑于在精不在多之说,今日半页,明日数页,又明日耽阁间断,或数年而不能毕一部。如煮饭然,歇火则冷,小火则不熟,须用大柴大火乃易成也。甲五经书已读毕否?须速点速读,不必一一求熟,恐因求熟之一字,而终身未能读完经书。吾乡子弟未读完经书者甚多,此后当力戒之。诸外甥如未读毕经书,当速补之,至嘱至嘱。

再:余往年在京,曾寄银回家,每年或百金或二百金不等。一以奉堂上之甘旨,一以济族戚之穷乏。自行军以来,仅甲寅冬寄百五十金。今年三月,澄弟在省城李家兑用二百金。此际实不能再寄。盖凡带勇之人,皆不免稍肥私橐。余不能禁人之不苟取,但求我身不苟取。以此风示僚属,即以此仰答圣主。今年江西艰困异常,省中官员有穷窘而不能自存者,即抚藩各衙门亦不能寄银赡家,余何敢妄取丝毫。兹寄银三十两,以二十两奉父亲大人甘旨之需,以十两奉叔父大人含饴之佐;此外家用,及亲族常例,概不能寄。

澄弟与我湘潭一别之后,已若漠然不复相关,而前年买衡阳之田,今年兑李家之银,余皆不以为然。以后余之儿女婚嫁等事,弟尽可不必代管,千万千万!再候近好。

【评述】

曾国藩一生勤勉,从无虚掷光阴。从名位而言,几乎每年都有加官晋爵之事,从事功而言,他在晚清成为支撑大厦的一个柱石人物。从学术而言,他先以理学家自居,后来又专习散文、古文,他创立了湘乡学派,成为著作等身又能流传后世的高产人物。但这一切的一切,都源于他铢积寸累,把有限的生涯付诸无限的事业中去。

曾国藩大功告成后又经历若干年,他已步入垂暮之年。一次,他的机要幕僚赵烈文总结老师的成功时说了一番意味深长的话,他说:老师的"功劳"绝不限于"擒渠扫穴",镇压太平天国之事上,一般人都知道老师用人、治军、筹饷、整饬吏治等诸方面很有成就,实则皮相之论。我跟随老师这么多年,认为有两项"功夫"为常人不及,这也是老师能成功的地方。一是"横逆之来,凝然不动",二是"饮食起居,皆有时

节，数十年不变"，"此二者烈辈毕生不可仰企"。赵烈文又横加发挥，认为老师之成功，在于精神力量坚卓，并说这是他多年观察的结果，"非谀语也"。曾国藩一方面肯定赵烈文"体察入微"，一方面又谦逊地表示："此胡足道"！

曾国藩自道光二十年至二十七年，一直在翰林院供职。翰林院是"读书养望"的地方，既不必为实际政务所劳扰，又可以凭考试不断获得升迁的机会，而读书又是考试的必经之途，因而，在这七年时间里，曾国藩得以从容阅读翰林院丰富的典籍，尽量在经史、文学、经世之学、军事等方面充实自己的学问。

在家书中，他多次写到自己在翰院的读书生活。如"每日发奋用功。早起，温经；早饭后，读《二十三史》；下半日，阅诗、古文。每日共可看书八十页。""日以读书为业"。这些话，正是曾国藩翰林院生活的写照。

在进京之前，曾国藩的读书是以科场应试为中心，所谓"为考试而学问"。他的学识根底既浅而窄，也无专攻方向，同时学业上的师友，可称者极少。这一切，进京后都有很大的变化。

首先，他意识到自己学问不够，下的功夫不深。决心按照朱熹的教导，用猛火煮，在读书上痛下功夫。

其次是师友，这时远不是从前的"庸鄙者"所能比拟了。"现在朋友愈多：讲躬行心得者，则有镜海先生、艮峰前辈、吴竹如、窦兰泉、冯树堂；穷经知道者，则有吴子序、邵蕙西；讲诗、文、字而艺通于道者，则有何子贞；才气奔放，则有汤海秋；英气逼人、志大神静，则有黄子寿。又有王少鹤、朱廉甫、吴莘畬、庞作人。"

再次是读书习惯。进翰林院后，他认识到"学问之道无穷，而总以有恒为主"。读书在于有恒心，这一点倭仁对他的影响很大。比如，他模仿倭仁日课之法，将每日一念一事，皆书之于册。从前他写日记用草书，只因倭仁用楷书，所以他也改用一丝不苟的正楷。每日必记，从不间断。他还将日记送呈倭仁，求其箴砭。倭仁则勉励他去掉一切杂念，务必换一个人来。他发誓道："从前种种，譬如昨日死；以后种种，譬如今日生。"

为严格约束自己，他还定下课程十二条。如此严格要求，发奋攻读，再加上与同道师友往复讨论，互相砥砺，因而在学业上日日有所长进，翰林院读书七年，正如梁启超所说的，"不求近效，铢积寸累，受之以虚，将之以勤，植之以刚，贞之以恒，帅之以诚，勇猛精进，卓绝坚苦"，为今后成就事业，奠定了坚实的志行与学问基础。

从某种意义上说，曾国藩的成功，有其学术背景，在他身上，有很深刻的中国文化内涵。

【原文】

辞谢之说，余亦熟思之。谓才不胜任，则现在并不履浙江任；谓请改武职，则虞生优贡出身，岂有改武之理？且过谦则近于伪，过让则近于矫。谓请改京卿，则以巡抚而兼头品顶戴，必改为侍郎，断无改三品卿之理。三者均难着笔，只得于谢摺之中，极自明其惴栗之意。其改武一层，弟以后不宜形诸笔墨，恐人疑为矫伪不情也。

昨接弟咨,已换署新衔,则不必再行辞谢。吾辈所最宜"畏惧敬慎"者,第一则以方寸为严师,其次则左右近习之人:如巡捕、戈什、幕府文案及部下营哨官之属,又其次乃畏清议。今业已换称新衔,一切公文体制为之一变,而又具疏辞官,已知其不出于至诚矣。欺方寸乎? 欺朝廷乎? 余已决计不辞。弟应奏之事,暂不必忙。左季帅奉专衔奏事之旨,厥后三个月始行拜疏。雪琴得巡抚及侍郎后,除疏辞复奏二次后,至今未另奏事。弟非有要紧事件,不必专衔另奏,寻常报仗仍由余办可也。

【评述】

在一个充满竞争的社会里,人人都不希望失败,希望平平安安。但社会节奏越快,人们却越不自安,而"飞来之祸"又每每发生。曾国藩通过观察,得出祸福之间并没有一成不变的道理,二者间也没有不可逾越的鸿沟。他认为"骗、暗、诡"这三种人最容易招来祸端。他具体解释说:采用不正当手段骗取名誉的人,会有预测不到的祸患。窝藏隐埋暗昧之事的人,会有预测不到的祸害。经常忖度他人,诡计多端的人,有预测不到的祸患。

如何避祸呢? 曾国藩提出反其道而行之:诚、明、仁。诚,是诚实不欺,尽管世间充满尔虞我诈,但不能"以牙还牙",以骗待不诚。曾国藩说:如果那样,人世间就无可信懒,人生一世也兴致索然。如以诚相待,欺骗人的人也会终究醒悟,走向诚信的。但诚不是一切都信,二者有严格的界限。在此基础上他提出"明"。"明"是心胸坦荡、开阔,用今天的话说,是有良好的心态,心理素质好;明的另一

和田白玉云纹鸡心佩　清

含义是洞察事物。因此,暗也指愚昧、愚蠢。他具体阐释"明"可避祸时说:古往今来,那些才能出众的人,常称之为英雄。英就是明啊。所谓"明"有两种:他人只看到近前东西,我则可以看到极远的东西,这叫高明。他人只看到粗大的东西,我则可以看到精细的东西,这叫精明。所说的高明,好比是身在一室,所能看到的距离毕竟有限,登上高楼所能看到的就远了,登上高山的话,看得就更远了。所说的精明,好比是极为细微之物,用显微镜来观察它,它就会放大一倍、十倍、百倍了。又比好是粗糙的米,捣两遍的话,就可以把粗糠全部除去,捣上三遍、四遍,那么它就精细白净至极了。人是否高明取决于天赋,精明则有赖于后天方面的学问。我曾氏兄弟如今侥幸居高位,天赋方面算不上十分高明,全全靠学问来求得精明。好问如同购置显微镜观察事物,好学如同捣击熟透了的米。总而言之,必须心里了如指掌,然后才能说出自己的决断。心里明白再做决断这叫英断,心里不明白就做出决断,这叫武断。对自己武断的事情,产生的危害还不大;对他人武断

的事情,招致怨恨实在太深了。只有谦虚退让而不肯轻易决断,才能保住自己的福分。

第三是仁,仁是与人为善的意思,不是用阴暗的心理揣度别人。俗话说:以小人之心度君子之腹,这就是诡、是诈,是过于精明。如果处处与人为善,成全他人,自己也就欣欣向善了。在这一点上,他最崇拜提出"仁"这一学说的孟子。他说:读《养气》这章,好像对其要义有所领会,希望这一生都敬慕仿效孟子。即使仓促苟且之时,颠沛流离之际,都会有孟夫子的教诲在前,时刻不离身,或许到死的时候,可能有希望学到他的万分之一。

曾国藩从《易经》阴阳变化的道理,引申出人一定要为后世着想。他开出了避祸的第一个药方是:"窒塞私欲,经常念及男儿有泪之日;惩禁愤怒,当思考人到绝气之时。"他痛加反省,五十岁时说:精神萎靡不振到了极点,我年纪还不到五十岁而早衰到如此地步。这都是由于天赋资质不足所致,并又百般忧愁催催老和多年精神抑郁得不到快乐而使身体受到损伤,从今以后每天坚持静坐一次,或许能等于服一剂汤药的疗效。

他还把养生之道与祸福联系在一起,说:养生之道,视、息、眠、食四个字是最为要紧。调息一定要归海,眼视一定要垂帘,饮食一定要清淡节制,睡眠一定要除去杂念而且恬静。归海,也就是说将气息藏入丹田。海,指气海。垂帘,也就是说眼睛半睁半闭,不全睁开眼睛。虚,是说心中保持虚静,没有思考,腹中虚静而不停滞。牢记这四个字,虽然没有医药丹方秘诀,也完全可以祛除疾病的。这是说健身也可以避祸。

【原文】

二十日接弟十三四及十六日两信,比即复信,想可先到。

日来贼窜何处?由孝感而东南,则黄陂新洲及黄州各属,处处可虑。此贼故智,有时疾驰狂奔,日行百馀里,连数日不少停歇;有时盘于百馀里之内,如蚁旋磨,忽左忽右。贼中相传秘诀曰:"多打几个圈圈,官兵之追者自疲矣。"僧王曹县之败,系贼以打圈圈之法疲之也。

吾观捻之长技约有四端:一曰步贼长竿,于枪子如雨之中,冒烟冲进;二曰马贼周围包裹速而且匀;三曰善战而不轻试其锋,必待官兵找他,他不先找官兵,得粤匪初起之诀;四曰行走剽疾,时而数日千里,时而旋磨打圈。捻之短处亦有三端:一曰全无火器,不善攻坚,只要官吏能守城池,乡民能守堡寨,贼即无粮可掳;二曰夜不扎营,散住村庄,若得善偷营者乘夜劫之,胁从者最易逃溃;三曰辎重妇女骡驴极多,若善战者与之相持而别出奇兵袭其辎重,必大受创。此吾所阅历而得之者。

弟素有知兵之名,此次于星使在鄂之际,军事甚不得手,名望必为减损,仍当在选将练兵切实用功。一以维持大局,扫净中原贼氛;一以挽回令名,间执谗慝之口。

【评述】

功!是一个什么玩艺?功,可以理解为军功;也可以宽泛地理解为世俗的名誉。除军功外,如名声、才情都是类此的东西。当你功高业隆、名倾天下之时你就要格外小心了。人君之侧,位高禄厚,人所垂涎,这是其一。其二"盖世功劳,当不得一个矜字",沉浸在名誉的花环中,容易摆不正自己的位置,居功自傲。因为君是至高无上的。从权力的

角度来看,他们不希望受到威胁;从人的嫉贤妒能的心性来看,他们也不乐意有出其右者。更何况这时你可能已经由良友功臣变成了潜在的最可怕、最有力的敌人了。因此,当你大功显赫时,你可想到功成退身? 当你声名鹊起时,你可想到你正是众矢之的? 当你才高过人时,你可想到要韬光养晦? 春秋时的文种、范蠡,他们含辛茹苦,备受艰难,为越王勾践光复了社稷江山,报了大仇,雪了大耻。本来当可安享富贵了,范蠡却慧眼慧心,急遁江湖,并劝文种亦遁去。文种不信蠡言,后被越王赐剑自刎。而范蠡免了大祸加身。"狡兔死,走狗烹;敌国破,谋臣亡。"这真是至理名言啊!

清代中兴名臣曾国藩是位最能参悟保身之道的明眼人。

攻下金陵之后,曾氏兄弟的声望,可说是如日中天,达于极盛,曾国藩被封为一等侯爵,世袭罔替;曾国荃一等伯爵。所有湘军大小将领及有功人员,莫不论功封赏。时湘军人物官居督抚位子的便有十人,长江流域的水师,全在湘军将领控制之下,曾国藩所保奏的人物,无不如奏所授。

但树大招风,朝廷的猜忌与朝臣的妒忌随之而来。曾国藩说:"长江三千里,几无一船不张鄙人之旗帜,外间疑敝处兵权过重,权力过大,盖谓四省厘金,络绎输送,各处兵将,一呼百诺,其相疑者良非无因。"

颇有心计的曾国藩应对从容,马上就采取了一个裁军之计。不待朝廷的防范措施下来,就先来了一个自我裁军。

曾国藩的计谋手法,自是超人一等。他在战事尚未结束之际,即计划裁撤湘军。他在两江总督任内,便已拼命筹钱,两年之间,已筹到550万两白银。钱筹好了,办法拟好了,战事一结束,便即宣告裁兵。不要朝廷一文,裁兵费早已筹妥了。

同治三年六月攻下南京,取得胜利,七月初旬开始裁兵,一月之间,首先裁去25000人,随后亦略有裁遣。人说招兵容易裁兵难,以曾国藩看来,因为事事有计划、有准备,也就变成招兵容易裁兵更容易了。

曾国藩是熟知老子的哲学的。他对清朝政治形势有明了的把握,对自己的仕途也有一套实用的哲学理念。他在给其弟的一封信中表露说:

"余家目下鼎盛之际,沅(曾国荃字沅辅)所统近二万人,季(指曾贞干)所统四五千人,近世似弟者,曾有几家? 日中则昃,月盈则亏。吾家盈时矣。管子云:斗斛满则人概之,人满则天概之。余谓天之概无形,仍假手于人以概之。等他人之来概,而后悔之,则已晚矣。"

俗语说:位盛危至,德高谤兴。历史上像韩信这样的在开国大臣因功高而遭杀戮的不乏其有。汉初三杰的命运各不同,萧何系狱、韩信诛夷、子房托于神仙,生出后人多少感慨。张良是一个伟大的智者,他未必相信神仙、长生之类虚妄之说,但他知道自己曾一言而退百万之师,刘邦岂能容他? 他及早抽身退步,司马光盛赞他"明哲保身"。另外像晋之谢安,汉之周亚夫,勾践杀文种更是尽人皆知的,三国时的杨修也是因为恃才直言、唐突君王而被杀掉的,这种教训太多了。为官处世,知进退是大道理、大本领。一个人的功劳只能代表过去,未来的一切还必须重新开始。老子说:"成功,名遂,身退,天之道。"纵观历史官场,功成不恃重,名成不恋位,不可为则不为,能为也能不为,见机而作适可而止,无所羁绊,才是官场人生的最佳境界。为人臣,不可不更居安思危。如果身在局中,既想从容,又想保身,该如何办呢?洪应明的《菜根谭》中有一则处世良策,值得玩味:"完名美节,不宜独任,分些与人可以远害全身;辱行污名,不宜全推,引些归己,可以韬光养德。"

【原文】

自十八日一战后,廿一日陆路开仗,小有挫衅。廿六日,贼从湖北颁集悍贼二万人,由临湘陆路前来,意欲扑塔、周、罗山等之营盘。陆路既得,水军自然失势。拚死攻扑,满山满坑,无非黄旗红巾,比三月初十人数更多。幸罗山之湘勇得力,将头起杀退,以后如周凤山之营、杨名声之营亦俱奋勇,杀贼共七八百名。此股贼来甚多,必有屡次血战,东南大局,在此数日内可定。如天之福,陆路得获大胜,水路亦可渐次壮盛也。带水师者,有战阵之险,有风波之苦,又有偷营放火之虑,时时提防,殊不放心,幸精神尚好,照料能周耳。

霞仙定于本月内还家,渠在省实不肯来,兄强之使来。兵凶战危之地,无人不趋而避之,平日至交如冯树堂、郭云仙等尚不肯来,则其他更何论焉!现除李次青外,诸事皆兄一人经手,无人肯相助者,想诸弟亦深知之也。甄甫先生去年在湖北时,身旁仅一旧仆,官亲、幕友、家丁、书差、戈什哈一概走尽,此亦无足怪之事。兄现在局势犹是有为之秋,不致如甄师处之萧条已甚;然以此为乐地,而谓人人肯欣然相从,则大不然也。

【评述】

咸丰五年(1855),自从罗泽南等离开江西以后,曾国藩在江西的处境更是一天比一天坏。在这种危急时刻,曾国藩认为首先要"自救",那就是加强自身建设,苦练自身的硬功。在内湖水师缺乏一位得力的统领,几位营官也都是平平之才的情况下,曾国藩只好让李元度兼辖水师事。

曾国藩不断地给李元度写信,教他如何带勇、如何列阵打仗。在8月28日的信函中,曾国藩写道:

兹特有数事叮嘱,千万不能忘记:

第一,扎营宜深沟高垒。虽仅一宿,亦须为坚不可拔之主计,但能使我垒安如泰山,纵不能进攻,亦无损于大局。

第二,哨探严明。离贼既近,时时作敌来扑营之想。敌来之路、应敌之路、埋伏之路、胜仗追击之路,一一探明,切勿孟浪。

第三,禀报翔实。不可专好吉祥话,遇有小事不如意,辄讳言之。

第四,痛除客气。未经战阵之勇,每好言战,带兵之人也是如此。如果有了一些阅历,便自然觉得我军处处都是漏洞,无一可恃,也就不轻言战了。

写了这些,曾国藩仍然是不放心。他想起上年写的《水师得胜歌》在军中影响很好,

既通俗又实用,便再花几天的功夫,写出了一首《陆军得胜歌》。歌中讲到了湘军陆师在扎营、打仗、行军、法纪、装备和训练等6个方面所应注意的事项。

尽管曾国藩如此苦口婆心,但李元度仍然不能将他的陆师部队训练成能战敢战之师。曾国藩吃不香、睡不熟,他预感到有一天会出大事。

在陆师方面,湘军在江西的两支主力的统领也都不很出色。周凤山马马虎虎,只能说还算过得去。至于李元度,真是一个书呆子,而且不可教。曾国藩花在他身上的心血最多,他也让曾国藩最不放心。因此,曾国藩在自救的同时,还必须求救。

曾国藩首先写信给湖北的胡林翼和罗泽南,请求罗泽南率部重回江西救援,以解他及其驻江西湘军的坐困之危。同胡林翼函商,则是打算将彭玉麟调到江西来充内湖水师统领。胡林翼知道彭玉麟与杨载福矛盾甚深,尽管经过他的苦心调解,但仍不能尽释前嫌,也正愁如何安置他们,所以便非常痛快地同意了曾国藩的要求。可这个彭玉麟是个极重乡情、特重孝道的人,他提出在

箭 清

去江西之前要先回一趟湖南衡阳老家省亲,来回折腾,直到1856年初才赶到江西南康。曾国藩总算是身边又有一位可以依赖的水师将领。

但湘军在江西樟树镇很快遭到太平军袭击大败。樟树镇位于吉安与南昌之间,是赣南重镇,南昌南路的重要屏障。1856年2月,周凤山见石达开率部来攻,早已吓得魂飞魄散,全部营盘竟在一天之内丢失无遗,大量的官弁和勇丁溃向南昌。

曾国藩闻讯之下,惊骇不已。从南康乘坐一艘小舟,急速赶到南昌,收拾残局。他过去曾立下一条规矩,凡是溃散的勇丁,一律不准重新招募入营,但这一次他看太平军来势凶猛,而自己手下又再无可战之军,回湖南重新招募更是远水不解近渴,最后只得违背定制,将溃勇重新招集起来,编组成军。然而,他仍决定将统领革职,另委黄虎臣和毕金科为统领。

在这个时候,曾国藩一面写奏折请求咸丰帝同意将从自己身边调走的罗泽南、刘蓉的那支能征善战之师重新调回江西,但却遭到了咸丰帝的拒绝。同时还一面分别写信给胡林翼和罗泽南,希望他们能够同情他的处境,救他于危难之中。

罗泽南回信给曾国藩,谈了自己的想法,表示一旦武汉攻克,即率部东下,与曾国藩等会师于九江。

胡林翼也不愿意罗泽南离开湖北。他在给清廷的奏折中则表示,武汉即将攻克,希望罗泽南一军再在湖北停留十天半月,他保证到时候就一定可以占领武昌。因此,十天

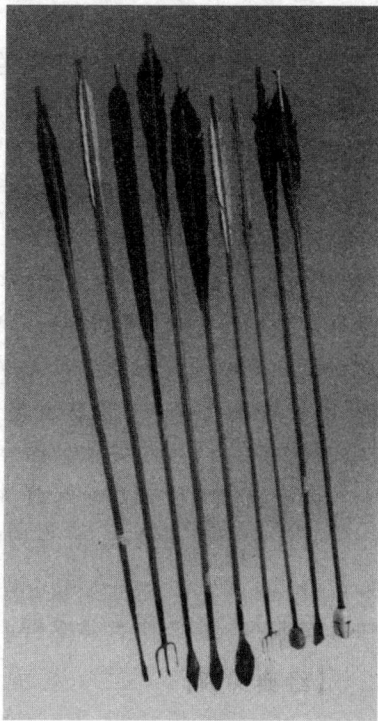

半月之后,他就派出得力部队东下救援江西。

但不久罗泽南战死,太平军在江西节节进军,曾国藩更加困难重重。当年五月,曾国华等从武昌出发,经湖北威宁、蒲圻、崇阳入江西义宁,于8月抵达瑞州城下。

同时,曾国藩的另一个弟弟曾国荃也在骆秉章和左宗棠等人的授意之下,募勇2000人,配以樟树镇败将周凤山回湖南所募道州勇2000,合共4000人,组成一军,由湖南东攻江西吉安,称之为吉字营。

这样,至1856年9月,湖南、湖北两省先后组织了三支部队共计13000余人援赣。这些湘军部队的到来,使奄奄一息的曾国藩又抓住了几根救命草。

心力交瘁的曾国藩看见太平军从江西战场上大量撤出,一开始感到迷惑不解。但很快,他派到天京城中的密探就发来了消息,将天京内讧的情况告诉了他。

求救、自救、天机终于使曾国藩渡过了灾难。

这一过程给我们成功者提供了这样一个启示:一是在艰难时刻一定不要失去信心,徒然的抱怨是无用的;二是在困难时刻最重要的还是要寻求解决困难的途径、办法,哪些是自己能办的,哪些是需借助他人的,在此前提下去努力经营,或可有"山穷水复"的一日。至于天机则是不可企及的。

【经典实例】

土耳其以和谈缓兵

英国一直将控制黑海海峡看作是使英国称霸近东,保持同远东联系的一个重要战略目标。1808年,英国借口土耳其同英国的盟国俄国作战,对土耳其采取了军事行动。1809年2月,英国海军上将达库埃尔特率领一支十二艘军舰的舰队进入达达尼尔海峡。英国舰队压制敌方海岸炮台,击毁土耳其防护海峡的六艘军舰中的五艘,然后进入马尔马拉海域,直逼土耳其首都安卡拉。达库埃尔特上将向土耳其苏丹发出最后通牒,要求停止对俄国的军事行动,将达达尼尔海峡炮台交由英国军官控制等。

土耳其苏丹知道他所面临的险境,土耳其舰队遭受重创,已无抵抗能力,海峡炮台也急需加固,驻守人员也应增加。但是这些都需要时间。因此,土耳其人决定用施延战术对付英国人。一方面,土耳其不拒绝英国的无理要求,同其谈判哪些要求可答应,哪些还应做些修改。另一方面,土耳其人利用谈判赢得的时间,请来了法国教官,为其训练士兵。他们加固了首都和达达尼尔海峡、博斯普鲁斯海峡的防御工事,并从外地调来了一批军队,加强首都和海峡的防守力量。两个星期过去了,土耳其人在谈判中的态度逐渐变硬,英国海军上将达库埃尔特此时深感不妙。3月2日,担心舰队陷于封锁,英国舰队开始撤出马尔马拉,土耳其的海岸炮台突然发动炮击,英国舰队损失很大,二艘轻巡航舰被击沉,还有几艘遭重创,英军被打死近二百人,打伤四百人。土耳其以拖延战术终于逼走了英国舰队,消除了危机。

荀息假途灭虢国

春秋时,有两个小国:虞国和虢国。这两国相互毗邻,唇齿相依,又都和晋国相邻。

虢王骄傲自满,经常挑起事端侵扰晋国的南部边界。晋献公想讨伐虢国,大夫荀息劝阻说:"虞国和虢国关系密切,我们要攻打虢国的话,虞国必定出兵相救。如果移兵攻打虞国。虢国也会帮他,虽然我国兵力稍强,但以一敌二,恐怕也未必会赢。"

晋献公问:"那该怎么办呢?"

荀息说:"我听说虢王十分好色,咱们不妨送给他一些美女,让他沉湎于酒色之中,疏远忠良,再贿赂犬戎,让他们侵扰虢国。找着机会再攻打虢国。"

晋献公便依计行事。果然虢国与犬戎征战不休,两国军队在桑田相持不下。

晋献公又问荀息:"现在虢国与太戎两军对峙,我们可以攻打他了吗?"

荀息说:"但是虢国和虞国的关系仍然很好,不过,我有一计,可以今天拿下虢国,明天拿下虞国。"

晋献公喜出望外,问:"是什么计?"

荀息说:"大王您可以先贿赂虞国,表示希望能借虞国的道路去讨伐虢国。"

晋献公问:"该用什么去贿赂虞王呢?"

荀息回答说:"虞王生性贪婪,但是如果不是非常珍贵的宝物,是无法打动他的。可以用两件宝物,但就怕大王您不肯拿出来。"

晋献公说:"哪两件,你说说看?"

荀息说:"虞王最喜欢的是玉璧和良马,您不是有垂棘之璧和屈产之马吗?用这两种宝物去借路,虞王一定会答应,这样就会落入我们的圈套!"

但晋献公却有点舍不得,说:"这两件东西是我国的至宝,怎么忍心给别人呢?"

荀息说:"我知道你肯定会舍不得的。但是,我们借道讨伐虢国,如果虞国不救,那虢国肯定会被灭掉,虢国一灭掉,那虞国还能存在吗?咱们的玉璧和良马只不过是暂时寄放在那儿一样,只要把虞国一灭,不就取回来了吗?"

晋献公这才同意,把玉璧和良马都交给荀息让他去虞国游说。

虞王一开始听说荀息要借道伐虢,十分愤怒,但见到玉璧和良马后却转怒为喜,问荀息:"这是贵国的国宝,天下罕有,为什么愿意送给我?"

荀息说:"我们国君一方面钦慕您的贤明,另一方面畏惧您的强大,便不敢私自保存

栾书缶 春秋

这宝物,愿意献上宝物,以求两国的睦邻友好!"

虞王说:"说是这么说,但你一定是有求于我,对吗?"

荀息说:"大王您果真是料事如神。现在虢国军队经常侵犯我国南疆,违反两国和约。因此,我国国君想借贵国之路讨伐虢国,倘若有幸能战胜虢国,那所有劫获的东西,全都归您,以此来与贵国结成万代友好之约。"

虞王一听,十分高兴,便答应了。这时,虞国贤大夫宫之奇说:"大王,千万不能答应。俗话说:'唇亡齿寒'。晋国吞并别的小国并非一次了,为什么单单没有对付虞国和虢国,就因为虞、虢能够唇齿相依。虢国要是被灭掉了,那明天就会轮到虞国。"

虞公说:"住嘴。人家晋王不惜重宝,来同我国结盟,我难道一点小路都不肯借吗?而且晋国强于虢国十倍,失去虢国却得晋国,这有什么不对? 你下去,不要再参与此事!"于是就和荀息达成了协议。

后来,荀息还劝服虞国也出兵伐虢,结果在晋、虞、犬戎三国的夹击下,虢军很快就被击溃了,虢国国君也逃到了国外。晋军将虢国的宝库搜刮一空,只将其中的十分之三及全部美女献给虞国,虞王一见,十分高兴。

灭虢后晋国大将假称有病,待在虞国都城不回去。一天,晋献公带着军队来,邀请虞王出城打猎,一会儿,有人来报:"城中有火"。晋献公说:"那肯定是百姓不小心失火了。没关系,咱们继续打猎。"等他们回到城里,都城已经被留在城里的晋军攻下,这里晋献公又从背后杀来,虞国也被灭了。晋献公不仅收回了玉璧和良马,而且把虞国的宝库也掠夺一空。

韩信背水破赵

公元前 204 年,韩信带领汉军数万攻打赵国,赵王歇与主将陈余以数倍于汉军的兵力,屯集二十万赵军于井陉(今河北井陉西北)。当时赵的谋士李左车,向陈余献计:"将军,依我之见,井陉、道路狭窄,车马不便前行列阵,行数百里,粮饷必在其后。请将军借我奇兵三万人,从间道绝其辎重(行军时由运输部队携带的物资),然后将军高垒深沟,坚守营中不出战。这样一来,汉军必困在其中,进退两难,到时,我的奇兵断绝其后路,使汉军什么都得不到,不出十天,便叫他韩信人头落地。"陈余回答说:"广武君(李左军的衔头),我乃仁义之师,岂能用诈谋奇计。想那韩信这次号称领兵数万,其实最多不过数千而已。又怎能千里来攻打我军,就算他来,现在也不能回避不迎战,这样一来,岂不被诸侯笑话我军胆怯,认为可以轻而易举地来讨伐我国。"李左车献计,遭到了固执己见的陈余的拒绝。

韩信探听到李左车为陈余献计被拒绝,心中有说不出的高兴。于是领兵直奔井陉,在距离井陉口三十里处安营扎寨。韩信心生一计,选派了轻骑二千,各带一面汉军旗帜,半夜悄悄潜伏在赵营附近。并叮嘱带领轻骑兵的将领:到时赵军见我军退走,赵军必然

全军出营追击,你们便乘虚而入赵营,拔掉赵军旗帜换上我军旗帜。又通知部属:"今日破赵会食!"韩信料定陈余不会攻击汉军先头部队,立即派万人通过井陉隘路,渡过锦蔓江,在赵营西面摆开背水阵。

天亮后,万名汉兵打着旗鼓出井陉口,越过背水阵而进,赵军见势立即出击,双方展开了一场激烈战斗,韩信带兵假装败阵而逃,丢下旗鼓退人背水阵。果然,赵军空营出击,争抢旗鼓,追击汉军。这时,埋伏在赵营附近的两千汉军,趁机突入起营,换掉赵军旗帜,插上汉军旗帜。激战一阵。赵军见攻不下背水阵,急忙收兵回营,一看赵营尽插汉军旗帜,陈余大为吃惊,以为赵军将帅已被俘,这时军心已大乱,汉军乘势夹击,赵军溃败如山倒,赵王歇、李左车被擒,陈余被杀,取得了全胜。

韩信背水破赵,是我国历史上以少胜多、以弱胜强的著名战例。韩信是创造性地运用了"陷之死地而后生,置之亡地而后存"的军事谋略。正如这场战役胜利后,诸将士在庆功完毕后问:"韩大将军,兵法说:右背山陵,前左水泽。而这次战役,大将军却命令我们布背水阵,说什么'破赵会食',先前我们都不服,但毕竟这次战役取得了全胜。不知大将军是用的什么兵法?"韩信解释道:"这就是兵法所说的'陷之死地而后生,置之亡地而后存'。尽管我的威望和恩信都不够,加之部队又是临时收编和征调来的,也来不及很好地训练,这就好比把市民赶上战场上去作战一样。在这种形势下,不置之于死地,是不能使人人各自为战的。"

曾国藩居官处变不惊

曾国藩仕途可谓一帆风顺,但并非功到垂成,他居官以处变不惊,以礼治为本。

做官就是要处理很多麻烦事。有的人处理一件麻烦事可以,处理两件麻烦事也还能行,但遇到三件或三件以上的麻烦事就耐不住了;有的人遇到一件小的麻烦还可以,一旦遇到大的麻烦就挺不住了;有的人处理别人的麻烦事可以,一旦自己遇到麻烦就受不了了。

当官之所以烦人,就是因为麻烦事往往一件跟着一件,推也推不脱;躲也躲不掉,难得清静,难得自在,难得潇洒,为什么说:"无官一身轻"呢? 就因为没有那么多的麻烦事情。

所以做官要修养心性,第一件事就是训练自己不烦,不急不躁,无怨,清醒。头脑清醒才能做出决断。不然的话,心急似火,性烈如马,只会使事态的发展更加混乱。

耿恭简告诫曾国藩:"居官以耐烦为第一要义。"曾国藩以为做官如此,带兵亦然。有一天,曾国藩接到曾国荃的一封信,信中说:"仰鼻息于傀儡膻腥之辈,又岂吾心之所乐。"曾国藩谆谆告诫弟弟说,这已经露出了不耐烦的苗头了,将来恐怕难以与人相处。能耐烦的好处就是从容平静,从容平静方能产生智慧,方能处变不惊,才能安稳如山。

同治三年(1864),曾国藩率部队追击捻军。一天夜晚,兵驻周家口(今江西万载县),

湘军护卫仅千余人，捻军突然来袭，湘军开始不耐烦了，惊惧不已。幕府文书钱应溥急忙向曾国藩说："现已半夜，力战肯定不行，突围恐怕危险重重。但若我按兵不动，佯为不知，彼必生疑，或许不战自退。"曾国藩于是高卧不起，钱应博也镇静若常，守护曾国藩的卫兵见主帅若无其事，于是也都平静下来，恢复常态。捻军见状，果然怀疑曾国藩布有疑兵，徘徊不定，不敢冒进，最终匆匆而撤去。

曾国藩说，我愧居高位，也想忠贞报国，不敢唯唯诺诺，阿谀奉承，以求容身，唯恐这样做会玷污宗族，辜负了大家的一片期望。

在晚清大臣中，曾国藩的直谏是出了名的。他并不想出风头，甚至觉得这样做十分危险，但作为臣子，他认为这就是忠诚，就是尽自己的本分。荀子说，忠诚有三个等级，大忠、次忠和下忠，无论是哪一种忠诚，都要有利于君主；但忠诚并不是一味地随声附和，如果君主的政策和行为发生错误，就应该大胆陈言，加以规劝。

但大胆进言具有很大危险性，一语不慎，轻易导致皇上疏远，重则导致杀身之祸，历史上由于大胆直言而触犯龙颜遭罹杀身之祸的人和事太多了，所以曾国藩每次出于忠心上谏，但仍心有余悸。

咸丰元年五月二十六日，曾国藩上一谏疏，敬陈皇上发火，栽进了身家性命。

捻军使用过的兵器　清

勾践卧薪尝胆

春秋末期，越国君主勾践举兵攻打吴国，结果大败于吴军。勾践带领残兵败将五千人只好退居会稽山（今浙江绍兴南），不料又被吴军围困。眼看就要遭到灭顶之灾的危险，勾践急忙召见大臣范蠡商议救国之策。范蠡对勾践说："大王，事到如今，不必太忧虑。有道是'虚怀若谷的人顺乎天意，转危为安的人可得民心，处事廉洁的人可得地利。'而今只有暂时屈服求和，等到来日方可东山再起。"勾践采纳了范蠡的意见，委曲求全，向吴王夫差求和。

自此以后，越国便成了吴国的属国，自然越王勾践成了"罪臣"，他手下的人也成了夫差的奴仆。夫差让勾践夫妇住在简陋的石屋里，每天在马厩中切草喂马，打扫粪便和洗车。夫差凡是要坐车外出，就让勾践充当马夫。面对夫差对他的百般羞辱，勾践只好忍

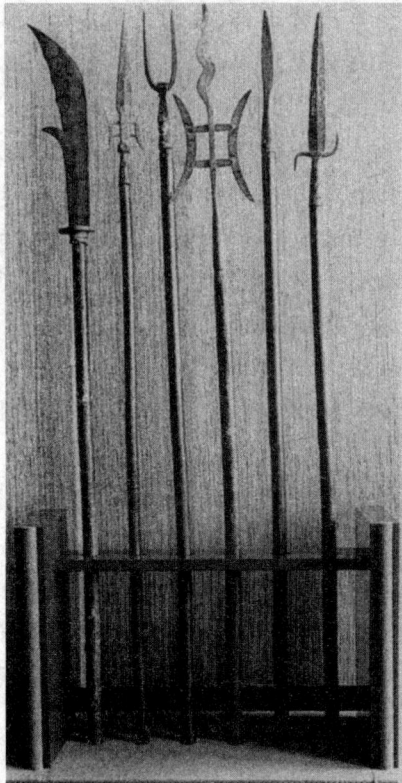

气吞声，但却越来越激发起他复仇的强烈欲望。他通过暗中收买吴国将吏，从中探听吴国的军情，逐渐对吴国的地理形势、防守要塞等情况有所了解。

勾践强压心中的仇恨，无声无息地过了三年。尽管时有夫差派的暗探，但没有发现任何异常情况。夫差便开始放松了警惕，认为勾践已断绝复国的信心。有一天，夫差突然患病，卧床不起。勾践便主动前去探望夫差的病情，正好这时夫差解完了大便，勾践心生一计，急忙跪下对夫差说："大王，罪臣年轻时候曾经跟名师学过医术，教我品尝人的粪便从中可推测凶吉。请大王恩准罪臣试一试此法。"夫差一听感到十分惊讶，心想世间竟有这样的妙法，但一想到粪便不由得恶心，于是叫人把便盆拿出来，并对勾践说："好吧，你就试一试！"只见勾践走便倒盆前，用手指把粪便抹在嘴里，装出一副品尝细辨的样子。老实说，这滋味真不好受！可是勾践强忍着这非人的痛苦，上前叩见夫差说："大王的粪便味苦而酸，这是顺应时节的变化，没有大病，只是小病而已，几天后定能痊愈。"夫差见此情此景，深受感动，连连点头称赞道："你真是难得的忠臣，待朕的病好后一定要设宴答谢。"

不几天，夫差的病好了，果真设宴答谢勾践。宴罢，等勾践夫妇和范蠡走后，吴国大将伍子胥急忙上前劝吴王夫差说："大王，这样做，岂不是一日纵敌，招来数世之患，吴国危险呀！"夫差一听，大为不快地说："朕所做的事，自有主张。你身为下臣怎能如此无礼。"

吴王夫差放虎归山，让勾践返回了越国。残破的家园更激起了勾践心中的亡国之恨。他决心忍辱负重，伺机东山再起，死灰复燃。从此以后，勾践以身作则，激发百姓雪耻的信心。他每日早起晚睡，勤于国事，为了磨炼自己的坚强意志和毅力，睡卧在柴草上，并悬挂一只苦胆，每当坐卧和饮食之前，必先舔一口苦涩的胆汁。如此日复一日，年复一年，卧薪尝胆，以此提醒自己不要忘记亡国之耻。同时，他把治理国家的大事交给文仲，把兵权交给范蠡，共谋复国大计。他秘密重建军队，铸造兵器，储备粮饷，重用人才，不论贵贱，严格制度，赏罚分明，联络邻国，谋求同盟，等待时机，发兵征吴。为了迷惑吴王夫差，每年勾践都要挑选美女、珍宝特产向吴王进贡，让吴王毫无戒备之心。经过七年的休养生息，越国逐渐恢复了元气，并愈加强大。

由于吴王夫差昏愦，忠奸不分，害死忠臣伍子胥，重用奸臣伯嚭，弄得举国上下对他大为不满，矛盾日益激化。公元前483年，趁吴王夫差率领精兵北上黄池（今河南封丘西南）与诸侯会盟时，勾践率兵乘虚而入，烧毁了吴王的姑苏台。夫差得知后，急忙派使臣向勾践求和。十二年后，越军攻破了吴国。不久，夫差自杀，吴国灭亡。越国不仅灭了吴国，而且成为霸主。

越王勾践卧薪尝胆、发愤图强的精神，不仅说明一个国家当其处在危难之急，应当不屈不挠，艰苦奋斗，全力光复，而且对于一个人来说，如果处在艰难困苦的环境中，不应自暴自弃，应当努力去改变环境，振奋精神，百折不挠，勇于拼搏，最终是会取得成功的。

卷三　家教齐家谋略

经文释义

【原文】

凡子之孝父母，必作人有规矩，办事有条理，亲族赖之，远近服之，然后父母愈爱之，此孝之大者也。若作人毫不讲究，办事毫无道理，为亲族所唾骂，远近所鄙弃，则贻父母以羞辱，纵使常奉甘旨，常亲定省，亦不得谓之孝矣。敬神者之烧香酬愿，亦犹事亲者之甘旨定省，实无大益。若作人不苟，办事不错，百姓赖之，远近服之，则神必鉴之佑之！胜于烧香酬愿多矣。

孝经图　清

【译文】

凡是子女孝顺父母，一定是做人有规矩，办事有条理，亲戚们都依赖他，远近之人都佩服他，父母也因此更爱他，这就是大孝。如果做人没有档次，办事毫无道理，为亲族所唾骂，远近之人都鄙弃他，从而给父母带来了羞辱，这样的人即使常常用美食供奉父母，

并常常探视父母,也称不上是孝。敬神的人在那儿烧香还愿,也与子女常常以美食供奉父母一样,没有什么实际的好处。如果做人一丝不苟,办事有规矩,百姓信赖他,远近的人佩服他,那么神一定会保佑他。这样做比烧香还愿强多了。

【原文】

澄弟左右:

八月初一接弟在长沙排单一信。知已得见科一,并在胡宅演戏三日。初二日又接弟十三在家所发之信,具悉一切。

余在金陵二十日起行,二十八日至庆,内外小大平安。门第太盛,余教儿女辈惟以勤俭谦三字为主。自安庆以至金陵,治江六百里大小城隘皆沅弟所攻取。余之幸得大名高爵,皆沅弟之所赠送也,皆高曾祖父之所留贻也。余欲上不愧先人,下不愧沅弟,惟以力教家中勤俭为主。余于俭字做到六七分,勤字则尚无五分工夫。弟与沅弟于勤字做到六七分,俭字则尚欠工夫。以后各勉其所长。各戒其所短。弟每用一钱,均须三思,至嘱。

李宅二万金,上年十一月曾由东征局解去二千,此次应行扣除,顷已补札东局矣。余详日记中。即问近好。

【译文】

澄弟左右:

八月初一日收到弟在长沙发出的信,知道弟已见过科一,并且在胡宅上演戏三天。初二又接到弟十三日在家中发出的信,获悉一切。

我于二十日从金陵出发,二十八日到安庆,内外孩子大人都平安。曾家一门太过兴盛,我教诲儿女辈让他们以勤、俭、谦三字为主。从安庆到金陵,沿江六百里内大大小小的城池关隘都是沅弟所攻占夺取。我有幸得享大名气和高爵位,都是沅弟赠送给我,都是高祖、曾祖、祖父、父亲遗留的福泽。我要上不愧对先人,下不愧对沅弟,唯有尽力教导家人以勤奋俭朴为主。俭朴这方面我大概只做到六七分,而勤勉方面我可能还做不到五成。老弟与沅弟在勤勉上能做到六七分,俭朴方面则努力不足。以后我们各人在自己的长处上继续下功夫,让自己的短处尽量少有或没有表现的机会。弟每花一文钱,都要反复思索。至嘱。

为李家凑的两万两银子,去年十一月曾经通过东征局解送去两千两了,此次应扣除这一部分,刚已给东征局补发札文。其余详见日记中。即问近好。

【原文】

学问之事,以日知月无亡为吃紧语;文章之事,以读书多积理富为要。

读书之志,须以困勉之功,志大人之学。

【译文】

学问,以每日增长新知而不忘记为关键;文章,以多读书多懂道理为关键。

读书的志向,一定要困而勉之,奋发向上。

【原文】

家中遇祭，酒菜必须夫人率妇女亲自经手。祭礼之器皿，另作一箱收之，平日不可动用。内而纺绩做小菜，外而蔬菜养鱼、款待人客，夫人均须留心。吾夫妇居心行事，各房及子孙皆依以为榜样，不可不劳苦，不可不谨慎。

【译文】

家中遇到祭祀时，酒菜必须由夫人率领妇女们亲自经手。祭祀所用的器皿，需要另外用一个箱子收藏，平日不可动用。家里的纺织、做小菜，外面的种菜、养鱼、款待客人等事，夫人都必须留心。我们夫妇居心行事，各房及子孙都要视为学习的榜样，不可不劳苦，不可不谨慎。

【原文】

连接尔十四、二十二日在省城所发禀，知二女在陈家，门庭雍睦，衣食有资，不胜欣慰。

尔累月奔驰酬应，犹能不失常课，当可日进无已。人生惟有常是第一美德，余早年于作字一道，亦尝苦思力索，终无所成。近日朝朝摹写，久不间断，遂觉月异而岁不同。可见年无分老少，事无分难易，但行之有恒，自如种树蓄养，日见其大而不觉耳。耳在短处在言语欠钝讷，举止欠端重，看书能深入而作文不能峥嵘。若能从此三事上下一番苦工，进之以猛，持之经恒，不过一二年，自尔精进而不觉。言语迟钝，举止端重，则德进矣。作文有峥嵘雄快之气，则业进矣。尔前作诗，差有端绪，近亦常作否？李、杜、韩、苏四家之七古，惊心动魄，普涉猎及之否？

此间军事，近日极得手。鲍军连克青阳、古埭、太平、泾县四城。沅叔连克巢县、和州、含山三城暨铜城闸、雍家镇、裕溪口、西梁山四隘。满叔连克繁昌、南陵二城暨鲁港一隘。现仍稳慎图之，不敢骄矜。

余近日疮癣大发，与去年九十月相等。公事业集。竟日忙冗，尚多积阁之件。所幸饮食如常，每夜安眠或二更三更之久，不似往昔彻底不寐，家中可以放心。此信并呈澄叔一阅，不别致也。

【译文】

连续收到你十四日、二十二日在省城所发的信，得二女儿在陈家，全家和睦，有衣有食，十分欣慰。

你数月来奔波应酬，还能不放弃功课，应该每天进步不止。人生中只有恒常是第一美德。我早年对于写字的方法，也曾经苦思冥想，终无所成。我近来天天摹写，长久不中断，终于感到日新月异，每年都有不同。可见，年龄不分老少，事情不分难易，只要有恒心做，自然如同种树蓄养，每天不觉见到它长大，你的缺点在于说话不钝讷，举止不庄重，看书能深入进去但作文却不能峥嵘。若能从这三方面再下一番苦功夫，勇猛精进，持之以恒，不过一两年，你自然会精进而不察觉，言语钝讷了，举止庄重了，德行也就精进了。作

文有了峥嵘雄快之气，你的学业也就上进了。你前些日子作诗，已经入门，近来也经常作吗？李、杜、韩、苏四家的七言古诗，惊心动魄，你涉猎到了吗？

这段时间的军事，十分顺利。鲍军连克青阳、古埠、太平、径县四城。你沅叔连克巢县、和州、含山三城及铜城闸、雍家镇、裕溪口、西梁山四处要地。满叔连克繁昌、南陵两座城及鲁港一处险关。现在仍然稳慎把守，不敢骄狂。

我近来疥癣大发作，与去年九、十月相似。公事堆积，终日繁忙，还有许多积压的事件。幸好饮食如常，每天晚上安睡到二更或三更，不像从前整夜难眠，家中尽可以放心。这封信你送给澄叔看看，不另给他写了。

【原文】

吾家门第鼎盛，而居家规模礼节，未能认真讲求。历观古来世家长久者，男子须讲求耕读二事，妇女须讲求纺织酒食二事。斯干之诗，言帝王居室之事，而女子重在酒食是议。家人卦以二爻为主，重在中馈。内则一篇，言酒食者居半。故吾屡教儿妇诸女亲主中馈，后辈视之若不要紧。此后还乡居家，妇女从不能精于烹调，必须常至厨房，必须讲求作酒，作醢醯小菜之类。尔等必须留心于莳蔬养鱼，此一家兴旺气馁，断不可忽。纺织虽不能多，亦不可间断。大房唱之，四房皆和之，家风自厚矣。至嘱！至嘱！

【译文】

我们家的门第鼎盛，但对于家庭的礼节之类的事，却没有认真注意。纵观历史上那些长久的世家，男子要注意耕读这两件事，妇女要注重纺织和酒食这两件事。斯干诗中说帝王居室的事，认为女子的重要任务是处理好酒食之事。家人卦中以二爻为主，注重的也是中馈。"内则"一篇，其中谈论酒食的占了一半篇幅，所以我多次教育儿媳妇和女儿亲自料理中馈，后辈们却对此并不看重。以后还乡家居，那些不能精于烹调的妇女，必须常常到厨房去，要注重酿酒，制作牺牲小菜之类。你们必须注意时鲜蔬菜和养鱼，这关系到一家的兴旺之气，千万不能忽视。纺织虽然不用很多，但也不能间断。大房主张的东西，四房都赞同，家风自然就淳厚了。

曾国藩在这里主要讲了妇女应该注意的事情，认为这关系到家庭的兴衰，这实则上与曾家人丁兴旺、需要家规加以约束有很大关系。

【原文】

《记》云：君子庄敬日强。我日日安肆，日日衰尔，欲其强，得乎？譬诸草木，志之不立，本则拔矣，是知千言万语，莫先于立志也。癸卯二月。

【译文】

《礼记》中说：君子庄敬日强。我天天安逸于此，放纵自己，一天天衰颓下来。要想自强不息，怎么可能呢？正像那些草木，如果志向没有树立，就相当于草木的根被拔掉了。由此可知，千言万语，首先是要树立志向。道光二十三年二月。

【原文】

因忧日内以金陵、宁国危险之状,忧灼过度。又以江西诸事掣肘,闷损不堪。皆由平日于养气上欠工夫,故不能不动心。欲求养气,不外"自反而缩行慊于心"两句;欲求行慊于心,不外"清、慎、勤"三字。因将此三字多缀数语,为之疏解。"清"字曰名利两淡,寡欲清心,一介不苟,鬼伏神钦;"慎"字曰战战兢兢,死而后已,行有不得,反求诸己;"勤"字曰手眼俱到,心力交瘁,困知勉行,夜以继日。此十二语者,吾当守之终身。遇大忧患、大拂逆之时,庶几免于尤悔耳。

【译文】

因思虑金陵、宁国的军情危急,忧愁焦虑过度。又因为江西诸事遇人掣肘,气塞不畅。这些都是平时养气功夫不到家所造成的,而遇到事情又不能不忧心。要想修行养气之功,不外乎"自省于心无愧,做事都于心无愧"两句话;要想使自己的行为问心无愧,不外乎"清、慎、勤"三字。因而我将这三个字发挥成几句话,作为疏解。"清"字就是淡泊名利,清心寡欲,不做一点苟且之事,鬼敬神钦;"慎"字就是战战兢兢,死而后已,行为有不合乎礼义的,反省于己心;"勤"字就是手眼都到,身心俱用,

粉彩过枝瓜蝶纹碗　清

克服困难以求获得知识,努力而行以求德业有成,夜以继日,从不间断。对于这十二句话,我要终身坚持。这样遇到大的患难、大的困难时,大概可以免去忧郁羞辱。

【原文】

余平生科名,极为顺遂,惟小考七次始售。然每次不进,未尝敢出一怨言,但深愧自己试场之诗文太丛而已。至今思之,如芒在背。当时之不敢怨言,诸弟问父亲,叔父,及朱尧阶便知。盖场屋之中,只有文丛而侥幸者,断无丈佳而埋没者,此一定之理也。三房十四叔非不勤读,只为傲气太胜,自满自足,遂不能有所成。

【译文】

我平生于科名之事上极为顺利,只是小考时考了七次才中。然而每次不中,未曾说过一句怨言,只是为自己在考场上写的诗文太差惭愧而已。至今想起来,仍有如芒刺在背的感觉。当时我不敢口出怨言,这件事你们问父亲、叔父、朱尧阶就可以知道。因为考场之中,只有因为文章太差而侥幸得中的人,绝对没有文章写得好而被埋没的,这是理所当然。三房十四叔并不是读书不勤,只是因为太傲气,自满自足,所以没有能中。

【原文】

夫家和则福自生。若一家之中，兄有言弟无不从，弟有请兄无不应，和气蒸蒸而家不兴者，未之有也；反是而不败者，亦未之有也！

【译文】

家庭和睦自然就会带来福气。如果一家之中，对兄说的话做弟弟的无不听从，对弟弟的请求兄无不答应，如此和气蒸腾而家庭仍不兴旺的，还没有见过；与此相反而家庭不衰败的，还没有过。

【原文】

人多望子孙为大官，余不愿为大官，但愿为读书明理之君子。勤字自持，习劳习苦；可以处乐，可以处约，此君子也。余服官二十年，不敢稍染官宦气习，饮食起居，尚守寒素家风，极俭也可，略丰亦可，太丰则吾不敢也。

凡仕宦之家，由俭入奢易，由奢返俭难。尔年尚幼，切不可贪爱奢华，不可惯习懒惰。无论大家小家、士农工商，勤苦俭约，未有不兴；骄奢倦怠，未有不败。

凡富贵功名，皆有命定，半由人力，半由天事，惟学作圣贤，全由自己作主，不与天命相干涉。吾有志学为圣贤，少时欠居敬工夫，至今犹不免偶有戏言戏动。尔宜举止端庄，言不妄发，则入德之基也。

【译文】

一般人都希望自己的子孙担任大官，我不愿意做大官，但想成为读书明理的君子，坚持一个勤字，习惯于劳苦，既可以享受快乐，又可以过节俭的生活，这样的人就是君子。我做官二十年，一点儿也不敢沾染官宦习气，饮食起居，还保持艰苦朴素的家风，极俭朴也可以，略丰厚些也可以，太丰厚我是不敢享受了。

凡是仕宦家庭，由俭朴到奢侈容易，由奢侈再恢复俭朴就很困难了。你年纪不大，千万不可贪图奢侈豪华，不可养成懒惰的习惯。无论大家小家、士农工商，凡是勤苦节俭的，没有不兴旺的，凡是骄奢倦怠的，就没有不衰败的。

凡是富贵功名，都属命定，一半取决于人的努力，一半取决于天意。只有学做圣贤，全部由自己主宰，与天命没有关系，我有学做圣贤的志向，年轻时缺乏居敬的功夫，到今天仍免不了偶尔有不严肃的言行。你应该举止端庄，不乱说话，这是修德的根基。

【原文】

孝友为家庭之祥瑞，凡所称因果报应，他事或不尽验，独孝友则立获吉庆，反是则立获殃祸，无不验者。吾早岁久宦京师，于存养之道多疏，后来辗转兵间，多获诸弟之助，而吾毫无裨益于诸弟。余兄弟姐妹各家，均有田宅之安，大抵皆九弟扶助之力。我身残之后，尔等事两叔如父，事叔母如母，视堂兄弟如手足。凡事皆从省啬，独待诸叔之家，则处处从厚。待堂兄弟以德业相劝，过失相规，期于彼此有成，为第一要义。其次则亲之欲其贵，爱之欲其富。常常以吉祥善事代诸昆季默为祷祝，自当神人共钦。

【译文】

孝悌友爱是家庭的祥瑞，人们常说的因果报应，在其他事情上未必全部能应验，只有在只要孝悌友爱就立即获得吉庆，不孝悌友爱就立即招来灾祸这个问题上，没有不应验的，我早年长期在京城任官，常常荒废修养之道，后来从事军务，得到各位弟弟的帮助很多，而自己对各位弟弟却无丝毫帮助。我的兄弟姐妹的家庭，所以都能有田有宅，大概都是九弟的功劳。我身体残疾之后，你们服侍两位叔叔像服侍父亲一样，服侍叔母像服侍母亲一样，把堂兄弟看成是自己的手足之亲。凡事都很节俭，只有对待各位叔叔的家庭，则处处都要大方。对待堂兄弟应该以德业相劝戒，纠正他们的过失，希望他们有所成就，这是最重要的。其次就是要亲近爱惜他们，希望他们富贵。常常替他们祈祷吉祥之事，这样神人都会钦服。

孝经图　清

【原文】

余精力日衰，总难多见人客。算命者常言十一月交癸去，即不吉利，余亦不愿久居此官，不欲再接家眷东来。夫人率儿妇辈在家，须事事立一个定章程。居官不过偶然之事，居家乃是长久之计，能从勤俭耕读上做出好规模，加一旦罢官，尚不失为兴旺气象。若贪图衙门之热闹，不立家乡之基业，则罢官之后，便觉气象萧索。凡有盛必有衰，不可不预为之计。望大教训儿孙妇女，常常作家中无官之想，时时有谦恭省俭之意，则福泽悠久，余心大慰矣。余身体安好如常，惟眼蒙日甚，说话多则知头塞涩，左牙疼甚，而不甚动摇，不至遽脱，堪以告慰。顺问近好。

【译文】

我的精力一天比一天差，总是难免多见人见客。算命先生常说今年十一月交癸运，这是不吉利的兆头，我也不想长久做这个官了，所以也不准备再接家眷东来。夫人率领儿妇辈在家，必须事事都立个规矩。居官不过是偶然的事，居家才是长久之计，能从勤俭耕读上做出好成绩来，即使一旦被罢官，还不失为一个幸福家庭。如果贪图衙门的热闹，不建立家庭稳固基业，那么罢官以后，便会感到气象冷落凄凉，缺乏生机。凡事有盛必有衰，不能不提前为它做些筹划。希望妇人教训儿孙妇女，常常作家中没有做官的打算，时刻都有谦虚、恭敬、节省、勤俭的意识，那么我家大富大贵就会持续长见了，我心中则感到莫大安慰。我的身体安好与往常一样。只有眼病一天比一天厉害，说话多了舌头就迟钝发涩，左边牙很疼，而不很活动，大约还不至于脱落，可以感到安慰了。顺问近好。

【原文】

古来言凶德致败者约有二端：曰长傲；曰多言。历观名公巨卿多以此二端败家丧身。余生平颇病执拗，德之傲也。不甚多言，而笔下亦略近乎讼。静中默省愆尤，我之处处获

戾,其源不外此二者。

温弟性格略与我相似,而发言尤为尖刻。凡傲之凌物,不必定以言语加人,有以神气凌之者矣,有以面色凌之者矣。温弟之神气,稍有英发之姿,面色间有蛮狠之象,最易凌人。凡中心不可有所恃,心有所恃,则达于面貌。以门地言,我之物望大减,方且恐为子弟之累;以才识言,近今军中炼出人才颇多,弟等亦无过人之处,皆不可恃。只宜抑然自下,一味言忠信,行笃敬,庶几可以遮护旧失,整顿新气,否则人皆厌薄之矣。

【译文】

自古以来称因为凶德而导致失败的大概有两个方面;一是傲气,二是多话。……历观许多有名的公卿都是因为这两点而最终家败身死的。我这个人平时办事的毛病就是太执拗,这是德的傲。话说得不多,但笔下的毛病与多话一样。静下心来默想自己的过失,发现我之所以处处不顺利,根源还在于这两个方面。

温弟的性格与我较为相似,但说出话来尤其尖刻。以傲凌物,不一定非要用言语刺激别人,还有用神气显示傲的,有用面色显示傲的。温弟的神气,稍带一些英气勃发的姿态,脸色上又有蛮狠的样子,最容易凌人。大凡心中不要有什么依仗,一旦心里有所依仗,就会在面貌上反映。从门弟来说,现在我的声望大减,尚且怕被子弟们负累;从才识而言,眼下军中锻炼出来的人才很多,你们也没有什么过人之处,所以没有什么可依靠的。只应该自谦自抑,一味说忠信,行笃敬,大概才可以遮护过去的失误,整顿起新的气象,否则要人人都厌恶,鄙薄了。

【原文】

历览有国有家之兴,皆由克勤克俭所致;其衰也,则反是。余生平亦颇以"勤"字自励,而实不能勤。故读书无手抄之册,居官无可存之牍。生平亦好以"俭"字教人,而自问实不能俭。今署中内外服役之人,厨房日用之数,亦云奢矣。其故由于前在军营规模宏阔,相沿未改。近因多病,医药之资,漫无限制。由俭入奢,易于下水;由奢反俭,难于登天。在两江交卸时,尚存养廉二万金,在余初意,不料有此。然似此放手用去,转瞬即已立尽。尔辈以后居家,须学陆俊山之法,每月用银若干两,限一成数,另封秤出。本月用毕,只准赢余,不准亏欠。衙门奢侈之习不能不彻底痛改。余初带兵之时,立志不取军营之钱以自肥其私,今其差幸不负始愿。然亦不愿子孙过于贫困,低颜求人;惟在尔辈力崇俭德,善持其后而已。

【译文】

看历史上国和家的兴旺,都是由克勤克俭带来的;当国和家衰败时,则是由于不能克勤克俭。我一直想以"勤"字自我勉励,而实际上却做不到,所以读书时没有手抄本,做官时的文牍也没有保存。我一直也以"俭"字教育别人,但自己感到自己并没有做到。现在衙署中服役的人数很多,厨房中每天的花费,也可以称得上是奢侈了。这其中的原因是以前身在军营,规模较大,这种习惯沿袭下来,一直未改,近来因为身体多病,所用的医药费,没有什么节制。从俭到奢,像水往下流那么容易;从奢侈再到节俭,就会像登天一样难。我在两江总督任上卸任时,还存留两万两的养廉金,我起初并没想到这一点。然而如果像现在这样放手去花,很快就会花光。以后你们在家过日子,一定要学习陆俊山的方法,每月用多少银两,限定一个数,称出后另行封存,本月的花费只能有盈余,不准多花,衙门中的奢侈习惯一定要改变。我当初带兵时,下决心不损公肥私,现在看来是基本上做到了。但我也不希望子孙过于贫困,以致被迫低声下气去求人;只是希望你们努力俭朴,善加坚持。

【原文】

治家之变,推陈出新。

【译文】

治理家事的变术,在于消除陈旧的东西,而创造新的东西。

【原文】

生当乱世,居家之道,不可有余财,多财则终为患害。又不可过于安逸偷惰。如由新宅至老宅,必宜常常走路,不可坐轿骑马。又常常登山,亦可以练习筋骸。仕宦之家,不蓄积银钱,使子弟自觉一无可恃,一日不勤,则将有饥寒之患,则子弟渐渐勤劳,知谋所以自立矣。

【译文】

生逢乱世,居家之道,不要有多余的钱财,钱财多则终究会带来祸患。又不能过于安逸懒惰。如果要从新屋到老屋,一定要走着去,不要坐轿骑马,而且要常常去爬山,也可以锻炼筋骨。官宦人家,如果不积聚钱财,就会让子女们觉得没有什么可依托的,一天不勤劳,就会有饥寒之患,这样,子女们就会渐渐懂得勤劳,知道通过什么可以自立。

【原文】

士大夫之家不旋踵而败,往往不如乡里耕读人家之耐久。所以致败之由大约不出数端。家败之道有四,曰:礼仪全废者败;兄弟欺诈者败;妇女淫乱者败;子弟傲慢者败。身败之道有四,曰:骄盈凌物者败;昏惰任下者败;贪刻兼至者败;反复无信者败。未有八者全无一失而无故倾覆者也。

【译文】

士大夫之家有的很快衰败,往往还不如乡里耕读人家家运持久。造成衰败的原因,大约不出这样几个方面。家庭衰败的原因有四:彻底废弃礼仪之家衰败,兄弟相互欺诈之家衰败,妇女淫荡秽乱之家衰败,子弟骄傲轻慢别人之家衰败。一个人衰败的原因也有四方面:骄傲自满、欺凌别人的人衰败;昏暗懒惰、轻信下人的人衰败;贪婪刻薄的人衰败;反复无常不讲信义的人衰败。从来没有见过没有这些弊病而无故败家覆身的事情。

智慧通解

【原文】

接尔十九、二十九日两禀，知喜事完毕，新妇能得尔母之欢，是即家庭之福。

我朝列圣相承，总是寅正即起，至今二百年不改。我家高曾祖考相传早起，吾得见竟希公、星冈公皆未明即起，冬寒起坐约一个时辰，始见天亮。吾父竹亭公亦甫黎明即起，有事则不待黎明，每夜必起看一二次不等，此尔所及见者也。余近亦黎明即起，思有以绍先人之家风。尔既冠授室，当以早起为第一先务，自力行之，亦率新妇力行之。

余生平坐无恒之弊，万事无成，德无成，业无成，已可深耻矣。逮办理军事，自失靡他，中间本志变化，尤无恒之大者，用为内耻。尔欲稍有成就，须从有恒二字下手。

余尝细观星冈公仪表绝人，全在一重字。余行路容止亦颇重厚，盖取法于星冈公。尔之容止甚轻，是一大弊病，以后宜时时留心，无论行坐，均须重厚。早起也，有恒也，重也，三者皆尔最要之务。早起是先人之家法，无恒是吾身之大耻，不重是尔身之短处，故特谆谆戒之。

吾前一信答尔所问者三条，一字中换笔，一"敢告马走"，一注疏得失，言之颇详，尔来禀何以并未提及？以后凡接我教尔之言，宜条条禀复，不可疏略。此外教尔之事，则详于寄寅皆先生看读写作一缄中矣。此谕。

【评述】

做曾国藩难，做曾国藩的儿子更难。他是这样的一位父亲：学问广博，见识广远，阅历丰富，位高权重，要求严格，他把所有的经验、智慧、理想、兴趣、已成之志、未竟之业全部压过来。做曾国藩幸运，做曾国藩的儿子更幸运。他把自己的全部知识、经验和智慧毫无保留地传授给儿子，他为儿子提供了远比一般人优越的生活条件和学习环境，他为儿子提供了一个又一个挑战困难和失败的机会，他把儿子看作他的躯体和心灵的新的延续。

曾国藩写给儿子曾纪泽的家书中说：

"我家先祖世代相承，一直是寅正（凌晨四点）即起，至今两百年未改。从高祖、曾祖时代就代代早起。我曾见过曾祖父竟希公、祖父星冈公都是天未亮就起床，寒冬起坐约一个时辰，才见天亮。我的父亲竹亭公也是黎明即起，如果有事则不待黎明，每天夜里必定起来查看一两次不等。这是你们亲眼见过的。我近来也是黎明即起，想努力继承先人的家风。如今你已年过二十，娶妻成家，当以早起为第一要务。除了自己身体力行，还要带领媳妇身体力行。

我平生因为缺乏恒心的毛病，以至万事无成。德行无所成，学业无所成，这足以使人深以为耻。等到办理军务，本来发誓不再做别的事情，可是其间又改变了初衷。这是极为严重的缺乏恒心！我感到深深的耻辱。你如果想有点成就，就必须从'有恒'二字上着手。

我曾经仔细观察过,祖父星冈公仪表超人,全在一个'重'字。我的举止容貌也很稳重、厚道,就是效法星冈公。你的举止轻浮,是一大弊病,以后应时时留心。无论是坐还是行,均须重厚。早起床,有恒心,举止厚重,这三点对你来说都是最紧要的事情。早起是先人之家法,无恒是吾身之大耻,不重是尔身之短处,所以我特意谆谆告诫你。"

这三点看似平常,实则思虑至深,切中肯綮,寄望甚殷。这不是从书本中可以学到的,也不是他人能够直言的,只有父亲对儿子才会说出这样的话。早起说的是生活习惯,无恒说的是意志品格,不重说的是生活作风,这三点可以说谈到了生活的方方面面,够曾纪泽努力一辈子的。

粉彩人物斗杯　清

【原文】

六月廿三日发第七号信交摺差,七月初一日发第八号信交王仁四手,不知已收到否?六月廿日接六弟五月十二日书,七月十六日接四弟九弟五月廿九日书,皆言忙迫之至,寥寥数语,字迹潦草,即县试案首前列皆不写出。同乡有同时接信者,即考古考老生皆已详载。同一摺差也,各家发信,迟十馀日而从容,诸弟发信,早十馀日而忙迫,何也?且次次忙迫,无一次稍从容者,又何也?

男等在京大小平安。同乡诸家皆好,惟汤海秋于七月八日得病,初九未刻即逝。六月廿八考教习,冯树堂、郭筠仙、朱啸山皆取。湖南今年考差,仅何子贞得差,馀皆未放。惟陈岱云光景最苦,男因去年之病,反以不放乐为。

五仕四已善为遣回。率五大约在粮船回,现尚未定。渠身体平安,二妹不必挂心。叔父之病,男累求详信直告,至今未得,实不放心。甲三读《尔雅》,每日二十馀字,颇肯率教。

六弟今年正月信,欲从罗罗山处附课,男甚喜之,后来信绝不得及,不知何故?所付来京之文,殊不甚好,在省读书二年,不见长进,男心实忧之,而无如何,只恨男不善教诲而已。大抵第一要除骄傲气习,中无所有,而夜郎自大,此最坏事。四弟九弟虽不长进,亦不自满,求大人教六弟,总期不自满足为要。

【评述】

曾国藩认为,傲气太盛,说话太多,这两条是历代官场导致灾祸的原因。

官宦之家,一有权,二有势,有权有势就少有顾忌,多有优越感。人一旦有了优越感,那灾祸也就为期不远了。有了优越感往往不太在意他人,言谈举止总有不可一世的感觉。时时处处都会自觉不自觉地显示高人一等、更胜一筹的做派。有时他并不想显示,可是在关键场合他还是不自觉地显示了。久而久之,也就霸气逼人、盛气凌人、傲气欺人

了。

也许别人并不在意你的优越，但就在乎你的优越的感觉；也许别人可以容忍你的一次傲气，但不能永远容忍你的傲气；也许某一个人可以长久容忍你的傲慢，但不是所有的人都可以长久容忍你的傲慢。

有优越感的人，总喜欢对他人颐指气使，指手画脚，评头论足。常言道，言多必失。也许你并非有意，也许你并无恶意，也许真理真的在自己这一边，但别人还是受不了，还有比这更不明智的吗？话多的人，心中必有躁气，《周易》中就说过："吉人之辞寡，躁人之辞多。"所以苏东坡说："慎言语，节饮食。"《菜根谭》中说得更是战战兢兢："口乃心之门，守口不密，泄尽真机。"人的脑袋上长了一张口，但长了两只眼和两只耳，那意思是要人们多看多听少说话呀！

"绝大学问，即在家庭日用之间。"此种见识，诚非普通人所能及。曾国藩有鉴于此，不但躬行实践，而且要传给他的后代人。

普天之下的父母，都希望自己的子女成龙变凤。可是人世间父母的爱，并不能使自己的子女如同种瓜得瓜、种豆得豆一样，但教子成功的例子也是举不胜举的。曾国藩就是一例。

从道光十八年（1828 年）曾国藩被点为翰林以后，他鲜有回家的机会。教育子女全依赖他在家书中殷殷教诲。从咸丰二年（1852 年）到同治十年（1871 年）的二十年中，他写给两个儿子近二百封信，包括其教子如何读书、作文、做人。在家书中曾国藩不厌其烦地教育儿子，只求读书明理，不求做官发财。

如果说在此以前曾国藩还只不过是一个二品侍郎、团练大臣，并无实权，算不上是名贵，可在咸丰十年（1860 年）以后，他身为总督，权绾四省，俨然是清王朝封疆大吏，而教子则更为严格：

凡世家子弟，衣食起居无一不与寒士相同，庶可以成大器；若沾染富贵习气，则难望有成。吾忝为将相，而所有衣服不值五百金。愿尔等常守此俭朴之风，亦惜福之道也。其照例应用之钱，不宜过啬。

尔在外以谦谨二字为主。世家子弟、门第过盛，万目所属。临行前，教以三戒之首末二条及力去傲惰二弊，当已牢记之矣。场前不可与州县来往，不可送条子。进身之始，务知自重。

读书乃寒士本来，切不可有官家风味。吾于书箱及文房器具，但求为寒士所能备者，不求珍异也。家中新居富坨，一切须存此意，莫做代代做官之想，须作代代做士民之想。门外挂匾不可写"侯府""相府"字样，天下多难，此等均未必可靠，但挂"官太保弟"一匾而已。

在赴天津议结教案之前，曾国藩料定此行凶多吉少，因此他在遗嘱中谆谆教诲儿子，时至今日读之，仍令人感伤：

余生严略涉儒先之书，见圣贤教人修身，千言万语，而要以不忮不求为重。忮者，嫉

贤害能,妒功争宠。所谓"怠者不能令,忌者谓人修"之类也。求者,贪利贪名,怀土怀惠,所谓"未得患得,既得患失之类也"。忮不常见,每发露于名业相伴、势位相峙之人;求不常见,每发露于货财相接、仕进相妨之际。将欲造福,先去忮心,所谓人能充无欲害人之心,而仁不可胜用也。将欲立品,先去求心。所谓人能充无穿窬之心,而义不可胜用也。忮不去,满怀皆是荆棘;求不去,满腔口即卑污。余于此二者常加饬治,恨尚未能扫除净尽。尔等欲心地干净;宜于此二者痛下功夫,并愿子孙世代戒之。附作《忮求诗》二首录后。

善莫大于恕,德莫凶于妒。妒者妾妇行,琐琐奚比数。已拙忌人能,已塞忌人遇。已若无事功,忌人得成功。已苦无党援,忌人得多助。势位敬相敌,畏逼又相恶。已无好闻望,忌人文名著。已无贤子孙,忌人后嗣裕。争名日夜奔,争利东西骛。但期一身荣,不惜他人污。闻灾或欣幸,闻祸或悦豫。问渠何以然,不自知其故,尔室神来格,高明鬼所顾。天道常好还,嫉人还自误。幽明丛谤忌,乖气相回互。重灾老汝躬,轻亦减汝祚。我今告后生,依然大觉悟。终身让人道,曾不失寸步。终身祝人善,曾不损尺布。消除嫉妒心,曾天雨甘露。家家获吉祥,我亦无恐怖。

知足天地宽,贪得宇庙隘。岂无过人姿,多欲为患害。在约每思丰,居困常求泰。富求千乘车,贵求万顶戴。未得求速赏,既得求勿坏。芬馨比椒兰,磐固方泰岱。求荣不知餍,志亢神愈忕,岁燠有时寒,日明有时晦。时来多善缘,运去生灾怪。诸福不可期,百殃纷来会。片言动招尤,举足便有碍。戚戚抱殷忧,精爽日凋瘵。矫首望八荒,乾坤一何大。安荣无遂欣,患难无迍憝。君看十人中,八九无依赖。人穷多过我,我穷犹可耐。而况处夷途,奚事生嗟忾?子世少所求,俯仰有余快。俟命堪终古,曾不愿乎外。

在家书中,曾国藩教育子女不许有"特权"思想。他十分清楚,沉湎于权贵之中的子女,往往骄纵,且甘居下游。因此,曾国藩身体力行,戒奢、戒多。他曾说:

世家子弟,最易犯一奢字、傲字。不必锦衣玉食而后谓奢也,但任皮袍呢褂俯拾即是,舆马仆从习惯为常,此即日趋于奢矣。见乡人则嗤其朴陋,见雇工则颐指气使,此即日飞于傲矣。《书》称:"世禄之家,鲜克由礼"。《传》称:"骄奢淫使,宠禄过也"。京师子弟之坏,未有不由于骄奢二字者。

曾国藩对于古训"身教重于言教"的理解十分深刻。他虽十分重视读书、做人的教育,可他却避免了高高在上、夸夸其谈的督责。他从自己学习的亲身体会出发,以商量的口吻,研究的态度,中肯地指出儿子在学习中的进步与不足,因此收效十分显著。

他教育儿子学习、做事贵在有恒:

余生平有三耻:学问各途皆略涉其涯矣,独天文算学,毫无所知,虽恒星五纬亦不识认,一耻也;每做一事治一业,辄有始无终,二耻也;少时作字,不能临摹一家之体,遂致屡变而无所成,迟钝而不适于用,近岁在军,因作字太钝,废阁殊多,三耻也。尔若为克家之子,当思此三耻。推步算学,纵难通晓,恒星五纬,观认尚易。家中言天文之书,有《十七史》中各天文志,及《五礼通考》中所辑《观象授时》一种。每在认明恒星二三座,不过数

月，可毕识矣。凡作一事，无论大小难易，皆宜有始有终。作字时，先求圆匀，次求敏捷。若一日能做楷书一方，少或七八千，愈多愈熟，则手腕毫不费力。将来以之为学，则手钞群书；以之从政，书案无留牍。无穷受用，皆自写字之匀且极生出，三者皆能弥吾之缺憾矣。

余生平坐无恒之弊，万事无成，德无成，业无成，已可深耻矣。逮办理军事，自矢靡他，中间本志变化，尤无恒之大者，用为内耻。尔欲稍有成就，须从有恒二字下手。

人生唯有常是第一美德。余早年于作字一道，亦尝苦思力索，终无所成。近日朝朝暮写，久不间断，遂觉月异而岁不同。可见年无分老少，事无分难易，但行之有恒，自如种种人生之气质，由于天生，本难改变，唯读书则可变化气质。古之精相法者，并言读书可以变换骨相。

【原文】

五月十一接到四月十三自省城所发信，具悉一切。母亲齿痛，不知比从前略松否？现服何药？下次望四弟寄方来看。叔父之病，至今未愈，想甚沉重，望将药方病症书明寄京。刘东屏医道甚精，然高云亭犹嫌其过于胆大，不知近日精进何如？务宜慎之又慎。

王率五荒唐如此，何以善其后？若使到京，男当严以束之，婉以劝之。明年会试后，偕公车南归，自然安置妥当，家中尽可放心，特恐其不到京耳。

本家受恬之银，男当写信去催。江西抚台系男戊戌座师，男可写信提及，亦不能言调剂之说。

手摇计算器

常南陔之世兄，闻其宦家习气太重。孙男孙女尚幼，不必急于联婚。且男之意，儿女联姻，但求勤俭孝友之家，不愿与宦家结契联婚，不使子弟长奢情之习。不知大人意见何如？望即日将常家女庚退去，托阳九婉言以谢。

前男送各戚族家银两，不知祖父、父亲、叔父之意云何？男之浅见，不送则家家不送，要送则家家全送；要减则每家减去一半，不减则家家不减。不然，口惠而实不至，亲族之间，嫌怨丛生，将来衅生不测，反成仇雠，伏乞堂上审慎施行，百叩百叩。男谨禀。

【评述】

明清用八股试士,八股文是读书人敲开官府大门的一块砖。曾国藩也是从八股文走上仕途的。然而,曾国藩却相当讨厌八股文。他对儿子提出:"八股文、试帖诗皆非今日之急务,尽可不看不做。至要至要!""纪鸿儿亦不必读八股文,徒费时日,实无益也。"岂止无益? 而且有害。他说:"万不可徒看考墨卷,汩没性灵。"曾国藩认为,八股文桎梏思想、汩没性灵,这是相当深刻的。还不止于此,他认为,孜孜于八股文之中,终会使一个人学业无成,误了终身。他对六弟温甫说:"年过二十,已非年少,如果再挖空心思,耗费精力于八股考试之中,将来时过学业仍不精,必有悔恨的一天,不可不早图谋改变。"他回忆自己走过的道路说:"说实话,我从前也没看到这一点。幸亏科举早得功名,没受到损害。假如现在还没有中举,花几十年的时间去研摹写八股文,仍然一无所得,岂不让人羞惭?八股取士误人终身不胜枚举"。在他看来,举子之业,并不是大者远者,大者远者是道德文章。这种见解,比起那些死盯考卷、追逐名利之徒,实在是眼界高明得多,心境宽广得多。他进而认为,汲汲于科举的人,常常命意不高,不能写出好文章,不能吟成好诗。曾国藩生活在科举取士的时代,虽然自己并未把科名视为身外物,但他能对科举作如此彻底的揭露与批判,不能不令人佩服他的慧眼与胆识。

子弟没有做官时,曾国藩如此教育他们正确对待八股文和科举;子弟既做官之后,曾国藩又常常教育他们正确对待权位和富贵。他对那位有几分傲气又有几分贪财的九弟的反复开导,最为突出。同治元年(1862年)五月,湘军既得安庆,正包围金陵,他警告两个弟弟说:"若一面建功立业,外享大名,一面求田问舍,内图厚实,二者皆有盈满之象,全无谦退之意,则断不能久。此余所深信,而弟宜默默体验者也。"金陵即将攻破之时,他又告诫两个弟弟说:"古来成大功大名者,除千载一郭汾阳[子仪]外,恒有多少风波,多少灾难,谈何容易! 愿与吾弟兢兢业业,各怀临深履薄之惧,以冀免于大戾。"他害怕功败垂成,勉励弟弟须有极强的敬业精神;又怕成大功大名时,飞来无名横祸,勉励弟弟须有临深履薄的畏惧之情。同时,他时时刻刻考虑后路,写信给在乡间的澄侯,嘱咐他"莫买田产,莫管公事。吾所属者,二语而已,"及至金陵攻克,兄弟封侯封伯之后,他又多次写信给颇有抑郁之气的九弟,劝他"功成身退,愈急愈好。"教他要兢兢业业,临深履薄,看透"万事浮云过太虚"的现实,放眼未来,经过千锤百炼,将自己再铸全人。

总之,曾国藩从自身自家免祸保泰的角度出发,虽封官封爵,全家鼎盛,仍慎重告诫子弟,千万"不可忘寒士家风味,……吾则不忘蒋市街卖菜篮情景,弟则不忘竹山坳施牌车风景。昔日苦况,安知异日不再尝之? 自知谨慎矣。"富不忘贫,贵不忘贱,这是避祸保泰的一个基本立足点。故曾国藩"教诸弟及儿辈,但愿其为耕读孝友之家,不愿其为仕宦之家。"他指出,耕读孝友之家,可以绵延五代十代而不破败,"天下官宦家庭,大多是荣华富贵享用一代就完了。子孙开始骄奢淫逸,接着是贫而到处流荡,最后死无葬身之所,庆幸能延长荣华一二代的已很少了。"这是何等深刻的阅历语! 这是对千古历史现象的准确地概括!

即已做了仕宦之家，曾国藩便力戒子弟不要习染官气。他教导说："吾家子侄半耕半读，以守先人之旧，慎无存半点官气。不许坐轿，不许唤人取水添茶等事。其拾柴、收粪等事须一一为之；插田、莳禾等事，亦时时学之，庶渐渐务本而不习于淫佚矣。至要至要，千嘱万嘱！"

【原文】

余送叔父母生日礼目，鱼翅二斤太大，不好带，改送洋带一根。此带颇奇，可松可紧，可大可小，大而星冈公之腹可用也，小而鼎二、三之腰亦可用也。此二根皆送轩叔，春罗送叔母。尔作时文，宜先讲词藻，欲求词藻富丽，不可不分类钞撮体面话头。近世文人，如袁简斋、赵瓯北、吴穀人，皆有手钞词藻小本，此众人所共知者。阮文达公为学政时，搜出生童夹带，必自加细阅。如系亲手所钞，略有条理者，即予进学；如系请人所钞，概录陈文者，照假罪斥。阮公一代闳儒，则知文人不可无手钞夹带小本矣。昌黎之记事提要，纂言钩玄，亦系分类手钞小册也。尔去年乡试之文，太无词藻，飀不能敷衍成篇，此时下手工夫，以分类手钞词藻为第一义。

尔此次复信，即将所分之类开列目录，附禀寄来。分大纲子目，如伦纪类为大纲，则君臣、父子、兄弟为子目；王道类为大纲，则井田、学校为子目。此外各门，可以类推。尔曾看过《说文》《经义迷闻》，二书中可钞者多。此外如江慎修之《类腋》及《子史精华》《渊鉴类函》，则可钞者尤多矣。尔试为之，此科名之要道，亦即学问之捷径也，此谕。父涤生字。

【评述】

情是诗之魂；诗是情之本。情、理、事（包括景），是诗的三大支柱。但它们不是鼎足而立，惟情为主柱，即使是以叙事为主的叙事诗，也须融之以情，以说理为主的说理诗，也应动之以情，故曰诗与情俱在。《诗大序》"情动于中，而形于言；言之不足，故嗟叹之；嗟叹之不足，故永歌之；永歌之不足，不知手之舞之，足之蹈之也"，正是说的情在诗中的中心地位。

曾国藩是重视诗情的，他说："诗文以积久勃发为佳，无取乎强索。"积久者何？勃发者何？可能是理，也可能是情。以理胜者与以情胜者各有优长，也各有缺陷，这是历代诗文所表现出的事实。然而，含理既富、情感又深的诗文，也代代有之。理与情，从来不处于互不相容的地步。

但是，人们在诗文中，尤其是在诗中处理好理与情的关系，常是颇费周章的。曾国藩写道：

凡做诗文，有情极真挚，不得不一倾吐之时。然必须平日积理既富，不假思索，左右逢源，其所言之理，足以达其胸中至真至正之情。作文时无镂刻字句之苦，文成之后无郁塞不吐之情，皆平日读书积理之功也。若平日酝酿不深，则虽有真情欲吐，而理不足以适之，不得不临时寻思义理；义理非一时所可取办，则不得不求工于字句，至于雕饰字句，则巧言取悦，作伪日拙。所谓修辞立诚者，荡然失其本旨矣。以后真情激发之时，则必视胸中义理何如,如取如携,倾而出之可也。不然,而须临时取办,则不如不做,作则必巧伪媚人矣。

这段话的重点是要求诗人"平日读书积理",只有积理富,才能抒发"胸中至真至正之情";否则,便可能失其本旨。概括地说,写诗,须以义理驾驭诗情,求诗情吻合义理。这正是北宋道学家邵雍要求作诗发乎情而止于礼义的观点的翻版。平心而论,曾国藩所讲求的义理之学,陈腐无用,已为时代所弃。然而,以理驭情,求情合理的作诗(也包括作文)准则,中外古今,谁曰不然?关键是,理指的是什么理。在曾国藩看来,符合统治者意志的理,称为正道;违背统治者意志的理,称为逆理,如此而已。

以理驭情,求情合理,是问题的一个方面。另一方面,写诗,不能以理代情,更不能有理无情。曾国藩对这"另一方面"似乎没有认识到,至少是在实践中没有处理好。他的诗作,特别是五古,十之七八是叙事说理,缺乏"至真至正之情"的倾泻,味若嚼蜡。至于以议论人诗的《忮求诗》,类似格言,类似家训,更无足论。但集中亦偶有情韵较佳之作,如"冉冉南山竹,柯叶互檀栾。上有一片云,下有九畹兰。清风相戛击,虚碧鸣秋寒"之类。

关于情和文的关系,曾国藩认为,情文可以互生:有某种激情,便应该也可能找到表现这种激情的语言文字;而语言文字形于妙笔之下,又可能引发出某种新的激情。这种"循环互发"的过程,便是诗人的艰苦创作过程,也是诗作妙笔生花的过程。

"情文互生"说,可以破那些情不由衷,而矻矻于章句的愚蠢作法。"情文互生"说,几乎在向人们宣布,无油然而生之情,而求字句之工,此路不通!当然,这不意味着曾国藩不讲求辞丽句工。他同时也要求诗文的字句珠圆玉润、雅洁藻丽。曾国藩不但讲求诗的句法,而且讲求诗的章法。如评论杜诗句法说:"阅杜诗五古。古人妙处,只是造句之法变幻无穷,故终身无一复句,犹之《毛诗》无相袭之调也。""温杜诗五古,爱其句法瘦劲变化,通于古文造句之法。"又评论杜诗的章法说:"温杜诗五古,观其笔阵,伸缩吐茹之际,绝似《史记》。"他自己写的一些组诗,最多的达十六首,也章法俨然,既有总体构思,浑然一体,又分别独立成章,各有特色。

【原文】

三月初二日接尔二月二十日安禀,得知一切。内有贺丹麓先生墓志,字势流美,天骨开张,览之忻慰。惟间架间有太松之处,尚当加功。大抵写字只有用笔、结体两端。学用笔,须多看古人墨迹;学结体,须用油纸摹古帖。此二者,皆决不可易之理。小儿写影本,肯用心者,不过数月,必与其摹本字相肖。吾自三十时,已解古人用笔之意,只为欠却间架工夫,便尔作字不成体段。生平欲将柳诚悬、赵子昂两家合为一炉,亦为间架欠工夫,有志莫遂。尔以后当从间架用一番苦功,每日用油纸摹帖,或百字,或二百字,不过数月,间架与古人逼肖而不自觉,能合柳、赵为一,此吾之素愿也。不能,则随尔自择一家,但不可见异思迁耳。

不特写字宜摹仿古人间架,即作文亦宜摹仿古人间架。《诗经》造句之法,无一句无所本。《左传》之文,多现成句调。扬子云为汉代文宗,而其《太玄》摹《易》,《法言》摹《论

语》,《方言》摹《尔雅》,《十二箴》摹《虞箴》,《长杨赋》摹《难蜀父老》,《解嘲》摹《客难》,《甘泉赋》摹《大人赋》,《剧秦美新》摹《封禅文》,《谏不许单于朝书》摹《国策·信陵君谏伐韩》,几于无篇不摹。即韩、欧、曾、苏诸巨公之文,亦皆有所摹拟,以成体段。尔以后作文作诗赋,均宜心有摹仿。而后间架可立,其收效较速,其取径较便。

前信教尔暂不必看《经义述闻》,今尔此信言业看三本,如看得有些滋味,即一直看下去,不为或作或辍,亦是好事。惟《周礼》《仪礼》《大戴礼》《公》《谷》《尔雅》《国语》《太岁考》等卷,尔向来未读过正文者,则王氏《述闻》亦暂可不观也。

尔思来营省觐,甚好,余亦思尔来一见。婚期既定五月二十六日,三四月间自不能来,或七月晋省乡试,八月底来营省觐亦可。身体虽弱,处多难之世,若能风霜磨炼,苦心劳神,亦自足坚筋骨而长识见。沅甫叔向最赢弱,近日从军,反得壮健,亦其证也。赠伍嵩生之君臣画像乃俗本,不可为典要。奏折稿当钞一目录付归,余详诸叔信中。

【评述】

书法艺术,常常体现着书写者的精神素质与个性特征。关于书法的美学观,曾国藩

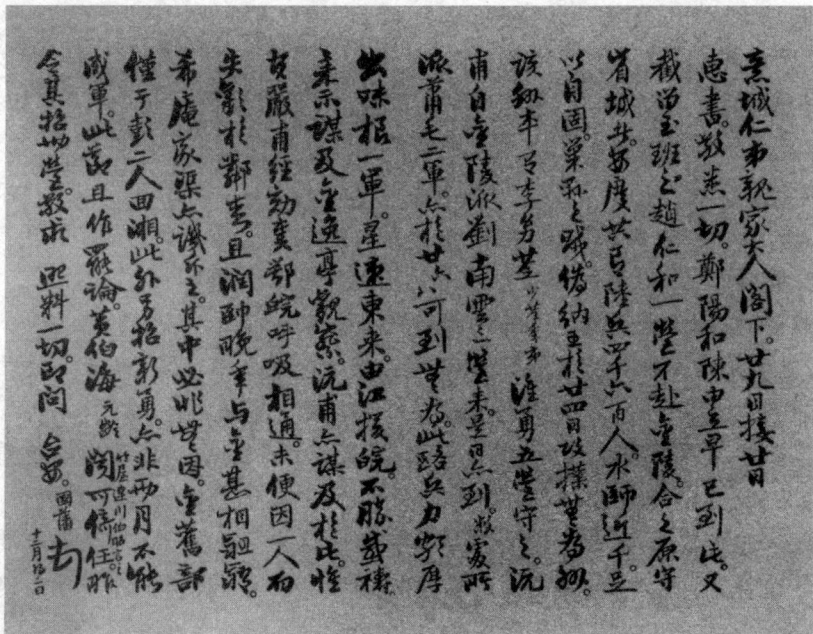

曾国藩手札

与论文论诗一样,分为阳刚、阴柔两象。二者的主要分野,在"着力"与"不着力"。他说:"作字之道,二者并进:有着力而取险劲之势,有不着力而得自然之味。着力如昌黎之文,不着力如渊明之诗;着力则右军所称如锥画沙也,不着力则右军所称如印印泥也。二者缺一不可,犹文家所为阳刚之美,阴柔之美矣。"

比较起来，曾国藩不太喜欢纤弱阴柔的字，较喜强劲阳刚的字，他说："杜陵言'书贵瘦硬'，乃千古不刊之论，东坡驳之，非也。"硬而瘦，正是阳刚风格的一种表现。他最厌恶那种"存求知见好之心"的"乡愿字"。他发问道："如果一向介意于浮名和一时的声誉，难道对吗？"因此，他认为作字时"胸中须有一段奇气盘结于中而达之笔墨"。并且说："'雄'字须有长剑快戟、龙盘虎踞之象，锋芒森森不可逼视者为正宗。不得以'剑拔弩张'四字相鄙"。他从李白、杜甫的诗篇中，感悟到书法之道，必须先有惊心动魄的地方，才能渐渐进入正道。如果一向追求灵妙，最终免不了描头画角之小伎。这就是他希望的"体如鹰，势如龙"。"体"指的是"一字之结构"，"势"指的是"数字数行的机势"。有如鹰如龙的体势，字当然刚健雄奇了。故他明确指出，"凡作字总须得势，务使一笔可以走千里。"走笔能否得势，全在做书者胸中有无"奇气"。他根据《周易》的原理，论述字的"体"和"势"说：

天下万事万理皆出于乾坤二卦。即以作字论之，纯以神行。大气鼓荡，脉络周通，潜心内转，此乾道也。结构精巧，向背有法，修短合度，此坤道也。凡乾以神气言，凡坤以形质言。礼乐不可斯须去身，却此道也。乐本于乾，礼本于坤。作字而优游自得，真力弥满者，既乐之意也；丝丝入扣，转折合法者，即礼之意也。

把作书与伦理道德范畴的"礼乐"糅合在一起，实在太牵强附会。但"纯以神行"的话，却是极有见地的。在北京时，何绍基曾与他论字，称赞他的书法论是"真知大源，断不可暴弃"；谈及上述这段议论时，又"深以为然"。他认为自己一生所得成果，都在这方面。

曾国藩有所谓"笔阵"的说法，认为自古以来的诗家、文学家和书法家，都有笔阵之说。作字的道理和奥妙，都以笔阵为主，如果直能有气、势，横能见力，则很好。可见他说的"笔阵"是体、势、气三者的融合和巧妙地运用。曾国藩关于"得势""气盛""神行"的见解，是他论书法的核心，也是他论书法的最精彩处。

但他同时主张雄奇之气须藏而不露，"寓沉雄于静穆之中，乃有深味"；达之于笔墨的字，必须抑势掩蔽，锋芒不可太露。这也是深得底里的见解。

当然，曾国藩并不一味主张雄奇，他还看到雄奇之外的另一种风格。他看刘文清公《清香堂帖》后，认为他略微得到自然之趣。才悟出文人技艺的最佳境界有两点，一是雄奇，一是淡远。作文是这样，作诗也如此，写字也是这样。他主张，写字最先要有挺拔俊逸之气韵，其次得有自然之走势。作字的要领，须险和相生，缺一不可。他始终认为："如果能够寓雄奇于淡远之中，是再好不过了。"

概而言之，雄奇和淡远，或刚健和婀娜两种不同风格，曾国藩极想糅而为一，而以雄奇刚健为骨，淡远婀娜为表，做到七韵无声、五和常谈。——这就是他自己所说"珠圆玉润"的艺术效果。"珠圆玉润"，当然不仅指侧勒掠磔等用笔方法，更指字的体和势。曾国藩于书法的艺术观，概括了八句话：

点如珠，画如玉；体如鹰，势如龙；内跌宕，外拙直；鹅转颈，屋漏痕。

"内跌宕，外拙直"，当是内刚外柔、内雄外淡的意思。这与曾国藩的性格和人品完全

相通。

书写的技能技巧，大抵只有结体、运笔两端。对于字的结体，曾国藩可说是终身揣摩不懈。曾国藩的书写，就是在这样不断摸索、不断总结中不断前进的。他批评儿子纪泽学柳字《琅邪碑》未满一月，就月遽跻神妙的错误思想，并用自己的经历教导他困知勉行。四十八岁以后，习李北海《岳麓寺碑》，略有进境，然"业历八年之久，临摹已过千纸。"经过一段艰难困苦之后，曾国藩才比较舒坦地述说了自己的收获："余往年在京，深以学书为意，苦思力索，几于困心横虑，但胸中有字，手下无字。近岁在军，不甚思索，但每日笔不停挥，除写字及办公事外，尚习字一张，不甚间断，专从间架上用心，而笔意笔力与之俱进，十年前胸中之字，今竟能达之腕下，可见思与学不可偏废。"这正是，功夫不负有心人。所以他谆谆告诫儿子从临摹入手，多"从间架用一番苦功。"

至于运笔，曾国藩论说过中锋与偏锋的两种不同取势："写字之中锋者，用笔尖着纸，古人谓之蹲锋，如狮蹲虎蹲犬蹲之象。偏锋者，则笔毫之腹着纸，不倒于左，则倒于右，当将倒未倒之际，一提笔则为偏锋。是用偏锋者，亦有中锋时也。"中锋，称之为抽笔；偏锋，称之为偃笔。二者有不同的用途。偏锋多用于横，中锋多用于竖。汉字的基本结构，均是横竖撇点四种笔画的组合，善于写横写竖，汉字书法也就过半了。他主张糅合蹲笔和偃笔等各种笔法，使一字之中的笔锋不断变化，从而显示出它的艺术效果来。通过笔锋的互用并见，一个字若既有破空而下之势，又有飘蹶蹁跹之象。

所以，于一字之中贯彻"互用并见"，重在善于换笔。古人八法也好，换笔也好，其功夫统可名之曰笔力。但笔力不是终点。笔力中更贵在体现出一种萧然物外、又风韵犹存的笔意，方不致流为世俗的"乡愿字"。有无笔意，是作字的一条重要"楚河"。曾国藩说："古代的书法家，字里行间别有一番情韵，如美人的眉目可以画出，而她的精神意态不能画出。意韵超乎常人的，古人称之为以韵取胜。"例如换笔，在此笔换至彼笔之间，不仅要渺无痕迹，而且要贯入势，贯入神。用曾国藩的话说，要"绵绵如蚕之吐丝，穆穆如玉之成璧"，似断而非断，白璧而无瑕。

曾国藩把笔法和笔意，概括为八个字，再归结到他的阳刚阴柔的美学观上，他还作诗一首，词曰：

　　　　侧势远从天下落，
　　　　横波杂向弩端涵。
　　　　刷如丹漆轻轻抹，
　　　　换似龙蛇节节衔。

在曾国藩看来，字若有如鹰之体，又有似龙之势，再从"侧、横、刷、换"四字上致力，笔意超脱，庶几可以达到珠圆玉润的境界了。

【原文】

腊月二十九日接尔一禀，系十一月十四日送家信之人带回，又由沅叔处送到尔初归时二信，慰悉。尔以十四日到家，而鸿儿十八日禀中言尔总在日内可到，何也？岂鸿信十三四写就而朱金权于十八日始署封面耶？霞仙先生之令弟仙逝，余于近日当写唁信，并寄奠仪，尔当先去吊唁。

尔问文中雄奇之道。雄奇以行气为上，造句次之，选字又次之。然未有字不古雅而句能古雅，句不古雅而气能古雅者；亦未有字不雄奇而句能雄奇，句不雄奇而气能雄奇者。是文章之雄奇，其精处在行气，其粗处全在造句选字也。余好古人雄奇之文，以昌黎为第一，扬子云次之。二公之行气，本之天授。至于人事之精能，昌黎则造句之工夫居多，子云则选字之功夫居多。

尔问叙事志传之文雅于行气，是殊不然。如昌黎《曹成王碑》《韩许公碑》，固属千奇万变，不可方物，即卢夫人之铭、女栯之志，寥寥短篇，亦复雄奇崛强。尔试将此四篇熟看，则知二大二小，各极其妙矣。

尔所作《雪赋》，词意颇古雅，惟气势不畅，对仗不工。两汉不尚对仗，潘、陆则对矣，江、鲍、庾、徐则工对矣，尔宜从对仗上用工夫，此嘱。

【评述】

在阳刚与阴柔两种文章风格之间，曾国藩本人更倾慕于阳刚之美。他自称"平生好雄奇瑰玮之文"，他主张文章最以气象光明俊伟为贵。好比雨后初晴，登上高山远望旷野；如在楼上俯视长江，坐在明窗净几下，悠然而远眺；又好比英雄俊杰，没有卑鄙龌龊的狭隘志向。文章有这样的雄伟气象，可谓上佳。他评论古人的文章，认为雄奇俊迈，以扬雄文章为最；恢宏恣肆，以庄生为最。他自己的作文实践，以学庄子、杨雄、司马迁、韩愈为主，其《原才》《湘乡昭忠祠记》等，在逝世前便以文雄气盛而被传颂。

关于诗，他也钟情于那种气势磅礴之作。他认为："五言古诗有二种最高之境：一种比兴之体，始终不说出正意。……一种盛气喷薄而出，跌宕淋漓，曲折如意，不复知为有韵之文。曹[植]、鲍[照]、杜[甫]、韩[愈]往往有之。余解此二境，而未曾一做此等诗，自愧亦自惜也。"

曾国藩之所以好雄奇瑰玮之诗文，首先是他的个性使然。他秉性刚强，不屈不挠，年富时且有几分傲骨。咸丰四年在湖南，咸丰六年在江西，颇不为当道所容，与他的性傲气励不无关系。后来他屡次受挫，"打掉牙齿和血吞"，仍不失其刚强之气。其次是政治上的需要。曾国藩既决心建功立业，与太平天国在军事上、精神上决一死战，成为"末世扶危救难之英雄"，自然须要有一种雄奇阳刚之气来支撑。他总结道："未有无阳刚之气，而能大有立于世者。"曾国藩正是这样努力修养自己的。政治上的刚正无畏，发为文章，必然归于瑰玮雄奇一路；曾国藩正是要以瑰玮雄奇之文，以写"经国体野"那样的重大政治题材。第三是文学上的需要。曾国藩既推崇望溪先生，又赞美姚鼐古文"雄伟而劲直"，可以说他前有师承。

但阳刚与阴柔不是对立的。曾国藩指出风格阳刚之文，须揉以阴柔之气；风格阴柔之文，须运乎阳刚之气。这是曾国藩的一个重要的美学主张。道光二十三年正月，他在日记中写道："车中看义山诗，似有所得。"又作《读李义山诗集》五绝一首：

渺绵出声响，奥缓先光莹。

太息涪翁去，无人会此情。

唐李商隐，在中国诗史上历来被人称为纤巧柔和风格的代表者。对宋诗人黄庭坚（字鲁直，晚号涪翁），曾国藩很赏识和提倡他的诗风。黄诗历来以风格奇崛著称，而曾国藩认为，只有黄庭坚才最能领会李商隐诗的渺绵奥缓的风格，可见曾国藩坚决反对阳刚与阴柔"画然不谋"的做法。曾国藩提倡阳刚之美，却亦不废阴柔之美。

至于阳刚之美的主要体现，曾国藩认为是气势。他说："古文之法，全在'气'字上用功夫。"又说："为文全在气盛。"

如何才能气盛？他认为，必须具体落实到章法和句法上，其中的关键在布局。而"布局须有千岩万壑、重峦复峰之观，不可一览而尽，又不可杂乱无纪。"杂乱无纪，则不能体现出气势；只有直道而无曲径，则气势不能蓄；气不能蓄，则其发也必不盛。这也如蓄流水一样，蓄之愈久，积之愈厚，一旦开闸，则势必澎湃，故气势存在于峰回路转之中，发泄于一唱三吟之时。曾国藩说："古文之道，谋篇布势是一段最大功夫。"他具体地谈到自己的读书体会说："《书经》《左传》，每一篇空处较多，实处较少；旁面较多，正面较少。精神注于眉宇目光，不可周身皆眉，到处皆目也；线索要如蛛丝马迹，丝不可过粗，迹不可太密也。"写文章，须注意详略疏密，该详者详，该略者略，所谓密处不能插针，疏处可以走马。详处密处，即文章的眉宇目光，亦即文章的精神之所由体现。写文章，又须注意正反中傍之法，做到正反相衬，中傍互用，正话反说，反话正说，中心用周边扶持，周边围中心转动。至于贯通正反、中傍、起承、开合的线索，曾国藩说得极深切："欲气盛，全在段落清。每段分束之际，似断非断，似咽非咽，似吞非吞，似吐非吐，古人无限妙境难于领取。每段张起之际，似承非承，似提非提，似突非突，似纡非纡，古人无限妙用亦难领取。"他的意思是，文章的开合伸缩之间的线索，要如蛛丝可见，如马迹可寻。而线索必以气贯之，线索就是气在文章中的运行，线索混则气难张，线索清则气必顺。

曾国藩还认为，文章的气势与遣词、造句密切相关。雄奇以行文的气势为上，造句次之，选字又次之。然而字不古雅则句必不古雅，句不古雅则气势也不会古雅。同时，字不雄奇则句子也不会雄奇，句不雄奇则气势也不会雄奇。文章的雄奇之妙，从内看全在于行文的气势，从外看全在于选字造句的精当。用心在精处，着笔在粗处，这大概是曾国藩古文作法的中心之点。

曾国藩根据自己的读书心得，强调选字造句须做到"珠圆玉润"。所谓珠圆玉润，就是要求遣词造句既雅且洁。所以，他告诫儿子说："作文章，应该先讲究辞藻，如果想使辞藻丰富华丽，不能不分类抄记妙语佳词。"

【原文】

顷接尔禀及澄叔信，知余二月初四在芜湖下所发二信同日到家，季叔与伯姑母葬事皆已办妥。尔自楮山归来，俗务应稍减少。

此间近日军事最急者，惟石涧埠毛竹丹、刘南云营盘被围，自初三至初十，昼夜环攻，

水泄不通。次则黄文金大股由建德窜犯景德镇。余本檄鲍军救援景德镇,因石涧埠危急,又令鲍改援北岸。沅叔亦拔七营援救石涧埠。只要守住十日,两路授兵皆到,必可解围。又有捻匪由湖北下窜,安庆必须安排守城事宜。各路交警,应接不暇,幸身体平安,尚可支持。

《闻人赋》圈批发还。尔能抗心希古,大慰余怀。纪鸿颇好学否?尔说话走路,比往年较迟重否?

付去高丽参一斤,备家中不时之需。又付银十两,尔托楮山为我买好茶叶若干斤。去年寄来之茶,不甚好也。此信送与澄叔一看,不另寄。奏章谕旨一本查收。

【评述】

大概人的眼界、胸襟与人的经历有极大关系。在一个传统农业社会里,虽然有足不出户也可以知天下的事,但并非每个人都能如此。如果见不多、识不广,就只能做井底之蛙。

曾国藩二十四岁以前,他的足迹从未踏过湖南,二十四岁以后到过的地方也只有长沙、衡阳等地。他也像所有读书人一样,把科举考试看作改变自己命运的唯一途径。在湖南家乡,除郭嵩焘、刘蓉等外,也没有结识几个对他以后人生有特别重要影响的人。曾国藩在 1843 年 2 月 17 日从北京写给弟弟的一封信中说:"四弟上次来信,说想找个书馆外出教书。我的意见是教书馆废功误事,比在家中私塾还要厉害。与其出去教馆,不如待在家塾中。如果说一出家塾,就会有明师益友,而我们那儿的所谓明师益友,我都知道,并且已在深夜认真计算了一下。只有汪觉庵老师和欧阳沧溟先生,是我认为确实可以作为明师的。同学又都是些平庸、卑微、胸无大志的人,又最喜欢取笑人,家乡没有朋友,实在是第一等的恨事。不但没有好处,且很有坏处。习俗感化人,所说鲍鱼共处,也变得和它一样了。我曾和九弟说过,说衡阳不可以读书,涟滨不可以读书,因为有害的朋友太多的缘故。现在四弟你的意愿,一定要跟从觉庵老师学习,那么千万听我嘱咐,只获取明师的益处,别受恶友危害!?

又说:"我少时天分不算低,后来整日与平庸鄙俗的人相处,根本学不到什么东西,心窍被堵塞太久了。等到乙未年到京后,才开始有志于学习诗、古文和书法。"

从这里可以看出曾国藩对于当时的友人,感到很不满。最相信而有作为的老师,只有汪觉庵和欧阳沧溟先生罢了。他所说的衡阳的风俗,和轻浮浅薄相近,虽然有些近似武断,但也是确有所见才这样说的。

见多方可识广。如果曾国藩仍然隔于湖南,后来的情况可能大不相同。从 1834 年进入京师,1835 年留在京师,1836 年出京,到江南游历,沿清江、扬州、南京逆江而上,就是湖北、河南、河北、山东、江苏、江西、安徽等省,都有他的遗迹。这时他见闻的广博,应当远远超过从前了。至 1838 年 2 月两次进京,9 月请假离京,路经襄樊,12 月到家,他游历的范围,虽然和以前相同,但所见所闻的深刻,又和以前不同。至于"船到安陆,遇到大风,附近的十几只小船,很少得以保全,而曾国藩的船却单单未受损害。"让人怀疑有老天

相助。这给予曾国藩旅途中的阅历，又可以想见。

　　在竞争激烈的社会，交往便成为获取信息，相互扶助的重要手段。由于曾国藩到了京城，结交了一批新的师友，开阔了眼界，也认识到取得功名仅是人生之一端，而人生还有其他更重要的事可以做。尤其是晚清时代已不同以往，大清江山更青睐那些对国家有用的人。1844 年 5 月 12 日，他写给弟弟的一封信中说："我觉得六弟今年考中当然好，万一考不中，就应该把以前的东西彻底放弃，一心一意地学习前辈们的文章。年纪已过了二十，不算小了。如果还似摸墙走路一般，为考试卜题忙碌，等到将来时间付出了而学业仍不是精通，一定会悔恨失策的，不能不早做打算啊。我以前确实也没看到这一点，幸亏早早得到了功名，而没受到损害。假如到现在还未考中，那么几十年都为了考取功名奔忙，仍然一无所得，怎能不羞愧呢？这里误了多少人的一生啊！国华是世家子弟，具备天资又聪明过人，即使考不中，也不会到挨饿的地步，又何必为科举耽误了一生呢！"

　　所说的"我以前确实没看到这一点"，恰是当年见识狭隘的自我表白。那时的他，认为人生的唯一出路是考取功名，所以第一次进京，意志非常坚决，并且很有自信力。1845年在北京，曾国藩曾写过一首诗说：

　　　　去年此际赋长征，豪气思屠大海鲸。

　　　　湖上三更邀月饮，天边万岭挟舟行。

　　　　竟将云梦吞如芥，未信君山铲不平。

　　　　偏是东皇来去易，又吹草绿满蓬瀛。

　　等到会试不考取时，就在京师读书，深入钻研经书史书，尤其喜欢韩愈的文章，立志学习韩文。所以曾国藩说过："1835 年到京后，我才开始立志学习写诗作文的方法。"他所以会这样，就是因为环境的改变。曾国藩以前，只局限在一个地方，见闻不广，只知考取功名。等到进京以后，变得见多识广，知道在八股和命题律诗外，还有诗歌古文，因而"立志学习"。照这样的话，那么西洋人说的"游历能增长人智慧"，不是很有道理的吗。

【原文】

　　新妇始至吾家，教以勤俭：纺绩以事缝纫，下厨以议酒食，此二者，妇职之最要者也；孝敬以奉长上，温和以待同辈，此二者，妇道之最要者也。但须教之以渐，渠系富贵子女，未习劳苦，由渐而习，则日变月化，而迁善不知，若改之太骤，则难期有恒。凡此祈诸弟一一告之。

【评述】

　　曾国藩教训儿子纪泽、纪鸿要勤俭持家，要和睦、要体孝道、要勤俭恭。他在为官时还让女儿和儿媳总是每年给他做鞋一双，以考察她们的"女工"。在这一点上，作为一人之下、万人之上的曾国藩，实可谓"前无古人，后无来者"。

　　曾国藩说，"吾家累世以来，孝悌勤俭，辅臣公以上吾不及见，竟希公、星冈公皆未明即起，竟日无片刻暇逸。竟希公少时在陈氏宗祠读书、正月上学，辅臣公给钱一百，为零用之需。五月归时，仅用去二文，尚余九十八文还其你。其俭如此。"

孝经图　清

　　曾星冈从中年起也接受了父亲竟希公的这种自教。道光十九年（1839）正月，曾国藩已点翰林，正式步入仕途，曾星冈仍然训诫儿子竹亭说："宽一虽点翰林，我家仍靠作田为业，不靠他吃饭。"后来，曾国藩把父亲的这种家风一而再、再而三地在家书中提出来，用以教育子侄。他把祖父遗教概括为"八字诀"，并"拟写屏上"，赠送给诸弟。他认为只有如此，"庶不改祖父以来之家风。"

　　对于"勤、俭"二字，曾国藩是这样说的："子姓半耕半读，以守先人之旧，慎无存半点官气；不许坐轿，不许唤人取水添茶等事。其拾柴、收粪等事，须一一为之，插田莳禾等事，亦时时学之。庶渐渐务本，而不习淫佚矣。宜令勤慎，无作欠伸懒慢样子，至要！至要！吾兄弟中惟澄弟较勤，吾近日亦勉为勤敬。即令世运艰屯，而一家之中，勤则兴，懒则败。"

　　曾国藩还善于将家规具体到生活中的细枝末节之处，务必使规矩落到实处，他曾耐心地解释说："家中种蔬一事，千万不可怠惰。屋门首塘养鱼，亦有一种生机；养猪亦内政之要者。""家中养鱼、养猪、种蔬四事，（包括读书）皆不可忽。一则上接祖父家风，二则望其外而有一种生气，登其庭而有一种旺气。"

　　诚如曾国藩所言，由俭入奢并不可怕，可怕的是由奢入俭；由俭入奢人人都可承受，但由奢入俭却不是人人都可以承受的。一个人很少有这种幸运，从生到死不为生计发愁，一辈子发达、亨通、一帆风顺；相反，总会有拮据的时候，会有艰难和困苦的时候，因此，人们应该居安思危，从长计议，常将有日思无日。

　　曾国藩还提出了"遗产不可太多"的主张，这也主要是针对子嗣后人的。一般人想在

世时多积攒些家当,以备后世之人不时之需,即使后人笨拙懒惰,也不会有饿肚之忧,这自然是"可怜天下父母心";不过他们没有想过,如果偏巧遇上个"败家子"后代,家拥金山银山也是会坐吃山空的。

曾国藩对这一点看得十分清楚。曾国藩没有多少遗产,而且很早就已经考虑如何处置遗产的问题。这种想法仍然得益于祖父星冈公。曾星冈在世时,常常讥笑那些喜欢积攒私财的人家,他认为积攒私财乃是败家之光。所谓穷则思俭,俭以善德,俭以养廉,有德有廉可谓君子,于此外又何所求耶?对此,曾国藩十分信服,他认为,与其给子孙留下大笔遗产,不如教子孙走入正道。他说,如果子孙误入卑鄙自私的歧途,将来必定计较锱铢,心胸日益狭隘。到了那时就难以挽回了。他还说:子孙之贫富,各有命定。命果应富,虽无私产亦必自有饭吃;命果应贫,虽有家财千万亩,亦仍归于无饭可吃。我闯荡了数十年,于人世的穷通得失思之烂熟。相信生死有命,富贵在天,非人力所能为之,人所能做的是庄敬自强,走正大光明之路。

正是基于这种认识,他请弟弟国潢将自己在家乡的一马冲的田产设法出手,或捐作曾祖元吉公的祭田,或议做祖父星冈公的祭田,或转售他人,所得的钱银供家中日用之需。

应该说,曾国藩的两个儿子:曾纪泽与曾纪鸿同属"高干子弟",门庭显耀,却都未变成"衙内"和"大少爷"之类的角色,实在有些令人出乎意料。考究起曾氏的后人,我们可以看到:先有曾纪泽诗文书画俱佳,又以自学通英文,成为清末著名的外交家;曾纪鸿不幸早亡,研究古算学也已取得相当的成就。除此之外,曾家的孙辈还出了曾广钧这样的诗人,曾孙辈又出现了曾宝荪和曾约农这样的教育家和学者,足够叫人艳羡了。

【原文】

余于初四日自邵伯开行后,初八日至清江浦。闻捻匪张、任、牛三股并至蒙、亳一带,英方伯雉河集营被围,易开俊在蒙城亦两面皆贼,粮路难通。余商易岐带水师由洪泽湖至临淮,而自留此待罗、刘旱队至,乃赴徐州。

尔等奉母在寓,总以勤俭二字自惕,而接物出以谦慎。凡世家之不勤俭者,验之于内眷而毕露。余在家深以妇女之奢逸为虑,尔二人立志撑持门户,亦宜自端内教始也。余身尚安,癣略甚耳。

【评述】

曾国藩秉性节俭,不时不衣帛,他三十初度时,曾制天青锻马褂一件,家居不轻着,惟遇庆贺及新年穿一下,其藏之五十年,犹如新衣。他曾说:"古语云:'衣不如新,人不如故',然以吾观之,衣亦不如故也。试观今日之衣料,有如当年之精者乎?"

曾国藩之女——崇德老人曾说:在江南督署时,李鸿章请曾夫人和小姐吃饭,姊妹二人,仅一绸裤,相争至于哭泣。曾国藩闻之安慰曰:"明年若继续任总督,必为尔添制绸裤一条。"时崇德老人年幼,一闻此言,便破涕而笑。

住:湘乡白杨坪曾家老屋,已百余年,曾九帅以家中人口增多,另建新屋一栋,费资三

千余串。曾国藩闻之，大不高兴，去函责弟，说新屋落成之后，搬进容易搬出难，我此生决不住新屋。两兄弟任总督、巡抚花了三千多串钱，便发誓不住新屋，并谓搬进容易搬出难，所见至为深刻，即曾国藩尝谓"花未全开月未圆"之意，至可玩味。

曾国藩每日自晨至晚，不断工作，不稍歇息。主要公文，均自批自拟，很少假手他人。晚年右目失明，仍然阅公文，写作诗文日记。他所写日记，直至临死之前一日才停止。

他自己工作，他的夫人、媳妇住在总督署内，也要绩麻纺纱，做针线工作，直至起更后，始能休息。《水窗春呓》所记一个笑话，就是曾国藩家庭工作的自白：儿子新婚未久，睡在床上，辗转反侧，心甚焦急，乃大呼曰："妈，你那不懂事的媳妇，吱吱呀呀，纺车不停，闹得我睡不着，请将他那部纺车打碎好了。"公公在隔屋听到了，也高声大叫道："太太，如果要打，最好先将你那部车子打碎，我也睡不着呢！"这一笑话，是曾国藩每日晚饭后照例与幕僚轮流闲卿笑话之一。这个笑话一出，大家笑得眼泪也掉下来了，可是曾国藩却以五指抚摸胡须，一笑也不笑。

曾国藩任直隶总督时，一意清理狱讼，重大案件均亲自鞠讯，半年之间结案四万一千余件，多年尘牍，为之一清。举此一例，即可知其工作之勤。

【原文】

初一日接尔十六日禀，澄叔已移寓新居，则黄金堂老宅，尔为一家之主矣。昔吾祖星冈公最讲求治家之法：第一起早；第二打扫洁净；第三诚修祭祀；第四善待亲族邻里。凡亲族邻里来家，无不恭敬款接，有急必周济之，有讼必排解之，有喜必庆贺之，有疾必问，有丧必吊。此四事之外，于读书、种菜等事尤为刻刻留心。故余近写家信，常常提及书、蔬、鱼、猪四端者，盖祖父相传之家法也。尔现读书无暇，此八事纵不能一一亲自经理，而不可不识得此意，请朱运四先生细心经理，八者缺一不可。其诚修祭祀一端，则必须尔母随时留心，凡器皿第一等好者留作祭祀之用，饮食第一等好者亦备祭祀之需。凡人家不讲究祭祀，纵然兴旺，亦不久长，至要至要！

尔所论看《文选》之法，不为无见。吾观汉魏文人，有二端最不可及：一曰训话精确，二曰声调铿锵。《说文》训诂之学，自中唐以后人多不讲，宋以后说经尤不明故训，及至我朝巨儒，始通小学，段茂堂、王怀祖两家，遂精研乎古人文字声音之本，乃知《文选》中古赋所用之字，无不典雅精当。尔若能熟读段、王两家之书，则知眼前常见之字，凡唐宋文人误用者，惟《六经》不误，《文选》中汉赋亦不误也。即以尔禀中所论《三都赋》言之，如"蔚若相如，皭若君平"，以一蔚字概括相如之文章，以一蔚字概括君平之道德，此虽不尽关乎训诂，亦足见其下字之不苟矣。至声调之铿锵，如"开高轩以临山，列绮窗而瞰江"，"碧出苌弘之血，鸟生杜宇之魄"，"洗兵海鸟，刷马江洲"，"数军实乎桂林之苑，飨戎旅乎落星之楼"等句，音响节奏，皆后世所不能及。尔看《文选》，能从此二者用心，则渐有入理处矣。

作梅先生想已到家，尔宜恭敬款接。沅叔既已来营，则无人陪往益阳，闻胡宅专人至吾乡迎接，即请作梅独去可也。尔舅父牧云先生身体不甚耐劳，即请其无庸来营。吾此次无信，尔先致吾意，下次再行寄信。此嘱。

【评述】

曾国藩将其家规编为"书蔬鱼猪,早扫考宝"八字。后人常戏称八字家规为治家的八宝饭。一个家庭有了这个八宝饭,真是吃不完用不完的聚宝盒,可以传之世世子孙以至无穷也。

曾国藩家训说:

近将星冈公之家规,编成八句云:书蔬鱼猪,早扫考宝;常说常行,八者都好。地命医理,僧巫祈祷;留客久住,六者俱恼。盖星冈公于地命医僧巫五项人,进门便恼;即亲友远客,久住亦恼。此八好六恼者,我家世世守之,永为家训,子孙虽愚,亦必略有范围也。

书:就是读书。我国的家庭,必有一个祀奉祖宗的神龛,设于堂屋的正中。神龛两侧,必然张贴一副对联:

祀祖宗一炷清香,必诚必敬;

教子孙两条正路,宜读宜耕。

耕读之家,最能维持长久。耕,代表生产基业;读,代表基本教育。在过去的家庭中,除极少数的例外,每个青年子弟,总要读三年五年的书,即一般女子,也至少要读一二年的书,俗称三代不读书,一屋都是猪。因为我国历代讲究读书,所以中国文化,在过去历史上,总是站在领导的地位。

蔬:就是蔬菜。曾星冈常言:"凡是自己亲手种的亲手采的蔬菜,味道也特别甜。"这不仅是心理作用,而且也是一个事实。市面买菜,多于先晚摘好,洗净灌水,次晨出卖。至于家园菜蔬,当时摘洗,当时炒煮,正如吃活鲜鲜的鱼虾,总比已死的鱼虾好吃,就是同一道理。一个耕读之家,田有谷米,园有蔬菜,关于食的方面,除盐以外,可以说无所多求于他人了。

鱼:鸢飞戾天,鱼跃于渊,天机活泼,正是一种兴旺气象。曾国藩常说:"家中养鱼养猪种竹种蔬菜,都不可疏忽,一则上接祖父相承以来之家风;二则望其外有一种生气,登其庭有一种旺气。"足见养鱼,不仅供应口福,而且可以增加生气,生气勃勃,则家道兴矣。湖南素称鱼米之乡,洞庭湖产鱼,湘资沅澧产鱼,还有千千万万的池塘,无不产鱼,因此鱼的生产量至大,在湖南的出产中,与米并驾齐驱,曾国藩提倡养鱼,自有道理。

猪:湖南农业的副产品,猪实占着一个极重要的地位。湖广熟,天下足。湖南有的是米,湖南的猪,是吃米糠长大的,因为池塘多,水沟多,猪吃饱了米糠,又加上一些水边植物,每只猪都是长得肥肥胖胖的,味道之佳,实各省所不及。因此湖南猪、猪肉、猪鬃,以及腊肉,销行至远。曾国藩提倡养猪,自有道理。

早:就是早起,日出而作,日入而息,乡下的农民,老老少少,男男女女,几乎与太阳同起同落。因为起得早,必然睡得早,因为睡得早,也必然起得早,二者是有相互关系的。一个农业家庭,除疾病或特殊情形外,事实上没有一个不早起的人。提倡早起,就是奖励勤劳,增加生气,最合卫生。因为农民早起,商人也不得不早起,工人士子,也不得不早起。许多外省人，初到湖南，吃不惯三餐干饭，后来早起惯了，才知道非吃三餐干饭不可。

扫：就是扫除，包括洒洗。这一工作，大多由妇女为之。妇女早起之后，第一件事，就是洒扫工作。庭阶秽物，桌几灰尘，要洒扫干净，虽至贫至苦人家，也不会例外，年终的时候，屋前屋后，还要来一次大扫除。我国自古即重视小子洒扫应对进退之礼，将洒扫之事与应对进退之礼并为一谈，谁说中国人不讲究卫生呢？

考：就是祭祀。就是为人子孙者，不要忘记祖考祭祀。曾国藩家训：从前我祖父星冈公最讲求治家之法：第一早起；第二打扫清洁；第三修诚祭祀；第四善待亲族邻里。曾子说："慎终追远，民德归厚矣。"中国人对于祖先的祭祀，素极重视，因为追念远祖，自然不敢为非作歹，民德自然归于纯厚，这与孝顺父母是一样的道理。

宝：就是善待亲族邻里。曾星冈说："人待人，无价之宝。"这就是说，一个人不能独善其身，一个家也不能独善其家。你一家虽好，必须亲族邻里大家都好。人与人的关系，是息息相关的，牡丹虽好，绿叶扶持。假若与亲族邻里不能好好相处，这一家庭，便成怨府，迟早是要毁败的。曾星冈一面操持家庭，一面善待亲戚邻里，这是一个居家的至宝，曾星冈知之，曾国藩亦知之。

曾国藩的家庭教育，以八本堂的八句话为经，以八宝饭的八字为纬，经纬连贯，脉络相通，便形成一套治家的理论体系。千百年来，中国谈家庭教育者，未能出其畴范。因此，曾国藩的家书家训，流行民间，至为广泛，等于一部家庭教科书。

除八本八宝之外，还有三不信：不信医药、不信僧巫，不信地仙。这也是曾星冈的垂教，曾星冈对于医药、僧巫、地仙，一见即恼，斥之唯恐不远，因此曾国藩也一生不爱和这些人往来。

在过去乡村中，医药不发达，不信医药，也是一种自然的趋势。至于僧巫、地仙，民间信之者众，而曾家独不相信，大概曾星冈受了朱柏庐先生《治家格言》的影响极深，而曾国藩又笃信其祖父曾星冈所致。

至于勤俭孝友四字，曾国藩于家书中，亦常提及之："历览有国有家之兴，皆由克勤克俭所至，其衰也则反是。"又云："孝友为家庭之详瑞，凡所称因果报应，他事或不灵验，独孝友则立获吉庆，反是则立获殃祸，无不验者。"书蔬鱼猪，是一家生产力的表现；勤俭孝友，是一家精神力的表现。二者相辅相成，相感相召，则家道立。

【原文】

昨见尔所作《说文分韵解字凡例》，喜尔今年甚有长进，因请莫君指示错处。莫君名友芝，字子偲，号邵亭，贵州辛卯举人，学问淹雅，丁未年在琉璃厂与余相见，心敬其人。七月来营，复得畅谈。其学于考据、词章二者皆有本原，义理亦践修不苟。兹将渠批订尔所作之凡例寄去，余亦批示数处。

又寄银百五十两，合前寄之百金，均为大女儿于归之用。以二百金办奁具，以五十金为程仪，家中切不可另筹银钱，过于奢侈。遭此乱世，虽大富大贵，亦靠不住，惟勤俭二字可以持久。

又寄丸药二小瓶，与尔母服食。尔在家常能早起否？诸弟妹早起否？说话迟钝、行路厚重否？宜时时省记也。

【评述】

为了做到俭而不奢，曾国藩对子弟做了许多具体规定，例如：

弟每用一钱，均须三思。至嘱。

居家之道，不可有余财，多财则终为患害。

后辈子侄，总宜教之以礼。出门宜常走路，不可动用舆马，长其骄惰之气。一次姑息，二次、三次姑息，以后骄惯则难改，不可不慎。

四轿[指四人抬的轿子]一事，家中坐者太多，闻纪泽亦坐四轿，此断不可。……即弟亦只可偶一坐之，常坐则不可。蔑结轿而远行，四抬则不可。呢轿而四抬则不可入县城、衡城，省城则尤不可。

可珍之物固应爱惜，即寻常器件亦当汇集品分，有条有理。竹头木屑，皆为有用，则随处皆取携不穷也。

"俭"字工夫，第一莫着华丽衣服，第二莫多用仆婢雇工。

衣服不宜多制，尤不宜大镶大缘，过于绚烂。

如此等等，不尽列举。

俭朴同勤劳是分不开的。只知道俭朴还不行，还要勤劳，勤劳才能致富。

劳而神钦的伟论，他说：

凡人之情，莫不好逸而恶劳，无论贵贱智愚老少，皆贪于逸而惮于劳，古今之所同也。人一日所着之衣、所进之食，与一日所行之事、所用之力相称，则旁人韪之，鬼神许之，以为彼自食其力也。若农夫织妇，终岁勤动，以成数石之粟、数尺之布，而富贵之家，终岁逸乐，不营一业，而食必珍馐，衣必锦绣，酣豢高眠，一呼百诺，此天下最不平之事，鬼神所不许也，其能久乎？

古之圣君贤相，若汤之昧旦丕显，文王日昃不遑，周公夜以继日、坐以待旦，盖无时不以勤劳自励。《无逸》一篇，推之于勤则寿考，逸则夭亡，历历不爽。为一身计，则必操习技艺，磨炼筋骨，困知勉行，操心危虑，而后可以增智慧而长才识；为天下计，则必己饥己溺，一夫不获，引为余辜。大禹之舟乘四载，过门不入，墨子摩顶放踵，以利天下，皆极俭以奉身，而极勤以救民。故荀子好称大禹、墨翟之行，以其勤劳也。

军兴以来，每见人有一才一技，能耐艰苦者，无不见用于人，见称于时；其绝无才技，不惯作劳者，皆见弃于时，饥冻就毙。故勤则寿，逸则夭；勤则有才而见用，逸则无能而见弃；勤则博济斯民，而神祇钦仰，逸则无补于人，而神鬼不歆。是以君子欲为人神所凭依，

胭脂红彩龙凤穿牡丹纹罐　清

莫大于习劳也。

这四百余字,简直可视为天下第一文章。它谈到了劳逸不均、贫富悬殊的问题,认为"此天下最不平等之事";谈到了"勤则寿,逸则夭"的养身之法;谈到了"勤则兴,逸则败"的齐家治国之理。全文无一浮言大语,字字皆是珠玑。

这篇文字,是他写给两个儿子的四条格言中的一条。其他三条为"慎独则心安""主敬则身强""求仁则人悦"。他写道:"今写此四条,我老年时自我警惕,以弥补从前的过错;并让两个儿子各自勉励,每夜以此四条来考课,每月终以此四条来稽查,仍寄希望于各子侄共同遵守,有所成就。

曾国藩不但在理论上启发子弟,而且在具体实践上教导子弟。他的家书写道:

戒惰莫如早起。

学射最足保养,起早尤千金妙方、长寿金丹也。

无作欠伸懒漫样子。

子侄除读书外,教之扫屋、抹桌凳、收粪、锄草,是极好之事,切不可以为有损架子而不为也。

家中养鱼、养猪、种竹、种蔬四事,皆不可疏。一则上接祖父以来相承之家风,二则望其外有一种生气,登其庭有一种旺气。

对于内眷、女儿、儿媳等,曾国藩也从不姑息,同样严饬勤劳。他规定:"新妇始至吾家,教以勤俭。纺织以事缝纫,下厨以议酒食。此二者,妇职之最要者也。孝敬以奉长上,温和以待同辈。此二者,妇道之要者也。"同治七年(1868)在金陵节署,他的女儿等早已是贵不可言的"千金小姐"了,但曾国藩却给她们制定了每天习劳的繁重功课单,并写了四句话:

家勤则兴,人勤则俭。

能勤能俭,永不贫贱。

他亲笔书写的功课单如下:

早饭后　做小菜点心酒酱之类　　　　　　　　　　　食事

巳午刻　纺花或绩麻　　　　　　　　　　　　　　　衣事

中饭后　做针黹刺绣之类　　　　　　　　　　　　　细工

酉刻(过二更后)做男鞋女鞋或缝衣　　　　　　　　　粗工

吾家男子于"看、读、写、作"四字缺一不可,妇女于"衣、食、粗、细"四字缺一不可。吾已教训数年,总未做出一定规矩。自后每日立定功课,吾亲自验功。食事则每日验一次,衣事则三日验一次,细工则五日验一次,粗工则每月验一次。每月须做成男鞋一双,女鞋不验。

上验功课单,渝儿妇、侄妇、满女知之。甥妇到[金陵]日,亦照此遵行。

【原文】

正月八日,恭庆祖父母双寿。男去腊做寿屏二架,今年同乡送寿对者五人,拜寿来客

四十人。早面四席,晚酒三席;未吃晚酒者,于十七日廿日补请二席。又请人画椿萱重荫图,观者无不叹羡。

男身体如常,新年应酬太繁,几至日不暇给。媳妇及孙儿女俱平安。正月十五接到四弟、六弟信,四弟欲偕季弟从汪觉庵师游,六弟欲偕九弟至省城读书。男思大人家事日烦,必不能常在家塾照管诸弟;且四弟天分平常,断不可一日无师讲书改诗文,断不可一课耽搁。伏望堂上大人俯从男等之请,即命四弟、季弟从觉庵师,其束修银男于八月付回,两弟自必加倍发奋矣。

六弟实不羁之才,乡间孤陋寡闻,断不足以启其见识而坚其心志。且少年英锐之气,不可久挫。六弟不得入学,既挫之矣;欲进京而男阻之,再挫之矣;若又不许肆业省城,则毋乃太挫其锐气乎?伏望堂上大人俯从男等之情,即命六弟、九弟下省读书,其费用,男于二月间付银廿两至金竺虔家。

夫家和则福自生,若一家之中,兄有言弟无不从,弟有请兄无不应,和气蒸蒸而家不兴者,未之有也;反是而不败者,亦未之有也。伏望大人察男之志,即此敬禀叔父大人,恕不另具。六弟将来必为叔父克家之子,即为吾族光大门第,可喜也。谨述一二,馀俟续禀。

【评述】

曾国藩说:家和则福自生。如果在一个家庭中,哥哥所说的话弟弟没有不听从的、弟弟所求的事哥哥没有不应承的,一家人融洽相处,和气蒸蒸,像这样的家庭不兴旺发达,从没有过。相反,兄弟之间相互争斗,婆媳之间彼此扯皮,夫妻之间两相计较,像这样的家庭不衰败,也从没有过。

曾国藩为了家庭和睦,在处理家庭成员的关系上起了核心作用。

首先,他虚心接受父亲的教诲和勉励。在长沙军事失利的那段时间里,曾国藩灰心丧气,几天不吃不喝,弄得满城风雨。

正在心灰意冷之时,曾国藩接到了父亲曾麟书的手谕,训导他"公而忘私,国而忘家,国事维艰,只能进不能退"。在其父的勉励下,曾国藩提高了勇气,他命幕僚向朝廷写奏折,禀报在籍率湘军与太平军作战的情况。其幕僚对岳州、湘潭几战,如实地写成"屡战屡败"。曾国藩阅得比禀报,似乎说自己太无能了,便接过笔去,改为"屡败屡战"。一字之改,被动变主动,消极转为积极,"败不馁"之气魄跃然纸上。皇上看了,对曾国藩虽未获胜,但仍表示满意,督令再战。

曾国藩说:"事亲以得欢心为本。子夏问孝,子曰色难。色难者,就是永远和颜悦色,承顺父母的旨意,而不专在饮食的供奉。曾国藩夫妇侍奉父母,均以得欢心为本,故一家融融洽洽,上下欢愉,养成一团和气。所以说,事亲以得欢心为本。

其次,他也非常关心弟兄,经常进行问候、勉励、劝诫,如勉励诸弟在孝悌上用功的家书中说道:

今人都将学字看错了。若细读《贤贤易色》一章,则绝大学问即在家庭日用之间。

于孝弟两字上尽一分便是一分学,尽十分便是十分学。今人读书皆为科名起见,于孝弟伦纪之大,反似与书不相关。殊不知书上所载的,作文时所代圣贤说的,无非要明白这个道理。若果事事做得,即笔下说不出何妨!若事事不能做,并有亏于伦纪之大,即文章说得好,亦只算个名教中之罪人。贤弟性情真势,而短于诗文,何不日日在孝弟两字上用功?务使祖父母、父母、叔父母无一时不安乐,无一时不顺适;下而兄弟妻子皆蔼然有恩,秩然有序,此真大学问也。

对待兄弟中因未能考中科名而放弃学业的做法,曾国藩循循善诱,讲科名之外的意义,他说:科名之所以可贵者,谓其足以承堂上之欢也,谓禄仕可以亲也。今吾已得之矣,即使诸弟不得,亦可以承欢,可以养亲,何必兄弟尽得哉?贤弟若细思此理,但于孝弟上用功,不于诗文上用功,则诗文不期进而自进矣。

他还通过评论诸弟文章之优劣,令他们健康长进:

像六弟这样天资不凡的人,这时候写文章,应当力求议论纵横,才气奔放,写成一篇如火如荼的文章,将来

五彩凤穿花纹梅瓶　清

才可能有成就。不然一挑半剔,意浅调卑,即使得了功名,亦当自渐自己的文章浅薄不堪。若得不了功名,那真是功名、学问两头都没落下。今年你跟随罗山(罗泽南)学习,不知罗山意见如何?我觉得六弟今年入学固然好,万一人不了,则当尽弃前功,一心一意学习先辈大家的文章。六弟年龄已过二十,也不小了,若再扶墙摩壁,一天到晚埋头读些科举考卷一类的东西,将来年龄大了而业仍不精,肯定要悔恨当初失策的,不可不早做打算。我当年其实也看不到这一点,幸而早早得了科名,未受其害。假如我至今还未入学,数十年做一些没有效果的空功夫,一无所得,岂不汗颜!此中误人终身的多了。六弟是世家子弟,又聪明过人,即使终生入不了学,也不至于挨饿,何必亦要一辈子读考卷奔科举呢?九弟要我详细批改他写的文章,我实在不善于批改小考文章,当请曹西垣代改,下次由折差带回。季弟文笔清爽异常,令人喜出望外,文意亦层出不穷。以后务求才情横溢,气势充畅,写文章切不可挑剔敷衍,安于平庸寡陋。勉之勉之,最初的基础不可不打宽一点。季弟的书法亦有褚体字的意思,尤为让人高兴。总之,我所期望于诸弟的,不在有没有科举功名,第一是以孝悌的标准端正自己的行为,其次是文章能够成为传世之作。诸弟若果真能自立,应当致力于远大的目标,不要只是一心想科举功名。

曾国藩还勉励实干,安慰挫折。

所谓"实干精神",不仅在得意时埋头苦干,尤其在失意时绝不灰心。有一次曾国荃连吃两次大败仗,曾国藩写信去安慰他说:

袁了凡所谓"从前种种譬如昨日死，从后种种譬如今日生。"另起炉灶，重开世界，安知此两番之大败，非天之磨炼英雄，使弟大有长进乎？谚云："吃一堑，长一智。"吾生平长进，全在受挫辱之时。务须咬牙励志，蓄其气而长其智，切不可徒然自馁也。

曾国荃听了他的话，后来果然有所成就。可见不灰心是一切事业成功的基础。

【原文】

二月十六日接到家信第一号，系新正初三交彭山岷者，敬悉一切。去年十二月十一，祖父大人忽患肠风，赖神灵默佑，得以速痊，然游子闻之，尚觉心悸。六弟生女，自是大喜。初八日恭逢寿诞，男不克在家庆祝，心尤依依。

诸弟在家不听教训，不甚发奋，男观诸来信，即已知之。盖诸弟之意，总不愿在家塾读书。自己亥年男在家时，诸弟即有此意，牢不可破。六弟欲从男进京，男因散馆去留未定，故此时未许；庚子年接家眷，即请弟等送，意欲弟等来京读书也。特以祖父母、父母在上，男不敢专擅，故但写诸弟，而不指定何人。迨九弟来京，其意颇遂，而四弟六弟之意尚未遂也。年年株守家园，时有耽搁，大人又不能常在家教子，近地又无良友，考试又不利，兼此数者，佛郁难申，故四弟六弟不免怨男。

其所以怨男者有故：丁酉在家教弟，威克厥爱，可怨一矣；己亥在家，未尝教弟一字，可怨二矣；临进京不肯带六弟，可怨三矣；不为弟另择外傅，仅延丹阁叔教之，拂厥本意，可怨四矣；明知两弟不愿家居，而屡次信回，劝弟寂守家塾，可怨五矣。惟男有可怨者五端，故四弟六弟难免内怀隐衷，前此含意不申，故从不写信与男，去腊来信甚长，则尽情吐露矣。

男接信时，又喜又惧。喜者，喜弟志气勃勃，不可遏也；惧者，惧男再拂弟意，将伤和气矣。兄弟和，虽穷氓小户必兴；兄弟不和，虽世家宦族必败。男深知此理，故禀堂上各位大人，俯从男等兄弟之情。

男之意实以和睦兄弟为第一。九弟前年欲归，男百般苦留，至去年则不复强留，亦恐拂弟意也。临别时，彼此恋恋，情深似海。故男自九弟去后，思之尤切，信之尤深，谓九弟纵不为科目中人，亦当为孝弟中人。兄弟人人如此，可以终身互相依倚，则虽不得禄位，亦何伤哉！

伏读手谕，谓男教弟宜明言责之，不宜琐琐告以阅历工夫。男自忆连年教弟之信，不下数万字，或明责，或婉劝，或博称，或约指，知无不言，总之尽心竭力而已。

男妇孙男女身体皆平安，伏乞放心。男谨禀。

【评述】

曾国藩治家有方，兄弟多有建树，子孙也人才辈出，家中一团和气，尊老扶幼，子孝妻贤，世世代代广为流传。

曾国藩说：家和则福自生。如果在一个家庭中，哥哥所说的话弟弟没有不听从的，弟弟所求的事哥哥没有不应承的，一家人融洽相处，和气蒸蒸，像这样的家庭不兴旺发达，从没有过。相反，兄弟之间相互争斗，婆媳之间彼此扯皮，夫妻之间两相计较，像这样的

家庭不衰败,也从没有过。

现在的家庭大都是三口之家,因此家庭关系远比曾国藩那个时代的家庭关系单纯,一般说来,家庭关系越单纯,彼此之间也就越好相处;但这并不意味着家庭矛盾随之消隐。相反,这种矛盾以一种更精细、更微妙的形式存在着,只要人与人之间存在着一种关系,那么就不可避免地存在着矛盾;况且,现代家庭关系始终保持着人类家庭关系的基本结构:婆媳关系,夫妻关系和父子关系。家庭的矛盾和冲突就基本存在于这几种结构之中。

家庭矛盾并不可怕;产生一点家庭矛盾也很正常。即使是一个人,也有自己跟自己过不去的时候,唇齿之间,也有不睦的时刻,更何况是年年月月生活在一起的另外一个或几个人呢?每个人都有自己的性格、兴趣、观念和独立性,这是矛盾产生的根源;解决家庭矛盾的唯一办法就是和,当然,或许有人会说,我可以不理,去躲或逃,然而那矛盾仍然存在着。夫妻之间之所以离婚,就是因为那矛盾已无法解决了,或者不愿意解决,谁都不愿意放弃自己的观点和独立性;即便如此,那矛盾也仍然存在着,甚至以一种更尖锐的方式存在着。

所以说,解决矛盾的唯一办法就是和。左宗棠讲,"家庭之间,以和顺为贵。"这个和,就是看你是否尊重他人的独立性,是否理解并宽容他人的性格、兴趣和观念。这个和,不是说你应在矛盾产生时才讲,而是在你平常的生活中就自然而然这样做。

夫妻关系,在家庭关系中是最核心的关系,这种关系处理得好与不好,直接影响到家庭的其他关系,夫妻不睦,往往导致婆媳不和,父子反目。那么该如何对待夫妻关系呢?当然你首先得爱她、关心她、体贴她,不要计较她的爱,爱情是最脆弱的,你越计较,爱情就越稀少;在家庭中,你创造的爱越多,你获得的爱也将愈多;你越吝啬你的爱,你获得的爱就越少。

其次在矛盾产生后,应该冷静,尽量减少过激行为的发生,不要动不动就喊离婚。在世界上,谁怕谁呀!当然这也可能是愤极之辞,正因为如此,它才最刺痛人心。有人离婚,不是不爱对方,甚至她找不到他以外的更爱的人,但由于出言伤人,酿成苦果。他呢?也应反省自己,即使道理在自己一边,也不妨给她一个台阶,也许她就因为你有这等气量而更加爱你。

还有一个小办法,但很灵,那就是当天的矛盾当天解决。荀子讲,无宿问,说的是学习碰到疑难,当天解决,不要过夜。解决夫妻矛盾这个办法也很好,有什么纠纷,当天解决,不要等它过夜。有人喜欢打"冷战",耗它十天半月,然而问题并没有解决,一有新矛盾,旧的问题就会风助火势,激化矛盾。

有人生活了一辈子,也找到了一些适合他们的解决方式,但无论哪一种方式都应"和为贵"。

【原文】

久未寄信,想弟望之殷殷。承寄腊肉等件,极多且佳,谢谢!

沉弟挈家移居长沙，不知即试馆旁之公馆否？住乡住城，各有好处，各有坏处。将来一二年后，仍望撤回廿四都，无轻去桑梓之邦为要。省城之湘乡昭忠祠索余匾字，自当写就寄去。惟目光昏蒙，字比往年更劣，徒供人讪笑耳。澄弟目光亦坏，申酉至卯刻直是废人，不知两目同病乎？一目独苦乎？沉弟亦近五十，迩来目光何如？牙齿有落者否？夜间能坐至四五更不倦否？能竟夜熟睡不醒否？刘同坡翁恤典一事，即日当查明，行知湖南本籍。刘文恪公之后，至今尚有男丁若干？光景尚不甚窘否？

吾乡显宦之家，世泽绵延者本少。吾兄弟叨叨爵赏，亦望后嗣子孙读书敦品，略有成立，乃不负祖宗培植之德。吾自问服官三十馀年，无一毫德泽及人，且愆咎丛积，恐罚及于后裔。老年痛自惩责，思盖前愆，望两弟于吾之过失，时寄箴言。并望互相切磋，以勤俭自持，以忠恕教子，要令后辈洗净骄惰之气，各敦恭谨之风，庶几不坠家声耳。顺问近好。

【评述】

曾国藩的一生处世哲学的形成、功德的成就是与其"耕读之家"的家风熏染密不可分的。

曾家世代务农，自祖父曾玉屏向上推溯，至少有五六百年，未曾出现过秀才。

曾玉屏年轻的时候，对读书以求取功名不感兴趣，日常喜欢到湘潭同富家子弟鬼混，或酒食征逐，或日高酣睡，整日游手好闲。后来父亲死了，祖孙三代的生活重担落在他的肩上，倍感责任的重大。乡里的长辈，见其整日游惰，不务正业，讥讽他将来必为败家之子。这倒激起他痛改前非的决心，卖掉马匹，徒步回家，决心脚踏实地，开创祖业。从此，终生天未亮而起，苦心治理自己的家业，开沟辟地，耕田种菜，养鱼喂猪，精耕细作，无一不亲自动手。经过十几年的努力，省吃俭用，他不仅守住了基业，家境还逐渐走向兴旺。

曾玉屏虽然读书不多，但为人耿直，富于正义感，颇受到乡里人士的尊崇。邻里间如若发生纠纷，他常居间进行排解、说和，充当仲裁人。倘若有人不服，他便"厉辞诘责，势若霆摧"，往往使那些"悍夫"神气沮丧，就此作罢，甚至有人慑于他的威望，置酒登门道歉，方可了结。

曾玉屏治家极严，一家大小，包括长他七岁的妻子王氏在内，见了他没有不恭恭敬敬的。曾玉屏对于麟书、骥云兄弟，管教极严，尤其对长子麟书责求尤苛，"往往稠人广坐，壮声呵斥。或有所不快于他人，诘责愆尤，间作激荡之词"。而曾麟书则事亲至孝，面对父亲的责骂，总是"起敬起孝，屏气负墙，踧踖徐进，愉色如初"。

曾玉屏还创立了一些家规，要求家人必须遵守，其中有的是普遍见之于中国农村家庭的。如"男子耕读，女必纺织"。男耕女织是旧时代典型的自给自足的生活方式，读书是发展的阶梯，进可求取功名，退可凭借男耕女织维持生计。有的则是曾玉屏独特的创意。如，他要求家人谨行八件事：读书、种菜、饲鱼、养猪、早起、洒扫、祭祖、敦亲睦邻；疏远六种人：看风水的、算命的、医生、和尚、巫道及做客赖着不走的。

读书，是中国封建社会的基本教育，督促子孙读书，同要求发展农业一样，被称为教子的两条正路。

种菜，要求尽量精耕细作，做到田有谷米，园有蔬菜，勤俭持家，自给自足。

饲鱼，湖南省是鱼米之乡，池塘密布，无不产鱼。养鱼既可增加副食，又可以增加生气，体现一种家业兴旺的气氛。

养猪，猪是湖南的主要副业，猪食米糠及丰富的水边植物，长得都很好，提倡养猪，可以满足家庭的食用。

早起，日出而作，日落而息，是中国农民的一种美德。提倡早起，就是奖励勤劳，增加生气。

洒扫，就是搞清洁工作。妇女早起的第一件事就是打扫卫生。年末，还要进行一次大扫除。我国自古就重视小子洒扫应对进退之礼，将洒扫之事与应对进退之礼相提并论，可见重视洒扫是一项优良的传统。

祭祀，中国人对于祖先的祭祀，极为重视，体现了人们对于祖先的崇敬。

敦亲睦邻，人是处于社会中，一个人不能独善其身，一个家也不能独善其家。人与人的关系，是紧密相连的。善待亲戚邻里，是居家至宝。

过去乡村医药不发达，不信医药，也是一种惯例，可是僧巫、地仙民间信者很多，而独曾玉屏教家人不信，反映了他的个性所在。曾国藩沐其家风，传其家风。后来，曾国藩将祖父的家规总结为：书蔬鱼猪，早扫考宝；常说常行，八者都好。地命医理，僧巫祈祷；留客久住，六者俱脑。

早：就是早起。早起三朝，可当一工。

扫：就是扫除。清洁卫生，不可忽略。

考：就是祭祀。慎终追远，民德归厚。

宝：就是睦邻。患难相顾，惟善为宝。

书：就是教育。读书明理，普及知识。

蔬：就是种蔬。园有蔬菜，四季常新。

鱼：就是养鱼。鱼跃于池，活泼泼地。

猪：就是喂猪。庖有肥肉，养老待客。

良好的家风，在于适时教诲和勉励。当1838年秋，曾国藩在参加朝考被点了翰林后踌躇满志地回到家里时，其祖父曾玉屏就有一番谆谆教诲。

年底新翰林荣耀还乡，亲友都来道贺，自然煞是热闹。这时曾国藩的祖父玉屏先生已六十五岁，多年辛苦的愿望，虽是儿子没有成就，究竟在长孙身上实现了，自觉欢喜异常，就告诉麟书说："我们是务农的人家，即令富贵也不要忘本呵！大孙子当了翰林，让他安心去做他的事业吧！家中的食用，千万不要累赘他！"所以曾国藩从此进京做官，家中还靠耕种过活。有时寄些俸银回来，大都赈济戚族。

这样一个耕读之家，充满了生气，充满了喜忧，充满了生产能力，充满了孝友精神，这便是一种模范家庭。曾国藩从小生长在这种家庭里，眼目所接触的是尊辈勤俭素朴的生

活,耳朵所听到的是礼义廉耻一类的训诲,书上所讲的是忠君爱国的思想。以这样的家世,这样的环境,终于造成了曾国藩这样的人物。曾国藩的耕读之家风,可说是源远流长。今人观其女儿曾纪芬——崇德老人民国时所写追忆其父的回忆录,字体极为端庄秀美,一个女儿家八十多岁尚能写得那样一手好字,足见其耕读之家风范的泽流。

曾国藩的一生事业,是和他的家世息息相关的。从大处说,他所领导的湘军和对太平军的战争,也类似于一幕宗教战争。因为太平军信奉的是类似天主教的一种宗教,这在儒家看来是违反孔、孟之道的所谓"异端"。曾国藩的家世是世代宗儒,言必孔、孟,对于太平天国那种"异端",无疑是要深恶而痛绝的了。从小处说,曾国藩的一生,没有一时忘记他祖先的遗训,在他的日记和书信里,都可以看出来。他信奉祖父的遗训,黎明即起,克勤克俭,周济贫穷,疏医远巫,甚至把祖父的家规,编成口诀,令自己和家人遵奉。直到后来官封一等侯爵,做了两江、直隶总督等,对于勤俭家训,还不敢丝毫逾闲。曾国藩一生的品性实在是他的家世促成的。

【原文】

十一月二十二日接尔十月二十七在长沙发禀,二十三日接十一月初二在湘潭发禀,二十六日接十一日在富圫发禀得悉平安回家,大小清吉,至为欣慰。

此间军事,任、赖由固始窜至鄂境,郭子美二十三日在德安获胜。该逆不得逞志于鄂,势必仍回河南。张逆入秦,已奏派春霆援秦,本月当可起程。惟该逆有至汉中过年,明年入蜀之说,不知鲍军追赶得及否?

本日摺差回营,十三日又有满御史参劾,奉有明发谕旨,兹钞回一阅。十月二十六日寄信令尔来营随侍进京,厥后又有三信止尔勿来,计尔到家后不过数日即接来营之手谕。余拟再具数疏婉辞,必期尽开各缺而后已。将来或再奉入觐之旨,亦未可知。尔在家料理家政,不复召尔来营随侍矣。

李申夫之母尝有二语云,"有钱有酒款远亲,火烧盗抢喊四邻",或富贵之家不可敬远亲而慢近邻也。我家初移富圫,不可轻慢近邻,酒饭宜松,礼貌宜恭。建四爷如不在我家,或另请一人款侍宾客亦可。除不管闲事,不帮官司外,有可行方便之处,亦无吝也。

尔信于郭家及长沙事太略,下次详述一二,此谕。

【评述】

与人为善,语出《孟子·公孙丑上》:"取诸人以为善,是与人为善者也,故君子莫大乎与人为善。"杨伯峻译为,吸引别人的优点来自己行善,这就是偕同别人一道行善。所以君子的最高德行就是偕同别人一道行善。孟子说的是与别人一起做好事。

曾国藩自有他的理解,他说:

"古圣人之道没有比给人行善为大了。用言教诲人,这是以善来教人;用品德来熏陶人,这是以善来养人。都是与人为善之事。"孟子强调的是"与人",曾国藩强调的是"为善",既取人,又取于人。若要"为",首先得"善",那么"善"是什么? 张履祥说:"非善不存于心,非善不出口,非善不付诸行动",就是好品德,好思想,好学问,好语言,好行为。

中华传世藏书 曾国藩全集 谋略

二三四一

那么"善"又是如何得到的呢？一靠教，二靠养。

曾国藩说："然徒与人则我之善有限，故又贵取诸人以为善。人有善，则以益我；我有善，则与以益人。连环相生，故善端无穷；彼此挹注（补充通融），故善源不竭。"每个个体都是有不完善的，只有不断吸取他人的长处，才能得到充实。别人有长处，则加以借鉴；我有长处，不要怕别人借鉴。

曾国藩还说："仲尼之学无常师（固定的老师），即取人为善也；无行不与，即与人为善也。为之不厌（满足），即取人为善也；诲人不倦，即与人为善也。"孔子之所以成为万世师表，一个重要的原因，就在于他比别人更善于吸收他人的优长，他没有老师，但天下所有的人都是他的老师；而他自己也是没有什么可以保留的，没有什么是不可以给予他人的；他把自己的善给别人，别人也就拥有了一份共同的善了。

所以，无论是取以益我，学而不厌，还是与以益人，诲而不倦，都是与人为善。我们现代人在说与人为善时，实际上是说以友好和善意的态度对待他人，并没有包括古人那么丰富的内涵，我们是否可以从曾国藩对孟子的理解中获得一点为人处世的启示呢？

【原文】

尔信极以袁婿为虑，余亦不料其遽尔学坏至此，余即日当作信教之，尔等在家却不宜过露痕迹。人所以稍顾体面者，冀人之敬重也。若人之傲惰鄙弃业已露出，则索性荡然无耻，捊弃不顾，甘与正人为仇，而以后不可救药矣。我家内外大小于袁婿外礼貌均不可疏忽。若久不悛改，将来或接至皖营，延师教之亦可。大约世家子弟，钱不可多，衣不可多。事虽至小，所关颇大。

【评述】

怎样保持家道的兴盛呢？曾国藩认为，首先的一条，就是不给子孙留下大笔遗产。

一个人拥有了大笔钱财，他的处理方式不外以下三种：一是自己用度；二是赠送给亲人——他关心或爱的人；三是捐赠社会公益事业。一个人死了以后，他的财产流向就主要是后两种形式。至于他的遗产会产生什么结果或效益，他是完全无能为力的。他所能做的，就是在临死前处理好这笔遗产。很多拥有大笔财产的人在临终前煞费苦心，不为别的，就为遗产。

曾国藩不是一个拥有大笔财产的人，但绝不是一位没有财产的人，还远远没有到临终前，他就在思考如何处理遗产的问题。

曾家先祖星冈公在世时，常常讥笑那些喜欢积攒私财的人家，他认为积攒私财是败家之兆。对此，曾国藩十分信服。他以为，与其给子孙留下大笔遗产，不如教子孙走入正道。他说，如果子孙误入卑鄙自私的歧途，将来必定计较锱铢，心胸日益狭隘，到了那时就难以挽回了。明人钱琦说："处贵而骄，败之端也；处富而奢，衰之始也。"说的就是品德不正，即使身处富贵，也要注定败亡的道理。

与曾国藩同时的清代名将左宗棠在教子上和曾国藩不谋而合，也以德性为本，他说："尔曹能谨慎齐家，不至困饿。若任意花销，以豪华为体面；恣情流荡，以沈（同沉）溺为欢

娱,则吾多积金,尔曹但多积过,所损不已大哉!"如果你们品行不正,我积的钱越多,你们犯的错就越大。这确有一点警世恒言的意味。曾国藩没有左宗棠的咄咄逼人的气势,他说得很平和:

子孙之贫富,各有命定。命果应富,虽无私家产亦必自有饭吃;命果应贫,虽有田产千万亩,亦仍归于无饭可吃。我阅荡了数十年,于人世的穷通得失思之烂熟。

他相信生死有命,富贵在天,非人力所能为之,人所能做的是庄敬自强,走正大光明之路。

正是基于这种认识,他请弟弟国潢将自己在家乡的五马冲的田产设法出手,或捐作元吉公的祭田,或议作星冈公的祭田,或转售他人,所得的钱银供家中日用之需。

仕宦之家不蓄积银钱,使子弟自觉一无可恃,一日不勤则将有饥寒之患,则子弟渐渐勤劳,知谋所以自立矣。

曾国藩说:银钱田产,最易长骄气惰气。我家中断不可积钱,断不可买田,尔兄弟努力读书,决不怕没饭吃,至嘱。

1854年2月上旬,曾国藩的父亲命曾国藩书一联悬之厅中,写道:

有子孙有田园家风半读半耕,

但以箕裘承祖泽;

无官守无言责世事不闻不问。

且将艰巨付儿曹。

曾国藩对此十分推崇。他说:"身居京官,总以钱少产薄为妙"。他还在1866年7月6日《致澄弟》中说:

我觉得我们弟兄身处这样的时代,名声远扬,应以钱少、产业少为好。一则可以平日里避免别人看了抱着掠取的期望,有动荡的时候也可避免遭抢掠。二是子弟之辈看到家中窘迫的状况,也不至于一味讲究奢侈了。纪泽母子八月间就能回湘乡,各方面请老弟费心照料。早、扫、考、宝、书、蔬、鱼、猪八个字,是我们曾家历代的立家气象、格局,我从嘉庆末年到1839年,见到祖父星冈公每天生活守常规,不改这个规矩。不相信医药、堪舆、和尚、巫师、祷祝等事,这也是老弟都曾经亲眼见过的,我辈若能认真遵守家风,则家道便可多支撑些年,望老弟率纪泽及各位侄儿切实做好。家中木器还不齐备,请老弟帮兄购置一些,不要超过三百两银子,家具只求结实耐用,不图雕花楼图,但油漆要好一点,这样能经久耐用。房屋不求华美,周围要多种竹木松柏,多留些地做菜园,即使占去一些田地也不要紧。清贫俭朴就像穷苦人家,所领的养廉银全部充公使用。没有购置一塵房地、一区田亩,吃饭不过四簋,男女婚嫁,不过两百两银子。

【原文】

四月十一日,由摺差发第六号家信。十六日,摺弁又到。

孙男等平安如常,孙妇亦起居维慎。曾孙数日内添吃粥一顿,因母乳日少,饭食难喂,每日两饭一粥。

今年散馆,湖南三人皆留。全单内共留五十二人,仅三人改部属,三人改知县。翰林衙门现已多至百四五十人,可谓极盛。

琦善已于十四日押解到京,奉上谕派亲王三人、郡王一人、军机大臣、大学士、六部尚书会同审讯,现未定案。

梅霖生同年因去岁咳嗽未愈,日内颇患咯血。同乡各京宅皆如故。

澄侯弟三月初四在县城发信,已经收到;正月廿五信,至今未接。

兰姊以何时分娩?是男是女,伏望下次示知。

楚善八叔事,不知去冬是何光景?如绝无解危之处,则二伯母将穷迫难堪,竟希公之后人将见笑于乡里矣。孙国藩去冬已写信求东阳叔祖兄弟,不知有补益否?此事全求祖父大人作主,如能救焚拯溺,何难嘘枯回生。伏念祖父平日积德累仁,求难济急,孙所知者,已难指数。如廖品一之孤,上莲叔之妻,彭定五之子,福益叔祖之母,及小罗巷、樟树堂各庵,皆代为筹画,曲加矜恤。凡他人所束手无策,计无复之者,得祖父善为调停,旋乾转坤,无不立即解危,而况楚善八叔同胞之亲、万难之时乎?

孝经图

【评述】

敬悯族亲姻党,是曾国藩在道德上口碑甚好的一个重要根由,从而也是他深得众人爱戴、理解或支持的一个有利"资本",进而成了他获得成功的一种"势"力和导致成功的无形"资产"。

曾国藩对待家庭,主张孝悌,对待族人亲戚,则主张敬爱。他认为,如果把孝敬父母的那份爱用到兄弟身上,那就是友爱;而把孝敬父母的情意用到亲戚身上,对他们则不会不敬不爱。

至于对待族亲的道理,曾国藩在家书中曾说:"至于家族姻党,无论他与我家有隙无

隙,在弟辈中只宜一概爱之敬之。孔子曰:'泛爱众,而亲仁。'孟子曰:'爱人不亲反其仁,礼人不答反其敬。'此刻未理家事,若便多生嫌怨,将来当家立业,岂不个个都是仇人?古来无与宗族乡党为仇之圣贤,弟辈万不可专责他人也!"

曾国藩还曾说:昔吾祖星冈公最讲治家之法:第一要起早;第二要打扫洁净;第三诚修祭祀;第四善待亲族邻里,凡亲族邻里来家无不恭敬款接,有急必周济之,有讼必排解之,有喜必庆贺之,有疾必问,有丧必吊之。

早年曾国藩在京任职,派往四川办完公事后,曾把一千两银子的俸禄寄回家中,其中的四百两用于馈族人和亲戚,此事详细地记载在道光二十四年(1844)三月初十他给弟弟的信中。信中说:"所寄银两,以四百为馈赠族戚之用,……所以为此者,盖族戚中有断不可不一援手之人,面其余则牵连而及。兄已亥年至外家,见大舅陶穴而居,种菜而食,为侧侧者久之"。

在给祖父的信中,他详细说明为什么要将寄给家中的一千银两拿出一半周济族戚的理由:

孙所以汲汲馈赠者,盖有二故。一则我家气运太盛,不可不格外小心,以为持盈保泰之道。旧债尽清,则好处太全,恐盈极生亏;留债不清,则好中不足,亦处乐之法也。二则各亲戚家皆贫,而年老者,今不略为支助,则他日不知何如。自孙人都后,如彭满舅曾祖、彭王姑母、欧阳岳祖母、江通十舅,已死数人矣,再过数年,则意中所欲馈赠之人,正不保何若矣!家中之债,今虽不还,后尚可还;赠人之举,今若不为,后必悔之。此二者,孙之愚见如此。然孙少不更事,未能远谋,一切求祖父、叔父做主,孙断不敢擅自专权。

曾国藩是个很细心的人,他又写信告诉家人,切不可说这些赠送是他的主意,而要说是父母及祖父大人的主张,这才符合"恩出自上"的情理。一个多月后,他又写信说:

男之浅见,不送则家家不送,要送则家家全送;要减则每家减去一半,不减则家家不减。不然,口惠而实不至,亲族之间嫌怨丛生,将来衅生不测,反成仇雠,伏乞堂上审慎施行,日叩百叩。

家人收到银两后,父亲称赞"其周旋族戚,极是做官的美举",表示"照单行之,决不有失"。

当时,曾国藩的十舅江通送他进京的时候,说:"外甥在外地做官时,舅舅来做烧火夫。"他的五舅江南把曾国藩送到长沙,握着他的手说:明年我送你媳妇到京师。曾国藩说:京城很苦,舅舅不要来了。江南听了后说:是啊,但我一定要找到你当官的地方!说完,眼泪簌簌而下。后来曾国藩在给弟弟的信中说:

"兄念母舅皆已年高,饥寒之况可想,而十舅且死矣。及今不一援手,则大舅、五舅者,又能沾我辈之余润乎?十舅虽死,兄意犹当恤其妻子,且从俗为之延僧,如所谓道场者,以慰逝者之魂,而尽吾不忍死其舅之心。我弟我弟,以为可乎?兰姊蕙妹,家运皆舛,兄好为识微之妄谈,谓姊犹可支撑,蕙妹再过数年则不能自存活矣。同胞之爱,纵彼无触望,吾能不视如一家一身乎?"

"丹阁叔与窦田表叔，昔与同砚席十年，岂意今日云泥隔绝至此？知其窘迫难堪之时，必有饮恨于实命之不佳者矣。丹阁叔戊戌年曾以钱八千贺我。贤弟谅其景况，岂易办八千者乎？以为喜极，固可感也；以为钓饵，则亦可怜也。"

"贤弟试设身处地，而知其如救水火也。彭五姑待我甚厚，晚年家贫见我辄泣。兹五姑已没，故赠宜仁五姑丈，亦不忍以死视五姑之意也。腾七则姑之子，与我同孩提长养。各舅祖，则推祖母之爱而及也；彭舅曾祖，则推祖父之爱而及也。陈本七、邓升六二先生，则因觉庵师而牵连及之者也。其余馈赠之人，非实有不忍于心者，同皆因人而及。……诸弟生我十年以后，见诸戚族皆穷，而我家尚好，以为本分如此耳，而不知其初皆与我家同盛者也，兄悉见其盛时气象，而今日零落如此，则尤难为情矣！"

类似这种情况，在曾国藩的家信中还有很多。

我们看了这些，不但会了解曾国藩对亲戚族人情谊的深厚，还能认识到当时农村经济的破弊，民间生活已经到了什么程度。作为耕读世家的子嗣，曾国藩既然来自乡间，深知那里的艰苦，一旦经济稍为宽裕，就尽力帮助族人亲戚，原本是人之常理。曾国藩说："敬悯族亲固然不同于孝敬父母，无须时时处处资助他们。但事事处处挂记他们，不忘他们则是正道。一旦条件允许即伸出"援手"，拉扶一把。

第一个人都有多重身份，都有自己的生活环境，在家族这个环境里，族亲是除了本家庭以外的与己最为密切的关系网络，故有人言"宁失一友，不丢一亲"之语。在这个环境里，一个人品行的优劣，德操的高低，最易被人透识。从另一个方面看，一个人连父母都不敬悯的人，很难相信，他会敬悯族亲；而不敬悯族亲的人，很难相信他会兼济天下，此所谓仁德也。

【原文】

初三辰刻接初二巳正来书，俱悉一切。

昨日雨小而风大，今日风小而雨大，鲍军勇夫万馀人，纵难渡江，想初二尚未渡毕，初三则断不能渡。凡办大事，半由人力，半由天事。如此次安庆之守，濠深而墙坚，稳静而不懈，此人力也；其是否不至以一蚁溃堤，以一蝇玷圭，则天事也。各路之赴援，以多、鲍为正援集贤之师，以成、胡为后路缠护之兵，以朱、韦为助守墙濠之军，此人事也；其临阵果否得手，能否不为狗酋所算，能否不令狗酋逃遁，此天事也。吾辈但当尽人力之所能为，而天事则听之彼苍，而无所容心。弟于人力颇能尽职，而每称"擒杀狗酋"云云，则好代天作主张矣。

至催鲍进兵，亦不宜太急。鲍之队伍由景镇至下隅坂，仅行五日，冒雨遄征，亦可谓极速矣。其锅帐则至今尚未到齐，以泥太深，小车难动也。弟自抚州拔营至景镇，曾经数日遇雨，试一回思，能如鲍公此次之迅速乎？润帅力劝鲍公进兵不必太急，待狗酋求战气竭力疲而后徐起应之云云，与弟见正相反。余意不必催鲍急进，亦不必嘱鲍缓战，听鲍公自行斟酌可也。多公调度远胜于鲍，其马队亦数倍于鲍，待多击退黄文金后，再与鲍军会剿集贤关，更有把握。

至狗酋虽凶悍，然屡败于多、李、鲍之手，未必此次忽较平日更狠。黄文金于洋塘、小麦铺两败，军器丢弃已尽。多、鲍之足以制陈、黄二贼，理也。人力之可知者也。其临阵果否得手，则数也，天事之不可知者也。来书谓狗部有马贼二千五六百，似亦未确。系临阵细数乎？抑系投诚贼供乎？闻贼探多假称投诚者，弟宜慎之。

［又初四日辰刻书云：］

初三酉刻接初三辰刻来信并古文二本，嘱以改错字，明句读，此"若株"不易得也。春霆处人来，言初三日午后渡河业已渡毕，今日虽雨泥，吾当催其速进。

［又初四日未刻书云：］

专人至，接初三酉刻一函，殊嫌其慢，不如托水营专送较快，此间托万营，弟托王营可也。古文三天圈完，较之鲍军五日到皖更难，拟以银一万解弟处，捐免此差。

［又初四日戌正书云：］

接初四巳正三刻来信，藉悉一切。前后皆贼，置万馀人累卵之危，为主将者，断无不思急援之理。惟鲍公最无主意，润劝之缓战，弟劝之急进，渠正疑惑之际，故余不再提及。渠昨日冒雨将万人渡毕，尚非迟滞者，待天稍开霁，兄必连函催之矣。

【评述】

人的境遇实际是成功必不可少的机缘。对此，古往今来有人常用"运气好"来解释。无独有偶，曾国藩也是一个信运气的人。

关于曾国藩的命运，有这样一段记载：

都城的人曾有关于翰林大考的口诀，其句说："金顶朝珠挂紫貂，群仙终日任逍遥。勿闻大考魂皆落，告退神仙也不饶。"通过这个口诀也可看出翰林大考的难度了。有一届大考，总负责人为许乃溥，一个老翰林请求许给予关照，说道："只求无过，不求有功"。许告诉他答完卷后，在卷上轻轻洒几点墨水，好容易辨认。听了这话，老翰林高兴地离去了。曾国藩当时为检讨，答完卷后，因盖笔帽时，溅出了一些墨水，恰好滴在了试卷上。许看到了这张卷，以为是老翰林的，就列在了二等的最后一个。事情结束后，交给皇上亲自阅览，宣宗详细地进行了披阅，看到二等时，用手翻腾，碰见曾国藩的卷子时，还没有来得及过目的时候，赶巧侍臣请示其他的事情。皇上就匆匆地发出这些考卷，这样曾国藩的考卷已经排在了二等的最前面了。于是曾国藩能够很顺利地升为侍讲。

以上所记，如为属实，足可见曾国藩运气非凡了。

还有的记载说："曾文正公尝语吴敏树郭嵩焘曰：我身后碑铭，必属两君。他任掳饰，铭辞结句，吾自有之。曰：不信书，信运气。公之言，告万世。"

这所谓"不信书，信运气"之说，并非空言泛论，而确实系有感而发。综观曾国藩之一生，如果不是命运之神有意要成全他的话，即使他终生砥砺品德，笃实履践，始终不懈，恐怕充其量也只能成为一个谦谦自守的君子，决不能领袖群伦，创下大事业。凡此种种，在他的一生之中，都有明显的事迹可以稽考，不能斥之为无稽谰言。

曾国藩是湖南湘乡县人。他家世代务农，到他父亲曾麟书时，方才因读书而成为县

学中的一名"生员"——秀才。曾国藩在六岁时开始从师入学,十四岁开始到长沙省城应童子试,先后考过七次,直到 1833 年,亦即曾国藩二十三岁的那一年,方才进学成为生员。翌年,中式湖南乡试第三十六名举人。1838 年,亦即曾国藩二十八岁的那一年,会试中第三甲第四十二名进士。照一般情形来说,读书人能够在一连串的科举考试中先后登科,已经取得了做官入仕的资格,从此功名得遂,衣食无忧,应该算得上是踌躇满志的了。但若就事实而言,则又不尽然。因为在进士之上,还有更高一层,即俗语所说的"点翰林"。中了进士,不一定能做大官;点了翰林,那才真正具备了做大官的资格——不但是资格好,而且升迁也快。

曾国藩在取中进士之后参加朝考,成绩非常好,列一等第三名。试卷进呈御览之后,道光皇帝又特别将他拔置为一等第二名。就这样,曾国藩才幸运地被点中了庶吉士。到了 1840 年庶吉士散馆,曾国藩考列二等第十九名,名次仍然很高。因此他被授职检讨,留在翰林院供职。曾国藩能够先中进士再成翰林,对于他的一生事业前途,关系甚大。1844 年 5 月 12 日,他致弟书云:

"吾谓六弟今年入泮固佳,万一不入,则当尽弃前功,一志从事于先辈大家之文。年过二十,不为少矣,若再扶墙摩壁,役役于考卷截搭卜题之中,将来时过而业仍不精,必有悔恨于失计者,不可不早图也。余当日实见不到此,幸而早得科名,未受其害。向使至今未尝入泮,则数十年从事于吊渡映带之间,岂不靦颜也哉?此中误人终身多矣!"

所谓"入泮",即是中秀才之意。而由秀才至翰林,路还远得很。由他所说"幸而早得科名,未受其害",及"此中误人终身多矣"的话,可以知道曾国藩假如不是早中进士入翰林,此时必然仍在无用的八股时艺之中奋斗挣扎,绝无如许间暇可以容他读有用之书,储备学问,以为他日救时匡难之用。这是他自己所说:"不信书,信运气"的第一步征验。至于第二步的征验,则是他在做了翰林院检讨之后的历次考试情形。

清代的翰林院官,有所谓不定时举行的"大考",到时由皇帝命题考试诗文策论,以为升迁降黜的依据。大考成绩好的,升迁特别快,否则立予降黜,绝不容情。故而清代俗语,有所谓"秀才怕岁考,翰林怕大考"的话,正是针对那些侥幸得售而不肯努力上进的读书人而说的。曾国藩在翰林七年,由于他向来用功不懈,历次考试的成绩都很好,因此屡蒙超擢,不过七年的功夫,就由从七品的翰林院检讨一直升到从二品的内阁学士,具备了他此后出当大任的官阶与资格。若非命运的安排,他怎能有如此良好的机遇呢?

如果将曾国藩与同为翰林出身的胡林翼相比,更可见曾的运气之佳了。

胡林翼是 1836 年的二甲进士;科第要比曾国藩早二年,名次也比曾国藩高。朝考入选之后,改翰林院庶吉士,散馆授编修。1839 年大考翰詹,列二等。在这一段经历上,他的资格与成绩和曾国藩一样。只是他在 1840 年的江南乡试副主考任内出了毛病,被降一级外调,从此仕途坎坷,直到 1853 年,曾国藩已经做到了正二品的侍郎,胡林翼还在贵州黎平府做从四品的知府。后来虽然由于胡林翼自己的干练,声誉日起,也还需要曾国藩的全力推荐,才能使他有机会到湖北战场上去大展身手,由按察使、布政使,而一直升

到巡抚，官位与曾国藩相等。在这一段经历上，胡林翼的升迁，足足比曾国藩迟了七年。而论到出身，胡林翼还是曾国藩的翰林前辈呢！曾国藩的宦途得意，对于太平天国的成败的失及满清皇朝的存亡，关系甚大。假如曾国藩在咸丰初年还只是一个没有功名的读书人，纵使他有通天的本领，他也没有出头的机会。又假如曾国藩与胡林翼一样，在那时还只是一个地位不高的中级官员，那也轮不到由他出来领导群众，成就他此后的"回天"事业。所以说，曾国藩的崛起，其中实在杂在很多机缘巧合的因素。曾国藩平生，不信书而信运气，在这里就有了很明显的征验。

当然这些运气的背后，也不能不说和人力的平时运作有关。那么，曾国藩在京期间的机遇是什么？一是在翰林院中读书进修的机遇，一是京师十三年广交益友的机遇。这两个机遇他都把握住了。

胡林翼官服像

在以后的岁月中，曾国藩也不是没有深得命运女神垂青的时候，如后来他在带兵打仗时，自己所率湘军靖港大败，正当他痛不欲生、万念俱灰之际，却传来另部湘军湘潭全胜的消息，于是，使他转忧为喜，否极泰来。这也都是"命运"的征验。

【原文】

求业之精，别无他法，曰专而已矣。谚曰，"艺多不养身"，谓不专也。吾掘井多而无泉可饮，不专之咎也。诸弟总须力图专业，如九弟志在习字，亦不必尽废他业，但每日习字工夫，断不可不提起精神，随时随事，皆可触悟。四弟六弟吾不知其心有专嗜否？若志在穷经，则须专守一经；志在作制义，则须专看一家文稿；志在作古文，则须专看一家文集；作各体诗亦然；作试贴亦然；万不可以兼营并骛，兼营则必一无所能矣，切嘱切嘱，千万千万。此后写信来，诸弟各有专守之业，务须写明，且须详问极言，长篇累牍，使我读其手书，即可知其志向识见。凡专一业之人，必有心得，亦必有疑义。诸弟有心得，可以告我共赏之；有疑义，可以问我共析之。且书信既详，则四千里外之兄弟步趋晤言一室，乐何如乎？

【评述】

曾国藩说，君子之立志也，有民胞物与之量，有内圣外王之业，而后不忝于父母之所生，不愧为天地之完人。也就是说要志当存远。曾国藩的高远志向，就是要匡时救世，澄清天下，成为国家的藩篱。

曾国藩朝考一等，改为翰林院庶吉士，从此置身词林，抱有澄清天下之志，因改名国

读书做官,升官发财,在当时几乎弥漫在所有读书人的心目中,牢不可破,可是曾国藩是一个例外。

他在做京官的时候,年龄不过三十多岁,他便立誓不发财。道光二十九年,他致书九弟说:

> 予自三十岁以来,即以做官发财为可耻,以宦囊积金遗子孙为可羞可恨,故私心立誓,总不靠做官发财以遗后人。章明鉴临,予不食言。

曾国藩一生立誓不发财,几十年节俭自守,不逾越一寸一分。因此他虽官至总督,每日吃饭,以一荤为主,有客始略略增之。时人号为"一品宰相",布袍鞋袜,均由夫人媳妇为之。他三十岁时,曾制一件缎马褂,惟遇新年及庆贺时着之,藏之三十年,不再另制,他曾说:"古语言衣不如新,人不如故,以吾观之,衣亦不如故也"。

怎样才能树立一种"民胞物与""内圣外王"的君子之志呢,曾国藩认为君子应广其识,他说,"夜郎自大,此最坏事",并说:

> 井底之蛙,所窥几何,而自以为绝伦之学;辽东之豕,所异几何,而自以为盖世之勋。此皆识浅而易以自足者也。

《后汉书》中说,"志不求易,事不避难"。有大抱负,才有大动力,大毅力,大魄力,也才会有"会当凌绝顶,一览众山小"的大境界。所谓大抱负不是好大喜功,不是好高骛远,而是放眼天下,志在四方,"先天下之忧而忧,后天下之乐而乐"。有这样的胸怀和气度你才能看轻自己所重的,看重天下所轻的。

道光二十二年,曾国藩的六弟在一次考试中受到挫折,于是就抱怨自己时乖命蹇,牢骚满腹,曾国藩知晓后对他立志之小感到很可笑,以为六弟所忧虑的事情太不值得一提了!劝告他人生境界各有不同,何必以科名为胜败定评!六弟收到信后果然振作起来,不再循人故辙,而另避人生溪境。

【原文】

九月十七日接读家信,喜堂上各老人安康,家事顺遂,无任欢慰。男今年不得差,六弟乡试不售,想堂上大人不免内忧,然男则正以不得为喜。盖天下之理,满则招损,亢则有悔,日中则昃,月盈则亏,至当不易之理也。男毫无学识,而官到学士,频邀非分之荣,祖父母、父母皆康健,可谓极盛矣。

现在京官翰林中无重庆下者,惟我家独享难得之福,是以男恐惧,不敢求非分之荣,但求堂上大人眠食如常,阖家平安,即为至幸。万望祖父母、父母、叔父母无以男不得差、六弟不中为虑,则大慰矣。况男三次考差,两次已得;六弟初次下场,年纪尚轻,尤不必挂必也。

同县黄正斋,乡试当外帘差,出闱即患痰病,时明时昏,近日略愈。男癣疾近日大好,头面全看不见,身上亦好了九分。在京一切,男自知谨慎。男谨禀。

　　1862 年，曾氏家族处于鼎盛时期。曾国藩身居将相之位，曾国荃统领的人马达二万之众，曾国华统领的人马也达五千之多；曾国荃在半年之内，七次拜受君恩。尽管这还不是曾氏家族最为辉煌的时期。但面对如此浩荡皇恩，曾国藩早已心满意足，甚至有点喜出望外，他禁不住骄然慨叹：近世似此者曾有几家？近世似弟者曾有几人？

　　他把自己的感觉和心情告知家人，又以自己的学识、阅历和权威规劝家人："日中则昃（太阳偏西），月满则亏。我们家现在到了满盈的时候了！"管子云："斗斛满则人概（削平）之，人满则天概之。"曾国藩以为，天之平人原本无形，必然要假手于人。比如霍光氏盈满，魏相来平灭他，宣帝也来平灭他；诸葛恪盈满，孙峻来平灭他，吴主也来平灭他。待到他人来平灭而后才悔悟，就已经晚了。我们家正处于丰盈的时期，不必等到天来平、人来平，我与诸位弟弟应当设法自己来平。

　　自己平自己不是说自己消灭自己，而是自我限制、自我克制、自我钳制，收敛锋芒，韬光养晦，以劳代逸，以静制动。自己平自己的方法有哪些呢？曾国藩以为不外乎三个字：清、慎、勤。

　　清。曾国藩将"清"字改为"廉"字。比如他说，沅弟（曾国荃）过去在金钱的取与予方面不太斟酌，遭到朋辈的讥议和菲薄，其根源就在于此。再比如，去年冬天买犁头嘴、粟子山两片地，我就非常不以为然。我一再叮嘱家里，不要买地，不要造屋，就是怕引起猜疑、嫉妒和非议。今后应该不乱花一分钱，不寄钱回家，不多赠亲友，这就是："廉"字功夫。

　　慎。曾国藩又将"慎"字改为"谦"字。曾国藩以为，内在的谦虚是看不见的，而其外在的表现主要有四个方面，这就是"脸色、言语、信函、仆从属员。以后兄弟们应该在这四个方面下大力气，痛加纠正，这就是"谦"字功夫。

　　勤。曾国藩再将"勤"字改为"劳"字。一是劳心，二是劳力。每天临睡之前，默想一下今天劳心的事情有几件，劳力的事情有几件，就会觉得为国家做的事情还不多，今后应当更加竭诚为国效劳，这就是"劳"字功夫。

　　在名利问题上，曾国藩大概可以与最能体现"全生保真"精神的历史人物范蠡相比了，范蠡在助越王勾践灭吴之后，"以为大名之下，难以久居，且勾践为人可与同患，难以处安"，就急流勇退，放弃了上将军之大名和"分国而有之"的大利，退隐于齐，改名换姓，耕于海畔，手足胼胝，父子共力，后居然"致产十万"，受齐人之尊敬。范蠡虽居相安荣，但又以为"久受尊名乃不祥，"乃归相印，尽散其财，"闲行以去，止于陶"，从事耕畜，经营商贾，又致货累矩万，直至老死于陶。这就是历史上有名的"范蠡三徙"。范蠡之所以辞官退隐，就是考虑到不要让尊名大利给自己带来身家性命之忧。事实上他的考虑是有道理的。与他共扶勾践的文种就因不听范蠡的规劝接受了越国的尊荣大名，结果死在勾践手下，说到底，像范蠡这样的处理各位的方式，都是为了在形式上的放弃之后，更永久地保有它。

　　"功成身退"的思想在今天对许多人来讲已经不太灵验。它会使人失去积极的进取心,从而满足于现状,当一天和尚撞一天钟。这是其糟粕之处。事实上,这里提出的"功成身退"仅是一种退守策略,是指一个人能把握住机会,获得一定成功后,见好就收。

　　老子的知足哲学也包括了"功成身退"的思想。所谓"持而盈之,不如其已;揣而锐之,不可长保。金玉满堂,莫之能过分自满,不如适可而止;锋芒太露,势难保长久;金玉满堂,往往无法永远拥有;富贵而骄奢,必定自取灭亡。而功成名就,急流勇退,将一切名利都抛开,这样才合乎自然法则。因为无论名或利,在达到顶峰之后,都会走向其反面。

　　中国历史上这种例子不胜枚举。汉高祖刘邦的军师张良在辅佐刘邦获得天下之后,便毅然知荣隐退,他向刘邦请求:"我是你成为帝王的三寸不烂之舌的军师,蒙恩拜领万户封地,名列公侯。我的任务至此已经完成,从今以后,我要舍弃世俗,漫游仙界。"刘邦应允了他的请求,所以,张良才得以功成身退,安享晚年。

　　可见,这种"进退有节"的做法是很有传统的。

【原文】

　　八月十九曾象王来营,二十一日蒋得胜来,接两弟初一、二、三等日之信,具悉家中四宅平安,不胜欣慰。

　　余于八月初八日至河口,本拟即日入闽,由铅山进捣崇安,十二日已拜折矣,其折移寄吉安转寄至家。因闽贼出窜江西,连破泸溪、金溪、安仁三县,不得派张凯章回剿。十八日抵安仁。十九日大战获胜,克复县城,杀贼约四千余,追至万年、乐平等县,尚未收队。待张军归来,余即率以入闽也。

　　刘星槎尚未到营。以后家信不可交投效之人带来,渠或中途率计忽归,或投别处军营;即果到,亦迟而又迟。莫如交省城左季高处最为便捷。

　　家中养鱼、养猪、种竹、种蔬四事,皆不可忽。一则上接祖父以来相承之家风,二则望其外有一种生气,登其庭有一种旺气。虽多花几个钱,多请几个工,但用在此四事上总是无妨。

　　澄弟在家教科一、厚七、旺十习字极好,不特学生有益,亦可教学相长。弟近年书法远逊于昔,在家无事,每日可仍临帖一百字,将浮躁处大加收敛。心以收敛而细,气以收敛而静,于字也有益,于身于家皆有益。

　　明年请师,仍请邓寅皆先生,人品学问,皆为吾邑第一流人,若在我家教得十年,则子侄皆有成矣。

　　葛睪山先生前言愿来余营,不知其计已决否?若果不来,可仍请之教科四、科六。若渠决来军,则科四、六亦可请邓先生教之。

　　左头横屋配房二间甚好,但嫌其不甚光亮,又嫌由阶基至账房(即韩升等住房)须由地坪绕入耳。思去馆之外,染坊架之下尚须添种五瓜竹,夏月思云馆中可生凉风。牛路之内须筑墙一道。田塘上田一丘,秋冬可作菜园。此皆余在家时与澄弟熟商者,望即行之。

季弟远隔紫甸，余总不放心。汤家屋场之业及各处田业，余皆不愿受。若季弟能在近处居住，或在老屋之上新屋之下中间择买一屋与季弟安居，我则愿寄钱文至家办成此事。否则，余守旧规不敢少改也。

后辈子侄，总宜教之以礼。出门宜常走路，不可动用舆马，长其骄惰之气。一次姑息，二次三次姑息，以后骄惯则难改，不可不慎，顺问近好。

【评述】

一句"古人以居上位而不骄为极难"，道出了中国封建社会千百年来的寻常现象：达官贵人从来都是以居高临下的姿态而傲视一切，总是以为自己一贯正确，而别人则一贯错误。官位愈高则其骄愈盛，这一点，除了古圣先贤之外，鲜有例外。这种现象甚至早已成了老百姓耳熟能详、眼开可见的常识，自然毋须多言。"天下古今之才人，皆以一傲字致败"，曾国藩所发此言，确有大量的史学依据。

他说："弟于世事阅历渐深，而信中不免有一种骄气。天地惟谦谨是载福之道，骄则满，满则倾矣。凡动口动笔，厌人之俗，嫌人之鄙，议人之短，发人之覆，皆骄也。无论所指未必果当，即使一一切当，已为天道所不许。吾家子弟满腔骄傲之气，开口便道人短长，笑人鄙陋，均非好气象。贤弟欲戒子侄之骄，先须将自己好议人短，好发人覆之习气痛改一番，然后令后辈事事警改。欲去骄字，总以不轻非笑人为第一义。

《书》称"世禄之家，鲜克由礼"，《传》称"骄奢淫佚，宠禄过也"，京师子弟之坏，未有不由于骄、奢二字者，尔与诸弟其戒之。

意思是："老弟对于世事阅历渐深，而来信中仍不免有一种骄气。天地之间只有谦虚谨慎是致福的方法，骄傲就会盈满，盈满就会倾倒。凡是说话、写文章，憎厌别人的习俗，嫌恶人家的鄙陋，议论他人的短处，揭发他人的隐私，都是骄傲的表现。不论所指的事是否确实恰当，即使一一都确切可靠，已被天理所不允许。我们家的子弟满腔骄傲之气，开口就说家人的长短是非，讥笑他人鄙陋，都不是好现象。贤弟要想戒除子侄辈的骄气，一定要先把自己好议论他人短处、好揭发他人隐私的习气痛加改正一番，然后让后辈事事警觉改正。要想去掉骄气，总要以不轻易非议讥笑他人为第一应当做的事。

【经典实例】

曾国藩的人生观

曾国藩的人生哲学，不但采撷了儒家、道家的学说，而且采撷了墨家的学说，墨子以苦为乐，光头赤足，做有利于天下的事，经常称赞大禹的勤劳。曾国藩曾经说过："立身的重点，在于有禹、墨的勤俭，加上老、庄的静虚，差不多修养自己、统治别人的方法都有了。"所以曾国藩采撷墨家思想的，主要是勤俭。

他说：治生之勤应像墨子、大禹那样，大禹治水四年，三过家门而不入；墨子光头赤脚，是为天下的利益。他们都非常节俭并有献身精神，都以非常的勤劳来拯救百姓。所

以荀子喜欢赞扬大禹、墨子的行为，是因为他们勤劳。自古以来，但凡有一些技能、才华、又吃苦耐劳的，都得到重用，并且受世人称赞。而没有什么技能才华，又不惯于劳作的人，没有不被世人唾弃的，受饥寒交迫而死。所以勤劳可以长寿，而懒惰可使人夭亡。勤劳而有才干就会得到任用，懒惰而无能就会被遗弃。勤劳而能为百姓谋得幸福就是连神鬼也会钦佩他，懒惰对别人没有任何益处，那么神鬼也不愿理会他。所以一个人如得到神仙百姓的信赖，没有比习惯于勤劳更重要的品质了。

曾国藩对于周秦诸子的思想，都是取其可以学习的地方，去掉不适宜的地方，最后统一在孔子的学说上面。曾国藩说："周朝末年诸子的学说都有非常精辟的地方，但是所以不如孔子，是因为他们不是这里有偏颇，就是那里有缺漏，尤其是不如孔子的学说柔和。如果能使心境像老子、庄子那般虚静，修身能像墨子那样勤俭，治理百姓能像管仲、商鞅那样严整，并且有不自以为是的心态，有偏颇的就去掉，有缺漏的就补充，那诸子都有可学之处，而不能轻易抛弃。"

看到这里，就可以知道在曾国藩人生观里，渊源大多是周、秦时期的诸子百家。

曾国藩的孝道

向来做老师的有经师、人师的区别，教育也有言教和身教的差异，星冈公讲理透彻，说的许多话成为曾门家规，多属于言教。竹亭对父亲十分孝顺，时间虽长却更加用心，属于身教。他们对后世的教育方法虽然不同，但对于感化家人，成为乡人的榜样，可谓殊途同归。在这样的家庭氛围的熏染之下，曾国藩确也成就了他为一代孝子的美誉。

曾国藩的孝道，主要表现在他的日记和家书里，由于他终生居家时日颇短，但其一颗殷殷孝子之心，却昭然可表。

曾国藩但凡给父母的家书总有一个格式，开头总是"男国藩跪禀父亲母亲膝下"或"男国藩跪禀父亲母亲万福金安"，结尾则多用"男谨禀"或"男谨呈"等。虽然这是一种格式用语，但也足见远在千里之外的儿子，孝心殷切，至孝至诚了。

其次，曾国藩远在他方时，总是不时地向父亲禀呈自己的现状，以缓父母对己的怀念。又嘱托兄弟、子侄多多来信呈报父母的身体状况，也是他孝顺的一个方面。如在家书中他说："敬悉祖父大人病体未好，且日加剧。父、叔率诸兄弟服侍已逾三年，无须臾之懈，独男一人远离膝下，未得一日尽孙子之职，罪责甚深。"

又如："母亲齿痛，不知比从前略松否？现服何药？下次望季弟寄方来看，叔父之病至今未愈，想甚沉重，望将药方病症书明寄京。刘东屏医道甚精，然高云亭犹嫌其过于胆大，不知近日精进何如？务宜慎之又慎。"

似这类关切父母、孝顺双亲的家书甚多。有时候，曾国藩要做一件事，父母不同意或想不开，他便去信开导，实在开导不成，事情便放下作罢。

曾国藩在京为官时曾写过这样一封家书："余自去岁以来，日日想归家省亲。所以不

能者，一则京城欠账将近一千，归家则途费接礼又须数百，甚是难以措办；二则二品归籍，必须自己具折，折中难于措辞，私心所愿者，颇想得一学差，三年任满，即归家省亲上也。若其不能，则或明年得一外省主考，能办途费，则后年必归次也。若二者不能，则只得望六弟、九弟明年得中一人，后年得一京官，支持门面，余则归家告养，他日再定行止耳。如三者皆不得，则直待六年之后，至甲寅年母亲七十之年，余誓具折告养，虽负债累万，归无储粟，余亦断断不顾矣。然此实不得已之计。若能于前三得中其一者，则后年可见堂上各大人，乃如天之福也，不审祖宗能默佑否？"

在这封信里，我们从言词诚挚的字里行间，可以窥见一位思家迫切、盼归甚殷的孝子，在京城繁杂、匆忙的官场奔忙里，望乡而兴叹，把眷眷思家省亲、奉孝床前的炽热情感，深深隐匿在剪不断的思念里。

他在京里得知母亲欲买一丫头，马上去信表示支持，即刻从自己窘迫的收入里拼凑起五十金给母亲寄回。甚至于给他祖父母、父母的四口寿具上漆之类的小事，他也亲自过问，并叮嘱每年同时上漆一次，花费由他自己专项报销。他曾经给星冈公买了一副黑狸皮褂，以尽孝孙之心，并去信再三叮嘱，说："闻狸皮在南边易于回潮，黑色变为黄色，不知信否？若果尔，则回潮天气须勤勤俭视，又凡收皮货，须在省城买'潮老'（指防潮剂），其色如白淮盐，微带黄色，其气如樟木。用皮纸包好，每包约寸大，每衣内置三四包。收衣时，仍将此包置衣内。又每年晒皮货晒衣之日，不必折收，须过两天。特热气退尽乃收。"细致的叮咛中，曾国藩的孝心殷殷可见。

当他得知父亲因过多地躬亲家事而累坏了身体时，马上去信说："大人之身，上奉高堂，下荫儿孙，外为族邻乡里所模范，千金之躯，诚宜珍重。男忝窃卿贰，服役已兼数人，而大人以家务劳苦如是，男实不安于心。"并再三嘱托诸弟代父劳苦，以宽解父亲的疲累。

年轻时曾国藩性格敦厚，远离家乡，家乡的山川白云、亲人房舍，自然无不难以忘怀，因此有思念父母的诗句：

> 莽莽寒山匝四周，眼穿望不到庭闱。
>
> 絮飘江浦无人管，草绿湖南有梦归。
>
> 乡思怕听残漏转，逸情欲逐乱云飞。
>
> 敬从九烈神君许，游子于今要换衣。

"要换衣"而父母不在，其思念双亲之情跃然纸上。

在他的《三十三生日三首》中，也有思亲之句：

> 三十余龄似转车，吾生泛泛信天涯。
>
> 白云远望千山隔，黄叶催人两鬓华。

自己都已"两鬓华"，到了秋季，那么年值霜冬的父老就更是"银霜满头"了。其孝心可见。

当然，曾国藩不仅让兄弟孩子们养成一种孝道，他自己是只说不做，相反，他在事关孝悌的重大关头，也是挺身向前，勇于担当。如在咸丰七年（1857）他听说他的父亲去世的消息，竟不经允许就匆忙回家委军奔丧。虽然也有向清廷发泄不满之意，但也足见他的孝悌之心。

曾国藩从祖、父辈传承下来的孝敬，反映在家庭伦理中，他主张对待长辈应时时存一"敬"字，由"敬"而生出"孝"来就十分自然。

无论哪个时代，哪个阶段，无论出自何种理由，人们都不能不承认曾国藩的学问和能力。他集严父、慈父于一身，时时注意教子的方式方法，"爱之以其道"。其教子成功的经验，时至今日也颇具借鉴意义。

曾国藩讲求的家范，是国人传统中的一个典型。他曾告诫家人：家范有着极其重要的作用，与治国相关联。家范是治国的基石。

我国民间有句旧谚："百善孝为先，万恶淫为首"。重视家庭伦理建设是中华文化的一个传统。"尧舜之道，孝悌而已。""孝"是子女对父母的尊敬与服从；"悌"是弟弟对兄长的尊敬与服从。据传我国夏朝就有不孝之罪，商朝沿用。西周文王时规定了一条法律，将"不孝不友"定为"无恶大憝"之罪，应用文王的法律从重从快严加惩处，"刑兹无赦"。《孝经》说："夫孝，天之经也，地之义也，民之行也。"这真把孝抬到了无以复加的地步了。在儒家看来，王道政治的"修齐治平"中，"修""齐"的核心问题是个"孝"字，"修身"以孝，"齐家"亦以孝，身修了，家齐，何患国不治天下不平？！故《孝经》又说："明王之以孝治天下也。"在我国古代社会，宗法制度根深蒂固，血缘纽带结实韧长，家庭是社会的细胞，是政治和经济、生产和生活的最基本单位，农业的生产与再生产、人类自身的生产与再生产，都依托家庭而进行。可以说，古代社会是宗法的社会，古代经济是家庭的经济。"孝"是家庭和谐、经济发展、政治安定的调节器。

曾国藩曾在给他的儿子曾纪泽的信中写道：

你应当体会我的心意，在叔祖及各位叔父、叔母前多尽些敬爱心。要心存全家同为一体的概念，不怀彼此歧视的见解，那么老辈内外亲长必须器重喜爱你。后辈兄弟姐妹以你为榜样，越来越亲密。如果能使宗族、乡党都说，纪泽的气量大于他父亲的气量，我就非常高兴。

曾国藩念念不忘治理家庭，要家人讲求忠孝二字，认为"忠孝"是种道德风范，在家可盛家，在朝可治国，好的家范可以造就忠臣。他谆谆教诲家人说，我们家现在门第显赫鼎盛，而居家过日子的气象、礼节等方面总是没有能够认真讲究一番。遍览古往今来名门世家得以久长的，男子要讲求农耕、读书两件事，妇女要讲求纺织、酒食这两件事。《斯干》一诗，讲的是帝王贵族建筑宫室等事，而妇女重在"酒食是议"一句，就是妇女只需讲究酿酒做饭等家事。所以我总是教导儿媳妇、女儿们要亲自主持烹饪，后辈看来好像不是什么要紧事。以后回到家乡，在家闲居，妇女们纵使不能精通烹调技术，也一定要常到厨房去，一定要讲求制作酒、醋、肉酱、小菜及换茶之类的事务。你等也要留心种菜养鱼，这是一家兴旺的气象，决不能忽视。纺织虽然不能数量很多，也不能间断。为兄

的大房首倡之，其余四房都响应，家风从此也就淳厚了。

　　曾国藩真可谓是在朝忠、在家孝的模范代表。在家中，他竭力缔造一个"父慈子孝、兄友弟恭、敦亲睦邻"的理想环境。从某一方面来讲，他们曾获得了一定的成功。在政治力量只着重维系统治者利益而忽略大众利益的专制时代，社会的秩序就靠着他们的影响，而得到相当维持。

　　从曾国藩的家信里，我们可以看到一位典型的中国士大夫，如何处理他与家族邻里亲戚之间的关系，怎样追求孝、悌、慈爱、温厚的完美人格。在骨肉亲情日渐淡薄，邻里亲戚几同陌路的现代社会里，曾国藩的家信，实在具有劝世化俗的价值。曾国藩家信中，虽然也谈些家务琐事，但有关军国大事、做人做事的原则、训勉子弟敦品砺学等记录，也不在少数，值得所有人一读。

　　亲人之间应当和气，怎样和气？并不是你好我好的"和气"，而应当在坦诚、忍让，在互相关怀帮助，相互砥砺的基础上的和气，尤其是能够真诚善良地指出对方的过错、不足。被指出错误的人则是闻过则喜，不吝啬改过。这样才能使大家不断完美，相互协调，家业兴旺。

　　有一次，曾国荃与曾国藩谈心，其中大有不平之气。曾国荃一下子给哥哥提了很多意见。最大的意见是说哥哥在兄弟骨肉之间，不能造成一种生动活泼的气氛，不能使他们心情舒畅。曾国藩虽然稍稍劝止，但还是让曾国荃把话说完了，一直说到夜至二更。在此期间，他还给哥哥提了许多别的意见，这些意见大都切中事理，曾国藩在一边倾耳而听。

　　金无足赤，人无完人。既然是人，就会有缺点，有错误，曾国藩也不例外。曾国藩最大的毛病或许还不是曾国荃说的那一条，而是喜欢教训人，就是好为人师。这一点是曾国藩自己也承认的。

　　曾国藩是一个对自己要求十分严格的人，对兄弟子女也要求十分严格。要求一严，就难免提意见的时候多，表扬的时候少。曾国藩还是一个责任心和道德感十分强的人，凡是看不惯的，有违家法的，他都会直言不讳地给予批评。曾国荃给他提的意见实际上是说哥哥太严肃了。

　　曾国藩的可贵之处在于，他不理论，也不辩解，而是让弟弟把话说完。既然人家有意见，你能堵住他的嘴，但堵不住他的心。有意见你就让他把话说出来，说出来了心中就没有了不平之气了，如果你把他的话卡回去，这只能使他的不平之气更添一分，于人于己都没有好处。更何况曾国荃也说得在理呢？

　　曾国藩的另一个可贵之处在于，虚心接受他人的批评，并不因为自己是兄长，是大官，就以势压人。只要他人说得入情入理，就没有不能接受之道理。曾国藩这样做，无损于他做兄长的尊严，反而使曾国荃产生一种亲切之感，在尊严和亲切之外，更有一种大度与大气。

　　正是因为曾国藩有这样的胸怀与气度，所以曾氏家族才能老有所尊，幼有所爱，兄弟和睦，邻里相亲。

提到家训，曾国藩言必称星冈公，星冈公是曾国藩的祖父，原名兴，字玉屏，中年改名星冈。他继承祖业，占有一百多亩水田和多处山林、屋宇。家中"自道光元年即处顺境，历三十余年均报平安"。正因为如此，他青年时放荡游冶，酒食征逐。直到父亲死后，已过而立之年的曾星冈，挑起了一家重担，才收心治产业。他曾有一段很坦率的自述：

吾少耽游惰，往还湘潭市肆，与裘马少年相逐，或日高酣寝。长老有讥以浮薄，将覆其家者。余闻而立起自责，货马徒行。自是终身未明而起。余年三十五，始讲求农事。居枕高嵋山下，垄峻如梯，田小如瓦。吾凿石决壤，开十数畛而通为一，然后耕夫易于从事。吾昕宵行水，听虫鸟鸣声以知节候，观露上禾颠以为乐。种蔬半畦，晨而耘，吾任之；夕而粪，庸保任之。人而饲豕，出而养鱼，彼此杂职之。

他是一个既管有山林田产，又雇有佣工，自己只参加辅助劳动的财主。他的儿子曾竹亭则以读书、教书终其身。这样的家庭当然已算不了"农家"，他们的子孙当然也就算不了"农家子弟"了。

曾星冈还常常插手地方事务，武断乡曲，"声如洪钟，见者惮慑"。他自述道："邻里讼争，吾尝居间以解两家之纷，其尤无状者，历辞诘责，势若霆催，而理如的破，悍夫往往神沮，或具樽酒通殷勤，一笑散去。"从这篇明显地带有美化痕迹的《大界墓表》看，从曾星冈的儿子曾竹亭后来担任湘乡全县团练总头目，"僻在穷乡，志在军国"的情况看，曾星冈、曾竹亭两代都是地方上的绅士。

曾国藩就是出生在这样的家庭中，受祖父曾星冈、父亲曾竹亭的影响很深。

曾星冈性格暴烈，言行专横，即使对于妻子王氏也是如此。王氏"虔事夫子，卑诎已甚，时逢愠怒，则辣息减食，甘受折辱，以回眷睐"。曾星冈"对子孙诸侄，则严肃异常，遇佳时令节，尤为凛不可犯"。他"气象尊严，凛然难犯"，对儿子曾竹亭尤其严峻，"往往稠人广坐，壮声呵斥；或有所不快于他人，亦痛绳长子，竟日，诘数怒尤。间作激宕之辞，以为岂少我耶？举家耸惧。"儿子竹亭则"起敬起孝，屏气扶墙，蹜徐进，愉色如初"。曾星冈是这个封建家庭中威严的最高统治者。

然而，他对子孙们的严格与严厉，在另一方面却有助于子孙的成长。道光十九年（1839）十一月初一日，曾国藩动身进京散馆，在这之前的十月二十日早晨，他站在阶前向祖父说："此次进京，求公教训。"曾星冈说："尔的官是做不尽的，尔的才是好的，但不可傲。满招损，谦受益，尔若不傲，更好全了。"祖父的言传身教，对曾国藩极有影响，他写道："遗训不远，至今尚如耳提面命。"他有意重提此事，用以与诸弟共勉。在另一处，曾国藩写道："余尝细观星冈公仪表绝人，全在一'重'字。余行路容止亦颇重厚，盖取法于星冈公。"甚至对于祖父的那种粗暴、凛不可犯，曾国藩也理解为："盖亦具有一种收啬之气，不使家中欢乐过节，流于放肆也。"曾国藩还写道："吾家祖父教人，亦以'懦弱无刚'四字为大耻，故男儿自立，必须有倔强之气。"曾星冈的言行，对曾国藩的性格的形成，是起了

很大的影响的。所以，曾国藩对于祖父终身敬服。他获得高官厚禄以后，仍然说："国藩与国荃遂以微功列封疆而膺高爵，而高年及见吾祖者，咸谓吾兄弟咸重智略，不逮府君远甚也。"他甚至为祖父深抱委屈，认为"王考府君群威仪言论，实有雄伟非常之慨，而终老山林，曾无奇遇重事，一发其意。"

孟母教子

孟子名珂，是继孔子之后的儒家代表人物，是战国时期著名的思想家和文学家。先世是鲁国公族，他受业于子思的门人。他将孔子的"仁"发展成为"仁政"，宣传"仁者无敌"的思想。被后人称为"亚圣"。

孟子

少年时期的孟子贪玩不好学习，他经常跑到一个离家不远的墓地玩耍，学着挖坑埋死人，有时连饭都忘记吃。对此，孟母心里非常焦急，苦苦思索如何为孟子挑一个良好的学习环境，免得他四处乱跑。想来想去，她决定把家搬到街市附近去住。但是没想到，繁华的街市和来往这里的商人，也很分散孟子的注意力；出于好奇，孟子甚至常跟随商人学着在街上叫卖，把读书学习的事完全抛在脑后。

不久，孟母得知了这种情况，并从中得到启发：原来小孩子都有一个特性，接近什么就学什么。她觉得此地也不是教育儿子的好环境，于是又产生了第二次搬家的想法。过了一段时间，孟母把家迁到了一所学堂旁边。此后孟子果然体会出母亲二次搬家的良苦用心，开始进学堂用心读书。

孟母不仅懂得客观环境对培养学习兴趣和钻研精神的重要，也懂得只有经过千锤百炼、不断努力和反复教育才能造就刻苦好学、坚持不懈的精神。因此，孟母除了注意选择良好的客观环境，进行必要的督促外，还注意启发孟子主观上的自觉性，使他明白要努力学习的道理。

孟子上了学堂，虽然比从前用功，但仍然经常贪玩好耍，并不十分努力专心对待学业，孟母仍很担忧。一天，孟母正在堂前织布，又见孟子早早就从学堂跑回家，就马上放下手中的活，问孟子是何原因。孟子是因不愿读书，背着老师逃学的，但看见母亲严肃的样子，就撒谎说："我是和平时一样放学回来的呀！"孟母听了很痛心。她沉思片刻，拿起剪刀把织布机上的纱线统统一剪两断，而且不再说什么，只坐在一边流泪。孟子见状，心里非常紧张、害怕，小心地走上前，问母亲是什么原因使她这样难过。这时，孟母语重心

长地对他说:"要你好好读书,增长知识,使你成才,像你现在这样经常中途废学,不求上进,这不就等于用剪刀剪断纱线,使我织不成布一样吗?"孟子听了母亲的教诲,感动得痛哭流涕,暗下决心要努力学习。

从此,孟子懂得了学习必须持之以恒的道理,并且经过他长期坚持不懈的努力,终于在学业上取得了突出的成就,被称为"亚圣"。

曾国藩博览群书

曾国藩一生最辉煌的成就虽是军事,但他的好学与勤于写作也是较为突出的。从曾国藩一生读书的经历来看,他在道光十五年入京参加会试前,读的是"诗云子曰",习的帖括制艺,眼界不广,学识不宽。十五年会试报罢,暂留京师,开始涉猎诗、古文,尤好韩愈的文章。第二年会试又报罢,他买回一套二十三史,孜孜细读,将近一年。这才使他的学识逐渐开拓。道光十八年入翰苑后,清闲少事,他更励志学习,广泛阅览,且勤做笔记,分"茶余偶谈,过隙影、馈贫粮、诗文抄、诗文草"等五门,手抄笔摘:加上他在京都有不少良师益友,切磋扶持,不间时日,因而学识大进。可以说,京宦十二年,是曾国藩后来成为一代大儒的坚实的莫基期。

十二年中,曾国藩博览经、史、子、集。道光二十二年,他"定刚日读经,柔日读史",所订"课程"十二项中,也有"读史"一项。他读得最细的,是《左传》《国语》《史记》《汉书》和《易知录》等。

曾国藩的晚年也是在读书中度过的,同治十一年(1872),是曾国藩在世的最后一个年头,当时他衰病已多年。这年正月二十三日,他忽右足麻木,中医称为"肝风"。回到内室,对二女纪曜说:"吾适以大限将至,不自意义能复常也。"二十六日,前河道总督苏廷魁路过金陵,他出城迎接,在轿中还背诵《四书》。忽然间,颤抖的手指着旁边的戈什哈,似欲说点什么,却口噤不能出声,"似将动风抽掣者",只得急回署中。延医服药,医者均谓他"心血过亏"。随后,病情旋发旋止,旋止旋发,但他依然不辍公事,不废阅读,《理学宗传》数本,日不释手。

二月初三日 他还阅看了《理学宗传》中的《张子》一卷,写了日记。而这天的日记,竟是他从道光十九年以来极少间断的日记册中的最后一页,他在上面留下了他生平写的最后一个字。第二天午后,他由长子曾纪泽陪同,在总督府后的西花园散步时,屡向前蹴,忽喊足麻,即已抽搐,儿子急扶他至花厅,他已不能言语。乃更衣端坐,家人环集左右。三刻钟后,即目瞑气息。

这位十九世纪五六十年代在中国政治和军事舞台上叱咤风云而又温文尔雅的曾国藩,只活到六十二岁,就带着"学业一无所成,德行一无所许"的自艾自责而过早地谢世了。可见,曾国藩确实可以称得上活到老,学到老的典型。

曾国藩家训说:

近将星冈公之家规，编成八句云：书蔬鱼猪，早扫考宝；常说常行，八者都好。地命医理，僧巫祈祷；留客久住，六者俱恼。盖星冈公于地命医僧巫五项人，进门便恼；即亲友远客，久住亦恼。此八好六恼者，我家世世守之，永为家训，子孙虽愚，亦必略有范围也。

书：就是读书。我国的家庭有一个祀奉祖宗的神龛，设于堂屋的正中。神龛两侧，必然张贴一副对联：

祀祖宗一炷清香，必诚必敬；

教子孙两条正路，宜读宜耕。

耕读之家，最能维持长久。耕，意为生产基业；读，指基本教育。在过去的家庭中，除极少数的例外，每个青年子弟，总要读三年五年的书，即使一般女子，也至少要读一二年的书，俗称三代不读书，一屋都是猪。因为我国历代注重读书，所以中国文化，在过去历史上，总是站在领先的地位。

蔬：就是蔬菜。曾星冈常说："凡是自己亲手种的亲手采的蔬菜，味道也特别甜。"这不仅是心理作用，而且也是事实。市面买菜，大多前摘好，洗净灌水，次晨去卖。至于家园菜蔬，立时摘洗，立时炒煮，正如吃活鲜鲜的鱼虾，总比已死的鱼虾好吃，就是同一道理。一个耕读之家，田有谷米，园有蔬菜，关于食的方面，除盐以外，可以无所多求于他人了。

鱼：鸢飞戾天，鱼跃于渊，天机活泼，正是一种兴旺气象。曾国藩常说："家中养鱼养猪种竹种蔬菜，都不可疏忽，一则上接祖父相承以来之家风；二则望其外有一种生气，登其庭有一种旺气。"足见养鱼，不仅可以有口福，而且可以增加生气，生机勃勃，则家道兴矣。湖南素称鱼米之乡，洞庭湖产鱼，湘资沅沣产鱼，还有千千万万的池塘，无不产鱼，因此鱼的生产量至大，在湖南的出产中，与米并驾齐驱，曾国藩提倡养鱼，自有道理。

猪：湖南农业的副产品，猪实占着一个极重要的地位。湖广熟，天下足。湖南有的是米，湖南的猪，是吃米糠长大的，因为池塘多，水沟多，猪吃饱了米糠，又加上一些水边植物，每只猪都是长得肥肥胖胖的，味道之佳，实各省所不及。因此湖南猪、猪肉、猪鬃以及腊肉，销行至远。曾国藩提倡养猪，自有道理。

早：就是早起，日出而作，日入而息，乡下的农民，老老少少，男男女女，几乎与太阳同起同落。因为起得早，必然睡得早，因为睡得早，也必然起得早，二者是有相互关系的。一个农业家庭，除疾病或特殊情形外，事实上没有一个不早起的。提倡早起，就是奖励勤劳，增加生气，因为农民早起，商人也不得不早起，工人士子，也不得不早起。许多外省人，初到湖南，开始时吃不惯三餐干饭，后来早起了，才知道非吃三餐干饭不可。

扫：就是扫除，包括洒洗。这一工作，大多由妇女做。妇女早起之后，第一件事，就是洒扫工作。家庭秽物，桌几灰尘，要洒扫干净，虽至贫至苦人家，也不例外，年终的时候，屋前屋后，还要来一次大扫除。我国自古即重视小子洒扫应对进退之礼，将洒扫之事与应对进退之礼并为一谈，故有"一屋不扫，何以扫天下"的言辞。

考：就是祭祀。就是为人子孙者，不要忘记祖考祭祀。曾国藩家训：从前我祖父星冈公最讲求治家之法：第一早起；第二打扫清洁；第三修诚祭祀；第四善待亲族邻里。曾子说："慎终追远，民德归厚矣。"中国人对于祖先的祭祀，素极重视，因为追念远祖，自然不敢为非作歹，继承家训美德民德自然归于纯厚，这与孝顺父母是一样的道理。

宝：就是善待亲族邻里。曾星冈说："人待人，无价之宝。"这就是说，一个人不能独善其身，一个家也不能独善其家。你一家虽好，必须亲族邻里大家都好。人与人的关系，是息息相关的，牡丹虽好，绿叶扶持。假若与亲族邻里不能好好相处，这一家庭，便成怨府，迟早是要毁败的。曾星冈一面操持家庭，一面善待亲戚邻里，这是一个居家的至宝，曾星冈知之，曾国藩亦知之。

曾国藩的家训对儿女产生了深远的影响。

同治四年（1885）秋，曾纪泽为修葺富厚堂，奉其父命回到老家。据其长孙女曾宝苏回忆："我们的住宅，名叫富厚堂，据说是惠敏公照《议书》功臣表中关于《列侯记》有'富厚如之'一语，故以'富厚'为堂名。"（见《曾宝苏回忆录》）同治五年（1866）九月，富厚堂建成，纪泽偕母亲及弟妹住进新屋。新屋前大门后还有三重大门，曾纪泽将中门进中厅取名"八本堂"，亲自把曾国藩所谕"八本"用隶书写在正墙上，以迪后人。是年，湘乡倡修县志，各界人士荐举曾纪泽纂修。曾国藩知道这一事情后，立即修书告诫纪泽："尔学未成就，文甚迟钝，自不宜承认，然亦不可全辞。一则通县公事，吾家为物望所归，不得不竭力赞助；二则尔惮于作文，正可借此逼出几篇。天下事无所为而成者极少；有所贪有所利而成者居其半；有所激有所逼而成者居其半。尔纂韵钞毕，宜从古文上用功。余不能文，而微有文名，深以为耻，尔文更浅，而亦获虚名，尤不可也。或请本县及外县之高手为撰修，而尔为协修。"同治十一年（1872）春，曾国藩病逝于两江总督任上，曾纪泽扶灵枢回籍安葬于善化（今长沙）平塘。其时，他在长沙购房一栋，取名"长沙曾寓"。大门外悬挂的"岳云在望；礼器成图"一联，即为曾纪泽所书。光绪二年（1876）冬，他离开长沙复入京。翌年被袭封一等毅勇侯爵。光绪四年（1878）六月，奉旨赏戴花翎，派充英国、法国钦差大臣。赴任前，西太后召见他于养心殿东间。西太后说："办洋务甚不容易，闻福建又有焚教堂房屋之案，将来必又淘气。"曾纪泽答："办洋务难处，在外国人不讲理，中国人不明事势。中国臣民常恨洋人，不消说了，但须徐图自强，乃能为济，断非毁一教堂、杀一洋人，便称报仇雪耻。"西太后说："这些人明白这道理的少。你奉国家办这点事，将来这些人必有骂你的时候，你都要任劳任怨。"曾纪泽说："臣从前读到'事君能致其县'一语，以为人臣忠则尽命，是到了极处。观近来时势，见得中外交涉事件，有时须看得性命尚在第二层，竟须拼得将声名看得不要紧，方能替国家保全大局。即如前天津一案，臣的父亲先臣曾国藩，在保定动身，正是卧病之时，即写了遗嘱吩咐家里人，安排将性命不要了。及至到了天津，又见事务重大，非一死所能了事，于是委曲求全，以保和局。其时京城士大夫骂者颇多，臣父亲引咎自责。寄朋友的信常写'外惭清议，内疚神明'八个字，正是拼却声名以顾大局。其实当时事势，舍臣父之所为，更无办法。"西太后问："你现在在总理衙门

居住?"曾纪泽答:"总理衙门事务势不能不秘密,臣等从前未敢与闻。现因奉旨出使,须将英国、法国前后案件查考一番,并须摘要抄录一点。其全案虽在郭嵩焘处,然臣在路上必有外国人交接应酬,若言谈之际全然不知原委,未免不便。"西太后听了非常满意,说:"你办事倒很细心。"

是年的九月初四,曾纪泽携眷离京,转沪起程赴法,出任常驻英、法大臣。在出使任内,他刻苦攻读英语、法语,深入了解各国历史、国情,研究国际公法,考究西欧各国工、商业及社会情况。他还将使馆由租赁改为自建,亲自负责图书、器物的购置,务使使馆规模不失大国风度,亦不流于奢靡。使馆落成,他还亲书一联悬挂大门两侧:

濡耳染目,靡丽纷华,慎勿忘先父俭以养廉之训;

参前倚衡,忠信笃敬,庶可行圣人存而不论之邦。

上联警策自己,要不忘其先父"俭以养廉"的家训,能在西方的花花世界立于不败之地;下联则阐明其外交宗旨,要尊孔子所说的"言忠信,行笃敬,虽蛮貊之邦行矣"和《庄子·齐物论》六合之外圣人"存而不论"的教言。这种谦虚谨慎和为政清廉的作风,深为外国人所敬重。在曾纪泽出使任内,巴西于光绪五年(1879),通过驻英公使与曾纪泽联系,谋求与中国建交、通商,并招募华工垦荒。曾纪泽审时度势,积极建议清廷予以同意。唯对招募华工一事,因美洲各国虐待"苦力",他请予拒绝。可见中巴建交,曾纪泽做出了开创性的贡献。

光绪六年(1880)正月,曾纪泽被补授大理寺少卿,除任驻英、法大臣以外,还兼任驻俄大臣,赴俄谈判收复伊犁地区问题。曾纪泽赴俄之前,崇厚已在赴俄谈判中擅自签订了《里瓦几亚条约》,丧权辱国,朝野哗然。曾纪泽这次出使举国瞩目。六月,他行抵俄京,前后谈判达十个月,正式会谈辩论,有记录可稽者五十一次,反复争辩达数十万言。经他的据理力争,于光绪七年(1881)正月二十六日,终于达成《中俄改订条约》(即《中俄伊犁

戗金彩漆云龙鼓式盒　清

条约》),与崇厚原订条约比较,虽然伊犁西境霍尔果斯河以西地区,仍被沙俄强行割去,但乌宗岛山及伊犁南境特克斯河一带,均收回,并取消了俄人可到天津、汉口、西安等地进行经济活动诸条款,废除俄人在松花江行船、贸易,侵犯中国内河主权等规定。光绪九年(1883)中法战争爆发后,曾纪泽坚决反对外国侵略者,极力抗议法政府的无端挑衅。主张"坚持不让""一战不胜,则谋再战;再战不胜,则谋屡战"。他与法人争辩,始终不屈不挠,并疏筹"备御六策"。

光绪十年(1884)三月,曾纪泽卸驻法大臣职,旋晋兵部右侍郎,仍为驻英俄大臣,与英国议定《洋烟税厘并征条约》。几经周折,终于为清政府争回每年增加烟税白银200多

万两。

从曾国藩关于"三不信"的论述来看，曾国藩有时确实迂的可以。不信医药在现在看来是愚昧落后的表现，即使在曾国藩自己，因为身体不好，只能信医药，却又想努力把它戒掉，未免荒唐。

曾国藩一生好学，同时也总结出了许多很有价值的学习方法，对后人具有很大的启发价值。这一点，我们可以从青年毛泽东的书信中看出来。1915年6月25日毛泽东在致湘生信中，曾这样谈到治学方法：

为学之道，先博而后约，先中而后西，先普通而后专门。质之吾兄，以为何如？前者已矣，今日为始。昔吾好独立蹊径，今乃知其非。学校分数奖励之虚荣，尤所鄙弃。今乃知其不是。尝见曾文正公家书有云："吾阅性理书时，又好做文章；做文章时，又参以他务，以致百不一成。此言岂非金玉！吾今日舍治科学，求分数，尚有何事？别人或谓退化，吾自谓进化也"。

毛泽东在这里所说的，是曾国藩于咸丰七年(1857)十二月十四日致曾国荃信中的一段话："凡人做一事，便须全副精神注在此一事。首尾不懈，不可见异思迁，做这样想那样，坐这山望那山。人而无恒，终身一无所成。我生平坐犯无恒的弊病，实在受害不小。当翰林时，应留心诗字，则好涉猎他书，以纷其志。读性理书时，则杂以诗文各集，以歧其趋。在六部时，又不甚实力讲求公事。在外带兵，又不能竭力专治军事，或读书写字以乱其志意。坐是垂老而百无一成。"而在曾国藩的日记、家书中，这一类的至理名言是很多很多的。

孙权劝勉臣下治学修身

好学深思并注意检点每日得失。语概括于《荀子·劝学》"博学而日参省乎己"句。从历史的成功经验看，勤于治学修身，就会使自己从目光短浅的事务主义中解脱出来而立志高远，有所作为。

吕蒙因为从小家贫，没有读过书，领兵作战，处理政务碰到不少困难，每当有大事需要禀报时，只能口述自己的意见，由文吏代笔。

有一次，孙权与吕蒙、蒋钦等一班不通文墨的将领闲谈，孙权语重心长地教导说："卿今当涂掌事，宜学问以自开益。"孙权的意思是，你们现在都是身负重任的将军，应该好好读书，以增长自己的知识。开始，吕蒙对读书的重要性认识不够，强调军务繁忙，没有时间读书。孙权又进一步开导他们，说，军务繁忙是事实，但你们难道比我还繁忙吗？我年轻时读过《诗》《书》《礼记》《左传》和《国语》。自从掌握国政以来，又挤时间读了《史记》《汉书》《东观汉记》(合称三史)和各家的兵书，自己感到大有益处。我并不是要你们成为精通书经的博士，而只是要你们读些书，了解一些历史上发生过的大事，丰富自己的知识。你们秉性聪明，思想开朗，只要多读一些书，必定会有收获。

孙权

为什么借故推托,不愿意读书呢?孙权又引用孔子的话:"吾尝终日不食,终夜不寝,以思,无益,不如学也。"(《论语·卫灵公》)以及汉光武、曹操坚持读书的事迹,鼓励吕蒙、蒋钦多读书,并要他们先读《孙子》《六韬》等兵书及《左传》《国语》和"三史"。

孙权的开导和劝勉,使吕蒙深受教育和启迪。从此,他自强不息,以上阵厮杀的勇气和决心,在戎马倥偬的生活中,手不释卷,刻苦学习。他读书范围之广,数量之多,连当时饱学的儒生也自叹弗如!

吕蒙坚持读书,思想水平和领导水平都有很大提高。孙权称赞说:"人长而进益,为吕蒙、蒋钦盖不可及也。"东吴名将鲁肃原以为吕蒙不过是一名勇将而已,"意尚轻蒙"。周瑜死后,鲁肃执掌兵权。建安十五年,鲁肃到吕蒙部队驻地视察,谈及敌我军事形势,发现吕蒙的见解十分精辟。鲁肃很惊奇,拍着吕蒙的背说:"吕子明,吾不知卿才略所及乃至于此也。"遂拜其母,结友而别(《三国志·吴志·吕蒙传》)。

孙权对其他臣下也是如此,督促他们读书学习,增长知识,提高素质。因此,东吴不少文臣武将都是博览群书的饱学之士,仅见于《三国志·吴志》的就有十多人。孙权勉励臣下多读书,是具有远见的措施,为巩固东吴政权起了很好的作用。陈寿评论说:"孙权屈身忍辱,任才尚计,有勾践之奇英,人之杰矣。"(《三国志·吴志·孙权传》)

卷四　交友处世谋略

经文释义

【原文】

京师为人文渊薮，不求则无之，愈求则愈出。近来闻好友甚多，予不欲先去拜别人，恐待标榜虚声。盖求友以匡己之不逮，此大益也；标榜以盗虚名，是大损也。天下有益之事，即有足损者寓乎其中，不可不辨。

【译文】

京城是文人聚集之地，不去求就没有人，越求则人才越多。近来听说好友很多，我不想先去拜访别人，恐怕标榜虚名，求友的目的是匡正自己所不及的东西，这是最有益的；自我标榜以获取虚名，这是最有损害的，天下有益的事情中，便会有足可造成损害的东西包括在其中，不可不辨。

【原文】

观人论事，因勋名已立而信之，诚所不免，然亦未尝不博采众论。

【译文】

在评价一个人、论述一件事情时，因为某人早已勋名卓著而相信他，这实在是在所难免的，但是，也绝不可以因此而不博采众说，集思广益。

【原文】

古圣人之道莫大乎与人为善。以言诲人，是以善教人也；以德熏人，是以善养人也；皆与人为善之事也。然徒与人则我之善有限，故又贵取诗人以为善。人有善，则取以益我；我有善，则与以益人。连环相生，故善端无穷；彼此抱注，故善源不竭。

曾国藩

君相之道,莫大乎此;师儒之道,莫大乎此。仲尼之学无常师,即取人为善也;无行不与,即与人为善也。为之不厌,即取人为善也;诲人不倦,即与人为善也。念吾忝窃高位,剧寇方张,大难莫平,惟有就吾之所见多教数人,因取人之所长还攻吾短,或者鼓荡斯世之善机,因以挽回天地之生机乎! 癸亥正月。

【译文】

古代圣人之道,没有比与人为善更大的。用语言来教诲人,是用善教育人;以品德来熏陶人,是用善培养人;这都是与人为善的事情。然而,若仅仅是将我的善给予别人,那么我的善又有限,所以,又贵在学习其他人的善来作为自己的善。别人有善,那么就取来增益我;我有善,那么就付出以增益他人。这样连环相互促进,那么美好善良的产生就无穷无尽了;彼此相互补充相互促进,那么美好善良的源泉就永不枯竭了。帝王、宰相的遇合,没有比这更大的;老师、学生的关系,没有比这更大的。孔子的学习没有固定的老师,也就是吸取别人的善作为自己的善;没有什么高尚不可以给予他人的,这就是把自己的善给别人作为别人的善。这样去做从不厌倦,这就是吸取别人的善;教诲别人从不厌倦,这就是将自己的善给予别人。想我身居高位,猖狂的"反寇"正活动剧烈,国家的大难还没有平定,只有把自己的思想多教育一些人,并吸取他人的长处,回头来消除我的短处,或许可以找到鼓舞激荡社会风气的契机,用来挽回天地间的勃勃生机。同治二年正月。

【原文】

求仁则人悦。凡人之生,皆得天地之理以成性,得天地之气以成形。我与民物,尤大本同出一源,若但知私己,而不知仁民爱物,是于大本一源之道,已悖而失之矣。至于尊官厚禄,高居人上,则有拯民溺救民饥之责。读书学古,粗知大义,即有觉后知觉后觉之责。若但知自了,而不知教养庶汇,是于天之所以厚我者,辜负甚大矣。

孔门教人,莫大于求仁,而其最切者,莫要于欲立立人,欲达达人数语,立者自立不惧,如富人百物有余,不假外求,达者自达不悖,如贵人登高一呼,群山四应。人孰不己立己达,若能推以立人达人,则与物同春矣,后世论求仁者,莫精于张子之西铭,彼其视民胞物与,宏济群伦,皆事天者性分当然之事。必如此,乃可谓之人,不如此,则曰悖德,曰贼。诚如其说,则虽尽立天下之人,尽达天下之人,而曾无善劳之足言,人有不悦而归之者乎?

【译文】

如果追求仁,人们就会感到愉快。大凡人的出生,都是禀赋天地之理而成性,得到天地的气而成形体。我与百姓及世间万物,从根本上说是同出一源,如果只知道爱惜自己而不知道为百姓万物着想,那么,就违背这同一的根本。至于做大官,享受优厚的俸禄,高居于众人之上,则有拯救百姓于痛苦饥寒之中的职责。读圣贤的书,学习古人,粗略知道了其中的大义,就有启蒙还不知大义的人的责任。如果只知道自我完善,而不知道教养百姓,就大大地辜负了上天厚待我的本心。

孔门教人,最重要的就是教育人们要追求仁,而其中最急切的就是自己若想成就事业,首先就要帮助别人成就事业,自己要若想显达,首先就要帮助别人显达这几句话。已经成就事业的人对自己能否成功是不用担心的,如同富人东西本来就很富裕,并不需要向人借;已显达的人,继续显达的途径很多,好比是身份尊贵的人,登高一呼,四面响应的人就很多。人哪有不想自己成就事业让自己显达的呢?如果能够推己及人,让别人也能成就事业,能够显达,那么,就像万物回春一样,美满了。后世谈论追求仁的人,没有超过张载的《西铭》的,他认为推仁于百姓与世间万物,广济天下苍生,都是敬事上天的人理所应当的事。只有这样做,才算是人,否则,就违背了做人的准则,只能算贼。如果人们真的如张载所说的那样,那么使天下的人都能成就事业,都能够显达,自己却任劳任怨,天下还有谁能不心悦诚服地拥戴他呢?

【原文】

文士之自命过高,立论过亢,几成通病。吾所批其硬在嘴、其劲在笔,此也。……大抵天下无完全无间之人才,亦无完全无隙之交情。大者得正,而小者包荒,斯可耳。

【译文】

文人自命过高,立论过于偏激,几乎已经成为通病。我所批评的他们硬在嘴上,劲在笔下,就是指此而言。……大抵天下没有完全无缺点的人才,也没有完全无缝隙的交情。只要能将大的缺点改正,小的缺点予以包涵,也就可以了。

养心莫善于寡欲印及印文 清

【原文】

是夜,思人之见信于朋友,见信于君父,见信于外人,皆丝毫不可勉强。犹四时之运,渐推渐移,而成岁功,自是不可欲速,不可助长。辛亥十一月。

【译文】

今夜,思考一个人被朋友信任,被君父信任,被外人信任,都是丝毫不能勉强的,就像一年四季的运行,逐渐推进,逐渐变化,不知不觉中就过了一年。这自然不可以性急,因为欲速则不达;也不可以助长,因为拔苗助长会适得其反。咸丰元年十一月。

【原文】

香海为人最好,吾虽未与久居,而相知颇深,尔以兄事之可也。丁秩臣、王衡臣两君,吾皆未见,大约可为尔之师。或师之,或友之,在弟自为审择。若果成仪可测、淳实宏通,师之可也;若仅博雅能文,友之可也。或师或友,皆宜常存敬畏之心,不宜视为等夷,渐至

慢亵，则不复能受其益矣。

尔三月之信所定功课太多，多则必不能专，万万不可。后信言已向陈季牧借《史记》，此不可不熟看之书。尔既看《史记》，则断不可看他书。功课无一定呆法，但须专耳。余从前教诸弟，常限以功课。近来觉限人以课程，往往强人以所难，苟其不愿，虽日日遵照限程，亦复无益，故近来教弟但有一专字耳。专字之外，又有数语教弟，兹特将冷金笺写出。弟可贴之座右，时时省览，并抄一付寄家中三弟。

香海言时文须学《东莱博仪》，甚是。尔先须过笔圈点一遍，然后自选几篇读熟，即不读亦可。无论何书，总须从首至尾通看一遍。不然，乱翻几页，摘抄几篇，而此书之大局精处茫然不知也。

学诗从《中州集》入亦好。然吾意读总集，不如读专集。此事人人意见各殊，嗜好不同。吾之嗜好，于五古则喜读《文选》，于七古则喜读昌黎集，于五律则喜读杜集，七律亦最喜杜诗，而苦不能步趋，故兼读元遗山集。吾作诗最短于七律，他体皆有心得；惜京都无人可与畅语者。尔要学诗，先须看一家集，不要东翻西阅。先须学一体，不可各体同学。盖明一体，则皆明也。凌笛舟最善为律诗，若在省，尔可就之求教。

习字临《千字文》亦可，但须有恒。每日临贴一百字，万万无间断，则数年必成书家矣。陈季牧最喜谈字，且深思善悟。吾见其寄岱云信，实能知写字之法，可爱可畏。尔可从之切磋。此等好学之友，愈多愈好。

【译文】

香海为人最好，我虽然没有与他长期相处，但是彼此有着很深的了解，你可以把他当作兄长看待。丁秩臣、王衡臣两人，我都没有见过，大概可以作为你的老师。无论从师还是交友，都全靠弟弟自行审视选择。如果容貌庄重威严，学问淳朴切实，见解高深宏达，就可以尊为老师；如果仅限于爱好博雅，善书能文，就可以引为朋友。不论待师交友，都应该始终保持敬畏的心理，而不应该把他们看作和自己一样的人，以防渐渐轻慢，不尊重他们，也就不能再从他们那里得到教益了。

你三月的来信中给自己规定的功课太多，过多了必定难以集中专一，万万使不得。后来的信中说你已向陈季牧借来了《史记》，这是不能不熟读的书。你既然读《史记》，就断然不可同时看其他的书。学功课没有固定不变的方法，但必须专一。我从前教育各位弟弟，常常规定出功课。近来感觉到给人规定出具体课程，往往会强人所难，假如人家不是心甘情愿，虽然天天按照规定做功课，也不会得到什么益处，所以近来我教导弟弟只强调一个"专"字。"专"字以外，又有几句话教给弟弟，现在用特制的纸张写出来，弟弟可贴在自己的座位附近，作为座右铭，时常反省浏览，并誊抄一付寄家里三位弟弟。

香海说现在写文章必须学习《东莱博议》，此话说得极是。你先要用笔把书圈点一遍，然后自选几篇加以熟读。即使不熟读也可以。无论读什么书，都必须从头到尾通看一遍。否则，乱翻几页，摘抄几篇，而该书的全部精华和基本思想却仍是茫然无知。

学诗从《中州集》着手也是可以的。然而我以为读全集不如读专集。在这里，不同的

人有不同的意见、不同的志趣爱好。我的爱好,在五言古体诗方面喜欢读《文选》,在七言古体诗方面喜欢昌黎集,在五言律诗方面喜欢读杜集,在七言律诗方面也最喜欢杜诗,然而在习作中却不能达到他们的水平,所以也兼读元遗山集。我作诗最不擅长作七言律诗,其他的古体诗都有些心得体会;可惜京城之中没有与我一起畅谈诗律的人。你要想学诗,必须先看一家的诗集,不要东翻西阅。也必须先学习一种诗体,不要各种诗体都同时学习。因为只要懂得了一种诗体,其他诗体也就都能融会贯通了。凌笛舟最善于作律诗,如果在省城,你可以向他求教。

习字临摹《千字文》也是可以的,但必须持有恒心。每天临摹字帖一百字,千万不要间断,那样,几年以后必定能成为书法家。陈季牧最喜欢谈论习字,并且能深思善悟。我看了他寄给岱云的信,实在能看出他写字有法,可敬可畏。你可以同他切磋学习。这样的好同学,越多越好。

【原文】

吾辈总以诚心求之,虚心处之。心诚则志专而气足,千磨百折而不改其常度,终有顺理成章之一日。心虚则不客气,不挟私见,终可为人共谅。

【译文】

我们应当永远诚心待人,虚心处世。心诚则志专而气足,千磨百折而不改变其初衷,最终必定会有顺理成章的那一天。心虚则不矫揉造作,不挟私见,最终必定可以为众人所理解。

【原文】

容貌者,骨之余,常佐神骨之不足。情态者,神之余,常佐之不足。久注观人精神,乍见观人情态。大家举止,羞涩亦佳;小儿行藏,跳叫愈失。大旨亦辨清浊,细处兼论取舍。

【译文】

一个人的容貌是其骨骼状态的余韵,常常能够弥补骨骼的缺陷。情态是精神的流韵,常常能够弥补精神的不足。久久注目,要着重看人的精神;乍一放眼,则要首先看人的情态。凡属大家——如高官显宦、硕儒高僧的举止动作,即使是羞涩之态,也不失为一种佳相;而凡属小儿举动,如市井小民的哭哭笑笑、又跳又叫,愈是矫揉造作,反而愈是显得幼稚粗俗。看人的情态,对于大处当然也要分辨清浊,而对细处则不但要分辨清浊,而且还要分辨主次方可做出取舍。

这是光道年间广州一位行商的写真像,其人家道殷富,且为朝廷赐六品顶戴。

【原文】

弟读邵子诗，领得恬淡冲融之趣，此自是襟怀长进处。自古圣贤豪杰、文人才士，其志事不同，而其豁达光明之胸大略相同。以诗言之，必先有豁达光明之识，而后有恬淡冲融之趣。如李白、韩愈、杜牧之则豁达处多，陶渊明、孟浩然、白香山则冲淡处多。杜、苏二公无美不备，而杜之五律最冲淡，苏之七古最豁达，邵尧夫虽非诗之正宗，而豁达、冲淡二者兼全。吾好读《庄子》，以其豁达足益人胸襟也。去年所讲生而美者，若知之，若不知之，若闻之，若不闻之一段，最为豁达。推之即舜禹之有天下而不与，亦同此襟怀也。

【译文】

我读邵子的诗，领会了恬淡冲融的情趣，这自然是胸怀有长进的地方。自古以来的圣贤豪杰、文人才士，他们的志向不同，但他们豁达光明磊落的胸怀却基本相同。用诗来讲，必须首先具备豁达光明的见识，而后才能有恬淡冲融的情趣。例如李白、韩愈、杜牧的诗就有许多豁达之处，陶渊明、孟浩然、白香山则以冲淡诗居多。杜、苏二位的诗无美不备，而杜的五言律诗最为冲淡，苏的七言古诗最为豁达。邵尧夫虽然不是正宗诗人，但是豁达、冲淡兼而有之。我喜欢读《庄子》，其中的豁达足以使人的胸襟受益。去年所讲的生而美一段，仿佛知道，又仿佛不知道，好像听说又好像没听说一段，最为豁达。由此推论，就连舜禹有天下而不与，也同样是这种襟怀。

【原文】

知天之长，而吾所历者短，则遇忧患横逆之来，当少忍以待其定；知地之大，而吾所居者小，则遇荣利争夺之境，当退让以守其雌；知书籍之多，而吾所见者寡，则不敢以一得自喜，而当思择善而守约之；知事变之多，而吾所办者少，则不敢以功名自矜，而当思举贤而共图之。夫如是则自私自满之见可渐渐蠲除矣。

【译文】

知晓宇宙漫长无限，而我所经历的很短暂，那么遇到忧患不顺的事就应当稍加忍耐而等待时机；懂得大地的广博而我所居住的狭小，那么遇到荣誉、利益等争夺的场合，就应当忍让而守其拙；知晓书籍著述很多而我所阅读的很少，那么就不敢以一得而自喜，应当想到择善而从；通晓古今事变很多，而自己所办的很少，就不敢以功名自夸，而应当想到举荐贤能与他们共同治理。如果做到了以上这些，自私自满的想法就会逐渐放弃了。

【原文】

凡成就绝大事业者，应适时求变。古人绝大事业，恒以精心敬慎出之。以区区蜀汉一隅，而欲出师关中，北伐曹魏，其志愿之宏大，事势之艰危，亦古今所罕见。而此文不言其艰巨，但言志气宜恢宏，刑赏宜平允，君宜以亲贤纳言为务，臣宜以讨贼进谏为职而已。故知不朽之文，必自襟度远大思虑精微始也。前汉宫禁，尚参用士人。后汉宫中，如中常侍小黄门之属，则悉用阉人，不复杂调他士，与府中有内外之分，大乱朝政。诸葛公鉴于桓、灵之失，痛憾阉官，故力陈宫中府中宜为一体，盖恐宦官日亲、贤臣日疏、内外隔阂也。

公以丞相而兼元帅,凡宫中府中以及营中之事,无不兼综,举郭、费祎、董三人治宫中之事,举向宠治营中之事,殆皆指留守成都者言之。其府中之事,则公所自治,百司庶政,皆公在军中亲为裁决焉。

【译文】

凡是成就伟大事业的人,都应该学会适时求变。古人的伟大事业,经常靠精心谨慎来完成。以区区蜀汉一隅之地,而想出师关中,北伐曹魏,诸葛亮的志愿之宏大,当时形势的艰难困苦,都称得起古今罕见。然而《出师表》这篇文章并不谈事情的艰巨,只讲应该志向远大,气度恢宏,赏罚公平,君主应该以亲近贤臣、接纳忠言为首务,臣子应该以讨伐汉贼、进谏正直之言为己任。因此而知不朽的文章,必出于胸怀远大、思虑精深。西汉宫禁之中,还杂用士人。东汉宫禁之中,像中常侍、小黄门之类,全部任用宦官,不再杂用士人,和朝廷有内外之分,致使朝政紊乱。诸葛亮鉴于汉桓帝、汉灵帝的教训,非常痛恨宦官,所以力讲宫禁之中、丞相府之中应该一体对待,因为他担心宦官日益受到皇帝的亲近,贤臣日益受到皇帝的疏远,内外产生矛盾。诸葛亮以丞相兼任大将军,凡是宫禁之中,相府之中,军营之。

【原文】

趋事赴公则当强矫,争名逐利则当谦退;开创家业则当强矫,守成安乐则当谦退;出与人物应接则当强矫,入与妻孥享受则当谦退。天下事一一责报,则必有大失所望之时,佛氏因果之说,不可尽信,亦有有因而无果者,忆苏子瞻诗云:"治生不求富,读书不求官,譬如饮不醉,陶然有余欢。"吾更为添数句云:"治生不求富,读书不求官,修德不求报,为文不求传,譬如饮不醉,陶然有余欢,中含不尽意,欲辩已忘言。"

【译文】

为国为公应当奋勉去做,争名逐利应当谦退;开创家业应当全力以赴,守成安乐应当谦退;出外与人相交往应当勉励去做;回家与妻子儿女享受应当谦退。天下的事情每件都要求回报,那一定会有大失所望的时候。佛教的因果报应的说法不能全部相信,也有有了原因但没有结果的事情。回忆苏轼的词有"治生不求富,读书不求官。譬如饮不醉,陶然有余欢。"我更添了几句说:"治生不求富,读书不求官。修德不求报,为文不求传。譬如饮不醉,陶然有余欢。中含不尽意,欲辩已忘言。"

【原文】

凡事当有远谋,有深识。坚忍于一时,则保全必多;一渐之不忍,而终身渐乎!为小将须立功以争胜,为大将戒一胜之功而误大局。盖侥幸而图一胜之功,不如坚忍以规远大之谋。人情耽于逸乐,当无事之时,觉眼前无可复虑,耳目口体之欲日盛,而德慧术智日即消亡,冥然顽然。遇不如意事,见不如意人,斯可以验平素之道力。至成败利钝,在我者不能不明辨深思,在天者不敢参也。

所有事情都应该有长远考虑，有深刻认识。如果坚忍一时，那么就会保全很多；如果有一不顺就不能忍耐，那么一生都不会顺畅。作为下级军官必须争胜立功，但作为统筹全局的将帅应该力戒争一胜之功而贻误大局。因为侥幸而谋一胜之功，不如按兵不动，以坚忍而规划全局的胜利。人的习惯总是沉溺于安乐，当事情未发生之前，觉得没有可以忧虑的，耳目口体的欲求日益旺盛，而德存在术智却日渐消失，但人还没有感觉，麻木不仁。遇不如意事，见不如意人，这正是检验人平常的制约能力的时候。至于成败利害，对于我们而言必须明辨深思，因为上天不会给我们办法。

【原文】

居盈满者，如水之将溢未溢，切忌再加一滴；处危急者，如木之将折未折，切忌再加一搦。处兹乱世，凡高位、大名、重权，三者皆在忧危之中。吾兄弟高爵显官，为天下第一指目之家，总须处处检点，不求获福，但求免祸。而祸咎之来，本难逆料，然惟不贪财，不取巧，不沽名，不骄盈，四者究可弥缝一二。古称郭子仪功高望重，招之未尝不来，麾之未尝不去，余兄弟所处，亦不能不如此。

【译文】

生活在幸福美满的环境中，就像是已经装满了水的水缸将要溢出，千万不能再增加一点一滴，以免流出来；生活在危险急迫的环境中，就像快要折断的树木，千万不能再施加一点压力，以免会立刻折断。我们身处乱世，凡属高位、大名、权重，这三者都应当忧惧。我们兄弟高官厚禄，是天下第一注目的人家，总须处处收敛，不求得福，但求免祸。而祸害之到来，本难以预料，但不贪财、不取巧、不沽名、不骄盈，这四个原则似乎可以防止祸端。古人称郭子仪功高望重，招之即来，挥之即去，我们兄弟也应像他那样啊！

【原文】

稍论时事，余谓当竖起骨头，竭力撑持。三更不眠，因作一联云："养活一团春意思，撑起两根穷骨头"，用自警也。余生平作自箴联句颇多，惜皆未写出，丁未年在家作一联云："不怨不尤，但反身争个一壁清，勿忘勿助，看平地长得万丈高"，曾用木板刻出，与此联略相近，只附识之。

夜阅《荀子》三篇，三更尽睡，四时即醒，又作一联云："天下无易境天下无难境，终身有乐处终身有忧处"。至五更，又改作二联，一云："取人为善与人为善，乐以终身忧以终身"；一云："天下断无易处之境遇，人间那有空闲的光阴"。

【译文】

在泛论时事时，我说应当挺起骨头，尽力支撑。三更时睡不着，于是作一联："养活一团春意思，撑起两根穷骨头"，用以自警。我一生也做过很多的联句自箴，可惜没有写下来。丁未年在家写有一联："不怨不尤，但反身争个一壁清；勿忘勿助，看平地长得万丈高。"曾经用木板刻写出来，与这个联较近似，就附记在这里。

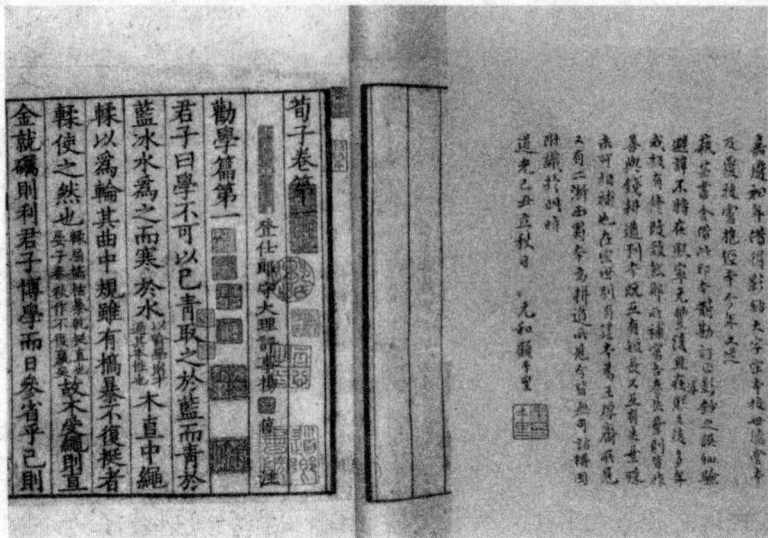

《荀子》书影

夜里读《荀子》三篇,三更过了才睡,四更时醒来,又作一联:"天下无易境,天下无难境,终身有乐处,终身有忧处。"到五更时,又修改了两联,一联是:"取人为善与人为善,乐以终身忧以终身";另一联是:"天下断无易处之境遇,人间哪有空闲的光阴"。

【原文】

变有法度,当以仁义为准。

【译文】

变化中应该遵循法度,其中应该以仁义为标准。

【原文】

一味浑厚,绝不发露,将来养得纯熟,身体也健旺,子孙也受用。无惯习机械变诈,恐愈久而愈厚耳。余复胡中丞信中有云:"惟忘机可以消众机,惟懵懂可以袚不祥。"似颇有意义,而愧未能自体行之。胸包清浊,口不藏否者,圣哲之用心也;强分黑白,过事激扬者,文士轻薄之习、优伶风切之态也。而吾辈不察而效之,动辄区别善恶,品第高下,使优者未必加劝,而劣者几无以自处,此凉德之端也。

【译文】

一味讲求含糊厚重,绝不轻易暴露自己,将来修炼得十分成熟,身体也健康,子孙也会受用无穷。如果不习惯于机巧变术,那么时间越久,人越觉得你厚重。我在答复胡林翼的信中说:"只有忘掉机谋诈术,才能消解众人的机谋诈术,只有懵懵懂懂,才能去掉不祥之事"。觉得这句话很有些道理,只愧自己未能身体力行。胸中自有清浊泾渭,但不用语言来评头品足、毁誉人物,这是圣哲们的良苦用心;如果一定要分辨黑白,遇到任何事都要求真,这是士大夫轻薄的陋习、戏家优伶卖弄风情的姿态。如果我们认识不到而效

仿他们,动辄区别善恶,品评高下,使优秀的人才未必激动,而庸劣的人几乎无地自容,这是轻薄之德习。

智慧通解

【原文】

十一日接泽儿初六日排单一函,十七日午刻接专兵杨锦荣送到尔二人信函。泽儿信面注十一日,则杨弁七日即到,已照格赏钱千八百文矣。《广雅》、邵铭收到。郭家韩文既缺四卷,即不必带来。尔母之信欲令泽儿夫妇先归,而自带鸿儿留金陵,以便去余稍近,声息易通。余明年正月即移驻周家口,该处距汉口八百四十里,距长沙一千六百余里,距金陵亦一千三百余里,两边皆系陆路,通信于金陵,与通信于长沙,其难一也。泽儿来此省觐,送余移营起程即回金陵,全眷仍以三月回湘为妥。吴育泉正月上学,教满两月,如果师弟相得,或请之赴湖南,或令纪鸿、陈婿随吴师来余营读书亦无不可。家中人少,不宜分作两处住也。

余日来核改水师章程,将次完竣。惟提镇以下至千把,每年各领养廉若干,此间无书可查,泽儿可翻《会典》,查出寄来(难钞许多,将书数本折角寄)。凡经制之现行者查典,凡因革之有由者查事例。武职养廉,记始于乾隆四十七年补足名粮案内。文职养廉,记始于雍正五年耗羡归公案内。尔细查武养廉数目,即日先寄。又提督之官,见《明史·职官志》都察院务内,本与总督、巡抚等官皆系文职而带兵者,不知何时改为武职? 尔试翻寻《会典》,或询之凌晓岗、张啸山等,速行禀复。向伯常十一日得病,十八日午时去世。笃行好学,极可悯也。余不悉。

【评述】

在天底下,难得看见兄弟之间那样披肝沥胆,那样情真意切,那样彼此关照。曾国藩对兄弟之间倾注的深情厚谊,恐怕只有父母对子女的那种情感才能比拟;但那种坦诚,那分直率,又不是父母之情所能比拟的。这是人间之至情,它是构成曾国藩人性魅力的动人篇章。我把这种情感称之为"曾国藩式"的情感。

曾国藩共有兄弟姊妹九人,一姊、三妹、四弟。曾国藩在兄弟五人中排行居长。

二弟,曾国潢,字澄侯,比曾国藩小九岁,虽然一直潜心钻研《四书》《五经》,但没有太大的成就。后来以监生候选县丞,这也是曾国藩出钱替他捐的。曾国藩在京为官十年,后又编练湘军、镇压太平天国、"剿"捻等,一直很难回家,对家庭的关心常常体现在家书上。父亲曾麟书在世时,曾家大事由其决断,父亲去世以后,家里的事情主要由曾国潢操持。或许是仰仗曾国藩的权势,在曾国藩治军其间他在家乡办团练,常常借势杀人,为患乡里。县官对他也毫无办法。曾国藩回去后,知其所为,遂用锥刺其股。曾国潢大声唤痛。曾国藩回敬道:"你杀人就不痛吗?"这次的教训,他铭记在心,在其后未见有滥杀无辜的记载。

三弟,曾国华,字温甫,比曾国藩小十一岁,从小过继给其叔父曾骥云。曾国藩一直

認为三弟资质较聪，但读书期间并未有过人的表现。曾国藩为其"纳贡人监"，乡试也未中。咸丰五年(1866年)，曾国藩坐困江西，时有被石达开生擒的可能。曾国华与其父曾麟书赶至武昌，向胡林翼讨救兵。胡林翼拨5000人由其带领，随罗泽南攻文，但一直没有长进。曾国藩时常在家书中，告诫其"有恒"的道理。

但无论其兄对曾国荃期望有多高，他在科举上却一直不甚得意。24岁人县学、25岁补廪、29岁选为优贡。

曾国荃虽然科举不甚得志，但在军旅上却颇有建树，自随曾国藩治军以后，便不负期望，围攻安庆，荣获首功，一时间名声大噪。随后又顺江东下，驻军雨花台，包围天京，二年中披肝沥胆，终于独获首功。又以酝酿造反未成，军队被裁，乃负气不辞返家，不问世事。曾国藩先以兄弟功名太盛，极力压抑曾国荃，保升诸将；后以曾国荃受谤返家，又极力劝导曾国荃持盈保泰。曾国藩一片苦心，卒能化干戈为玉帛。

曾国藩的五弟名曾国葆，字季洪，后改名贞干，字事恒，比曾国藩小十七岁，也是一个了不起的人。他幼年就有些超人的见解，23岁入县学后，即不肯做举子业。最初随曾国藩练湘军，识傀佐杨载福、彭玉麟，以为非常器，已愿下之，后杨、彭果成名将。他避居紫田山，谢绝人事。及曾国华战殁，才出来带兵，投效胡林翼，与曾国荃会师安庆、南京，以功晋知府。后为疫疠所染，病死于军中。曾国藩说他"智足以安危乱，而名誉不并于时贤"。这一群如狼如虎的昆仲，际会风云，驰骋战场，名满天下，不特改换了曾家几百年的门楣，而且左右中国的大局，为近代风云人物。

【原文】

初四夜接尔二十六号禀。所刻《心经》，微有《西安圣教》笔意。总要养得胸次博大活泼，此后更当有长进也。

尔去年看《诗经注疏》已毕否？若未毕，自当补看，不可无恒耳。

讲《通鉴》，即以我过笔者讲之亦可。将来另购一部，尔照我之样，过笔一次可也。

【评述】

金陵攻克后，曾国藩的处境，恰似唐代的中兴名臣郭子仪一样。郭子仪晚年声色自娱，府中的奇花异木，不禁游人人内观赏，且用"府门大开"表明"无所隐讳"，借此远祸。

曾国藩的忠心引起众多的猜疑、不理解，只好刊行家书，来表明心迹，剖白于慈禧太后及朝中大臣之前，以示无隐，求取谅取，不但有韬光养晦，洁身自保的意思，也可以澄清朝臣的猜疑，这确实是煞费苦心的。

据说当湘军克复武汉时，咸丰皇帝曾仰天长叹道："去了半个洪秀全，来了一个曾国藩。"当时洪秀全的太平天国，已是走下坡路，而曾国藩的声威，正是如日中天，俩人又都是汉人，无怪咸丰帝有此慨叹。所以当清廷委署曾国藩为湖北巡抚，曾国藩照例要谦辞一番，奏章尚未出门，"收回成命"的诏谕，已经下达。仅嘱咐他以"礼部侍郎"的身份，统兵作战。这些明来暗去的猜忌，曾国藩岂能不知。

清军江南大营被再度摧毁之后，清朝绿营武装基本垮台，黄河以南再没有什么军事

力量足以与太平军抗衡,因而不得不任命曾国藩为两江总督,依靠他镇压太平天国革命。

所以,清政府就采取了两方面的措施:一方面迅速提拔和积极扶植曾国藩部下的湘军将领,使之与曾国藩地位相当,感情疏远,渐渐打破其从属关系;清政府对曾国藩的部下将领和幕僚,如已经死去的塔齐布、罗泽南、江忠源、胡林翼、李续宾、李续宜和当时尚在的左宗棠、李鸿章、沈葆桢、杨载福、刘长佑等都实行拉拢和扶植政策,使他们渐渐与曾国藩分庭抗礼,甚至互相不和,以便于控制和利用。而对于曾国藩的胞弟曾国荃则恰恰相反。同治二年(1863)五月曾国荃升任浙江巡抚之后,虽仍在雨花台办理军务,未去杭州赴任,亦本属清政府的意旨,照例是可以单折奏事的。曾国藩遂让曾国荃自己上奏军情,以便攻陷天京后抢先报功。不料,奏折刚到立遭批驳。清政府以其尚未赴巡抚任,不准单折奏事,以后如有军务要事,仍报告曾国藩,由曾国藩奏报。曾国藩恐曾国荃心情抑郁,言词不逊,在奏折中惹出祸来,特派颇有见识的心腹幕僚赵烈文迅速赶赴雨花台大营,专门负责草拟章奏咨票事项。

曾国荃攻陷天京后,当天夜里就上奏报捷,满心以为会受大赞扬,不料又挨当头一棒。上谕指责曾国荃破城之日晚间,不应立即返回雨花台大营,以致让千余太平军突围,语气相当严厉。事情发生后,曾国荃部下各将都埋怨赵烈文,以为是他起草的奏折中有不当言词引起的。赵烈文则认为,这与奏折言词无关,而完全是清政府猜疑,有意吹求,否则,杭州城破时陈炳文等十余万人突围而去,左宗棠为何不受指责?幸好有人将李秀成捆缚送营,否则曾国荃更无法下台。

但是,清政府并不就此了结,而是步步进逼,揪住不放。数日之后,清政府又追查天京金银下落,令曾国藩迅速查清,报明户部,以备拨用。尤其严重的是,上谕中直接点了曾国荃的名,对他

1864年7月,湘军攻破天京,天京守军誓死抵抗,伤亡殆尽,图为当时街巷血战的情形。

提出严重警告。上谕说:"曾国藩以儒臣从戎,历年最久,战功最多、自能慎终如始,永保勋名。惟所部诸将,自曾国荃以下,均应由该大臣随时申儆,勿使骤胜而骄,庶可长承恩眷。"这无疑是说,曾国藩兄弟如不知禁忌,就难以"永保勋名","长承恩眷"了,真是寥寥数语,暗伏杀机。

曾国藩具有丰富政治经验和历史知识,熟悉历代掌故,当然能品出这些话的味道,掂出它的分量。何况,曾国荃确实非常骄傲,以为攻陷天京全是他一人的功劳。后来曾国藩对赵烈文说:"沅浦之攻金陵,幸而成功,皆归功于己。余常言:'汝虽才能,亦须让一半与天。'彼恒不谓然。"因而,攻陷天京前后,就成为曾国藩思想上最紧张的时期。他心里很明白,如何处理好同清政府的关系,已成为能否保持其权力和地位的关键,而正确认识

並擺脫自己目前的這種政治處境,則是他面臨的迫切問題。於是他下令裁去湘軍。

虽然如此,清廷對湘軍將領們的疑忌是無時或釋的,因此,俞曲園曾在一個偶然的機會裡,向彭玉麟進言說:"在同治五、六年間,因為湘軍已多被資遣,你又辭高官不就,朝中官吏多說你矯情,目中無人,因此清廷早已暗中派人監視你的行動,時刻沒有放鬆。一旦抓到你的小紕漏,便是'小題大做',會給你顏色看的,到那裡,你再分辨,也是白搭,我勸你何妨現在'為文訓子',立碑在祠堂,表示忠君憂國,並無二心,不妨對朝廷多方歌功頌德,自可買靜求安,博取慈禧的歡心,減不少必要麻煩。"彭玉麟從善如流,馬上照辦。因此彭玉麟有了刻石。

《曾國藩家書》也正是基於上述需求,刊行世間,借此表明他忠心為清廷效命,以塞弄臣之口。不然,以曾之功業修養,訓子之家書,存於家祠宗廟即可,何必小題大做刊刻行世,豈不是沽名釣譽來自我標榜,與他平生的行為大相徑庭?!

朱秦時四大公子各養門客數千人,以應付各種事務。曾國藩的麾下也集中了許多優秀的人才,薛福成說曾門幕府是"播種之區","從流之匯","故其得才尤盛"。曾國藩和謀士之間首先有合作的願望,可以說是一種相互傾慕、相互追求的關係。曾國藩認為,遠而言之則天下之興亡、國家之強弱,近而言之則兵事、餉事、吏事、文事之成敗利鈍,無不以是否得人為轉移。故多年愛才如命,求才若渴,為吸引和聘請更多更好的幕僚盡了很大努力,做了大量的工作。他於是率軍"東征"之始,即號召廣大封建知識分子奮起捍衛孔孟之道,反對太平天國,盛情邀請"抱道君子"參加他的幕府。其後行軍打仗,每至一地必廣為訪察。凡具一技之長者,必設法延至,收為己用。聞有德才並稱者,更是不惜重金,馳書禮聘。若其流離失所,不明去向,則輒具折奏請,要求各省督撫代為查明,遣送來營。曾國藩與人通信、交談,亦殷殷以人才相詢,懇懇以薦才相托,聞人得一才羨慕不已,自己得一才喜不自勝,遂有愛才之名聞於全國。由於曾國藩粗研百家,兼取眾長,早在青年時代即已"道德文章"名滿京師,稱譽士林;加以其後出辦團練,創建湘軍,"戰功"赫赫,威震天下,遂被封建統治階級視為救星,受到不少知識分子的崇拜。由於清王朝政治腐敗,等級森嚴,滿漢藩籬未除;加以取士不公,仕途擁塞,遂使一大批中小地主出身的知識分子空有一片"血誠",滿腹才華,而報國無門,升發無望,不得不千方百計地為自己另外尋求政治上的出路。有的知識分子非但升發無望,且身遭亂離之苦,徒無定居,衣食俱困,亟須庇護之所,衣食之源。還有一部分知識分子,既無升官發財之念,亦無飢寒交迫之感,甚或已是學問淵博,名滿士林,但卻仰慕曾國藩的大名,以一與相識為幸,一與交游為榮。所有這各類人物,他們聞曾國藩能以誠心待士,破格用人,便紛紛投其麾下,入其幕府。

同時,曾國藩同幕僚之間也是一種相輔相成的關係,幕僚們助曾國藩功成名就,曾國藩使幕僚們升官發財。多年來,幕僚們為曾國藩出謀劃策、籌辦糧餉、辦理文案、處理軍務、辦理善後、興辦軍工科技等等,真是出盡了力,效盡了勞。可以說,曾國藩每走一步,每做一事,都離不開幕僚的支持和幫助。即如鎮壓太平天國一事,他之所以獲得成功,並

非靠他一人之力,而是依靠一支有组织的力量,其中他的幕僚尤占有一定比重,起了相当大的作用。现仅以曾国藩直接指挥的一个湘军支派"曾湘军"为例。它连下安庆、江宁两座省城,为清王朝镇压太平天国革命立下第一功,是湘淮军中最为突出的一支。如果把它比喻为一个人的话,曾国藩及其幕府恰如它的头和躯干,作战部队则恰如它的四肢。四肢不仅靠头脑支配其每个行动,还要靠躯干供应其营养。西汉初年刘邦在向诸将解释为什么张良足不出户而封赏最高时,曾把战争比为狩猎,以猎人喻张良,以猎犬喻诸将,称指示之功胜于奔走之劳,诸将为之悦服。而在安庆、江宁两役中,曾国藩的幕僚则不仅有指示之功,尤有筹饷之劳,可谓功兼张(良)、萧(何)。自1860年6月至1864年6月,四年之中曾国藩报销军费一千六百多万两,其中绝大多数来自厘金与盐税。这笔巨款主要靠幕僚筹集,没有它湘军早已饥溃,何成功之有?曾国藩所谓"论功不在前敌猛将之后",绝非夸大之词,至于曾国藩刊行《王船山遗书》和《几何原本》等重要书籍,引进西方科学技术、兴办军事工业等,更是离不开幕僚的努力。否则,他很难挣得洋务派首领的地位。

曾国藩对幕僚的酬报亦为不薄。众幕僚入幕之初,官阶最高的是候补道员,且只是个别人,知府一级亦为数极少,绝大多数在六品以下。他们有的刚被革职,有的只是一般生员,还有的连秀才都不是。而数年、十数年间,红、蓝顶子纷纷飞到他们头上,若非曾国藩为他们直接间接地一保再保,是根本不可能的。李鸿章的经历就最能说明这个问题。他于1858年末入曾国藩幕,后又因故离去。郭嵩焘劝他说:"此时崛起草莽必有因依。试念今日之天下,舍曾公谁可因依者?即有拂意,终须赖之以立功名。"李鸿章听其劝告,重返曾幕。果然,青云直上,步步高升,一、二年间位至巡抚,五、六年间位至钦差大臣、湖广总督,同曾国藩之间已是双峰对峙,高下难分了。试想,如果李鸿章不回曾幕,能够如此顺利吗?恐怕要谋得按察使实缺亦并非易事,虽然他此时已是未上任的按察使衔福建延建邵道道员。

当然,曾国藩同幕僚之间这种关系的维持是有条件的。那就是曾国藩要尊重幕僚,以礼相待;而幕僚也必须忠于曾国藩,绝不许中间"跳槽",改投新主。说明这种情况的最为典型的事例,是冯卓怀的拂袖而去和李元度的被劾革职。冯卓怀是曾国藩的老朋友,一向对曾国藩非常崇拜,为了能朝夕受教,曾放弃条件优越的工作去当曾国藩的家庭老师。曾国藩兵困祁门之时,冯卓怀又放弃四川万县县令职位,投其麾下,充任幕僚。后因一事不合,受到曾国藩的当众斥责。冯卓怀不能堪,决心离去,虽经曾国藩几次劝留皆不为所动,最后还是回家闲住,宁可丢掉官职也不能忍受曾国藩对自己的无礼举动。李元度是曾国藩最困难时期的少数幕僚之一,数年间患难与共,情逾家人,致有"三不能忘"之说。不意其后曾国藩两次参劾李元度,冷热之间悬若霄壤。究其缘由则不外"改换门庭"四字。人们由此不难看出,曾国藩同幕僚的关系,归根到底还是主从关系,其维系纽带全在私谊。私谊对他们双方来说,都是神圣的,高于一切的,任何一方如有违背,这种关系即会解除,甚至结成私怨。

　　曾国藩对于个人在集体中的地位和作用,有着明确的认识。他说:细想古往今来,亿万年无有终期,人们生活在这中间,数十年只是须臾瞬息。大地数万里,不能穷极,人在其中休息游玩,白天犹如一间房子,晚上犹如一张卧榻。古人的书籍,近人的著述,浩如烟海,人们一生所能读的不过九牛一毛。事情复杂多样,可以获得美名的道路也有千万条,人们一生中力所能及之事,不过如沧海一粟。知道上天悠悠无穷期,自己的生命非常短,那么遇到忧患和非常不顺心之事,应当稍稍忍耐以待其自消;知道大地的宽广,而自己在大地中占据的位置非常小,那么遇到荣耀名利相争之时,应当退让三分,以柔道处之。知道古今人们的著述非常丰富,而自己的见识非常浅陋,那么就不敢以己之见而自喜,应当择善而从。并以谦虚的美德而保持它。知道事情复杂多样,而自己所办的事情非常少,那么就不敢以功名自矜,应当思考推举贤才而一起去完成伟大功业。如果这样,那么自私自满的观念就可渐渐消除了。

　　曾国藩认为,一个人不论是智慧绝顶者,还是大仁大智者,都是有缺欠的,不可能完美无缺。相反,愚笨至极的人也有可爱之处。本着这样的想法,尤其是他认为自己属于"中材",或接近于"笨"的一类,因而更注意吸取他人之长,以补己之短。他的幕府就像一个智囊团,有什么疑难问题,都让他们出高招,献良策。

【原文】

　　发卷所走各家,一半系余旧友。惟屡次扰人,心殊不安。我自从己亥年在外把戏,至今以为恨事。将来万一作外官,或督抚或学政,从前施情于我者,或数百,或数千,皆钓饵也。渠若到任上来,不应则失之刻薄,应之则施一报十,尚不足以满其欲。故兄自庚子到京以来,于今八年,不肯轻受人惠,情愿人占我的便益,断不肯我占人的便益。将来若作外官,京城以内无责报于我者。澄弟在京年馀,亦得略见其概矣。此次澄弟所受各家之情,成事不说。以后凡事不可占人半点便益,不可轻取人财,切记切记。

　　彭十九家姻事,兄意彭家发泄将尽,不能久于蕴蓄。此时以女对渠家,亦若从前之以蕙妹定王家也,目前非不华丽,而十年之外,局面亦必一变。澄弟一男二女,不知何以急急定婚若此?岂少缓须臾,即恐无亲家耶?贤弟行事,多躁而少静,以后尚期三思。儿女姻缘前生注定,我不敢阻,亦不敢劝,但嘱贤弟少安毋躁而已。

【评述】

　　中国古代有一则寓言,说一位年轻人到海边看垂钓,见老者不时就有鱼上网,一时羡慕不已。老者告诉年轻人,这样看下去,不如回家织个网,就会有鱼上钩了。这就是"临渊羡鱼,不如退而结网"。在现代社会,交往是必不可少的条件。但结交什么样的人,尤其是当自己未发迹之时如何结交关系,就所关匪轻了。

　　由于曾国藩靠着平时的苦读及学业上的深厚功底,不仅使他能够金榜题名,而且在仕途上获得了超乎常人的升迁。而他的升迁与善交人有直接关系。

　　曾国藩被点中庶吉士以后,在1840年庶吉士散馆,他的考试成绩列二等第十九名,名次仍很高。因此,他被授职为检讨,留在翰林院供职。当时仅是七品官。

七年后,他升至从二品的内阁学士。

从此他步步高升、一帆风顺。

清代末年,仕途冗滥,升迁很难。而出身"寒门"的曾国藩却十年七迁,连跃十级。这在当时是极为罕见的,连他自己都感到十分的意外。他在升任内阁学士兼礼部侍郎时,给祖父写信说:"六月初二日孙儿荷蒙皇上破格天恩,升授内阁学士兼礼部侍郎衔,由从四品骤升二品,超越四级,迁擢不次。"在当时清政府内,湖南人中由科举取仕而获得阁学者只有季九师、张小浦和曾国藩三人,而在三十七岁即被升二品的,仅曾国藩一人。

曾国藩升迁如此之快,究其原因不外有二:

第一,是他自己养之有素。他在翰林期间,向来苦读积学,用功不懈、历次考试成绩皆很突出,也就是说确实掌握了真才实学。

第二,是他在京期间,把握住了有利的时机,广泛交际。清代的京城,不仅是政治、经济中心,而且是文化中心。京都人物渊薮,十三年的京宦生活,使他结交了许多志同道合的朋友。他与朋友相互切磋,不仅在学业上有所长进,而且,他们中的许多人都成为日后曾国藩事业上的帮手。

曾国藩在京师的发迹,就得力于师友穆彰阿相助的机遇。

穆彰阿,字鹤舫,姓郭佳氏,是满洲镶兰旗人,1805年进士。道光时期甚为重用,1828年加任为太子少保,既而被任命为军机大臣,后又兼任翰林院掌院学士,历任兵部、户部尚书。1834年,任协办大学士,后升太子太保。1836年,穆彰阿担任上书房总师傅、武英殿大学士,负责管理工部。1838年,穆彰阿晋拜为文华殿大学士。后来有人评论他说:"在位二十年,亦爱才,亦不大贪,惟性巧佞,以欺罔蒙蔽为务。"这个说法比较适合他的实际。

道光继位以后,忧虑大权旁落,选择官员十分谨慎,时时防之。而唯独与曹振镛、穆彰阿"有水乳之合"。

曹振镛性情模棱两可,善于阿谀奉承,又最为嫉贤妒能。他的做官妙诀是"多磕头,少说话"。曹振镛死后,穆彰阿继之。他最善于窥测道光皇帝的意向,进而施加自己的影响,党同伐异。鸦片战争前,道光皇帝决心查禁鸦片,任命林则徐为钦差大臣,赴广东禁烟。穆彰阿不赞成林则徐的禁烟爱国行为,当鸦片战争爆发,他窥知道光皇帝已改变了禁烟的主意,于是怂恿道光皇帝与英国人妥协和议。遂使道光皇帝罢免了林则徐。道光皇帝厌战,而穆彰阿则顺其意,竭力主和。终道光一朝,穆彰阿受宠不衰。穆彰阿自嘉庆以来,典乡试三次、典会试五次。大凡复试、殿试、朝考、教习庶吉士散馆考差、大考翰詹,没有一年不参与衡文之役的。他的门生、旧吏遍布朝廷内外,知名之士多被他援引,一时人们号称"穆党"。

曾国藩戊戌年会考得中,总裁即为穆彰阿,于是二人便有了师生之谊,曾国藩抓此机遇遂经常与之往来。由于他勤奋好学,颇有几分才干,对穆彰阿经常以求学的身份向其请教,实际是以此接近穆彰阿。因此,他也甚得穆彰阿的器重和赏识,处处得到穆彰阿的

关照。1843年曾国藩参加大考翰詹，穆彰阿为总考官。交卷之后，穆彰阿便向曾国藩索要应试诗赋。曾国藩随即回住处将诗赋誊清，亲自送往穆府。这一次拜访似乎成为曾国藩迅速升迁的契机。在此之前，曾国藩的品位一直滞留未动。从此以后，则几乎是年年升迁，岁岁加衔，五年之内由从七品跃为二品。其前后的变化十分明显。

徐珂在《清稗类钞》中，对曾国藩官运的转机做过生动的描述：一天，曾国藩忽然接到次日召见的谕旨，遂连夜到穆彰阿家暂歇。第二天被带到皇宫某处，环顾四周，发现并非平日等候召见的地方，无奈白白地等了半天，只好又回到穆府，准备次日再去。晚上，穆彰阿问曾国藩说："汝见壁间（白天被带去的地方）所悬字幅否？"曾国藩答不上来，穆怅然曰："机缘可惜。"踌躇久之，招来自己的仆从对他说："你立即用银四百两交给某内监，嘱他将某处壁间字幅炳烛代录，此金为酬也。"当天夜里，仆从将太监抄录的壁间字幅送给穆彰阿。穆彰阿令曾国藩熟记于胸。次日入觐，则皇帝所问皆壁间所悬历朝圣训。因为奏对称旨，曾国藩大受赏识，道光帝还谕穆曰："汝言曾某遇事留心，诚然。"从此，曾国藩便"骎骎向用矣"。

【原文】

初七日接初二夜一缄，并抄寄润帅一缄，具悉一切。

此间徽州、休宁之贼，日内纷纷应调从下游波江救援安庆、桐城，祁门以北，少可偷安。惟东有伪忠王一股，南有朱衣点、彭大顺一股，鞭长莫及，兹可虑耳。

日相先生之事，听润帅自为主持，余不恋恋，亦不挽回。自古君子好与小人为缘，其终无不受其累者。如日相暨胡某、彭某，虽欲不谓之邪不可得。借鬼打鬼，或恐引鬼入室；用毒攻毒，或恐引毒入心，不可不慎也。弟于周之翰疾之已甚，而于日相反多宽假之词，亦未公允。

季弟信亦阅悉，明正节后，怀、桐又有大战，宜预为筹之。

家信二件寄阅。

【评述】

人的一生如果结交了好朋友，就可以患难与共，相互砥砺，不仅可以成为情感的慰藉，也可以成为事业成功的基石。1864年7月20日，曾国藩在写给他的次子曾纪鸿的信中说：选择朋友是人生第一要事，必须选择志趣远大的人。

曾国藩的处世经可以说是他广交朋友的处世经。他的立功、立言、立德三并不朽也可说是在朋友的相互砥砺和影响下取得的。因此，他深刻地领会到了人生择友的重要性。所以无论是在生活、为学，还是在事业上都时时注意广交益友。这一点他在京城的十三年生活中，就有充分体现。

他在写给家里的书信中，曾介绍过当时所结交的部分朋友：现在朋友愈多，讲躬行心得者则有唐镜海先生，倭仁前辈，以及吴竹如、窦兰泉、冯树堂数人；穷经学理者，则有吴子序、邵惠西；讲习文字而艺通于道者，则有何子贞；才气奔放，则有汤海秋；英气逼人，志大神静，则有黄子寿。又有王少鹤、朱廉甫、吴莘畲、庞作人。此四君者，皆闻余名而先来

拜；虽所造有深浅，要结有志之士不甘居于庸碌者也！京师为人文渊薮，不求则无之，愈求则愈出，近来闻好友甚多，予不欲先去拜人，恐徒标榜虚声；盖求反以匡己之不逮，此大益也！标榜以盗虚名是大损也！

曾国藩所交之友对他个人的影响和事业的发展产生了重大的作用。

刘传莹湖北汉阳人，专攻古文经学，精通考据。曾国藩通过与刘传莹的交往，大大弥补了自己古文字上的不足。1846 年，曾国藩在城南报国寺养病，于是便向他请教古文经学与考据。刘传莹也正因为自己只在古文经学方面有造诣，遂向曾国藩请教理学。于是，二人互相切磋，取长补短，成为挚友。曾国藩通过与刘传莹的交往，拓展了学识，在学术领域走上全面发展的道路。他在给同乡好友刘蓉的信中，表达自己在学术上的见解和志向时说：于汉、宋二家"欲兼取二者之长，见道既深且博，为文复臻于无累"。不计门户，取长补短向来是成功的方向。

何绍基，字子贞，精通书法，擅长吟咏。曾国藩与其交往中，觉得何绍基所长，正是自己的不足。从此以后，他非常重视写作和赋诗。

另外，他还经常与吴廷栋、何桂珍等人讨论理学，向邵懿辰请教今文经学。

这些朋友，在京城都颇有名气。同他们的交往不仅增长了学识，也大大提高了曾国藩在京城的个人声望。他在家书中称自己"昔在京颇著清望"。这也是他在京城迅速发迹的原因。

曾国藩在交新友的同时，也十分注意联络旧时志向相投的朋友。这一时期的学术观点和思想上比较相近的人主要有刘蓉、郭嵩焘、江忠源、欧阳兆熊、罗泽南。

刘蓉，字孟蓉，号霞仙，湖南湘乡人。郭嵩焘字筠仙，湖南湘阴人。曾国藩在赴京科考途中在长沙认识了"少有志节"的刘蓉，又通过刘蓉认识了正在长沙参加乡试的郭嵩焘，于是三人"欣然联欢为昆弟交"。

江忠源，字岷樵，湖南新宁举人。在北京，经由郭嵩焘的引见，与曾国藩相识。交谈过后，江忠源告辞，曾国藩对郭嵩焘说："是人必立功名于天下，然当以节义死。"当时承平日久，众人都十分惊疑。刘蓉称赞江忠源，"交友有信，与士卒同甘苦，临阵常居人先，死生患难，实可仗倚"。在与曾国藩的交往中，以有血性、有胆有识，被引为益友。曾国藩称赞他"儒文侠武"。日后江忠源果真成为湘军的主要干将。

罗泽南，字仲岳，号罗山，与曾国藩是同县人。他家境十分贫寒，却能"溺苦于学，夜无油燃灯，则把卷读月下，倦即露宿达旦"。他的道德学问，时人称他为有数人物。他研究程朱理学，标榜自己为宋儒。年轻时，他连遭不幸，丧母、丧兄嫂相伴而来，继而长子、次子、三子连丧，其妻连哭三子之丧，双目失明。罗泽南并未因如此沉痛的打击而一蹶不振，反而"益自刻厉，不忧门庭多故，而忧所学不能拔俗而入圣；不忧无术以资生，而忧无术以济天下"。因此，曾国藩十分敬重他。常在书信中表示敬慕之意，称他为家乡的颜渊。后以儒生的身份带兵征战，立勋名于天下。颜渊，即颜回，孔子的学生，家境贫寒，一生没有做官，住在简陋的小巷里，用竹筒吃饭，用瓜瓢喝水，却自得其乐。

欧阳兆熊,字晓岑,湖南湘潭人。1840年,曾国藩病在果子巷万顺客店中,病情严重,卧床不起,幸遇欧阳兆熊,在他的精心护理下,才没有死去。从此,二人成为好朋友。

曾国藩所交益友,对他的人生及事业起了重要作用。其中有给他出谋划策者,有赏识提拔者,有危难之时,两肋插刀者。从各个角度烘托着他的事业。因此,他比别人更深刻地体会到:"择友为人生第一要义。"

【原文】

军事愈办愈坏,郭松林十二月初六日大败,淮军在德安附近挫败,统领张树珊阵亡,此东股任、赖一股也。其西路张逆一股,十二月十八日秦军在灞桥大败,几于全军覆没。捻匪凶悍如此,深可忧灼。

余廿一日奏明,正初暂回徐州,仍接督篆。正月初三接奉寄谕。现定于正月初六日自周家口起行,节前后可到徐州。身体尚好,但在徐治军,实不能兼顾总督地方事件,三月再恳切奏辞耳。

沅弟劲官相,星使业已回京,而处分尚未见明文,胡公则已出军机矣。吾家位高名重,不宜作此发挥殆尽之事。米已成饭,木已成舟,只好听之而已。

余作书架样子,兹亦送回,家中可照样多做数十个,取其花钱不多,又结实又精致,寒士之家,亦可勉做一二个。吾家现虽鼎盛,不可忘寒士家风味。子弟力戒傲惰惰。戒傲以不大声骂仆从为首,戒惰以不晏起为首。吾则不忘蒋市街卖菜篮情景,弟则不忘竹山坳拖碑车风景。昔日苦况,安知异日不再尝之?自知谨慎矣。

【评述】

人不是圣贤,都会有过失错误,但能不能知过即改,从善如流,对一个人至关重要。曾国藩的修身法中,不惮改过是很重要的一个方面。

有一天,好友窦兰泉来拜访曾国藩,两位学人相见,自然商讨理学,然而曾国藩并未真正理解窦兰泉所说的意思,便开始妄自发表见解。事后曾国藩就指责自己,这就是心有不诚:不仅自欺,而且欺人,没有比这更厉害的了。由于不诚实,所以说话时语气虚伪强辩,谈文说理,往往文饰浅陋,以表示自己学理精湛,这不过是表演而已。这难道有什么好处吗?

曾国藩虽然意识到了自己的毛病,表示悔改,可事到临头,又身不由己了。没过几日,朱廉甫前辈偕同邵蕙西来访,这两个人都是孔子所说的正直、信实、见闻广博的人。尤其是朱廉甫前辈屈尊来访,不就是把曾国藩视为志同道合的人吗?没想到曾国藩故技重演,说了许多大言不惭、沽名钓誉的话。

还有一次,好友陈岱云来访,想看曾国藩的《馈贫粮》,结果曾国藩以雕虫小技,不值一看为由深闭而固拒。一时掩饰笨拙,文饰浅陋,巧言令色,种种复杂的情形交织在一起,难以言表。事后曾国藩反省,这都是好名的虚荣心理在作怪啊!都是不诚实的表现。

经历了内心的这几次折磨与争斗,曾国藩开始给自己约定法章:大凡往日游戏随和的人,性格不能马上变得孤僻严厉,只能减少往来,相见必敬,才能渐改征逐的恶习;平日

夸夸其谈的人,不能很快变得聋哑,只能逐渐低卑,开口必诚,才能力除狂妄的恶习。

曾国藩比荀子还严格,要求也更具体,在1842年2月的日记中,他这样写道:"一切事都必须每天检查,一天不检查,日后补救就难了,何况修德做大事业这样的事?汤海秋说:别人道德行为比我高的我得找到自己不足之处,与抱怨者相处而能保持心情平静,就可以算是一个君子了。"

他不仅逐日检点,而且事事检点,天下能够做到这一点的人,大概寥若晨星。曾国藩的这种检点思想,并不是他心血来潮的奇思异想,实在是扎根于深厚的文化传统的自然秉承。孔子就说过"见贤思齐(看齐)","见不贤而内自省也",看到别人有毛病就反省自己,孔子大概是中国第一个善于反省的大师。孟子也是一个善于反省的大师,曾国藩最服膺于他,表示"愿终身私淑孟子","虽造次颠沛",也愿"须臾不离",而孟子是从别人对自己行为的反应中来反省的,他最著名的方法就是"反求诸己",爱人不亲,反其仁(反问自己的仁德);治人不治,反其智;礼人不答,反其敬。曾国藩认真钻研过的程朱理学也强调"正已为先"。曾国藩正是在这样的一个背景下来"逐日检点"的,事关进德修业的大事,所以他才对自己要求得那样严格,不可有一天的怠慢。

曾国藩的一生是在日日严于自律中度过的。

曾国藩大概是对自我反省和批判最多的古人之一,不仅严厉,而且苛细,如针如刺,直指心灵中最漆黑的部分。也许你不佩服他的功业,不佩服他的道德,也不佩服他的文章,但你不得不佩服他对自我剖析的勇毅。

人非圣贤,孰能无过?

谁没有说过假话?谁没有说过大话?谁没有嫉妒他人?谁没有伤害他人?谁从来不好女色?谁做事不占他人便宜?谁敢拍着胸膛对自己或者苍天说,我从来不做亏心事?没有,从来没有。只有过错的大与小,多与少,或者你所犯的过错是人人都会犯的,是人们可以原谅的,可以接受的,但不能说你从来就没有过错。只要是人,有七情六欲,就有人的弱点和局限。曾子为什么"吾日三省吾身",就是为了少犯过错啊!

《周易》说,君子"见善则迁,有过则攻,"《尚书》也说:"改过不吝(吝音)"这一方面告诉人们过错是难免的;另一方面也告诉人们要有过必纠,有错必改。

錾胎珐琅犀尊　清

曾国藩则认为,知己之过失,承认它,并且改正它,毫无吝惜之心,这是最难的。豪杰之所以是豪杰,圣贤之所以是圣贤,就在这里。磊落过人,能透过此一关,寸心便异常安乐,省得多少纠葛,省得多少遮掩,还有那修饰装点的丑态。

一个省必修身的人,注重颐养德性的人,他所犯的过错不一定是坑蒙拐骗之类的淫

恶,往往是一些不为人知,不足挂齿的小隐私或小阴思。不断地涤除这些小隐私、小阴思,他就会一天比一天高大起来。明代杨继盛说:"或独坐时,或深夜时,念头一起,则自思曰:这是好念是恶念? 若是好念,便扩充起来,必见之行;若是恶念,便禁止勿思。"他说得太好了。

【原文】

正月十三日,连接尔十二月十六、二十四两禀,又得澄叔十二月二十二一缄、尔母十六日一缄,备悉 一切。尔诗一首,阅过发回。尔诗笔远胜于文笔,以后宜常常为之。余久不作诗而好读诗,每夜分辄取古人名篇高声朗诵,用以自娱。今年亦当间作二三首,与尔曹相和答,仿苏氏父子之例。

尔之才思,能古雅而不能雄骏,大约宜作五言,而不宜作七言。余所选十八家诗,凡十厚册,在家中,此次可交来丁带至营中。尔要读古诗,汉魏六朝,取余所选曹阮陶谢鲍谢六家专心读之,必与尔性质相近。至于开拓心胸,扩充气魄,穷极变态,则非唐之李杜韩白、宋金之苏黄陆元八家,不足以尽天下古今之奇观。尔之质性,虽与八家者不相近,而要不可不将此八人之集悉心研究一番,实六经外之钜制,文字中之尤物也。

尔于小学粗有所得,深用为慰。欲读周汉古书,非明于小学无可问津。余于道光末年,始好高邮王氏父子之说,从事戎行未能卒业,冀尔竟其绪耳。

余身体尚可支持,惟公事太多,每易积压。癣痒迄未甚愈。家中索用银钱甚多,其最要紧者,余必付回。京报在家,不知系报何喜? 若节制四省,则余已两次疏辞矣,此等空空体面,岂亦有喜报耶? 葛家信一封,扁字四个付回。澄叔处此次未写信,尔将此呈阅。

【评述】

曾国藩常在家中劝父教弟,不要干预地方的事。可是,有些时候,他的一些亲朋故友难免会因一些万难之事有求于他,其中不乏一些实有冤屈之事。却之,于情于理不忍,助之,又恐贪干预地方公务或有以势凌人之嫌。无奈,曾国藩只好对来求者做出那种"道似无情却有情""醉翁之意不在酒"的曲意相助之举。下面"一把折扇"的故事就是一例。

那是同治年间,衡阳挨近双峰大界的地方,有一个中厚而倔强的老实农民。他一生勤劳节俭,生活过得不错,不料那一年清明节扫墓时,与人发生了一场纠纷。对方仗着自已有钱有势,硬将一冢坟迁到他家的祖坟上来。官司由衡阳县打到了衡州府,总是对方占上风,老头儿咽不下这口窝囊气,被逼想上吊自尽。

一天,有个老亲友提醒他:"你呀,心里冒长眼。你不是有个干儿子在南京做两江总督吗? 他一人之下,万人之上,天下谁个不知其名。"那人伸出两个指头,嘴巴挨着他的耳朵说:"你只要求他给衡州府写个二指大的条子,保险你把官司打赢!"

"是的!"老头儿把胸脯一拍,说:"好办法,我怎么没有想到呢。"他受到启发以后,凑足盘缠钱,背上包袱雨伞,就直往南京奔。两江总督衙门,是不容易进得去的。"你干什么的?"他还未过门槛,衙役就大声喝问。

"我找干儿子。"老头儿壮着胆子回答。

"谁个是你干儿子?"

"宽一。"

衙役们没有一个知道曾国藩的乳名叫宽一,见这老头儿土里土气,怎么也不让他进去。

忽然,督署里传出讯令,总督大人要出门来。衙役们忙把这个老头儿拉开,不能让他挡住大门。可他哪里肯听,偏偏要站近门边,想看一看是不是干儿子出来。

一会儿,一顶轿子出门了。他一眼就窥见轿中坐的正是曾国藩。"宽一!"操着家乡口音一声喊声,被曾国藩听出来了。他连忙叫轿夫停住,下轿后又惊又喜地问:"这不是干爹? 您老人家怎么到了这里?"便打转身,将干爹送进了自己的住宅。

顿时督署后院的曾宅里欢乐起来。曾国藩夫妇一面招待酒饭,一面问长问短。从干爹的家境,从大界白玉堂、黄金堂新老住宅屋后的楠竹、杉树生长情况无所不问。当老头儿话入正题,说明来意时,曾国藩打断他的话柄说:"暂莫谈这个,您老人家难得到这儿来,先游览几天再说吧。"他把一个同乡衙役叫来,接着说:"干儿公务在身,这几天不能陪干爹玩,就请他陪同你去玩吧,玄武湖啦,秦淮河啦,夫子庙啦,南京的名胜及热闹地方都去看看。"

老头儿哪有心思游览,仅玩了三天,就按捺不住了。那天晚上,他对干儿媳细说了来意,求她向宽一进言,给衡州府下个二指大的条子。欧阳夫人说:"急么子罗? 你干儿要你多玩几天,你就还玩几天再说嘛。""我肺都气炸了,官司打不赢,白白受人欺,哪有心思久玩!""不要担心,除非他的官比你干儿大。"那老头听到这句话,心里倒有几分安稳了。

又玩过了三天。当曾国藩办完一天的公事后,欧阳夫人对他说起干爹特意来金陵的事来。"你就给他写个条子到衡州吧。"曾国藩听后叹了一口气说:"这怎么行呀? 我不是多次给澄弟写信不要干预地方官的公事吗? 如今自己倒在几千里外干预起来了,岂不是自己打自己的嘴巴?""干爹是个天本地分的人,你也不能看着老实人受欺,得主持公道呀!"经欧阳夫人再三请求,曾国藩动心了。他在房间回踱了几转,说:"好,让我考虑考虑吧。"

第二天,正逢曾国藩接到奉谕升官职,南京的文武官员都来贺喜了。曾国藩在督署设宴招待,老头儿也被尊了上席。敬酒时,曾国藩先向大家介绍,首席是他湖南来的干爹。文武官员听了,一齐起身致敬,弄得老头儿怪不好意思。接着,曾国藩还把自己的干爹推崇了一番,说他一生勤劳啦,为人忠厚啦,怎么也不愿意到南京久住,执意要返乡里。说着,从衙役手中接过一个用红绫包着的小盒子,打开后拿出一把折扇又说:"我准备送干爹一个小礼物,列位看得起的话,也请在扇上题留芳名,做个永久纪念。"大家放下盅筷,接过一看,只见折扇上已工工整整地落了款。上款是"如父大人侍右",下款是"如男曾国藩敬献"。也一个个应曾大人之请,在扇上签起名来,有的还题了诗句。不到半个时辰,折扇两面都写得满满的。曾国藩兴高采烈地把折扇收起,仍用红绫包好,双手奉送给了干爹。这老头儿也懂得礼节,起身向各位文武官员作揖致谢。

席终客散,老头儿回到了住室,嘴里连连嘀咕着什么。欧夫人出来一听,只见他手捧着红绫包唠叨着:"宽一呀宽一,一张二指大的条子总不肯写,却要这么费事,在这个玩物上写的字再多,我也不得领情。"欧阳夫人忙从他手中接过红包打开一看,不觉大吃一惊:"干爹呀,恭喜,恭喜!"老头儿脸色阴沉,好不耐烦地说:"喜从哪来?""干儿给您的这个,可是一个大宝哩!""一把折扇算什么大宝?给我写个二指大的条子,才是尚方宝剑。""哎呀,干爹",欧阳夫人凑到老头身边细说:"这可比您要的那个条子更宝贵呀,拿回去后,不论打官司也好,办别的什么事也好,任他多大的官,见到此扇都会有灵验,千万不要把它丢了,随手带着,还能逢凶化吉呢!"

一番话,说得老头子心里热乎乎的。"啊!——"他似有所悟,会意地笑了。

刚回到家里,衡州知府升堂,衙门八字开着,老头儿手执折扇,大摇大摆地走了进去。在那个时代,被告上堂打官司,手执扇子是藐视公堂,要受到惩治的。"把扇子丢下!"衙役喝令。老头儿装作没有听见,一个衙役上前从手中夺过扇子丢到地上。"这个可丢不得,是我干儿子送的。"知府大怒,惊堂木一拍:"放肆!拿上来!"知府接过扇子一看,"嗯……"翻过来、覆过去看了后,又将视线转到老头身上,仔细打量了一番。然后,一声令下:"退堂!"

据说,老头从衡州府衙门后堂退出来后,知府用轿子把他接了去,不仅将这把折扇恭恭敬敬退还了他,还热情地款待着他。他的坟山官司是输、是赢,也就可想而知了。

一把折扇"醉翁之意不在酒"。虽示亲情,实则相助,意在让地方官给面子,又不使其没有可否的余地,也使曾国藩免于干涉地方公务之嫌。至于事情的结果还要看当事人的造化了。

【原文】

自尔还湘启行后,久未接尔来禀,殊不放心。今年天气奇热,尔在途次平安否?

余在金陵与沅叔相聚二十五日,二十日登舟还皖,体中尚适。余与沅叔蒙恩晋封侯伯,门户太盛,深以祗惧。尔在省以谦敬二字为主,事事请问意臣、芝生两姻叔,断不可送条子,致腾物议。十六日出闱,十七八拜客,十九日即可回家。九月初在家听榜信后,再起程来署可也。择交是第一要事,须择志趣远大者。此嘱。(旧县舟次)

【评述】

人是社会中的人,越是走向高位,人的人际关系也越复杂。因为社会关系不仅仅是"友道",而要打上很多互相借助、互为利用的印迹。通常说人是最复杂的动物,实际是说人我之际很难处理。曾国藩一路冲杀,从乡野之民走向二品大员,在中央十余个部门任职,在地方历任两江总督、直隶总督等要职,由此可以推想,他的人际关系是复杂的。这里交代的是他走向仕途最初的交际网络以及各项原则。

道光二十一年(1841)的春节,是曾国藩在京城渡过的第一个传统节日。大年初一,他起得很早,作为翰林院的一员,他要参加黎明时在太和殿举行的朝贺大典。隆重的仪式举行完毕后,曾国藩回到家中,拜见父亲后即去各处拜年。此后接连四天,曾国藩每天

都是马不停蹄，先走完内城，随后走东城、西城。

他拜年的顺序是先拜老师，这些老师是曾国藩学习的榜样，而且也是朝中的大官员，他们多在内城居住，因此曾国藩初一当天，即从棉花六条胡同的寓所拜见了他十分敬重的老师们。这是曾国藩关系网中的第一个层面。

初二这一天，曾国藩前往各处拜访湖广同乡。当时湖南已是独立的省份，但明朝时还归湖广省管辖，因此曾国藩拜访的同行不仅包括了寓居京师的湖南籍官员，而且包括了湖北省籍人。这则是曾国藩交际圈中的第二个层面。

第三个层面是所谓"同年"，即同学，按《曾国藩日记》载，这又包括甲午乡试同年，及戊戌会试同年两部分人。甲午年是道光十四年(1834)，这一年曾国藩高中举人。戊戌是道光十八年(1838)，这一年曾国藩正式跻身士林，成为曾门的第一个进士。这也是曾国藩走向社会的关系基础。

对于师长辈的，曾国藩在交往中贯穿一个"敬"字，比如对他的老师吴文镕，逢年过节，自然拜谢有加，吴升任江西巡抚赴任时，曾国藩早早起来，一直送到彰仪门外。

祁隽藻，号春浦，当时颇得皇帝宠信，也属师长辈，曾国藩自然少不了与之往来。他知道祁喜爱字画，于是亲自到琉璃厂买了最好的宣纸，为祁写了一寸大的大字二百六十个，恭恭敬敬送上，让祁高兴不已。

对于乡辈同僚，他在交往中贯穿一个"谨"字，即保持一定距离，不可过分亲近，但必须尽职尽责。比如他主持湖广会馆事务，每逢节令时日，他都想得很周到。

对于同年，他在交往中贯穿一个"亲"字。曾国藩说，同学情谊在所有亲情之外是最相亲谊的。这种感情不源于天然，但又胜过天然。因此，他主张对同年要有求必应，尽己力而为之。

【原文】

七月二十五日丑正二刻，余行抵安徽太湖县之小池驿，惨闻吾母大故。余德不修，无实学而有虚名，自知当有祸变，惧之久矣。不谓天不陨灭我身，而反灾及我母，回思吾平日隐慝大罪不可胜数，一闻此信，真无地自容矣。小池驿去大江之滨尚有二百里，此两日内雇一小轿，仍走旱路，至湖北黄梅县临江之处即行雇船。计由黄梅至武昌不过六七百里，由武昌至长沙不过千里，大约八月中秋后可望到家。一出家辄十四年，吾母音容不可再见，痛极痛极！不孝之罪，岂有稍减之处。兹念京寓眷口尚多，还家甚难，特寄信到京，料理一切，开列于后：

一、我出京时将一切家事面托毛寄云年伯，均蒙慨许。此时遭此大变，尔往叩求寄云年伯筹划一切，必能俯允。现在京寓并无银钱，分毫无出，不得不开吊收赙仪，以作家眷回南之路费。开吊所得，大抵不过三百金，路费以人口太多之故，计须四五百金，其不足者，可求寄云年伯张罗。此外同乡如黎樾乔、黄恕皆老伯，同年如王静阁、袁午桥年伯，平日皆有肝胆，待我甚厚，或可求其凑办旅费。受人恩情，当为将来报答之地，不可多求人也。袁漱六姻伯处，只可求其出力帮办一切，不可令其张罗银钱，渠甚苦也。

二、京寓所欠之账，惟西顺兴最多，此外如杨临川、王静庵、李玉泉、王吉云、陈仲鸾诸兄皆多年未偿，可求寄云年伯及黎、黄、王、袁诸君内择其尤相熟者，前往为我展缓，我再有信致各处。外间若有奠金来者，我当概存寄云、午桥两处。有一两即以一两还债，有一钱即以一钱还债。若并无分文，只得待我起复后再还。……

三、开吊散讣不可太滥，除同年同乡门生外，惟门簿上有来往者散之，此外不可散一分。其单请庞省三先生定。此系无途费，不得已而为之，不可滥也；即不滥，我已愧恨极矣。

四、外间亲友，不能不讣告寄信，然尤不可滥，大约不过二三十封。我到武昌时当寄一单来，并寄信稿，此刻不可遽发信。

五、铺店账目宜一一清楚，今年端节已全楚矣。此外只有松竹斋新账，可请省三先生往清，只可少给他，不可欠他的出京。又有天元德皮货店，请寄云年伯往清。其新猞猁狲皮褂即退还他，若已做成，即并缎面送赠寄云可也。万一无钱，皮局账亦暂展限，但累寄云年伯多矣。……

【评述】

先秦时四大公子各养门客数千人，以应付各种事务。曾国藩的麾下也集中了许多优秀的人才，薛福成说曾门幕府是"播种之区"，"众流之汇"，"故其得才尤盛"。曾国藩和谋士之间首先有合作的愿望，可以说是一种相互倾慕、相互追求的关系。曾国藩认为，远而言之则天下之兴亡、国家之强弱，近而言之则兵事、饷事、吏事、文事之成败利钝，无不以是否得人为转移。故多年爱才如命，求才若渴，为吸引和聘请更多更好的幕僚尽了很大努力，做了大量工作。他于率军"东征"之始，即号召广大封建知识分子奋起捍卫孔孟之道，反对太平天国，盛情邀请"抱道君子"参加他的幕府。其后行军打仗，每至一地必广为访察，凡具一技之长者，必设法延至，收为己用。闻有德才并称者，更是不惜重金，驰书礼聘。若其流离失所，不明去向，则辄具折奏请，要求各省督抚代为查明，遣送来营。曾国藩与人通信、交谈，亦殷殷以人才相询，恳恳以荐才相托，闻人得一才羡慕不已，自己得一才喜不自胜，遂有爱才之名闻于全国。由于曾国藩精研百家，兼取众长，早在青年时代即已"道德文章"名满京师，称誉士林；加以其后出办团练，创建湘军，"战功"赫赫，威震天下，遂被封建统治阶级视为救星，受到不少知识分子的崇拜。由于清王朝政治腐败，等级森严，满汉藩篱未除；加以取士不公，仕途拥塞，遂使一大批中小地主出身的知识分子空有一片"血诚"，满腹才华，而报国无门，升发无望，不得不千方百计地为自己另外寻求政治上的出路。有的知识分子非但升发无望，且身遭乱离之苦，徒无定居，衣食俱困，亟须庇护之所，衣食之源。还有一部分知识分子，既无升官发财之念，亦无饥寒交迫之感，甚或已是学问渊博名满士林，但却仰慕曾国藩的大名，以一与相识为幸，一与交游为荣。所有这各类人物，他们闻曾国藩能以诚心待士，破格用人，便纷纷投其麾下，入其幕府。

同时，曾国藩同幕僚之间也是一种相辅相成的关系，幕僚们助曾国藩功成名就，曾国藩使幕僚们升官发财。多年来，幕僚们为曾国藩出谋划策、筹办粮饷、办理文案、处理军

忠王府彩画《燕子玑图》

务、办理善后、兴办军工科技等等，真是出尽了力，效尽了劳。可以说，曾国藩每走一步，每做一事，都离不开幕僚的支持和帮助。即如镇压太平天国一事，他之所以获得成功，并非靠他一人之力，而是依靠一支有组织的力量，其中他的幕僚尤占有一定比重，起了相当大的作用。现仅以曾国藩直接指挥的一个湘军支派"曾湘军"为例。它连下安庆、江宁两座省城，为清王朝镇压太平天国革命立下第一功，是湘淮军中最为突出的一支。如果把它比喻为一个人的话，曾国藩及其幕府恰如它的头和躯干，作战部队则恰如它的四肢。四肢不仅靠头脑支配其每个行动，还要靠躯干供应其营养。西汉初年刘邦在向诸将解释为什么张良足不出户而封赏最高时，曾把战争比为狩猎，以猎人喻张良，以猎犬喻诸将，称指示之功胜于奔走之劳，诸将为之悦服。而在安庆、江宁两役中，曾国藩的幕僚则不仅有指示之功，尤有筹饷之劳，可谓功兼张（良）、萧（何）。自1860年6月至1864年6月，四年之中曾国藩报销军费一千六百多万两，其中绝大多数来自厘金与盐税。这笔巨款主要靠幕僚筹集，没有它湘军早已饥溃，何成功之有？曾国藩所谓"论功不在前敌猛将之后"，绝非夸大之词，至于曾国藩刊行《王船山遗书》和《几何原本》等重要书籍，引进西方科学技术、兴办军事工业等，更是离不开幕僚的努力。否则，他很难挣得洋务派首领的地位。

曾国藩对幕僚的酬报亦为不薄。众幕僚入幕之初，官阶最高的是候补道员，且只是个别人，知府一级亦为数极少，绝大多数在六品以下。他们有的刚被革职，有的只是一般生员，还有的连秀才都不是。而数年、十数年间，红、蓝顶子纷纷飞到他们头上，若非曾国藩为他们直接间接地一保再保，是根本不可能的。李鸿章的经历就最能说明这个问题。他于1858年末入曾国藩幕，后又因故离去。郭嵩焘劝他说："此时崛起草茅必有因依。试念今日之天下，舍曾公谁可因依者？即有拂意，终须赖之以立功名。"李鸿章听其劝告，

重返曾幕。果然,青云直上,步步高升,一、二年间位至巡抚,五、六年间位至钦差大臣、湖广总督,同曾国藩之间已是双峰对峙,高下难分了。试想,如果李鸿章不回曾幕,能够如此顺利吗?恐怕要谋得按察使实缺亦并非易事,虽然他此时已是未上任的按察使衔福建延建邵道道员。

当然,曾国藩同幕僚之间这种关系的维持是有条件的。那就是曾国藩要尊重幕僚,以礼相待;而幕僚也必须忠于曾国藩,绝不许中间"跳槽",改投新主。说明这种情况的最为典型的事例,是冯卓怀的拂袖而去和李元度的被劾革职。冯卓怀是曾国藩的老朋友,一向对曾国藩非常崇拜,为了能朝夕受教,曾放弃条件优越的工作去当曾国藩的家庭教师。曾国藩兵困祁门之时,冯卓怀又放弃四川万县县令职位,投其麾下,充任幕僚。后因一事不合,受到曾国藩的当众斥责。冯卓怀不能堪,决心离去,虽经曾国藩几次劝留皆不为所动,最后还是回家闲住,宁可丢掉官职也不能忍受曾国藩对自己的无礼举动。李元度是曾国藩最困难时期的少数幕僚之一,数年间患难与共,情逾家人,致有"六不能忘"之说。不意其后曾国藩两次参劾李元度,冷热之间悬若霄壤。究其缘由则不外"改换门庭"四字。人们由此不难看出,曾国藩同幕僚的关系,归根到底还是主从关系,其维系纽带全在私谊。私谊对他们双方来说,都是神圣的,高于一切的,任何一方如有违背,这种关系即会解除,甚至结成私怨。

【原文】

十月十七日接奉在县城所发手谕,知家中老幼安吉,各亲戚家并皆如常。七月廿五由黄恕皆处寄信,八月十三日由县附信寄摺差,皆未收到。男于八月初三发第十一号家信,十八发第十二号,九月十六发第十三号,不知皆收到否?

男在京身体平安。近因体气日强,每天发奋用功。早起温经,早饭后读《廿三史》,下半日阅诗、古文。每日共可看书八十页,皆过笔圈点。若有耽搁,则止看一半。

九弟体好如常,但不甚读书。前九月下旬迫切思归,男再四劝慰,询其何故,九弟终不明言。惟不读书,不肯在上房共饭,男因就弟房二人同食,男妇独在上房饭,九月一日皆如此。弟待男恭敬如常,待男妇和易如常,男夫妇相待亦如常,但不解其思归之故。

男告弟云:"凡兄弟有不是,必须明言,万不可蓄疑于心。如我有不是,弟当明争婉讽;我若不听,弟当写信禀告堂上。今欲一人独归,浪用途费,错过光阴,道路艰险,尔又年少无知祖父母、父母闻之,必且食不甘味,寝不安枕,我不安能放心?是万不可也"等语。又写信一封,详言不可归之故,共二千馀字。又作诗一首示诗,弟微有悔意,而尚不读书。

十月初九,男及弟等恭庆寿辰。十一日男三十初度,弟具酒食,肃衣冠,为男祝贺。嗣是复在上房四人共饭,和好无猜。

昨接父亲手偷,中有示荃男一纸,言境遇难得光阴不再等语,弟始愧悔读书。男教弟千万言,而弟不听,父教弟数言,而弟遽惶恐改悟,是知非弟之咎,乃男不能友爱,不克修德化导之罪也。伏求更赐手谕,责男之罪,俾男得率教改过,幸甚。

男妇身体如常。孙男日见结实，皮色较前稍黑，尚不解语。

男自六月接管会馆公项每月收房租大钱十五千文，此项例听经管支用，俟交卸时算出，不算利钱。男除用此项外，每月仅用银十一二两，若稍省俭，明年尚可不借钱，比家中用度较奢华，祖父母、父母不必悬念。

男本月可补国史馆协修官，此轮次挨派者。

英夷之事，九月十七大胜，在福建、台湾生擒夷人一百三十三名，斩首三十二名，大快人心。同乡何宅尽室南归，馀俱如故。

又呈附录诗一首云：

松柏翳危岩，葛藟相钩带。兄弟匪他人，患难亦相赖。

行酒烹肥羊，嘉宾填门外。丧乱一以闻，寂莫何人会？

维鸟有鶺鴒，维兽有狼狈。兄弟审无猜，外侮将予奈。

愿为同岑石，无为水下濑。水急不可矶，石坚犹可磕。

谁谓百年长，仓皇已老大。我迈而斯征，辛勤共粗粝。

来世安可期，今生勿玩愒！

【评述】

兄弟之间，平辈相处，可以情同手足，无话不谈的。

有一次，曾国荃与曾国藩谈心，其中大有不平之气。曾国荃一下子给哥哥提了很多意见。最大的意见是说哥哥在兄弟骨肉之间，不能造成一种生动活泼的气氛，不能使他们心情舒畅。曾国藩虽然稍稍劝止，但还是让曾国荃把话说完了，一直说到夜至二更。在此期间，他还给哥哥提了许多别的意见，这些意见大都切中事理，曾国藩在一边倾耳而听。

曾国藩是一个对自己要求十分严格的人，对兄弟子女也要求十分严格。要求一严，就难免提意见的时候多，表扬的时候少。曾国藩还是一个责任心和道德感十分强的人，凡是看不惯的，有违家法的，他都会直言不讳地给予批评。曾国荃所提的意见实际上是说哥哥太严肃了。

曾国藩的可贵之处在于，他不理论，也不辩解，而是让弟弟把话说完。既然人家有意见，你能堵住他的嘴，但堵不住他的心。有意见你就让他把话说出来，说出来了心中就没有不平之气了，如果你把他的话卡回去，这只能使他的不平之气更添一分，于人于己都没有好处。更何况曾国藩认为曾国荃也说得在理呢？

另外，曾国藩还十分讲究兄弟之间的互相谦让，互相帮助，同甘苦共患难，共同发展，共同进步。兄弟之间如何表达自己的关切和爱护之情呢？曾国藩说："爱之以德"。对弟弟们百依百顺、姑息纵容，并不是爱，反而是不孝不仁。

曾国藩就是这么想的，也是这么做的。他是一个光明磊落之人，总是能将自己的想法与兄弟和盘托出，以求得兄弟的彼此理解、信任与支持。在兄弟五人中，曾国华对哥哥多有误解，所以曾国藩总是能对他敞开心扉，也不回避这种误解。他之所以多次将自己的终身想法告知各位兄弟,是因为他觉得兄弟之间除了肝胆相照,就没有更好的方式了。

在兄弟之间,没有一点龃龉是不可能的,不爱之以姑息同样也是很难做到的,或者爱之深切,或者怕产生隔阂,或者怕得罪兄弟,总是不愿开展批评,以为凡事忍让着就可以万事大吉了。殊不知这就是分歧的开始。曾国藩决不这么做,他在适当的时候就会表现出自己的严厉。

曾国藩身为曾门长子,自度对诸弟之成长、发展担负有不可推卸的责任,常常以自己未能勤于教导、督促诸弟,使其个个功成名就、德行完满而暗自引咎自责。可见他是一个责任心极强的人。这一点在曾氏的生平行状、国事、家事的处置等方面皆有深切的体现,而且他的责任心一方面也与他独特而过人的"硬、挺"功夫相关。想他当年初率湘勇出省作战,屡战屡败,每每困顿绝境,但竟能支撑下来,终获全胜,实堪敬服。曾国藩一生对诸弟的教导、劝诫,也几乎是达到了须臾不忘的境地,足见其耐心和忍性。

曾国藩一生花在四个弟弟身上的功夫心血,并不比用在自己的两个儿子身上的为少。无论学问、人品、军事、性情、养生、治家等,事无巨细,皆有所涉及。可谓为诸弟殚精竭虑,瞻前顾后,唯恐诸弟有失,有负先人。

一次,曾国荃在一封信中谈到了自己很多不顺心的事情,但又没有具体谈到是哪一件事情,以曾国藩的默契敏感,他猜测,弟弟是在担心哥哥之间存有不合。曾国藩告诉他,倘若真是如此,则完全不必担心抑郁,他推心置腹地说:

我们的祖父星冈公过去待人接物不论贵贱老少,全是一团和气,唯独对待子孙侄儿则异常严肃。遇到佳令时节,更为凛然不可侵犯。这大概就是一种收敛之气,目的在于使家中欢乐不至于恣肆放纵。这番苦心不知兄弟你是否会领会。

对曾国荃其人有所了解的人都知道,他是个志大才大不甚收敛的人,而且在细节上不很顾忌,最后竟落得个"挥金如土、杀人如麻"的名声。曾国藩对他的品性必定了解甚深,曾一再劝诫他要收敛,要知道人言可畏。古语云:众口铄金,积毁销骨。那些指责别人的言论不知从什么地方兴起,也不知道在什么地方结束。但是,众口悠悠,沸沸扬扬,防不胜防。那些有才华的人,因为那些怀疑与诽谤无根无据,虽然恼怒,但还是悍然不顾,结果诽谤一天比一天严重;那些有德行的人,虽然知道这些诽谤无根无据但仍深自恐惧,于是收敛下来认真反省,并对自己今后的一言一行、一举一动都十分谨慎,结果诽谤不攻自破,谣言一天天平息下去。

显然,曾国藩愿意看到自己的兄弟收敛起来,深刻反省,而不愿意看到弟弟们悍然不顾。他希望弟弟们听从他的忠告,手足相连,同走正道,他最怕的就是兄弟们各执己见,在家里斤斤计较,互决雌雄,反而忘记了迫在眉睫的外来灾难。

【原文】

火药即日咨请湖北协解五万,不知见许否?凡与人交际,当求其诚信之素孚;求其协助,当亮其力量所能为。弟每求人,好开大口,尚不脱官场陋习。余本不敢开大口,而人亦不能一一应付,但略亮我之诚实耳。四十万铁究竟有着落否?此时子弹亦极少也。

【评述】

诚信，是人赖以生存的灵魂。也许你能欺骗一个人，但你不能欺骗所有的人；即使你诡计多端，欺骗了所有的人，但你能欺骗自己吗？人做到了诚信，然后才谈得恭敬；做到了恭敬，才能取悦于人，受惠于己。

然而，做到诚信，并不是不说假话，假话太容易被识破了。如果你的第一句假话被人识破了，那么你的第二句真话也将被人怀疑，所以人不到迫不得已是不会说假话的。曾国藩在日记中反复谴责和归咎自己的也不是说假话，而是比假话更隐秘，又以更冠冕堂皇的面目出现的不诚实。

有一天，好友窦兰泉来拜访曾国藩，两位学人相见，自然商讨理学，然而曾国藩并未能真正理解窦兰泉所说的意思，便开始妄自发表见解。事后曾国藩就指责自己，这就是心有不诚；不仅自欺，而且欺人，没有比这更厉害的了。由于不诚实，所以说话时语气虚伪强辩，谈文说理，往往文饰浅陋。以表示自己学理精湛，这不过是表演而已。这难道有什么好处吗？

曾国藩虽然意识到了自己的毛病，表示悔改，可事到临头，又身不由己了。没过几日，朱廉甫前辈偕同邵惠西来访，这两个人都是孔子所说的正直、信实、见闻广博的人。尤其是朱廉甫前辈屈尊来访，是把曾国藩视为志同道合的人。没想到曾国藩故技重演，说了许多大言不惭、沽名钓誉的话。

还有一次，好友陈岱云来访，想看曾国藩的新作《馈贫粮》，结果曾国藩以雕虫小技，不值一看为由深闭而固拒。一时掩饰笨拙，文饰浅陋，巧言令色，种种复杂的情形交织在一起，难以言表。事后曾国藩反省，这都是虚荣好名的心理在作怪啊！这些都是不诚实的表现。

经历了内心的这几次折磨与争斗，曾国藩开始给自己约法三章：大凡往日游戏随和的人，性格不能马上变得孤僻严厉，只能减少往来，相见必敬，才能渐改征逐的恶习；平日夸夸其谈的人，不能很快变得聋哑，只能逐渐低卑，开口必诚，才能力除狂妄的恶习。

曾国藩说：天地之所以运行不息，国家之所以存在建立，圣贤的德业之所以可大可久，都是因为一个诚字。所以说，诚者，物之始终，不诚无物。

曾国藩说：凡人不患有过，但患文过，不贵无过，但贵改过。我们应该永远诚心待人，虚心处世。心诚则志专而气足，千磨百折而不改变初衷，终有顺理成章的那一天。心虚而不讲客套，不挟私见，终有为大家所理解的那一天。

一次，他的弟弟有"不诚"的表现，他去信说：

吾自信亦笃实人，只为阅历仕途，饱更事变，略参些机权作用，把自家学坏了。实则作用万不如人，徒惹人笑，教人怀憾，何益之有。近日忧居猛醒，一味向平实处用心，将自家笃实的本质还我真面，复我固有。贤弟此刻在外，亦急须将笃实复还，万不可走入机巧一路，日趋日下也。纵人以巧诈来，我仍以含浑应之，以诚愚应之。久之，则人之意也消。若钩心斗角，相迎相距，则报复无已时耳。

把诚实与胸襟联系在一起，可以说是曾国藩的"发明"。他认为诚实不但是美德，而且可以宜身：

不说假话的人，是没有私心杂念。没有私心杂念的人，就是胸怀宽广的人。所以，天下最诚实的人，就是天下胸怀最宽广的人。

应当读书的时候，就一心读书，不要想着应酬客人；应当应酬客人的时候，就一心应酬客人，心里不要想着读书。一心二用，就有私念。心头一片空明，没有任何杂念。当干什么，就做什么，一切顺其自然。无论做什么，都不能有杂念，做过之后，就不必挂在心上。能做到这点，就可以说虚怀若谷了，可以说诚实了。

为达到诚，曾国藩下过许多克己慎独的功夫。

曾国藩比荀子还严格，要求也更具体，在道光二十二年（1842）二月的日记中，他这样写道："一切事都必须每天检查，一天不检查，日后补救就难了，何况修德做大事业这样的事？汤海秋说：别人道德行为比我高的我得找到自己不足之处，与抱怨者相处而能保持心情平静，就可以算是一个君子了。"

他不仅逐日检点，而且事事检点，天下能够做到这一步的人，大概寥若晨星。曾国藩的这种检点思想，并不是他心血来潮的奇思异想，实在是扎根于深厚的文化传统的自然秉承。孔子就说过"见贤思齐（看齐）"，"见不贤而内自省也"，看到别人有毛病就反省自己，孔子大概是中国第一个善于反省的大师。孟子也是一个善于反省的大师，曾国藩最服膺于他，表示"愿终身私淑孟子"，"虽造次颠沛"，也愿"须臾不离"，而孟子是从别人对自己行为的反应中来反省的，他最著名的方法就是"反求诸己"。曾国藩认真钻研过的程朱理学也强调"正己为先"。曾国藩正是在这样的一个背景下来"逐日检点"的，事关进德修业的大事，所以他才对自己要求得那样严格，不可有一天的怠慢。

曾国藩大概是对自我反省和批判最多的古人之一，不仅严厉，而且苛细，如针如刺，直指心灵中最漆黑的部分。也许你不佩服他的功业，不佩服他的道德，也不佩服他的文章，但你不得不佩服他自我剖析的勇气。

人非圣贤，孰能无过？

谁没有说过假话？谁没有说过大话？谁没有嫉妒他人？谁没有伤害他人？谁从来不好女色？谁做事不占他人便宜？谁敢拍着胸膛对自己或者苍天说，我从来不做亏心事？没有，从来没有。只有过错的大与小，多与少，或者你所犯的过错是人人都会犯的，是人们可以原谅的，可以接受的，但不能说你从来就没有过错。只要是人，有七情六欲，就有人的弱点和局限。曾子为什么"吾日三省吾身"，就是为了少犯过错啊！

《周易》说，易子"见善则迁，有过则改"，《尚书》也说："改过不吝（吝音）"这一方面告诉人们过错是难免的；另一方面也告诉人们要有过必纠，有错必改。

曾国藩则认为，知己之过失，承认它，并且改正它，毫无吝惜之心，这是最难的。豪杰之所以是豪杰，圣贤之所以是圣贤，就在这里。磊落过人，能透过此一关，寸心便异常安乐，省得多少纠葛，省得多少遮掩，还有那修饰装点的丑态。

诚心要当面背后一样,在众人面前及一人独处时一样,对待上司及下属一样。因为曾国藩强调慎独。慎独,是宋明理学家最重要的修养方法。《礼记·中庸》云:"莫见乎隐,莫显乎微,故君子慎其独也。"郑玄注:"慎独者,慎其闲居之所为也。"也就是说,一个人在无人独处的时候,对自己的行为也要加以检束。

【原文】

余腰疼旬馀,今将全愈。开缺辞爵之件,本拟三请四请,不允不休,昨奉十四日严旨诘责,愈无所庸其徘徊。大约一连数疏,辞婉而意坚,得请乃已,获祸亦所不顾。春霆奉旨入秦,霞仙亦催之甚速,然米粮子药运送成难,且恐士卒滋事溃变,已批令毋庸赴秦,又函令不必奏事。除批咨达外,兹将函稿抄阅。

鸿儿十五日到此,一切平安。左公进京,当添多少谤言。日者言明年运蹇,端已见矣。

[又廿六日书云:]

吾十三日请开各缺疏片,奉批旨调理一月,进京陛见一次。余定于正月初间起行,本日有寄少泉一函,寄纪泽一谕,抄付弟阅。此间幕客有言不必进京,宜请一省墓假回籍。余意余与筠仙、义渠情事迥不相同,古称郭子仪功高望重,招之未尝不来,麾之未尝不去,余之所处,亦不能不如此。准开各缺,而以散员留营,余之本愿也;或较此略好。较此略坏,均无不可。但秦、晋、齐、豫、直隶、苏、皖责成一身,即不能胜此重任,此外听命而已。

【评述】

清代中兴名臣曾国藩是位最能参悟保身之道的明眼人。攻下金陵之后,曾氏兄弟的声望,可说是如日中天,达于极盛,曾国藩被封为一等侯爵世袭罔替;曾国荃一等伯爵。所有湘军大小将领及有功人员,莫不论功封赏。时湘军人物官居督抚位子的便有十人,长江流域的水师,全在湘军将领控制之下,曾国藩所保奏的人物,无不如奏所授。

但树大招风,朝廷的猜忌与朝臣的妒忌随之而来。曾国藩说:"长江三千里,几无一船不张鄙人之旗帜,外间疑敝处兵权过重,权力过大,盖谓四省厘金,络绎输送,各处兵将,一呼百诺,其相疑者良非无因。"

颇有心计的曾国藩应对从容,马上就采取了一个裁军之计。不待朝廷的防范措施下来,就先来了一个自我裁军。

曾国藩的计谋手法,自是超人一等。他在战事尚未结束之际,即计划裁撤湘军。他在两江总督任内,便已拼命筹钱,两年之间,已筹到550万两白银。钱筹好了,办法拟好了,战事一结束,便即宣告裁兵。不要朝廷一文,裁兵费早已筹妥了。

同治三年六月攻下南京,取得胜利,七月初旬开始裁兵,一月之间,首先裁去25000人,随后亦略有裁遣。人说招兵容易裁兵难,以曾国藩看来,因为事事有计划、有准备,也就变成招兵容易裁兵更容易了。

曾国藩是熟知老子的哲学的。他对清朝政治形势有明了的把握,对自己的仕途也有一套实用的哲学理念。他在给其弟的一封信中表露说:

"余家目下鼎盛之际,沅(曾国荃字沅辅)所统近二万人,季(指曾贞干)所统四五千人,近世似弟者,曾有几家？日中则昃,月盈则亏。吾家盈时矣。管子云:斗斛满则人概之,人满则天概之。余谓天之概无形,仍假手于人以概之。待他人之来概,而后悔之,则已晚矣。"

俗语说:位盛危至,德高谤兴。历史上像韩信这样在开国大臣因功高而遭杀戮的不乏其有。汉初三杰的命运各不同,萧何系狱、韩信诛夷、子房托于神仙,生出后人多少感慨。张良是一个伟大的智者,他未必相信神仙、长生之类虚妄之说,但他知道自己曾一言而退百万之师,刘邦岂能容他？他及早抽身退步,司马光盛赞他"明哲保身"。另外像晋之谢安,汉之周亚夫,勾践杀文种更是尽人皆知的,三国时的杨修也是因为恃才直言、唐突君王而被杀掉的,这种教训太多了。为官处世,知进退是大道理、大本领。一个人的功劳只能代表过去,未来的一切还必须重新开始。老子说:"成功,名遂,身退,天之道。"纵观历史官场,功成不恃重,名成不恋位,不可为则不为,能为也能不为,见机而作适可而止,无所羁绊,才是官场人生的最佳境界。为人臣,不可不更居安思危。如果身在局中,既想从容,又想保身,该如何办呢？洪应明的《菜根谭》中有一则处世良策,值得玩味;"完名美节,不宜独任,分些与人可以远害全身;辱行污名,不宜全推,引些归己,可以韬光养德。"

【原文】

十九日曾六来营,接尔初七日第五号家信并诗一首,具悉次日入闱,考具皆齐矣,此时计已出闱还家?

余于初八日至河口。本拟由铅山入闽进捣崇安,已拜疏矣。光泽之贼窜扰江西,连陷泸溪、金溪、安仁三县,即在安仁屯踞。十四日派张凯章往剿。十五日余亦回驻弋阳。待安仁破灭后,余乃由泸溪云际关入闽也。

尔七古诗,气清而词亦稳,余阅之忻慰。凡作诗,最宜讲究声调。余所选钞五古九家,七古六家,声调皆极铿锵,耐人百读不厌。余所未钞者,如左太冲、江文通、陈子昂、柳子厚之五古,鲍明远、高达夫、王摩诘、陆放翁之七古,声调亦清越异常。尔欲作五古七古,须熟读五古七古各数十篇。先之以高声朗诵,以昌其气;继之以密咏恬吟,以玩其味。二者并进,使古人之声调拂拂然若与我之喉舌相习,则下笔为诗时,必有句调凑赴腕下。诗成自读之,亦自觉琅琅可诵,引出一种兴会来。古人云"新诗改罢自长吟",又云"煅诗未就且长吟",可见古人惨淡经营之时,亦纯在声调上下工夫。盖有字句之诗,人籁也;无字句之诗,天籁也。解此者,能使天籁人籁凑泊而成,则于诗之道思过半矣。

尔好写字,是一好气习。近日墨色不甚光润,较去年春夏已稍退矣。以后作字,须讲究墨色。古来书家,无不善使墨者,能令一种神光活色浮于纸上,固由临池之勤染翰之多所致,亦缘于墨之新旧浓淡,用墨之轻重疾徐,皆有精意运乎其间,故能使光气常新也。

余生平有三耻:学问各途,皆略涉其涯涘,独天文算学,毫无所知,虽恒星五纬亦不认识,一耻也;每做一事,治一业,辄有始无终,二耻也;少时作字,不能临摹一家之体,遂致

屡变而无所成，迟钝而不适于用，近岁在军，因作字太钝，废阁殊多，三耻也。尔若为克家之子，当思雪此三耻。推步算学，纵难通晓，恒星五纬，观认尚易。家中言天文之书，有《十七史》中各天文志，及《五礼通考》中所辑《观象授时》一种。每夜认明恒星二三座，不过数月，可毕识矣。凡做一事，无论大小难易，皆宜有始有终。作字时，先求圆匀，次求敏捷。若一日能作楷书一万，少或七八千，愈多愈熟，则手腕毫不费力。将来以之为学，则手钞群书；以之从政，则案无留牍。无穷受用，皆自写字之匀而且捷生出。——三者皆足弥吾之缺憾矣。

今年初次下场，或中或不中，无甚关系。榜后即当看《诗经注疏》，以后穷经读史，二者迭进。国朝大儒，如顾、阎、江、戴、段、王数先生之书，亦不可不熟读而深思之。光阴难得，一刻千金！

以后写安禀来营，不妨将胸中所见、简编所得驰骋议论，俾余得以考察尔之进步，不宜太寥寥，此谕。（书于弋阳军中）

【评述】

郑板桥说："富贵足以愚人，贫贱足以立志。"

曾国藩朝考一等，改为翰林院庶吉士，从此置身词林，抱有澄清天下之志，因改名国藩，为国家藩篱之意。

在以后的经历中，曾国藩声名大噪，仕途风顺，十年七迁，这在当时确是很少见的。对于生长深山，出身"寒门"的曾国藩来说，真可谓"朝为田舍郎，暮登天子堂"。变化如此之快，连他自己都感到事出意外。他在升任内阁学士时写信对他祖父说："六月初二日孙荷蒙皇上破格天恩，升授内阁学士兼礼部侍郎衔，由从四品骤升二品，超越四级，迁擢不次。"又不无自负地写信对他的弟弟们说，湖南"三十七岁至二品者本朝尚无一人"，"近年中进士十年而得阁学者，惟壬辰季仙九师，乙未张小浦以及余三人。"在给朋友的信中他说得更加坦白："回思善化馆中同车出入，万顺店中徒步过从，疏野之性，肮脏之貌，不特仆不自意其速化至此，即知好三数人，亦不敢为此不近人情之称许。"

然而，官身的富贵、声名的荣耀，都没能使他安逸下去，反而促使他锐意进取的精神更趋高涨。

他经常借诗文以抒发自己的志趣，自比于李斯、陈平、诸葛亮等"布衣之相"，幻想"夜半霹雳从天降"，将他这个生长在僻静山乡的巨才伟人振拔出来，用为国家栋梁。他十分自信地在诗中表示：

荡荡青天不可上，天门双螭势吞象。

豺狼虎豹守九关，厉齿磨牙谁敢仰？

群乌哑哑叫紫宸，惜哉翅短难长往。

一朝孤凤鸣云中，震断九州无凡乡。

……

虹梁百围饰玉带，螭柱万石拟金钟。

书画用具——笔墨纸砚　清

莫言儒生终龌龊，万一雄卵变蛟龙。

他相信自己终有一天，如同云中展翅翱翔的孤凤一样不鸣则已，一鸣则引来九州的震动；如同生长在深山中的巨材一样，有朝一日成为国家大厦的栋梁。

曾国藩决心按照儒家"修身、齐家、治国、平天下"的正统士大夫的基本人生信条，为维护封建的纲常伦理、维护清王朝的统治而大显身手，实现其"匡时救世"的远大抱负。

在曾国藩看来，人不论是在低微鄙陋之时，还是在飞黄腾达之中，都要志存高远，砺志不息。因而他首先主张立志以成才。

他认为，立志可以使人有所追求，生活有了方向，人才变得充实。

他自省说：自去年（1852年）12月20日后，我常常忧心忡忡，不能自持，若有所失，到今年正月还是如此。我想这大概是志向不能树立时，人就容易放松潦倒，所以心中没有一定的努力的方向。没有一定的方向就不能保持宁静，不能宁静就不能心安，其根子在于没有树立志向啊！

另外我又有鄙陋之见，检点小事，不能容忍小的不满，所以一点点小事，就会踌躇一晚上；有一件事不顺心，就会整天坐着不起来，这就是我忧心忡忡的原因啊。志向没树立，见识又短浅，想求得心灵的安定，就不那么容易得到了。现在已是正月了，这些天来，我常常夜不能寐，辗转反侧，思绪万千，全是鄙夫之见。在应酬时我往往在小处计较，小计较引起小不快，又没有时间加以调理，久而久之，就是引盗入室啊！

曾国藩认为，有志者事竟成。他说，人如果能立志，那么他就可以做圣人，做豪杰。还有什么做不到的事情吗？他又何必要借助别人的力量呢？古书上说："我欲仁，斯仁至矣。"就是说，我想得到仁，这仁也就到了。我想做孔子、孟子那样的人，于是就日夜孜孜不倦地攻读，一心一意地去钻研他们的学问，谁能够阻止我成为孔孟那样的人物呢？如果自己不立志，即使天天与尧、舜、禹、汤这些圣人住在一起，那也只能他们是他们，我还

是我啊！

曾国藩认为人应该立大志，他说：君子立志，应有包融世间一切人和一切物的胸怀，有内以圣人道德为体、外以王者仁政为用的功业，然后才能对得起父母的生养，不愧为天地之间的一个完人。因此君子所忧虑的是德行不修炼，学问不精通。所以，当顽民得不到教化时，他们就深深忧虑；当蛮夷入侵中原时，他们就深深忧虑；当小人在位贤才受害时，他们就深深忧虑；当天下百姓得不到自己的恩泽时，他们就深深忧虑；这真是所谓悲天悯人啊！所有这一切才是君子所要忧虑的，至于一己之屈伸，一家之饥饱，世俗之荣辱、贵贱和毁誉，君子从来就无暇顾及。曾国藩为他的六弟小试受挫，就抱怨命运不济而大惑不解，说：我私下忍不住要笑他气度太小，志向不高远啦！曾国藩的一生极为高远的志向，为了砥志他曾给自己定下了一条座右铭：

不为圣贤，便为禽兽；不问收获，只问耕耘。

为了磨砺志向，曾国藩曾两次改名。曾国藩乳名宽一，名子诚，字伯涵。进入弱冠之年，曾国藩自己改号"涤生"，他在日记中写道："涤者，取涤其旧染之污也；生者，取明袁了凡之言：'从前种种，譬如昨日死；从后种种，譬如今日生。'"抒发了曾国藩弃旧图新，发奋自强的理想与信念。

曾国藩改号涤生，说明他能自律，十年以后，他旧事重提，说明他自律严格。曾国藩之所以能有所作为，就在于他能不停地磨砺自己的志向，日日反省，天天自新。他有一种强烈的、热切的洗心革面的愿望，他是自己卑琐灵魂的严厉审判者，他是自己淫邪恶欲的无情拷问者，他是自己瀛弱身躯的猛烈抨击者，这使他得以洁身、保身、全身。他的功业，不在他的道德，也不在他的文章，而在他对自己肉体和心灵的永无休止的洗涤和更新。

曾国藩在得到翰林的地位后，又一次改名以砥志。

这时，他将名字子城改为"国藩"（暗寓"为国藩篱"）。这时在他为自励所做的五句箴言中，首先一句就是立志，他要荷道以躬；要与之以言。就是要以一身，担当中国的道统。在人生过程中，遭遇任何危险困难，只要神定不慑，谁敢余悔。曾国藩的倔强精神，于以概见。德业之进，全靠有恒，铢积寸累，自然成功。他的五句箴言，许多人都铭之座右，读之思之行之，并觉受益无穷。

同时，为了能使自己真正成为国家之藩篱，他抓住机遇，努力读书。许多人一入仕途，便将书本束之高阁，专在官场中去鬼混。可是他自入翰林院任侍郎后，还在拼命读书。他曾自立课程十二条，悉力以赴。

一个做了高官的人，还要自己规定功课，按日施行，这种自律精神，不仅在今日很少见到；即在古人中，亦很难得。这个自强不息的努力，是曾国藩成功的基本条件。

【原文】

久未闻两江摺差入京，是以未及写信。前接尔腊月二十六日禀，本日固安途次又接尔正月初七禀，具悉一切。余自十二月十七至除夕已载于日记中，兹付回。

正月灯节以前惟初三、五无宴席，馀皆赴人之召。然每日仅吃一家，有重复者辄辞谢,不似李、马二公日或赴宴四五处。盖在京之日较久,又辈行较老,请者较少也。军机处及弘德殿诸公颇有相敬之意,较去冬初到时似加亲厚,九列中亦无违言。然余生平最怕以势利相接,以机心相贸,决计不做京官,亦不愿久做直督。约计履任一年即当引疾悬车,若到官有掣肘之处,并不待一年期满矣。

接眷北来,殊难定策,听尔与尔母熟商。或全眷今春即回湖南,或全家北来保定,明年与我同回湖南,均无不可。若全来保定,三月初即可起行,余于二十日出京,先行查勘永定河,二十七八可到保定,接印后即派施占琦回金陵,二月二十日外可到,尔将书箱交施由沪运京,即可奉母北行耳。

余送别敬一万四千余金,三江两湖五省全送,但不厚耳。合之捐款及杂费凡万六千下上,加以用度千余金,再带二千余金赴官,共用二万两。已写信寄应敏斋,由作梅于余所存缉私经费项下提出归款。阅该项存后路粮台者已有三万余金,余家于此二万外不可再取丝毫。尔密商之作梅先生、雨亭方伯,设法用去。

凡散财最忌有名,总不可使一人知。(一有名便有许多窒碍。或捏作善后局之零用,或留作报销局之部费,不可捐为善举费。)至嘱至嘱!余生平以享大名为忧,若清廉之名,尤恐折福也。杜小舫所寄汇票二张,已令高列三涂销寄回。尔等进京,可至雨亭处取养廉数千金作为途费馀者仍寄雨亭处另款存库,余罢官后或取作终老之资,已极丰裕矣。

纪鸿儿及幕府等未随余勘河,二十三日始出京赴保定也,此谕。

【评述】

人的职位越高、功名越大越容易颐指气使、得意忘形。而此时的失败也越多。曾国藩之所以受到一个多世纪的许多伟人、名人之崇拜,成为封建时代最后一尊精神偶像,与他善收晚场有很大关系。

"声闻之美,可恃而不可恃","善始者不必善终",这也是曾国藩对功名的看法。

曾国藩曾宽慰、告诫弟弟说:我们现在处于极好之时,家事有我一个人担当,你们就一心一意做个光明磊落、鬼服神钦的人。待到名声既出,信义既著,即使随便答言,也会无事不成。所以不必贪财,不必占便宜。

可见,曾国藩是把名誉和贪婪相联系的,贪婪的人,恶名加身;大度的人,清誉在外。一旦名声远扬,就可以不拘小节了。曾国藩的见识可谓高拔,甚至可以说有点狡猾,他把好名声看成人的立身之本,本应正,源要清,不可本末倒置。

曾国藩对家族的名望或声誉十分看重,为了保持这个家庭的名望和声誉,曾国藩可以说殚思竭虑,鞠躬尽瘁。

常言道,树大招风。由于家大业大势大,兄弟几人都在朝廷做大官,于是乎外面就有不少关于他们兄弟的传闻。

曾国藩就不止一次地听说过对他们兄弟恶行的指责,曾国藩听了以后,不想秘而不宣,而是一一转告各位兄弟:或者直接责备,或者委婉相劝,希望他们有则改之,无则加勉。

因为名望所在，是非由此而分，赏罚由此而定。有一年冬天，朝廷中有一个叫金眉生的官员就被好几个人弹劾，结果家产被抄，被没收，妻子儿女半夜站在露天下，饱受风寒冰冻之苦。曾国藩说，难道这个金眉生果真万恶不赦吗？其实不过是名声不好，惩罚随之而来罢了。

所以说，人言可畏，众口铄金，积毁销骨。那些议论不知道在什么地方兴起，也不知道在什么时候结束。众口悠悠，沸沸扬扬，防不胜防。那些有才华的人，因为那些怀疑与诽谤无根无据，虽然恼怒，但还是悍然不顾，结果诽谤一天比一天严重。那些有德行的人，因为这些诽谤无根无据而深感恐惧，于是收敛下来认真反省，并对自己今后的一言一行，一举一动都十分谨慎，结果诽谤不攻自破，谣言一天天平息下去。

曾国藩说：我身居高位，又获得了极高的虚名，时时刻刻都有颠覆的危险。通观古今人物，像我这样名大权重的人，能够保全善终的人极为少见。因此我深深担忧在我全盛之时，不能庇护你们，到了我颠覆之时，或许还会连累你们。所以我只有在我没事的时候，时常用危词苦语来劝诫你们，这样或许能够避免大灾大难啊！

曾国藩不停地反省自己：孟子说："我爱别人，别人却不亲近我，自己要反躬自省，自己的仁爱是否有不到的地方；我们以礼待别人，别人却不理睬我，自己要反躬自省，自己的礼仪是不是不周到。"……我的声望越来越高，就是我自己也不知道这是从何说起，只恐怕名望超过了实际……这全部责任在于做哥哥的提倡、做表率……

大凡功成名就之人，名望欲高，愈是珍重这份荣誉。曾国藩过人之处在于，他对自己的名望始终抱有怀疑的态度，甚至根本就认为没有什么名望。他从自己至爱的兄弟们身上，看到了名望遮掩下的裂痕和隐患，由此及彼，别人会怎样就可想而知了。

怀着这种深沉的认识和忧惧，曾国藩把这一感触不时传送到兄弟们身上。他鼓励、劝勉他们为百姓多干实事，勿为名望二字所累；他说："那才是我曾家门户的光荣，阿兄的幸运。"

【原文】

二月十六日接正月初十禀，二十一日又接二十六日信，得知是日生女，大小平安，至以为慰。儿女早迟有定，能常生女即是可生男之徵，尔夫妇不必郁郁也，李宫保于甲子年生子已四十二矣。惟元五殇亡，余却深为廑系。家中人口总不甚旺，而后辈读书天分平常，又无良师善讲者教之，亦以为虑。

科一作文数次，脉理全不明白，字句亦欠清顺。欲令其归应秋闱，则恐文理纰缪，为监临以下官所笑；欲不令其下场，又恐怕阻其少年进取之志。拟带至金陵，于三月初八、四月初八，学乡场之例，令其于九日内各作三场十四艺，果能完卷无笑话，五月再遣归应秋试。科一生长富贵，但闻谈颂之言，不闻督责鄙笑之语，故文理浅陋而不自知。又处境太顺，无困横激发之时，本难期其长进。惟其眉宇大有清气，志趣亦不庸鄙，将来或终有成就。余二十岁在衡阳从汪师读书，二十一岁在家中教澄、温二弟，其时之文与科一目下之文相似，亦系脉不清而调不圆。厥后癸巳甲午间，余年二十三四聪明始小开，至留馆以

后年三十一二岁聪明始大开。科一或禀父体,似余之聪明晚开亦未可知。拟访一良师朝夕与之讲四书经书八股,不知果能聘请否? 若能聘得,则科一与叶亭及今为之未迟也。

余以十六日自徐州起行,二十二日至清江,二十三日过水闸,到金陵后仍住姚宅行台。此间绅民望余回任甚为真切,御史阿清阿至列之弹章,谓余不肯回任为骄妄,只好姑且做去,祸福听之而已。澄叔正月十三、二十八之信已到,暂未作复,此信送澄叔一阅。

涤生手示(宝应舟中)

徐寿衡之长子次子皆殇,其妻扶正者并其女亦丧,附及。

【评述】

人的处世修身都应该有一定的遵循,一定的准则和目标,也就是要有一种精神和信仰。扩展开来,对一个团体甚或是一个民族、国家亦应如此。但是如果把这种精神信仰神化到迷信的地位,教条地遵循它,其实就变成了一种俗见,必将给你的人生及事业带来不幸。比如我们若把有志者事竟成当作绝对有效的信条去信奉,或者流于顽固,或者在屡次的失败中不能自拔。把"志向"当作万能的神灵,不知道去依据客观的环境、条件去调整自己的行为或志向。再比如把慈善与仁义奉作万能的神明,那么当你面临真的凶恶和粗暴的时候,你则只能是坐以待毙的羔羊。有些俗见是自己造就的,有些俗见是社会形成的。而对社会性的俗见,就更应当有一种说"不"的精神,可以说曾国藩就是这样的一个人。

曾国藩讲抗争,与命运抗争,与逆境抗争,甚至与生死抗争。但他也颇有一种阿Q精神,即当逆境时,回头望一望那些不如自己的人,也就增加了生存的希望。

生命不可轻,生的抗争毕竟要比死的昭示更具有实际性,改造性。怎样才能够珍视自己的生命呢? 按曾国藩的做法,就是要少抱怨客观,多从自己找不足,因而曾国藩说:君子之处顺境,兢兢焉常觉天之过厚于我,我当以所余补人之不足。君子之处窘境,亦兢兢焉常觉天之厚于我——非果厚也,以为较之尤窘者,而我固已厚矣——古人所谓"境地须看不如我者",此之谓也。

曾国藩说:"君子但知有悔耳,悔者,所以守其缺,而不敢求全也。小人则时时求全。全者既得,而吝与凶随之矣。众人常缺而一人常全,天道屈伸之故,岂若是不公乎? 今吾家荣耀乡里,兄弟无故,京师无比美者,亦可谓至万全者矣。故兄但求缺陷,名所居曰"求缺斋",盖求缺于他事,而求全于堂上,此则区区之至愿也。

对此,曾国藩联系到居家之道,他说,家中旧债不能悉清,堂上衣服不能多办,诸弟所需不能一给,亦求缺陷之义也。内人不明此意,时时欲置办衣服,兄亦时时教之。今幸未全备,待其全时,则吝与凶随之矣,此最可畏者也。

贤弟夫妇诉怒于房闼之间,此是缺陷,吾常常思所以弥其缺,而不可尽给其求,盖尽给则渐几于全矣。吾弟聪明绝人,将来见道有得,必且是余之言也。

在事业上,曾国藩同样主张,不可因遭受挫折,而停止自己的努力与奋斗,他给弟弟的信中说,今受折黜,未免愤怨。然及此正可困心积虑,大加卧薪尝胆之功,切不可因愤

废学。他说，无故而怨天则天必不许，无故而尤人则人必不服，感应之端，自然随之。因此，曾国藩找到了对自己负责的办法，他说：凡遇牢骚欲发之时，须反躬自思。吾果有何不足，而蓄此不平之气，猛然内省，决然去之。不惟平心谦抑，可以早得科名，亦且养些和气，可以消灭病患。他并且认为，胸多抑郁，怨天尤人，不特不可以涉世，亦非所以养德；不特无以养德，亦非所以保身。他最后总结道：

大约以能立能达为体，以不怨不尤为用。

至于怨天本有所不敢，尤人则常不能免，亦皆随时强制而克去之。弟若欲自儆惕，似可学阿兄丁戊二年之悔，然后痛下针砭，必有大进。

【原文】

十九日亮一等归，接展来函，具悉一切。

临江克复，从此吉安当易为力，弟黾勉为之。大约明春可复吉郡，明夏可克抚、建。凡兄所未了事，弟能为我了之，则余之愧憾可稍减矣。

余前在江西，所以郁郁不得意者：第一不能干预民事，有剥民之权，无泽民之位，满腹诚心，无处施展；第二不能接见官员，凡省中文武官僚晋接有稽，语言有察；第三不能联络绅士，凡绅士与我营款惬，则或因吃醋而获咎（万簏轩是也）。坐是数者，方寸郁郁，无以自伸。然此只坐不应驻扎省垣，故生出许多烦恼耳。弟今不驻省城，除接见官员一事无庸议外，至爱民、联绅二端，皆可实心求之。现在饷项颇充，凡抽厘劝捐决计停之，兵勇扰民严行禁之，则吾夙昔爱民之诚心，弟可为我宣达一二矣。

吾在江西，各绅士为我劝捐八九十万，未能为江西除贼安民；今年丁忧奔丧太快，若悻然弃去，置绅士于不顾者，此余之所悔也（若少迟数日，与诸绅往复书问乃妥）。弟当为余弥缝此阙，每与绅士书札往还，或接见畅谈，具言江绅待家兄甚厚，家兄抱愧甚深等语。就中如刘仰素、甘子大二人，余尤对之有愧。刘系余请之带水师，三年辛苦，战功日著，渠不负吾之知，而余不克始终与共患难。甘系余请之管粮台，委曲成全，劳怨兼任，而余以丁忧遽归，未能为渠料理前程。此二人皆余所惭对，弟为我救正而补苴之。

余在外数年，吃亏受气实亦不少，他无所惭，独惭对江西绅士，此日内省躬责己之一端耳。弟此次在营境遇颇好，不可再有牢骚之气，心平志和，以迓天休，至嘱至嘱！

承寄回银二百两收到。今冬收外间银数百（袁漱六、郭雨三各二百），而家用犹不甚充裕，然后知往岁余之不寄银回家，不孝之罪，上通于天矣。澄弟于十四日赴县，廿日回家。赖古愚十七日上任。亦山先生十七日散学，邓先生尚未去，萧组田、罗伯宜并已归去，韩升亦于十七日旋省矣。

四宅大小平安。余日内心绪少佳，夜不成寝，盖由心血积亏，水不养肝之故，春来当好为调理。甲三所作八股文近颇长进，科一、四、六三人之书尚熟。二先生皆严惮良师也，一切弟可放心。即颂年祺，不一一。

【评述】

曾国藩说：古人把立德、立功、立言称为三不朽。立德就是树立圣人之德，这是最难

的，也是最空的，所以从周朝、汉朝以来，实在少见靠德行传名于世的。建立功业的像萧何、曹参、房玄龄、杜如晦、郭子仪、李光弼、韩世忠、岳飞，创立学说或以诗文名世的像司马迁、班固、韩愈、欧阳修、李白、杜甫、苏轼、黄庭坚那样的，古往今来能有几个人呢？我辈所用来鼓励自己的，只不过是追求我们尽心尽力所能做到的，而不必去做千古罕见难以攀登追赶的人。他主张从自身切实做起，一点一滴，日积月累，终会有所成。如果一开始目标定得过高，会相形之下，生出许多气馁之心。因此，他发誓一旦为官为宦，就要负起责任，切勿以为官作为人生顺境，那样，也不能成为好官。

曾国藩任直隶总督的日子，属于他仕宦生涯的末路，由于天津教案处理"过柔"，使他受尽天下人的讥讽。这段日子，他心绪低沉，尽管如此，他仍然做了大量的工作。

曾国藩担任直隶总督，最大的政绩是练兵、整治吏治，其次是修理河道。

《清史列传》记载说："曾国藩上任之初，上奏说直隶案件积压很多，和按察使张树声尽力清理，刚有头绪。张树声被调任山西，请求暂时留任一年，来清理积压的案子。诏书以曾国藩到任之后，办事认真，对于吏治民风，尽心整理，废除陋习，遂遵照他的请求，收回成命，让张留在直隶，使他能得到帮助。"

关于整治吏治，曾国藩多次上奏折弹劾下属官员。《清史列传》记载说："先后两次查明下属官员的优劣，列在奏书上，得到旨意分别嘉奖鼓励或是降级革职。"

对于练兵这件事，《清史列传》叙述得最详细，据记载："当时直隶军队废弛，朝廷决议选练六支军队，命令曾国藩持以前制定的练兵章程，筹措妥善办理。五月，曾国藩上奏说：'我看到各位大臣的上奏，对于不应该在直隶驻扎外省部队一事，说得很详尽。养兵虽然不是长久之计，但是东南多年来招募新兵，其中也有许多好的方法，可以作为这时期练兵的参考：一是文法应简约，二是事权应统一，三是情意应融洽。又听说各营操练军队都有冒名顶替的弊病，防不胜防，现在讲求变通，必须首先杜绝顶替的弊病，我原本草拟了一份简明章程，重新练兵，练够万人，不辜朝廷的殷勤教诲。那些没有被选中的，各营剩下的士兵，必须妥善处理，不能听任他们堕落。我计划模仿浙江裁兵的方法，几年后将现在的五折、七折、八折，全部赏钱打发走。兵丁被选中训练的，待遇当然优厚，那些留在营中的，也足以养活自己。营务有了起色，那么京城周围练兵的计划也不至于屡次作罢，如同儿戏，请下令让各部门商议后施行。"

粉彩开光山水图镂盖瓶　清

曾国藩还按朝廷要求制定了简明章程，上奏汇报，其中主要主张"用兵之道，要随地形和敌人情况做出应变。"奏书上达后，得到了皇上的同意。

治理直隶水患，也是曾国藩在直隶总督任上做的一件大事。他上任伊始，就要求清廷拨给银两，以便疏通河道，亲自出省勘查，验收合拢等事。值得注意的是，疏通了永定河，使河患得到了控制。

【原文】

初四夜接初一夜来函，具悉一切。贡院九月可以毕工，大慰大慰。但规模不可狭小，工程不可草率，吾辈办事，动作百年之想。昨有一牍，言主考房后添造十八房住屋，须将长毛所造仓屋拆去另造，即不欲草率之意。

弟中怀抑郁，余所深知。究竟弟所成就者，业已卓然不朽。古人称立德、立功、立言，为三不朽。立德最难，而亦最空，故自周汉以后，罕见以德传者。立功如萧、曹、房、杜、郭、李、韩、岳，立言如马、班、韩、欧、李、杜、苏、黄，古今曾有几人？吾辈所可勉者，但求尽吾心力之所以及，而不必遽希千古万难攀跻之人。弟每取立言中之万难攀跻者，而将立功中之稍次者一概抹杀，是孟子钩金舆羽、食重礼轻之说也，乌乎可哉？不若就现有之功，而加之以读书养气，小心大度，以求德亦日进，言亦日醇。譬如筑室，弟之立功已有绝大基址、绝好结构，以后但加装修工夫，何必汲汲皇皇，茫若无主乎？

刘朱两军，望弟迅速发来。必须安庆六县无贼，兄乃可撑住门面，乃可速赴金陵，至要至要。

【评述】

曾国藩立德立功立言均有极大的成功。而其成功的原因，悉皆得力于修养功夫，因此时人称之为圣相，实非偶然。他的修养方法，便是自己时刻检举自己，力求心安理得，努力上进，他所作五箴，不仅可以律身，兼可教诫子弟，垂范后世。

曾国藩对于父母祖父母至孝，凡父母祖父母的一言一行，无不谨守毋违，且为文纪之，以示子弟，传为家训。至于笃爱兄弟，始终不渝。

曾国藩有四个弟弟，即曾国潢，字澄侯；曾国华，字温甫；曾国荃，字沅浦；曾国葆，字事恒。曾国藩对四个弟弟爱护备至，因战事关系，对九弟曾国荃，尤为关心。曾国荃排行第九，故称九弟，军中呼为九帅。曾国藩任京官时，九弟既同住在京，教督甚严。曾国荃才大志大魄力大，然近于傲，曾国藩尝以"长傲多言，为致败之凶德"戒之；曾国荃喜发牢骚，曾国藩则以"军中不可再有牢骚之气"戒之；曾国荃作战，过于猛进，曾国藩则以"稳守稳打，不轻进，不轻退"戒之；曾国荃于半年之中，七拜国恩，曾国藩则以"斗斛满则人概之，人满则天概之"戒之。有弟如此，不愧为兄；有兄如此，弟之幸运。因为兄弟相见以诚，合作到底，故能成"大功"，立"大业"。

读书做官，做官发财，几乎变成了一个体系，不可分割。可是曾国藩做了几十年的京内官，京外官，从来不取一文来历不明的钱。而且立誓不靠做官来发财，他认为这样的财，是一种最可羞可恨之事，他这样的做法想法，是一般做官的人所梦想不到的。

曾国藩做京官十年，总是过着贫困的生活，直到最后才勉强凑足了一千两银子，寄回家中，且吩咐须以四百两分赠戚族的贫穷者。至于后来带兵多年，做了总督，也从来不取

公家一丝一毫以自肥。

　　曾国藩之女——崇德老人言:文正公手谕嫁女奁资,不得逾二百金。欧阳夫人遣嫁四姊时,犹谨遵遗法。忠襄公(曾国荃)闻而异之曰:"焉有此事!"发箱奁而验之,果信。再三嗟叹,以为实难够用,因再赠四百金。如此清廉的总督,真是罕见。

　　曾国藩率先垂范的处世之道,深深赢得了家人及其身边人的敬服,所以对于家庭成员来讲,都能够相互尊重、相互忍让,使家庭充满和睦的生机。

【原文】

　　正月初十日接尔腊月十九日一禀,十二日又由安庆寄到尔腊月初四日之禀,具知一切。长夫走路太慢,而托辞于为营中他信绕道长沙耽搁之故,此不足信。譬如家中遣人送信至白玉堂,不能按期往返,有责之者,则曰被杉木坝、周家老屋各佃户强我送担耽搁了,为家主者但当严责送信之迟,不管送担之真与否也,况并无佃户强令送担乎?营中送信至家与黄金堂送信至白玉堂,远近虽殊,其情一也。

　　尔求钞古文目录,下次即行寄归。尔写字笔力太弱,以后即常摹柳贴亦好。家中有柳书《玄秘塔》《琅邪碑》《西平碑》各种,尔可取《琅邪碑》日临百字、摹百字。临以求其神气,摹以仿其间架。每次家信内,各附数纸送阅。

　　《左传》注疏阅毕,即阅看《通鉴》。将京中带回之《通鉴》,仿我手校本,将目录写于面上。其去利在营带去之手校本,便中仍当寄送祁门,余常思翻阅也。

　　尔言鸿儿为邓师所赏,余甚欣慰。鸿儿现阅《通鉴》,尔亦可时时教之。尔看书天分甚高,作字天分甚高,作诗文天分略低。若在十五六岁时教导得法,亦当不止于此。今年已二十三岁,全靠尔自己扎挣发愤,父兄师长不能为之力。作诗文是尔之所短,即宜从短处痛下工夫;看书写字尔之所长,即宜拓而充之。走路宜重,说话宜迟,常常记忆否?

　　余身体平安,告尔母放心。

【评述】

　　《周易·系辞下》说:"吉人之辞寡,躁人之辞多。"思想修养好的人,语言简洁,不乱发议论;而性情浮躁的人,滔滔不绝,却言之无物。

　　一个人独处的时候,话不多;与亲人相处的时候,话也很少。但与朋友在一起时,话就很多,如果恰好异性朋友也在一起,话就更多了,真可谓标新立异,妙语连珠,语不惊人死不休。说到得意处,更是手舞之,足蹈之。

　　这一切都是因为人有一种表现欲,或者表现一种气质,或者表现一种才情,或者表现一种风度,或者表现一种智慧,总之是想表现一种优越感,掩饰一种自卑感;想表现自己某一方面长处的人,一定有某一方面的短处。

　　夸夸其谈的人,本来是想表现自己的长处,可是他在表现自己的长处时却暴露了自己的短处;他只知道谈论的乐趣,却不知道沉默的乐趣;只知道表演的乐趣,却不知道观赏的乐趣。

　　我们常常遇到这样的情景,在一辆公共汽车上,一群女学生在那儿叽叽喳喳说个不

停，她们中间没有一个在听，每个人都在说，尽说些陈谷子、烂芝麻的事，尽捡一些不痛不痒的话来说。与其说她们是说给同伴听的，倒不如说是说给车上的乘客听的，她们之间不构成听众。她们是在向乘客们表演，只不过表演的不是说话的内容，而是表演她们说话的神气，眼睛的灵气和小嘴巴——"嗯"——"啊"的娇气。

其实，所有的表现都可以如是观之。

曾国藩年轻时，就是一个有很强表现欲的人。

有一天，曾国藩到陈岱云住处，与岱云谈论诗歌。曾国藩"倾筐倒箩，言无不尽"，他把自己看到的，听到的，想到的，一股脑地全部吐露出来，一直到半夜才回家。可是一回到家里，他就后悔了，自己这样天天沉溺于诗文，而不从戒惧、慎独上切实用功，已经自误了，难道还要以此误人吗？

第二天，冯树堂来访，于是他把陈岱云约来。三个人聊备酒菜，畅谈起来。冯树堂与陈岱云都很节制，只有曾国藩高谈阔论，无休无止。所谈的内容仍然是昨天晚上的话题，然而曾国藩却反反复复，沾沾自喜。朋友散后，曾国藩又检讨起来，忘记了韩愈《知名箴》中的训告，只重视外表，而轻视了内修，夸夸其谈，几乎成了每天的恶习啊！

曾国藩的长处就是他能反省自己。让我们记住《诗经》中的一句话："匪言勿言，匪由（法、道理、合理）勿语。"

【原文】

萧开二来，接尔正月初五日禀，得知家中平安。罗太亲翁仙逝，此间当寄尊仪五十金、祭幛一轴，下次付回。

罗婿性情乖戾，与袁婿同为可虑，然此无可如何之事，不知平日在三女儿之前亦或暴戾不近人情否？尔当谆嘱三妹柔顺恭谨，不可有片语违忤。三纲之道，君为臣纲，父为子纲，夫为妻纲，是地维所赖以立，天柱所赖以尊。故《传》曰，君，天也；父，天也；夫，天也。《仪礼》曰：君至尊也，父至尊也，夫至尊也。君虽不仁，臣不可以不忠；父虽不慈，子不可以不孝；夫虽不贤，妻不可以不顺。吾于诸女妆奁甚薄，然使女果贫困，吾亦必周济而覆育之。目下陈家微窘，袁家、罗家并不忧贫，尔谆劝诸妹，以能耐劳忍气为要。吾服官多年，亦常在耐劳忍气四字上做工夫也。

此间近状平安。自鲍春霆正月初六日泾县一战后，各处未再开仗。春霆营士气复旺，米粮亦足，应可再振。伪忠王复派贼数万续渡江北，非希庵与江味根等来恐难得手。

余牙疼大愈，日内将至金陵一晤沅叔，此信送澄叔一阅，不另致。

【评述】

为人处世，应当敬以持躬，恕以待人。"敬"则小心翼翼，不论大事小事，都不敢有丝毫的疏忽。以"恕"待人，则凡事都为别人留有余地，不独自居功，有过也不推卸责任。如果能把"敬""恕"这两个字时常记在心中，则可以长期担当重要职责，福祚不可限量。

曾国藩主张，对欺侮或欺骗我们的人不要轻易地去计较。在他读书期间以及在招募求才期间的两件广为传诵的事就充分体现了他的这一性格特征。

曾国藩在长沙岳麓书院读书，有一位同学性情褊躁，因曾国藩的书桌放在窗前，那人

岳麓书院

就说："我读书的光线都是从窗中射来的，不是让你遮着了吗？赶快挪开！"曾国藩果然照他的话移开了。曾国藩晚上掌灯用功读书，那人又说："平常不念书，夜深还要聒噪人吗？"曾国藩又只好低声默诵。但不久曾国藩中试举人，传报到时，那人更大怒说："这屋子的风水本来是我的，反叫你夺去了！"在旁的同学听着不服气，就问他："书案的位置，不是你叫人家安放的吗？怎么能怪曾某呢？"那人说："正因如此，才夺了我的风水。"同学们都觉得那人无理取闹，替曾国藩抱不平，但曾国藩却和颜悦色，毫不在意，劝息同学，安慰同室，无事一般，可见青年时代曾国藩的涵养和气度之一斑了。

曾国藩后来任两江总督时求才心切，因此也有被骗的时候。有一个冒充校官的人，拜访曾国藩，高谈阔论，议论风生，有不可一世之概，曾国藩礼贤下士，对投幕的各种人都倾心相接，但心中不喜欢说大话的人。见这个人言词伶俐，心中好奇，中间论及用人须杜绝欺骗事，正色大言说："受欺不受欺，全在于自己是何种人。我纵横当世，略有所见，像中堂大人至诚盛德，别人不忍欺骗；像左公（宗棠）严气正性，别人不敢欺。而别人不欺而尚怀疑别人欺骗他，或已经被骗而不知的人，也大有人在。"曾国藩察人一向重条理，见此人讲了四种"欺法"，颇有道理，不禁大喜，对他说："你可到军营中，观我所用之人。"此人应诺而出。第二天，拜见营中文武各官后，煞有介事地对曾国藩说："军中多豪杰俊雄之士，但我从中发现有两位君子式的人才。"曾国藩急忙问是"何人？"此人举涂宗瀛及郭远堂以对。曾国藩又大喜称善，待为上宾。但一时找不到合适的位置，暂时让他督造船炮。

多日后，兵卒向曾国藩报告此人挟千金逃走，请发兵追捕。曾国藩默然良久，说："停下，不要追。"兵卒退下，曾国藩双手捋须，说："人不忍欺，人不忍欺"。身边的人听到这句话，想笑又不敢笑。过了几天，曾国藩旧话重提，幕僚问为什么不发兵追捕。曾国藩的回答高人一筹："现今发、捻交织，此人只以骗钱计，若逼之过急，恐入敌营，为害实大。区区之金，与本人受欺之名皆不足道。"此事在今人"喷饭"之余，亦足见曾国藩的远见与胸襟。

对这两件事，常人很难容忍，尤其是对那些好逞一时之勇的人们往往认为这是懦者之举。而曾国藩的做法，正和所有成大事者的做法一样，该忍的一定要忍，不可因小失大。

【原文】

十四日接到家信，内有父亲、叔父并丹阁叔信各一件，得悉丹阁叔入泮，且堂上各大人康健，不胜欣幸。

男于八月初六日移寓绳匠胡同北头路东，屋甚好，共十八间，每月房租京钱二十千文。前在棉花胡同，房甚逼仄，此时房屋爽垲，气象轩敞。男与九弟言，恨不能接堂上各大人来京住此。

男身体平安。九弟亦如常，前不过小恙，两日即愈，未服补剂。甲三自病体复元后，日见肥胖，每日欢呼趋走，精神不倦。冢妇亦如恒。九弟《礼记》读完，现读《周礼》。

心斋兄于八月十六日，男向渠借银四十千，付寄家用。渠允于到湘乡时送银廿八两交勤七处，转交男家，且言万不致误。男订待渠到京日偿还其银，若到家中，不必还他。又男寄有冬菜一篓、朱尧阶寿屏一付，在心斋处。冬菜托交勤七叔送到家，寿屏托交朱啸山转寄。

香海处，日内准有信去。王睢园处，去冬有信去，至今无回信，殊不可解。

颜字不宜写白摺，男拟改临褚柳。

去年跪托叔父大人之事，承已代觅一具，感戴之至，泥首万拜。若得再觅一具，即于今冬明春办就更妙。敬谢叔父，另有信一函。在京一切，自知谨慎。男跪禀。

【评述】

"诸葛一生唯谨慎，吕端大事不糊涂。"这是一副名联，也是很好的格言。吕端是宋朝的名宰相看起来笨乎乎的，其实并不笨，这是他的修养，在处理大事时，也是绝不糊涂的。而诸葛亮则一生谨慎，是学谨慎的一个好榜样。在近代，谨慎的典型人物则是曾国藩。

事事谨慎、时时谨慎，是曾国藩人生的一大特色。从上面几则文字中，可见其端倪。本文拟分几个方面予以阐述。

（1）择友须慎。1843 年 2 月 15 日，他给几位老弟的信中说："乡间无朋友，实是第一憾事。不惟无益，且大有损。习俗染人，所谓与鲍鱼处，亦与之俱化也。兄曾与九弟道及：谓衡阳不可以读书，涟滨不可以读书，为损友太多故也。"没有朋友不行，有坏朋友更不行。因此，择友不可不慎，人一生之成败，"皆关乎朋友之贤否"。曾氏任京官期间，广交益友，与京中名士倭良峰、何子敬、吴竹如、何子贞、江岷樵等数十人交往甚密，获益良

多；带兵之后，与胡林翼等人结为至交，世传《曾胡治兵语录》中曾胡并提，也可见二人关系颇好，曾与学生如李鸿章、左宗棠等人，虽名为师生，实则私交也不错，左宗棠与曾有过矛盾但曾去世后，左在挽联中写道："同心若金，攻错若石，相期无负平生。"这是他们友情的最好见证。曾氏之所以能"武功灿烂、泽被海内"（蔡锷语），与他广交益友分不开的。

在我国历史上，有"孟母三迁"的故事，是有关学习与环境的故事。孟子的母亲为了让他更好地学习，3次搬家，改善学习环境。其实，朋友也是学习环境的一个方面，是应该重视的。我国古代也有"割席分座"的故事：两个好朋友一起读书，这时窗外飞过一群白鹤，其中一人丢下书去看，回来之后，仍在读书的朋友说："你读书不专，不是我的朋友，咱们分席而坐吧！"

孔子对"朋友"的解释是"同学为朋，同志为友"，虽然随着时代的变迁，同学的含义有所变化，但他把朋友分为"益者三友""损者三友"，这与今天没有什么不同。孔子说："同正直，讲信用，见闻广博的人交朋友，有好处；同阿谀奉承，当面恭维背后诋毁，夸夸其谈的人交朋友，便有坏处。"因此，择友应当谨慎。颜之推说过："与善人居，如入芝兰之室，久而不闻其香；与恶人居，如入鲍鱼之肆，久而不闻其臭。故君子必慎交游焉。"墨子认为人性如素丝（白丝），染于青色为青丝，染于黄色为黄丝，放进不同颜色的染缸里染过后，就成为不同颜色的丝了。不只白丝如此，"士亦有染"，染于良友，跟着学好；染于不良之友，跟着学坏，"故染不可不慎也"。不仅君子择友须慎一般人也如此。荀子说："匹夫不可不慎于取友，友者所以相佑也。"

（2）择业须慎。曾氏对纪泽的信中说过："尔等后辈日后切不可涉足兵间，此事最易造孽，不易建功，贻万世口实。"要求后辈子弟再也不要从军。并认为自己带兵打仗"择业已殊不慎"。那么后辈应做什么呢？曾氏说："吾不愿子弟为大官，但愿为读书明理之君子。"要求他们习劳作、勤读书，走耕读之路，这样"决不怕没饭吃"。在他的要求下，他的两个儿子后来都没有带兵，长子纪泽后虽为官，但是做文官，主管外交事务。次子纪鸿专攻数学，成就卓著，可惜早死。

职业取向，关乎一个人一生，不可不慎。当今一年一度的高考，考生们填报志愿时反复权衡，何尝不反映出一个"谨慎"二字。大凡择业，须顾及对社会的贡献，社会对这种职业的需求和自身的实际利益几方面。

（3）说话须慎。"原典"的第三则中，曾氏要求弟弟要慎于言。并引用孔子的话，让弟弟在问题没有搞清楚，情况掌握得不多时，决不妄下断语，评头品足。这是曾氏越过满汉矛盾险滩的一贴妙药。这段话的背景是：1860年春夏之交，英法两国以"修约"为借口发动第二次鸦片战争。英法联军于4月22日占领舟山，5月27日侵入大连，6月8日侵入烟台，8月1日占领北塘，8月21日夺得大沽口炮台，24日攻入天津。9月18日攻陷北京东面的张家湾和通州，21日进至距北京只有8里路的八里桥。次日，咸丰帝被迫到热河"避暑"，只留下弟弟恭亲王为钦差大臣，驻守北京。这次英法攻取北京，完全是由于僧格林沁及胜保所部兵败所致。电影《火烧圆明园》已再现了僧部骑兵部队以大刀、长矛、弓

箭等冷兵器对抗英法联军的洋枪洋炮,几次悲壮的自杀式冲锋,令每一名有爱国心的中国人扼腕叹息,悲愤泪下。国弱被人欺,马瘦被人骑!僧部在天津、通州各役,虽均惨败,但确是"挟全力与逆夷死战"。曾国荃得知兵败的消息后,对僧王很是埋怨,并称僧王已不被皇上重用云云。曾国藩严厉地告诫弟弟不要乱讲,一则这不利于缓和满汉矛盾,二则国荃之言确有谬误。细想当时天津、通州名仗,僧部均前赴后继,牺牲惨烈,假若将士们装备稍好一些,必会有另外的景象。今日圆明园的断垣残壁,正是在告诉人们这段历史,不停地警示后人:落后了就要挨打!

(4)为官须慎。曾氏曾对其弟国荃说过:"吾兄弟位高功高,名望亦高,中外指目第一家。楼高易倒,树高易折。吾与弟时时有可危之机。"对于功名利禄,曾氏追求"花未开全月未圆",不使之盈满,而应留有余地,他又说"有福不可享尽,有势不可使尽,宜从畏惧二字痛下功夫。"这些话都反映了曾氏位居高官,但仍有如临深渊、如履薄冰的感觉。

对于"畏慎"二字,他说最应该畏惧谨慎的,第一是自己的良心。他说过:"凡吏治之最忌者,在不分皂白,使贤者寒心,不肖者无忌惮。若犯此症,则百病丛生,不可救药"。第二是"左右近习之人,如巡捕,艾什,幕府文案及部下营哨官三属"。第三是公众舆论。畏惧这三者,自然能做到为官谨慎。

曾氏兄弟攻下南京后,当时的客观环境对于他们非常危险。一方面,那位高高在上的慈禧太后非常厉害,特别难侍候,历史上兔死狗烹,鸟尽弓藏的故事太多,曾氏不能不居安思危;另一方面,外面讲他们坏话的人也很多。尤其是曾国荃把太平天国的王官和国库里面的许多金银财宝全都据为已有。这件事,连曾国藩的同乡好友王湘绮也大为不满,在写《湘军志》时,固然有许多赞扬,但把曾氏兄弟及湘军的坏处,也写进去了。

曾国荃的修养到底不如长兄,一些重要将领,对于外面的批评非议,都受不了。他们中有人向曾国藩进言,何不推翻满清,进兵到北京,把天下拿过来,更有人把这意见写成字条提出。曾国藩看了字条,对那人说:"你太辛苦了,先去休息一下。"打发那人走了,将字条吞到肚中,连撕碎丢入字纸篓都不敢,以期保全自己和部属的性命。这里可以看出曾国藩一个"忠"字,一个"慎"字。

(5)处世须慎。曾氏要求长子纪泽言谈举止须厚重,戒轻浮。这里"厚重"固然有老成练达的意思,但也寓含着事事谨慎的含义。1848年夏,澄侯国潢到县城办事,与地方官有来往,曾氏写信要他:"不贪财,不失信,不自是,有此三者,自然鬼服神钦,到处人皆敬重。此刻初出茅庐,尤宜慎之又慎。"此前1个月,地方官给曾家加了赋税,曾氏写信要求家中三位弟弟(澄侯,沅弟,季弟):"新官加赋我家,不必答应,任他加多少,我家依而行之。如有告官者,我家不必入场。凡大员之家,无半字涉公庭,乃为得体。为民除害之说,为所辖之属言之,非谓去本地方官也。"1864年5月9日,曾氏于军务繁忙之际,特地写信给家中主持家中事务的澄弟,要求他在家乡下宜轻易抛头露面。他写道:"吾与沅弟久苦兵间,现在群疑众谤,常有畏祸之心。弟切不宜轻易出头露面,省城则以足迹不到为是……不可干预公事。"

（6）军事须慎。在军事上，曾国藩的方针是着着稳慎。1858年，曾国荃刚组建吉字营攻打吉安时，曾氏针对他初生牛犊不畏虎的心境，一再劝告他："到吉安后，专为自守之计，不为攻城之计"，"无好小利，无求速效"，"不求近功速效"。1862年3月，已攻占安庆的湘军，夹江而下，连克数城，曾国荃率部渡过长江，打到离金陵只有40里的地方。这时曾氏却认为"沅弟进兵，究嫌太速。余深以为虑"。担心沅弟孤军深入，自陷危地。他又告诫沅弟以坚守不出为妥，他写道："弟军若出壕打仗，恐正中贼（指忠王李秀成援军）之计，贼所求之而不得者。似以坚守不出为最妥，不必出而挫贼凶锋……我有日增之象，贼处已竭之势，则我操胜算矣。"曾氏认为守者为主，攻者为客，不可反主为客；又认为须"致人而不致于人"，他是非常反对速战速决的。

【原文】

弟十九日疏陈轮船不必入江而以巡海盗为辞，殊可不必。弟意系恐李泰国来金陵搅局攘功，何不以实情剀切入告？"苦战十年，而令外国以数船居此成功，灰将士忠义之心。短中华臣民之气"等训，皆可切奏。凡心中本为此事，而疏中故托言彼事以耸听者，此道光末年督抚之陋习，欺蒙宣宗，逮文宗朝已不能欺，今则更不宜欺矣。七船之事，余曾奏过三次，函咨两次，即不许李泰国助剿金陵、苏州。李少荃亦曾上书恭邸二次，计恭邸亦必内疚于心，特以发贼未灭，不欲再树大敌，故隐忍而出此耳。君相皆以腹心待我兄弟，而弟疏却非由衷之言，恐枢府疑我兄弟意见不合，又疑弟好用权术矣。以后此等摺奏，望先行函商一次。

青阳日内无信，不知尚未破否？顺问近好。

［前此十五日书云：］

西人助攻金陵、苏、常，似非总理衙门之力所能阻。余下次有信，必痛陈之。昨复一信，言李泰国七船之事，兹抄寄弟览。

【评述】

大凡做官的人，尤其是做高官的人，没有不想自己要有一个好的结局的。然而很多时候却往往事与愿违。那么怎样才能保证自己有一个好晚场呢？曾国藩以他自己身居高位的体验，认为主要应在平时领会居高位之道。他具体开出三个药方，以防居官之败。

曾国藩说，身居高位的规律，大约有三端，一是不参与，就像是于自己没有丝毫的交涉；二是没有结局，古人所说的"一天比一天谨慎，唯恐高位不长久"，身居高位、行走危险之地，而能够善终的人太少了。三是不胜任。古人所说的"惊心啊，就像以腐杇的缰绳驾驭着六匹烈马，万分危惧，就好像将要坠落在深渊里。"唯恐自己不能胜任。《周易·鼎》上说："鼎折断足，鼎中的食物便倾倒出来，这种情形很可怕。"说的就是不胜其任。方苞说汉文帝做皇帝，时时谦让，像有不能居其位的意思，难道不是在不胜任这方面有体会吗？孟子说周公有与自己不合的人，仰天而思虑事情的原委，以致夜以继日，难道不是在唯恐没有结局的道理上有体会吗？

曾国藩说：越走向高位，失败的可能性越大，而惨败的结局就越多。因为"高处不胜

寒"啊！那么，每升迁一次，就要以十倍于以前的谨慎心理来处理各种事务。他借用烈马驾车，绳索已朽，形容随时有翻车的可能。做官何尝不是如此？

他详细阐发说：国君把生杀予夺之权授给督抚将帅，如东家把银钱货物授给店中众位伙计。如果保举太滥，对国君的名器不甚爱惜，好比低价出售浪费财物，对东家的货财不甚爱惜一样。介之推说："偷人家的钱财，还说成是盗；何况是贪天之功以为是自己的力量。"曾国藩说，我略微加以改动："偷人家钱财，还说成是盗，何况是借国君之名器获取私利呢！"曾国藩认为利用职权谋取私利，这就是违背了不干预之道，是注定要自食恶果的。一事想贪，则可能事事想贪，一时想贪，则可能时时想贪。在这个方面应视手中的权势于虚无，因而也会少生无妄之想。

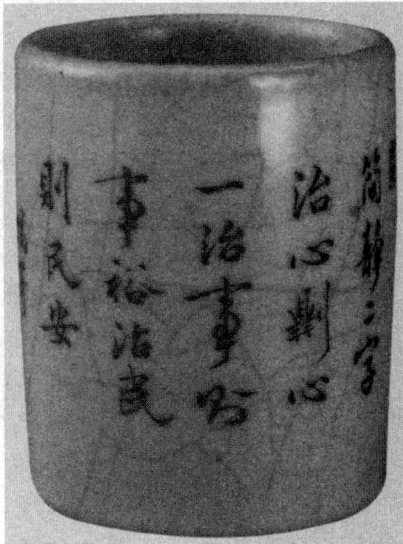

笔筒 清

至于不终、不胜，曾国藩则更深有体会，他说：陆游说能长寿就像得到富贵一样。开始我不知道他的意思，就挤进老年人的行列中了。我近来混了个虚浮的名誉，也不清楚是什么原因就得到了这个美好的声名了。古代的人获得大的名声的时候正是艰苦卓绝的时候，通常不能顺利地度过晚年！想到这些不禁害怕。想要准备写奏折把这些权利辞掉，不要再管辖这四省吧，害怕背上不胜其任、以小人居君子的罪名。

正因为如此，曾国藩虽身居高位，也时时犹履薄冰，大功告成之日，更是益觉如蹈危局。倒使得曾国藩该得到的也得到了，不终也"终"了，不胜也"胜"了。

【原文】

安五归，接手书，知营中一切平善，至为欣慰。

次青二月以后无信寄我，其眷属至江西不知果得一面否？弟寄接到胡中丞奏伊人浙之稿，未知果否成行？顷得者中丞十三日书，言浙省江山、兰溪两县失守，调次青前往会剿。是次青近日声名亦渐渐脍炙人口。广信、衢州两府不失，似浙中终无可虑，未审近事究复如何？广东探报，言逆夷有船至上海，亦恐其为金陵余孽所攀援。若无此等意外波折，则洪杨股匪不患今岁不平耳。

九江竟尚未克，林启荣之坚忍实不可及。闻麻城防兵于三月十日小挫一次，未知确否？弟于次青，迪、雪芹等处须多通音问，俾余亦略有见闻也。

家中四宅大小眷口请吉。兄病体已愈十之七八，日内并未服药，夜间亦能熟睡，至子丑以后则醒，是中年后人常态，不足异也。纪泽自省城归，二十五日到家。尧阶二十六日归去。澄侯二十七日赴永丰，为书院监课事。湘阴吴贞阶司马于二十六日来乡，是厚庵嘱其来一省视。次日归去。

【评述】

曾国藩信奉"运气",同时认为"运气"不是凭空而来的。他还承认成功与否,天意占很大成分,但又认为人谋仍起很大作用。

一次,曾国藩在深入探讨朱熹有大成就所经历的艰辛过程之后,深有感触地说道:"夏弢甫言:朱子之学,得之艰苦,所以为百世之师。二语深有感于余心。天下事未有不从艰苦中得来,而可久可大者也"。

在曾国藩看来,只有经过火炼的才是好金子,只有经过大波折、大磨难得来的成功才是可以持久而有发展的成功。

中国有句成语——居安思危,实际是讲泰极否来,盛衰可以循环往复的道理。因此,把握顺境,不安于顺境,在安稳中忧虑危险会随时到来,使人保持警惧状态,阻止或推迟"否"的到来,就显得十分重要。

人的一生也不可能总是顺境,同时也不可能总是逆境,长时间的逆境会让人看不到希望,而放弃努力,会消磨人的意志,使人成为环境的附庸;如果顺境长了,也会滋长好逸恶劳、安于现状的习气。在此,曾国藩提出了守骏莫如跛的观点,他说:

东坡"守骏莫如跛"五字,凡技皆当知之,若一味骏快奔放,必有颠踬之时。一向贪美名,必有大污辱之事。余以"求阙"名斋,即求自有缺陷不满之处,亦"守骏莫如跛"之意也。

因此曾国藩特别主张,在艰苦难耐之时须在"积劳"二字上着力。同治二年(1863)十一月,曾国荃的湘军在对天京进行了长达一年多的围困之后,好不容易在十一月初五日晚上用地道轰陷太平军坚守的天京城墙十余丈,但却被太平军将士奋力抢堵,使湘军伤亡三百多人,使天京的攻克更感到遥遥无期,面对如此不顺之境遇,什么人都会丧失信心倍感焦躁,何况曾国荃更是一个凡事受不得挫折急于求成之人,而在这时,曾国藩却写信给他的弟弟,告诫说:

古来大战争、大事业,人谋仅占十分之三,天意恒居十分之七。往往积劳之人非即成名之人,成名之人非即享福之人。此次军务,如克复武汉、九江、安庆,积劳者即是成名之人,在天意已算十分以道,然而不可恃也。吾兄弟但在积劳二字上着力,成名二字则不必问及,享福二字则更不必问矣。

不求顺境,其实就是指如何对待运气不来时的逆境,而逆境中的坚忍耐力则是人们成功的一个必备素质。在曾国藩看来,"运气不来,徒然怄气"是无用的。帮人则委曲从人,尚未必果能相合;独立则劳心苦力,尚未必果能自立。如真能受委屈,能吃苦,则家庭亦未始不可处也。也就是,在逆境中,如果支撑得住,终会有立得住的一天,有柳暗花明的未来。

【原文】

初四日午刻安五等来,接到家信,具悉一切。父大人声色不动,毫无惊怖,实我辈所万不能及。

塔副将在湘潭大获胜仗,五仗共杀贼至四千人,三日连破贼营三次,至第四日,贼不敢筑营矣。凡自贼中逃出者,皆言自广西起事以来,官兵从无此非常之胜。现在湘潭贼势甚为穷蹙,若能破城剿灭此股,则靖江以下之贼、朱亭以上之贼皆为易办。湘潭大战之时,贼调回湘乡一枝兵,我县得以无恙,我家得以安全,皆塔副将之功也。

所可恨者,吾于初二日带水师五营、陆勇八百至靖江攻剿贼巢,申刻开仗仅半顿饭久,陆勇奔溃,水勇亦纷纷奔窜,二千余人竟至全数溃散,弃船炮而不顾,深可痛恨!惟"钓钩子"未出队者略存子药炮位,而各水手亦纷纷尽散,红船之水手仅存三人,余船竟无一水手,实为第一可怪之事。刻下兄已移寓妙高峰,留数百陆勇护卫。

如使湘潭一股竟就扑灭净尽,则天下事大有可为;若湘潭贼不遽灭,则贼集日众,湖南大局,竟多棘手之处。

尽人事以听天,吾惟日日谨慎而已。

【评述】

曾国藩一生有"两怕",怕"鸡毛"、怕"天威"。怕鸡毛怕得莫名其妙,怕天威倒是有所来历。

咸丰三年(1853)十一月,安徽、湖北两路告急,清廷屡次诏令曾国藩出兵援助,但他当时正因"长江千里,战船实为急务",大练其水师,故拒不应命,直至拖到十二月,曾国藩这才奏陈鄂、湘、皖、赣四省合防之道,兼筹以堵为剿之策。为此,咸丰皇帝大为恼火,发下一纸朱批,将他狠狠地骂了一顿:

……朕知汝尚能激发天良,故特命汝赴援,以济燃眉。今观汝奏,直以数省军务一身克当。试问汝之才力能乎否乎?平时漫自矜诩,以为无出己之右者,及至临事果能尽符其言甚好,若稍涉张皇,岂不贻笑天下?……言既出汝口,必须尽如所言,办与朕看!

从此,曾国藩一生一世,便凛于"天威可畏",遇事"恭慎廉抑",或慎或惧,唯恐"身败名裂"。

其实,曾国藩办事常存一畏惧之心,为人懦缓在很多方面都有所体现。

如曾国藩在保举人才方面就十分谨慎。如他保举之法中有一种密保,他就十分小心,按照惯例,各省督抚每年年终要对司、道、府、县官员进行秘密考核,出具切实考语,"以备朝廷酌量黜陟,"故清政府对此极为重视,"措词偶涉含糊,即令更拟",官员的升迁降黜皆以此为据,战争期间清政府基本上仍沿用此法,虽候补官员奏保甚滥,而实缺官员的补授则非地方督抚出具的切实考语不可。因这些考语是秘密的,任何人不得外泄,所以,这种考核办法及其考语,称为密考。而依照此法保奏官员即称为密保。也正因为这一点,汇保一般只能得到候补、候选、即用、即选之类,而只有密保才能得到实缺官员,所以,曾国藩欲保奏实缺官员,就只有密保。咸丰十一年,奏保左宗棠、沈葆桢、李鸿章等人的八字考语极有力量,说李"才大心细,劲气内敛",左宗棠"取势甚远,审机甚微"。在左宗棠评语中,又加"才可独当一面",沈葆桢"器识才略,实堪大用,臣目中罕见其匹"。清廷很快准奏,左宗棠授浙江巡抚,沈葆桢授江西巡抚,李鸿章授江苏巡抚,由此可见密保

作用之大。所以曾国藩奏称:"臣向办军营汇保之案稍失之宽,至于密保人员则慎之又慎,不敢妄加一语。上年奏片中称'祝垲在豫,士心归附,气韵沈雄,才具深稳,能济时艰',虽不敢信为定评,要可考验于数年数十年以后。"

鉴于封疆大吏不干涉清廷用人权这一原因,曾国藩保奏实缺官员十分谨慎,按级别大小大体分为三个层次,分别采取不同办法。保奏巡抚一级官员,曾国藩只称其才堪任封疆,并不指缺奏保。保李、沈时说,二人"并堪膺封疆之寄。"保奏左宗棠帮办军务时则说:"以数千新集之众,破十倍凶悍之贼,因地利以审敌情,蓄机势以作士气,实属深明将略,度越时贤。可否吁恳天恩,将左宗棠襄办军务改为帮办军务,俾事权渐属,储为大用。"而对于司、道官员则指缺奏荐,不稍避讳。如保奏李榕时说:"该员办理臣处营务两载以来,器识豁达,不惮艰险。现委办善后局务,实心讲求。可否仰恳天恩,准令江苏候补道李榕署理江宁盐巡道缺,随驻安庆,俾臣得收指臂之功。"对于州县官员更有不同,曾国藩不仅指缺奏荐,且对因资历不符而遭吏部议驳者,仍要力争。

可见,曾国藩对保举的对象有严格的界限区分,这是他避嫌疑而采取的办法。对于不称职的巡抚大员,他的行文又稍明确一些。他上奏浙江巡抚王有龄"办理杭州防务,尚属费心,惟用人或尚巧滑,取财间有怨言。"江苏巡抚"薛焕偷安一隅,物论繁滋。苏、浙财富之区,贼氛正炽,该二员似均不能胜此重任"。这是他握有节制四省大权后,急于挽救大局而只能明确表示自己的态度,故如此参劾不称职者。

在参劾苗沛霖的问题上,曾国藩也体现了懦缓的品性。为什么他迟至次年正月初十日才正式上书呢(其时翁同书业已去职)?原因有两条,一是曾国藩为人行事懦缓。每有大计常思虑再三、决断后才行动。十一月初,他在接到同年好友、湘抚毛鸿宾的严肃批评后,仍不能下定决心。请看他十一月初八给毛鸿宾的回信:"……翁药房往年屡保苗沛霖之良忠,今春屡劾苗沛霖之叛迹,……此等行径,鄙人颇思抗疏严劾,则又以愚陋如仆,忝窃高位,又窃虚名,方自攻其恶不暇,不欲更翘人短以炫已长,以是徘徊未决,祈阁下代为詹尹之卜,何去何从,早惠南计。弟于身家恩怨无所顾惜,所疑者,虚名太盛,又管闲事,恐识者斥为高兴耳。"二是当他下决心疏劾时,辛酉政变发生。肃顺一派倒台,翁心存得以复出。曾国藩既恐因肃顺事件牵及自身;又恐因疏劾不当而得罪当道。是以迁延观望,直至确认自己站稳地步后,才予以出奏,这也是老于政事者的惯常手腕。李鸿章在与曾国藩畅谈时,就曾指出曾国藩的弱点是"懦缓",即胆子小,这两个字入木三分地刻画出曾国藩的性格特点。

【原文】

前次于诸叔父信中,复示尔所问各书贴之目。乡间苦于无书,然尔生今日,吾家之书,业已百倍于道光中年矣。买书不可不多,而看书不可不知所择。以韩退之为千古大儒,而自述其所服膺之书不过数种,曰《易》、曰《书》、曰《诗》、曰《春秋左传》、曰《庄子》、曰《离骚》、曰《史记》、曰相如、子云。柳子厚自述其所得,正者曰《易》、曰《书》、曰《诗》、曰《礼》、曰《春秋》,旁者曰《穀梁》、曰《孟》《荀》、曰《庄》《老》、曰《国语》、曰《离骚》、曰

《史记》。二公所读之书，皆不甚多。

本朝善读古书者，余最好高邮王氏父子，曾为尔屡言之矣。今观怀祖先生《读书杂志》中所考订之书：曰《逸周书》、曰《战国策》、曰《史记》、曰《汉书》、曰《管子》、曰《原子》、曰《墨子》、曰《荀子》、曰《淮南子》、曰《后汉书》、曰《老》《庄》、曰《吕氏春秋》、曰《韩非子》、曰《杨子》、曰《楚辞》、曰《文选》，凡十六种，又别著《广雅疏证》一种。伯申先生《经义述闻》中所考订之书，曰《易》、曰《书》、曰《诗》、曰《周官》、曰《仪礼》、曰《大戴礼》、曰《礼记》、曰《左传》、曰《国语》、曰《公羊》、曰《穀梁》、曰《尔雅》，凡十二种。王氏父子之博，古今所罕，然亦不满三十种也。

余于《四书》《五经》之外，最好《史记》《汉书》《庄子》《韩文》四种，好之十余年，惜不能熟读精考。又好《通鉴》《文选》及姚惜抱所选《古文辞类纂》、余所选《十八家诗钞》四种，共不过十余种。早岁笃志为学，恒思将此十余书贯串精通，略做札记，仿顾亭林、王怀祖之法。今年齿衰老，时事日艰，所志不克成就，中夜思之，每用愧悔。泽儿若能成吾之志，将《四书》《五经》及余所好之八种一一熟读而深思之，略做札记，以志所得，以著所疑，则余欢欣快慰，夜得甘寝，此外别无所求矣。至王氏父子所考订之书二十八种，凡家中所无者，尔可开一单来，余当一一购得寄回。

学问之途，自汉至唐，风气略同；自宋至明，风气略同。国朝又自成一种风气，其尤著者，不过顾、阎（百诗）、戴（东原）、江（慎修）、钱（辛楣）、秦（味经）、段（懋堂）、王（怀祖）数人，而风会所扇，群彦云兴。尔有志读书，不必别标汉学之名目，而不可不一窥数君子之门径。凡有所见所闻，随时禀知，余随时谕答，转之当面问答，更易长进也。

【评述】

曾国藩坚决不越君臣的名分，因此奠定了他在"中兴名臣"中的首脑地位。但是，湘军发展鼎盛时，台面越来越大，内部的矛盾也逐渐暴露了，尤其是羽翼丰满者争求自立门户，而清廷巴不得湘军内部出现矛盾，好从中驾驭。对此，曾国藩自有对策。

湘军集团作为一个军事政治集团，是由思想相通、利害相关、地域相同、社会关系（家族、亲朋、师生）相近的人，在镇压太平天国革命运动的过程中，逐步形成并发展起来的。和封建时期其他士大夫政治派别一样，并无组织条规，更谈不上组织纪律。曾国藩作为这个集团最高首领，只是由于他既是湘军的创建者，又是当时所有成员中地位最高，声望最隆的人，而其他成员，包括胡林翼在内，又是他一手提拔保荐的。这就是说，首领与成员，成员与集团之间，完全是靠个人感情、道义和一时利害关系而纠集在一起，这自然没有强制性的约束力。正是由于这一点，早在1853年、1854年之交，王鑫就因为要发展个人势力，与曾国藩大闹矛盾，终至公开决裂；不过，当时王鑫地位低下，力量单弱，这一分裂没有发生多大影响，没有产生严重后果，湘军集团仍然保持着一体性。

十年后的情况就大不相同。湘军集团中督抚大帅，纷出并立，与曾国藩官位相近者多达二十余人。这就是说，湘军集团已由1855、1856年一个司令部一个中心的格局，变为真正的多中心。这虽然促进了湘军的发展，但多头中心的通病，即内部矛盾加剧，甚至

公开分裂,也将不可避免。这些大头目气质互异,与曾和集团的关系,也有深浅亲疏之别。如阎敬铭与胡林翼虽有知己之情,保举之恩,但胡一死,此情就不复存在。而山东距湘军集团势力范围又遥远,彼此并无密切的利害关系;所以他任山东巡抚后,就实际上脱离团体,向清廷靠拢。为此,他在奏折中称赞僧格林沁"不宜专用南勇,启轻视朝廷之渐"的主张,是"老成谋国,瞻言百里",并且表白:"自古名将,北人为多,臣北人也。"更为重要的是,他们各有辖区,各有部队,所处环境局势又不相同。这样,随着时间的推移,局势的演变,湘军集团各督抚,势必利害不能一致,甚至相互冲突,从而导致各行其是,乃至明争暗斗。而清廷虽然全面依靠湘军去镇压革命,但对湘军集团因此而急速膨胀壮大,也不能不抱着隐忧。湘军集团的裂痕,正为清廷分而治之,甚至促其公开分裂,提供了可乘之机。

僧格林沁

正是从这一愿望出发,当江西巡抚沈葆桢与曾国藩掀起争夺江西税收的明争暗斗时,清廷就大力支持沈葆桢,不顾曾的反对和困难,批准沈的截饷请求。当沈与曾大闹意气,以告病假与曾相抗时迎承意旨的御史上奏说沈"所以力求引退者,特以协饷用人两端与曾国藩意见不合,而营员乘间伺隙,饰非乱是,是以沈葆桢知难而退"。清廷即据此下诏,表面上是训诫沈、曾两人,实际上对沈多方维护,对曾则加以责难:"恐有耳目难周之弊",要曾"毋开小人幸进之门",不要为人"任意播弄"。这样,就把沈、曾纠纷完全归咎于曾国藩一人。得到那拉氏信任,管户部的大学士倭仁责备曾:"岂贤如幼丹(沈葆桢字),而不引为同志者。道途之口,原不敢以疑大贤。"1853年,沈又奏请截留江西厘金。户部在议奏中对曾又进行明显习难。正如曾所言:"户部奏折似有意与此间为难",以致"寸心抑郁不自得",深感自己"用事太久,恐人疑我兵权太重,利权太大。"从而使曾感到很大的压力。

这种情况表明,环绕着沈、曾纠纷,在北京已经形成上自大学士、尚书、御史,下至一般舆论,对曾国藩横加非难的浪潮,而清廷正是这一浪潮的中心和推动者。那拉氏、奕䜣当政以来,虽然进一步扩大与湘军集团的合作,给曾国藩以很大的权力。但同时,也在讲求驾驭之术,察看曾国藩等所作所为,力求既要重用,又不使之跋扈犯上。护沈抑曾正是为此而发。这不仅仅是向曾泼一点冷水,使其不要忘乎所以;更重要的是,这还可以分化湘军集团,使沈成为其中敢于同曾对抗,向清廷靠拢的引路人。沈自然有恃无恐,更倾心于清廷。正如沈自己所说:"且余知有国,不知有曾;予为国计,即有恩亦当不顾,况无恩耶?"这样,沈终于与曾闹到公开决裂,"私交已绝"的地步。明白个中原因的曾国藩自然愈益"藏热收声",谦恭对上,以求自全。

　　曾国藩最初对清廷各打五十大板的做法颇为不满，以辞职相要挟。但是，他善于审时度势，认识到闹下去对湘军、对自己、对朝廷都不利。这时，他的"忍"字诀又占了上风，以委曲求全来寻找共同点。与沈的关系果然也和好如初。这是曾国藩在处理"多山头"时的一种策略。内部一定要团结，别人才无机可乘。

【经典实例】

曾国藩以仁礼治兵

　　曾国藩一面肃清湖南境内民众的反抗，一面又扩充他的部队而成为湘军。对于练兵、带兵，他本是十足的外行，可是他凭着读书、修养的一套"明理"工夫，竟把一支地主武装练就出来。曾国藩首先提出治兵的理论说："带勇之法，用恩莫如用仁，用威莫如用礼。仁者即所谓欲立立人，欲达达人也。待弁勇如待子弟之心，常望其成立，望其发达，则人知恩矣！礼者即所谓无众寡、无大小、无快慢、泰而不骄也。正其衣冠，尊其瞻视，俨然人望而畏之，威而不猛也。持之以敬，临之以庄，无形无声之际，常有懔然难犯之象，则人知威矣！守斯二者，虽蛮貊之邦行矣，何保勇之不可治哉？"

　　仁与礼是治国治民的大经大法，曾国藩用这套理论来治兵，确有成效。当时他对士兵的要求，不仅是在营要做良兵，还要外出能做良民。他曾说："我辈带兵勇，如父兄带子弟一般，无银钱，无保举，尚是小事，切不可使他因扰民而坏品行，因嫖赌洋烟而坏身体，个个学好，人人成才，则兵勇感恩，兵勇之父母妻子也感恩了。"以仁礼来治兵，是儒家的倡导，他们认为如此这样军队自是王者之师了，王者之师可以无敌于天下，所以曾国藩以书生来带兵，就是走的这条路。

　　《淮南子》云："众之所助，虽弱必强；众之所去，虽大必亡。"人心的向背，民众的支持与离异，关系到部队的生死存亡，这个道理曾国藩显然明白，所以他再三嘱咐所属各部，以爱民为本。他说："爱民为治兵第一要义。须日日三令五申，视为生命根本之事，毋视为要结粉饰之文。"

　　正是为了获取民心，咸丰八年(1858)，曾国藩在江西建昌军营中写了通俗晓畅的《爱民歌》。

　　曾国藩写作《爱民歌》不完全是一种策略，他也是有感而发。他说："我近年从事军务，每驻扎一处，我就走遍城镇与乡村。看到的是没有不毁坏的房屋，没有不砍伐的树木，没有不遭破败的富户，没有不受欺压的穷民。大概被贼寇损害的占十分之七八，被官兵毁坏的占十分之二三。令人触目伤心，我在私下喟然长叹：行军危害百姓竟到了如此地步啊！所以每次委任将校，我总是告诫他们，一定要把禁止骚扰百姓放在第一位。"这大概是促使他写作《爱民歌》的心理原因。

　　有了《爱民歌》并不一定万事大吉了，老百姓看惯了官样文章，装扮粉饰，自然也就不以为然，他们更看重实际行动。曾国藩也想，区区一纸文告，怎么能马上得到百姓的欢心

呢？他建议部下深入到百姓中去，亲自训导，将自己的真情实意完全表达出来，这样百姓才会心悦诚服。尤其是在审判诉讼后当堂告诫，这样才会足以感人。见效最快的就是勤听诉讼，为百姓申冤鸣屈，打抱不平。

尽管有了《爱民歌》，但骚扰百姓的事还是屡屡发生。在泾县就出现了抢人掳物的事件，虽然为首的被砍头示众，但老湘营的统营却一味开脱自己的责任。曾国藩写信给以了严厉的斥责：

"你们说这件事与你们营无关，未免太自信了。一般说来，管辖既多，一定有耳目难以周详的时候，也一定有号令不执行的地方。我治军多年，时刻警告士兵严禁骚扰百姓，每次遇到有人告我的部下骚扰百姓的案件，都不敢护短拒绝别人的控告，不敢相信我的士兵都是善良的，也不敢怀疑控告的人都是诬陷。而你们对于这类案件，事前既没有防范，事后又袒护部下，坚决拒绝别人的控告，那么你的士兵从此就会更加肆无忌惮，官民从此就更不敢对军队说实话，想使他们不仇恨军队怎么可能呢？

想当初你们驻扎在泾县时施行了发粥搭棚的惠政，泾县百姓没有不歌颂的，每当我想到这里就欣慰不已。在这营规初坏，声名锐减之际，如果能严于自治，切实整顿营规，保全往日声名，那百姓自有公道，他们也会化怨恨为赞美的。不然的话，以爱民始，以扰民终，先后判若两人，这不是我委任你们的拳拳之心。望你们对这番话严肃对待，认真体会。"

曾国藩说："带兵之道，用恩莫如用仁，用威莫如用礼。"早年曾国藩研究程朱理学，对仁义礼智心领神会，心悦诚服，经过多年的带兵实践，他发现这套理论对处理官兵关系极为有用。

仁，就是自己想建功立业，则先让别人建功立业，自己想兴旺发达，则先让别人兴旺发达。将帅对待官兵如同父兄对待子弟一样，总是希望他们兴旺发达，总是希望他们建功立业。人同此心，心同此理，那么官兵就会对你感恩戴德。

礼，就是所谓无论人多人少，无论官大官小都一视同仁，不敢怠慢。身处高位，不骄傲自大，盛气凌人。再加上衣冠整齐，举止严肃，自然令人望而生畏，威而不猛。持之以敬，临之以庄，无形无声之际，常常有凛然不可侵犯的正气。如果这样部属就会感到你的威严了。如能做到"仁""礼"，治军就会所向披靡，无往不胜。

曾国藩以诚待人

曾国藩强调慎独。慎独，是宋明理学家最重要的修养方法。《礼记·中庸》云："莫见乎隐，莫显乎微，故君子慎其独也。"郑玄注："慎独者，慎其闲居之所为也。"也就是说，一个人在无人独处的时候，对自己的行为也要加以检束。

曾国藩在临死前两年，对儿子曾纪泽、曾纪鸿提出了全面的修身养性的要求，其中第一条就是慎独。他说："慎独则心安。自修之道，莫难于养心。心，既知有善(亦)知有恶，

而不能实用其力(在实践中身体力行),以为善去恶,则谓之自欺。方寸(心)之自欺与否,盖(大概)他人所不及知。而已独知之(只有自己一人知道)。故《大学》之'诚意'章,两言(两次说到)慎独。果(真)能好善如好好色,恶恶如恶恶臭,力(努力)去人欲,以存天理,则《大学》之所谓自谦,《中庸》之所谓戒慎恐惧,皆能切(切实)实行之。"

攻克天京后,曾国藩兄弟的声望达到了极点。颂功的人群络绎不绝,但曾国藩没有一丝喜悦的表情;别人称赞曾国藩用兵如神,他矢口否决,认为是忠诚感动了天下,卒以成大功。

诚与忠相近,待人以诚,即是忠。曾国藩把平定大乱归结为诚,虽有"拔高"的成分,但在曾国藩从选将练兵到与太平天国对抗打仗的所有过程,确实离不开一个诚字。

正因为人有可塑性,所以曾国藩注重教育的功效,而教育的内容,至为重要的,也应当是忠诚朴拙,引导人向善,选将练兵也以此为尚。

在《练兵纪实》一书中,戚继光把"练将"摆在十分重要的位置进行论述,曾国藩读后获益匪浅。戚继光论将着重"将德",他说"如果将领技艺高超但修养很差,而世人又很拥戴他,这就会使将领养成骄慢之习气,久而久之,将领甚至可能成为举兵造反的逆臣"。为此,他认为练将"当首教以立身行己,捍其外诱,明其忠义足以塞于天地之间,而声色货利足以为人害。"为矫正将领的货利之心,要进行思想政治教育,让他们先读《孝经》《忠经》《论语》《孟子》等白话文本,次第记诵;随后再向他们讲《武经七书》"俟其尚志既定,仍复如前,晓以祸福利害之数,成仁取义之道"。戚继光强调以封建道德观念、儒家忠信以及传统伦理,从精神上武装将领,使之成为忠将、良将、无负君父、家国之望,从而效命疆场。饱受理学熏陶,善于治心的曾国藩,目击晚清绿营将领浮滑巧伪之风,深恶痛绝,一读到戚氏选将、育将之法颇中其心怀,对此深有体会。曾国藩以戚氏选将之法为主旨,对于将领首先看重的是为将之人的"忠义血性",他一再强调:"今欲谋大计,万众一心,自须别开生面,崭新日月,专用新招之勇,求忠义之士将之。""带勇之人概求吾党血性男子,有忠义之气而兼韬铃秘者。""带勇须智勇深沉之士,文经武纬之才……大抵有忠义血性则四者(按指:'才堪治民','不怕死','不急之名利','耐受辛苦')相从以俱;无忠义血性,貌似四者,终不可恃。"

穆彰阿对曾国藩早年有知遇之恩,曾发达后对穆也极为感激。即使在穆被罢斥后,曾每过穆宅,总不免感慨一番。二十年后,曾赴任直隶总督前进京陛见时,还专程拜访穆宅。后来曾赴天津办理教案,恐自己再无机会进京,又专门写信令其子曾纪泽再次前往穆宅,向穆彰阿的儿子萨廉致意。

正因如此,曾国藩特别讨厌那些狡诈的人。曾国藩在两江做总督时,官署中有一个很高的亭子,凭栏远望,可以看见官署的内外情景。一天,他在亭子中徘徊,看见有一个头顶戴着耀眼花翎的人,拿着手版,向仆人做着苦苦请求的样子。仆人摆手拒绝他,举止非常傲慢,那个人无奈地离去了。第二天登亭,又看见那个人,情景和昨天一样。第三天,看见那个人摸索袖中,拿出一包裹着的东西,弯着腰献给仆从,仆从马上变了脸色,曾

穆彰阿与乙丑同年雅集图(局部)　清

国藩看到这里,心中有点疑虑。过了一段时间,到了签押房,仆从拿着手版进来,通报说有新补的某位监司求见。曾国藩立即让请进来,原来就是连日来在亭子上所看到的向仆从苦苦哀求的那个人。问他何日来这里的,答说已来三日。问为什么不来进见,则支支吾吾不能对答。曾国藩对监司说:"兄新近就任,难道不缺什么办法法纪的人吗?"监司回答说,衙署中虽是人满为患,如果您要是有推荐的人,也不敢不从命。曾国藩说:"那好。只因这个仆从实在是太狡诈,万万不可以派以重要的差事,只让他得一口饭吃就足够了。"监司点头称是。于是召那位仆从进来,严肃地对他说:"这里已经没有用你的地方了,现特推荐你到某大人处,希望你好好侍从新的主人,不要怠慢。"仆从不得已,弯一条腿以示谢意。等到退出去以后,大为气愤,携带行李去了别的地方。

　　清朝朝考选拔贡生,取得知县的官位,以到一省的先后作为补缺的顺序,授予职位后就去拜见吏部的负责管理签发授职凭证的官员。一旦取得了授职凭证,没有不立即前往赴任的。曾国藩做侍郎的时候,有两个门生,都取得了直隶知县的职位,同时去拜谒曾国藩,曾国藩问他们赴任的行期,其中一人为杨毓楠,就回答说:"已经雇好了车,马上就要动身了。"另一位则说:"还得等待准备行装。"曾国藩怀疑杨毓楠为奸巧的官吏,很快又听说先去赴任的乃是另外那位,因而感叹地说:"人真是难以看透啊! 杨毓楠所回答的,正是他拙诚的体现。"曾国藩后来多次写信给直隶大吏,赞扬杨毓楠的贤良。后来,杨毓楠又到曾国藩那里,曾国藩便问他上司对待他怎样,杨毓楠回答说:"上官待属吏皆很好,待毓楠也好。"曾国藩大笑说:"你真诚实啊。好,好。"杨毓楠后来做官至大名知府,另外的那一位却因事被参劾,正如曾国藩所说。杨淡于宦情,曾国藩做直隶总督时,欲委署道缺,竟辞归。于是赠他一联,写道:"已喜声华侔召杜,更看仁让式乡间"。

　　曾国藩这种崇尚拙诚,反对巧诈的待人品格,使他的周围聚集了许多忠直廉敬之士。

　　为了达到"礼治"的目的,曾国藩一方面对被统治阶级严刑峻法,而另一方面对为封建统治者劳心尽力的人,则大力提倡"诚",并在"诚"字前加一"血"字,谓之"血诚",强调"诚"必须出自内心,达到至极。

　　曾国藩所说的"诚",不是语义学上的"诚实"的意思。首先,他把"诚"当作一个哲学范畴,同时,他又把"诚"用为一个政治术语。他常引用程颢的"诚便是忠信"的话,并说:"君子之道,应首先为天下倡导忠诚。"他作《湘乡昭忠祠记》,极力为一批镇压农民起义军的湘乡人如罗泽南等涂脂抹粉,美化为"忠烈",认为咸同之乱世,幸"得忠诚者起而矫

之",并歌颂说:"吾乡数君子所以鼓舞群伦,历九载而平定大乱,并非笨拙而是忠诚的效果吗?"这段文字说明:曾国藩的所谓"诚",实际上便是对封建统治者的"忠",二而一。在曾国藩看来,臣诚,必尽忠于君;僚属诚,必尽忠于长官。这样,"诚"便成了维系君与臣、长官与僚属、统领与兵勇的一条又粗又大的黑色纽带。

再有,从曾国藩本人的政治活动,也可充分说明他说的"诚"的这个政治内涵。咸丰初,皇上下诏求言,大有一番有所作为的样子。学子们于是指陈时弊,恳呈己见,一时纷纷纭纭,奏章不下数百件。但大多被以不要妄加评议的上谕而束之高阁,"归于簿书尘积堆中"。血气方刚的曾国藩面对这种情况,颇为愤懑地说:"书生之血诚,只是供胥吏唾弃的把柄而已!"这里,"书生之血诚"与"臣下之忠心"完全是同义词。咸丰三年正月,他发出自己出办团练后第三封给湖南"公正绅耆"的公开信说:"自度才能浅薄,不足谋事,唯有'不要钱,不怕死'六字时时自矢,以质鬼神,以对父君。""不要钱,不怕死"是他的"血诚"的重要内容。后来,他失败于靖港,在向朝廷的请罪折中信誓旦旦地说,虽经挫折,"仍当竭尽血诚,一力经理"。曾国藩一生正是秉着这股"血诚"来与太平军和捻军纠缠的。他于咸丰十年感慨万分地说:"天下滔滔,祸乱来已;吏治人心,毫无更改;军政战事,日崇虚伪。非得二三君子,倡之以朴诚,导之以廉耻,则江河日下,不知所终。"又说:"精诚所至,金石亦开,鬼神亦避。"他简直把"朴诚"当作医治满清王朝的政治病的一副"良药"。

所以,曾国藩不仅要求自己须有一"诚"字,以之立本立志,也处处以"血诚"要求自己的下属。在这里,"忠义血性"与"血诚"是同义词。

仁是与人为善的意思,不是用阴暗的心理揣度别人。俗话说:以小人之心度君子之腹,这就是诡、是诈,是过于精明。如果处处与人为善,成全他人,自己也就欣欣向善了。在这一点上,他最崇拜提出"仁"这一学说的孟子。他说:读《养气》这章,好象对其要义有所领会,希望这一生都敬慕仿效孟子。即使仓促苟且之时,颠沛流离之际,都会有孟夫子的教诲在前,时刻不离身,或许到死的时候,可能有希望学到他的万分之一。

曾国藩从《易经》阴阳变化的道理,引申出人一定要为后世着想。他开出了避祸的第一个药方是:"窒塞私欲,经常念及男儿有泪之日;惩禁愤怒,当思考人到绝气之时。"他痛加反省,五十岁时说:精神萎靡不振到了极点,我年纪还不到五十岁而早衰到如此地步。这都是由于天赋资质不足所致,并又百般忧愁催老和多年精神抑郁得不到快乐而使身体受到损伤,从今以后每天坚持静坐一次,或许能等于服一剂汤药的疗效。

曾任曾国藩幕僚的薛福成说:"至于他始终不变,而持之以恒的,则可以说是克制自己为主体,以引进贤能为用,两者是已尽善尽美了。大凡克制自己的功夫未到家,那么本原就不定,起初影响学业,继而累及事业,开始很缓慢,见效却很快。"曾国藩从学业有成后,做侍从官,与已故大学士倭仁、前侍郎吴廷栋、故太常寺卿唐鉴、故道员何桂珍,讲求儒宗先辈的书,剖析义理,宗旨很纯正,他高风亮节,震惊一时。

平时行为节制很严格,不暴露于外,心里很宽容坦然,对人从不求全责备。所以他的

方针大而能包容,通达而不迁曲,没有以前人讲学的弊病。从来不轻易著书立说,专门亲身体验,道德进步尤其快。他在军中在官场,勤恳给下边做表率,无论早晚。俭朴修养自身但不很寒酸,长时间被众人看见。他的素质自我勉励也勉励别人,每遇到一件事,尤其预防畏难取巧,祸患在前面,诽谤在后面,也毅然前往不回头。

曾国藩与人共事,有功劳则推让给别人,辛苦的事则自己承担是自然的趋福避祸之道。盛德的感动,从对部下的感化开始,到对同僚的体谅,最后有人跟随并美慕效法,所以能够转化社会风气,就在这里。所以能够挽救艰难困苦的原因,也在这里。曾国藩秉性谦和,从不居功自傲,从军以来,在请假服丧期间,虽然立了一些功绩,但不管什么样的褒奖荣誉,一概不敢接受。等到治丧过后,战功更显著,恩宠的命令接连不断,他弟曾国荃多次以战功晋升,他也必然一再写疏推辞。他的内心深处尤其想远离权势,防备外重内轻的毛病,所以对管辖四省管辖三省的命令,推辞更加有力,并不是假装的。临事怕大功难成,事成则怕盛名难副,所以地位声望愈高,就愈存在能力不足的思虑。前年回两江任职,朝廷答应他坐镇即可,然而他仍然是带病工作,不肯稍微休息,临死的那天,仍然接见朋友官员处理文件。数十年来 每天做事都有日记,二月初四日不再写了,还殷殷以没尽到官职为内疚。谨慎为官的意思,溢于言表。这是他克己的功夫,老了更深,即使古代圣贤自强不息的精神,也没有超过他的。

因而评价他的人才说:"综述曾国藩的为人,他临事谨慎,行动合乎规范,对成败得失,在所不计,好像汉臣诸葛亮,然而遇到机会,建树广阔,则又超过了。他谋划决策,适应环境,下笔千言,说清事理,好像唐臣陆贽,然而涉及各种艰险,亲尝甘苦,则又超过了。他无学不着,默默研究精髓要旨,而实践踏实,始终如一,好像宋臣司马光,然而百战功勋,饱经世变,则又超过了。"

曾国藩平定大乱,当时都颂扬他的功劳,李鸿章受挫日本,中外都批评他的过失。吴汝纶认为,功名的事,很不好说,恐怕会有机会存在其间。他说:"功名之事,恐怕难说吧?起初曾文正公在靖港大败,困在南昌,死守祁门,难道知道以后能够中兴,感武壮烈像这样?官在曾胡诸公间周旋,当时称媪相,后来和胡公一起扬名。湖南最初开幕府,左宗棠调兵供食,以诸君自居相待,而彭刚直公徒步千里,出入贼中,赴曾公的急艰,都是壮烈。功名大小,都不是偶然。两个人议论对外事务,都认为议和,购买船炮为非。越南战役,都是带领兵士用旧法防御海防。没有碰见敌人而兵自己疲惫了,也算幸运了。然而世上还有二公的威望在,说能够巩固边境打退强敌。曾文正公既死去,现在李鸿章独撑艰难,经营远谋,有三十年,天下人想看看他的风采。等到兵败于日本,中外把过都归于他。兴盛衰败有规律,难道是人力能左右了的吗?"

吴氏在《铜官感旧图记》中说:"曾国藩的为人,并不是一世的人,千年不常遇的人。"曾国藩以他的拙诚朴直、仁让宽忍,又给后代积下了许多福分。

总之,血诚是曾国藩修身、求才、治军、治政的一条重要原则,是他借以团结一批封建文人、打败太平天国的精神力量,也是他企图"复礼"、实行"礼治"的重要保证和理想途

径。这正是魏征所说的"君子所保,唯在于诚信,诚信立则下无二心"的意思。

曾国藩兄弟对围攻天京,意见不一,湘军内外也为此争执。扩而大之,清廷对此也有不同策略。但最终曾国藩同意了曾国荃的攻坚战,终于攻下天京。这也是曾国藩"执理甚明"的典型事例。取得安庆战役的胜利以后,曾国藩雄心勃勃,他制定了一个新的战略构想,即三路进兵天京,对太平天国进行最后一击。由安庆顺江而下是主攻方向,集中了湘军的精锐部队,由曾国荃、曾贞干、鲍超、张运兰、多隆阿、杨载福、彭玉麟率所部沿大江南北全面推进,攻取天京。左宗棠由江西进兵浙江;李鸿章招募淮军,进兵上海,转而进兵苏南。两者用以牵制李秀成支援天京,并切断天京物资供给线。

正当曾国藩踌躇满志,分兵五路东进,步步为营,包围攻取天京城时,他们的内部合作却出了问题,问题的症结出在曾国荃。

曾国荃,字沅甫,号叔纯。是曾国藩的四弟,曾氏习惯按男女一同排行,他就是行九,故人称"曾九"。曾国藩亦惯称其九弟。

曾国荃的生性十分骄横,史书记载他"少负奇气,倜傥不群"。十六岁时曾到京师随曾国藩读经,但他对圣贤经书却不感兴趣,未几便甩手还乡。他的资质倒很聪敏,曾国藩也认为他们兄弟中真正有出息地数着老九了。回乡不久以府试第一名入县学,举为优贡。

咸丰六年(1856年),曾国藩坐困江西南昌,他弃文就武,在家乡募得三千湘勇,自率赴江西,途中攻陷安福,进攻吉安,连战皆捷,被朝廷加赐同知官衔。他的军队称"吉"字营,成为湘军嫡系。后一直在江西同太平军作战,侥幸的是,他领兵作战,多能取胜,湘军在江西的几次著名战役,如吉安战役、景德镇战役,他的部队皆是作战主力。多次得手,他的官职便升为知府、道员。

他被胡林翼看中,称他为"罕见之将才",乃调为湖北军。后所部增为万余人,参加安庆战役,是围城的主力部队。他指挥军队,深挖长壕两道,内外作战,在其他各路军的配合下,终将安庆攻破,为清廷立下汗马功劳,官升江苏布政使。

安庆战役后,他广募军队,准备东下直捣天京城,所部达二三万人。

曾国荃性格暴烈、贪婪跋扈、排斥异己,其他将领多与之不和,湘军内的鲍超、杨载福、彭玉麟等多对他有很深的成见。他所统带的吉字营十分凶恶,每陷一城皆尽情屠杀,财物、子女尽数掠取,焚杀成性。

安庆战役中,曾国荃与多隆阿产生了极大矛盾。一是太湖战役时,多隆阿负责守太湖,陈玉成大军前来进攻,在情况紧急之时,曾国荃等部不来援救,辛赖鲍超苦战,胡林翼派兵援求,才取得该战的胜利。二是攻打安庆城,多隆阿独挡桐城一面,挡住陈玉成的大军增援,连番苦战,保证了围城部队的战斗进行。然而,战后曾国荃却列为首功,赏赐丰厚,多隆阿出力极大,损失也很重,却未得封赏。因此,对曾氏兄弟,尤其对曾国荃极为不满。据说封赏之后未见他的赏赐,气得大病了一场,下决心"三面并举,五路进军"的战斗命令后,曾国荃(曾国葆咸丰三年因战败被裁回乡,再出时改名曾贞干）率军急进，连下无为、巢县、含山、和州、太平府、东梁山、金柱关、芜湖、江宁镇、板桥、秣陵关、大胜关等地，直逼天京城，同治元年五月四日（1862年5月31日）在天京城南门外的雨花台扎下营寨。

曾国荃和他的心腹大将李臣典、萧孚泗、刘连捷、彭毓橘、朱洪章等在太平天国的叛将韦俊的带领下，察看了这座江南名城。他看到天京城高池深，深沟高垒，城围辽远，以他的两万人马想要攻取这座名城，简直是白日做梦。他虽攻至城下，却不敢轻举妄动，更深怕城内的太平军和苏福省的李秀成一起出动，将他们歼灭掉。所以，他一面督促湘军在雨花台一带修筑工事，做长期战争准备；一面派人投书，催促各路人马到来。

然而，曾国荃等了多日，也不见别路人马到来。先是李续宜的北路军由镇江刚要出师，忽接父丧凶信，匆匆回家奔丧，其部将唐训方远在皖北，闻讯南援，结果被太平军阻于寿州。鲍超由宁国北进，遇太平军杨辅清等部，展开血战，亦难达天京。这时，可援之军只有多隆阿一路，曾国藩接到雨花台寄来的加急求救文书，命多隆阿迅速南下。多接信后，开始还有军事行动：攻陷庐州，准备南下，但突然按兵不动，拒赴合军天京之约。曾国藩再三恳请赴援，多不为所动。这时，有一股四川农民起义军入陕，多隆阿部将雷正绾已入陕阻击。多隆阿与湖广总督官文密约，再奏令多隆阿本人率队入陕，皇帝居然准奏。多隆阿与官文皆以不赴天京之援，暗自高兴，因为久与曾氏兄弟不和的官文也不愿湘军得到成功。

多隆阿率军西去，曾国藩万分惊慌，派人飞马送信给官文，让他追回多隆阿，仍让多赴南京之援。他在信中说："闻人秦之贼人数不满三千"，有雷正绾一军以足敌，而"江南贼数之多比秦何止百倍"，仍请将去之不远的多隆阿追回。然而，官文明知天京城下急需多隆阿赴援，却置曾氏兄弟的求援于不问，使曾国荃的雨花台之师成了孤军。

曾国荃两万余人在南京城下进退两难，时刻准备遭受太平军的打击。但是，在别人眼里，却认为曾氏为了独占破城之功，不肯与他部合作，还有人说，多隆阿西走便是曾氏兄弟所排挤。

正在曾氏兄弟两头为难之时，李秀成受天王洪秀全之严命，率领二十万大军自苏州进抵天京城下，很快对雨花台的湘军发动了进攻。曾国藩闻李秀成率兵回援天京，知道曾国荃等难逃灭顶之灾，吓得连日吃不下饭，睡不着觉。写信给守制的李续宜说："鄙人心已用烂，胆已惊碎"，求他"夺情"返回战场，助自己一臂之力，救出雨花台下的湘军将士。同时派人去上海向李鸿章求援，要求把曾国荃原来的部队由程学启率带援救曾国荃。结果，李续宜染病在家，无法出山；李鸿章仅派吴长庆、张树声所部少量新兵前往，曾国藩干脆不再向他要援兵了，因为这些许新兵起不了救援之作用。

救兵求不到，李秀成的二十万大军已包围了曾国荃的二万多人马。曾国荃想逃也逃脱不了，只得咬紧牙根，依靠修好的壕沟、堡垒，与李秀成展开了生死搏斗。

然而，出人预料的是，李秀成大军自同治元年闰八月二十日（1862年10月13日）开始进攻雨花台湘军营垒，至十月五日（11月26日）止，共计围攻四十六天，竟然没能攻入曾国荃修筑

的壕垒,而自行撤围离去,曾国荃竟然侥幸逃过了灭顶之灾。

因祸得福,曾国荃经此一战,声名更加大振,曾国荃更加踌躇满志,感到自豪。许多参加此战的湘军军官也都因此而取得莫大的政治资本。这次战役与太平天国的生死存亡关系甚大,李秀成未打破雨花台的湘军大营,在退走时又遭到湘军的袭击,伤亡十几万人,从此之后,太平军再也无力组织对围城湘军的攻击了,直至天京被曾国荃等部攻陷为止。

曾国藩与人为善

"与人为善,取人为善"源自《孟子》。曾国藩继承这个思想并将之做了详尽的解释:"思古圣人之道莫大乎与人为善。以言诲人,是以善教人也;以德薰人,是以善养人也:皆与人为善之事也。然徒与人则我之善有限,故又贵取诸人以为善。人有善,则取以益我;我有善,则与以益人。连环相生,故善端无穷;彼此挹注,故善源不竭。君相之道,莫大乎此;师儒之道,亦莫大乎此。"是说孟子强调的是虚心采纳各种意见,那么在曾国藩那里,取、与两件事成了相互推动、永不终结的一个过程的两个方面。

与此同时,曾国藩还把这确定为处理人际关系的根本原则之一。他在《日记》中写道:"九弟来久谈,与之言与人为善、取人为善之道,……无论为上、为下、为师、为弟、为长、为幼,彼此以善相浸灌,则日见其益而不自知矣。"而且在他权力所及之处,他还力图将这个原则化为必须遵守的制度。1859年他在给部下的一封信中谈道:"前曾语阁下以取人为善,与人为善……以后望将取诸人者何事,与人者何事,随时开一清单见示,每月汇总账销算一次。"这不是把既定的原则化为制度或工作方法了吗?

"与人为善,取人为善"是曾国藩处理人际关系的一个准则,它使曾国藩的事业人才辐集,兴旺发达。

曾国藩与人为善的事,俯拾皆是,因此他的幕僚多对曾国藩尊之为师,极为崇拜,事事效法,奉为楷模。因此,有幕府如水渠之说,这些幕僚皆深受曾国藩的影响,或效其坚忍,或师其勇毅,或明其大道,或法其坦诚。

曾国藩取人为善的事例亦不为鲜见,如听人之谏纳人、举事,采纳僚属意见婉辞皇帝意旨,等等。大事如此,小事亦能如此。如免"进场饭"一事,更能说明曾国藩的取人为善。

曾国藩守其父星冈先生之教,天不亮就起床,明炮一响即布席早餐。在东流大营时,欧阳兆熊及李肃毅、程尚齐、李申甫共饭,群以为苦,曾国藩知道后,尝笑曰:"此似进场饭。"克复安庆后,欧阳兆熊要在9月朔期归家,置酒为饯,席间从容进言:"此间人非不能早起,但食不下咽耳。吾今归矣,欲为诸人求免进场饭何如?"曾国藩笑领之。故欧阳兆熊以书调笑李肃毅说:"从此诸君眠食大佳,何以报我?古人食时必祭先为饮食之人,君等得不每饭一祝我乎?"李肃毅复书:"进场饭承已豁免,感荷感荷!惟尚齐、申甫皆须自

起炉灶,恐不免向先生索钱耳。"此虽一时戏谑之言,当时情事亦可想见。

免"进场饭"这件事虽小,但可见曾国藩取人为善的姿态。他最初在京师时,也横挑鼻子竖挑眼,倚才傲物,因此得罪了一些人,后来他躬自检悔,觉得"与人为善"是不树敌的第一妙着,而"取人为善"是完善自己的绝好药方。

值得一提的是,曾国藩并没有在他的选择中,只是简单、顽固地固守旧的东西,而是力求在旧的成分中尽量加进那些新的东西,时代的东西,也许这是他的成功形象更臻完美之所在。

曾国藩的时代,清朝已经病入膏肓,对于这一点,曾国藩虽认为并未如日薄西山那样的严重,但也初见其端倪。

曾国藩早年溺于文辞,忙于科考,于政治一途,了解并不甚多。从 1842～1851 的 10年间,可以说,他过着安闲自在的京官生活。他先后担任过翰林院侍讲、侍读和国史馆协修等官职。这些官职地位不低,但毫无实权,也无事可做,只不过是"为储才养望之地"而已。同时,他又担任过礼部、工部右侍郎等职。实际生活情形也与在翰苑差不多。正是在这时,他能够有较多的时间和精力,去关注时势,了解社会政情,时与师友通信联系,在讨论学术的同时,交换对时局的看法,从而使他对于现实政治的兴趣越来越浓厚;尤其是第一次鸦片战争以及往后数年间动荡不安的严酷现实,促使他花了大量精力去研究政治,寻求治世良方。

内忧外患如急风暴雨,不时飘入曾国藩办事衙门的高墙,搅入他那沉静安谧的书斋,震撼着他的心灵。也正是这种封建纲常伦理大乱至极的严酷现实,以及他那京官生活的众多阅历和师友间通信联系所得来的认识,使他敏锐而又深刻地看到了政治的腐败和官吏的通弊。同时,也由于他充分认识到清政府是地主阶级的唯一政治代表,同他本人和家庭的根本利益是一致的,因此他从维护清王朝、忠于皇帝的信念出发,对于满清政治的腐败表示不满,从而提出大胆的批评。不满越多,批评越尖锐,越能表明他对于现实政治的关注,对于统治集团的效忠。而这种利益的联系以及对现实的不满与关注终于使曾国藩越出了封建伦理纲常的藩篱,做出了一些针砭时弊之举,并踏上了戴孝出山,杀人为业的"仁人君子"所不耻的镇压人民革命的征途。

曾国藩引用庄子的话说:"美名成功于长时间的积累。"骤然为人信服的人,那么这种信任是不牢固可靠的;突然之间就名噪一时的人,那么他的名声一定过大于实际情况。品德高尚,修养很深的人虽然没有赫赫之名声,也无突然而得的美名;这就像一年四季的更替,是逐渐有序地完成一年的运转,让人们不知不觉。因此,一个人诚实而具美质,就像桃李,虽不说话,但由于它的花果美好,自然会吸引人们慕名前来。

他还曾经说:吴竹如教诲我说"耐"。我曾经说过:"做到了'贞',足够干一番事业了,而我所欠缺的,正是'贞'。"竹如教给我一个"耐"字,其意在让重要在急躁浮泛的心情中镇静下来,达到虚静的境界,以渐渐地向"贞"靠近。这一个字就完全能够医治我的心病了!

曾国藩好用"平实"二字教育人，我们从他的《批牍》中可以知道。他曾在《批管带义字营吴主簿国佐禀》中说："本部堂常常用'平实'二字来告诫自己。想来这一次必能虚心求善，谋划周全以后再去打，不会是像以前那样草率从事了。官阶有尊卑，阅历有深浅，这位主簿一概置诸不问，本来是个生手，但自充是熟手，没有学问自夸有学问，志向很高但不去实践，气虚几乎是不能审，让他去办的事情都不行，更何况干打恶仗那样的危险呢？"

曾国藩所招募的基本军队，士兵多是淳朴的农民，将官多是忠义的书生。他之所以"用忠诚来倡导天下"，群众听从响应，蔚然成风，当然是由于他以身作则，同时也是由于他们的性质相近的缘故。只是书生固然有他们的长处，也自然有短处。他曾以"笃实""平恕"等字勉励他的部下，这是由于："读书人的通病约有二条：一是崇尚文字而不注重实际，一是责备别人而不责怪自己。崇尚文字的毛病是连篇累牍，说起来头头是道，到亲身办事的时候，就手忙脚乱，毫无条理。责备别人的毛病是无论对什么人，一概用又高又难的标准苛求，韩公所说的'用普通人的标准对待自己，而用圣人的标准要求别人'的人，往往就是这样。"

世人所说的豪杰人士，基本是抱着济世之才，矢志不渝，利禄不能动摇他的心，艰难危险也不能使他失去士气。曾国藩的部下，大多是血性忠义人士；他为了实现"取人为善，与人为善"的思想，总是用砥砺志气的话相互勉励。如："自古圣贤立德，豪杰立功，成功还是不成功，一开始是难以预料的，只是日积月累，全在你自己了。孔子所说的'谁敢侮'，孟子所说的'强为善'都是这个意思。"

曾国藩是一个精明的人，他弟弟曾国荃也是一个精明的人，他们就因为精明吃过不少亏。

对于读书人，曾国藩还能以诚相待。他说："人以伪来，我以诚往，久之则伪者亦共趋于诚矣。"但是对于官场的交接，他们兄弟俩却不堪应付。他们懂得人情世故，但又怀着一肚子的不合时宜，既不能硬，又不能软，所以到处碰壁。这是很自然的，你对人诚恳，人也对你诚恳；你对人诡秘，人也对你诡秘；你对人一肚子不合时宜，人也对你会一肚子不合时宜。

而曾国藩的朋友迪安有一个优点，就是全然不懂人情世故，虽然他也有一肚子的不合时宜，但他却一味浑含，永不发露，所以他能悠然自得，安然无恙。而曾国藩兄弟却时时发露，总喜欢议论和表现，处处显露精明，其实处处不精明。曾国藩提醒曾国荃：这终究不是载福之道，很可能会给我们带来灾难。

到了后来。曾国藩似乎有所领悟，他在给湖北巡抚胡林翼的信中写道："惟忘机可以消众机，惟懵懂可以袯（消除）不祥。"但很遗憾，他未能身体力行。

所以，为学不可不精，为人不可太精，还是糊涂一点的好。

曾国藩"忍"字当头

从曾国藩自己一生的经历来看,曾国藩确实可以说是"忍"过来的。据说曾国藩在长沙岳麓书院读书时,他与另一书生同居一室,那个书生性情怪僻。曾国藩的书桌离窗有数尺,为了借光,便移近窗前。那个书生发怒道:"把我的光都遮了。"曾国藩道:"那我搁哪里?"书生指着床侧说:"可以搁这里。"曾国藩依言搁在床侧。半夜曾国藩仍读书不辍。那个书生又发怒道:"平日不读书,这个时候了,还扰人清睡!"曾国藩便无声默念。

但不久曾国藩中式举人,传报到时,那人更大怒说:"这屋子的风水本来是我的,反叫你夺去了!"在旁的同学听着不服气,就问他:"书案的位置,不是你叫人家安放的吗?怎么能怪曾某呢?"那人说:"正因如此,才夺了我的风水。"同学们都觉得那人无理取闹,替曾国藩抱不平,但曾国藩却和颜悦色,毫不在意,劝息同学,安慰同室,无事一般,可见青年时代曾国藩的涵养和气度之一斑了。

当然,懂得运用"忍"字,也并非一味忍耐,软得像泥,这样忍耐是没有出息的表现。我们在了解曾国藩的为人处事时,常常可以发现曾国藩总是在忍与不忍之间徘徊、抉择。

曾国藩初任帮办团练大臣时,凡事雷厉风行,此时的他并不想去忍耐什么,但是接下来面临的事实则让他不忍也得忍。

有天,湘勇试枪,误伤绿营中一长夫,绿营借机吹角执旗,列队进攻湘勇,在城墙上的守兵实弹在膛,几乎酿成大变。曾国藩忍气吞声,把试枪的湘勇鞭打了一顿,才算把绿营兵的哗变平息下来。后来,绿营的永顺兵与塔齐布率领的辰勇之间因赌博细故而发生械斗,提督鲍起豹、长沙协副将清德纵容绿营兵于初六日夜带着兵器,鸣锣击鼓,包围参将府,捣毁塔齐布住房,并列队进攻辰勇。又冲入巡抚射圃中的曾国藩私宅,杀伤他的随丁,直向曾国藩冲去。只是有属员护驾,曾国藩才幸免于难。与曾国藩私宅仅一墙之隔的巡抚骆秉章,历来认为曾国藩"所行,异于罗绕典及诸团练大臣,心诽之,然见其所奏辄得褒答,受主知,未有以难也。"所以,他对绿营兵冲击团练大臣的重大政治事件,故意不闻不问,听之任之。曾国藩漏夜去叩骆秉章的门,诉说此事,骆秉章故作惊讶,说一点不知道。事后他不仅不惩治乱兵,甚至亲自释放了肇事者,使曾国藩进一步受辱于众人之前。于是抚台衙门内外,多说曾国藩咎由自取,同情者寥寥。

鲍起豹自六月初到长沙任职后,便到处宣言曾国藩"不应操练兵士,且将以军棍施之塔将"。鲍起豹"以清副将为梯附,而屏斥塔游击,大以其操兵为非是,言有敢复操兵者,即以军棍从事"。鲍起豹还说:"防堵不宜操兵,盛暑不宜过劳。"他"切责塔将,而右护清将"。对于这种种非难与掣肘,曾国藩愤慨已极。当时,连骆秉章也认为曾国藩"不宜干预兵事",曾国藩遂在给张亮基的信中愤愤地说:"岂可以使清浊混淆,是非颠倒,遂以忍默者为调停耶!"他以"恶夫黑白之易位"的"血诚",以"黑白颠倒,薰莸同器,大拂舆情"为由,与鲍起豹对着干。因此,文武不和,兵勇不睦,集中体现为曾国藩与偏袒绿营兵的

湖南地方官的矛盾。这个矛盾如箭在弦上，蓄之既久，其发必骤。

六月十二日（7月17日），曾国藩把在五月便已写好的保举塔齐布的折子誊好上奏时，又撰写了《特参长沙协副将清德折》，说他"性耽安逸，不遵训饬，操演之期，该将从不一致，在署偷闲，养习花木"，今春在岳州、常德、澧县一带查办"土匪"时，"需索供应，责令所属备弁购买花瓶，装载船头；一切营务武备，茫然不知，形同木偶"，因而请旨将他革职。写完奏稿，曾国藩尤不解恨，又附上《请将长沙协副将清德交刑部治罪片》，说："此等恶劣将弁，仅予革职，不足蔽辜"，因而应"解交刑部，从重治罪"。清廷听从了他的意见，将塔齐布加副将衔，将副将清德革职拿问。无疑，这就更加深了他跟以清德为梯附的鲍起豹之间的矛盾。永顺兵八月初四夜对曾国藩的冲击与凌辱，只不过是这一连串矛盾的激化。事后一个月，曾国藩自述道："侍今年在省所办之事，强半皆侵官越俎之事。""省中文武员弁皆知事涉兵者，侍不得而过问焉。"曾国藩是清楚这场矛盾冲突的根源的，因此，他最终也只好一忍到底，愤走衡阳。

曾国藩也有不能自控的时候，那就是其父去世后在家丁忧守制的那段日子。

曾国藩自咸丰七年二月二十九日奔丧至家，至八年六月初七日再度出山由湘乡动身赴浙江，先后家居一年半时间。这一年半时间，名曰"乡居"，实则是曾国藩一生思想、为人处世巨大转折的时刻，就像练武功的"坐关"、佛道的"坐禅"一样。曾国藩经乡居之后，为人处世简直判若两人。

曾国藩是遭受了极大的折辱，很不情愿地乡居的。所以，回到家里心情十分苦闷，怨天尤人。他不明白，自己出于对清政府的一片忠心，"打掉牙和血吞"，在战场上拼命，但是结果处处碰壁，连皇帝都不买他的账，甚至根本就不信任他，"卸磨杀驴吃"，现在磨还没推完，就要杀驴。多少人看他的笑话！他越想越气，"心殊忧郁"。忧郁无处发泄，整日生闷气，动辄骂人。他数着江西的一帮文武骂，有时跟几个弟弟发无名火。曾国荃等人开始还劝他，后来劝不了只好不理他，再过些日子就返回了战场。头一年夏天，儿媳（曾纪泽之妻）难产病故，两个月后，曾国荃的妻子熊氏又临产，怕被侄儿媳的魂缠住也难产，于是闹着请神汉进府做道场。曾国藩知道了大骂一顿，骂她们装神弄鬼，道场也做不了。

曾国藩不被皇帝信任，吃了极大一颗软钉子回到家里。但不少朋友认为他是言不由衷，是背叛前誓，前线正吃紧，跑回家呆着，是要挟皇帝。于是，有的批评，有的规劝，还有的干脆大骂他。骂得最凶的是左宗棠，骂他是假仁假义假道学，在湖南抚衙里拍着桌子骂，骂他临阵脱逃，自私无能；骂他不该伸手要官，要不来就躲回家。左宗棠一骂，长沙的大小官都附和着骂。骂得蛰居荷叶塘的曾国藩饭难下咽，夜不成寐，从此"得不寐之疾"。当时他深恨左宗棠，认为别人可以骂他，左宗棠不该骂，他们是同门同道，相互也看得起，尤其在与太平军对抗、捍卫儒家道统方面，他应该是知己的。如今我曾国藩被上下整到这步田地，你左宗棠不同情，反而带头怒骂，太不懂事了！所以，他又开始在家里咒骂左宗棠。

后来再出，曾国藩颇为后悔，几次写信说："去年我兄弟意见不合，今遭温弟之大变，

和气致祥,乖气致厉,斯言明征。嗣后我兄弟当以去年为戒,力求和睦。勤者生动之气,俭者收敛之气,有此二字,家运断无不兴之理。余去年在家未将此二字切实做工夫,至今愧憾,是以谆谆言之。"

但是,曾国藩的"悔",是悔自己的过失、过错。这对他出山后调整自己与官场上下的关系,起到了很好的作用。

曾国藩求才心切,因此也有被骗的时候。有一个冒充校官的人,拜访曾国藩,高谈阔论,议论风生,有不可一世之概,曾国藩礼贤下士,对投幕的各种人都倾心相接,但心中不喜欢说大话的人。见这个人言词令利,心中好奇,中间论及用人须杜绝欺骗事,正色大言说:"受欺不受欺,全在于自己是何种人。我纵横当世,略有所见,像中堂大人至诚盛德,别人不忍欺骗;像左公(宗棠)严气正性,别人不敢欺。而别人不欺而尚怀疑别人欺骗他,或已经被骗而不知的人,也大有人在。"曾国藩察人一向重条理,见此人讲了四种"欺法",颇有道理,不禁大喜,对他说:"你可到军营中,观我所用之人。"此人应诺而出。第二天,拜见营中文武各官后,煞有介事地对曾国藩说:"军中多豪杰俊雄之士,但我从中发现有两位君子式的人才。"曾国藩急忙问是"何人?"此人举涂宗瀛及郭远堂以对。曾国藩又大喜称善,待为上宾。但一时找不到合适的位置,暂时让他督造船炮。

多日后,兵卒向曾国藩报告此人挟千金逃走,请发兵追捕。曾国藩默然良久,说:"停下,不要追。"兵卒退下回,曾国藩双手捋须,说:"人不忍欺,人不忍欺"。身边的人听到这句话,想笑又不敢笑。过了几天,曾国藩旧话重提,幕僚问为什么不发兵追捕。曾国藩的回答高人一筹:"现今发、捻交织,此人只以骗钱计,若逼之过急,恐入敌营,为害实大。区区之金,与本人受欺之名皆不足道。"此事在令人"喷饭"之余,亦足见曾国藩的远见与胸襟。

清代有个叫钱大昕的人说得好:"诽谤自己而不真实的付之一笑,不用辩解。诽谤确有原因的,不靠自己的修养进步是不能制止的。"器量阔宏,使我们能检点自己,大度本身就是一种魅力,一种人格的魅力,那不仅是对自己缺点的正视,而且也是对自身力量的自信。

做人和交友能够胸襟坦荡,虚怀若谷,就可以使人与人之间以诚相待,互相信赖,博取人们对你的支持和真诚相助,事业就有成功的希望。关于曾国藩的雅量大度还有这样一件事:新宁的刘长佑由于拔取贡生,入都参加朝考。当时的曾国藩身份已很显贵,有阅卷大臣的名望,索取刘的楷书,想事先认识他的字体,刘坚持不给。以后刘长佑做了直隶总督,当时捻军的势力正在兴旺,曾国藩负责分击,刘负责合围,以草写的文稿,将要呈上,有人说:"如果曾公不满意我们怎么办?"刘说"只要考虑事情该怎么办,他有什么可以值得怕的呢!"曾国藩看到了这个文稿,觉得这样是非常正确的。刘长佑知道后,对幕客说:"涤翁(曾国藩)对于这个事能没有一点芥蒂,全是由于他做过圣贤的工夫才能达到的。"

曾国藩虚怀若谷,雅量大度,深深影响了他的同僚。

李鸿章就深受曾国藩的影响,为人处世也处处大度为怀。当发现有人指出他犯有有关这方面的错误时,他便能立即改过不吝。

由于李鸿章身居重要位置很长时间,他的僚属都仰其鼻息,而政务又劳累过度,自然不免产生傲慢无理的地方。然而有指出其过错者,也能够深深的自责。一次某个下官进见他,行半跪的礼节,李鸿章抬着头,眼睛向上拈着胡髭,像没看见一样。等到进见的官员坐下,问有何事来见,回答说:"听说中堂政务繁忙,身体不适,特来看望你的病情。"

李鸿章指挥的淮军　清

李鸿章说:"没有的事,可能是外间的传闻吧。"官员说道:"不,以卑职所看到的,中堂可能是得了眼睛的疾病。"李笑道:"这就更荒谬了。"官员说:"卑职刚才向中堂请安,中堂都没有看到,恐怕您的眼病已经很严重了,只是您自己反而没有觉察到吧。"于是李鸿章向他举手谢过。

相交以诚,大度宽容,不仅使曾国藩自身增加了人格的魅力,博取人们对他的支持和真诚相助,给周围的人产生了好的影响,更重要的是也使曾国藩少树了许多仇敌。

曾国藩的悔过与坚忍

同治九年(1870)五月,曾国藩做了一副对联:"战战兢兢,即生时不忘地狱;坦坦荡荡,虽逆境亦畅天怀。"这副对联集中反映了他精神世界的两重性。一方面战战兢兢,一方面坦坦荡荡;一方面悲观主义,一方面乐观主义。他的悲观是对乐观的悲观,他的乐观是对悲观的乐观,这使他能生不忘死,居安思危,也使他能辱中求荣,挫时思奋。这种逆来顺受法,曾国藩称之为"悔字诀"与"硬字诀"。

曾国藩援引朱熹的话说:悔字如春,万物蕴蓄初发;吉字如夏,方物茂盛已极;吝之如秋,万物始落;凶字如冬,万物枯凋。朱子将《易经》中的元(初始)、亨(通达)、利(和谐)、贞(贞固)与四季相配,于是就有了元字配春,亨字配夏,利字配秋,贞字配冬。曾国藩特别解释说,"贞字即硬字诀也"。于是就有一条处世秘诀:"以硬字法(效法)冬藏之德,以悔字启(开启)春生之机"。

硬字,曾国藩也称为"倔强",他祖父星冈公曾教他,男儿不可"懦弱无刚",他自己也认为,"功业文章,皆须从此二字贯注其中,否则柔靡不能成一事。孟子所谓'至刚',孔子所谓'贞固',皆以'倔强'二字做出。"初出山时,曾国藩刀光闪闪,杀人如麻,人称"曾剃头",不就是初试一"硬"字。在百端拂逆之际,艰苦卓绝之时,他也是"好汉打脱牙和血吞"。他的"结硬案,打呆仗","屡败屡战"不也是得力于一个"硬"字。

如果仅仅是硬字,那就不足以服众,也不足以成就一番事业。曾国藩的成功之处还得力于一个"悔"字,"悔"字是从内省中化生出来的,那就是对自己行为的检点或反省,也反映出曾国藩智慧的一面。在一篇日记中他这样写道:"大抵人常怀愧对之意,便是载福之器、人德之门。如觉天之待我过厚,我愧对天;君之待我过厚,我愧对君;父母之待我过慈,我愧对父母;兄弟之待我过爱,我愧对兄弟;朋友之待我过重,我愧对朋友,便处处皆有善气相逢。德以满而损,福以骄而减矣。"曾国藩早年在翰林院整月整月地研读《易经》,自然受到了其中阴阳消长、刚柔相推思想的影响,他常常引用《易经》中的"日中则昃,月盈则食"来告诫自己和家长。

曾国藩的这种思想并非晚年才有,早在咸丰年间就已思虑成熟,他曾写过一联:"养活一团春意思,撑起两根穷骨头。"也是一悔一硬,柔中显刚,可进可退,亦行亦藏。正是这种思想使其自由地游刃于天地之间。

曾国藩为钦差大臣镇压捻军,当时刘秉璋作为辅佐军事的襄办之官,献防守运河之策,于是清军在河岸修起长墙,阻止捻军马队渡过,试图把他们围在一个角落里聚而歼之。李鸿章在江督行署,力争不可,亲自给刘秉璋写信说:"古代有万里长城,现在有万里长墙,秦始皇没有意料到在一千多年后遇到公等为知音。"显然带有嘲讽的味道。刘秉璋率万人渡运河,接到李鸿章的公文,说粮饷缺乏不能够增兵。李鸿章事事进行干涉大多像此类事情一样。并且时常上报情况,条陈军务,曾国藩很不满意李的这种做法。等到时间长久,军无战功,清政府让李鸿章接替为统帅,曾国藩感觉惭愧,不忍心离去,自己请求留在军营中继续效力。李鸿章接任后,急忙派人到曾国藩驻所领取钦差大臣的"关防"。曾国藩说:"关防,是重要的东西;将帅交接,是大事,他不自重,急着要拿去,弄没了怎么办?况且我还留在这里。"李鸿章派客人百般劝说,让他回到两江总督之任上,曾国藩也没有答应。有人给李出主意,并调停说乾隆时西征的军队用大学士为管粮草的官,地位也与钦差大臣相等。曾国藩故意装作不懂说:"说的是什么?"刘秉璋说:"现在您回到两江总督之任,就是大学士管粮草的官职呀。"李鸿章又私下告诉他说:"以公的声望,虽违旨不行,也是可以的。但九帅之军队屡屡失利,难道不惧怕朝廷的谴责吗?"曾国藩于是东归,从此绝口不谈剿捻的事。李鸿章接替为统帅,也没有改变曾国藩扼制运河而防守的策略。后来,大功告成,李鸿章上书请求给从前的领兵大臣加恩,曾国藩仅仅得到了一个"世袭轻车都尉",因此大为恼怒,对江宁知府涂朗轩说:"他日李鸿章到来,我当在他之下,真是今非昔比了!"

因此,曾国藩在处理进退关系问题上,则是该进时进,当退时退。在曾国藩启程不得已赴两江总督任之时,途中观者如堵,家家香烛、爆竹拜送,满城文武士友皆送至下关。申刻行船时,遂将郭嵩焘所纂《湘阴县志》阅读一遍,以抑止自己复杂的心情。睡后,则不甚成寐。"念本日送者之众,人情之厚,舟楫仪从之盛,如好花盛开,过于烂漫,凋谢之期恐即相随而至,不胜惴栗。"后三天,他每日只看《湘阴县志》,并将此志寄还。从第四天开始上半日处理文件,见见客,下半日与晚上便开始抓紧时间读《国语》《古文观止》。告别了他经营多年的江宁,离开自己血脉相承的胞弟,怅怅如有所失,内心十分不安,只企望

旅程之中能在自己喜爱的书籍中得到安慰与休憩。同治八年(1869)一月九日,曾国藩行至泰安府,忽然接到新的寄谕,所奏报销折奉旨"著照所请",只在户部备案,无须核议。这等于说,一些人原抓住曾国藩军费开销巨大,要审计查账,现在一纸圣旨就将此事一笔勾销,不再查他的账了。曾国藩为此大受鼓舞,认为这是清政府对他的特别信任,空前恩典。谕旨使他"感激次骨,较之得高爵穹官,其感百倍过之"。因而便又有点心回意转,虽虑"久宦不休,将来恐难善始善终",但不再要求辞职了。此时,虽然眼蒙殊甚,可心头的一块石头落了地,但看书的劲头更足了,轿中、宿店的旅途之中,竟将《战国策》《左传》反复阅读,他似乎要在陛见皇太后、皇上之时,陈述自己的中兴大业之策划了。

进就要有争。无独有偶,曾国藩的得意弟子李鸿章为了自己的"进",则更颇有心计。当然他争的是有利于自己"进"的人才。

周馥,字玉山,安徽建德人,秀才出身,以得李鸿章提携,跟着水涨船高,历官至两江、两广总督,与鸿章宦辙相寻,酬其志愿。他追随李鸿章三十余年,为其左右手,在北洋有能员之称。其与鸿章遇合的经过,颇堪一述。

曾国藩的得意门生,李鸿章在进退有据这一点上,似乎稍逊老师一筹,也许因此后来他说"忝为门生长"。曾国藩对李鸿章的评价是"拼命做官"。正因如此,李鸿章未能急流思退、"晚场善收",尤其是甲午中日战争后,他代表清政府签订丧权辱国的《辛丑条约》后,遭到举国唾骂。光绪十一年(1895),李鸿章抵京的第二天与枢臣一同受光绪召见。光绪"先慰问受伤愈否",话锋一转,就诘责说:"身为重臣,两万万之款从何筹措;台湾一省送予外人,失民心,伤国体。""词甚凌厉",李鸿章"亦引咎唯唯"。经过甲午战争,使李鸿章赖以支撑其权威的北洋海陆军溃灭殆尽,加之主和辱国,群议指责,帝党官僚乘机要求将他密召入都,勿复假以事权,后党要员荣禄也指责他"误国","甘为小人"。据时人说,甲午前,慈禧对李鸿章敬信。甲午后,慈禧信任奕劻和荣禄。正因为这样,李鸿章入觐之后,便被留在北京,奉旨入阁办事,从而失去了直隶总督、北洋大臣的宝座。李鸿章哀叹:正当自己在仕途上"一路扶摇"之际,"乃无端发生中日交涉,至一生事业,扫地无余,如欧阳公所言'半生名节,被后生辈描画都尽',环境所迫,无可如何。""生归困谤,威脱权劫",这确是李鸿章从日本议和归来后政治遭遇的真实写照。

李鸿章曾说自己"少年科第,壮年戎马,中年封疆,晚年洋务,一路扶摇"。但甲午战争却使他从权力顶峰上滚落下来,奉旨入阁办事。所谓入阁办事,就是仅仅保留文华殿大学士头衔,以全勋臣脸面。李鸿章在北京没有房产,只得借住在贤良寺。位于东安门外冰盏胡同的贤良寺,是由雍正时怡贤亲王舍宅改建而成,建筑宏壮,层甍云构,地极幽敞,炉烟尽静,闲院飞花,不仅环境优雅,而且近邻禁城,封疆大吏入觐者,多在此下榻。李鸿章"终岁僦居贤良寺",既不能预闻朝政,又时受政敌攻击,他的门生故吏,也纷纷叛离。他为了保证自身安全和伺机东山再起,采取了"韬光养晦"的策略。他很少外出访亲拜友,也不喜欢接待来访客人,"因而门户亦甚冷落"。从"坐镇北洋,遥执朝政",一变而

被投闲置散,犹如从云端跌落地表,他的心情怎么能够平静呢?他感受到世态炎凉,忧谗畏讥,苦闷无聊。

李鸿章即使身处逆境,也把老师曾国藩的一套治心养生之术拿来,每天六、七点钟起床,少许吃些早点后,就开始批阅公文,办理公务,公余则随意看书和练字。和他的老师一样,他也十分喜欢《资治通鉴》和《庄子》,前者意在从历代治乱兴亡中取得借鉴,后者企图从道家经典中追求"天地与我并生,万物与我为一"的主观精神境界,以期安时处顺,逍遥自得,从失势的苦闷中解脱出来。他曾从曾国藩学习书法,推崇东晋书法家王羲之妍美流便的书法,此间每天临摹唐僧怀仁《集王书圣教序》碑帖,临过之后,细看默思,力求神似。午间饭量颇大,无非山珍海味之类。饭后还要喝一碗稠粥,饮一杯清鸡汁,过一会儿再饮一盅以人参、黄芩等药物配制的铁水,然后就脱去长衫,短衣负手,在廊下散步。除非遇到严寒冰雪,从不穿长衣。散步时从走廊的这一端走到那一端,往返数十次,并令一个仆人在一旁记数,当仆人大声票报"够矣"时,就掀帘而入,坐在皮椅上,再饮一盅铁酒,闭目养神,一个仆人给他按摩两腿,很久才慢慢睁开眼睛,对守候在一边的幕僚和仆人说:"请诸君自便,予将就息矣,然且勿去。"随即上床午睡一、二小时。当仆人通报"中堂已起"之后,幕僚连忙入室,同他说古道今。晚餐食量较少,饭后让幕僚自便,"稍稍看书作信,随即就寝"。这种生活规律,"凡历数十百日,皆无一更变"。

李鸿章曾批评曾国藩晚年求退让无益之请,公开为恋栈的思想行径辩解。他说:"今人多讳言'热中'二字,予独不然。即予目前,便是非常热中。仕则慕君,士人以身许国,上致下泽,事业经济,皆非得君不可。予今不得于君,安能不热中耶?"这表明李鸿章并不甘心久居散地,热衷于争取清廷的信任,东山再起,重游宦海。正如时人所说的:"李鸿章叠经参劾之后,人居清近之任,不思引退,常恨失权,图度数月"。

明强就是敢争,当一种判断确定后,曾国藩从不迁就他人的意见,有主见,敢斗争。他出山不久向清廷伸手要权的事,就颇能代表他的明强品格。

大约从咸丰二年(1852)十二月出办团练至咸丰七年(1857)二月弃军奔丧,这是曾国藩历史上最为困难的时期。他事事草创,不断碰壁,客军虚悬,无权无位,兵微将寡,屡遭挫败,既无太多的事可做,也无太多的钱养士。而对当时一般知识分子来说,充任曾国藩幕僚,虽有风险承担,却无看得见实际利益可言。所以,所设办事机构较少,办事人员也不多。这一时期的军政办事机构主要有秘书处、营务处、审案局、发审局(所)、情报采编所。粮饷筹办机构主要有行营粮台、岳州转运局、汉口转运局、长沙后路粮台、南昌粮台和衡州劝捐总局、樟树镇劝捐总局、樟树镇饷盐总局及其所属分支机构。这一时期的幕僚多为至亲好友、亲朋子弟、降革人员和年轻有为的血性书生,如郭嵩焘、刘蓉、李元度、李瀚章、李沛苍、程桓生等。

咸丰七年(1857)二月四日,曾国藩的父亲曾麟书病死在湖南湘乡原籍。二月十一日,曾国藩在江西瑞州军营得到父亲的死耗后,哀毁悲痛之情无以自抑,"仆地欲绝"。十六日上《报丁父忧折》,不待清政府准假,就与曾国华从瑞州回籍奔丧。

曾国藩仔细观察局势，认为"非位任巡抚，有察吏之权"，决不能治军，决不能兼及筹饷。

曾国藩伸手向清政府要督抚的官位，并不仅仅为个人争地位，主要是为湘军争权利，争政治待遇。按照清朝的惯例，曾国藩带的兵如此之多，作战能力又远较八旗、绿营为强，立下的军功又如此之大，授予巡抚、功赏过薄，不足塞其欲壑，若授予总督，则军政大权集于一身，又为朝廷所不甘。而恰在此时，胡林翼等已攻占了武昌，形成了高屋建瓴之势，水陆师直捣九江。长江下游方面，自咸丰七年四月何桂清接替怡良为两江总督后，江南大营日有起色，正在进攻镇江，捷报频传。所以清廷便决定将长江上游战事责成湖广总督官文、湖北巡抚胡林翼，将下游战事、攻陷天京的希望寄托在何桂清与和春的身上。认为这样处理，定操胜算。因此，断然拒绝了曾国藩干预朝廷用人大政，并撤销了他兵部侍郎的职务，将他开缺在籍守制，削除了他的兵权。同时命署理湖北提督的杨岳斌总统外江水师，惠潮喜道彭玉麟协同调度。这样的结果，致使江西湘军很快陷入了涣散状态。后来，胡林翼虽然一度派李续宜等往江西统湘军陆师，依然无济于事，而且李续宾、李续宜兄弟对清政府削除曾国藩的兵权也极为不满，心怀退志。

毫无疑问，曾国藩被削除兵权，瓦解了湘军的斗志，涣散了湘军的士气，削弱了湘军的战斗力，使江西湘军陷入群龙无首的局面。清军的力量在消衰下去。如果这时太平天国的内部不发生杨韦事变等一系列大的变故，就能用兵长江上游，重开湖北根据地。但是，咸丰七年翼王石达开已决心出走，太平天国的军事力量也在下降，这真是历史的悲剧！

事败不思退悔，则会成为"被同一块石头绊倒过两次"的蠢人。曾国藩可谓是一个专吃"悔"药的人，专心用悔来求取成功的人。他说，朱子尝言："悔字如春，万物蕴蓄初发；吉字如夏，万物茂盛已极；吝字如秋，万物始落；凶字如冬，万物枯凋。"告诫其弟说，当艰危之际，若能以"硬"字功夫效法冬藏之德，以"悔"字启春生之机，庶几可挽回一二乎。

曾国藩的悔过绝不仅仅是停留在口头上的，而是抓住一切机会，调整自己的行为和做法。这从曾国藩在咸丰七年（1857）五月以在家终制为借口拒绝出山到咸丰八年（1858）乘机出山一事上可明显看出。

咸丰七年（1857）二月至五月，曾国藩因父亲病逝获准三个月假期，"丁忧"回家"守制"。五月假期将满后，咸丰帝命令他遵照前旨，返回前方，继续督办江西军务。鉴于以前没有实权的难处，曾国藩借此机会，给咸丰帝上了一道奏折，提出了向朝廷要实权，"非任位巡抚"不可的要求，其中含有如果不这样则无法出山的"要挟"之意。

对于曾国藩奏折的真正含义，咸丰皇帝自然一目了然，但他一直对曾国藩掌握地方实权而心怀芥蒂，怕曾国藩权太重位太高，对清朝形成严重威胁，并且眼见太平天国在经历了天京事变后，军事上的退缩形势，咸丰皇帝认为不用曾国藩而攻克天京也指日可待。于是咸丰皇帝便送了一个顺水人情，批准了曾国藩在籍终制的要求，这使曾国藩大大出乎意料，使他从而陷入了深深的痛苦之中。

曾国藩这种以退为进，提出要求地方实权的不得已之举，没想到竟然弄巧成拙，不仅没有得到地方实权，连复出统率军队的机会也被取消了，这使曾国藩无所措手。因为曾国藩在当时已经做好了回到江西前线的准备，在李续宜写给曾国藩的信中，已表现出来："昨日读致峋函，知批旨业于十七奉到（咸丰皇帝要求曾国藩三月假满后，即赴江西督办军务的批旨），先生因拟复出，不禁为天下而狂喜，此际想已定行期，营中久备行台以待之矣。"

于是，曾国藩不得不急忙向咸丰皇帝表明心迹，"臣自到籍以来，日夕惶悚不安。自问本非有为之才，所处又非得为之地。欲守制，则无以报九重之鸿恩；欲夺情，则无以谢万节之清议。"咸丰皇帝十分明了曾国藩此一试探性的口吻，但在他看来江西军务已有好转，曾国藩此时只是一只乞狗，效命可以，授予实权万万不可。于是，咸丰皇帝朱批道："江西军务渐有起色，即楚南亦就肃清，汝可暂守礼庐，仍应候旨。"假戏真做，曾国藩真是哭笑不得。同时，曾国藩又要承受来自各方面的舆论压力。此次曾国藩委军奔丧，已属不忠，此后又以复出作为要求实权的砝码，这与他平日所标榜的理学家面孔大相径庭。因此，招来了种种指责与非议，再次成为舆论的中心。若干年后，曾国藩还非常懊悔自己的这一举动，看作是生平几大辱之一。

正如古人说，过而能改，善莫大焉。曾国藩所说的知悔，基本上也是这个意思。但是，还有更深的一层意思，就是对己，要时时知道悔过，做错的事，就是错了，就要追悔不已，一有改过的机会，就毫不犹豫地抓住，对人，就要不顾个人恩怨，对就是对，错就是错，没有任何姑息的成分。这些内容，实际上也是曾国藩一生经历中的重要教训。

纵观曾国藩一生，令他悔之不已的有这么三件事：一件是在江西镇压太平军时的辞职回乡，一件是对李元度的弹劾，一件则是处理天津教案的不妥。

最令曾国藩痛悔并悔之无极的是他对天津教案的处理。天津教案发生于同治九年（1870）五月二十三日。起因是天津境内，常有小孩被迷拐的事情，并且传说失去的小孩，是法国天主教堂的洋人所拐，把他们挖眼剖心，取而制药，因此人民与教徒常有争斗。三口通商大臣崇厚，驻津办理外交已有十年，可说是外交老手，他约法国领事官到署，提犯人对质，民众愤怒，领事丰大业恐怕吃眼前亏，竟然开枪杀人。民众大怒，把丰大业活活打死。并放火烧教堂，使洋人和教民无辜受害者达数十人。曾国藩时为直隶总督，驻保定，奉朝命往天津会同崇厚办理此案。曾国藩未曾办过外交，而此案之发生双方皆有不是之处。曾国藩在此情况之下，万分为难，因为当时的"清议"派是颇有力量的，而其本人对外情未悉，不知如何做起，如果办理不善，引起战争，弄不好会像叶名琛那样，被洋人掳去。所以他在动身之前，先写下遗嘱，并作家书示其二子处理后事，又写下"遗教"一篇，教诫二子，云："余即日前赴天津，查办殴毙洋人，焚毁教堂一案。外人性情凶悍，津民习气浮嚣，俱复难和解，将来构怨兴兵，恐致激成大变。余此行反覆筹思，殊无善策。余自咸丰三年募通以来，即自誓效命疆场，今老年病躯，危难之际，断不肯吝于一死，以自负其初心，恐避近及难，而尔等诸事无所秉承，兹示一二，

以备不虞。"

当时的中国是没有外交可言的，洋人恃其兵船大炮，威胁中国，中国处处都居于下风。天津教案既起，惧外的清廷生怕又再发生咸丰十年英法联军打入北京之事，便谕示曾国藩、崇厚，不可太过强硬，以免引起交涉破裂。崇厚为人媚外成性，对洋人极端畏惧恭顺，故交涉初开，事事逊让。曾国藩到天津后，见崇厚太软弱，而士大夫的清议又高呼攘夷，主张立刻开战，使得他左右为难，拿不定主意，只想在万不得已时以死谢国人。

在处理天津教案中，曾国藩先后共逮捕无辜群众八十多人，共杀天津市民二十人，充军二十五人，同时将天津知府张光藻和知县刘杰交刑部治罪，革职充军，还付给法国赔偿费及抚恤费共四十六万两银子。

杀国人谢罪洋人的方案一公布，朝野上下无不哗然，一时间舆论沸腾，人们骂曾国藩为"卖国贼"。朝廷中的"清议派"更是不遗余力地对其进行攻击，甚至有人主张严惩曾国藩以谢天下，更有人做对联讥讽他：

> 杀贼功高，百战余生真福将；
> 和戎罪大，三年早死是完人。

曾国藩自己也因此而愧悔交加，他自己说："此案自理既多棘手，措施未尽合宜，内疚神明，外惭清议。"并哀叹说："名已裂矣，亦不复深问耳。"

李元度系湖南平江人，字次青，举人出身。少年时慷慨任侠，勤奋向学。

曾国藩兵挫后的两次自杀，都是李元度舍身相救，拼死力将曾国藩抱过了江，使曾国藩幸免于难。可以说，李元度对曾国藩确有救命之恩。

咸丰八年（1858）一月，李元度因功升任道员，同年二月，湖北巡抚胡林翼上《密陈浙江紧要军情请调员防剿疏》，李元度旋即奉命带兵入浙，这是湘系势力渗透入浙的开始。曾国藩东山再起后，率领江西湘军追击翼王石达开入浙，并保荐李元度，使其得按察使衔，赏巴图鲁勇号。咸丰十年（1860）四月，清政府命李元度赴浙江交巡抚王有龄差遣委用，六月，王有龄授予浙江温处道道员。李元度以所部平江勇三千交浙江提督饶廷选统率，自己回湖南另行招募平江勇。

咸丰十一年（1861）一月，王有龄上奏请调李元度援浙，"诏如所请"。李元度遂回湘募勇，取名"安越军"。

曾国藩对李元度打出"安越军"的旗帜，"分裂"湘系，作"异己分子"越想越生气，不能容忍了，不能再柔顺下去了，于是，现出刚挺之气，便于二月二十二日，参劾李元度，加给他的罪名是：第一，私求王有龄调赴浙江。并且不向我请示而擅自回湘募勇，取名"安越军"。第二，"安越军"在江西、湖北所得胜仗，多系"冒票邀功"。第三，李元度于咸丰十一年十月到衢州，"节节逗留，任王有龄羽檄飞催，书函哀恳，不一赴杭援救。是该员前

既负臣,后又负王有龄,法有难宽,情亦难恕",请予革职,"安越军"应予遣散。到后来,清政府命浙江巡抚左宗棠查复,遵照曾国藩的意见,将李元度革职遣戍(后获救未遣)。

上文已经提到李元度时,曾国藩的恩义和两人的交情非同一般,可是曾国藩因为洗刷自己的过错而弹劾李元度,此事成了曾国藩终生内疚的第二件事。据说当时参劾李元度遭到曾氏的部下和幕友的强烈反对。曾国藩的得意门生李鸿章本来就不主张驻军祁门,认为"祁门地形如在釜底,殆兵家之所谓绝地,不如及早移军,庶几进退裕如"。曾不听,李"复力争之",曾便赌气说:"诸君如胆怯,可各散去!"到曾国藩准备参劾李元度时,李鸿章率幕友们向他求情,并且声称若参劾李元度,"学生不为具疏"。曾国藩说,你不具疏,我可以自己动手。李鸿章"力争之不能得,愤然去",曾国藩也就"立遣之",叫他到延建邵道赴任。这之后,曾国藩的另一幕友陈作梅专门写了一份说帖,"极言劾次青折不宜太重";曾国藩与之面议时,"渠复再三婉陈",曾国藩只得"将奏稿中删去数句"但内心更加抑郁。他在九月十二日的日记中写道:"日内,因徽州之败深恶次青,而又见同人多不明大义,不达事理,抑郁不平,遂不能作一事。"

其实,徽州之败,无论如何也是不能深责李元度的。后来,李元度写了一篇《杨萃耕哀辞》,追悼他的同僚,详尽地叙述了徽州之役的全过程:"十年四月,侍郎擢督两江,命余复募平江勇。六月,与君共简阅。七月二日成行。……先是,防皖者为张副宪芾,驻徽六载,有卒万四千,缺饷五月,师哗。属曾公驻祁门,副宪内召。余以八月十六日抵徽。前四月,宁国陷,贼犯绩溪之丛山关,急遣将援之,弗克,章同知梅华死

清代官印

焉。副宪行。君趣余缮城守,城周十三里,女墙尽圮,蓬蒿没人,葺治三昼夜,垨完三分之二。忽伪侍王李世贤率贼十数万至,余出战东门外,君任守陴。既交锋决荡数次,原防兵千有六百,忽不战奔。援师之至自祁门者亦奔溃。我军不能支,入城拒守。贼抵隙攻,力御之。诘旦,君曰:'出,险矣!'余摇首曰:'死,吾职也。子有老亲在,前岁犹视子有,其忍之乎?'君泣,余亦泣,是日贼攻愈力,君分守北门,余西门,三登三却之,杀贼过百。贼忽冒死自小北门登,酉刻城陷。君手矛斗城上,亲座披之不肯下,遂被戕。咸丰十年八月二十五日事也。"这段朴实的记载,至少说明了四点:一、李元度率领的平江勇,全是新兵,六月组建,七月成行,八月便仓促上阵;二、由他节制的张芾的旧部早因闹饷哗变,余下的千余人也不战而奔,曾国藩亲从祁门派来的四营援兵"亦奔溃",退还休宁;三、他面对的太平军是异常强大的,号称十数万,克宁国,即丛山关,来势汹涌,当时直接围攻徽州的李世贤部亦达四万余人;四、李元度八月十六日抵任,二十五日失败,张芾"驻徽六载",率军万

余人,未得取胜,而责之于在双方力量悬殊的情况,御敌仅九天的李元度,不也太过分了吗?

对于李元度在这九天中尽忠职守的情况,曾国藩本人也是承认的。他在九月初六日《徽州被陷现筹堵剿折》中说:"二十四日,伪侍王李世贤同抢天义、通天义、赞天义诸逆首共带四万余人,直扑徽城,更番诱战。李元度亲督各营出城接仗,自辰至午,毙贼数百。岭后伏贼并出,抄我两翼,众寡不支,礼字、河溪各营由西门大路退回西宁。李元度率平江西营入城固守。贼即跟踪围攻四门,因西门城垣坍塌,又无垛口,是夜三更,乘阴雨黑暗,专攻此门,势极危险。李元度身卧城头,竭力堵御,天明贼退。二十五日申酉之间,贼伏西门民房,凿墙对城施放火枪,守陴弁勇站脚不住,贼众即缘梯直上。李元度赶调各门队伍来救,贼已四面扒城而入,府城遂陷。"又说,在太平军围徽州府城时,曾急调鲍超、张运兰两部入援,可惜"无如城大而圮,绅民搬徙一空,兵勇仅二千有余,有数分布,又系新募之卒,由湖南远来,甫经到徽,竟不能支持数日,以待援师,实堪痛惜。"这段文字证实,李元度所带之勇,人少、新募、远来。人少则难挡四万之众;新募则训练无素;远来则疲倦可知,且不熟悉徽州地形。这段文字还证实,西门"城垣坍塌,又无垛口",身为主帅的李元度,自任其难,而又救援无及。从曾国藩本人的奏折看,李元度似亦无可非议。

正是基于这一教训,每到一地,曾国藩即广为寻访,延揽当地人才,如在江西、皖南、直隶等地都曾这样做。他的幕僚中如王必达、程鸿诏、陈艾等人都是通过这种方法求得的。与捻军作战期间,曾国藩在其所出"告示"中还特别列有"询访英贤"一条,以布告远近:"淮徐一路自古多英杰之士,山左中州亦为伟人所萃。""本部堂久历行间,求贤若渴,如有救时之策,出众之技,均准来营自行呈明,察酌录用。""如有荐举贤才者,降赏银外,酌予保奖。借一方之人才,平一方之寇乱,生民或有苏息之日。"薛福成就是在看到告示后,上《万言书》,并进幕府,成为曾国藩进行洋务的得力助手。

在直隶总督任内,为广加延访,以改当地士风,曾国藩除专拟《劝学篇示直隶士子》一文广为散布外,还将人才"略分三科,令州县举报送省,其佳者以时接见,殷勤奖诱。"曾国藩与人谈话、通信,总是殷勤询问其地、其军、其部是否有人才,一旦发现,即千方百计调到自己身边。他幕府中的不少幕僚都是通过朋友或幕僚推荐的。为了增强对人才的吸引力,以免因自己一时言行不慎或处事不当而失去有用之才,曾国藩力克用人唯亲之弊。同时,自强自立,"刻刻自惕","不敢恶规谏之言,不敢怀偷安之念,不敢妒忌贤能,不能排斥异己,庶几借此微诚,少补于拙。"从其一生的实践看,他基本上做到了这一点。曾国藩周围聚集了一大批各类人才,幕府之盛,自古罕见,求才之诚,罕有其匹,事实证明其招揽与聚集人才的办法是正确的和有效的。

一个人的成功与失败,关键在于他能否把与自己交往密切的人力资源转化为自己的资源,把他人的能力,转化为自己的能力。曾国藩就是一个善于把别人能力化为己用的人。

曾国藩早在办团练伊始,就发布《招某绅耆书》,招人入局:

我奉命协助帮理团练,稽查捉拿贼匪,接受任务以来,日夜忧心忡忡,唯恐有误,担心自己见识不广,考虑不周,因此孜孜以求,希望家乡的贤人不要嫌弃我,肯慷慨前来光临相助,借此来广泛地采取众议,周密地听取意见,以求补救我的疏漏。所以我经常或是寄信请人出山,或是热情欢迎来宾,广招英雄豪杰,咨询高见妙法,这一片耿耿之心,想来能得到大家的体谅。……大厦非一木所能支撑,大业凭众人的智慧而完成。如果能使众多的贤士都汇集而来,肝胆相照,那么,即使是坚固的金石也能穿透,又有什么艰难不被克服呢?

曾国藩对他的弟弟说:

求别人辅佐自己,时时刻刻不能忘记这些道理。获得人才是最困难的,过去有些人做我的幕僚,我也只是平等对待,对他们不是很钦敬,以今天来看,这些人是多么的不可多得。你应该常常把求才作为重要的任务,至于那些无能的人,即使是至亲密友,也不应久留,这主要是担心有才的人不愿与他们共事。

后来,曾国藩领兵出征,官至督抚、钦差,更加注意时时网罗人才。不仅自己如此,对他弟弟也发出如此忠告。他在《致沅弟》信中说,成大事的人,以多选助手为第一要义。满意的人选择不到,姑且选差一点,慢慢教育他就可以了。就是说要时时注意笼人,不能因为没有十分可意的就不去用人。

而对于那些才华出众之人,曾国藩不论何时,一旦得知便千方百计笼纳过来,为己所用,如对郭意诚就是这样。

郭意诚,字昆焘,湘中名儒。因颇具文才,咸丰、同治年间,中兴诸老无不与他交往友好,各自都想将他罗至自己幕下。但郭意诚极爱其姁,日不远离,故总是力辞不就。

曾国藩也最赏识郭意诚其才。为了把他引出来帮助自己,曾寄书戏谑郭。书中云:"知公麋鹿之性,不堪束缚,请屈尊暂临,奉商一切。并偕仙眷同行,当饬人扫榻以俟。"郭意诚出自对曾国藩的信服,接书后立即赶至湘军营幕见曾国藩。但并未偕仙眷同行。故曾国藩又命他速归,并作书曰:"燕雁有待飞之候,鸳鸯无独宿之时,此亦事之可行者也。"郭意诚得书,一笑置之。但接受了曾国藩的邀请,决心出来供职。

据说,郭意诚在曾国藩幕下是干得很好的,成为曾的得力助手,不少奏折函件都出自郭之手。曾亦对他关怀备至,或准他的假,让其多回家,或命他将夫人接来,不影响他们的夫妻生活。1858年,郭意诚有一段时间告假居家,因故未及时归营,曾国藩连续发过几次信催其速归。曾国藩于1858年6月4日,在《致澄弟信》中说:"公牍私函意诚均可料理",足见曾国藩对郭意诚的信任。

曾国藩就是这样,时时不忘求人自辅。只有时时不忘,才能抓住时机,笼人有术,把别人招纳不来的人才吸引过来,以佐事业之辉煌。

上文已经提到李元度时,曾国藩的恩义和两人的交情非同一般,可是曾国藩因为洗刷自己的过错而弹劾李元度,此事成了曾国藩终生内疚的事。据说当时参劾李元度遭到曾氏的部下和幕友的强烈反对。曾国藩的得意门生李鸿章本来就不主张驻军祁门,认为

"祁门地形如在釜底，殆兵家之所谓绝地，不如及早移军，庶几进退裕如"。曾不听，李"复力争之"，曾便赌气说："诸君如胆怯，可各散去！"到曾国藩准备参劾李元度时，李鸿章率幕友们向他求情，并且声称若参劾李元度，"学生不为其疏"。曾国藩说，你不具疏，我可以自己动手。李鸿章"力争之不能得，愤然去"，曾国藩也就"立遣之"，叫他到延建邵道赴任。这之后，曾国藩的另一幕友陈作梅专门写了一份说贴，"极言劾次青折不宜太重"；曾国藩与之面议时，"渠复再三婉陈"，曾国藩只得"将奏稿中删去数句"但内心更加抑郁。他在九月十二日的日记中写道："日内，因徽州之败深恶次青，而又见同人多不明大义，不达事理，抑郁不平，遂不能作一事。"

其实，徽州之败，无论如何也是不能深责李元度的。后来，李元度写了一篇《杨萃耕哀辞》，追悼他的同僚，详尽地叙述了徽州之役的全过程："十年四月，侍郎擢督两江，命余复慕平江勇。六月，与君共简阅。七月二日成行。……先是，防皖者为张副宪芾，驻徽六载，有卒万四千，缺饷五月，师哗。属曾公驻祁门，副宪内召。余以八月十六日抵徽。前四日，宁国陷，贼犯绩溪之丛山关，急遣将援之，弗克，童同知梅华死焉。副宪行。君趣余缮城守，城周十三里，女墙尽圮，蓬蒿没有，葺治三昼夜，埤堄完三分之二。忽伪侍王李世贤率贼十数万至，余出战东门外，君任守障。既交锋决荡数次，原防兵千有六百，忽不战奔。援师之至自祁门者亦奔溃。我军不能支，入城拒守。贼抵隙攻，力御之。诘旦，君曰：'出，险矣！'余摇首曰：'死，吾职也。子有老亲在，前岁犹视子有，其忘之乎？'君泣，余亦泣。是日贼攻愈力，君分守北门，余西门，三登三却之，杀贼过当，贼忽冒死自小北门登，酉刻城陷。君手矛斗城上，亲座披之不肯下，遂被戕。咸丰十年八月二十五日事也。"这段朴实的记载，至少说明了四点：一、李元度率领的平江勇，全是新兵，六月组建，七月成行，八月便仓促上阵；二、由他节制的张芾的旧部早因闹饷哗变，余下的千余人也不战而奔，曾国藩亲从祁门派来的四营援兵"亦奔溃"，退还休宁；三、他面对的太平军是异常强大的，号称十数成，克宁国，即丛山关，来势汹涌，当时直接围攻徽州的李世贤部亦达四万余人；四、李元度八月十六日抵任，二十五日失败，张芾"驻徽六载"，率军万余人，未得取胜，而责之于在双方力量悬殊的情况下，御敌仅九天的李元度，不也太过分了吗？

对于李元度在这九天中尽忠职守的情况，曾国藩本人也是承认的。他在九月初六日《徽州被陷现筹堵剿折》中说："二十四日，伪侍王李世贤同抢无义、通天义、赞天义诸逆首共带四万余人，直扑徽城，更番诱战。李元度亲督各营出城接仗，自辰至午，毙贼数百。岭后伏贼关出，抄我两翼，众寡不支。礼字、河溪各营由西门大路退回西宁。李元度率平江四营入城固守。贼即跟踪围攻四门，因西门城垣坍塌，又无堞口，是夜三更，乘阴雨黑暗，专攻此门，势极危险。李元度身卧城头，竭力堵御，天明贼退。二十五日申酉之间，贼伏西门民房，凿墙对城施放火枪，守障弁勇站脚不住，贼众即缘梯直上。李元度赶调各门队伍来救，贼已四面扒城而入，府城遂陷。"又说，在太平军围徽州府城时，曾急调鲍超、张运兰两部人援，可惜"无如城大而圮，绅民搬徙一空，兵勇仅二千有余，不敷分布，又系新

募之卒，由湖南远来，甫经到徽，竟不能支持数日，以待援师，实堪痛惜。"这段文字证实，李元度所带之勇，人少、新募、远来。人少则难挡四万之众；新募则训练无素；远来则疲倦可知，且不熟悉徽州地形。这段文字还证实，西门"城垣坍塌，又无垛口"，身为主帅的李元度，自任其难，而又救援无及。从曾国藩本人的奏折看，李元度似亦无可非议。

且曾李二人并非素有嫌隙，相反，两人是儿女亲家，又相处甚笃。李元度入曾氏幕府最早，随曾氏自湖南而湖北、而江西、而安徽，先办文案，后领军团民战，败仗时少，胜仗时多，甚为曾氏所赏识和器重。李元度亦因此被曾国藩节节保举，由教谕而渐次升为按察使衔的道员。咸丰七年，曾国藩居丧乡间，有闲回顾总结前几年激烈的战斗和纷纭的人事，深深怀念着李元度，常常信来信往。在《曾国藩全集·书信》中，咸丰七年现仅存曾氏与李元度及其母亲的书信七封，这或许是因为曾国藩这年未给其他人写信，或许是虽写而觉无关紧要，未予保存。在这七封信中，曾国藩尽情地倾吐自己的忧苦，和对李元度的深情厚谊，其"三不忘"之说，尤为动人。他说："自维即戎数载，寸效莫展，才实限之，命实尸之，即亦无所愧恨。所愧恨者，上无以报圣主优容器使之恩，下无以答诸君子患难相从之义，常念足下与雪琴，鄙人皆有三不忘焉，……足下当靖港败后，宛转护持，人则欢愉相对，出则雪涕鸣愤，一不忘也；九江败后，特立一军，初志专在护卫水师，保全根本，二不忘也；樟树败后鄙人部下，别无陆军，赖台端支持东路，陷然巨镇，力撑绝绝续之交，以待楚援之至，三不忘也。"写过"三不忘"，曾国藩尚觉意犹未尽，又写道："自读礼家居，回首往事，眷眷于辛苦久从之将士，尤眷眷于足下与雪琴二人。"过了约一年，即咸丰八年八月初四日，他写信给李元度，对他大顾赞颂，迹近阿谀。这封信写道："国藩于初一二人贵境，目睹旋旗，但知李公，不知其他也，巨闻讴歌，但知李公，不知其他也。仙李之蟠根孔大，出蓝之誉望益隆。往在山中，以阁下与雪琴久共患难，中道弃捐，引为大疚，恨不得拔艳侯于汉中，送扬雄于天上。及至湖口，则雪琴雄占一方；今至信江，则次公又虎步一路。然后知山中之自为疚恨，盖愚呆不晓大计耳。"拳樾葱攀币深情地说："李君次青从弟多年，备尝艰险。上年弟以忧归，李君力撑江省之东路，为人所难，百折不回。弟愧无以对之，寸心抱疚。"

曾国藩不但对李元度在政治上、军事上与自己患难相依，荣辱与共，一往情深，而且对李元度的文才也很赞赏，在日记、书信中常有流露，如："观次青所为《石钟山词记》，甚有气势"；"次青又作《怀人》诗十六首，再用何廉舫原韵，绵丽遒劲，才人之笔"；"夜与次青论古文之法。次青天分高，成就当未可量"。正因为如此，曾李二人亲如手足。翻开曾国藩在徽州之役前的日记，自咸丰八年七月十八日至咸丰十年九月十七日，几乎每月都有他与李元度书信往来或延坐畅谈的记载。他们交谈的内容，虽无详细的实录，但涉及的范围显然是很广的，如咸丰九年六月十九日夜。"与次青谈调遣大局"。同时，曾国藩还请李元度综理营务处，帮办许多公文印信事宜，咸丰八年十二月三十日记："请次青批禀，并写信与张凯章、王文瑞、吴国佐各一件，余每信添一二片。"甚至在生活上，二人也是互相关照的，如曾国藩咸丰八年七月二十八日记："次青伤痕已愈，为之忻然。"同年八月

二十五日记:"次青之母太夫人左手膀忽痛,不能举箸。"同年九月初一日记:"夜,议次青假归事,派史连城带途费自平江迎接李太夫人。"同年十一月十九日记:"是日专人至次青家……送信。"同年十二月初五日记:"次青将以廿七日启行来营,而其太夫人病殊未愈,将成半身不遂之症,阅之代为忧灼。"咸丰九年九月初七日记:"写次青信一件,专人送银三百两、对一付至渠处,为其夫人寿。"以上所引述的这些远不完全的资料,说明二人的私交至厚至深,而曾国藩从未在书札、日记中流露对李的半点不满之处。

然而,在徽州之败后,情况便急转直下,曾国藩竟不顾朋僚的劝阻,如此绝情地参了李元度一本。为什么?是曾国藩为国为君吗?不,上面的资料已说明李元度在徽州之役中是尽忠职守的。是公报私仇吗?似又不是。原来,是另有原因。第一,徽州失守之后,祁门孤悬,被李世贤、黄文金包围,曾国藩困守祁门达数月之久,他的急功近利的三路进击芜湖的宏大计划立成泡影,连自己也时时有性命之虞。第二,更重要的是,曾国藩上《徽州被陷现筹剿堵折》后,咸丰帝批谕道:"该大

清军广东水师战船模型

臣甫接皖南防务,连失两郡,虽因饷绌兵单,究属筹画未密。……李元度谋勇兼忧,此次失衄,殊属可惜,人才难得,着即查明下落具奏。"这一褒一贬,是什么滋味,曾国藩自然是深可体会到的。所以,曾国藩不顾上上下下的议论,一意孤行,定在奏参李元度,使他被革职拿问,原来一是把自己东征计划破灭的愤怒一股脑倾写在李元度身上,二是想借参劾李元度之败,来偷偷掩盖自己"筹画未密"之过,曲折地表达自己对清廷的不满。

本来,成功常常伴随着失败。军事斗争的成败,是兵家之常事,不可以一时一事论英雄。曾国藩不顾众议,倔然驻扎祁门,一度出现祁门孤悬的局面,连言灾异者也"谓祁门不可一朝居",应该算遭到了大失败。后来由鲍超等的竭力救援,始获得历口、洋塘和上溪口三次胜利,曾国藩算是死里逃生。这时,那些说灾异的好事者,又说祁门这地方仍然有符瑞,仍然来了岁星。曾国藩看透了这种炎凉世态,口占一绝云:

天上岁星也起霉,掉头一去不归来;
忽闻打破上溪口,又向祁门走一回。

可是,曾国藩在嘲讽世态之余,却不能推己及人,竟在一怒之下夺去了李元度头上的岁星。

而且,曾国藩对李元度的打击并未就此结束。徽州失败后,李元度在浙赣边界徘徊了二十一天,才在九月十七日傍夕回到祁门大营。曾国藩在当天的日记中写道:"傍夕,

次青自广信来，至营一见，尚无悔过之意，恐难长进。"可见，两人在军事见解上依然不能一致。而自信自是的李元度并未因失败而心灰意懒，他向粮台索还欠饷后，径自回到湖南，招募了八千人，名曰安越军，重起炉灶，并在扼守浏阳等地初见战绩。但曾国藩并未因此高兴，对李元度月所安抚，而杭州将军瑞昌、浙江巡抚王龄趁机奏调李元度援浙，李元度欣然从命。曾国藩与王有龄因浙饷不援湘军，湘军不助浙江军而早有嫌隙，李元度的改换门庭，引起了曾国藩的迁怒。咸丰十一年五月，李元度因率安越军援鄂，于义宁等处出力有功，经总督官文、巡抚胡林翼奏请，赏还按察使原衔；旋又克江西奉新、瑞州等城，经江西巡抚毓科奏请，赏加布政使衔；这年九月，李元度始率军入浙，支合左宗棠部，从太平军手中夺得常山等地。故于同治元年正月十四日得补授浙江盐运使兼署布政使。二月初三日又奉旨擢授浙江按察使，开始了他在仕途上的另一个高峰。李元度这一连串的升迁，本来都与曾国藩无甚关系，却使曾国藩很不自在。他写信给彭申甫时，引用春秋时豫让的典故，斥责李元度"以中行待鄙人，以智伯待浙帅"，表示从此将与李元度"公私并绝，无缘再合"。于是他于同治元年二月起，重新与人"论次青之非"并且于李元度擢授浙江按察使的上谕发出后的十九天，即二月廿二日，又亲自写了再参李元度的奏折，说他在湖北江西并无打仗克城之事，"冒禀邀功"，又"节节逗留"，"不一赴杭州救援"。这一奏本不但彻底否定了官文、胡林翼、毓科等人的上述奏折，而且使从厄运中苏复过来的李元度再次跌入深谷，重新获得的官职又重新被掉，交由左宗棠差遣。但奇怪的是，李元度革职的上谕才下达几天，署江西巡抚李恒上奏道："咸丰十一年三四月间，伪忠王李秀成窜扰瑞州，分陷上高、新昌、奉新等处，势甚披猖。迨六月间前皖南道李元度督率所部安越军由楚入江，乘势进剿，始于七月初七、初八、初九等日先后攻克。嗣又收复兴安县城，与总兵鲍超夹信江而上，共解信围，江境一律肃清。"李恒言之凿凿，并且胆敢为安越军员弁向朝廷请赏。这表明，曾国藩向朝廷上奏李元度的"罪状"，明显是捏造。但是，这个以"诚"待的人曾国藩并未止步，他仗着朝廷的偏信偏听，因私愤未除，竟于这年五月十七日（6月13日）在参劾副将陈由立、总兵郑魁士时，又第三次向朝廷论及李元度之"罪"，说他们三人的共同罪过是"私行远扬"，"朝秦暮楚"，"予智自雄，见异思迁"，而"背于此并不能忠于彼"，"叛于本国，断难忠于他帮"。这就彻底暴露了曾国藩由于埋怨李元度奔王有龄，因而有再次参劾李元度之举的阴暗的内心世界。

但就在曾国藩的参谥密折送呈后的第八天，尚蒙在鼓里的忠厚的李元度，却因曾国藩先年十月十八日拜受节制四省军务之命，当年正月初一以两江总督协办大学士，二月又有交部人优议叙之旨，乃给曾国藩发去一道贺禀。曾国藩这才萌发内疚，在三月初二的日记中写道："因李次青来一贺禀，文辞极工，念及前此参折不少留情，寸心怦怦，觉有不安。"加上这个时候，他的两个弟弟沅甫、季洪对他的第二次和第三次参折颇有意见，向他进行规劝，他才真的愧悔起来，于六月初二日（6月27日）给弟弟们写信说："次青之事，弟所进箴规，极是极是。吾过矣！吾过矣！"吾因郑魁士享当世大名去年袁、翁两处及京师台谏尚累疏保郑为名将，以为不妨与李并举，又有郑罪重李情轻，暨王锐意招之等

语，以为此前折略轻。逮拜折之后，通道读来，实使次青难堪。今得弟指出余益觉大负次青，愧悔无地，余生平于朋友中负人甚少，惟负次青实甚。两弟为我设法，有可挽回之处，余不惮改过也。闰八二十四日，又在给曾国荃的信中假惺惺地说："次青之案，竟是假信，亦殊可诧"接着又为自己辩护道："余跻李于郑之上，片中颇有斟酌"，把郑、李"相提并论，亦尚非拟于不伦"。但究竟李元度是他曾家的儿女亲家，又跟随曾国藩多年，曾国藩也不免内疚，在信中说："唯与我昔共患难之人，无论生死，皆有令名，次青之名由我而改，不能挽回，兹其所以耿耿耳。"过了两年，到同治三年八月十三日，也就是湘军业已攻克金陵两个月，曾国藩被加封太子太保、一等伯爵，顶子再次染得红红之时，忽然为仁为义，上一密折，说："追思昔年患难与共之人，其存者惟李元度抱向隅之感"，"臣均对之有愧。"又说："李元度从臣最久，艰险备尝，远近皆知。其十年守徽之役，到郡不满十日，伪侍王大股猝至，兵力未厚，府城失陷，臣奏参革职拿问，其十一年援浙之役，参案未结，遽行回籍，沿途饰报胜仗，又不努力救杭，臣奏参革职留营。议者皆谓臣后参援浙最为允当，前参守徽失之太严。江楚等省之公论，昭昭在人耳目。臣虽知公论谓臣太严，而内省尚不甚疚。所最疚者，当咸丰六年之春，臣部陆军败于樟树，江西糜烂，赖李元度力战抚州，支持危局。次年臣丁忧回籍，留彭玉麟、李元度两军于江西，听其饥困阽危，蒙讥忍辱，几若避弃而不顾者，此一疚也。李元度下笔千言，条理周密，本有廉人之才，外而司道，内而清要各职，均可胜任，唯战阵非其所长。咸丰五年自请带勇，十年夏间臣又强之带勇，用违其材，致令身名俱裂。文宗有'李元度失衄可惜，人才难得'之叹。皆臣不善器使之过，此又一疚也。此二疚者。臣累年以来，每饭不忘。"

在这道奏折里，曾国藩虽然没有勇气承认为了转称文宗对自己的斥责而参劾李元度的卑劣，也没有勇气承认因交恶王有龄而迁怒李元度以至再度参劾李元度的隐曲，甚至还用了"最为允当""失之太严"一类文过饰非的话，但是，他究竟还是承认自己的"每饭不忘"的"二疚"，较公正地评价了李元度的战绩与才智。故论者常谓：曾国藩既前有"三不忘"，后有"二疚"，又何必当初呢？他常以"存诚""去私"诫人，却为何如此歪曲事实，对李元度一参再参，以雪私愤呢？何诚之有！及至同治七年八月，曾国藩在与捻军战斗中业已大败，忧伤重重，思前想后，乃在同治元年参劾陈由立、郑魁士、李元度三将的密折的抄件后，写了一段后记："此片不应说及李元度，尤不应以李与郑并论。李为余患难之交，虽治军无效，亦不失为贤者，此吾之大错，后人见者不可抄，尤不可刻，无重吾过。"曾国藩到这时才彻底表现出自省和悔悟。

曾国藩从帮办湖南全省团练开始，就用木质关防，关防上所刻大字为"钦命帮办团练查匪事务前任礼部右侍郎之关防"。咸丰五年（1855）八月初秋补缺，又换"钦差兵部右侍郎之关防"。自出征以来，得到皇上的命令，"皆系接奉廷寄，未经明降谕旨"。因此，外界讥嘲甚多，有人讥讽说"自请出征，不应支领官饷"；有人指责说"不应称钦差"；有人说他曾经革职，不应专折奏事。岁月既久，关防屡换，往往被人"疑为伪造"。部将出差外省，外省地方官不予信任，对盖有关防之公文不予理会，甚者竟将湘部出差外省的官员关押，

加以侮辱。如果现在再赴江西军营，又改刻关防，则势必愈难取信于人。

　　曾国藩自被削去兵权后，无时无刻不在怀念他一手创办起来的湘军，"江右军事，刻不去怀"。悔恨自己办事"有初鲜终，此次又草草去职，致失物望，不无内疚"。每每想到这些，"夜间终不能酣睡，心中纠缠，时忆往来，愧惶憧扰，不能摆脱"。他在籍守制一共一年零三个月，在这段时间里，他日夜在悔恨自己的去职失权，迫切期待着有朝一日，咸丰帝命他重新走上前线，重掌湘军。

　　另一方面的情况则是，湘军的将领们大多已高官厚禄，由曾国藩保举的胡林翼不但早已官至巡抚，而且新加太子少保衔，李续宾已授浙江省布政使，并加巡抚衔，连当年以千总应募的杨载福也已官升提督，赏穿黄马褂，而曾国藩仍不过一在籍侍郎，无地方实权，且官位低于胡、李、杨等。这不由不使曾国藩感慨系之，他在咸丰八年四月初九日写信给远在江西吉安的曾国荃说："此次军务，如杨、彭、二李、次青辈皆系磨炼出来，即润翁、罗翁亦大有长进，几于一日千里，独余素有微抱，此次殊乏长进。"因此，他希望曾国荃"兢兢业业，日慎一日，到底不懈，则不特为兄补救前非，亦可为吾父增光于泉壤矣。"在这种湘军节节取胜、统领者步步高升的情势下，曾国藩已如热锅上的蚂蚁，再也按捺不住立功成名的内心蠕动，难以在寂寞的山村呆下去了。《湘军志》说："时国藩久谢事，无旧军，诸名将后出，率皆起罗、王部曲，独水军犹隶彭、杨，而杨载福已提督，官品高于国藩，由是负沉滞众望，亦郁郁不自得，更欲以和辑收众心，颇悔前者所为。"

　　人都有缺欠，连圣贤也难免犯错误。同时，世间只有人是最善变的，人心是最难测的。曾国藩说，天底下没有一成不变的君子，没有一成不变的小人。

　　做事尽职尽责，以天下事为己任，毫不推诿、全力以赴、鞠躬尽瘁，才能成大事，才能使自己的才能找到用武之地，才能被别人器重和倚托。今人大都服膺曾国藩，而曾国藩当时却极赞胡林翼，何则？是胡林翼的殚心使然耳！

　　胡林翼在给曾国藩的信中表示，誓与楚疆共存亡，这就是殚心尽力的行为。武汉终于攻下，整个战局为之扭转。曾国藩治军之初四处讨食军饷，但应者很少，而胡林翼全力支持。两人肝胆相照，才有柳暗花明之日。可惜，胡林翼呕心沥血而死，但曾国藩不忘他的功劳，在《历陈胡林翼忠勤勋绩折》中说："前湖北巡抚胡林翼自翰林出身，在外地多处做官。咸丰五年（1855）三月承蒙先皇帝特别赏识，由贵州道员，不到半年提拔为湖北巡抚。这时，武汉已经三次失守，湖北州、县，大半沦陷，各路军队，皆已溃散。胡林翼困守金口、洪山一带，劳累焦虑，不仅无兵无饷，而且也无援无助。从两司到州、县勤杂，远隔在北岸数百里以外，一分钱一粒米都亲自写信向人求借，情词深沉痛切。但在残破形势下，十个没有一个回应，他甚至拿益阳自家的谷物来接济军队，士兵都很感动。会合湘军从江西援救湖北，军队形势日益强大，咸丰六年（1856）十一月攻克武汉，以后收复黄州等郡县。评论者认为他可以稍稍休息了。但胡林翼不只为巩固自己打算，全军出境，围攻九江，又分兵先救瑞州。胡林翼全力支援邻省剿匪，从湖北开始。九江围剿一年多，相持

不下。中间石达开从江西窥视湖北，陈玉成从安徽北部进攻湖北三次，胡林翼始终不肯撤九江之围，以回军救本省的危急。有时亲自统帅一支军队，肃清薪黄地方，有时分别派遣各军，驱逐安徽、湖南之敌，最后攻克收复九江，杀尽敌寇，成为东南战区一大转折。九江的功劳还未褒奖，他又上奏用湖北的力量消灭安徽的敌兵。到李续宾在三河全军覆没时，胡林翼起初因母丧回籍，当时不满百天。听到消息后急忙起身，痛哭誓师，不进衙门，直接进驻黄州。有人认为，李续宾刚损失良将，元气未恢复，只可以暂时保存自己的力量，不可以兼顾邻省地方，胡林翼不这样认为。惊魂未定，即派重兵过两千里，援助解救湖南宝庆之围。援助湖南的军队未返回，又商量大举进攻安徽。这时为臣曾国藩接到人四川的命令，胡林翼留臣曾国藩共同谋取安徽，先消灭太平军，保证三吴地区的财源税赋，平雪天下的公愤。他亲自画数十张图纸，分送给臣曾国藩和官文以及各路将领，昼夜谋划。咸丰十年春天，在潜山、太湖大战，相继攻克而获胜利，遂即实施围攻安庆的策略，亲自驻太湖进行围剿。今年五月，回去援救湖北，在病中还屡次给国藩写信，多次说不能撤安徽之围。所以安庆的攻克，我奏请推胡林翼为首功，这不光是我的个人意思，也是参与这件事的文武官员的共识，也是皇帝所了解的。"这是说胡林翼谋划决策，整军治军，殚心以赴的情形。

曾国藩大概是对自我反省和批判最多的古人之一，不仅严厉，而且苛细，如针如刺，直指心灵中最漆黑的部分。也许你不佩服他的功业，不佩服他的道德，也不佩服他的文章，但你不得不佩服他自我剖析的勇气。

人非圣贤，孰能无过？

谁没有说过假话？谁没有说过大话？谁没有嫉妒他人？谁没有伤害他人？谁从来不好女色？谁做事不占他人便宜？谁敢拍着胸膛对自己或者苍天说，我从来不做亏心事？没有，从来没有。只有过错的大与小，多与少，或者你所犯的过错是人人都会犯的，是人们可以原谅的，可以接受的，但不能说你从来就没有过错。只要是人，有七情六欲，就有人的弱点和局限。曾子为什么"吾日三省吾身"，就是为了少犯过错啊！

《周易》说，君子"见善则迁，有过则改，"《尚书》也说："改过不吝(吝啬)"这一方面告诉人们过错是难免的；另一方面也告诉人们要有过必纠，有错必改。

曾国藩则认为，知己之过失，承认它，并且改正它，毫无吝惜之心，这是最难的。豪杰之所以是豪杰，圣贤之所以是圣贤，就在这里。磊落过人，能透过此一关，寸心便异常安乐，省得多少纠葛，省得多少遮掩，还有那修饰装点的丑态。

曾国藩的为人，不论治军治政或立身为家，都有一种不可及的精神。这种精神就是坚忍和"吃硬"。

一个主张当曾国藩既经决定，并且认为是对的，那么无论环境如何恶劣，前途如何困难，他是勇往直前，不避艰苦，拼命地去干，从死路中求生路。这种精神用现代的话来说，就是"实干精神"。

细看曾国藩自从咸丰三年带兵以来，到打下安庆为止，在这个时期中，几乎可以说没有一天不在艰难困苦中。但他能从奋斗中求出路，终于获得最后的成功。曾国藩有一句名言，叫作“好汉打脱牙，和血吞。”他说：

“困心横虑，正是磨炼英雄，玉汝于成。李申夫尝谓予怄气从不说出，一味忍耐，徐图自强。因引谚曰：‘好汉打落牙，和血吞。’此二语，是予生平咬牙立志之诀。予康戌、辛亥间，为京师权贵所唾骂；癸丑、甲寅，为长沙所唾骂；乙卯、丙辰，为江西所唾骂；以及岳州之败，靖港之败，湖口之败，盖打脱牙之时多矣，无一次不和血吞之。”

从以上几句话，可以看出曾国藩成功的秘诀，全是“硬干”，凡是不“埋着头苦干，吃着亏不说”的人，都是曾国藩所最瞧不起的。曾国藩对于他的兄弟，也常常以实干精神相勉。他说：“来信每怪运气不好，便不似好汉声口；唯有一字不说，咬定牙根，徐图自强而已。

“申夫所谓‘好汉打脱牙，和血吞；’星岗公所谓：‘有福之人善退财，’真处逆境之良法也。”

所谓“实干精神”，不仅在得意时埋头苦干，尤其在失意时绝不灰心。有一次曾国藩的弟弟（曾国荃）连吃两次大败仗，曾国藩写信去安慰他说：

“从前的事就如昨天逝去，以后的事好比今天新生。要另起炉灶，重新打开新局面，开辟新世界，最近再次的大失败，不正可以磨炼英雄，使你大有长进吗？谚语谈：‘吃一堑，长一智。’我一生的长进，都在遭受挫折和屈辱的时候。你务必要咬紧牙，磨砺意志，积蓄力量，增长智慧，万不可以自灭其志。”

他的弟弟听了他的话，后来果然有所成就。可见不灰心是一切事业成功的基础。

曾国藩认为只说不做的人，最是要不得，所以他的军队中，照例不用喜欢说话的人，成为一种风气，因为只说不做，违背了“实干主义”的原则。“实干主义”是要埋头苦干，不重宣传的。曾国藩认为惟天下的至拙，可以破天下的至巧。凡是自己认定拙朴的人，才能够厉行实干主义。

也许有人要怀疑，曾国藩是一个文弱书生，为什么居然能有“实干精神”呢？似乎这种“实干精神”应该是一般武夫方有。其实这种观察是错误的。

曾国藩虽是一介文弱书生，身材精瘦，一对三角眼，看起来也不十分精神。但他性格倔强，意志坚强，正如他自己所说“吾兄弟皆秉承母体甚多”。曾的母亲江氏，性格倔强，不像她的丈夫曾竹亭，竹亭公在其父星冈公的声色俱厉之下，往往“起敬起孝，屏气扶墙，踌躇徐进，愉色如初”，性格是相当懦弱的。对于长辈，曾国藩佩服的是星冈公和自己的母亲。两位长辈刚强的性格，坚强的意志给他以很大影响。在曾获高官之后，仍然认为自己实不如祖父。他说：“国藩与国荃遂以微功列封疆而膺高爵，而高年及见吾祖者，咸谓吾兄弟威重智略，不逮府君（指星冈公）远甚。”他甚至为祖父深深委屈，认为：“王考府君威仪言论，实有雄伟非常之概，而终老山林，曾无奇遇重事，一发其意。”

曾国藩曾经豪迈地说过：“故男儿自立，必有倔强之气。”讲的就是这个道理。

从曾国藩的诗文和军事生涯中都可以看出他意志坚强，并非懦弱之辈。他的诗文，

很少有意味平淡之作，而多豪言壮语，雄奇之气溢于笔端，坚强的性格跃然纸上，如他30多岁做京官时作的一首诗：

> 去年此际赋长征，豪气思屠大海鲸。
> 湖上二更邀月饮，天边万岭挟舟行。
> 竟将云梦吞如芥，未信君山铲不平。
> 偏是东皇来去易，又吹草绿满蓬瀛。

就是这写字这件小事上，也可看出曾氏的性格特点。他不喜欢纤弱阴柔的字，而喜欢强劲阳刚的字。他说："杜陵言'书贵瘦硬'，乃千古不刊之论。"字体硬而瘦，正是阳刚风格的一种表现，俗话说：字如其人。写字虽是小事，却可以看出一个人的性格。有些善于识才的人权凭一个人的字，就可看出一个大概。

咸丰元年四月二十六日（1851年5月26日），曾国藩在连上4篇奏折，备受皇上嘉许之后，又上《敬呈圣德三端，预防流弊疏》，这是一篇那个时代的铮铮直言，掷地有声的好文章。文章在对咸丰帝歌功颂德一番之后，十分尖锐地指出了咸丰帝可能出现的自矜才智、拒谏饰非的卑劣心态，以及朝廷可能面临的严峻政治形势。在"伴君如伴虎"的时代，上这种将虎须的奏折，实在是耿直得可以，坚强的可以。这篇奏折被以"求言"装饰门面的咸丰帝披览后，龙颜震怒，"摔其折于地"，并且"召见军机大臣，欲罪之"，幸有曾氏的恩师季芝昌等人求情。季说："此臣门生，素愚憨，惟皇上宽而宥之。"咸丰帝才稍稍息怒。

强字本是美德，我以前寄给你的信也讲明强二字断不可少。但是强字必须从明字做出，然后始终不屈不挠。如果对事情全不了解，一味蛮横，等到别人用正确的道理进行驳斥，并用事情的实际后果来验证，这时再俯首服输，前倨后恭，这就是京师讲的瞎闹。我也并不是不要强，只是因为见闻太少，看事不明不透，所以不敢轻于要强。再者，我们正处在鼎盛的时候，属员在外，气焰嚣张，言语放肆，往往令人难以接近。我们如果一味强劲，不稍稍收敛抑制，那么属员仆从就会不闹出大祸不止。

曾国藩一生虽不能算是立下不世之功，但也成为"古今不一二睹之大人物"，这和他终身所奉行的也是为人们所推崇的"坚忍"是密不可分的。

曾国藩说："昔耿恭简公谓，居官以坚忍为第一要义，带勇亦然。与官场交接，吾兄弟患在略识世态而又怀一肚皮不合时宜，既不能硬，又不能软，所以到处寡偶。迪安妙在全不识世态，其腹中虽敢怀些不合时宜，却一味浑含，永不发露。我兄弟则时时发露，终非载福之道。雪琴与我兄弟最相似，亦所如寡合也。弟当以我为戒，一味浑厚，绝不表露。将来养得纯熟，身体也健旺，子孙也受用，无惯习机械变诈，恐愈久而愈薄耳。"

这讲的意思是：过去耿恭简公说，做官以坚挺、忍耐烦恼为第一重要，带兵也是这样。和官场来往，我们兄弟都患在稍稍了解世态而又怀有一肚皮的不合时宜，既不能硬，又不能软，所以到处落落寡合。迪安妙就妙在全然不识世态，他肚子里虽也怀着些不合时宜，

但却一味浑厚含容，永不发露。我们兄弟则时时发露，总不是带来福气的办法。雪琴与我们兄弟最相像，也到处少有投合的人。弟应当以我为戒，一味浑厚，永不发露。将来养得性情纯熟，身体也健康旺盛，子孙也受用，不要习惯于官场变诈伪，恐怕越主就越德行浅薄。

俗语说：能忍就忍，能诚就诚，不忍不诚，小事就变成大事。试看现在的人争斗以致诉讼，导致自身丧命，累及亲人，家庭破坏，财产荡尽，难道起初时就有大的缘故吗？别人稍有触犯就一定发怒，被人稍有侵凌就一定要争斗，是不能忍让啊。如果骂别人，别人也会骂你；打别人，别人也会打你；你告人家，人家也会告你。相互怨恨，各自都想获胜，求胜心切，就没有办法可以遏制，这就是家破人亡的原因啊。不知在将要发怒的开始就忍下来，只要过片刻时间，心中就平静了。在想争斗之初就忍让他，真有利益被侵害的，缓缓以礼诚恳地相问，若不答应，而后再上告官府就行了。如果吃了官司，应正直行事，就是受了一些委屈，也应当忍让来保全邻里的情义。这样就不破财也不伤神，身心安宁，别人也佩服你。这是人世中求得安乐的方法。和那些气愤争斗，费心费财，听候审讯，迎合官吏的眼色，被拘禁在牢狱中，荒废正业，以至于家破人亡的人相比，相差不是太远了吗？所以，内心之法，尤为重要。"内心不死，求生才有底气"，此为曾国藩的精神所致，也是激励人斗志的格言。

"坚忍"者何？刚强牢固为坚，勇毅强挺为忍。君子持威重，执坚忍，临大难而不惧，视白刃若无也。欲立不世之功，得成勔世伟业，非坚忍所不能也。坚忍于战则无敌，于礼则大治；外无敌，内大治，厚道载物乎？这就是曾国藩的坚忍。

1854年11月27日曾国藩在给他诸弟的信中说：我自从服官及办理军务，近几年来，心里常常有郁屈不平的感受，每每仿效母亲大人指腹示于儿女们的样式日"这里边蓄积多少闲气，无处发泄。"那些往年的许多事已不全记得了，今年2月在省城河下，凡属我所带领的兵勇仆从，每次进城，必定遭痛骂毒打，这种情景都是四弟、季弟亲眼所见。谤怨之声沸腾，万口讥笑嘲讽，这也为四弟、季弟亲眼所闻。自四月以后两弟不在这里，景况更加令人难堪。我只有忍辱包羞，屈心抑志。

曾国藩的一生靠坚忍成就了他的事业。青少年时代靠坚忍的苦读博取了功名，取得了进身之阶。到中年以后更是靠"坚忍"战胜了磨难。

曾国藩在江西带兵的时候，因为他所处的环境，当时虽是督师，实居客寄的地位，筹兵筹饷，一无实权，二无实力，州县官都不听他的话，各省督抚又常常为难他，只有胡林翼是诚心帮他的忙。湘军将士虽也拥戴他，可是他们的官级，有的比他还高，他好像一个道义上的统帅，当然是经不起败仗的。这时曾国藩靠的是什么？靠的是坚忍。他在父亲去世，弃军回籍奔丧，甚至欲急流勇退的情势下，耐心地听取了朋友的规劝，并且深深地做了自我反省。

自率湘军东征以来，曾国藩有胜有败，四处碰壁，究其原因，固然是由于没有得到清政府的充分信任而未授予地方实权所致。同时，曾国藩也感悟到自己在修养方面也有很

多弱点,在为人处事方面固执己见,自命不凡,一味蛮干。后来,他在写给弟弟的信中,谈到由于改变了处世方法所带来的收获,而改变了的处世方法,无非是"坚"中多了一些"忍",结合时势把"坚忍"二者的关系处理得更为妥帖了。为此,他说:"兄自问近年得力唯有一悔字诀。兄昔年自负本领甚大,可屈可伸,可行可藏,又每见得人家不是。自从丁巳、戊午大悔大悟之后,乃知自己全无本领,凡事都见得人家有几分是处。故自戊午至今九载,与四十岁以前大不相同,大约以能立能达为体,以不怨不尤为用。立者,发奋自强,站得住也;达者,办事圆融,行得通也。"

靠这种坚忍曾国藩终于走出了那种阴霾笼罩的心境,度过了那段痛苦的日子。因此曾国藩在他的处世人生中,特别偏爱"坚忍",他说:司马迁崇尚黄老,敬仰游侠,班固以此来讥讽他,确合事实。敬仰游侠,所以多次称赞坚忍卓绝的操行。比如屈原、虞卿、田横、侯嬴、田光以及贯高都是此类人物。

对于曾国藩的坚忍,连王闿运写《湘军志》时本想讥讽曾国藩,但终为其感动 1878 年 2 月 21 日云:"作《湘军篇》,颇能传曾侯苦心;其夜遂梦曾。……"27 日云:"夜观览涤公奏疏,其在江西时,实悲苦,令人泣下,然其苦乃自寻得,于国事无济,且与他亦无济。且吾尝怪其相法当刑死,而竟侯相,亦以此心耿耿,可对君父也。余竟不能有此愚诚。'闻春风之怒号,则寸心欲碎;见贼船之上驶,则绕屋彷徨。'《出师表》无此沉痛。"

"坚忍"是两个奥妙的字,"坚"可理解为锐于进取,挺而不软弱;"忍"可理解为持之以恒、能屈能伸、不计屈辱。体现在深受曾国藩影响的李鸿章身上,"坚"字可达到拼命的程度。"拼命做官"是曾国藩送给李鸿章的雅谑,后此论不胫而走,天下人无不以为惟妙惟肖。清史官为李鸿章立传,也用"自壮至老,未尝一日言退"概括他只想升、只想进的拼劲。李鸿章少年时言志,也说:"我愿得到玻璃大厅七间,都敞开明窗,让我在里面办公。"但他拼命了却了此愿后,却不以此为足,又拼命去追逐新的目标。曾国荃就十分美慕李鸿章的这股拼劲,美慕李"具办事之诚,有任事之量",说李易于取得成功。李鸿章身上的"忍"字是与屈辱连在一块的,尽管他外表并不谄媚,倒是气宇轩昂,一派雍容华贵的风度。他除了屈于封建王朝,还屈于列强,如果中国国力强,他或许真的会扮演中国的俾斯麦。但中国太弱,他和上海势力无力回天,他带头搞的洋务运动也不能使中国强大。因此,李鸿章的忍要忍到甘愿演小丑的地步,1862 年李谈他的洋务外交时说:"与外人杂处,每到十分饶舌时,用痞子放赖手段,他们也没有什么办法。"这套法宝李鸿章四十年如一日地搬用。甲午惨败,他的洋务军事大业毁于一旦,亿万国人恨不得寝其皮、食其肉。按说他不忧愤而死,也该忧愤而疾了,但他却照样赴日乞和。在马关,他遭到了日本浪人的枪击,脑袋上鲜血淋漓,但即使如此,他仍嬉皮笑脸、死乞白赖地乞求日方谈判代表伊藤博文等削减赔款数目。这种九折臂三折肱的忍性非常人所具,难怪在一些传记中他被写成冷血动物。他到 1902 年还说:"与洋人交涉,不管什么,我只同他打痞子腔。"痞子腔系皖中土语,即油腔滑调之意。忍到这种可悲可憎的腔调,只能用"畸形"二字来形容。

卷五　用人理财谋略

经文释义

【原文】

窃谓行政之要，首在得人。吏治之兴废，全系乎州县之贤否。安徽用兵十载，蹂躏不堪，人人视为畏途。通省实缺人员，仅有知府二人、州县二人。即候补者，亦属寥寥。每出一缺，遴委乏员。小民久困水火之中，偶得一良有司拊循而煦妪之，无不感深挟纩，事半功倍。

【译文】

我认为，行政的重要任务，首先在于得人。吏治兴废，全取决于州县最高长官是否贤能。安徽用兵十年，糟蹋得不成样子，人人以为那里是可怕的去处。全省确实缺乏官员，只有知府二人、州县长官二人。即使是候补官员，也寥寥无几。每次有了空缺，总是缺乏人员选任。平民百姓长期困迫在水火之中，偶尔遇上一位好官加以抚慰，给予温暖，他们一定会倍受感动，心里感到热乎乎的。这样，就可以取得事半功倍的效果。

【原文】

韩进春业已成军到省否？其营官十人必须逐一经阁下亲自审定，不宜全凭渠为取舍。李迪庵兄弟之选营官，专取简默朴实，临阵不慌。弟不能于临阵观人，而取简默朴实，略仿李氏之意。阁下素精藻鉴，或可参酌用之。

【译文】

韩进春业已成军到省了吗？那十个营官必须经过阁下逐个一一审定，不宜全凭他来决定取舍。李迪庵兄弟选营官，专门选取简默朴实、临阵不慌的人。弟不能临阵观人，而略仿李氏之意选取简默朴实的。阁下素来知人善任，此仅供斟酌参考。

【原文】

凡人材高下，视其志趣，卑者安流俗庸陋之规，而日趋污下；高者慕往哲盛隆之轨，而日即高明；贤否智愚所由区矣。足下慨然病俗学之陋，且知务训诂词章以取名者之不足贵。志趣所存，有足尚者，诚于此审趋向循绳尺以求之，所造岂有量哉？秋闱伊迩，计当专意举业，但循其程度，而勿置得失于意中，亦君子所以异于人者也。

【译文】

人才的优劣高低,要根据其志趣而定。才能卑下的人,安于世俗之人的庸规陋习,因而一天天地走向污下;才能高的人,仰慕往哲先贤的隆盛的事迹,因而一天天地走向高明。人的好坏、智愚,由此就可以清楚地辨别开来了。您愤激地认为俗学太鄙陋,而且知道致力于训诂辞章以博取名声的做法不值得仿效和提倡,志趣所在,有值得崇尚的地方。如果你在这方面,真的能够看准目标,不折不扣地追索下去,将来所取得的成就,难道会有量吗?科举考试临近了,您应当专心致志地准备应试。只遵循科举的程序,而不把得失放在心上,这也是君子与常人所不同的地方。

【原文】

余谓德与才,不可偏重。譬之于水,德在润下,才即其载物溉田之用;譬之于木,德在曲直,才即其舟楫栋梁之用。德若水之源,才即其波澜;德若木之根,才即其枝叶。德而无才以辅之,则近于愚人;才而无德以主之,则近于小人。世人多不甘以愚人自居,故自命每愿为有才者;世人多不欲与小人为缘,故观人每好取有德者。大较然也。二者既不可兼,与其无德而近于小人,毋宁无才而近于愚人。自修之方,观人之术,皆以此为冲可矣。

【译文】

我认为才与德,两者不可有偏颇。用水来比喻,它的品德是润下,它的才就是浮载物品、灌溉田地;用木头来比喻,曲直是它的品德,作为舟楫和栋梁之用就是它的才。如果德是水的根源,那么才就是水的波澜;如果德是树木的根,枝叶就是树木的才。一个人有德而无才,就与愚笨之人相近;一个人有才而没有德,则与小人一样。世上的人大多不愿承认自己愚笨,所以常常自称愿意成为有才的人;世上的人大多不希望自己成为小人,所以常常以德取人。大致情况就是如此。既然两者不可兼得,那么与其没有品德而归于小人,还不如没有才能而归于愚人。自我修养的方法,识人的办法,都可从此入手。

【原文】

该令居心光明,措辞真切,此禀可以见其大概,阅之欣慰无已。所称抱济世之才,矢坚贞织志,不为利害所动,此豪杰之士也。心知顺逆,隐怀忠义,而亦不免被其逼胁,此不失为良善之人也。豪杰之士,难以邂逅遇之,良善之人,尚可以人力求之,求之而实见其行,实信其心,方行举报,则斟酌而无冒滥矣。仰随时留心访察,以慰期望。得一好人,便为天地消一浩劫也。

【译文】

该令居心光明正大,措词真切,从这份禀报中可以见其大概,阅后感到欣慰不已。所称抱济世之才干,矢坚贞之志向,不为利害所动,这真是豪杰之士啊!内心知道顺逆,隐怀忠义,也不免被其所威逼胁从,这不失为善良之人。对于豪杰之士,是难以邂近的,良善之人还可以靠人力而求到,求到之后,亲眼见到他的行为,实信其心,才能举荐,这样经过斟酌之后就不会冒滥选用了。希望你随时留心访察，以不辜负我对你的期望。为国家选拔出一个好人，便是为天地消除一个大劫难。

【原文】

兹有旧戈什哈李卿云千里来投，特命其驰赴吉安，交弟差遣，尚属有用之才。渠系李竹屋之族侄，曾在次青平江营充当哨官两年，受伤假归。战阵之事，自所惯见。据次青屡称其善于打仗。余观其平日语言过多，恐其稍涉于浮，临阵或未必稳安。然其抚绥士卒颇有恩意，又大小经百余战，甘苦备尝，究为难得。在湘营充哨长则或不宜，充队长则已有余；若派总查等杂职则必胜任。弟可酌处之。

【译文】

有个名叫李卿云的人千里迢迢来投奔，我特意命他火速赶赴吉安，听候你使用。此人还算是个有用之才。他本是李竹屋的族侄，曾在李次青的平江营做过两年哨官（相当于连长），后因负伤告假回乡。战阵之事，他自然早已司空见惯了。李次青曾多次称赞他善于打仗。我看他平日说话太多，恐怕稍微有点浮华，在临阵时也许未必稳重。然而，他在安抚士兵方面很有一套，又身经大小百余战，备尝艰辛，毕竟十分难得。让他在湘军中充当哨长或许不称职，而充当个队长还是绰绰有余的；如果派他去做总查等杂职，他必定能够胜任。你可以酌情使用他。

【原文】

总揽大纲之人，拟请伯符、莲舫、筱泉三人。筱泉精细圆适，其从国藩也极久，其为国藩谋也极忠，往年余拟专摺保之。曾为罗忠节两次言之，忠节亦极力赞成。厥后因循不果行。国藩之保举稍吝，不过局度较隘。至于次青、筱泉之不得优保，毕金科之不成功名，则国藩实有蔽贤之咎。中夜以思，如何可赎？今毕金科则长已矣！次青、筱泉二人，万乞阁下大力设法优保，或留鄂补用。以私言之，则国藩内有补于歉衷，外有益于报销；以公言之，则二子存心爱民，必不裨于吏法，必有赞于高深。务乞留意承允。

【译文】

负责全局工作的人，我打算请伯符、莲舫、筱泉三人出任。筱泉办事精细灵活。他跟随我的时间可谓长久，他在为我谋划上可谓忠诚，前些年我曾专门写了一份奏折保举他，另向罗泽南两次提到他，泽南也极力赞成。奏折递交后，有关部门硬要按成规卡他，未能如愿以偿。我在保举人才上稍嫌吝啬，不过是眼界较为狭隘罢了。至于说到次青、筱泉未能从优保举，毕金科未能成就功名，这就实实在在是我有遮蔽贤才的罪责了。夜半自思，如何才可以弥补我的这一罪过呢？如今毕金科已经离世，追悔莫及。次青、筱泉二位人才，万望您大力设法向朝廷从优保举，或者在湖北为他们谋一职位留用。从个人感情方面而言，这样方可使我既在内心上补偿歉疚之意，又对他们做了些有益前途发展的事；从国家利益方面，这两个人确有爱民之心，必定能为地方管理做出成绩，必定能为国家的长远发展提出计策。恳请您留意此事，答应此事。

【原文】

建德虽未攻克，而贵部多猛士健儿，其气可用，亦足喜也。顷已备公牍，调贵军由彭泽横出鄱境四十里街，系韩军移驻之处，风气各殊，贵军不必共扎一处，以省口角。仍须彼此关注，胜必相让，败必相救，以联众志而遏寇氛。抄示彭泽令致东流信，乃萍乡令三月二十三日席道初入江境之信，挨站递传以至湖彭者也。席军并不由九江行走，计此时已至抚州赴饶；阁下至饶境，当可与席观察会晤，尤望妥为联络。渠军系楚勇流派，有江岷樵、刘印渠之风，于湘霆之外，另有家数，阁下亦可兼取其长。学无常师，道兼众妙，不亦亦善乎？

广东仿制的西洋战船图　清

【译文】

建德城虽然没有被攻破，但是你的部队多数是猛士健儿，其士气可用，也令人十分高兴。我已准备好公文，抽调你部从彭泽横出鄱阳境内的四十里街，这是韩军驻扎的地方，部队风气各不相同，你的部队不要同他们驻扎在一起，以免发生冲突。但你们仍需互相关照，打了胜仗要彼此谦让，军情不利时须相互救助，以便联结我们众人的斗志来抑制敌人的气焰。我顺便抄下来了彭泽县令给东流的信给你看，这封信是萍乡令三月二十三日席道初入江境所写的信，一个驿站接一个驿站传递到了湖彭。席军并不从九江行军，估计现在已经到了抚州向饶州挺进。你到了饶州境内，应当和席观察会晤，尤其希望你们好好联络。席军属于楚勇流派，有江岷樵、刘印渠之风，在湘霆的外面，另外驻有几支，你也可以兼取他们的长处。学无常师。道兼众妙，不也很好吗？

【原文】

虽有良药，苟不当于病，不逮下品；虽有贤才，苟不适于用，不逮庸流。梁丽可以冲城，而不可以窒穴；牦牛不可以捕鼠；骐骥不可以守闾；千金之剑，以之析薪，则不如斧；三代之鼎,以之垦田,则不如耜。当其时,当其事,则凡材亦奏神奇之效,否则軥輢而终无所成。故世不患无才,患用才者不能器使而适用也。魏无知论陈平曰:"今有后生考己之行,而无益胜负之数,陛下向暇用之乎?"当战争之世,苟无益胜负之数,虽盛德亦无所用之。余生平好用忠实者流,今老矣,始知药之多不当于病也。

【译文】

即使有好的药物,如果不对病症,还不如一般的药物有效;虽然有贤才,如果工作不适合他的特长,就不如普通人。质地好的木梁可以冲开城门,却不可用它去堵洞穴;强壮的水牛不可以去捕捉老鼠;也不可以用骏马去看守家门;用价值千金的宝剑来砍柴,不如用斧子好使。三代时的宝鼎,用它开垦荒田,还不如用犁。在一定的时间,面临一定的事情,普通人也可以发挥神奇的效果。不然,分辨不清,就将一事无成。因此说世上不害怕没有人才,怕的是用才的人不能够恰当地使用人才。魏无知评论陈平说:"现在有一个年轻人很懂得孝德,但不懂得打仗胜负的谋略,您怎么会用他呢?"当国家处于战乱时,如果不是掌握胜负之数的人,虽然有大德,也是没有什么用的。我生平喜用忠实可靠的人,如今老了,才知道世上药物虽多,但大多不对病症。

【原文】

自汉唐迄今,政教人心交相为胜,吾总其要曰名利。西汉务利,东汉务名;唐人务利,宋人务名;元人务利,明人务名。二者不偏废也,要各有其专胜。好名胜者气必强,其流也揽权怙党,而终归于无忌惮。好利胜者量必容,其流也倚势营私,而终归于不知耻。故明人以气胜,得志则生杀予夺,泰然任之,无敢议其非。本朝以度胜,得志则利弊贤否,泛然听之,无敢任其责。一代之朝局成而天心亦定。山林是胜地,一营恋变成市朝;书画是雅事,一贪痴便成商贾。盖心无染著,欲境是仙都;心有系恋,乐境成苦海矣。

【译文】

从汉唐到现在,政教与人心相互冲突,交替的占有优势,我总其概要叫名利。西汉务利,东汉务名;唐人务利,宋人务名;元人务利,明人务名。二者都不偏废,要各自有它们专门强调的一个方面。好名而取得优胜的,其气势必强,世风的潮流就倾向于结党营私,而终归于肆无忌惮。好利而取得优胜的,其度量必能容纳,世风的潮流也就会是倚仗权势、营谋私利,而最终归结于不知耻辱。所以,高明的人以气势胜人,得志则生杀予夺,泰然处之,没有敢说他的不是的。本朝以制度取胜,得志则利弊贤否,放任听之,没有敢追究谁的责任的,一代的局面形成而天心亦定了。山川秀丽的林泉本来都是名胜地方,可是一旦沾迷留恋,就会把幽境胜景变成庸俗喧嚣的闹区;琴棋书画本来是骚人墨客的一种高雅趣味,可是一产生贪恋的狂热念头,就会把风雅的事变得俗不可耐。所以一个人只要心地纯洁,不被外物所感染,即使置身人欲横流的花花世界,也能建立自己内心快乐的仙境;反之一旦内心迷恋声色物欲,即使置身山间的快乐仙境,也会使精神坠入痛苦深渊。

【原文】

天道五十年一变，国之运数从之，惟家亦然。当其隆时，不劳而坐获；及其替也，忧危拮据，而无少补救，类非人所为者。昔我少时，乡里家给富足。农有余栗，土世其业。富者好施，与亲戚存问，岁时饭遗褈属。自余远游以来，每归故里，气象一变。田宅易主，生计各蹙，任恤之风日薄。呜呼！此岂一乡一邑之故哉？

【译文】

天道五十年一变，国运也随之改变，家庭也是如此。当家庭兴盛时，不劳而获；等到衰败时，忧虑拮据，而没有办法缓解，似乎不是人力可以改变的。我少年时，家乡的人家家富足，仓有余粮，人人安居乐业。富有的人喜欢施舍，亲戚之间互相慰问。自从我远游归来，每次都感到情况有变化。田宅变换了主人，生活越来越困难，互相接济的风气也没有了。啊！难道只是一乡一邑如此吗？

【原文】

习劳则神钦，凡人之情，莫不好逸而恶劳，无论贵贱智愚老少，皆贪逸而惮于劳。古今之所同也。人一日所著之衣，所进之食，与一日所行之事，所用之力相称，则旁人趋之，鬼神许之，以为彼自食其力也。若农夫织妇，终岁勤动，以成数石之粟，数尺之布；而富贵之家，终岁逸乐，不营一业，而食必珍羞，衣必锦绣，酣豢高眠，一呼百诺，此天下最不平之事，鬼神所不许也。其能久乎？古之圣君贤相，若汤之昧旦丕显，文王日昃不遑，周公夜以继日，坐以待旦，盖无时不以勤劳自励，无逸一篇，推之于勤则寿考，逸则夭亡，历历不爽。为一身计，则必操习技艺，磨炼筋骨，困知勉行，操心危虑，而后可以增智慧而长才识。为天下计，则必己饥己溺，一夫不获，引为余辜。大禹之周乘四载，过门不入；墨子之摩顶放踵，以利天下；皆极俭以奉身，而极勤以救民。故荀子好称大禹墨翟之行，以其勤劳也。

军兴以来，每见人有一材一技，能耐艰苦者，无不见用于人，见称于时；其绝无材技，不惯作劳者，皆唾弃于时，饥冻就毙。故勤则寿，逸则夭；勤则有材而见用，逸则无能而见弃；勤则博济斯民，而神祇钦仰；逸则无补于人，而神鬼不歆。是以君子欲为人神所凭依，莫大于习劳也。

【译文】

习惯于勤劳，则神都会钦敬。人之常情，没有不好逸恶劳的，不论贵贱智愚、老少，都贪图安逸，害怕劳苦，这是古今都相同的。人一天所穿的衣服，所吃的饭，与他一天所做的事，所出的力相称，那么旁人就会认可，鬼神就会赞同，认为他是自食其力了。至于种田的农民，织布的妇女，一年到头勤勉辛劳，不过获得几石粟，几尺布；而富贵人家，终年安逸享乐，一件事都不做，吃的是山珍海味，穿的是绫罗绸缎，豢养很多奴才，高枕酣眠，一呼百应，这是天下最不公平的事，鬼神都不会赞同，这能够长久吗？古代的圣明君主，贤德宰相，比如商汤，通宵达旦地工作，周文王不顾吃饭，周公废寝忘食，坐待天亮，时时

以勤劳激励自己。《无逸》这个篇章，推论到人若勤劳，便会长寿，人若逸便会夭亡，这是屡试不爽的。为自己着想，则必须习练技艺，磨炼筋骨，遇到困惑，不断地学习，不断勉励自己身体力行，居安思危。这样，才会增加智慧，增长才干。为天下着想，则必须自己忍受饥饿劳苦，只要有一人没有收获，就应当视作是自己的罪过。大禹治水，历尽辛劳，三过家门而不入；墨子摩顶放踵，为天下人谋福利，都是自奉非常节俭，拯救百姓不辞困苦。所以荀子偏爱大禹、墨子的行为，这是因为他们勤劳的缘故。自从军兴以来，往往见到别人有一技之长，能忍受艰难困苦的人，都能被人任用，得到当时人的称赞。而那些没有才能，也无一技之长，又不习惯勤劳的人，都被当时人所唾弃，最后饥饿冷冻而死。因此，勤劳的人便会长寿，纵逸的人就会夭折；勤劳便有才能，就能为人所用，安逸则无才能，就会被人抛弃。勤劳，便能普济众生，连神都会钦佩仰慕；安逸，则无任何价值，神鬼都不会保佑他。所以，君子若要成为人们和神都能信赖的人，最重要的就是要习惯于勤劳。

【原文】

凡人多望子孙为大官，余不愿为大官，但愿为读书明理之君子。勤俭自持，习劳习苦，可以处乐，可以处约。此君子也。余服官二十年，不敢稍染官宦气习，饮食起居，尚守寒素家风，极俭也可，略丰也可，太丰则吾不敢也。凡仕宦之家，由俭入奢易，由奢返俭难。尔年尚幼，切不可贪爱奢华，不可惯习懒惰。无论大家小家、士农工商，勤苦俭约，未有不兴，骄奢倦怠，未有不败。

【译文】

一般人多希望子孙后代做大官，我不愿意做大官，只想成为读书明理的正人君子。能够勤劳节俭，严于律己，吃苦耐劳；既能过舒适的生活，又能过艰难的生活，做到这些，就是君子。我做官二十年，不敢稍微沾染官僚习气，饮食起居方面还保持着贫寒平民的家风，极其节俭也可以，略为丰厚也可以，但是太丰厚我却不敢接受。官宦家庭，由俭朴到奢侈容易，由奢侈返回俭朴却十分困难。你的年纪尚幼，切不可贪爱奢华，不可习惯于懒惰。无论是大家还是小家，也无论是官僚家庭还是士、农、工、商家庭，如果勤苦俭约，就没有不兴旺的；如果骄奢倦怠，就没有不衰败的。

【原文】

所以汲汲馈赠者，盖有二故：一则我家气运太盛，不可不格外小心。以为持盈保泰之道，旧债尽清，则好处太全，恐盈极生亏；留债不清，则好中不足，亦处乐之法也。二则各亲戚家皆贫而年老者，今不略为资助，则他日不知何如。

【译文】

所以一心重视馈赠，有两个原因：一是我家的气运太兴盛，不能不格外小心，我认为对于盈满保康泰的方法，一旦旧债全部还清，就会好处太齐全，恐怕盈极生亏；留有债务没有还清，虽然美中不足，但也是享受乐趣的一种方法。二是各位亲戚都家里贫困而又有年老之人，如不稍加资助，则不知道他们以后如何过日子。

【原文】

将来万一作外官,或督抚,或学政,从前施情于我者,或数百,或数千,皆钓饵也。渠若到任上来,不应则失之刻薄,应之则施一报十,尚不足以满其欲。故兄自庚子到京以来,于今八年,不肯轻受人惠,情愿人占我的便宜。断不愿我占人的便益。将来若作外官,京城以内无责报于我者。澄弟在京年余,亦得略见其概矣。此次澄弟所受各家之情,成事不说,以后凡事不可占人半点便宜,不可轻取人财。切记切记。

【译文】

将来,万一我做了地方官,或者是总督巡抚,或者是省里的学政,到那时从前曾施恩于我的人,不论是几百钱,还是几千钱,都是钓鱼上钩的诱饵。他们如果来到我的任所,我不理他们则失之于刻薄,理会他们则施一报十,也不一定能满足他们的欲望。所以,我从庚子年(1840年)来到京城以后,至今已经八年,一向不肯轻易接受别人的恩惠。我甘愿让别人占我的便宜,却绝不愿意占别人一点便宜。将来如果到地方上做官,京城内是不会有人找我报答恩情的。澄弟在京师逗留了一年多,基本上已经全部看到了,这次澄弟所接受的各家恩情,成事后就不说了,今后做任何事情,都不能占别人半点便宜,不能轻易拿别人的财物。这一点,必须牢牢记住。

【原文】

余与沅弟论治家之道,一切以星冈公为法,大约有八字诀,共四字,即上年所称"书蔬鱼猪"也;又四字则曰"早扫考宝"。早者,起早也;扫者,扫屋也;考者,"祖先祭祀,敬奉显考、王考、曾祖考,言考而妣可该也;宝者,亲族乡里,时进周旋,贺喜丧,问疾济急。星冈公尝曰:"人待人,无价之宝也。"星冈公生平于此数端,最为认真,故余戏为八字诀曰"书蔬鱼猪,早扫考宝"也。此言虽涉谐谑,而拟即写屏上,以祝贤弟夫妇寿辰,使后世子孙知吾兄弟家教,亦知吾兄弟风趣也。弟以为然否?

【译文】

我与沅弟讨论治家之道,一切都以星冈公所定的办法为准,大约有八字诀。共有四个字,即上年所说的书、蔬、鱼、猪;另有四个字称早、扫、考、宝。早就是早起,扫就是扫屋,考就是祭祀祖先,敬奉显考、王考、曾祖考,说考也就包括妣;宝,就是亲族和乡里之人,经常互相来往,贺喜吊丧,询问疾病,同济急难。星冈公曾经说:"人待人是无价之宝。"星冈公生前对于这些事都极为认真,所以我把它总结为"书蔬鱼猪,早扫考宝"。这句话虽然近于谐谑,但我想把它写在屏上,以祝贺你们夫妇的寿辰,使后世的子孙知道我们兄弟的家教,也知道我们兄弟的风趣。你认为对吗?

【原文】

要做好人,第一要在此处(指不贪财)下手,能令鬼服神钦,则自然识日进气日刚。否则,不觉堕入卑污一流,必有被人看不起之日,不可不慎!诸弟现处极好之时,家事有我一人担当,正好做个光明磊落神钦鬼服之人,名声既出,信义既著,随便答言,无事不成,

不必爱此小便宜也。

【译文】

要想做好人，首先要在不贪财上下功夫，如果能够令鬼神钦服，则自然会使见识一天天地增进，正气一天天地加强。否则的话，在不知不觉之中堕入卑污者一流，必定要有被人看不起的那一天，你们不可不谨慎！各位弟弟现在正处于极好的时期，家事有我一个人担当，你们正好做个光明磊落、鬼神钦服之人，到了声名远扬、信义卓著之后，即使随便答言，也会无事不成，所以不必贪此小便宜。

【原文】

凡世家子弟，衣食起居，无一不与寒士相同，庶可以成大器。若沾染富贵气习，则难望有成。吾忝为将相，而所有衣服，不值三百金。愿尔等当守此俭朴之风，亦惜福之道也。

白地套蓝玻璃双耳瓶　清

【译文】

凡是世家子弟，如果他的衣食起居，都与清寒之士一样，才有可能成大器。如果沾染了富贵习气，就难以有成就。我虽位居将相，但所有的衣服，加起来不值三百金，希望你们能保持这俭朴的风气，这也是惜福的方法。

智慧通解

【原文】

十二日正七、有十归接弟信，备悉一切。定湘营既至三曲滩，其营官成章鉴亦武弁中不可多得者，弟可与之款接。

来书谓"意趣不在此，则兴会索然"，此却大不可。凡人作一事，便须全副精神注在此一事，首尾不懈。不可见异思迁，做这样想那样，坐这山望那山。人而无恒，终身一无所成，我生平犯无恒的弊病，实在受害不小。当翰林时，应留心诗字，则好涉猎他书，以纷其志；读性理书时，则杂以诗文各集，以岐其趋。在六部时，又不甚实力讲求公事。在外带兵，又不能竭力专治军事，或读书写字以乱其志意。坐是垂老而百无一成，即水军一事，亦掘井九仞而不及泉。

弟当以为鉴戒，现在带勇，即埋头尽力以求带勇之法，早夜孳孳，日所思，夜所梦，舍带勇以外则一概不管。不可又想读书，又想中举，又想作州县，纷纷扰扰，千头万绪，将来又蹈我之覆辙，百无一成，悔之晚矣。

带勇之法，以体察人才为第一，整顿营规、讲求战守次之，《得胜歌》中各条，一一皆宜详求。至于口粮一事，不宜过于忧虑，不可时常发禀。弟营既得楚局每月六千，又得江局月二三千，便是极好境遇。李希庵十二来家，言迪庵意欲帮弟饷万金。又余有浙盐赢余万五千两在江省，昨盐局专丁前来禀询，余嘱其解交藩库充饷，将来此款或可酌解弟营，

但弟不宜指请耳。

饷项既不劳心，全副精神讲求前者数事，行有余力则联络各营，款接绅士，身体虽弱，却不宜过于爱惜。精神愈用则愈出，阳气愈提则愈盛。每日作事愈多，则夜间临睡快活。若存一爱惜精神的意思，将前将却，奄奄无气，决难成事。凡此，皆因弟兴会索然之言而切戒之者也。

弟宜以李迪庵为法，不慌不忙，盈科后进，到八九个月后，必有一番甘滋味出来。余生平坐无恒流弊极大，今老矣，不能不教诫吾弟吾子。

邓先生品学极好，甲三八股文有长进，亦山先生亦请邓改文。亦山教书严肃，学生甚为畏惮。吾家戏言戏动积习，明年吾在家，当与两先生尽改之。

下游镇江、瓜洲同日克复，金陵指日可克。厚庵放闽中提督，已赴金陵会剿，准其专摺奏事。九江亦即日可复。大约军事在吉安、抚、建等府结局，贤弟勉之。吾为其始，弟善其终，实有厚望。若稍参以客气，将以砺志，则不能为我增气也。营中哨队诸人气尚完固否？下次祈书及。

家中四宅平安。澄弟十四日赴县吊丧。余无他事，顺问近好。

【评述】

为了自己的事业或利益而贬低或伤害了他人，其实就等于贬低或伤害了自己。因此，曾国藩常常在内心告诫自己，切莫因为自己而淹没了人才，也怕因为自己而选出浮华之士，这两者都会贻误将来的事业。他叹道：人不易知，知人不易。谁是卑鄙猥琐不堪重用的人？谁是才华卓越不同流俗的人？

为他求取人才，曾国藩在军营设有一个秘密投信箱，请官兵坦陈自己和地方官员的过失，以鉴别人才的贤与不贤，推荐那些隐没在军中的有才能的人。为了获得人才，他还请弟弟为他留心采访物色，一要"多置好官"，二要"遴选将才"，如果碰到合适的人，他也会向弟弟推荐。

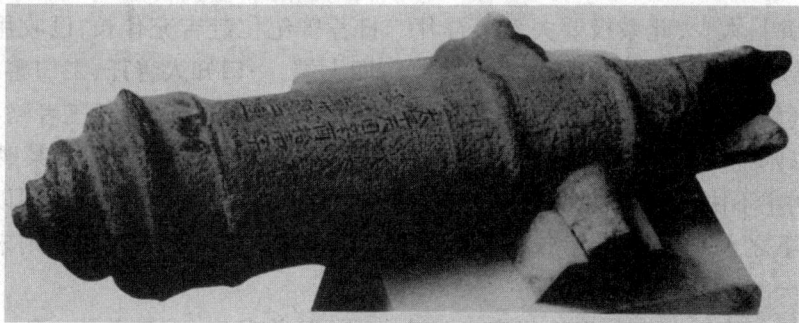

太平军所铸的火炮

曾国藩认为，办大事的人，以多选替手为第一要义。一方面他用人十分审慎，"不轻

进人，即异日不轻退人之本；不妄亲人，即异日不轻疏人之本。"另一方面他也求贤若渴，"凡有一长一技者，断不敢轻视。"曾国藩最喜欢用的是"能耐劳苦之正人"。

对于读书人，曾国藩认为他们有两个通病：一是尚文不尚实，一是责人不责己。尚文的毛病表现在，写文章时连篇累牍，言之成理，待到躬任其事，则忙乱废弛，毫无条理。责人的毛病表现在，无论什么人，一概用别人难以达到的标准苛求于人，这就是韩愈所说的"按众人的要求对待自己，用圣人的标准对待别人。"对这种人，要谆谆劝诱，徐徐熏陶。

曾国藩欣赏的是光明正大，言词真切的人，他们"抱济世人才，矢坚贞之志，不为利害所动"，这就是豪杰之士。而那种"心知顺逆，隐怀忠义，亦不免被其逼胁"的人，就是良善之人。豪杰之士，可遇不可求，良善之人，可遇又可求。得到良善之人后，就要"实见其行，实信其心"，然后才能举荐。曾国藩深有感触地说："得一好人，便为天地消一浩劫。"

所以说，知人不易，得人不易。要知人就要善察人，要得人就要善用人，不察不用，即使人才就在身边，也会视而不见。

【原文】

廿三夜彭一归，接弟十五书，具悉一切。

吉安此时兵势颇盛，军营虽以人多为贵，而有时亦以人多为累。凡军气宜聚不宜散，宜忧危不宜悦豫；人多则悦豫，而气渐散矣。营虽多而可恃者惟在一二营，人虽多而可恃者惟在一二人。如木然，根好株好而后枝叶有所托；如屋然，柱好梁好而后椽瓦有所丽。今吉安各营，以余意揆之，自应以吉中营及老湘胡来等营为根株，为柱梁。此外如长和，如湘后，如三宝，虽素称劲旅，不能不侪之于枝叶椽瓦之列。遇小敌时，则枝叶之茂椽瓦之美尽可了事；遇大敌时，全靠根株培得稳，柱梁立得固，断不可徒靠人数之多，气势之盛。倘使根株不稳，柱梁不固，则一枝折而众叶随之，一瓦落而众椽随之，败如山崩，溃如河决，人多而反以为累矣。史册所载故事，以人多而为害者不可胜数。近日如抚州万余人卒致败溃，次青本营不足以为根株为梁柱也；瑞州万余人卒收成功，峙衡一营足以为根株为梁柱也。弟对众营立论虽不必过于轩轾，而心中不可无一定之权衡。

来书信弁目太少，此系极要关键。吾廿二日荐曾纪仁赴吉充什长，已收用否？兹冯十五往吉，若收置厨下，亦能耐辛苦。凡将才有四大端：一曰知人善任，二曰善觇敌情，三曰临阵胆识（峙有胆，迪厚有胆有识），四曰营务整齐。吾所见诸将，于三者略得梗概，至于善觇敌情，则绝无其人。古人觇敌者，不特知贼首之性情伎俩，而并知某贼与某贼不和，某贼与伪主不协，今则不见此等好手矣。贤弟当于此四大端下工夫，而即以此四大端察同僚及麾下之人才。第一、第二端不可求之于弁目散勇中，第三、第四端则弁中亦未始无材也。

家中大小平安。葛亦山先生回家六日未来，闻其弟喉痛，或未愈耳。科一、科四、科六皆在馆。甲五课之点读尚属安静。弟可放心。尧阶于二十二日来，二十八可归。洪、夏所争之地，余意欲买之。以东阳叔祖极称其好，不知可得否？胡润之中丞奏请余率水师东下，二十七日送寄谕来家。兹钞寄弟营一阅。余俟续布。弟初九日所发之信由省城

转达者,亦二十七日始到也。顺问近好。

亦山不在此,命科四等写一禀安帖。

【评述】

在一个大团体中,如果仅靠一、二个"英雄",那么事业就难以持久。因为个人英雄主义不适合于社会化程度高度发达的现代社会。实际上,中国的老祖宗就很讲究"和合""谐和"之道。儒家的创始人还提出立人达人之道。

曾国藩对孔子孟子的"自立立人、自达达人"之道尤为推崇,把是否施于人的问题当作识量大小的高度来认识,他认为,孔子所云:"己所不欲,勿施于人。"孟子所云:"取人为善,与人为善。"皆恕也,仁也。知此则识大量大,不知此则识小量小。

他认为:我要步步站得稳,须知他人也要站得稳,所谓立也。我要处处行得通,须知他人也要行得通,所谓达也。曾国藩把这种信念用在自己的事业中,就是功不己居,名不己出。

在军营里,每每听到曾国藩谈到收复安庆的事,他总是归功于胡林翼的筹谋划策,多隆阿的艰苦战斗;谈到后来攻下金陵,则又归功于各位将领,而没有一句话提及他自己以及他的弟弟曾国荃。谈到僧格林沁进攻捻军的时候,赞扬他能吃苦耐劳,说自己比不上他的十分之一二;谈到李鸿章、左宗棠,称他们是一代名流,不是说自愧不如,就是说谋略莫及,这往往从他的奏折和信函中表现出来。

同时,曾国藩自己升迁,也荐举幕僚和下属升迁。曾国藩一生荐举人才甚多,其中很大一部分属于他的幕僚和下属。现已查明的曾国藩幕僚有四百余人,其中绝大多数人受过他的保举。可以说,凡为其幕僚者几乎人人都有顶戴,即使不是实缺官员,也有候补、候选、记名之类名堂,无此资格者反倒为数极少,成为凤毛麟角。而获得实任者,更是直接间接地借助于曾国藩的荐举之力,幕僚中二十六名督抚、堂官,五十名三品以上大员,以及难以数计的道、府、州、县官员,多受过曾国藩的保举,有的甚至一保再保,不止一次。他们所以得任现有最高官职,有的系他人奏保,有的是曾国藩死后循资升迁,有的则完全出自曾国藩的推荐。至同治十一年(1872)二月曾国藩去世时,其幕僚官至三品者已达22人,其中总督四人,巡抚七人,至于道府州县则难以统计。所以欧阳夫人曾有一句戏语说"我胯下出来的都是将军"。是说甚至在曾家当过差的下人也都发达成了才。

【原文】

沅于人概天概之说不甚厝意,而言及势利之天下、强凌弱之天下,此岂自今日始哉?盖从古已然矣。

从古帝王将相,无人不由自立自强做出。即为圣贤者,亦各有自立自强之道,故能独立不惧,确乎不拔。昔余往年在京,好与诸有大名大位者为仇,亦未始无挺然特立不畏强御之意。近来见得天地之道,刚柔互用,不可偏废,太柔则靡,太刚则折。刚非暴虐之谓也,强矫而已;柔非卑弱之谓也,谦退而已。趋事赴公则当强矫,争名逐利则当谦退;开创家业则当强矫,守成安乐则当谦退;出与人物应接则当强矫,入与妻孥享受则当谦退。若

一面建功立业外享大名,一面求田问舍内图厚实,二者皆有盈满之象,全无谦退之意,则断不能久。此余所深信,而弟宜默默体验者也。

【评述】

每一个成功者都有自知之明,他深刻了解自己的所长与所缺。本来,人无论多么伟大,都是有缺欠的。正像好事不能让一人占尽一样,众人的优点也不可能集中到一个人身上。但成功者与失败者在有无自知之明这一点上有根本不同。成功者善于扬长避短,失败者常常以虚当实,以无当有。

王闿运在《湘军志》中这样总结曾国藩的胜败:

曾国藩以"惧"教士,以"慎"行军,用将则胜,自将则败;杨岳斌、鲍超以"无惧"为勇,以"戒"惧为怯,自将则胜,用将则败。

王氏对曾国藩的评价广为后人传诵,成为确评,其言也常常印证于湘军自发轫到撤裁的一系列大小战役中。

曾国藩如刘邦一样,善于将将而不能将兵,此言不虚,他亲自指挥的战役,从1854年湘军初出茅庐的靖港之役起,几乎总是打败仗,以致后来凡是湘军与太平军进行重大恶战时,曾国藩都有自知之明,特意避免自己亲临前线指挥。如1860~1861年空前激烈、残酷的安庆争夺战期间,他硬是不去安庆前线,他说:"历年以来,凡围攻最要紧之处,余亲身到场,每至挫失,屡试屡验。……此次余决不至安庆,盖职是故。"连1863~1864年湘军围攻天京的最后殊死较量期间,曾国藩也坚持不赴前敌。直至湘军打下天京,他才急舟前往布置善后。

曾国藩被人称为"知人之明",看来他也不乏自知之明,他自知缺乏指挥战役本领而抱定宗旨不直接插手具体的指挥。对于曾国藩不善指挥战役,他的好友王闿运也直言不讳:"曾国藩首建义旗,终成大功,未尝自以为知兵,其所自负独在教练。"

曾国藩平生颇为自负,但他无论是对自己的人格弱点,还是自己治国平天下的"技能"方面,都可谓知己知彼。今人常谈论"人最不容易战胜的是自己",实质是战胜人性的弱点,或者把这些弱点限制在不妨碍做大事的范围内。人不断完善自己,就是不断战胜自己、走向成功的过程。

曾国藩毕竟是翰林院的底子,尽管他在军务倥偬之际,不忘读兵家方略,但对于打仗,他说自己没有丝毫把握。李元度说他"以书生张空拳,与天下博",这就不是简单的打仗了。正因为曾国藩不自是,善于扬长避短,他的"长"就是规划全局、筹划全势,从大局处胜负,而不计较一时得失。

到底是文人用兵、局限性不言自明,尺有所短,寸有其长,以文人的头脑如果让他做出些谋划类,布置全局的工作,以及一些战略战术思想的研究,倒未必不是他所擅长。但如果让他直接带兵打仗,未免又少不了瞻前顾后,贻误战机。曾国藩在写给弟弟的书信中坦然承认:自己"不善用兵,屡失事机"。不过,以曾国藩的大略雄才,能如此心胸坦荡,有自知之明,又懂得以自知之明进行严格的自律,实在值得后世好好学习一番。

曾国藩的自知之明，源于他的不断的读书学习以及勤于思考善于自砺的素质及品格。读的书多，阅历便自然增长，学识也自然广博，对于历史上的一些人与事的得失成败便会得出比较正确的结论。从而无疑会对客观地认识自己形成潜移默化的有利影响。

【原文】

十一月十七日寄第三号信，想已收到。父亲到县纳漕，诸弟何不寄一信，交县城转寄省城也？以后凡遇有便，即须寄信，切要切要。九弟到家，遍走各亲戚家，必各有一番景况，何不详以告我？

四妹小产以后，生育颇难。然此事最大，断不可以人力勉强。劝渠家只须听其自然，不可过于矜持。又闻四妹起最晏，往往其姑反服事他，此反常之事，最足折福。天下未有不孝之妇而可得好处者。诸弟必须时劝导之，晓之以大义。

诸弟在家读书，不审每日如何用功？余自十月初一立志自新以来，虽懒惰如故，而每日楷书写日记，每日读史十页，每日记《茶馀偶谈》一则，此三事未尝一日间断。十月二十一日立誓永戒吃水烟，迄今已两月不吃烟，已习惯成自然矣。予自立课程甚多，惟记《茶馀偶谈》、读史十页、写日记楷本，此三事者誓终身不间断也。诸弟每人自立课程，必须有日日不断之功，虽行船走路，俱须带在身边。予除此三事外，他课程不必能有成，而此三事者，将终身以之。

【评述】

人的志向并不是一次就能立下的。曾国藩的立志，也经历了多少次反反复复的"五分钟热血"。中进士后的第二年，曾国藩日记中写道：

自立志自新以来，至今五十余日，未曾改得一过，所谓"三戒""两知"及静坐之法，养气之方，都只能知，不能行，写记此册，欲谁欺乎？此后直须彻底荡涤，一丝不放松。从前种种，譬如昨日死，以后种种，譬如今日生。务求息息静极，使此生意不息，庶可补救万一。慎之，勉之！力践斯言，方是实学。

好友倭仁还嘱咐曾国藩减少应酬：我辈既知此学，便须努力向前，完养精神，将一切闲思维、闲应酬、闲言语扫除净尽，专心一意，钻进里面，安身立命，务要另换一个人出来，方是功夫进步，愿共勉之！

曾国藩在日记中反省道："接到艮峰前辈见示日课册，并为我批此册，读之悚然汗下，教我扫除一切，须另换一个人。安得此药石之言！细阅先生日课，无时不有戒惧意思，迥不似我疏散，漫不警畏也。不敢加批，但就其极感予心处著圈而已。无礼之应酬，勉强从人，盖一半仍从毁誉心起，怕人说我不好也。艮峰前辈教我扫除闲庆酬，殆谓此矣。细思日日过恶，总是多言，其所以致多言者，都从毁誉心起。欲另换一个人，怕人说我假道学，此好名之根株也。尝与树堂说及，树堂已克去此心矣，我何不自克耶？"

在这种反反复复中，曾国藩终于为自己开出了后人皆知的"十二条日课箴规"，表示"从此谨立课程，新换为人，毋为禽兽"。

其课程为：

敬　整齐严肃。无时不惧。无事时心在腔子里，应事时专一不杂。如日之升。

静坐　每日不拘何时，静坐半时。体验来复之仁心。正位凝命，如鼎之镇。

早起　黎明即起，醒后勿粘恋。

读书不二　一书未点完，断不看他书。东翻西阅、徒徇外为人。每日以十叶为率。

读史　丙申购廿三史。大人曰："尔借钱买书，吾不惮极力为尔弥缝。尔能圈点一遍，则不负我矣。"嗣后每日点十叶，间断不孝。

谨言　刻刻留心，是功夫第一。

养气　气藏丹田，无不可对人言之事。

保身　十月廿二奉大人手谕曰："节劳、节欲、节饮食"。时时当作养病。

日知所亡　每日记《茶余偶谈》二则。有求深意是徇人。

月无忘所能　每月作诗文数首，以验积理这多寡，养气之盛否，不可一味耽着，最易溺心丧志。

作字　早饭后作字半时，凡笔墨应酬，当作自己课程。凡事不可待明日，愈积愈难清。

夜不出门　旷功疲神，切戒切戒。

粉彩百花图瓶　清

由于曾国藩加强自我督责，以破誓即是禽兽自励，因而颇有成效。一次，倭仁先生到曾国藩住处，曾国藩"一见，惶愧之至，真所谓厌然者矣！"他检讨自己，如果"时时慎独"，怎么会见人而如此羞窘？

倒是年底，曾国藩检悔心理尤重，"心摇摇如悬旌，又皇皇如有所失。"

他为自己的动摇感到无地自容。二十三年正月初七的日记说：自去年十二月甘后，心常忡忡不自持，若有所失亡者，至今如故。盖志不能立时易放倒，故心无定向。无定向则不能静，不静则不能安，其根只在志之不立耳。又有鄙陋之见，检点细事，不忍小忿，故一毫之细，竟夕踟躇，一端之忿，终日粘沾恋坐，是所以忡忡也。志不立，识又鄙，欲求心之安定，不可得矣。是夜，竟不成寐，辗转千思，俱是鄙夫之见。于应酬小处计较，遂以小故引申成忿，惩之不暇，而更引之，是引盗入室矣。

曾国藩自道光二十三年始，确有一番振作之象，他说"今年立志自新，重起炉治"，表示与过去不良习惯"痛与血战一番"。

随后他在唐鉴指导下，开始攻读张履详的《杨园先生全集》，各方面均有大的提高。

【原文】

盖士人读书，第一要有志，第二要有识，第三要有恒。有志则断不甘为下流；有识则知学问无尽，不敢以一得自足，如河伯之观海，如井蛙之窥天，皆无识者也；有恒则断无不成之事：此三者缺一不可。诸弟此时，惟有识不可以骤几，至于有志有恒，则诸弟勉之而已。予身体甚弱，不能苦思，若思则头晕，不耐久坐，久坐则倦乏，时时属望，惟诸弟而已。

【评述】

有志，则断不甘下流。因此曾国藩的学问功底造就了他能够"不甘下流"的事功人生。

曾国藩在功名仕途上的进取精神不是一般人所能企及的。他的成功是建立在自尊、自信、自强的意志上的。他写的《小池》就反映出这种思想：

> 屋后一枯池，夜雨生波澜。勿言一勺水，会有蛟龙蟠。物理无定资，须臾变众窍。男儿未盖棺，进取谁能料。

关于修身之志，曾国藩一生着力效法标准人物。咸丰九年，正是曾国藩和太平军生死决斗之时，他却从容模拟，将中国几千年来的思想家、哲学家、著作家、文学家重新估计，共得三十二人（实际上是三十三人），作成《圣哲画像记》一文，并命儿子曾纪泽，图其形象，悬诸壁间，作为终身效法的标准人物。使自己的人格更臻于完善。

对此，曾国藩自己深有体会，他说："欲求变化之法，总须先立坚卓之志。即以余生平言之，三十前最好吃烟，片刻不离，至道光壬寅十一月廿一日立志戒烟，至今不再吃。四十六岁以前做事无恒，近五年深以为戒，现在大小事均尚有恒。即此二端，可见无事不可变也。"

曾国藩认为人生有了一个高远的志向，你的一些行动，诸如或进或退、或去或从、或取或舍，都不失为盲目之举，徒劳之举。为此他说："愧奋直前，有破釜沉舟之志，则远游不负。若徒悠忽因循，则近处尽可度日，何必远行百里外哉？"

这正符合中国古代寓言所讲的人生原理，那则寓言说一只猫头鹰因当地人厌恶他的叫声而欲迁往别处。其时有人问它，说"子能更鸣呼？"意思是说你能改变自己的叫声吗？否则，你搬到新的地方不也同样会招来人们的反对吗！立志也是如此，正如曾国藩所说，若无破釜沉舟之志，何必远行百里外哉？！

【原文】

十月十一日接尔安禀，内附隶字一册。二十四日接澄叔信，内附尔临《玄教碑》一册。王五及各长夫来，具迷家中琐事甚详。

尔信内言读《读经注疏》之法，比之前一信已有长进。凡汉人传注、唐人之疏，其恶处在确守故训，失之穿凿；其好处在确守故训，不参私见。释"谓"为"勤"，尚不数见；释"言"为"我"，处处皆然。盖亦十口相传之话，而不复顾文气之不安。如《伐木》为文王与友人入山，《鸳鸯》为明王交于万物，与尔所在疑《螽斯》章解，同一穿

凿。朱子《集传》，一扫旧障，专在涵泳神味，虚而与之委蛇，然如《郑风》诸什，注疏以为皆刺忽者固非，朱子以为皆淫奔者亦未必是。尔治经之时，无论看注疏，看宋传，总宜虚心求之。其惬意者，则以朱笔识出；其怀疑者，则以另册写一小条，或多为辩论，或仅著数字，将来疑者渐晰，又记于此条之下，久久渐成卷帙，则自然日进。高邮王怀祖先生父子，经学为本朝之冠，皆自札记得来。吾虽不及怀祖先生，而望尔为伯申氏甚切也。

尔问时艺可否暂置，抑或他有所学？余惟文章之可以道古，可以适今者，莫如作赋。汉魏六朝之赋，各篇钜制，具载于《文选》，余尝以《西征》《芜城》用《恨》《别》等赋示尔矣。其小品赋，则有《古赋识小录》。律赋，则有本朝之吴穀人、顾耕石、陈秋舫诸家。尔若学赋，可于每三、八日作一篇，大赋或数千字，小赋或仅数十字，或对或不对，均无不可。此事比之八股文略有意趣，不知尔性与之相近否？

尔所临隶书《孔宙碑》笔太拘束，不甚松活，想系执笔太近毫之故，以后须执于管顶。余以执笔太低，终身吃亏，故教尔趁早改之。《玄教碑》墨气甚好，可喜可喜。郭二姻叔嫌左肩太俯，右肩太耸，吴子序年伯欲带归示其子弟。尔字姿于草书尤相宜，以后专习真草二种，篆隶置之可也。四体并习，恐将来不能一工。

余癣疾近日大愈，目光平平如故。营中各勇夫病者，十分已好六七，惟尚未复元，不能拔营进剿，良深焦灼，闻甲五目疾十愈八九，忻慰之至。尔为下辈之长，须常常存个乐育诸弟之念。君子之道，莫大乎与人为善，况兄弟乎？临三、昆八，系亲表兄弟，尔须与之互相劝勉。尔有所知者，常常与之讲论，则彼此并进矣。此谕。

【评述】

曾国藩在同僚相处上，还有一个原则，即是与人为善、取人为善、投桃报李，连环相生。曾国藩帮助僚属部下建功得赏，举荐升迁。僚属部下也帮助曾国藩扶危解难，兴旺发达。于是湘军这个大群体则成为一个和衷共济，互相映衬充满活力的战斗群体。使其"事业"的"雪球"越滚越大。要想取人为善，首先得与人为善。正是由于曾国藩的这种首先与人为善的相处之道，才使得曾国藩摆脱了在家守制时的不利局面。

曾国藩在家守制的一年多时间里，湘军与太平天国的战争形势发生了巨大变化。他离开江西时，太平军与湘军正在相持苦战，九江、吉安、瑞州等城尚在太平军手中。但是，由于太平军的内讧，石达开先是离开湖北战场，后又于咸丰七年五月率太平军精锐出走，湖北、江西的兵力大部跟随石达开而去。湘军乘机攻陷九江、瑞州、抚州、湖口、临江，湖北方面的武昌等城也再度为湘军攻陷。湘军控制了两湖、江西的绝大部分地区，开始向安徽方面进攻。

由于湘军作战有功，其将领们一个个升官晋爵，今非昔比。到咸丰八年（1858年），胡林翼加太子少保，杨载福官拜提督，李续宾也官至巡抚，赏穿黄马褂。其他将领，也都得到相应的官衔。然而，在籍守制的湘军统帅曾国藩仍然是原来的侍郎官衔。这两年他虽信奉老庄，但相比之下也太悬殊了，心里不免激愤不平。他给曾国荃写信说："愿吾弟

兢兢业业，日慎一日，到底不懈，则不特为兄补救前非，亦可为吾父增光泉壤"。还说，湘军官员都"大有长进，几于一日千里，独余素有微抱，此次殊乏长进"。他亲手创建的湘军，在镇压太平天国的战争中立下殊勋，将领们升官扬名，他自己却在关键时离开了战场，自然也就失去了立功扬名、光宗耀祖的大好机会。主帅离开了战场，前线战士却取得了重大胜利，这对守制欲复出的曾国藩来说是太不利了。

想到这里，曾国藩后悔非要回家守制。他曾想给咸丰帝上书，要求马上返回战场，但碍着面子，毕竟拿不起写折的笔。

但是，湘军在曾国藩家居的一二年内，虽然顺利地取得了不小的胜利，实则是由于太平军上层领导的内讧提供的大好机会。而湘军毕竟是曾国藩亲手创建，湘军将领都是曾国藩亲手培植，曾国藩是湘军统帅。他虽然家居一二年，湘军将领与他仍然联系密切，仍起到遥制作用。在作战中，别的人很难统一指挥，他的作用仍无人可以代替。因此，由曾国藩保奏而升任湖北巡抚的胡林翼，时刻想着让曾国藩出山。

咸丰八年(1858)，石达开率20万大军出走，由江西的饶州、广信转入浙江，攻占了浙江的常山、江山等地，对衢州发起攻击。胡林翼于咸丰八年三月二十九日(5月12日)上奏，请求起复曾国藩带湘军进援浙江；湖南巡抚骆秉章也推波助澜，于五月二十五日(7月5日)上奏。咸丰帝看到形势又紧张起来，环视周围，的确无将可用，因此不得不再次起用曾国藩。遂于五月二十一日即在骆秉章出奏之前发布了起复曾国藩，令其率兵援浙的谕旨。

曾国藩六月三日接旨，再不提任何条件，于六月初七日便离开荷叶塘，赶赴战场，再度出山率领湘军作战。

曾国藩这次再度出山，固然因为大清王朝的身边无人，而更主要是得益于曾国藩的昔日部下的鼎力相助，给他创造了这一绝好时机。所以曾国藩说：

古圣人之道，莫大乎与人为善，以言诲人，是以善教人也；以德熏人，是以善养人也；皆与人为善之事也。然徒与人，则我之善有限，故又贵取诸人以为善。

人有善则取以益我，我有善则与以益人。连环相生，故善端无穷；彼此把注，故善源不竭。君相之道，莫大乎此，师儒之道亦莫大乎此。仲尼之学，无常师即取人为善也，无行不与即与人为善也；为之不厌即取人为善也，诲人不倦即与人为善也。

【原文】

二十五日寄一信，言读《诗经注疏》之法。二十七日县城二勇至，接尔十一日安禀，具悉一切。

尔看天文，认得恒星数十座，甚慰甚慰。前信言《五礼通考》中《观象授时》二十卷内恒星图最为明晰，曾翻阅否？国朝大儒于天文历数之学，讲求精熟，度越前古。自梅定九、王寅旭以至江、戴诸老，皆称绝学，然皆不讲占验，但讲推步。占验者，观星象云气以卜吉凶，《史记·天官书》《汉书·天文志》是也。推步者，测七政行度，以定授时，《史记·律书》《汉书·律历志》是也。秦昧经先生之《观象授时》，简而得要，心壶既肯究心此

事,可借此书与之阅看(《五礼通考》内有之,《皇清经解》内亦有之)。若尔与心壶二人能略窥二者之端绪,则是以补余之缺憾矣。

四六落脚一字粘法,另纸写示……(因接安徽信,遂不开示。)

书至此,接赵克彰十五夜自桐城发来之信,温叔及李迪庵方伯尚无确信,想已殉难矣,悲悼曷极!来信寄叔祖父封内,中有往六安州之信,尚有一线生机。余官至二品,诰命三代,封妻荫子,受恩深重,久已置死生于度外,且常恐无以对同事诸君于地下。温叔受恩尚浅,早岁不获一第,近年在军,亦不甚得志,设有不测,赍恨有穷期耶?

军情变幻不测,春夏间方冀此贼指日可平,不图七月有庐州之变,八九月有江浦、六合之变,兹又有三河之大变,全局破坏,与咸丰四年冬间相似,情怀难堪。但愿尔专心读书,将我所好看之书领略得几分,我所讲求之事钻研得几分,则余在军中,必常常自慰。

尔每日之事,亦可写日记,以便查核。

【评述】

人是社会中的人,一旦结成凝固的利益关系,就会痛痒相关,荣辱与共了。俗话说,没有永久的朋友和敌人,只有永久的利益。

攻占南京、平定太平天国前后,是曾国藩"台面"的极盛之时。这期间湘军集团头目纷纷出任督抚。有的是曾国藩奏保的,如李鸿章、沈葆桢等;有的虽未经他直接保奏,但他造成一种形势,使清廷非委任湘军头目不可。两广总督劳崇光,与曾国藩一向不睦,在筹饷问题上又不合作,曾急欲去之而后快。当时广东则最为富庶,"天下之大利",除地丁、漕粮外,有海关、盐场、劝捐和厘金,"他省或据其一,或据二三,而广东省四者兼而有之。"为了达到去除劳崇光的目的,曾以军饷奇缺为由,上奏要求派大员至广东办厘金,并给以奏事及参办阻挠抽厘之官绅之权。这实际上是分割当地督抚之权力,自成体系。劳崇光自然不会就此罢休,而清廷也深知曾、劳矛盾,不能协作,为军饷计,不得不调走劳,而代以与曾国藩关系较好,又为同年的晏端书,后更以湘军集团人员继任,以期在广东为湘军筹集更多军饷。

有的湘军集团头目出任督抚,并不只曾国藩一个人保荐,有的甚至并未保荐。如李续宜、彭玉麟就同时得到官文、胡林翼的保荐,刘蓉则由胡林翼、骆秉章、文祥保荐。左宗棠的保荐者更多。如浙抚王有龄不仅认为左"有胆有识",可接任其位;而且还要求吴煦"务为代我图之"。甚至赌咒发誓:"倘有虚言,有如此日"。这不仅表明王个人是真心实意,也反映了在以太平天国为中心的革命打击下,满汉贵族只知依赖湘军集团的共同心理。在满汉统治者上述共同心理推动下,1864年以来(至攻下天京为止),清廷先后任命毛鸿宾为两广总督,刘长佑为直隶总督,左宗棠为闽浙总督,杨载福为陕甘总督,郭嵩焘为广东巡抚,李鸿章为江苏巡抚,唐训方为安徽巡抚,刘蓉为陕西巡抚,阎敬铭为山东巡抚,曾国荃为浙江巡抚(未到职),恽世临为湖南巡抚。再加上1860、1861年已任的胡林翼、骆秉章、曾国藩、罗遵殿、严树森、李续宜、沈葆桢、彭玉麟(未到职)、田兴恕、江忠义(贵州巡抚,未到职),四年多的时间共有二十一个湘军集团头目,先后出任督抚。如再加

上与之关系密切的晏端书(两广总督)、黄赞汤(广东巡抚),那就多达二十三人。其中毛鸿宾、左宗棠、严树森两次,曾国藩、刘长佑、李续宜、田兴恕三次被委任,曾、田和李续宜(未到职)还被委任为钦差大臣。

这二十三个人中有十三个湖南人。他们均为湘军将领或幕僚。这二十三个人,主要分布在长江中、下游的四川、贵州及其以东各省,其次是珠江流域。广东完全由湘军所控制,广西巡抚虽为非湘军人员,但湘军为省内主力部队,且受制于两广总督,其布政使刘坤一又为湘军大将,因而事实上广西也为湘军集团所控制。相形之下,湘军集团在黄河流域则大为逊色,只控制陕西、河南、山东、直隶四省,且控制的深度和广度也远不及长江中下游各省。

与此同时,湘军集团的督抚,又利用掌握的地方政权,大肆搜刮税收,筹集军饷,扩充部队,从而使湘军实力急剧增长。

位至督抚的湘军集团头目,也深知战争时期,身在战区,或靠近战区,军事上不能自立,不仅不能保位,甚至身家性命也危险,因而也热衷于招募新营,成立新军。

由于有曾国藩这一位"统帅",湘军出身的地方封疆大吏能够互相照应,"一方有难,八方支援"。他们编结成一个特殊的关系网,痛痒相关,呼吸相从。以至整个晚清时期,地方督抚重要的职位都由湘、淮军将领出任。朝廷有大的兴革,动作前定要征求他们的意见,这也是约定俗成的惯例。如果朝廷治罪一人,则很可能掀起大波澜,曾国藩的"局"做得太大,以至他自己也说:长江三千里江面,都张挂他的旗帜,否则就不能放行。

【原文】

哥老会之事,余意不必曲为搜求。左帅疏称要拿沈海沧,兄未见其原摺,便中抄寄一阅。提镇副将,官阶已大,苟非有叛逆之实迹实据,似不必轻言正法。如王清泉,系克复金陵有功之人,在湖北散营,欠饷尚有数成未发。既打金陵,则欠饷不清不能全归咎于湖北,余亦与有过焉。因欠饷不清,则军装不能全缴,自是意中之事。即实缺提镇之最可信为心腹者,如萧浮泗、朱南桂、唐义训、熊登武等,有意搜求,其家亦未必全无军装,亦难保别人不诬之为哥老会首。余意凡保至一、二、三品武职,总须以礼貌待之,以诚意感之。如有犯事到官,弟在家常常缓颊而保全之。即明知其哥老会,唤至密室,恳切劝谕,令其首悔而贷其一死。惟柔可以制刚很之气,惟诚可以化顽梗之民。即以吾一家而论,兄与沅弟带兵,皆以杀人为业,以自强为本;弟在家,当以生人为心,以柔弱为用,庶相反而适以相成也。

孝凤为人,余亦深知,在外阅历多年,求完善者实鲜。余详日记中。顺问近好。

【评述】

中国有"宽则得众"这句成语,交友虽然多多益善,但要交诤友、交益友,不能交狐朋狗党。同时,不能让朋友下不来台,丢朋友的面子,这也是交友之重要原则。曾国藩主张对己要严,对友要宽,尤其主张交友要有雅量,这样如果一时有意见相左,也会最终不伤和气。这一原则他在《答欧阳勋》的信中充分体现出来:

春秋承蒙惠赐,收到您寄来的信札及一首诗,情意深厚而且期许很高,有的不是我这浅陋之人所敢承当的。然而鉴于您教导我的一片心意,不敢不恭敬从命。由于我天资愚钝,无法凭自身求得振作、进步,常常借助外界的帮助来使自己不断向上、完善,因此一生对于友谊一向珍视,谨慎而不敷衍。我曾经思虑自己心胸不够宽宏、器量狭小的话就不能博取天下的美德,因此不敢拿一个标准来强求他人。哪怕是一点长处、一点善行,如果它有益于我,都广泛吸取以求培养自己的德行;那些以正大之词、劝勉之论前来告知我的人,即使不一定投合我的心意,也从来都没有不深深感念他的厚意,认为他对我的关心,和其他人的泛泛之词迥乎不同。去年秋天和陈家二位兄弟见面,我们一起讨论争辩,其中有十分之六七的观点和我不一致,但我心里还是十分器重他们,认为他们确实是当今出类拔萃的人物,其见解虽不完全合乎大道,然而关键在于这些是他们自己悟到的,不像是一般读书人仅从读书、道听途说中得到的;其观点虽然不一定臻至炉火纯青毫无杂质,然而他们所批评的切合实际,完全可以匡正我的不足、欠缺。至于说到我们彼此之间的情投意合,又别有微妙难言的默契。离别之后唯独经常思念他们,觉得像这样的人实在是朋友中不可缺少的,丝毫不敢以私心偏见掺杂其中。平时我之所以不断勉励自己,并且大体上还能相信自己,原因就在于此。

交友贵雅量,要首先做到能交诤友。

孔子说:"切切,怡怡如也,可谓士矣。"朋友之间相互批评,和睦共处,就可以叫作士了。

1843年2月的一天,曾国藩的好朋友邵蕙西当着曾国藩的面数落了他几件事:一是急慢,说他结交朋友不能长久,不能恭敬;二是自以为是,说他看诗文多固执己见;三是虚伪,说他对人能做出几副面孔。

蕙西的话虽少,但件件是实,句句属真,直截了当,锋芒所向,直指曾国藩的病处。曾国藩在日记中写道:直率啊,我有朋友!我每天沉溺在大恶之中而不能自知!

这事给曾国藩很大刺激,他在另一篇日记中写道:我对客人有怠慢的样子。面对这样的良友,不能产生严惮的心情,拿什么吸收别人的长处!这是拒友人于千里之外啊!接待宾客尚且如此,不必再问闲居的时候了。偃息烟火,静修容颜又怎么说呢?小人啊!

朋友有了过错,惠西不指出来,那是蕙西的过错;朋友指出了过错,曾国藩不改正,那是曾国藩的过错。现在是一个直言不讳,一个表示痛改前非,正如朱熹《四书集注》中所说的:"责善朋友之道也。"

在曾国藩的师友中,李鸿章也可以算是他的一个诤友。这在曾国藩弹劾李元度事件中就可看出。

1860年,曾国藩为杜绝王有龄分裂湘系的企图,在进至祁门以后,遂奏请咸丰皇帝将李元度由温处道调往皖南道,并派他率军三千,进驻兵家必争之徽州。至徽州不满十日,李世贤即攻克徽州,李元度不逃往祁门大营,却败退至浙江开化,这是李元度明显倾向王有龄的迹象。及至回到祁门大营,丝毫没有闭门思过的迹象,竟然擅自向粮台索饷,并擅

自回到了湖南。这使得曾国藩悔恨交加,决心参劾其失徽州之罪,以申军纪。曾国藩此举,本无可厚非,但文武参佐却群起反对,指责曾国藩忘恩负义。李鸿章"乃率一幕人往争",声称"果必奏劾,门生不敢拟稿。"曾国藩说:"我自属稿"。李鸿章表示:"若此则门生亦将告辞,不能留侍矣。"曾国藩气愤地说:"听君之便"。

后来,李鸿章负气离开祁门,辗转波折,复欲归至曾的门下,曾国藩则大度相容,并写信恳请李鸿章回营相助。

一次,李鸿章在与曾国藩畅谈时,直率地指出他的弱点是懦缓,即胆子小与效率差,这两个字入木三分地刻画出曾国藩的致命缺点。

曾国藩既有邵惠西、李鸿章这样的诤友,也有吴竹如那样的挚友,这也是曾国藩德业能够不断长进的一个重要原因。

还是1843年2月的一天,吴竹如与曾国藩交膝谈心,谈到他平生的交道,把曾国藩以知己相许,他说:"凡是阁下您所有的以期望许诺下的言语,信了它就足以滋长您自以为是的私念,不信它又恐怕辜负了您相知相许的真情,我只好自始至终怀着恐惧的心理。"几句话,不温不火,不恼不怒,字字力若千斤。曾国藩当即记下了他的感受:

听了吴竹如的几句话,我悚然汗下,竹如对我的敬重,简直是将神明收敛在内心。我有什么道德能担当得起呢?连日来安逸放肆,怎么能成为竹如的知己?实在是玷污竹如啊!

因曾国藩处世交友贵雅量,所以他从不苛求于人,而是待人以诚。

【原文】

十一月十七日接弟十月廿八衡州一缄,俱悉一切。

此间近事,惟李少荃在苏州杀降王八人,最快人意,兹将渠寄总理衙门信稿一件,抄寄弟阅。戈登虽屡称欲与少荃开仗,少荃自度力足制之,并不畏怯,戈登亦无如之何,近日渐就范矣。

衡州之粤盐,只禁船载,不禁路挑,弟所见,极为有理。江西新城县,亦为禁闽盐之路挑,竟被私贩将委员殴毙。现在衡州每挑既补二百四十,若再加亦必激变。从前道光年间,衡州严禁粤私,从未禁遏得住。将来新章到衡,弟可与府县及厘卡说明,只有水卡查船载之私,每斤加作八文;其陆卡查路挑之私,概不再加分文。亦不必出告示,亦不必办公牍,但得水卡一处稽查,便算依了我之新章耳,兹将新刻章程三本寄回。

弟家之渐趋奢华,闻因人客太多之故,此后总须步步收紧,切不可步步放松。禁坐四轿,姑从星冈公子孙做起,不过一二年,各房亦可渐改。总之,家门太盛,有福不可享尽,有势不可使尽,人人须记此二语也。即问近好。

【评述】

曾国藩通过几十年的宦海生涯,总结出无论是居和平之世还是居离乱之世,奢侈都必定导致失败。他举和坤的例子说,和坤当年受高宗宠信,二十九年任军机大臣,积累的财富几乎和国家差不多,这是极盛之时的事,但最后还不是一条白帛结束了性命。他说,

人无论多贪,多富有,但只能居位一间房子,睡一张床。他说的是人的消费是有限度的。

1859年6月,曾国藩奉清廷之命,前往四川,至武昌而止。是年,他的九弟曾国荃在家乡构置一座华丽的新居,前有辕门,后仿公署之制,有数重门。一时乡人颇有浮议。据崇德老人——曾国藩的女儿说,曾国藩得知此事后,立即写信给曾国荃,令他将新居毁掉。曾国荃起初不以为然,曾国藩晓以情理,这位九弟才毁掉。曾国藩的女儿时年八岁,她后来回忆说:"余犹忆戏场之屋脊为江西所烧之蓝花回文格也。"

在曾国藩的日记中曾记有这样的历史典故:田单攻打狄人的城邑,鲁仲连预料他攻不下,后来果然三个月没能攻克。田单向鲁仲连询问原因。仲连说:"将军您在守卫即墨时,坐下就编织草筐,站起就手持锹镬,作士卒的榜样,全军上下都抱着舍生忘死之心,一听到您的号令,没有人不挥臂洒泪而跃跃欲试的,这就是能打败燕国的缘故啊。现

铜镀金嵌料石迎手钟　清

在,您东边有夜邑进献的珍奇,西边有遨游淄上的快乐,身披黄金饰带而驰骋在淄渑大地,尽情享受活着的欢乐却没有殊死作战之志,这就是不能战胜狄人的原因啊!"曾国藩说,我曾对鲁仲连这番话深信不疑,认为是正确无比、不可更改的高论。1864年,收复了江宁城后,我看到湘军上下一派骄矜自得、纵情逸乐,担心他们不能再使用,就全部遣散原籍务农去了。到了1865年5月,我受命前往山东、河南一带围剿捻匪,湘军跟随的极少,专门任用皖籍的淮军。我看到淮军将士虽然士气高昂,但也缺少忧患危机意识,暗暗担忧,恐怕他们不能平定流贼。《庄子》上有"两军相对哀者胜"的话,鲁仲连说的凭借忧和勤能胜而由于娱乐失败的话,也就是孟子"生于忧患死于安乐"的意思。后来,我因为生病而上疏请求退休归退,于是解除了兵权。然而李鸿章最终用淮军削平了捻军,这大概因为淮军士气还很旺盛吧。用忧患意识和危机意识来感染战士,用昂扬的斗志来振作三军的士气,这两种做法都能够获胜,只在于主帅审时度势地善于运用罢了。我以往单单主张"忧勤"这一种说法、恐怕是只知其一而不知其二了。姑且记载在这里,用来记住我的偏颇,同时也可知古人的精言妙论不能举一概百,每一种说法都有它所适应的情况。但是,我们做事总不应没有忧患的意识。

戒奢侈则务要尚勤俭。治军之道,以勤字为先。身勤快就强,安逸就病弱。家勤就兴,懒就衰败。国勤就治,惰怠就乱。军勤就胜,懒惰就败。懒惰是没有士气。常提军队的朝气最为重要!

军事上有骄气、惰气,都是败兵气象。孔子的"临事而惧"是断绝骄气的本源,"好谋而成"是断绝了懒惰的本源。无时不谋,无事不谋,自然没有懒惰的时候。

曾国藩说,翻阅张清恪的儿子张懿敬先生所编辑的《课子随笔》,其中都是节抄古人

的家训名言。大凡使家族兴盛的途径，无外乎内外勤俭、兄弟和睦、子弟谦虚谨慎等等。家族衰败的原因与此相反。夜里接到周中堂之子文翕感谢我资助他家办理丧事的信，信中别字很多，字迹又潦草不堪。大概是他的门客写的，而主人全然没有过目。听说周少君平时眼光很高，喜欢毫无根据地乱发议论，而丧事又办得潦潦草草，真令人为他叹息啊！大概达官贵族的子弟，听惯了高谈阔论，见惯了排场奢侈，往往轻视慢待长辈，无视为人之道，讥讽别人的短处，这就是所说的"骄"。由"骄"字进而奢侈、无节制、放荡以至于无恶不作。这些都是"骄"的恶果。而子弟的骄傲，又多出自作为达官贵人的父兄，乘着时运，幸而得官职，就忘了他本领的低下，学识的浅陋，骄傲自满，以至于子弟们效仿而不觉察。我家的子侄们也有很多轻视慢待长辈老师、指责别人缺点的恶习。要想有所建树，必须首先戒除这种恶习，戒除骄傲；要想戒除子侄们的骄傲恶习，必须先戒除我自身的骄傲惰性，我愿意终生自勉。因为周少君的荒谬不堪，我既以此当面教育儿子纪泽，又详细地在这里记载下来。

明朝大将戚继光说："居官不难，听言为难；听言不难，明察为难。"曾国藩不仅能"听言"，也善于"明察"。

曾国荃给哥哥写了一封信，说了很多奉劝的话，曾国藩当即写信表示赞赏：古代君主有诤谏的良臣，今天兄长有诤谏的贤弟。我近来做官太高，虚名太大，我常常为听不到规劝讽谏而深深忧虑。如果九弟果真能随便什么事情规劝谏阻，再加上一二位严厉可怕的朋友，时时以正言相劝相勉，这样我就内有耿直的弟弟，外有敬畏的朋友，那么我也许能避免大的灾难啊！凡身居高位的人，谁不败在自以为是上！谁不败在厌恶听到正直的进言上！

【原文】

凡世家子弟，衣食起居无一不与寒士相同，庶可以成大器；若沾染富贵气习，则难望有成。吾忝为将相，而所有衣服不值三百金。愿尔等常守此俭朴之风，亦惜福之道也。其照例应用之钱，不宜过啬（谢廪保二十千，赏号亦略丰）。谒圣后，拜客数家，即行归里。今年不必乡试，一则尔工夫尚早，二则恐体弱难耐劳也。此谕。涤生手示

再，尔县考试有错平仄者。头场（末句移）。二场（三句禁，仄声用者禁止禁戒也，平声用者犹云受不住也，谚云禁不起）。三场（四句"节俭仁惠崇"，系倒写否？十句逸仄声）。五场（九、十句失粘）。过院考时，务将平仄一一检点，如有记不真者，则另换一字，抬头处亦宜细心，再谕。

【评述】

曾国藩曾与曾国荃同时封爵开府，门庭可谓极盛了，然而这并不是永远可以依赖的。

曾国藩在写给弟弟的家书中指出："家道的长久，不是凭借一时的官爵，而是依靠长远的家规；不是依靠一两个人的突然发迹，而是凭借众人的全力支持。我如果有福，将来罢官回家，一定与弟弟竭力维持。老亲旧眷，贫贱族党，不可怠慢。对待贫穷的人，与对待富者一般。当兴盛之时，预做衰时之想。如果这样，我们家族自然会有深固的基础。"

"各位弟弟比我小好多岁，你们不知道，你们看到各亲戚家都很贫穷，而我们家的情况还不错，以为本来就是这样，却不知道他们当初和我们家一样兴盛。我完全看到了他们兴盛时期景象，再看看他们今天的凋零破败的局面，真让人难为情。家庭的盛衰取决于气象，气象盛则即使挨饿也很高兴，气象衰则即使饱食也很忧愁啊！"

"现在我们家正当全盛之时，贤弟不要以为区区几百两银子数目太小，不足挂齿。如果让贤弟去过像楚善、宽五等人那样的难苦生活，你能忍受一天吗？每个人的境遇的厚与薄、顺与逆，都是命中注定，即使是圣人也不能自作主张。天既然可以使我们今天处于丰亨顺达的境地，当然就可以使我们明天处于艰难困苦的处境。"

所以说，盛时常作衰时想，上场当念下场时。如今，有这种想法的人怕是越来越少了，很多人信奉的是"及时行乐"，"今朝有酒今朝醉"思想，像曾国藩那样活着不是太累了吗？与其遗憾一生，不如享乐一时。在这种思想的驱动下，一个月的前五天，生活在醉生梦死之中，一个月的后二十五天，生活得穷愁潦倒。并不是他们比别人收入更少，而是他们比别人更不会计算规划啊！

曾国藩考虑儿女的婚事时，不愿与骄奢人家结亲。俗话说："坐吃山空"，骄奢的人家最容易败家，曾国藩对此看得很清楚。

曾国藩常年在外，很少亲理家理，但家政过问较多，尤其是涉及儿子婚事，他都要亲自裁定。那时的婚事，讲究门当户对，曾氏家族为湘乡第一显赫门第，所结亲家不说是豪门显族，至少也是达官贵族。

门第是很重要的，尤其是对官宦之家，这不仅仅是一个"稻粮谋"的问题，更重要的是通过联姻使自己的政治势力和军事势力更为广泛和牢固。但曾国藩的几个女儿的婚事并不成功，特别是女婿的玩世不恭使他大为光火。这促使他考虑儿子的婚事时不仅从门第上去权衡，而且更重要的是从家风的生活习惯上去考察。

湖南有一常姓显贵家庭，几次都想与曾国藩结为儿女亲家，然而曾国藩并不乐意，这倒不是常家与曾家曾有什么不愉快，而是因为曾国藩听说这位常世兄生活习气骄奢、跋扈，不可一世。他所穿的衣服极为华贵，他所用的仆从也气焰嚣张，更令人厌恶的是他最喜欢倚仗其父亲的势力作威作福。曾国藩担心常家女儿有官宦人家的骄奢习气，如果嫁娶过来，不仅会败坏曾氏家规，还会引诱曾家子弟好逸恶劳。

开始，曾国藩还以为常家想与弟弟家结为亲家，但后来常家三番五次要求联姻，要他们送甲五的八字，曾国藩才知道他是想与自己结为亲家，而不是想与弟弟结为亲家，他对这门亲事明确给以拒绝。

对于弟弟家的婚事，曾国藩说，我不敢做主，但是亲家的为人如何，也必须从四方街邻那里去查清。如果是吸鸦片的，就绝对不能结亲；如果没有这种事，你们听听老人的意见，自己做主就行了。

曾国藩不愿为当时的官宦之家，而愿为耕读孝悌家。曾国藩曾仔细考察过，天下的官宦之家，大都只享用一代就败落了。这些家庭的子孙开始骄奢淫逸，继而四处流浪，最

后饿死于沟壑之中，有幸延续两代的真是少见。

然而，勤俭的商贾之家可以延续三、四代；谨朴的耕读之家可以延续五、六代；孝友之家则可以延续十代八代。曾国藩说他依靠祖宗的积善行德，年纪轻轻就一帆风顺做了高官；曾国藩生怕由一个人享用致使家道中落，因此极力劝教各位弟弟和子女们：愿咱家成为耕读孝悌之家，而不愿成为官宦之家。

【原文】

纪瑞侄得取县案首，喜慰无已。吾不望代代得富贵，但愿代代有秀才。秀才者，读书之种子也，世家之招牌也，礼义之旗帜也。谆嘱瑞侄从此奋勉加功，为人与为学并进，切戒骄奢二字，则家中风气日厚，而诸子侄争相濯磨矣。

吾自奉督办山东军务之命，初九、十三日两摺皆已寄弟阅看，兹将两次批谕抄阅。吾于廿五日启行登舟，在河下停泊三日，待遣回之十五营一概开行，带去之六营一概拔队，然后解维长行。茂堂不愿久在北路，拟至徐州度暑后，九月间准茂堂还湘，勇丁有不愿留徐者，亦听随茂堂归。总使"吉中"全军人人荣归，可去可来，无半句闲话惹人谈话，沅弟千万放心。

余舌尖蹇涩，不能多说话，诸事不甚耐烦，幸饮食如常耳。沅弟湿毒未减，悬系之至。药物断难奏效，总以能养能睡为妙。

【评述】

咸丰、同治两朝，清朝已有末世之象，内忧外患同时而起，开始时有洪秀全、杨秀清等人纷纷起义，东南地区几乎没有安宁的日子；接着捻军发难，中原地区就很少有安乐祥和的地方了。找寻原因，曾国藩认为是由于官吏贪污所致。他在给胡廉昉的回信中说："今年春天以来，湖北的盗贼越来越猖獗，西起泗镇，东至平梧，两千里以内几乎没有一尺是太平的地方。追根溯源，还不是当权者对民众肆虐无度，鱼肉百姓，时间太久，逼得人们不顾一切地铤而走险吗？这就是因为上面当官的很多，都不问政事，并不是一朝一夕造成的。"

在给左宗棠的回信中又说："捻军势力日益壮大，人们以为此次灾祸要比洪秀全、杨秀清更厉害。山东、河南两个大省，不重视对官兵的治理，使得跟着捻匪走的民众一天比一天多。"

官吏所以贪污，变乱所以纷纷起来，当然有各种各样的原因。社会上缺乏公正的舆论、不能对贪污者和变乱者给以有效的制裁，这是其中的重要原因之一。他说："现在天下的变化，就是混淆是非，麻木不仁，致使仁人志士义愤填膺，奸猾投机的人却逍遥自得。"

在给好友刘蓉的信中说："我涉世已经很深了，很讨厌那种宽厚论说，模棱两可的样子，形成不白不黑不痛不痒的世道。这误人误家误国的现象已不是一天了。每当想到这里，那委屈的肝胆又要翻动一番。"

他深刻地认为社会的动乱，人心陷溺是最根本的原因。说没有军队也不至于有什么

大的忧患，没有粮饷也不至于痛哭，但是睁开眼睛看看这个世界，要找到一位见利不抢先，义举不落后，对正义与邪恶能够表示出鲜明态度的人，实在是不可多得。即使找到了，也是一个地位卑下的人，常常是抑郁不得志，受到挫折，免去官职，甚至死去。而那些贪婪的人，畏葸不负责任的人，结果可以昂首而高升，得到富贵，获得名誉，甚至老而不死。这真是叫人为之长叹啊！"

他在《原才篇》一文中也说过："风俗的淳厚和浇薄来自哪里呢？来自带头的一两个人的人心所向而已。"

对于官场的通病，他也曾有过入木三分的论述。认为"京官办事有两种通病：一是退缩，一是琐屑；外官办事也有两种通病：一是敷衍，一是颟顸。所谓退缩，就是同级官员互相推诿，不肯任怨，动不动就请示，不肯承担责任。所谓琐屑，就是计较小事，不顾全局，只见树木，不见森林。所谓敷衍，就是蒙头盖脸，只看眼前，剜肉补疮，顾此失彼。所谓颟顸，就是只求表面上好看而中间已经溃烂，奏章只报喜不报忧，说话毫无根据。"

曾国藩在给沈葆桢的信中说："主持是非公道，我们这一代人都有不可推卸的责任"，他论述道："我看自古以来大乱的时候，必然先混淆是非，后颠倒政治，于是灾害就随之而来。屈原愤激投江殉身而不悔，其原因就是他看到了当时的世道混乱而痛心疾首。所以他说：'兰芷变得失去了芳香，荃蕙换化成了茅草。'又说：'这是世俗使它们这样，谁又能不发生变化呢？'为了是非日渐混淆而悲伤，几乎到了不能控制自己的地步。后来如汉朝、晋朝、唐朝、宋朝的末世，也是由于朝廷是非的混乱，而后使小人得志，使正直的人感到恐惧不安。推广来看，在一省、一军也必然是这样。首先是非荒诞不经，然后政绩很少有可观的。能否做到赏罚分明，也全在当权的人处置得是否得当。至于维持是非公道，那就是我们不可推卸的责任。顾亭林先生所说的'匹夫有责'就是这个道理。"

曾国藩崇尚人治，他在给毛寄云的回信中说："来信垂询用人、行政、利弊、得失方面的问题，我以为只要选定一个好的领导人，而后政事就会兴旺发达起来。当今正值四方多难、纲纪紊乱的时候，若要维持已有的方法，必须引荐重用正人君子，根据不同的情况采用不同的方法纳入正轨，这样也许能够做到既不拘泥于惯例，又不违反常理。"

他的《日记》也说"治理社会的方法，最根本的就是培养贤人教育人民，社会风气的正与不正，原本就是社会成员的行为和思想的表现。人们的一举一动，一言一行，互相模仿，就会形成一种风气。所以，在上面的当权者，一定要重视自己的修身，在下的人们就会模仿，很快就会推而广之形成风气。"

除此以外，曾、胡对个人的沉沦与败果也给予了特别的关照，并认为治此病之本，就是戒除惰性与傲心。为此，曾国藩说：天下古今的庸人，都是以一惰字失败；天下古今的才人，都是以一傲字失败。

唐虞时的恶人叫丹朱；叫象；桀纣无道，曰强足以拒谏，辩足以饰非；曰谓已有天命，谓敬不足行，其实都是一个傲字。我自八年六月再出，就力戒惰字以改变我无恒的毛病。近来又力戒傲字。以前徽州没有战败以前，次青心中不免有自以为是的想法；既然败了

之后,我更加猛醒。大致军事上的失败,不是傲就是惰,二者必居其一;大家族的衰败,也非傲即惰,二者必居其一。

谚语说"富家子弟多骄,贵家子弟多傲"。不一定锦衣玉食、动手打人才叫骄傲,志得意满毫无顾忌,开口议人短长,就是极骄极傲。我正月初四信中谈戒骄字,以不轻取笑讥讽人为第一义;戒惰字,以不晚起为第一义。

【原文】

余在金陵二十日起行,廿八日至安庆,内外小大平安。门第太盛,余教儿女辈惟以"勤俭谦"三字为主。自安庆以至金陵,沿江六百里大小城隘,皆沅弟所攻取。余之幸得大名高爵,皆沅弟之所赠送也,皆高曾祖父之所留贻也。余欲上不愧先人,下不愧沅弟,惟以力教家中勤俭为主。余于俭字做到六七分,勤字则尚无五分工夫;弟与沅弟"勤"字做到六七分,俭字则尚欠工夫。以后各勉其所长,各戒其所短,弟每用一钱,均须三思,至嘱!

[又十四日书云:]

沅弟湿毒与肝郁二者总未痊愈,湿毒因太劳之故,肝疾则沅心太高之故。立此大功,成此大名,而犹怀郁郁,天下何一乃为快意之事? 何年乃是快意之时哉? 余于本月为代具请假摺,九月再奏请开缺,十月当可成行。余之精神日疲,亦难当重任,然目下不能遽告引退姑且待沅弟退后,再作计议。近日家中内外大小,勤俭二字做得几分? 门第太盛,非此二字断难久支,务望慎之。

【评述】

对于骄奢习气,不唯曾国藩避之唯恐不及,北宋名相范仲淹也恨之入骨。他每餐不吃两样肉做的菜,妻子衣食仅能充足。担任参知政事后,见儿孙衣着朴素,袖藏经传,非常高兴,告诫说:"我贫贱时,无以为生,还得供养父母,夫人亲自添柴做饭。当今我已为官,享受厚禄,我常忧恨的是汝辈不知节俭,贪享富贵。"曾国藩确实是终身自奉寒素,过着清淡的生活,在这方面堪称官场的楷模。他早起晚睡,布衣粗食。吃饭,每餐仅一荤,非客至,不增一荤。他当了大学士后仍然如此,故时人诙谐地称他为"一品宰相"。"一品"者,"一荤"也。他三十岁生日时,缝了一件青缎马褂,平时不穿,只遇庆贺或过新年时才穿上,这件衣藏到他死的时候,还跟新的一样。他规定家中妇女纺纱绩麻,他穿的布鞋布袜,都是家人做的。他曾幽默地说:"古人云:'衣不如新,人不如故。'然以吾视之,衣亦不如故也。试观今日之衣料,有如当年之精者乎?"全家五兄弟各娶妻室后,人口增多,加上兄弟做官,弟弟们经手在乡间新建了不少房子,他对此很不高兴,驰书谴责九弟说"新屋搬进容易搬出难,吾此生誓不住新屋。"他果真没有踏上新屋一步,卒于任所。曾国藩写道:"余在京四十年从未得人二百金之赠,余亦未尝以此数赠人。"他规定,嫁女压箱银为二百两。同治五年,欧阳夫人嫁第四女时,仍然遵循这个规定。曾国荃听到此事,觉得奇怪,说"乌有是事?"打开箱子一看,果然如此。再三嗟叹,以为实难敷用,因更赠四百金。嫁女如此,娶媳也如此。他在咸丰九年七月二十四日的日记写道:"是日巳刻,派潘文质带长夫二人送家信，并银二百两，以一百为纪泽婚事之用，以一百为五十侄女嫁事之用。"

同治年间，曾国藩出将入相了，且年近垂暮，却依然在"俭"字上常常针砭自己：

李翥汉言，照李希帅之样，找银壶一把，为炖人参、燕窝之用，费银八两有奇，深为愧悔。今小民皆食草根，官员亦多穷困，而吾居高位，骄奢若此，助盗廉俭之虚名，惭愧何地！以后当于此等处痛下针砭。

余盖屋三间，本为摆设地球之用，不料工料过于坚致，檐过于深，费钱太多，而地球仍将黑暗不能明朗，心为悔慊。余好以"俭"字教人，而自家实不能俭。傍夕与纪泽谈，令其将内银钱所账目经理，认真讲求俭、约之法。

同治十年十一月二十二日，曾国藩移居经过翻修的总督衙署，他到署西的花园游览，花园修工未毕，正在赶办。游观后，他感慨系之地写道："偶一观玩，深愧居处太崇，享用太过。"这样克勤克俭的总督，天下能有几人！而且，这是他逝世前两个月的最后一次游览！

他的弟弟曾国潢，同治六年在家乡为他整修"毅勇侯第"，花费较多，他相当反感，在二月初九日的日记中写道：

是日，接腊月廿五日家信，知修整富厚堂屋宇，用钱共七千串之多，不知何以耗费如此，深为骇叹！余生平以起屋、买田为仕宦之恶习，誓不为之。不料奢靡若此，何颜见人！平日所说之话，全不践言，可羞孰甚！

九弟曾国荃的品格，便与他大不相同。攻下江西吉安、安徽安庆和江苏金陵之后，曾国荃三次搜括，且一次比一次搜括得凶而多，攻下城后，三次回家起屋买田。他在家乡所起的"大夫第"，长达一华里，共九进十二横，房子数百间，中储大量金银珠宝、华贵家具和仆人婢女，为近世官僚府第所罕见。

瓷雕飞仙人座钟

故被时人讥为"老饕"。对此诨名，曾国藩虽略怀不平，但对老九的贪财终究是极反对的。他写信劝老九说："沅弟昔年于银钱取与之际不甚斟酌，朋友之讥议菲薄，其根实在于此。去冬之买犁头嘴、栗子山，余亦大不谓然。以后宜不妄取分毫，不寄银回家，不多赠亲族，此'廉'字工夫也。"曾国藩并且概而言之，以规诫阿弟："富贵功名，皆人世浮荣，惟胸次浩大是真正受用。余近年专在此处下功夫，愿与我弟交勉之。"

曾国藩当然不是苦行僧，"不要钱"，指的是不贪，不要非分之钱。他说："不贪财、不失信、不自是，有此三者，自然鬼伏神钦，到处人皆敬重。"又说："盖凡带勇之人，皆不免稍

肥私囊。余不能禁人之苟取，但求我身不敢苟取。以此风示僚属，即以此仰答圣主。""不贪财、不苟取"，这就是曾国藩的信条。他一生行事也确乎如此。

【原文】

澄弟在广东，处置一切，甚有道理。退念园、庄生各处程仪，尤为可取。其办朱家事，亦为谋甚忠；虽无济于事，而朱家必可无怨。《论语》曰："言忠信，行笃敬，虽蛮貊之邦行矣。"吾弟出外，一切如此，吾何虑哉！

季洪考试不利，区区得失，无足介怀。补发之案有名，不去覆试，甚为得体。今年院试，若能得意，固为大幸；即使不遽获售，去年家中既隽一人，则今岁小挫，亦盈虚自然之理，不必抑郁。

植弟书法甚佳。然向例，未经过岁考者，不合选拔。弟若去考拔，则同人必指而目之，及其不得，人不以为不合例而失，且以为写作不佳而黜。吾明知其不合例，何必受人一番指目乎？弟书问我去考与否，吾意以科考正场为断。若正场能取一等补廪，则考拔之时，已是廪生入场矣；若不能补廪，则附生考拔，殊可不必，徒招人妒忌也。

我县新官加赋，我家不必答言。任他加多少，我家依而行之。如有告官者，我家不必入场。凡大员之家，无半字涉公庭，方为得体。为民除害之说，为所辖之属言之，非谓去本地方官也。

【评述】

清人朱克敬《暝庵杂识》中有这样一则记载：

曾国藩对好友兼幕僚吴敏树、郭嵩焘曰：我身后碑铭，必请两君来写。通篇任君写作，铭辞结句，吾自有之。曰：不信书，信运气。公之言，告万世。

这"不信书，信运气"之言，是有感而发的。曾国藩平日说过"吾生平短于才""秉质愚柔""称最钝拙"之类的话，虽是谦语，但他的天分确实算不上超等。秀才考了七次，会试也考了三次，只取在三甲四十二名，赐同进士出身。然而他却异常幸运地点了翰林，而且在翰院大考中连连得捷。试想，假如他不是早得功名，而是被陷在百无用处的八股时艺中再挣扎若干年，那就是一个庸庸碌碌的陋儒，哪有出头之日？又假如他中了进士之后，不是侥幸进了翰林，只是作为短资历、无背景的小京官或外官，靠心血浇灌的政绩来博取拔用，又哪能在短短数年间，凭考试晋身高位，当风云际会之时，以正二品的在籍侍郎身份来组织湘军、号召群伦呢？这中间确实有机缘巧合的因素。"不信书，信运气"，绝非虚言。

曾国藩在写给弟弟的信中说：功名富贵，悉由天定，丝毫不能勉强。因而反复劝诫，科名有无迟早，都要坦然处之。他还说：这东西误人终身多矣，自己幸而早得功名，未受其害，不然，陷进去，最终成为无学无用之人。信中叮咛：靠得住的只有进德、修业。认为"此二者由我做主，得尺则我之尺也，得寸则我之寸也。今日进一分德，便算积了一升谷；明日修一分业，又算余了一文钱。德业并增，则家私日起。"

人生的意义绝不在于科名仕宦，尤其在社会转型时期，时代需要有真本事的人，如果

以科名仕宦之有无来定贤肖的话,那么,李林甫之流也是贤肖之人了。

由于时代的急剧变化打破了既定的资格、资历、门第、出身等种种限制,使有才能的人脱颖而出,因此像左宗棠等人只是个举人,但一出山就任为浙江巡抚,位至二品大员,席未暇暖,又升任闽浙总督,这主要得益于他的能力。有一段时间,左宗棠以自己未中进士心灰意冷,甚至人生都变得消极起来。咸丰皇帝知道后,通过郭嵩焘给左宗棠传旨:"趁此年力尚强,可以一出任事,莫自己糟蹋。"当咸丰听郭说四十七岁的左宗棠仍想参加会试,欲取得进士后说:"左宗棠何必以进士为荣!文章报国与建功立业所得孰多?他有如许才,也须一出办事为好。"可见在咸丰帝心目中,建功立业也是第一位的,为打消左参加会试的念头,咸丰特许左不再参加会试,加封"大学士"头衔,"赐同进士出身"。

从时代发展的高度,曾国藩提出要将科名富贵看透。"若不能看透此层,则虽巍科显宦,终算不得祖父之贤肖,我家之功臣。若能看透此道理,则我钦佩之至。"

曾国藩是一个进取心很强的人,他跟自己的弟弟如此谈科名与人生,并不是阻止他们进取,而是觉悟到:科名里面,有许多虚假误人的东西,又有许多机缘巧合的因素,是靠不住的。人生的意义应大于科名仕宦,因而希望自己的弟弟踏踏实实做学问,在人生的道路上做个符合传统道德规范的人。

由科名有无,是否为官为宦,曾国藩还联系到一个人在社会中生存、成长,必须有技能,这种技能是别人抢不走的。同时,人必须对得住自己的"饭碗""俸禄",不能"吃白饭"。

【原文】

自概之道云何?亦不外清、慎、勤三字而已。吾近将"清"字改为"廉"字,"慎"字改为"谦"字,"勤"字改为"劳"字,尤为明浅,确有可下手之处。沅弟昔年于银钱取与之际不甚斟酌,朋辈之讥议非薄,其根实在于此。去冬之买犁头嘴、栗子山,余亦大不谓然。以后宜不妄取分毫,不寄银回家,不多赠亲族,此廉字工夫也。谦之存诸中者不可知,其著于外者约有四端:曰面色,曰言语,曰书函,曰仆从属员。沅弟一次添招六千人,季弟并未禀明径招三千人,此在他统领所断做不到者,在弟尚能集事,亦算顺手。而弟等每次来信,索取帐篷子药等件,常多讥讽之词,不平之语。在兄处书函如此,则与别处书函更可知已。沅弟之仆从随员颇有气焰,面色言语与人酬接时吾未及见,而申夫曾述及往年对渠之词气,至今饮憾。以后宜于此四端痛加克治,此谦字工夫也。每日临睡之时,默数本日劳心者几件,劳力者几件,则知宣勤王事之处无多,更竭诚以图之,此劳字工夫也。

余以名位太隆,常恐祖宗留贻之福自我一人享尽,故将劳、谦、廉三字时时自惕,亦愿两贤弟之用以自惕,且即以自概耳。

湖州于初三日失守,可悯可敬。

【评述】

曾国藩善于总结古今人物的经验,包括"世故"的经验,他的三字箴言即清廉、谨慎、

勤俭即是如此。自古以来做官的箴言就是清廉、谨慎、勤俭。曾国藩也常常以此来勉励自己，并且做过三字箴。其中清字箴是：淡泊名利，清心寡欲，一丝不苟，鬼伏神钦。慎字箴是：兢兢业业，死而后已，行有不得，反求诸己。勤字箴是：手眼俱到，心力交瘁，因知勉行，夜以继日。对于为政者的态度他在答黄麓溪的信中说："苏垣当官，在官场上属于品德高尚、出类拔萃的。以我的所见所闻，大致是挥霍浪费的人才能得好名声，谨守规矩的人却沉寂在一般人中；惹是生非，身上长刺的人得势，和善厚道的人却潜伏着危险。爱标榜自己的人互相吹捧，讲究实效的人独守寂寞。考察这三项，对于我兄来说都不谐调。然而，君子之道，不刻意追求名望，在案牍律例当中，真的能够三次折断腿，九次折断臂，经得住长时间考验的人，最终会得到同事们的推崇，上级的推荐。我有一言奉劝我兄可在数年之内实行的，它就是一个'耐'字。如果不为上级器重时，那么耐冷遇最重要；当柴米因窘时，那么耐艰苦最重要；听鼓声使人烦躁，赴应酬搅得人不得安宁时，那么耐劳累最为重要；和我们同辈的人，也许以声气相投先我们得到利益，比我们晚出的人，也许因为行贿等手段比我们先得到荣耀，那么这时耐闲最为重要。能够做到安分尽力，淡然处之，一无所求的人，用不了两年，就必然被上级和同事们钦佩看重。人们看到你能够如此忍耐，又看到你那样的有所作为，虽然想不宣扬，那能够办得到吗？"这里说的是当政的人，应该有忍耐通达世故的态度。

为了避免自己的过失，曾国藩、胡林翼不仅对自己的修身行为严格约束，对事关国计民生的大事更是异常谨慎。

曾国藩享有大名是因为军事方面的活动，而遭到强烈讥谤则是因为办理外交事宜。

那个时候人们对外部情况还不了解，国内说法很多，外交的方法，没有什么常规可以遵循。朝廷的旨意，民间的议论很难兼顾。周旋议和，动则获罪，所以曾国藩发誓以一死。如果一旦议和决裂，不想象叶名琛那样苟且偷生、有辱国家。

在这方面，胡林翼就"世故"到底。胡林翼终身没有能站在办理外交的前列，阎敬铭每和他谈论到洋务事宜时，林翼就摆手闭目，不安的神色有好长时间，说："这不是我等所能知道的。"薛福成认为："因为胡林翼考虑的深远，所以看事情才知道更难，而不敢掉以轻心。"可以说是胡林翼的知己。因此对于外交的态度，曾、胡有同样的看法，但曾明知取侮毁身而不顾，胡林翼相比就差一些。这是当时的环境造成的。

出于关注世风曾国藩对于舆论有另一种关注。

当然，从事政治不能固执己见，也不可轻信别人意见，必须经常权衡利弊，做出掌握根本把握源流的办法。曾国藩在给丁雨生的回信中说："您所说：'局外的议论，公正但不符合实际情况；局内的意见，亲切但多有私心在里面。善于猜测的人，不去顾及物力盈亏；议论变法的人，不去考虑后果。'这几句话特别中肯。国藩上封信里要阁下审慎听取意见，谨慎抉择而不要轻易处置，正是这个意思。……国藩从来办事，不固执己见，也不轻信别人的话，必须是看准了利害关系后，才肯放弃自己的意见而听从别人的。阁下思想敏锐，常常有很多独到的见解。如果钻研得太过，看到处处都是荆棘，那也未免是舍弃

康庄大道不走而去钻牛角尖,厌弃牧畜而想螺蛤了。"

给胡林翼的信中又说:"收取的利多了老百姓会怨恨,参劾别人多了官员们会生诽谤,有人用这些话来劝告你,虽有些不符合情况,也不应该郁郁不乐放在心上。我们所以慎之又慎的,只在'用人'二字上,此外就没有需要下力气的地方了。古人说:'如果从流俗毁誉上打听消息,那他是站不住脚的。'总是想平日的短处,那只能是在毁誉上打听消息,近来应该多想想在用人妥当与否上打听消息。"

一是办事的人,绝不可能只有赞誉而没有诽谤或评论,只有恩宠而没有怨恨;二是舆论往往随时变化,并没有一定的标准。所以,若不是自己要求树立根基,专从流俗毁誉上去打听消息,一定会有站不住脚的那一天。曾国藩在给恽次山的信中说:"自我修养的人,只求没有大的过错就够了,且不可因讥讽议论而气馁、消沉;衡量评价别人的人,只求一个长处可取就行了,且不可因有小毛病而放弃了有用的人才。如果对佼佼者过于苛求,那么昏庸无能的人反而会走运。"

又在给陈舫仙的回信中说:"京师的议论与枢密院的消息随时变化。每逢遇到官员上下交接,本来众望所归的人,转眼间就会被人唾弃;也有的群疑众谤被议论纷纷的人,转眼功夫又风平浪静了。只有卓然自立的人士,经过红与黑的变化也不改变自己的形象。阁下这次进京,时间没有几天,但上天的眷顾和舆论似乎都是很好的,望阁下不要沾沾自喜,将来如果有吹毛求疵的议论,恩顾无存,望阁下也不要因此而沮丧。早晚孜孜以求自立之道,私事就是干自己的事与读书二者并进,公事就是管理与防务二者兼营。以勤为本,辅之以诚。勤,虽然柔弱也会变强,虽然愚钝但也会变得聪明。诚,诚心可以使金石为开,鬼神听话,鄙陋的讥讽,就是跳进黄河也是说不清的,那还有什么可争辩的呢?"这些话深刻明白,要旨不外是脚踏实地,努力做到自立自强,不以流俗的毁誉为转移。

曾国藩有丰富的阅历,当他的弟弟曾国荃就任湖北巡抚时,曾国藩给他写过一封信,信中说:"督抚本来不容易做,近来又是多事之秋,必须招募兵员筹措军饷。招兵则怕失败而受诽谤,筹措军饷则怕说搜刮而招致怨恨。这两样都容易败坏声名,而由此引起纷纷议论,被人参劾的人,常在用人不当。沅浦弟的博爱形同软弱,在用人上向来失于繁冗。以后要慎重选用贤人,以补救草率的毛病,少用几人,以被救繁冗的毛病。地位很高但资历很浅,外貌上贵在温和恭敬,内里贵在谦虚礼下。天下的事理人心,我们了解得不深,没有料到的多着呢,且不可存一点自以为是的思想。用人不草率,存心不自满,这二条如果都做到了,一定可以免却咎戾,不失去好名声。这些话是最重要最重要的嘱咐,千万不要以为是泛泛的议论而忽视它!"

曾国藩办事,"不固执己见,也不轻信别人的话,必须看准了利害关系后,才放弃自己的意见而听从别人的。"由此可见他既不是顽固不化的人,也不是一个盲目屈从的人。他对于社会舆论就是抱着这样的态度;对于个人的建议,也是抱着这样的态度。他在给欧阳晓岑的回信中说:"对于集思广益的做法,本来不是容易做好的事。而在省城里尤其容

易被人欺骗、蒙蔽。每天到我府上来的人,或者上书献策,或者当面陈说见解,大体上不出你写的三条之例。对那些阳骄的人要抑制,然而,又不能因为这样就完全废除吐故纳新的风气。重要的应当是自己把握主见,如六辔在手;对外广泛慢慢地吸收,如万流赴壑,才是最完善的。我想古人全都应该这样,而小小的我却是做不到的。"

人防止自己的过失,对别人的行为就不能轻下结论,妄加非议,对事情应有一个深层和多角度的思考,不人云亦云,这样也就远离了几分世故。胡林翼结好官文的事,当时就有人不理解。胡林翼与官文的关系,对当时军事大局至关重要,因此曾国藩深深地依赖他们。就是他的弟弟曾国荃的军队,也是靠官、胡的帮助而建成的。曾国荃后来弹劾官文,曾国藩很不愉快,后来做直隶总督接官文的职位时,一再抱歉自己的过错,连称"老九胡闹,对不住老前辈",谢罪不已。论起来曾国荃弹劾官文的举动,是因公而发,可以用不着什么道歉,而若以私情相论,则国藩就觉得深有愧歉了。

【原文】

胡二等来,接尔安禀,字画尚未长进。尔今年十八岁,齿已渐长,而学业未见其益。陈岱云烟伯之子号杏生者,今年入学,学院批其诗冠通场。渠系戊戌二月所生,比尔仅长一岁,以其无父无母,家境清贫,遂尔勤苦好学,少年成名。尔幸托祖父余荫,衣食丰适,宽然无虑,遂尔醮豢佚乐,不复以读书立身为事。古人云劳则善心生,佚则淫心生,孟子云生于忧患,死于安乐,吾虑尔之过于佚也。

新妇初来,宜教之入厨做羹,勤于纺绩,不宜因其为富贵子女不事操作。大、二、三诸女已能做大鞋否?三姑一嫂,每年做鞋一双寄余,各表孝敬之忱,各争针黹之工。所织之布,所寄衣袜等件,余亦得察闺门以内之勤惰也。

余在军中不废学问,读书写字未甚间断,惜年老眼蒙,无甚长进。尔今未弱冠,一刻千金,切不可浪掷光阴。

四年所买衡阳之田,可觅人售出,以银寄营,为归还李家款。父母存,不有私财,士庶人且然,况余身为卿大夫乎?

余癣疾复发,不似去秋之甚,李次青十七日在抚州败挫,已详寄沅浦函中。现在崇仁加意整顿,三十日获一胜仗。口粮缺乏,时有决裂之虞,深用焦灼。

尔每次安禀详陈一切,不可草率,祖父大人之起居,合家之琐事,学堂之工课,均须详载,切切此谕。

【评述】

汉文帝时,有人告发丞相周勃谋反。文帝轻信,就将周勃下狱治罪。后来真相大白,周勃官复原职。

太中大夫贾谊就此事上书汉文帝,认为作为君主,对臣下应当以礼义相待,而不应轻信佞臣之谗言。那样,作为人臣的才会"国耳忘家,公耳忘私,利不苟就,害不苟去(为国事而忘记了家事,为公事而忘了私利,有利益不轻易取得,有祸害不轻易逃避)。"

曾国藩是把名利和贪婪相联系。贪婪的人,恶名加身;大度的人,清誉在外。一旦名声远扬,就可以不拘小节了。曾国藩的见识可谓高拔,甚至可以说有点狡猾,然而这毕竟有点欺世盗名的嫌疑,曾国藩的心里并不清纯,相较之下,还是北宋时期的彭思永的行为更宁馨可人,那时,他还不是进士,也没有做官,只有一个孩子。

一天,九岁的彭思永正上学读书,在家门外拾得一把金钗,于是默坐原地,等候失主。不久,一官吏在此久久徘徊,一问,果然是金钗失主,彭思永便将金钗还给了他,那失主拿出数百钱表示感谢,彭思永坚辞不受。他说:

"我若爱钱,金钗不是比这更多吗?"小小年纪,竟有这种气度,这个江西老表,真是令人可钦可敬!

彭思永不是圣人,他还是个童子,曾国藩也不是圣人,他已是一个大人,或许正因为他是一个大人,他才比彭思永想得更多,心思也更污秽。

人啊! 能否返璞归真,返老还童?

【经典实例】

忽必烈重视人才

元朝的人才政策,史书上有两种截然不同的评论:有的说是歧视人才,特别是歧视汉族的知识分子;有的说是十分留心搜罗人才,包括汉族的知识分子。谁是谁非,由专家去论定。下面就忽必烈重视人才的事迹做个简要介绍。

忽必烈,蒙古族,成吉思汗的孙子,托雷的第四个儿子。中统元年(公元 1260 年)即大汗位,为元王朝的建立者,史称元世祖,蒙语尊称为薛禅(意为贤者)皇帝。

忽必烈年轻时,"仁明英睿,事太后至孝,尤善抚下"。在潜邸,他"思大于有为天下,延藩府旧臣及四方文学之士,问以治道"(《元史·世祖本纪》)。他当藩王时,就已博得了"爱民之誉,好贤之名"。在他的周围,聚集了一批蒙古贵族上层中的有识之士和汉族知识分子。如木华黎的长孙乃燕、河北邢州的刘秉忠、云中怀仁的赵璧、冀宁交城的张德辉,以及曹州东明的王鹗等人,都经常给忽必烈讲《四书》《五经》,研讨治国平天下之道。在管理漠南汉地时,忽必烈又招纳了一批汉族和其他民族的知识分子,如杨维中、姚枢、郝经、王文统、赛曲赤(回族)、瞻思丁(回族)和高智耀(西夏族)等,成为忽必烈的主要谋士。还有张文谦、窦默、魏璠、许国桢、许衡、赵炳、张惠等人,也都以博学多闻而成为忽必烈的重要参谋。

忽必烈是中华儿女的佼佼者和中国历史上的明君。在"鼎新革故",实施"大有为于天下"宏图的过程中,他乐于听取群臣的意见,集思广益。当代人说他"有英主之风"。

1. 立法度,正纲纪。忽必烈问进士出身、曾任钧州(今河南禹县)知事的李治:"天下当如何而治?"李治回答说:"为治之道,不过立法度,正纲纪而已。"于是,忽必烈采取一系列的措施,立法正纪。蒙古自成吉思汗建国后,没有使用过年号。纪年是用十二生肖,如鼠几年、羊几年等。忽必烈采纳刘秉忠等人的建议,按照中原汉族

元大都城遗址

王朝的传统，正式确定纪年。忽必烈于宋景定元年(公元1260年)三月正式称帝，开始以"中统"为年号，后又改为"至元"。至元八年(公元1271年)，废除"蒙古"国号，取《易经》中"乾元"之义，建国号为"大元"。蒙古国原来的国都在开平(今内蒙古正蓝旗东闪电河北岸)。中统四年(公元1264年)，改燕京(今北京)为中都，升开平为上都。至元九年(公元1272年)根据刘秉忠的意见，定都中都，改称大都。从此，元大都成为我国多民族国家的政治中心。

元朝中央和地方行政体制，基本上都是忽必烈按照汉族大臣的建议，兼采宋、辽、金制，逐步建立和健全起来的。中央设立中书省，总理全国政务。中书省下设吏、户、礼、兵、刑、工六部，分理有关政务。蒙古族建国初，未设总领军务的机构。忽必烈参照宋、金旧制，设枢密院，专掌军务。至元五年(公元1268年)，根据姚枢提出的"定法律，审刑狱"，"收生杀之权于朝"，使"诸侯不得而专"的建议，设置御史台，为全国最高司法监察机关，负责纠察百官善恶、谏言政治得失的职责。地方，除中央直辖区外，全国设置十个行中书省。这是沿用至今的我国行省制的起源。行省之下设路、府、州、县。同时，还制订了朝廷礼仪、官阶俸禄等制度。这种行省的创建，是我国政治体制史上的一件大事，革除了蒙古汗国行政机构十分简单，不能适应社会发展的弊端，为贯彻中央政府的各项政策法令，有效地巩固疆域辽阔的统一的多民族国家，提供了行政体制上的保证。

2. 行仁政，不嗜杀。忽必烈之前，蒙古贵族集团在攻城略地的战争过程中，常常实行野蛮的屠城政策，百姓怨声载道。汉族知识分子向忽必烈讲解"以马上取天下，不可以马上治之"的道理，要他"行仁政，不嗜杀"。忽必烈接受了这些建议，曾再三"降不杀人之诏"，减少了对宋境广大人民群众的杀戮。元宪宗元年(公元1251年)，忽必烈的哥哥蒙哥继承汗位，令忽必烈去治理谟南汉地。谟南邢州，有一万五千户，是南北要冲。窝阔台将邢州赐给两个蒙古贵族的功臣，由于征求百出，肆意敲索，百姓大量逃亡，十余年后，仅剩下五六百户。刘秉忠向忽必烈进言，指出："兵兴以来，百姓生活困弊，邢州尤其严重"，建议"择人前去治理,克期见效,以作为四方效法的榜样"。并推荐儒士张耕、刘肃二人担当此任。忽必烈接受了这一建议,任命耕、肃为正副使,安抚邢州。他们到任后,洗涤蠹弊,革除贪暴,招复逃亡,不到一个月,户口就增加了十倍。

至元二年(公元1265年),顺天路管民总管张弘范调任大名,上任之前,微服出访,发现收租的官吏非法加派,群众苦不堪言。他上任后,立即惩办了那些不法官吏,得到群众拥护。恰好这年又发大水,农业生产严重减产,他没有请示朝廷财赋主管部门,就决定免除了灾区的全部租赋。管理财赋的部门认为他犯了"专擅之罪",要处分他。他赴大都向忽必烈申诉,忽必烈问他:"你有什么要申诉的?"他说:"我以为把国家粮食存在小仓库里不如存在大仓库里好。老百姓因为遭了水灾交纳不上粮食,如果一定要从农民口里夺取粮食,政府的小仓库当然会充盈起来,但老百姓就会饿死,等到明年就会一粒粮食也收不到! 首先要让人民活下来,以后才会年年有收获,农民有了余粮,那不都是国家的粮食吗? 这就是我所说的大仓库!"忽必烈点头称赞,不仅没有追究他的"专擅之罪",而且还表彰他办得好。

3. 罢世族,行迁转。"元初,取民未有定制,及世祖立法,一本于宽。"(《元史·食货志》)蒙古汗国时,法制不健全,不仅国家赋税没有一定标准,想收就收,要收多少就收多少,更重要的是汗国执政者随意将某地赐给有功之臣,形成了一批贵族和豪强。在此条件下,又出现了不少的贪官赃吏。忽必烈当上皇帝后,采纳贤才们的建议,实行抑豪强,黜赃吏,整顿和改革吏治,收到了一定效果。《元史》作者说:"世称元之治以至元、大德为首"。

(四)劝农桑,以富民。忽必烈很重视农业生产,即位之初,首诏天下:"国以民为本,民以衣食为本,衣食以农桑为本。"(《元史·食货志》)为了发展农业,忽必烈采取了一系列措施:令司农司编辑《农桑辑》发给农民,"俾民崇本抑末";又命"各路宣抚司择晓农事者,充随处劝农官";还"立劝农司,以陈邃、崔斌等八人为使",后改为司农司,以左丞相张文谦为卿,专管农桑水利。因此,农业生产得到了很大发展,"终世祖之世,家给人足"。

在这批贤才的辅佐下,忽必烈终于实现了"鼎新革故,务一万方","思大有为于天下"的宏大抱负。《元史》评论说:"世祖度量弘广,知人善任使,信用儒术,用能以夏变夷,立经陈纪,所以为一代之制者,规模宏远矣。"

曾国藩储收英才

人才,是世间最宝贵的。在晚清,人才似乎奇缺,龚自珍曾仰天长啸:"我劝天公重抖擞,不拘一格降人才。"曾国藩也曾感慨,国中无人,他认为中国若想不与外国列强讲和,就得有四五个得力的大将军,他数来数去怎么也数不出来。正因为如此,他才对人才倾注了那么多的心血,他物色和栽培人才,选拔和推荐人才,只要这个人确有所长,哪怕他给曾国藩的印象并不好,甚至与他心存隔阂,他都是不惮任用和举荐的。曾国藩具有世

间所罕见的发现人才的特殊价值的本领,大至总督,小至营哨,曾国藩举荐和扶植的人才不可计数,可以说,发现人才的本领,是一个成功的领导者的首要本领,其价值往往超过了所发现的人才的价值。《韩诗外传》说:"在能人中推荐能人。"说的就是这个意思。

所以说,知人不易,得人不易。要知人就要善察人,要得人就要善用人,不察不用,即使人才就在身边,也会视而不见。

曾国藩清醒地看到,军队能否有战斗力,关键在于将领的选拔是否得当。将领选任得当,就可以使一支军队由弱应强。反之,不仅不能与日益壮大的太平军进行反抗,更重要的是无法"塞绝横流人欲,来挽回厌乱的普遍人心"。因此,曾国藩在创建湘军伊始,便将选将工作,放在至关重要的位置上。

从曾国藩所规定的选将标准来看,湘军的选将制度较为严格,大致可以概括为五个方面:一是忠义血性;二是廉明为用;三是简默朴实;四是智略才识;五是坚忍耐劳。

曾国藩在选将中,将"忠义血性"放在第一位。所谓"忠义血性",就是要求湘军将领誓死效忠清王朝,自觉维护以三纲五常为根本的封建统治秩序,具有誓死与起义农民顽抗到底的意志。统治民众的才能,不外乎公明勤这三个字。不公平、不明正,那士兵们就一定不会乐意服从;不勤快,那营中大大小小的事就都会废弛而无法管理。所以第一要事就在于此。如果士兵不怕死,则战时能冲锋陷阵、效命疆场,这是第二重要的。身体虚弱的人,过于疲劳就会生病;缺乏精神的,长久了就会逃走,这又是次要的了。这四个方面看起来似乎过于求全,而假若缺了其中一条,则万万不可带兵。选用具有"忠义血性"者为将领,可以为整个军队起到表率作用,"以类相求,以气相引,则几个中得一人而可及其余",这样便可以带动全军效忠封建的统治,从而能够使这支新兴的军队——湘军,不但具有镇压农民起义的能力,同时还具有"转移世风的政治功能"。

一个人的成功与失败,关键在于他能否把与之有关系的人、物能力,转化为自己的能力。曾国藩就是一个把别人能力化为己用的最佳例子。

曾国藩对他的弟弟说:求别人辅佐自己,时时刻刻不能忘记这些道理。获得人才是最困难的,过去有些人做我的幕僚,我也只是平等对待,对他们不是钦敬,以今天来看,这些人是多么的不可多得。你应该常常把求才作为重要的任务,至于那些无能的人,即使是至亲密友,也不应久留,这主要是担心有才的人不愿与他们共事。

为此曾国藩在办团练伊始,就发布《招某绅耆书》招人入幕:我奉命协助帮理团练,稽查捉拿贼匪,接受任务以来,日夜忧心忡忡,唯恐有误,担心自己见识不广,考虑不周。因此孜孜以求,希望家乡的贤人不嫌弃我,肯慷慨前来光临相助,借此来广泛地采取众议,周密地听取意见,以求补救我的疏漏。所以我经常或是寄信请人出山,或是热情欢迎来宾,广招英雄豪杰,咨询高见妙法,这一片耿耿之心,想来能得到大家的体谅。我打算将点滴微弱力量聚集起来,来保障家乡的安全。大厦非一木所能支撑,大业凭众人的智慧而完成。如果能使众多的贤士都汇集而来,肝胆相照,那么,即使是坚固的金石也能穿透,又有什么艰难不被克服呢?

后来，曾国藩领兵出征，官至督抚、钦差，更加注意时时网罗人才。不仅自己如此，对他弟弟也发出如此忠告。他在《致沅弟》信中说，成大事的人，以多选助手为第一要义。满意的人选择不到，姑且选差一点，慢慢教育他就可以了。就是说要时时注意笼人，不能因为没有十分可意的就不去用人。

而对于那些才华出众之人，曾国藩不论何时，一旦行知便千方百计笼纳过来，为己所用，如对郭意诚就是这样。

郭意诚，字昆焘，湘中名儒。因颇具文才，咸丰、同治年间，中兴诸老无不与他交往友好，各自都想将他罗至自己幕下。但郭意诚极爱其妇，日不远离，故总是力辞不就。

曾国藩也最赏识郭意诚其才。为了把他引出来忠君救国，曾寄书戏谑郭。书中云："知公麋鹿之性，不堪束缚，请屈尊暂临，奉商一切。并偕仙眷同行，当饬人扫榻以俟。"郭意诚出自对曾国藩的信服，接书后立即赶至湘军营幕见曾国藩，但并未偕仙眷同行。故曾国藩又命他速归，并作书曰："燕雁有待飞之候，鸳鸯无独宿之时，此亦事之可行者也。"郭意诚得书，一笑置之。但接受了曾国藩的邀请，决心出来供职。

据说，郭意诚在曾国藩幕下是干得最好的，成为曾的得力助手，不少奏折函件都出自郭之手。曾亦对他关怀备至，或准他的假，让其多回家；或命他将夫人接来，不影响他们的夫妻生活。1858年，郭意诚有一段时间告假居家，因故未及时归营，曾国藩连续发过几次信催其速归。曾国藩于1858年6月4日，在《致沅弟信》中说："公牍私函意诚均可料理"，足见曾国藩对郭意诚的信任。

曾国藩就是这样，时时不忘求人自辅。只有时时不忘，才能抓住时机，笼人有术，把别人招纳不来的人吸引过来，以佐事业之辉煌。

李斯助秦王政统一

李斯，战国时楚国上蔡人，年少时做过郡小吏，后与韩非一同从荀卿学"帝王之术"，学成，西入秦初为吕不韦的舍人，后任为郎中，说秦王政，拜为客卿，秦王并天下，以李斯为丞相，李斯在帮助秦王政统一中国的事业中起了重要的作用，他入秦不久，就曾指出秦国当时已经有条件"灭诸侯，成帝业，为天下一统。"

秦国为了强国，曾任用了很多非本国的能人，秦国内部的本土贵族集团，曾屡屡掀起逐客浪潮，他们心胸狭窄，过分看重私利而不顾国家的利害。恰巧，在秦王政十年，韩国为了使秦消耗国力，不能对韩国用兵，遣使劝秦大兴水利。当此事被发觉后，秦王接受了宗室大臣的建议，下令逐客。李斯也在被逐之列。于是上书劝谏。

"过去穆公访求贤才，西边从戎族那里选拔了由余，东面从楚国的宛县得到了百里奚，从宋国迎来了蹇叔，从晋国请来了丕豹的公孙支。这五个人，不出生在秦国，可是穆公重用他们，因而吞并了十几个小国，于是称霸西戎。孝公采用商鞅变法的主张，移风易俗，百姓因此兴旺富足，国家因此繁荣富强，百姓都乐意为国出力，各国都对秦国亲善归

李斯

服，战胜了楚魏的军队，占领了上千里的土地，使得国家至今还保持安定强盛。惠王采用张仪的计策，攻取了川一带，向西并吞了巴、蜀，向北收得了上郡，向南夺取了汉中，拿下了广大夷族地区，控制着楚国的鄢、郢，向东占据了成皋的天险，取得了大片肥沃的土地，从而拆散了六国的合纵联盟，迫使他们面向西方侍奉秦国，功效一直延续到今天。昭王得到范雎，罢黜穰侯，放逐华阳君加强王室的权力，限制豪门贵族，蚕食各国疆土，帮助秦国完成了帝王的基业。这四位君主，都是凭借着客人的功劳。从这些事例看来，客有什么对不起秦国的呢？假使当时四位君主拒绝客籍人不肯接纳，疏远人才不肯任用，那就使国家不会收到富足的效果，秦国也不会有强大的名声了。"

"如今陛下弄来了昆山的宝玉，有了随侯珠、和氏璧，悬挂着如明月的珍珠，佩戴着太阿宝剑，乘着名叫纤离的骏马，竖立着用翠凤作装饰的彩旗，安放着鳄鱼皮蒙的大鼓。这几件宝物，秦国一种也不能出产，可是陛下却非常喜爱它们，这是为什么呢？一定要秦国土生土长的才以能用，那么，夜光的珍珠不该装饰朝廷，犀角象牙的器具不该做玩赏的东西，郑卫两国的美女不该住满后宫，骏马良驹不该关满外面的马栏，江南地区的铜、锡不该用作器物，西蜀一带的丹青，不该用作彩饰。凡是装饰后宫、充满廷堂、娱乐心意、悦人耳目的东西，一定要生产在秦国的才可用，那么，嵌着宛珠的簪子，镶着小珠的耳环，东阿丝绸的衣服，锦乡的边饰，就不该进呈到您的面前。还有那些打扮时兴、姿态优雅、妖艳苗条的赵国姑娘就不该站立在您的身边。敲打着瓦钵、弹着竹筝，拍着大腿，哇哇地歌唱呼喊，让耳目感到快乐，这才真是秦国的音乐。郑国、卫国的民间歌曲，舜的韶虞，周的武象，这些都是外国的音乐，如今抛弃敲打瓦器而欣赏郑卫的音乐，撤走竹筝而选择韶虞的乐曲，这样做是为什么呢？为了眼前的称心快意、适合观赏罢了。如今用人却不肯这样做，不问适宜不适宜，不论正确不正确。"

"我听说，土地广的粮食就丰富，国家大的人口就众多，武器精良，兵士就勇敢。因此，泰山不拒绝土壤，所以能够形成它的高大；河海不挑剔细流，所以能够形成它的深广；帝王不排斥百姓，所以能够兴在他的道德事业。因此说地不分东西南北，民不分本国外籍，能够四季都富庶美好，鬼神都来保佑。这是五帝、三王无敌于天下的根本原因。如今您却抛弃百姓去资助敌国，驱逐客籍人去辅助诸侯成就功业。这就使得天下有才能的人都退缩畏惧，不敢向西，停住脚步，不进入秦。这种做法就叫作给敌寇武器，送给强盗粮食啊！"

"物资不出产在秦国,其中值得珍贵的很多;贤士不出生在秦国,其中愿意给秦国效忠的不少。如今驱逐客籍人去帮助敌国,损害百姓去增加对手的力量,使得内部空虚,树立仇怨,想求得国家没有危险,是办不到的啊!"

秦王念了李斯的书信,便撤销逐客的命令,恢复了李斯的官职。

曾国藩慎用人才

曾国藩求贤若渴,嘤其鸣矣。这方面,他是颇下了一番功夫的。王定安记述说:"国藩专务以忠诚感召人心,每乡是士来谒,温语礼下之有所陈,务毕其说。言可用,则斟酌施行;即不可用,亦不诘责,有异等者,虽卑贱,与之抗礼。"他礼贤下士,颇有周公吐握之风。《旧闻随笔》记述道:"咸丰以来,统兵大员惟公平生来未尝台坐。其每见僚属必台坐者,胜保也。台坐者,旧制,大员见小吏,居中设独坐而坐,谒者立于旁也。曾国藩向友人描述自己在咸丰三年的心情说:"弟尝谓带勇需智深勇沉之士,文经武纬之才。数月以来,梦想以求之,焚香以祷之,盖无须臾忘诸怀"。及至咸丰十年,曾国藩被任命为两江总督,"事业"大有发展,人才尤为亟须。他给友人写信说:"国藩当疲之余,忽膺艰巨之任,大惧陨越,贻友朋羞。惟广求名将,以御寇氛;广求循吏,以苏民困。得一分则鄙人可免一分之咎,得十人百人,则地方渐受十分百分之福。"同治四年,他走上攻捻前线,榜到《剿捻告示四条》,其中一条便是"询访英贤"。他指出:"方今兵革不息,岂无奇才崛起? 无人礼之,则弃于草泽饥寒贱隶之中;有人求之,则足为国家干城心腹之用。"他号召:"如有救时之策,出众之技,均准来营自行呈明,酌察录用;即不收用者,亦必优给途费。"曾国藩求材,可说是"一以贯之"的。为此,他"料理官车,摘电备查","或圈点京报",获取信息。他常写人才闻见日记,将所见所闻,分为"闻可""闻否""见可"三类。他的《无慢室日记》中,专设"记人"一项,记录了大批被推荐的人名,并附有自己考察之所得。他还注重人才的互相吸引,认为求才应如"蚨之有母,雉之有媒,以类相求,以气相引,庶几得一而及其余。"因此,他多次致书李恒、李翰章、方子白、胡林翼、左宗棠等人及诸弟,论述得人之道,要求他们随处留心,"博采广询","兼进并收"。他还嘱咐弟弟要"求人自辅,时时不忘此意",又要求"以后两弟如有所见,随时推荐,将其长处短处一一告知阿兄"。

在广揽人才的同时,曾国藩强调分辨良莠。当时,亲朋好友、邻里乡党来曾氏营中求职者甚多,曾国藩唯恐曾国荃怀"广厦万间"之志而滥收滥用,规劝他说"善战国者,睹贤哲在位,则卜其将兴;见冗员浮杂,则知其将替。善觇军者亦然。"他对方存之说:"搜求人才,采纳众议,鄙人亦颇留心。惟于广为延揽之中,略存崇实黜华之意。若不分真伪,博收杂进,则深识之士,不愿牛骥同皂,阳鱼得意,而贤者反掉头去矣。"他说李六度"过人之处极多","而短处则患在无知人之明","于位卑职小,出已之下者,则一概援'善善从长'之义,无复觉有奸邪情伪。凡有请托,无不曲从。"

曾国藩在举荐和培养人才方面,特别值得一提的是,他对李鸿章的培养。

咸丰十一年，曾国藩的湘军在江西北部同太平军作战，攻陷了九江，这对李鸿章来说，真是一剂强烈的兴奋剂。倒不是因为湘军的这点胜利对他有多少鼓舞，而是因为湘军统帅曾国藩同他有师生关系。他认为一旦投奔湘军，曾国藩一定会另眼相看，予以重用。他仿佛看到了自己灿烂辉煌的前程，看到了光灿灿的金印和令人炫目的顶戴花翎。于是，李鸿章离开了镇江，昼伏夜行，抄小路，避村舍，绕过太平军的营地，赶往九江的湘军行营，投奔了曾国藩。

然而，事情并不像李鸿章预料的那么称心如意。他满怀希望地赶到九江，但曾国藩却借口军务倥偬，没有相见。李鸿章以为只是一时忙碌，几天之内定可召见，谁知在旅舍中闲住了一个月，竟得不到任何消息。他心急火燎，如同热锅上的蚂蚁。李鸿章得知曾国藩幕府中的陈鼐，是道光丁未科进士，与他有"同年"之谊，也充过翰林院庶吉士，又算是同僚，就请陈去试探曾国藩的意图。谁知曾国藩环顾左右而言他，不肯表明态度。

李鸿章既是曾国藩的得意门生，曾国藩何以对他如此冷落？这实在令人费解。就连陈鼐也不明所以，便对曾国藩说：

"少荃与老师有门墙之谊，往昔相处，老师对他甚为器重。现在，他愿意借助老师的力量，在老师门下得到磨炼，老师何以拒之千里？"曾国藩冷冷地回答说："少荃是翰林，了不起啊！志大才高。我这里呢，局面还没打开，恐怕他这样的艨艟巨舰，不是我这里的潺潺溪流所能容纳的。他何不回京师谋个好差事呢？"陈鼐为李鸿章辩解说："这些年，少荃经历了许多挫折和磨难，已不同于往年少年意气了。老师不妨收留他，让他试一试。"

曾国藩会意地点了点头。就这样，李鸿章于咸丰八年(1858)进了曾国藩幕府。

其实，曾国藩并不是不愿接纳李鸿章，而是看李鸿章心地高傲，想打一打他的锐气，磨圆他的棱角。这大概就是曾国藩这位道学先生培养学生的一番苦心吧。自此之后，曾国藩对李鸿章的棱角着意进行了打磨，以使他变得老成世故，打下了立足官场的"基本功"。

曾国藩很讲究修身养性，规定了"日课"，其中包括吃饭有定时，即使在战争时期也不例外，而且，按曾国藩的规定，每顿饭都必须等幕僚到齐方才开始，差一个也不能动筷子。曾国藩、李鸿章，一是湘人，一是皖人，习惯颇不相同。曾国藩每天天刚亮就要吃早餐，李鸿章则不然，以其不惯拘束的文人习气，而且又出身富豪之家，对这样严格的生活习惯很不适应，每天的一顿早餐却成了他沉重的负担。一天，他假称头疼，没有起床。曾国藩派弁兵去请他吃早饭，他还是不肯起来。之后，曾国藩又接二连三地派人去催他。李鸿章没有料到这点小事竟让曾国藩动了肝火，便慌忙披上衣服，匆匆赶到大营。他一入座，曾国藩就下令开饭。吃饭时，大家一言不发。饭后，曾国藩把筷子一扔，板起面孔对李鸿章一字一板地说：

"少荃，你既然到了我的幕下，我告诉你一句话：我这里所崇尚的就是一个'诚'字。"说完，拂袖而去。

李鸿章何曾领受过当众被训斥的滋味？心中直是打战，从此，李鸿章在曾国藩面前更加小心谨慎了。

李鸿章素有文才,曾国藩就让他掌管文书事务,以后又让他帮着批阅下属公文,撰拟奏折、书牍。李鸿章将这些事务处理得井井有条,甚为得体,深得曾国藩赏识。几个月之后,曾国藩又换了一副面孔,当众夸奖他:

"少荃天资聪明,文才出众,办理公牍事务最适合,所有文稿都超过了别人,将来一定大有作为。'青出于蓝而胜于蓝'也许要超过我的,好自为之吧。"

这一贬一褒,自然有曾国藩的意图。而作为学生的李鸿章,对这位比他大十二岁的老师也真是佩服得五体投地。他对人说:"过去,我跟过几位大帅,糊糊涂涂,不得要领;现在跟着曾帅,如同有了指南针。"

李鸿章在未入曾幕之前,曾先后随团练大臣吕贤基及安徽巡抚福济,二人既非战乱之才,对于领兵作战更是缺乏经验,李鸿章在他们手下带兵及处幕,自然没有本领可学。曾国藩所以能在举世滔滔之中产生砥柱中流的作用,就是因为他能以子弟兵的方法训练湘军,使他们成为一支能征惯战的队伍。而他自己所拟订的通告全局、十道分进、对太平天国展开全面防堵围剿的战略方针又极为正确,因此方能使他在对太平天国的战争中掌握主动,招招进逼,终于使太平天国政权完全倾覆。假如曾国藩也像当时一般督抚大帅那样不能高瞻远瞩,那么,曾国藩不免也会像向荣、和春、胜保、福济等人一样碌碌无成,李鸿章也不能从曾国藩那里学到卓越的打仗要领。曾国藩死后,李鸿章作联挽之,说:

师事近三十年,薪尽火传,筑室忝为门生长;

威名震九万里,内安外攘,旷世难逢天下才。

此联的上半,充分道出了李鸿章师从曾国藩而尽得其军事政治才能的事实。

但是,有意味的是,虽然人人都说曾国藩有知人之明,但人非圣贤,因此,也会因为求才心切,从而有被骗的时候。天京攻陷后,有一个冒充校官的人,拜访曾国藩,高谈阔论,议论风生,有不可一世之概。曾国藩礼贤下士,对投幕的各种人都倾心相接,但心中不喜欢说大话的人。见这个人言词令利,心中好奇,中间论及用人须杜绝欺骗事时,此人正色大言说:"受欺不受欺,全在于自己是何种人。我纵横当世,略有所见,像中堂大人至诚盛德,别人不忍欺骗;像左公(宗堂)严气正性,别人不敢欺,而别人不欺而尚怀疑别人欺骗他,或已经被骗而不知的人,也大有人在。"曾国藩察人一向重条理,见此人讲了四种"欺法",颇有道理,不禁大喜,对他说:"你可到军营中,观我所用之人。"此人应诺而出。第二天,拜见营中文武各官后,煞有介事地对曾国藩说:"军中多豪杰俊雄之士,但我从中发现有两位君子式的人才。"曾国藩急忙问是"何人"?此人举涂宗瀛及郭远堂以对。曾国藩又大喜称善,待为上宾。但一时找不到合适的位置,便暂时让他督造船炮。

多日后,兵卒向曾国藩报告此人挟千金逃走,请发兵追捕。曾国藩默默良久,说:"停下,不要追。"兵卒退下兵,曾国藩双手捋须,说:"人不忍欺,人不忍欺"。身边的人听到这

句话又想笑又不敢笑。过了几天，曾国藩旧话重提，幕僚问为什么不发兵追捕。曾国藩的回答高人一筹："现今发、捻交炽，此人只以骗钱计，若逼之过急，恐入敌营，为害实大。区区之金，与本受欺之名皆不足道。"

方宗诚记载说，当时有个浙江人上书给曾国藩。曾国藩认为此人有才，委任为营官。不久，知其险诈，立即革退，并在大门上悬示这样几个大字：此吾无知人之明，可憾可愧。

曾国藩主张在"广收"的基础上"慎用"。他声称："吾辈所慎之又慎者，只在'用人'二字上，此外竟无可着力之处。"为什么要慎用？因为"人不易知，知人不易"。

慎用的核心是量才器使。"徐察其才之大小而位置之"，用其所长，避其所短。薛福成极称曾国藩"凡于兵事、饷事、吏事、文事有一长者，无不优加奖誉，量才录用"。曾国藩先前获得"有自知人之明"的赞誉，就因为他慧眼识人，又因材使用。

要真正做到量材器使，首在如何去认识人。他指出："窃疑古人论将，神明变幻，不可方物，几于百长并集，一短难容，恐亦史册追崇之辞，初非当日预定之品。"把有一定能力或有一定成就的人誉为"百长并集，一短难容"，甚至神化，无疑是认识人才上的一种片面性。因此，衡量人才要不拘一格，判断事情要不苛求，不因木材腐朽就弃置不用，不频繁撒网有失去捕抓大鱼的机会。重要的是善于去认识。金无足赤，人无完人，不可苛求全材，"不可因微瑕而弃有用之才"。他写信给弟弟说："好人实难多得，弟为留心采访。凡有一长一技者，兄断不肯轻视。"有材不用，固是浪费；大材小用，也有损于事业；小材大用，则危害事业。曾国藩说："虽有良药，假如不是对症下药，那么也形同废物；虽有贤才，如果没有发挥其作用，那么与庸俗之辈无什么两样。栋梁之材不可用来建小茅屋。牦牛不可用来抓老鼠，骏马不可用来守门，宝剑如用来劈柴则不如斧头。用得合时合事，即使是平凡的人才也能发挥巨大作用，否则终无所成。因而不担心没有人才，而担心不能正确使用人才。"

为了"慎用"，必须对人才时加考察。曾国藩说："所谓考察之法，何也？古者询事、考言，二者并重。"就是说，要对下属的办事情况和言论情况同时进行考察，而曾国藩尤其注重臣下的建言。当时，"考九卿之贤否，但凭召见之应对；考科道之贤否，但凭三年之京察；考司道之贤否，但凭督抚之考语"。曾国藩说："若使人人建言，参互质证，岂不更为核实乎？"通过建言，上司可以收集思广益之效，也可以借此观察下属的才识程度，确实是个一箭双雕的好办法。曾国藩于道光三十年（1850年）所上的广开言路的奏折固然是针对咸丰帝下令求言的应时之作，同时也隐约反映了汉族地主要在满清王朝中获得更多的"伸张"机会的萌动。在同一份奏折中，曾国藩提出了对人才的"甄别"，他把它归之于"培养之方"中。其实，甄别，就是考察。甄别的目的是"去其稂莠"。不加考察或甄别，而对那些不投上者之所好的人才，不加培养，不加使用，固然是对人才的浪费；不加考察或甄别，而单凭在上者的爱好或印象保举和超擢，把那些口蜜腹剑、两面三刀的阴谋家和野心家当作"人才"来培养和使用，必会造成恶劣的政治后果。这种事例，在历史上是屡见不鲜的。曾国藩说："不铲除荆棘，那么兰蕙也会没有芳香。不赶走害群之马，那么良驹

曾国藩本人很注意考察人才,对于僚属的贤否,事理的原委,无不博访周咨,默识于心。据《清史稿》记载,曾国藩"第对客,注视移时不语。见者悚然,退而记其优劣,无或爽者。"而且,他阅世愈深,观察逾微,从相貌、言语、举止到为事、待人等等方面,都在他的视线之内。据说,曾国藩颇知麻衣相法,有一首流传的口诀,传闻是他写的:"邪正看鼻眼,真假看嘴唇。功名看器宇,事业看精神。若要看条理,全在语言中。"又有四名:"端庄厚重是贵相,谦卑含容是贵相。事有归著是富相,心存济物是富相。"这些,都带有浓厚的唯心色彩,不足为训。但口诀中提到的"端庄厚重"等等,却确是"慎用"时所应提倡的美德。

曾国藩对己待人之道

曾国藩对己、待人、待物确实分得清。

就对己这方面来讲,曾国藩平生经常注意以下几个方面:

1. 立志:一个人要自立自强,最重要的是先立志。如果不立志,那么天下就没有能做成的事。曾国藩对这点,有深刻的体会。他在《日记》中写道:"《史记》说:'如果君子保持庄敬,那么他就会日渐强大',如果我天天安逸放荡,天天衰退,想要强大,可能吗?就好像草木,如果志不树立,就没有了根本。所以说千言万语都不如先立志。"

2. 求知:一个人的志向没有确立,往往是由于知识贫乏,而导致了没有选择也没有什么好坚持的。曾国藩一生勤学好问,求知的欲望异常强烈,是由于他知道志向不确立是由于知识不真确,他说:"不能坚持一个志向的原因,是由习惯没有养成,由于志向没有确立,其实是由于知识不确真。不能一心一意就不会有选择,不能有坚持,那么即使念念不忘《四书》《五经》的要旨,也只能算是游思杂念,这是心中没有一个统一目标的缘故"。

3. 反省:我们增进品德从而事业立得住,虽然与意志的坚定,知识渊博有关,也与反省有关系,曾国藩德行卓立,也和他经常反省,勇于改过有很大关系。给他父亲的一封信中说:"我以前对于过错经常忽略过去,从十月以来,念念不忘改过,即使犯了小的错误也要惩戒自己。"又在寄给他弟弟的一封信中说:"我从十月初一开始,每天思虑自己的行为,念念不忘改过自新。想起从前和小珊的矛盾,其实是一时之气,有些不近人情,真想马上去登门谢罪。"

4. 慎独:反省和慎独有关,因为反省往往是在事后,而慎独则是在平时。因为虽然都是内心世界的修养,但深浅程度稍微有所不同。曾国藩不但注重反省,而且十分注重慎独,我们从他的日课中可以有所了解。

5. 居敬:慎独仅仅是内心生活的修养,居敬则使心身都得到休养。曾国藩在《日记》中写道:"心中存有礼德就会明白晓畅,像上升的太阳。整敛仪容就会尊严,像鼎那么稳重。内心和外表都得到休养,居敬和修养兼备,怎么会担心不被重用呢?"

6. 习劳:曾国藩《日课四条》中,除了"居敬则身强""慎独则心安"外,还有"习劳则神

钦"一条。曾国藩一生以勤劳自勉,他在给吴竹如的信中说:"我想从此以后;更不指望别的什么;只是应该坚守一个'勤'字,直到我的终身。"在给彭杏南的信中,又说:"'勤'是人生第一重要的大事。无论在家、做官、行军,都应该以'勤'为本。黎明早起,是'勤'字的第一个方面"。

此外,如"谨言""主静""有恒"等,也是曾国藩平时所注意的。

至于待人之道,曾国藩是因人而异的:

1. 对于家庭

曾国藩十分注重"孝悌"两个字。曾国藩写信给他弟弟说:"现在的人把'学'字看错了。如果仔细读'贤贤易色'那一章,就会发现绝大多数学问,即在家庭日用之间。在'孝悌'上做到一分便学到一分,做到十分便学到十分。现在人读书,都为了考取功名,对于孝悌伦理纲纪这样的大事,反而好像和读书的关系不大。其实他们不知道书上的记载,写书那个时代圣贤所说的,无非就是要人明白孝悌这个道理。如果事事都能做得到,而笔下写不出那又有什么关系呢?如果事事做不到,并且在伦常纲纪上又有重大缺陷,即使文章中说得再好,也只能算是个名教中的罪人。贤弟你性情真挚而不善于写诗文,为何不多在'孝悌'两个字上多用些功。《曲礼内则》所说的,句句都照着它做,做到让祖父母、叔父母没有一时一刻不快乐,没有一时一刻不顺心适情,下面的兄弟、妻子、儿女,都和蔼而有理想,都懂规矩,这才是真的大学问。如果诗文不好,这是小事,不值得计较。即使诗写的极好,也不值一文钱。"

他在《家书》中说:"我生活在伦理纲常之中,只有对于兄弟这一伦,所抱着愧疚之心比较深,主要是父亲把他知道的全都教给我,我却不能把我所知道的都教给我的兄弟,这是最大的不孝。"又说:"我曾经对岱云说:'我想尽孝道,没有别的办法。我能教导我的兄弟让他德业有一分长进,我就尽了一分孝道,能使他德业有十分长进,我就尽了十分孝道,如果不能教导我的兄弟成就功名,那我就是大不孝了。'"

曾国藩对待兄弟,倾力爱护,但不姑息,他说:"至于我的兄弟,我只以德爱他们,不用姑息爱他们。教导他们节俭,规劝他们辛勤劳动、保持节俭,这是用德来爱兄弟。而给他们丰衣美食,让他们随心所欲,这是对兄弟姑息的爱。姑息的爱,使兄弟肢体懒惰,增长骄气,将来丧失品德,做错事情,那是我领兄弟们行不孝啊,我可不敢那么做。"

2. 对于族人亲戚

曾国藩对待族人亲戚,却主张敬爱。如果把孝敬父母的那份爱用到兄弟身上,那就是友爱。而把孝敬父亲的情意用到亲戚身上,对他们就不会不敬不爱。曾国藩从四川办完差事后,曾经请亲戚们吃饭并赠礼。至于对待亲戚的道理,《家书》中说:"对于家族亲戚,无论他和我家有没有过节,我们都应该一律对他们尊敬、爱护。孔子说:'对别人有广泛的爱才能达到仁的境界',孟子说:'爱护别人不论他是不是亲人,这样才能得到别人的仁爱。礼遇别人而不要求别人报答,这样才能得到别人的敬重'。在没有管理家事的时候,就常生嫌弃埋怨之情,将来当家立业后,那别人岂不是个个都成了仇人?从古以来没

有和宗族乡邻结仇的圣贤,兄弟你们千万不要凡事只是责备别人!"

3. 对于师友

对待师友的态度,曾国藩认为应该经常怀着敬畏的心,而不能以怠慢亵渎。比如他在写给他弟弟信中说:"丁秩臣、王衡臣两人,我都没见过,可是他们差不多算是你的老师。把他们当作老师,或当作朋友,这由兄弟你认真决定。如果他们两个人风度可以学习,淳朴踏实又学识渊博,那么把他们当作老师是可以的。如果他们仅仅是博学善文,那么把他们当作朋友对待就可以了,不管把他们当作老师还是当作朋友,都应保持敬畏之心,不可以把他们和自己平等相看。如果渐渐对他们怠慢轻亵,那就没法向他们学到有益的东西了。"

敬畏老师,向朋友学习,对于我们一生的事业,有很大的关系。曾国藩说:"每个人都有老师。如果没有老师,就不会有严惮之心。……此外选择朋友,应该慎重而再慎重。韩愈曾说:'善行的人即使不和我结交,我也要努力向他学习,不善的人我即使不讨厌他,也要努力不沾染他的习气。'一生的成败,都和朋友贤良与否有很大关系,不可以不慎重!"

他又说:"做好人,做好官,做名将,都要好师、好友、好榜样"。

4. 对于仆从

对待仆从的态度,曾国藩主张等级界限虽然要严明,然而情义上还要做到。比如在寄给他弟弟的信中写道:"我们家看门的陈叔,因为一言不合而离去。…现在换了一名周叔作门人。我十分喜欢读《易经》,《旅卦》中说:'丧其童仆'。《象》说:'以旅下者,其义丧也'。解释这句话的人说:'以旅下者,意思是说把童仆当作过路人看待,刻薄而少恩义,漠然而无情,那么童仆也同样会把主人看作过路人一样!我对待下人虽然不刻薄,但也很有把他们看作过路人的意思,所以才招至他们对我不尽忠,以后应当对待下人和亲人手足一样。等级虽然严明,而情义却做到。贤弟你待人也应明白这个道理。"

5. 对于同乡

曾国藩在京城时,同乡很多。曾国藩对待同乡,照料帮助他们,总是尽力而为的。他写道:"同乡有了危急的事,多数都来找我商量。我就效仿祖父星冈公的做法,钱财上尽自己的财力资助,办事上则尽力去帮他们办好。"

6. 对于官吏

曾国藩对于官吏贪污的案件,主张要查办。比如他说:"严丽生在湖南不办公事,不注重自己的形象,声名狼藉。如果调查他真的有劣迹,或有前科纪录,那不妨抄录一份送到京城来,因为正有一位御史在我这里查访。但此事必须机密。"

对于贤良的官吏,曾国藩则极力推荐或挽留,比如他说:"朱明府非常得民心,我已经托人给上面写信,尽力把他留在我处。如果真能办成的话,那么朱明府爱护百姓,勤于政务,铲除罪犯消灭犯罪,我的治下得到的好处就会很多。"

7. 对于国家

曾国藩在咸丰元年(1851)三月初九曾上过一份奏章,谈论兵饷的事。四月二十六日,又上一奏章,严肃批评了皇上的三个错误,并且言辞直露而激烈,有人担心他会受到皇上谴责。至于他上书的原因,他解释说:"二十六日,我又写了一份谏书,严肃地批评了皇上的三个错误,预防其危害。写得言辞十分激烈。……我因为受到的恩宠很深重,做官到二品,不能算是不尊贵,皇上又封了我们家三代,儿子也做了六品官,不能算是不荣耀。如果不在这个时候尽忠直言,那又要等到什么时候呢?皇上的美德,是天上赐予的,满朝的大臣,没有人敢逆着他说话,恐怕他将来变得骄傲自矜,最后变得讨厌直言进谏而喜欢阿谀奉承,到那时满朝大臣是谁也推脱不了责任的。所以,我在皇上刚刚即位的时候,就将这种骄矜的危险说破,使皇上每天兢兢业业,将这种危险杜绝在萌芽之中,这就是我的本意。现在人才不多,人们都护着自己的小利益而忽视了大的方面,人人都习惯了阿谀奉承的风气。我想用我的这份奏章稍稍转变一下这个风气,希望朝廷中的人做事都讲原则,遇到事不退缩。这也是我的本意。

奏折刚刚递上去的时候,我担心触犯皇上的龙威,于是早就将祸福置之度外。没想到皇上如此慈爱宽容,并没有怪罪我。从此以后,我更应当尽忠报国,而不能仅顾及自身的私利。……这样以后所必须做的就是每月向家中寄数百金费用,今后就一心以国家的事为主,一切升官的念头,都丝毫不放在心中。"

这里足以知道曾国藩对国家的态度。左宗棠曾说他对曾国藩的"谋国之忠"是"自愧不如"。

待人接物,曾国藩也有一套办法。他对弟弟说:"从此以后近处是乡里,远处如县城省城,都靠国潢弟你一人和别人应酬。总之,不贪财、不失信、不自以为是,有了这三点,自然鬼神都会敬佩你,到处都会受人尊重。现在你初出茅庐,更应慎重而再慎重,三条中有一条做不到,就不会得到别人的认可。"

他又说道:"国潢弟在广东处理一切事,都很有道理。拒绝念园、庄生等各处的礼物,尤有可取之处,他办朱家的事,做法也十分诚恳,虽然最后无济于事,但朱家也没有什么好抱怨的。《论语》说:'说话算数,做事踏实。这在蛮夷之地也行之有效。'兄弟你在外,一切都这么做,我还有什么好担心的呢?"

曾国藩对己待人之道,如概括成一两个字,那就是要"敬恕"、要"劳谦"、要"诚"、要"孝"。"敬恕"两个字,他在给鲍春霆的信中说:"一定要以'敬'来要求自己,用'恕'来对待别人。'敬'就要小心翼翼,事无巨细,都不敢疏忽。'恕'就要凡事都给别人留有余地,有功不自己独占,有过错不推诿,经常记住这两个字,就能担当大任,前途无量啊。"

曾国藩倡导勤俭

宋朝司马光说,"愿人之常情,由俭入奢易,由奢入俭难。"

明朝周怡说:"由俭入奢易,由奢入俭难。饮食衣服,若思得之艰难,不敢轻易费用

……常将有日思无日，莫待无时思有时，则子子孙孙享温饱矣。"

曾国藩也说，"凡仕宦之家，由俭入奢易，由奢入俭难。"

由俭入奢并不可怕，可怕的是由奢入俭；由俭入奢人人都可承受，但由奢入俭却不是人人都可以承受的。一个人很少有这种幸运，从生到死不为生计愁，一辈子发达、亨通，一帆风顺；总有拮据的时候，总有艰难和困苦的时候。因此，人们就该理性地去生活，居安思危，从长计议，常将有日思无日。

曾国藩说，一般人多希望子孙后代做大官，我不愿意子孙后代做大官，只想他们成为读书明理的正人君子。一般人之所以希望子孙后代做大官，是因为做大官有权有势，有显赫的门第，有丰厚的钱财；曾国藩之所以不愿做大官，是因为他看到了荣华富贵是暂时的，阅尽了盛极而衰后的艰难、悲惨和世态炎凉。

曾国藩真正愿意做的是读书明理的君子。何谓君子？勤劳节俭，自我修炼，吃苦耐劳，既能过舒适的生活，又能过艰难的日子，这就是君子。曾国藩为官几十年，不敢稍微沾染官僚习气。在饮食起居上仍然保持贫民的寒素家风，极其节俭也可以，略为丰富也可以，不过他始终不敢太奢华。不是他无力奢华，而是他不愿奢华！他可真是一个世间少见的君子。

曾国藩曾反复告诫曾家后代，一定要一边种地，一边读书，以保持先人的老传统，千万不要沾染半点官场习气，他说："凡世家子弟，衣食起居无一不与寒士相同，或许还可以成大器；若沾染富贵习气，则难望有成。"他曾对儿子约法三章：不许坐轿，不许使唤奴婢做取水添茶的事情；拾柴收粪之类的事情，必须一件一件去做；插秧除草之类的事情，必须一件一件去学。这样才能避免骄奢淫逸，才算抓到了根本！

无论是大家，还是小家，无论是官家，还是农家，无论手工之家，还是商贾之家，如果勤苦俭约，就没有不兴旺的；如果骄奢倦怠，就没有不衰败的。

能俭能奢是一种境界，不俭不奢是一种境界，能奢不奢是一种境界，而且是一种难能可贵的境界。

曾国藩说："家败，离不得个'奢'字。"历史的经验值得注意。

曾国藩曾与曾国荃同时封爵开府，门庭可谓极盛了，然而这并不是永远可以依赖的。

曾国藩在写给弟弟的家书中指出："家道的长久，不是凭借一时的官爵，而是依靠长远的家规；不是依靠一两个人的突然发迹，而是凭借众人的全力支持。我如果有福，将来罢官回家，一定与弟弟竭力维持。老亲旧眷，贫贱族党，不可怠慢。对待贫穷的人，与对待富者一般。当兴盛之时，预做衰时之想。如果这样，我们家族自然会有深固的基础。"

"各位弟弟比我小好多岁，你们不知道，你们看到各亲戚家都很贫穷，而我们家的境况还不错，以为本来就是这样，却不知道他们当初和我们家一样兴盛。我完全看到了他们兴盛时期景象，再看看他们今天的凋零破败的局面，真让人大难为情。家庭的盛衰取决于气象，气象盛则即使挨饿也很高兴，气象衰则即使饱食也很忧愁啊！"

"现在我们家正当全盛之时，贤弟不要以为区区几百两银子数目太小，不足挂齿。

如果让贤弟去过像楚善、宽五等人那样的艰苦生活，你能忍受一天吗？每个人的境遇的厚与薄、顺与逆，都是命中注定，即使是圣人也不能自作主张。天既然可以使我们今天处于丰亨顺达的境地，当然就可以使我们明天处于维艰困苦的处境。"

所以说，盛时常作衰时想，上场当念下场时。如今，有这种想法的人怕是越来越少了，很多人信奉的是"及时行乐"，"今朝有酒今朝醉"思想，像曾国藩那样活着不是太累了吗？与其遗憾一生，不如享乐一时。在这种思想的驱动下，一个月的前五天，生活在醉生梦死之中，一个月的后二十五天，生活在穷愁潦倒之下。并不是他们比别人收入更少，而是他们比别人更不会计算啊！

曾国藩的治家方法，只有两个字。一个是"勤"，另一个是"俭"。他曾说：

"人败，离不得个'逸'字。"又说："天下百病，生于懒也。""人不勤则万事俱废。"不懒不逸，就是勤，"勤者，逸之反也。""勤所以傲惰也。"他深刻地指出："千古之圣贤豪杰，即奸雄欲有立于世者，不外一勤字。"

"勤则兴，懒则败，一定之理。"关于这个"一定之理"，曾国藩曾于同治九年（1870年）十一月初三日作"习劳而神钦"的伟论，他说：

凡人之情，莫不好逸而恶劳，无论踩贱智愚老少，皆贪于逸而惮旦劳，古今之所同也。人一日所着之衣、所进之食，与一日所行之事、所用之力相称，则旁人韪之，鬼神许之，以为彼自食其力也。若农夫织妇，终岁勤动，以成数石之粟、数尺之布，而富贵之家，终岁逸乐，不营一业，而食必珍馐，衣必锦绣酣豢高眠，一呼百诺，此天下最不平之事，鬼神所不许也，其能久乎？

古之圣君贤相，若汤之昧旦还显，文王日昃不遑，周公夜经继日、坐以待旦，盖无时不能勤劳自励。《无逸》一篇，推之于勤则寿考，逸则夭亡，历历不爽。为一身计，则必操习技艺磨炼筋骨，困知勉行，操心危虑，而后可以增智慧而长才识；为天下计，则必己饥己溺，一夫不获，引为余辜。大禹之舟乘四载，过门不入，墨子摩顶放踵，以利天下，皆极俭以奉身，而极勤以救民。故荀子好我大禹、墨翟之行，以其勤劳也。

军兴以来，每见人有一材一技，能耐艰苦者无不见用于人，见称于时；其绝无材技，不惯作劳者，皆见弃于时，饥冻就毙。故勤则寿，逸则天；勤则有材而见用，逸则无能而见弃；勤则博济斯民，而神祇钦仰，逸则无补于人，而神鬼不钦。是以君子欲为人神所凭依。莫大于习劳也。

这四百余字，简直可视为天下第一文章。它谈到了劳逸不均、贫富悬殊的问题，认为"此天下最不平等之事"；谈到了"勤则寿，逸则天"的养身之法；谈到了"勤则兴，逸则败"的齐家治国之理。全文无一浮言大语，字字皆是珠玑。

这篇文字，是他写给两个儿子的四条格言中的一条。其他三条为"那个独则心安""主敬则身强"、"求仁则人说"。他写道：今写此四条，我老年时自我警惕，以弥补从前的过错；并让两个儿子各自勉励，每夜以此四条来考课，每月终以此四条来稽查，仍寄希望

于各子侄共同遵守,有所成就。

　　曾国藩不但在理论上启发子弟,而且在具体实践上诱导了子弟。他的家书写道:"戒惰莫如早起。

　　学射最足保养,起早尤千金妙方、长寿金丹也。

　　无作欠伸懒漫样子。

　　子侄除读书外,教之扫屋、抹桌凳、收粪、锄草,是极好之事,切不可以为有损架子而不为也。

　　家中养鱼、养猪、种竹、种蔬四事,皆不可疏。一则上接祖父以来相承之家风,二则望其外有一种生气,登其庭有一种旺气。"

　　对于内眷、女儿、儿媳等,曾国藩也众不姑息,同样严饬勤劳。他规定:"新妇始至吾家,教以勤俭。纺织以事缝纫,下厨以议酒食。此二者妇职之最要者也。孝敬以奉长上,温和以待同辈。此二者,妇道之要者也。"同治七年(1868年)在金陵节署,他的女儿等早已是贵不可言的"千金小姐"了,但曾国藩却给她们制定了每天习劳的繁重功课单,并写了四句话:

家勤则兴,人勤则俭。

能勤能俭,永不贫贱。

　　他亲笔书写的功课单如下:

早饭后	做小菜点心酒酱之类	食事
巳午刻	纺花或绩麻	衣事
中饭后	做直裁刺绣之类	细工
酉刻(过二更后)	做男鞋女鞋或缝衣	粗工

吾家男子于"看、读、写、作"四字缺一不可,妇女于"衣、食、粗、细"四字缺一不可。吾已教训数年,总未做出一定规矩。自后每日立定功课,吾亲自验功。食事则每日验一次,衣事则三日验一次,细工则五日验一次,粗工则每月验一次。每月须做男鞋一双,女鞋不验。

　　上验功课单,谕儿妇、侄妇、满女知之。甥妇到[金陵]日,亦照此遵行。

同治七年五月二十四日

　　这些内容,还有明显的时代印记,但曾国藩要求内眷不染官家习气、勤劳而不闲逸的精神和做法,却是仕宦之家所难能可贵的。

　　在"俭"字上,曾国藩更是有过人之处。

　　曾国藩生长于一个勤俭孝友的家庭。及自己结婚生有子女,虽任侍郎,任总督,任大学士,一直到死,他的家庭生活,仍然和过去一样,不稍改变,这是任何人都不易办到的。

　　凡此,可以概见曾国藩持身治家之俭,实可以移风易俗了。虽然自身其,但他对乡亲却不吝资助。

　　1843年3月,曾国藩升任翰林院侍讲,6月任四川正考官,11月回京复命。曾国藩居

在京都四年,景况很苦,生活俭朴,但对于穷困和疾病死亡的同乡,必尽力资助。从四川回来,得到俸银千元寄家,并且拿出一部分钱来救济贫困的亲友,他在家信中说:"孙所以汲汲馈赠者,盖有二故:一则我家气运太盛,不可不格外小心,以为持盈保泰之道;旧债尽清,刚好处太全,恐盈极生亏;留债不清,则好中不足,亦处乐之法也!二则各亲戚家,皆贫而年老者,今不略为帮助,则他日不知何如?自孙入都后,如彭满舅,曾祖彭王姑母,欧阳岳祖母,江通十舅,已死数人矣!再过数年,则意中所欲馈赠之人,正不保何若矣!家中之债,今虽不还,后尚可还;赠人之举,今若不为,后必悔之。"

曾国藩认为,家运兴衰,一半在天,一半在人。在天,则无法挽回;在人,当尽心竭力。

福祸由天作主,善恶由人做主。由天作主的,我们无可奈何,只得听之任之;由人做主

紫地粉彩蕃莲纹如意耳葫芦瓶　清

的,我们能尽一份力就尽一份力,能得一份就算一份,能支撑一天就算一天。若想保持家运兴盛,就不能不分清哪是天意,哪是人为。

为了把握由人做主的这一份力,曾国藩曾反复告诫曾家后代,一定要一边种地,一边读书,以保持先人的好传统,千万不要沾染半点官场习气,他说:"凡世家子弟,衣食起居无一不与寒士相同,庶可以成大器;若沾染富贵习气,则难望有成。"他曾对儿子约法三章:不许坐轿,不许使唤奴婢做取水添茶的事情;拾柴收粪之类的事情,必须一件一件去做;插秧除草之类的事情,必须一件一件去学。这样才能避免骄奢淫逸,才算抓到了根本!

无论是大家,还是小家,无论是官家,还是农家,无论手工之家,还是商贾之家,如果勤苦俭约,就没有不兴旺的;如果骄奢倦怠,就没有不衰败的。

曾国藩说,一般人多希望子孙后代做大官,我不愿意子孙后代做大官,只想他们成读书明理的正人君子。一般人之所以希望子孙后代做大官,是因为做大官有权有势,有显赫的门第,有丰厚的钱财;曾国藩之所以不愿做大官,是因为他看到了荣华富贵是暂时的,阅尽了盛极而衰后的艰难、悲惨和世态炎凉。

他还在1863年11月24日《致澄弟》的信中说:"听说你家逐渐奢华是因为客人太多的原因。以后应步步严格谨慎,不可步步放纵懈怠。禁坐四人抬的轿,先从星冈公直系子孙做起,不过一二年,其他房也可渐渐改掉。总之,家门太盛时,有福不可享尽,有势不

可使尽,人人都应记住这两句话。"

曾纪琛与罗兆升的婚事,是使曾国藩头疼的一件事,他俩于同治元年(1862)四月正式成婚。在黄金堂发嫁时,欧阳夫人亲自送亲。曾纪琛到罗家后,严守家风,勤劳节俭,孝敬翁姑,很得罗家欢喜,其夫妻生活亦美满。但由于罗兆升性烈气躁,凡事稍不如意,或身体稍有不适,常大发雷霆,曾纪琛婚后不到一年,即受到罗家歧视,其夫妻感情亦有裂痕。尽管如此,曾国藩还是用传统道德教诫女儿忍耐顺受。同治二年初,曾国藩在《谕纪泽》信中说:"罗婿性情乖戾,与袁婿同为可虑,然此无可如何之事。不知平时在三女儿之前亦或暴戾不近人情否?尔当谆嘱三妹柔顺恭谨,不可有片语违忤。三纲之道,君为臣纲,父为子纲,夫为妻纲,是地维所赖以立,天柱所赖以尊。故《传》曰:君,天也;父,天也;夫,天也。《仪礼》记曰:君至尊也,父至尊也,夫至尊也。君虽不仁,臣不可以不忠;父虽不慈,女不可以不孝;夫虽不贤,妻不可以不顺。吾家读书居官,世守礼义,尔当告诫大妹、三妹忍耐顺受。吾于诸女妆奁甚薄,然使女果贫困,吾亦必周济而覆育之。目下陈家微窘,袁家、罗家并不忧贫,尔谆劝诸妹,以能耐劳忍气为要。吾服官多年,亦常在耐劳忍气四字上做工夫也。"

做好女儿的训诫工作后,曾国藩又加强了对罗婿的教育工作。为了使罗婿有根本性的好转,曾国藩曾于同治四年春将三女和罗婿招至金陵督署,经过多次谈话后,罗婿思想有了觉悟。此时,曾纪琛已身怀有孕,并于是年三月十八日在署中生一子,这使罗婿在精神上得到安慰。五月二十三日,罗婿准备离署时,曾国藩还亲书"忍敬"二字训诫罗婿。但至二十九日曾纪琛与罗兆升在离别金陵时,却突然发生一件不幸的事。这一天,曾国藩奉朝命带兵北上"剿捻",女儿女婿亦选定这个吉日携幼回湘,出署登舟之际,全城水陆军举炮送行,"其声震耳,久而不绝"。曾纪琛怀抱之子受惊生疾,本已登舟,见病甚危,只好折回于署,后请医生抢救无效,天亡于署中。

失子之痛,给曾纪琛的打击很大。虽说回到家后又生了一胎,但却是个女孩,故更为罗家所歧视,而夫妻关系也愈显紧张。但曾纪琛谨遵"无后即不孝"之礼,力劝丈夫纳妾,并帮助在乡间找到一贤惠少女洪氏为妾,洪氏小罗17岁,罗后又在陕西官廨纳一张氏为妾。但张氏无出,罗便想接曾去官廨,然曾纪琛见洪氏年轻,生育能力强,则劝其前往。但因洪氏本已不为罗所喜,故不愿去,曾纪琛便强令送去,自己则在家操劳家务。光绪十四年(1888)二月,洪氏身怀有孕,但罗兆升却殁于任上,时年43岁。后张、洪二妾将其棺运回老家安葬。丈夫的早逝,罗门之将衰,使得三姑终日以泪洗面。当夜深人静之时,面对孤灯,三姑更是心寒!曾纪琛在悲伤之余,常以婉言劝慰洪氏,望其保重身体,如能生一子,尚可为罗家传宗接代。一天晚上,洪氏得一梦,有一条大蛇在罗门神台上跌下来,吓得她魂不附体,而曾纪琛则大喜说:"梦龙得子!"不久,洪氏果真生一遗腹子。于是"合家雀跃,间里同欢"。曾纪琛为子取名长燕,洗三之日,办席50余桌,乡间亲友都来道喜。

自从有了长燕之后,曾、张、洪三氏"忧门柞将衰之心,由缓和而逐渐消失矣"。从此,曾纪琛按其家训,"每日操持家务,事无巨细,必躬亲之"。当时,由于时常有曾国藩及罗

泽南的旧友前来造访，以致使得门前车水马龙。但曾纪琛均"调理得井然有序"。闲暇之余，"曾还挤出时间，博览群书，间里莫不称贤者"。当时罗兆升在世时，曾纪琛对待洪、张二氏尚能宽大为怀，亲如姊妹，现在罗去世后，三妇更是形影不离，相依为命，一心扑在抚孤工作上。其子稍长，曾纪琛即延师入学，并视长焘为亲生，常教他"效法乃祖及外祖：要忠信培心，要和平养性，要诗礼启后，要勤俭治家"。长焘 14 岁时，因祖荫中邑痒生，弱冠，娶朱氏，均为曾纪琛亲手所操持。但长焘性孤高，无视功名富贵，不勤奋读书，每日只与二三乡邻，狩猎于九峰山林之间。对此，曾纪琛"常忧之，然亦无可奈何也"。不过，长焘于民国元年（1912）春生一子，名延庆，方头大耳，相貌魁梧，深为曾纪琛及洪、张氏所钟爱。三代同堂，令三妇喜出望外。

曾纪琛一生恪守"三纲五常"，诚以待人，严于律己。虽出身名门望族、大家闺秀，但勤劳节俭、艰苦朴素，毫无贵妇习气。由于她一生操劳过度，光绪末年竟致一病缠绵，久不能愈。弥留之际，她抚延庆对长焘夫妇说："他日光我罗氏门第者，必是子也。汝等严悉教养之，俾成大器。"言未竟，溘然长逝，时民国元年（1912）十月，享年 68 岁。

曾纪琛虽然生前薄置田产，可是由于家中开支日重，其生活并不宽裕。但每遇灾荒之年，对周围缺衣少食者仍慷慨解囊，广为救助，深得百姓称赞。

曾国藩一生自奉清俭，所以在钱财问题上看得很开，认为对之不应过分追求，因此，在子弟没有做官时，曾国藩教育他们正确对待八股文和科举；子弟既做官之后，曾国藩又常常教育他们正确对待权位和富贵 他对那位有几分傲气又有几分贪财的九弟的反复开导，最为突出。同治元年五月，湘军既得安庆，正包围金陵，他警告两个弟弟说："若一面建功立业，外享大名，一面求田问舍，内图厚实，二者皆有盈满之象，全无谦退之意，则断不能久。此余所深信，而弟宜默默体验者也。"金陵即将攻破之时，他又告诫两个弟弟说："古来成大功大名者，除千载一郭汾阳外，恒有多少风波，多少灾难，谈何容易！愿与吾弟兢兢业业，各怀临深履薄之惧，以冀免于大戾。"他害怕功败垂成，勉励弟弟须有极强的敬业精神；又怕成大功大名时，飞来无名横祸，勉励弟弟须有临深履薄的畏惧之情。同时，他时时刻刻考虑后路，写信给在乡间的澄侯，嘱咐他"莫买田产，莫管公事。吾所嘱者，二语而已，'盛时常作衰时想，上场当念下场时'。富贵人家，不可不牢记此二语也。"及至金陵攻克，兄弟封侯封伯之后，他又多次写信给颇有抑郁之气的九弟，劝他"功成身退，愈急愈好"。

对待做官如此，对待钱财，曾国藩也反复教育子弟不要贪。他自诩"阅历数十年，于人世之穷通得失思之烂熟"，认为"祸咎之来，本难逆料，然唯不贪财、不取巧、不沽名、不骄盈四者，究可弥缝一二。"人为财死，不贪少祸，这两点都是被自古以来无数事实所证明了的。所以，他告诫儿子说："大约世家子弟，钱不可多，衣不可多，事虽至小，关系颇大。"为什么事小而关系颇大呢？因为"未有钱多而子弟不骄者也"，钱多则易骄，则易奢，则易淫逸，则易放荡，最后必然导致家败名裂。"昔祖父在时，每讥人家好积私财者为将败之征。"所以，曾国藩如《朱子格言》所说"勿营华屋，勿谋良田"一样，反对家中积钱，反对买田起屋。他说："银钱、买田最易长骄气逸气。我家断不可积钱，断不可买田。"弟弟要在老家黄金堂买田起屋，他却写信告诉他们说，这是"重余之罪戾，则寸心大为不安，不特生前做人不安，即死后做鬼也是不安。""去年沅弟起屋太大，余至今以为隐虑。"那么，自家有了钱有了物，如何办？他认为，须多多积善修德，赈济穷困。"见贫苦亲邻，须加温恤"。他捐钱买义田，救济同姓同里的贫穷者，还经常接济穷亲戚，道光二十四年，他俸银尚不多，却写信给六弟和九弟说：你们的"岳家皆孤儿寡妇，槁饿无策。我家不拯之，则孰拯之者？我家少八两，未必遂为债户逼取；渠得八两，则举室回春。贤弟试设身处地而知其如救水火也。"有钱人家，花那么点钱，如流水，如粪土，无所谓，而无钱人家得那么点钱，"则举室回春"。所以遇事应设身处地，为他人着想，这是曾国藩"仁者爱人"的儒家思想的具体化。

曾国藩给在家理事的弟弟国潢信中写道："近来与儿女们谈起家中琐事，得知兄弟你辛苦异常，凡是关系到孝悌友爱根本之事，兄弟你无不竭力经营，只是各家的规模总有过份奢华之嫌。比如像四抬轿一事，家中坐的人太多，听说我儿纪泽也坐四抬轿，这是绝对不行的。兄弟你为什么不严加管教责备？即使是你自己也只能偶尔坐坐，经常坐也不好。如果是出门远行，坐篾结轿就可以了，坐四抬轿就不行了，四抬的呢轿不可进入县城，更不能进省城。湖南现在有总督四人，皆有子弟在家，皆与省城各部门都有往来，没有听说坐四抬轿的。我过去在省城办团练，也从未坐过四抬轿。从这事推及别的事，凡是咱家的事都应当保持谨慎俭朴的作风。"

一个人为什么要谨慎？为什么要俭朴？

如果一个人独自生活在深山老林中，日出而作，日落而息，不与世俗相往来，那么，他就无须谨慎，也无须俭朴。然而人只要活着，就必然与他人发生关系。荀子讲，人"能群"，说的就是人要与他人结成某种社会关

人物故事图盘 清

系才能生存。他享受着社会给他提供的福祉，也为社会提供他人享受的福祉。他的吃穿住行这些最基本的生活条件和环境是他人提供的，或者是为他人提供的。这表明人必然地与他人生活在同一世界上。他不能遗世独立，他被各种各样的人包围着。

人生活在人中，这是最基本的事实。因此，人的行为就不能不受到他人的制约，他不能为所欲为。他必须瞻前顾后，左右思量。如《诗经》所说："战战兢兢，如临深渊，如履薄冰。"这就是中国人的生活之累，他总是站在未来看现在，而不像西方人那样，站在现在看未来。西方人注重的是当下的境况，现实的享乐，生活的过程；而中国人注重的是未来的

幸福,现实的危机,生活的结果。为未来而生,为未来而死,为未来的幸福而牺牲眼前的享乐,这一切都是为了寿终正寝、功德圆满、人丁兴旺、子孙吉祥,所谓功在当代,利在千秋。

为什么要谨慎?为什么要俭朴?就是因为心中有了一个他人、自己的一言一行都是在众目睽睽之下,稍有不慎,就会落得个天人同怨,神人共愤。他人的评价和议论比眼前的享乐更重要,穷不可怕,苦不可怕,死不可怕,可怕的是无德无才,无节无名,千夫所指,万世同污。赢得生前世后名,这是多少中国人为之奋斗,为之景仰的人生最高理想。

谨慎也好,俭朴也罢,都具有某种表演人生的意味,本来可以不谨慎,不俭朴的,但是为了让人觉得谨慎,感到俭朴,于是就谨慎、俭朴起来。因为谨慎和俭朴是千秋万代所传颂的美德,如果一个人德才兼备,他还谨慎,那就是好上加好;如果一个人富甲天下,他还俭朴,那就是锦上添花。谨慎对于德才兼备的人,俭朴对于富甲天下的人,不仅没有损害,反而可以赢得生前世后名,何乐而不为呢?

曾国藩的家教不仅理论上形成体系,且注意与实践相结合。因此其影响不仅仅是他的子孙,也为社会所广泛注目。

曾国藩主张持家避奢求俭。

宋朝司马光说,"愿人之常情,由俭入奢易,由奢入俭难。"

曾国藩真正愿意做的是读书明理的君子。何谓君子?勤劳节俭,自我修炼,吃苦耐劳,既能过舒适的生活,又能过艰难的日子,这就是君子。曾国藩为官几十年,不敢稍微沾染官僚习气。在饮食起居上仍然保持贫民的寒素家风,极其节俭也可以,略为丰富也可以,不过他始终不敢太奢华。不是他无力奢华,而是他不愿奢华!他可真是一个世间少见的君子。

所以,曾国藩在家训中,时时强调一个"俭"字。俭而不奢,家道恒兴;俭而不奢,居官清廉。这是中国的古训,也是曾国藩谆谆告诫子弟的重要方面之一。他赠澄侯弟一联云:

<blockquote>俭以养廉,直而能忍。</blockquote>

曾国藩一生自奉清俭,所以在钱财问题上看得很开,认为对之不应过分追求。因此,在子弟没有做官时,曾国藩教育他们正确对待八股文和科举;子弟既做官之后,曾国藩又常常教育他们正确对待权位和富贵。他对那位有几分傲气又有几分贪财的九弟反复开导,最为突出。同治元年五月,湘军即得安庆,正包围金陵,他警告两个弟弟说:"若一面建功立业,外享大名,一面求田问舍,内图厚实,二者皆有盈满之象,全无谦退之意,则断不能久。此余所深信,而弟宜默默体验者也。"金陵即将攻破之时,他又告诫两个弟弟说:"古来成大功大名者,除千载一郭汾阳[子仪]外,恒有多少风波,多少灾难,谈何容易!愿与吾弟兢兢业业,各怀临深履薄之惧,以冀免于大戾。"他害怕功败垂成,勉励弟弟须有极强的敬业精神;又怕成大功大名时,飞来无名横祸,勉励弟弟须有临深履薄的畏惧之情。同时,他时时刻刻考虑后路,写信给在乡间的澄侯,嘱咐他"莫买田产,莫管公事。吾所嘱

者，二语而已，'盛时常作衰时想，上场当念下场时'。富贵人家，不可不牢记此二语也。"及至金陵攻克，兄弟封侯封伯之后，他又多次写信给颇有抑郁之气的九弟，劝他"功成身退，愈急愈好"。还特地在曾国荃四十一岁生日时，做寿诗十三首相赠。其一云：

> 已寿斯民复寿身，拂衣归钓五湖春。
> 丹诚磨炼堪千劫，不借良金更铸人。

这依然是教他要兢兢业业，临深履薄，看透"万事浮云过太虚"的现实，放眼未来，经过千磨万炼，将自己再铸金人。

对待做官如此，对待钱财，曾国藩也反复教育子弟不要贪。他自诩"阅历数十年，于人世之穷通得失思之烂熟"，认为"祸咎之来，本难逆料，然唯不贪财、不取巧、不沽名、不骄盈四者，穷可弥缝一二。"人为财死，不贪少祸，这两点都是被自古以来无数事实所证明了的。所以，他告诫儿子说："大约世家子弟，钱不可多，衣不可多，事虽至小，关系颇大。"为什么事小而关系颇大呢？因为"未有钱多而子弟不骄者也"，钱多则易骄，则易奢，则易淫逸，则易放荡，最后必然导致家败名裂。"昔祖父在时，每讥人家好积私财者为将败之征。"所以，曾国藩如《朱子格言》所说"勿营华屋，勿谋良田"一样，反对家中积钱，反对买田起屋。他说"银钱、买田最易长骄气逸气。我家断不可积钱，断不可买田。"弟弟要在老家黄金堂买田起屋，他却写信告诉他们说，这是"重余之罪戾，则寸心大为不安，不特生前做人不安，即死后做鬼也是不安。""去年沅弟起屋太大，余至今以为隐虑。"那么，自家有了钱有了物，如何办？他认为须多多积善修德，赈济穷困。"见贫苦亲邻，须加温恤"(《朱子格言》)。他捐钱买义田，救济同姓同里的贫穷者，还经常接济穷亲戚。道光二十四年，他俸银尚不多，却写信给六弟和九弟说：你们的"岳家皆孤儿寡妇，搞饿无策。我家不拯之，则敦拯之者？我家少八两，未必遂为债户逼取；渠得八两，则举室回春。贤弟试设身处地而知其如救水火也。"有钱人家，花那么点钱，如流水，如粪土，无所谓，而无钱人家得那么点钱，"则举室回春"。所以遇事应设身处地，为他人着想，这是曾国藩"仁者爱人"的儒家思想的具体化。但是，值得我们注意的一件事是，曾国藩自己不求财，却对别人尤其是九弟曾国荃的掠夺财富的行为加以包庇和纵容，这实在让人费解。金陵攻破后，湘军在金陵城内"见人即杀，见屋即烧，子女玉帛，扫数悉于湘军，而金陵遂永穷矣。"曾国荃是这一滔天罪行的魁首。他于金陵攻陷的当天就进了城，与他同时进城的赵烈文见各军人城后疯狂掠夺，肆意烧杀，一片混乱，"唯恐事中变，劝中丞[指曾国荃]再出镇压。中丞时乏甚，闻言意颇忤，张目曰：'君欲余何往？'余曰：'闻缺口甚大，恐当亲往堵御。'中丞摇首不答。"这说明曾国荃是有意纵容的。第二天，赵烈文拟出四条禁令，中有"止杀"一条，曾国荃坚决不同意。至第七天，曾国荃虽然勉强张贴了告示，但诸将均相应不理，"惟知掠夺，绝不奉行"，曾国荃一律听之任之。他本人不仅有部下来"孝敬"，"获资数千万"，"悉掌于家"，而且席卷了太平天国的金库。这年七月十一日，清廷下令追查天京贮金的下落，是言之有据的，赵烈文对曾国荃等人的贪婪显然也是愤愤不平的。后来，他旁敲侧击地对曾国藩说："沅帅坐左右之人累之耳！其实子女玉帛，无所与也。各员弁，自文案以

至外差诸人,则人置一篾,有得即开篾藏纳,客至则倾身障之,丑态可掬。"曾国藩说:"吾弟所获无几,而老饕之名遍天下,亦太冤矣!"曾国藩首先是承认老九有所获,只是"所获无几",接着便为老九叫冤。其实,曾国藩欲盖而弥彰。倒是他的满女曾纪芬说得坦率:"忠襄公[曾国荃]每克一名城,奏一凯战,必请假还家一次,颇以求田问舍自晦。"这不正是老饕的活生生的形象吗?曾国藩自己也在信中说:"沅弟昔年于银钱取与之际不甚斟酌,朋辈之讥议菲薄,其根实在于此。"话虽说得极委婉,但"取与之际不甚斟酌",却是事实,只是曾国藩在公开的场合不便如此说,只能在家书中这般窃窃私语。

太平军盔帽

　　曾国藩的家宅有个俗气但又颇具象征意义的名字,叫富厚堂。因为家境贫寒,才向往富裕,这是旧时代的平民百姓的一般理想。厚就不同了,是说厚道、厚成,这又与曾家的家风、家训有关系。

　　曾国藩中进士、点翰林后,因为是曾家开天辟地的"通籍"大事,为了庆贺需要,对富厚堂进行了简单的修缮。自此后,曾氏家谱也开始着手编辑。这一切为曾家进入湘乡乃至湖南的望族做准备。

　　曾国藩后来的官越做越大,名望也越来越高,但他仍然保持昔日的作风,视奢豪为耻,以节俭为荣。他的九弟就不是这样,经常给家里寄钱,还不时求田问舍,为此兄弟俩有过争执。

　　同治六年(1867),在几位兄弟的支持下,富厚堂进行了大规模的改建,耗费银钱达七千串之多。是年三月,曾国藩从家信中得知此情,尤为惊讶,日记在说:"接腊月廿五日家信,知修整富厚堂屋宇用钱共七千串之多,不知何以耗费如此,深为骇叹!余生平以起屋买田为仕官之恶习,誓不为之。不料靡费若此,何颜见人!平日所说之话全不践言,可羞孰甚!屋既如此,以后诸事奢侈,不问可知。大官之家子弟,无不骄奢淫逸者,忧灼曷已!"

　　几个月后,曾国藩与家资百万的好友万篪轩相谈,为万家富有而又节俭的家风感到由衷钦服,联想自己,充满自责:与篪轩偶谈家常,渠家百万之富,而日用极俭。其内眷终年不办荤菜,每日书房先生所吃之荤菜,余剩者撤下则室内吃之;其母过六十寿辰,篪轩苦求,始准添荤菜一样。今乱后而家不甚破,子孙俱好,皆省俭所惜之福也。余有俭之名

而无俭之实，深为愧惧。

曾国藩还从大家族的兴衰中寻找可以借鉴的东西。他认为骄奢轻傲都与"厚"字相反，是致败之端。同治七年正月十七日的日记，他详尽发挥道："是日阅张清恪之子张懿敬公师载所辑《课子随笔》，皆节钞古人家训名言。大约兴家之道，不外内外勤俭、兄弟和睦、子弟谦谨等事。败家则反是。夜接周中堂之子文翁谢余致赙仪之言，则别字甚多，字迹恶劣不堪。大抵门客为之，主人全未寓目。闻周少君平日眼孔甚高，口好雌黄，而丧事潦草如此，殊为可叹！盖达官之子弟，听惯高议论，见惯大排场，往往轻慢师长，讥弹人短，所谓骄也。由骄字而奢、而淫、而佚，以至于无恶不作，皆从骄字生出之弊。而子弟之骄，又多由于父兄为达官者，得运乘时，幸致显宦，遂自忘其本领之低，学识之陋，自骄自满，以致子弟效其骄而不觉。吾家子侄辈亦多轻慢师长，讥谈人短之恶习。欲求稍有成立，必先力除此习，力戒其骄；欲禁子侄之骄，先戒吾心之自骄自满，愿终身自勉之。因周少君之荒谬不堪，既以面渝纪泽，又详记之于此。"

同治七年（1868），曾国藩在两江总督署又盖了三间新屋，本是为摆设地球之用，但过于富丽，日记中说：余盖屋三间，本为摆设地球之用，不料工科过于坚致，檐过于深，费钱太多，而地球仍将黑暗不能明朗，心为悔慊。余好以"俭"字教人，而自家实不能俭。傍夕与纪泽谈，令其将内银钱所账目经理，认真讲求俭、约之法。

四月初六日，新屋修造一新，曾国藩将地球移入其中。次年，曾国藩又接到四弟曾国潢来信，说家中为他起造书房七间，以备退休之用，用钱至三千余串之多，曾国藩对此十分警惕，说家人彭芳六办事，实太荒唐，深可叹恨。说家乡"殊非安居乐业之地也。"

同治十年十一月二十二日，曾国藩移居经过翻修的总督衙署，他到署西的花园游览，花园修工未毕，正在赶办。游观后，他感慨系之地写道："偶一观玩，深愧居处太崇，享用太过。"这样克勤克俭的总督，天下能有几人！而且，这是他逝世前两个月的最后一次游览！

他的弟弟曾国潢，同治六年在家乡为他整修"毅勇侯第"，花费较多，他相当反感，在二月初九日的日记中写道："是日，接腊月廿五日家信，知修整富厚堂屋宇，用钱共七千串之多，不知何以耗费如此，深为骇叹！余生平以起屋、买田为仕宦之恶习，誓不为之。不料奢靡若此，何颜见人！平日所说之话，全不践言，可羞孰甚！"

九弟曾国荃的品格，便与他大不相同。攻下江西吉安、安徽安庆和江苏金陵之后，曾国荃三次搜括，且一次比一次搜括得凶而多，攻下城后，三次回家起屋买田。他在家乡所起的"大夫第"，长达一华里，共九进十二横，房子数百间，中储大量金银珠宝、华贵家具和仆人婢女，为近世官僚府第所罕见。故被时人讥为"老饕"。对此诨名，曾国藩虽略怀不平，但对老九的贪财终究是极反对的。他写信劝老九说："沅弟昔年于银钱取与之际不甚斟酌，朋友之讥议菲薄，其根实在于此。去冬之买犁头嘴、栗子山，余亦大不谓然。以后宜不妄取分毫，不寄银回家，不多赠亲族，此'廉'字工夫也。"曾国藩并且概而言之，以规戒阿弟："富贵功名，皆人世浮荣，惟胸次浩大是真正受用。余近年专在

此处下功夫,愿与我弟交勉之。"

　　曾国藩当然不是苦行僧,"不要钱",指的是不贪,不要非分之钱。他说:"不贪财、不失信、不自是,有此三者,自然鬼伏神钦,到处人皆敬重。"又说:"盖凡带勇之人,皆不免稍肥私囊。余不能禁人之苟取,但求我身不苟取。以此风示僚属,即以此仰答圣主。""不贪财、不苟取",这就是曾国藩的信条。他一生行事也确乎如此。

曾国藩全集

曾国藩

附录

年谱

[清]曾国藩⊙原著　赵征⊙主编

卷一

公讳国藩,字伯涵,号涤生,湖南湘乡人,曾氏祖籍衡阳。国初有孟学公者,始迁湘乡荷塘都之大界里,再传至元吉公,族姓渐多,资产渐殖,遂为湘乡人。元吉公之仲子曰辅臣公者,公之高祖也。曾祖讳竟希,诰赠光禄大夫,妣彭氏,诰赠一品夫人。祖讳玉屏,字星冈,诰封中宪大夫,累赠光禄大夫。妣王氏,诰封恭人,累赠一品夫人。考讳麟书,字竹亭,湘乡县学生员,诰封中宪大夫,累封光禄大夫。妣江氏,诰封恭人,累封一品夫人。仲父讳鼎尊,早卒。叔父讳骥云,字高轩,以公官貤封光禄大夫。星冈公以嘉庆戊辰年迁居白杨坪。公兄弟五人,女兄弟四人。公则竹亭公之长子也。

【辛未】嘉庆十有六年,公生。

公生十月十一日亥时,时竟希公在堂,寿几七十矣。是夜梦有巨蟒盘旋空中,旋绕于宅之左右,已而入室庭,蹲踞良久。公惊而寤,闻曾孙生,适如梦时,大喜曰:"是家之祥。曾氏门闾行将大矣。"宅后旧有古树,为藤所缠,树已槁,而藤日益大且茂,矫若虬龙,树叶苍翠,垂荫一亩,亦世所罕见者。

【壬申】嘉庆十七年,公二岁。

竟希公孝友郭笃,为乡里所敬。年七十,见曾孙,极欣爱之。

【癸酉】嘉庆十八年,公三岁。

公幼小时,状貌端重。自初生至二岁,庭户不闻啼泣声。母江太夫人勤操作,不恒顾复。每日依祖母王太夫人纺车之侧,花开鸟语,注目流眄,状若有所会悟。王太夫人尤奇之。

【甲戌】嘉庆十九年,公四岁。

六月,妹国惠生。

【乙亥】嘉庆二十年,公五岁。

冬十月,受学于庭,诵读颖悟,竟希公益钟爱之。

【丙子】嘉庆二十一年,公六岁。

公在家塾,以陈雁门先生为公问字师。十月,竟希公薨,寿七十有四,葬西坑山。公哭泣甚哀,执丧若成人。

【丁丑】嘉庆二十二年,公七岁。

竹亭公粹然儒者,屡应童子试未售,积学不息,名其塾曰利见斋。课徒十余人,训诱专勤。公禀学于庭者凡八年。

【戊寅】嘉庆二十三年,公八岁。

八月,妹国芝生。

【乙卯】嘉庆二十四年,公九岁。

是年读《五经》毕,始为时文帖括之学。

【庚辰】嘉庆二十五年,公十岁。

五月,公弟国潢生,竹亭公笑谓曰:"汝今有弟矣。"命作时文一道,题曰:"兄弟怡怡",公文成,竹亭公喜甚,曰:"文中有至性语,必能以孝友承其家矣!"

【辛巳】道光元年,公十一岁。

【壬午】道光二年,公十二岁。

五月,公弟国华生。

【癸未】道光三年,公十三岁。

【甲申】道光四年,公十四岁。

衡阳廪生欧阳沧溟先生凝祉与竹亭公友善,常来家塾,见公所为试艺,亟赏之。竹亭公请试以题,先生以《共登青云梯》命为试律。诗成,先生览而称善曰:"是固金华殿中人语也。"因以女许字焉。是岁,始从竹亭公至长沙省城应童子试。八月,公弟国荃生。

【乙酉】道光五年,公十五岁。

竹亭公设馆同族家塾,曰锡麒斋。公从受读《周礼·仪礼》,成诵,兼及《史记》《文选》。

【丙戌】道光六年,公十六岁。

应长沙府试,取前列第七名。

【丁亥】道光七年,公十七岁。

【戊子】道光八年,公十八岁。

九月,公弟国葆生。

【己丑】道光九年,公十九岁。

竹亭公设馆石鱼之百鲁庵,公从。

【庚寅】道光十年,公二十岁。

九月,公季妹生。肄业于衡阳唐氏家塾,从事汪觉庵先生。

公姊国兰出阁,适王氏,婿名鹏远。

公自衡阳还家塾,冬月,肄业本邑涟滨书院。山长刘元堂先生,名象履,见公诗文,叹赏不置,以为大器。

【壬辰】道光十二年,公二十二岁。

竹亭公以府试案首入湘乡县学。公从应试,备取,以佾生注册,试罢还居家塾利见斋。

【癸巳】道光十三年,公二十三岁。

本年科试,人县学。时公名子城,提督学政为岳公镇南。竹亭公年四十有三,应童试

十七次，始补生员，积苦力学，授徒家塾者二十年，至是深喜公之继起而早获售也。十二月，欧阳夫人来归。

【甲午】道光十四年，公二十四岁。

肄业岳麓书院，山长为欧阳坦斋先生。公以能诗文，名噪甚，试辄第一。是科领乡荐，中式第三十六名举人。本科乡试《四书》首题《疑思问，忿思难，见得思义》，次题《武王缵太王、王季、文王之绪》，三题《智譬则巧也，圣譬则力也，由射于百步之外也》。诗题《赋得蔫得秋光人卷来》。座主为徐公云瑞、许公乃安，房考官为张公启庚。十一月人都。是岁始见刘公蓉于朱氏学舍，与语大悦，因为留信宿乃别。

【己未】道光十五年，公二十五岁。

公寓长沙郡馆，会试不售，留京师读书，研究经史，尤好昌黎韩氏之文，慨然思躐而从之。治古文词自此始。

【丙申】道光十六年，公二十六岁。

会试再报罢，出都为江南之游。同邑易公作梅官睢宁知县，因过访之。由清江、扬州、金陵溯江而归。公久寓京师，窘甚，从易公贷百金，过金陵尽以购书，不足则质衣裘以益之。比归里，陈所购廿三史。竹亭公问所自来，且喜且诫之曰："尔借钱买书，吾不惜为汝弥缝，但能悉心读之，斯不负耳。"公闻而悚息。由是侵晨起读，中夜而休，泛览百家，足不出庭户者几一年。

【丁酉】道光十七年，公二十七岁。

公闻浏阳文庙用古乐，诣浏阳县，与其邑举人贺以南等诹考声音律吕之源流，留两月乃归。过长沙，适刘公蓉与湘阴郭公嵩焘均在省城应试，相见欢甚，纵谈今古，昕夕无间。留月余，始各别去。公妹国蕙出阁，适王氏，婿名待聘。十月，公生子，命名桢第。十二月，公入都会试，无以为资，称贷于族戚家，携钱三十二缗以行，抵都中，余三缗耳。时公车寒苦者，无以逾公矣！

【戊戌】道光十八年，公二十八岁。

正月，人都门寓内城西登墀堂。本科会试，钦派大总裁大学士穆彰阿公及朱公士彦、吴公文镕、廖公鸿荃。钦命《四书》首题《言必信，行必果》。次题《万物并育而不相害。道并行而不相悖》。三题《颂其诗，读其书，不知其人可乎？是以论其世也，是尚友也》。诗题赋得《泉细寒声生夜壑》。公中式第三十八名进士。房考官季公芝昌。同乡中式者五人，宁乡梅公钟澍、茶陵陈公源衮，尤公至好。四月，正大光明殿复试一等，殿试三甲第四十二名，赐同进士出身。朝考一等第三名，进呈宣宗，拔置第二名。五月初二日引见，改翰林院庶吉士。

公少时器宇卓荦，不随流俗，既入词垣，遂毅然有效法前贤，澄清天下之志。读书自为课程，编摩记注，分为五门：曰"茶余偶谈"，曰"过隙影"，曰"馈贫粮"，曰"诗文钞"，曰"诗文章"。时有论述，不以示人。读书务内自惢，亦性然也。中式后，更名国藩。

八月请假出都，与凌公玉垣、郭公嵩焘偕行。道出襄樊，舟次安陆，遇大风，邻舟数十,鲜有完者,公舟独无恙。十二月抵家。曾氏自占籍衡阳以来,无以科名显者,星冈公始督课子姓受学。宾礼文士。公遂以是年成进士,入翰林,星冈公年六十,健在,后公官至学士,堂上犹重庆。至侍郎,星冈公犹及见之。京朝官无及其盛者。公之以翰林归也,亲友踵门而贺,竹亭公治酒款客。比酒罢,星冈公语竹亭公曰:"吾家以农为业,虽富贵,毋失其旧。彼为翰林,事业方长,吾家中食用无使关问,以累其心。"自是以后,公官京师十余年,未尝知有家累也。

【己亥】道光十九年,公二十九岁。

正月,乡里天行痘证大作,公季妹及子桢第皆染痘殇。季妹年十岁,桢第生甫十五月也。四月,公至衡阳。五月,至耒阳县,谒杜工部祠堂,遂至永兴。有曾纪诗者,执贽愿从事,公为书勖之以学。六月,还至耒阳。舟行出昭阳河,至清泉县之泉溪市,还寓石鼓书院,数日乃抵家。议修谱牒,清查源流。八月,公由邵阳至武冈州,还至新化及安化县之蓝田市。十月,抵家。公妹国芝出阁,适朱氏,婿名咏春。公弟国华出继叔父高轩公为后。十一月初二日,子纪泽生。是日启行北上,竹亭公、高轩公送之长沙。十二月,由汉口行。次罗山县,遇大雪,遂留度岁。是岁始为日记,逐日记注所行之事及所读之书,名曰《过隙影》。公会试座师朱文定公士彦卒于位。

【庚子】道光二十年,公三十岁。

正月,由罗山启行,至周家口,换车入都。寓宣武门外南横街千佛庵,与同年陈公源衮、梅公钟澍联课为诗赋。

四月,移寓淀园挂甲屯,十七日,散馆。钦命题"正大光明殿赋",以执两用中怀永图为韵,诗题赋得"人情以为田"。取列二等第十九名,引见授职检讨。是科散馆,改部属者二人,改知县者三人,余皆留馆。

六月,移寓果子巷万顺客店,病热危剧,几不救。同寓湘潭欧阳小岑先生兆熊,经理护持,六安吴公廷栋为之诊治。

八月初,病渐减,始能食粥。九月,乃大愈。钦派顺天乡试磨勘官。

十月,移寓达子营之关侯庙,与同年编修钱振伦同寓。十二月,移寓棉花六条胡同路北。竹亭公人都,公夫人欧阳氏、公弟国荃、子纪泽从入都。

【辛丑】道光二十一年,公三十一岁。

正月元日,人大内,随班朝贺。嗣是岁以为常。初十日,偕同乡京官至淀园递折谢恩,为湖南岳、常、澧各处被水缓征,借给籽种。去岁大西洋英吉利国兵陷定海,宣宗命大学士琦善往广东查办。是月报英吉利攻破沙角炮台,直逼虎门。上通谕中外,授奕山为靖逆将军,隆文、杨芳为参赞大臣,琦善革职。

闰三月,竹亭公出都还湘。

五月,梅公钟澍在都病故。公为经理其丧,委曲周至。

六月,管理长沙府会馆事。益阳胡公达源卒,公作诔词挽之。

七月,皇上御门侍班。善化唐公鉴由江宁藩司入官太常寺卿,公从讲求为学之方。

时方详鉴前史,求经世之学,兼治诗古文词,分门记录。唐公专以义理之学相勖,公遂以朱子之书为日课,始肆力于宋学矣。

八月,移寓绳匠胡同北头路东。

十月,充国史馆协修官。二十八日,偕同乡京官递折谢恩,为岳州水灾蠲免钱粮。公寓书善化贺公长岭,自陈其所学所志。

十一月十五日,公长女生,后适湘潭袁氏,婿名秉桢。公弟国荃肄业京寓,公为之讲课。

【壬寅】道光二十二年,公三十二岁。

公益致力程朱之学,同时蒙古倭仁公、六安吴公廷栋、昆明何公桂珍、宝公垿、仁和邵公懿辰及陈公源衮等,往复讨论,以实学相砥砺。其为日记,力求改过,多痛自刻责之言。每日必有记录,是为日课。每月另作诗、古文若干篇,是为月课。凡课程十有二条:一曰主敬,二曰静坐,三曰早起,四曰读书不二,五曰读史,六曰谨言,七曰养气,八曰保身,九曰日知所亡,十曰月无忘所能,十一曰作字,十二曰夜不出门。

是春,英吉利洋船驶入镇江,沿江诸城多不守,和议成后,乃退出海口。

七月,公弟国荃出都。公送之都门外卢沟桥,以诗为别。有句云:"辰君平正午君奇,屈指老沅真白眉。"公弟国潢生庚辰岁,国华生壬午岁,国荃字沅甫也。

【癸卯】道光二十三年,公三十三岁。

三月初十日,上御正大光明殿考试翰詹。钦命题《如石投水赋》,以陈善闭邪谓之敬为韵。《烹阿封即墨论》,诗题赋得《半窗残月有莺啼》。钦定一等五人:万青黎、殷寿彭、张芾、萧良城、罗惇衍。公列二等第一名。十四日引见,奉旨以翰林院侍讲升用。

五月,考试差。六月,钦命公充四川正考官,以赵楫副之。

七月,公第二女生。公出都,行至保定府,病暑不能食,扶病而行。

闰七月,行至西安。李公星沅时为陕西巡抚,延之署中,治医药,数日病渐愈,即启行入蜀。

八月初四日,抵成都,接准吏部咨文,已于七月十五日补授翰林院侍讲之缺,具呈四川总督宝兴公代奏谢恩折。是科四川乡试首题《不知言,无以知人也》,次题《体群臣也,子庶民也》,三题《人有不为也,而后可以有为》。诗题赋得《万点蜀山尖》。揭晓得士宋文观等六十二名,副榜十二名如例。

九月二十一日,由成都回节。十一月二十日,抵都门复命,充文渊阁校理。

公居京师四年矣,宦况清苦,力行节俭,而遇穷困及有疾病死亡者,资助必丰。四川差竣,得俸千金寄家,为馈遗族姻之用。

【甲辰】道光二十四年,公三十四岁。

正月,陈公源衮之妻易安人病卒于京寓。其子远济生甫一月,公携之宅中,雇乳姬字养之,以次女许字之。

二月,侍班于文渊阁,赞经筵大典。

三月二十四日，移寓前门内碾儿胡同西头路北。

四月，考试差。五月初十日，奉上谕："翰林院自侍读以下，詹事府自洗马以下，每日召见二员。"公于二十日召见勤政殿，派充翰林院教习庶吉士。

八月，新宁江公忠源以公车留京师，因郭公嵩焘求见公。江公素以任侠自喜，不事绳检。公与语市井琐屑事，酣笑移时。江公出，公目送之，回顾嵩焘曰："京师求如此人才不可得。"既而曰："是人必立功名于天下，然当以节义死。"时承平日久，闻者或骇之。江公自是遂师事公。二十八日，公第三女生，后适罗氏忠节公泽南之子，名兆升。九月，分校庶常馆。

十二月初七日，上御门，转补翰林院侍读。公作字初学颜、柳帖，在词垣兼临褚帖。于诗则五、七古学杜、韩，近体事学杜，而于苏、黄之古诗，温、李之近体，亦最为致力。还书家中，训勉兄弟，以立志有恒为本，作《五箴》以自警：一曰立志，二曰居敬，三曰主静，四曰谨言，五曰有恒。公子纪泽是岁人家塾，塾师为长沙冯树堂先生卓怀。

【乙巳】道光二十五年，公三十五岁。

三月，钦派会试同考官。签分第十八房，荐卷六十四本，中试周士炳等十有九人。是科湖南中式八人，皆长沙府籍。贵州中式之黄辅相与侄彭年二人，原籍醴陵。而状元为萧锦忠，朝元为孙鼎臣。去秋乡试，南元为周寿昌，亦于是科人翰林。公时管理长沙郡馆事，题名之日，公为联语云："同科十进士，庆榜三名元。"盖催话也。

五月初二日，上御门，公升授詹事府右春坊右庶子。次日具折谢恩，召见于勤政殿。

六月，转补左庶子。夏间癣疾发，至秋微愈。自是以往，癣疾恒作，以至老年，未得痊愈也。

九月，公弟国潢、国华人都。二十四日，上御门，升授翰林院侍讲学士。次日具折谢恩，召见。宣宗时，每岁举行御门之典至四、五次，京朝官缺，多以其日简放，示爵人于朝，与众共之意。合肥李公鸿章，本年家子也，中甲辰科举人，是年人都会试，受业公门。公大器重之。

十月初十日，皇太后万寿。十五日颁恩诏于太和殿，公祖父母、父母以公官皆封中宪大夫、恭人。

十一月，唐公鉴乞假回湖南。公为校刻其所著《学案小识》一书。

十二月十二日，补日讲起居注官。二十二日，充文渊阁直阁事。公名位渐显，而堂上重庆，门祚鼎盛。公每以盈满为戒，自名其书舍曰"求阙斋"。其说云："求阙于他事，而求全于堂上也。"同乡京官及公车在都门者，遇疾患穷窘之事，恒有求于公。公尝谓："钱则量力资助，办事则竭力经营。"人莫不称厚焉。

【丙午】道光二十六年，公三十六岁。

公与弟国潢、国华相砥厉于学，有如师友。为国华纳资入监，应顺天乡试。

五月，考试差。

九月十八日，公第四女生，后适湘阴郭氏郭公嵩焘之子，名刚基。夏秋之交，公病肺

热，僦居城南报国寺，闭门静坐，携金坛段氏所注《说文解字》一书，以供披览。汉阳刘公传莹，精考据之学，好为深沉之思，与公尤莫逆，每从于寺舍，兀坐相对竟日。刘公谓近代儒者崇尚考据，敝精神费日力而无当于身心、恒以详说反约之旨交相勖勉。寺前有祠一所，祀昆山顾亭林先生。

十月，公在寺为诗五首赠刘公，以明其志之所向。公尝谓近世所学者，不以身心切近为务，恒视一时之风尚以为程而趋之，不数年风尚稍变，又弃其所业，以趋于新。如汉学、宋学、词章、经济，以及一技一艺之流，皆各有门户，更迭为盛衰，论其原皆圣道所存，苟一念希天下之誉，校没世之名，则适以自丧其守，而为害于世。公与刘公传莹讨论务本之学，而规切友朋，劝诫后进，一以此意为兢兢焉。公在京所为诗古文，不自存录，随时散佚。是冬以后，乃稍择而存之。公弟国华应乡试未售，仍留京肄业。公弟国潢赍覃恩诰命南归。十月二十一日，领同乡京官具折谢恩，为湖南濒湖围田水灾，奉旨蠲缓钱粮。湖南水灾，迭奉恩旨，至是初用公名领衔奏事。

十一月，闻祖妣王恭人之讣。请假两月，设次成服。恭人殁以九月十八日，寿八十岁。十二月葬湘乡二十四都木兜冲。

【丁未】道光二十七年，公三十七岁。

三月，移寓南横街路北。四月二十七日，奉旨考试翰詹。钦命题《远佞赋》，以清问下民常厥德为韵。《君子慎独论》。诗题《赋得澡身浴德》。公名列二等第四名。

五月引见，奉旨记名遇缺题奏，赏大卷缎二件。

六月，奉旨升授内阁学士，兼礼部侍郎衔。次日，递折谢恩，召勤政殿。钦派考试汉教习阅卷大臣，取士咸安宫学教习黄文璧等十三名，景山官学刘绍先等十五名，宗学郭昆焘等十五名，觉罗官学崔斌等三十名，八旗学张春第等四十八名。

七月，公弟国荃以府试案首入湘乡县学。

十月，钦派武会试正总裁，中式杨登魁等六十四人。又派殿试读卷大臣。凡武进士弓矢技勇，上亲阅之，派大臣及兵部尚书、侍郎等侍班。十月二十日，领同乡京官具折谢恩，为沅澧一带水灾奉旨蠲缓钱粮。

十二月初九日，又递折谢恩，为三厅欠收缓征屯田。是岁，山东、河南亢旱，盗贼蜂起，两省大吏交部严议。钦差柏俊、陈孚恩前往捕盗，平之。李公鸿章、郭公嵩焘、李公宗义均以是科成进士。

【戊申】道光二十八年，公三十八岁。

正月初八日，领同乡京官具折谢恩，为上年水灾借给籽种。

二月二十四日，子纪鸿生。汉阳刘公传莹移病归籍，公为文以送之。

七月，公弟国荃科试一等，补廪膳生。

九月十四日，领同乡京官具折谢恩，因水灾奉旨抚恤。十八日，钦派稽查中书科事务。公官至卿贰，名望渐崇，而好学不倦。其于朝章国故，如《会典》《通礼》诸书，尤所究心。又采辑古今名臣大儒言论，分条编录为《曾氏家训长编》，分修身、齐家、治国为三门，

其目三十有二。公尝谓古人无所云经济之学、治世之术,壹衷于礼而已。秦文恭公《五礼通考》,综括天下之事,而于食货之政稍缺,乃取盐课、海运、钱法、河堤各事,抄辑近时奏议之切当时务者,别为六卷,以补秦氏所未备。又采国史列传及先辈文集中志状之属,分门编录,条分近代学术,用桐城姚氏之说,以义理、考据、词章三者为目,依汇辑之。星冈公病风痹逾年,公令弟国华出都还湖南。

十月,闻刘公传莹以病卒于家,公设位哭之,为墓志一篇、家传一篇,刻石寄其家。刘公所著述无成篇,独于金氏《孟子集注考证》中,搜得朱子所编《孟子要略》一书,公为校刻行于世。二十三日,领同乡京官具折谢恩,为本年水灾之区奉旨蠲缓钱粮。公官京十年,俸薄不给于用,取资称贷;及官侍郎,每岁以其所得俸银数十两为高堂甘旨之奉,兼以周族戚之贫者。

【巳酉】道光二十九年,公三十九岁。

正月初九日,率同乡京官具折谢恩,为灾区借给籽种。二十二日,奉旨升授礼部右侍郎。次日具折谢恩,召见,上嘉勉焉。公勤于供职,署中办事无虚日。八日一室淀园该班奏事,有事加班,不待期日。在部司员,咸服其条理精密。

三月十四日值班召见。三十日,又召见。每有奏对,恒称上意。礼部、翰林院、詹事府署中,皆有土地祠,祠皆祀先儒韩愈。礼部之祠,复有孔子木主,胥史相沿,莫知所自。公取木主焚化,而为文以祀韩子,辩正其谬。夏,督修长沙府会馆,旋又修湖广会馆,位置亭榭,有纡余卓荦之观。

八月初二日,奉旨兼署兵部右侍郎。二十五日,钦派宗室举人复试阅卷大臣。九月十七日,钦派顺天乡试复试阅卷大臣。十月初四日,钦派顺天武乡试较射大臣。武乡试分四围,王大臣分较。公所较中式者五十二名。二十六日,率同乡京官具折谢恩,为水灾奉旨蠲缓粮钱。

是岁东南各省大水,民饥,江南、浙江、湖北均展期,九月举行乡试。湖南贼匪李沅发倡乱于新宁,戕官据城,分扰黔、粤边境,粤逆亦从此萌芽矣。先是,江公忠源在籍,擒获会匪雷再浩,遂以知县拣发浙江署秀水县事,办理赈灾及保甲,甚得民誉。公闻新宁之乱,恐匪党寻仇及江公之家,遂致书江公,劝其弃官以赴家难。未几而贼党溃窜,江公家亦无损焉。

十一月十五日,闻祖考星冈公之讣,请假两月,设位成服。星冈公之卒以十月初四日,寿七十有六岁,葬于八斗冲,迁王恭人之枢附葬。

十二月十一日,孝和睿皇后升遐。公以礼部职任所在,不俟假满,即日入内供办。其署中他事,仍不与闻。

【庚戌】道光三十年,公四十岁。

正月十四日,宣宗成皇帝升遐。朱谕遗命四条,其中无庸郊配、无庸庙附二条,文宗嗣位,谕令臣工详议具奏。十五日,奉移孝和睿皇后梓宫于漪春园。十六日,谕臣下议行三年丧礼。二十三日,召见,咨以大礼。二十六日,上御太和殿,颁登极诏书。二十七日,王大臣九卿集议，复奏郊配、庙附二事。公专折具奏，称：遗命无庸庙附一条，考古准今，万难遵从；无庸郊配一条，不敢从者有二，不敢违者有三。疏对甚晰。时恭遇登极覃恩，加一级；请封三代，皆封荣禄大夫。公以本身妻室应得封典，貤封叔父母。

二月初二日，内赐遗念衣一件、玉佩一事。是日奉移大行皇帝梓宫于圆明园正大光明殿。初六日，奉上谕："侍郎曾国藩所奏，颇有是处；其余京堂及科道等所奏，各抒己见，殊少折中。各折均著发还。"钦此。初七日召见，公奏对甚详，上益嘉之。初八日奉上谕"九卿科道有言事之责者，于用人行政一切事宜，皆得据实直陈，封章密奏"等因。钦此。

三月，公递应诏陈言一折。奏称：用人行政，二者并重。然凡百庶政，著有成宪，未可轻议。今日所当讲求，惟在用人一端。人才有转移之道，有培养之方，有考察之法，三者不可废一。皇上春秋鼎盛，与圣祖仁皇帝讲学之年相似，请俟二十七月后，举行逐日进讲之例，亦请广开言路，借臣工章奏，以为考核人才之具。疏入，奉上谕："礼部侍郎曾国藩奏陈用人之策，朕详加披览，剀切明辨，切中情事，深堪嘉纳。连日左副都御史文瑞、大理寺卿倭仁、通政使罗惇衍等，各陈时事，朕四降旨褒嘉。其通政副使王庆云、鸿胪寺少卿刘良驹及科道等折分别准行交议。如该侍郎折内所请保举人才、广收直言，迭经降旨宣示，谅各大小臣工必能激发天良，弼予郅治。惟称日讲为求治之本，我圣祖仁皇帝登极之初，即命儒臣逐日进讲，寒暑无间，朕绍承丕业，夙夜孜孜，景仰前徽，勉思继述，着于百日后举行日讲。所有一切应行事宜，着各该衙门察例详议以闻。"钦此。初四日，奏入春以来，雨泽稀少，农田待待泽孔殷、亟请设坛祈祷，以迓和甘，而慰民望一折。十二日，孝和睿皇后升附覃恩，公呈请本身妻室封典。十五日，公弟国潢入都，相见极欢。时以职务繁剧，不遑兼顾家事，悉以属公弟经理。十九日下淀园，恭送孝和睿皇后梓宫奉安昌陵。

四月初四日，奏陈日讲事宜，补前折所未备，凡十四条。其余讲官员数，进讲之地，所讲之书，陈讲之道，以及讲官仪节体制等事，皆详考圣祖御制文集会典，与国史列传各书。先定大概规模，于赞助圣学之中，寓陶成人才之意，犹前疏中之指也。十二日，宣宗成皇帝升配，覃恩加二级，请封三代，皆封光禄大夫，公仍以本身妻室应得封典貤封叔父母。十七日，钦派会试复试阅卷大臣。十九日，移寓贾家胡同南头路西。二十九日，钦派朝考阅卷大臣，是科入馆选者五十八人。

是月，湖南新宁贼酋李沅发就擒，槛送京师斩之。上年收复新宁，巡抚冯公德馨奏报李逆死于乱军中。春间李逆复出，冯德馨逮问遣戍，诏以骆秉章为湖南巡抚。

五月初二日，公第五女生，后殇。十四日，在署考试各省优贡。时奉旨令部院九卿各举贤才，公疏荐五人。奏称李棠阶以学政归家，囊橐萧然，品学纯粹，可备讲幄之选；吴廷栋不欺屋漏，才能干济，远识深谋，可当大任；王庆云闳才精识，脚脚踏实，可膺疆圉之寄；严正基洞悉民隐，才能济变；江忠源忠义耿耿，爱民如子。

六月初四日，奉旨兼署工部左侍郎。十四日，钦派朝考拔贡阅卷大臣，是科取士二百余人。

七月，公弟国葆以县试案首入湘乡县学，年二十有三岁，与公入学之年同。公每绾部

杨秀清纪念馆

务,悉取则例,博综详考,准以事理之宜。事至剖断无滞。其在工部,尤究心方舆之学,左
图右书,钩校不倦,于山川险要、河漕水利诸大政详求折中。

八月十一日,召见,询以工部职务。公奏对详悉,移时乃退。二十一日,钦派考试国
子监学正学录阅卷大臣,取士五十名,引见记名者二十人。

九月十八日,恭送宣宗成皇帝梓宫奉安慕陵,钦派梓宫前恭捧册宝大臣。二十四日,
飨奠礼毕,礼部堂官各加二级。二十五日,具折谢恩。次日,皇上驻跸秋兰行宫,谕随扈
各员均加一级。十月,回銮,奉旨兼署兵部左侍郎。

十一月十三日,领同乡京官具折谢恩,为水灾州县蠲缓粮钱。

十二月二十二日,礼部奏元旦礼节。朱批严饬礼部堂官,分别交部议处察议。寻奉
旨准予抵销处分。是年夏间,广西贼匪大起,巨股数十。六月,逆首洪秀全与其党杨秀
清、萧朝贵等起于桂平县之金田村,为数最众且悍。诏以向荣为广西提督,起用林则徐为
钦差大臣,驰赴广西督剿,以前云南提督张必禄督师会剿广西巡抚郑祖琛革职。既而林
文忠公则徐卒于道,张武壮公必禄至浔州亦卒,诏以李星沅为钦差大臣,以周天爵署广西
巡抚。

【辛亥】咸丰元年,公四十一岁。

正月初十日,领同乡京官具折谢恩,为上年灾区借给籽种。十四日,上只谒慕陵,行
初周年礼,礼部堂官悉从,公奉旨派留署办事。

二月,上谕广州副都统乌兰太驰往广西帮办军务。二十六日,公弟国潢出都还湖南。
粤西贼势益炽。

三月,上命大学士赛尚阿为钦差大臣,前赴广西督师,以都统巴清德、副都统达洪阿
为之副。初九日,公奏简练军实以裕国用一折。奏称:天下大患,一在国用不足,一在兵
伍不精。近者广西军兴,纷纷征调,该省额兵竟无一足用者,他省可推而知。当此饷项奇

绌，唯有量加裁汰，痛加训练，庶饷不虚糜，而兵归实用。谨抄录乾隆增兵，嘉庆、道光减兵三案进呈。疏入，召见，嘉其切中时弊，谕以俟广西事定，再行办理，疏入，召见。嘉其切中时弊，谕以"俟广西事定再行办理！"疏留中。十四日，礼部奏请以宋臣李纲从祀孔子庙廷。时福建巡抚徐继畬原奏称李纲所著书有《周易传》《论语说》二种，公复查得纲所著《中兴至言》《建炎类编》《乘闲志》《预备志》各书，文渊阁著录者《梁溪集》《建炎时政记》二种。奉旨准其从祀，在先儒胡安国之次。

四月二十六日，公奏《敬陈圣德三端预防流弊》一折。维时上孜孜求治，在廷臣僚，鲜以逆耳之言进者。广西军事日棘，赛尚阿公以端揆大臣出而督师，中外惊慑。公意欲为人臣者趋尚骨鲠，培其风节，养其威棱，遇有事变，乃可倚之以折冲捍患，不至畏葸退缩。公所陈多切直之语，疏入时，恐犯不测之罪。上谕："曾国藩条陈一折，朕详加披览，意在陈善责难，预防流弊，虽迂腐欠通，意尚可取。朕自即位以来，凡大小臣工章奏，于国计民生用人行政诸大端有所补裨者，无不立见施行；即敷陈理道，有益身心者，均著置左右，用备省览；其或窒碍难行，亦有驳斥者，亦有明白宣谕者，欲求献纳之实，非徒沽纳谏之名，岂遂以'毋庸议'三字置之不论也？伊所奏，除广西地利兵机已查办外，余或语涉过激，未能持平；或仅见偏端，拘执太甚。念其意在进言，朕亦不加斥责。至所论人君一念自矜，必至喜谀恶直等语，颇为切要。自维藐躬德薄，夙夜孜孜，时存检身不及之念，若因一二过当之言不加节取，采纳不广，是即骄矜之萌。朕思为君之难，诸臣亦当思为臣之不易，交相咨儆，坐言起行，庶国家可收实效也。"钦此。公是疏得奉优旨，时称盛事焉。是月，李文恭公星沉卒于军。

五月，诏授邹鸣鹤为广西巡抚。十八日，唐公鉴人都，召见十余次，极著儒晚遇之荣。二十六日，公奉旨兼署刑部左侍郎，次日具折谢恩，并以前疏激直未获咎戾，具申感激之意。

六月，赛尚阿公抵桂林，疏调江公忠源随营差遣。江公方丁忧在籍，应调赴粤。乌兰太公一见而极重之，留于幕府，每事必咨焉。复委募楚勇五百人助剿，是为湖南乡勇出境剿贼之始。公前官翰林时，与倭仁公、唐公鉴辈讲学，逐日记注，中辍数年。刘公传莹为公书斋额日："养德养身绵绵穆穆之室"，至是公乃仿程氏读书日程之意，为日记曰《绵绵穆穆之室日记》。其说曰："自戒惧而约之，以至于极中，而天地位，此绵绵者由动以之静也。自谨独而精之，以至于极和，而万物育，此穆穆者由静以之动也。由静之动，有神主之；由动之静，有鬼司之。终始往来，一以贯之。"每日自课以八事：曰读书，曰静坐，曰属文，曰作字，曰办公，曰课子，曰对客，曰复信。触事有见，则别识于其眉。

八月，钦派顺天乡试搜检大臣。公兼摄刑曹，职务繁委，值班奏事，入署办公，益无虚日。退食之暇，手不释卷，于经世之务及木朝掌故，分汇记录，凡十有八门。大学士琦善公在新疆办理审案得罪，钦差大臣萨迎阿公前往查办，奏请将琦善交刑部治罪，奉旨逮问。

闰八月，琦善至京师，入刑曹，钦派军机大臣三法司会审。琦善自写供折千余言，谓由萨迎阿之陷害。在廷诸公亦颇咎萨公原奏之过。当时萨公代琦善任,未旋京邸。会审之际,琦善争辩不已。军机章京邵懿辰驳诘供词十九事,诸公不之省,乃议传萨公所随带查办之司员四人,赴法堂与琦善对讯,至有议反坐者,公独曰:"琦善虽位至将相,然既奉旨查办,则研鞫乃其职分;司员职位虽卑,无有传人廷尉与犯官对质之理。若因此得罪,将来大员有罪,谁敢过问者?且谕旨但令会审琦善,未闻讯及司员,必欲传讯,当奏请奉旨然后可。"争之甚力,词气抗厉,四坐为之悚动,其事遂已。广西逆匪窜陷永安州城,僭伪王号。赛尚阿公督师由桂林进剿。二十一日,上御门,闻永安失守之警,督兵将帅。皆奉旨申饬。二十六日,礼部考送军机章京。二十九日,刑部考送军机章京。

九月初一日,领同乡京官具折谢恩,为水灾州县豁免粮钱。

十月十二日,钦派顺天武乡试大主考,以沈公兆霖为之副。是科中式武举一百六十六名。十七日,试竣复命,召见。

十一月初三日,监视郊坛开工。十九日,领同乡京官具折谢恩,为新宁县经兵乱,奉旨蠲免钱粮与仓谷之未完者;又因武陵等州县水灾蠲缓钱粮。

十二月十八日,公奏备陈民间疾苦一折。奏称:国贫不足患,银价太昂,惟民心涣散则为大患。目前之急务,其大端有三:一曰银价太昂,钱粮难纳;二曰盗贼太众,良民难安;三曰冤狱太多,民气难伸。其时银价昂贵,朝野均以为苦。宣宗曾饬部院衙门、各省督抚议变通平价之法。

公疏于弭盗贼请狱讼二条请申谕外省,思所以更张之。其平银价一条,即于次日续递银钱并用章程一折。奏称:十年以来,中外臣工奏疏言钱法者,不为不多,臣之所深服者,惟吴文镕、刘良驹、朱嶟三疏,谨就三臣原奏,参以管见,拟章程凡六条,并抄录吴文镕等原疏,进呈御览。奉旨交户部议奏。二十六日,监视慕陵隧道开工。是岁,公选录古今体诗凡十八家,又选录古文辞百篇,以见体要。

【壬子】咸丰二年,公四十二岁。

正月二十四日,奉旨兼署吏部左侍郎,次日具折谢恩。

二月十九日,随扈祗谒慕陵。是月,广西永安州贼窜出,官军大挫,总兵官长瑞等四人阵亡。贼扑攻桂林省城,都统武壮公乌兰太追贼至将军桥阵亡。江公忠源之军,初与乌公偕,至是回籍,益募楚勇赴桂林防剿。

三月初二日,奉宣宗成皇帝永安地宫,上行虞祭礼回銮。初七日,奉神牌升附,颁恩诏于太和门。初八日,率同乡京官递折谢恩,为豁免屯丁实欠。钦派会试搜检大臣。

十一日,广西警报至都下,奉旨乌兰太、向荣交部严加议处,赛尚阿交部议处。公赴部会议,以军务关系重大,议处罪名宜从重者,不当比照成例。会议罢后,公专折奏请从严议处,诏改从宽典焉。

十八日,礼部奏请以宋臣韩琦从祀孔子庙廷。二十七日,奉旨派恭送太庙册宝。三十日,公第六女生,后字衡山聂氏,婿名缉椝。欧阳夫人之兄柄铨入都。

是时粤匪猖獗,河工未合,京畿亢旱,人情惊惧。上诏求直言,内阁学士胜保上疏失

检,交部严议,部议降三级调用。公奏请特旨宽免胜保处分以广言路一折。上纳用焉,疏留中。

四月初一日,宣宗成皇帝升配,诏礼部诸臣各加一级。广西省城解围,贼窜陷全州,入湖南境,掠民船将浮湘而下。江公忠源以楚勇破之于蓑衣渡。

五月,贼窜陷道州。

六月十二日,钦命充江西乡试正考官。次日递折谢恩。附片奏请试竣后,赏假两月回籍省亲。公自己亥之冬入都供职十有余年,由翰林七迁至侍郎,眷遇甚隆,中间星冈公衰老疾笃屡思乞假归省,于势未得。至是得江西试差,乃请假回籍,朱批允之。

二十四日,驰驿出都。二十九日,过河间府,吴公廷栋权守河间,相见于途次。七月十三日,道过宿州。周公天爵方引病在籍,以函约公相见于旅店,纵谈今古,自夜达旦,乃别去。

二十五日,行抵安徽太和县境小池驿,闻讣:江太夫人于六月十二日薨逝。公大恸,改服奔丧,取道黄梅县,觅舟未得,乃乘小舟渡江,至九江府城,雇舟溯江西上。

贼于六月由道州窜出,陷桂阳州。是月陷郴州,由安仁、醴陵下犯长沙省城。湖南各郡旧有会匪蠢焉欲动。湘乡尤多匪踪,县令朱孙诒缉治甚勤,礼请邑中儒士罗公泽南、李公续宾兄弟、王公鑫、刘公蓉等,团结乡勇,加以训练,而竹亭公以乡老巨望总其成。是时乡团以湘乡为称首。

八月十一日,公舟至黄州登陆。十三日,抵武昌。常公大醇为湖北巡抚,来唁。公始闻逆匪扑长沙之警。十四日,由武昌启行,十八日,抵岳州,取道湘阴、宁乡。二十三日,抵家哭殡,旋谒星冈公墓。逆贼大股均至长沙,官军亦渐集。江公忠源于南门外近贼垒为营,贼不得逞。诏以张亮基为湖南巡抚。张公入守长沙,以左公宗棠入赞军幕。

九月十三日,江太夫人葬于下腰里宅后山内。贼用地道轰长沙城,官军拒却之。时承平日久,骤经兵乱,人心惧怯,危言四起,虽未见贼之地亦相率挈家惊走。公在家遇乡里人,则教之以保守之方、镇静之道。赛尚阿公至长沙,奉旨逮问。以徐文缙为钦差大臣,督兵剿贼。

十月,长沙围解。贼渡湘西窜宁乡、益阳,东出临资口,大掠民船,窜湘阴,陷岳州。官军数万人,自长沙拔营追之。

十一月,贼船蔽江而下,陷汉阳府城。张公亮基于贼退后搜捕土匪甚严。留江公忠源之楚勇二千人驻省城防守,札委湘乡罗泽南、王鑫等招募湘勇千人入省垣防守。时巴陵匪徒晏仲武等作乱,江公忠源以楚勇往讨擒之。是月,湖南巡抚奉上谕:"前任丁忧侍郎曾国藩籍隶湘乡,于湖南地方人情自必熟悉,著该抚传旨,令其帮同办理本省团练乡民搜查土匪诸事务,伊必尽力,不负委任"等因。钦此。

十二月,武昌省城失守,湖北巡抚常文节公大醇等殉难。十三日,公奉到寄谕,草疏恳请在家终制,并具呈请巡抚张公代奏,缮就未发,适张公专弁以函致公,告武汉失守,人心惶恐,恳公一出。郭公嵩焘至公家,力劝出保桑梓。公乃毁前疏,于十七日起行,二十

一日抵长沙，与张公亮基筹商，一以查办匪徒为急务。二十二日，拜折敬陈团练乡民搜查土匪大概规模；且称长沙省城兵力单薄，行伍空虚，不足以资守御，因于省城立一大团，就各县曾经训练之乡民招募来省，实力操练，既足资以剿捕土匪，于防守省城不无裨益。是折奉朱批："知道了，悉心办理，以资防剿。"钦此。公又附片奏称：臣在京供职十有四年，今岁归来，祖父母之墓已有宿草，臣母之葬亦未尽礼。若遽弃庭闱出而莅事，万分不忍。请俟贼氛稍息，团防之事办有头绪，即当回籍守制，以遂乌私。

时罗公泽南，领所招湘乡练勇三营，已至省城，仿前明戚继光束伍成法，逐日操练，公为之酌定训练章程，故疏中及之。其后良将辈出，实滥觞于此。浏阳会匪煽乱，号曰征义堂，其匪酋为周国瑜，聚党逾万人。江公忠源以楚勇往，出其不意，一战破平之。武昌陷后，诏授向荣为钦差大臣，徐文缙逮问，前湖广总督程矞采革职；诏以张亮基署总督，又特命琦善为钦差大臣，偕直隶提督陈金绶、内阁学士胜保督兵驰赴楚豫之交，堵贼北窜；又以两江总督陆建瀛为钦差大臣，出省堵剿。

卷二

【癸丑】咸丰三年，公四十三岁。

正月，公在长沙督办街团，委在籍江苏候补知州黄廷瓒、安徽候补知县曹光汉编查保甲，以书函劝谕，不用公牍告示。又以书遍致各府州县士绅。其大致以为团练之难，莫难于集费，宜择地择人而行之；目前急务，唯在清查保甲，分别良莠，以锄暴为安良之法，遇有匪徒，密函以告，即行设法掩拿处办，庶几省文移之烦，可期无案不破。其书中有"不要钱、不怕死"二语，公所自矢者，一时称诵之。十一日，张公亮基赴湖北署总督任，江公忠源从行，其楚勇留长沙者，江公忠济、刘公长佑接统之。二十二日，耒阳、常宁报有匪徒啸聚白沙堡，扰及嘉禾境。公调派刘长佑、李辅朝带楚勇五百，王鑫带湘勇三百，二十五日启行追剿。未至，而常、耒之匪闻风先溃。适衡山县境之草市土匪窃发，楚勇、湘勇留衡山，一战平之。

二月初三日，奉上谕"封疆大吏翦除百恶即可保卫善良，著该署督抚等认真查办，并著会同在籍侍郎曾国藩体察地方情形，应如何设法团练以资保卫之处，悉心妥筹办理"等因。钦此。十二日，公奏严办土匪以靖地方一折。奏称：湖南会匪名目甚多，近年有司掩饰弥缝，任其猖獗，非严刑峻法无以销遏、乱萌。时公于长沙城中鱼塘口为行辕，设审案局，委候补知州刘建德、照磨严良峻承审，拿获匪徒，立予严讯，用巡抚令旗即行正法，或即毙之杖下。分别会匪、教匪、盗匪及寻常痞匪名目，按情罪以处办。公意纯用重法以锄强暴，而残忍严酷之名，在所不辞也。是疏入，奉朱批："办理土匪，必须从严，务期根株净尽。"钦此。

初，贼之犯长沙也，调集各省兵勇数万人，既而追贼东下，其余丁散勇逗留湖南，或数十百人为群，出没附近村墟，遇湘水行船上下，辄以兵差为名强封之，而诈索其财。商旅畏惮，百物几不通。会捕得强封民船之川兵三人，径行斩决，枭示江干。由是游手敛迹，风帆畅行无阻。贼陷武、汉两城后，大掠民船数千艘，于正月初旬括掠丁壮妇女数十万人，驱人舟中，顺流而下，旌旗蔽江，沿江城镇皆失守。十一日，陷九江府城，十七日，陷安庆省城，二月初十日，攻陷江宁省城，将军忠勇公祥厚、总督陆公建瀛等殉难。贼遂据为伪都，僭伪号，造宫殿，分其党林凤祥等北窜。二十一日，陷镇江府。二十三日，陷扬州府。皆踞守之。向公荣总统各路兵勇十余万追至金陵，而城已陷，遂驻营城外。琦善公率领北方各路官兵攻围扬州。是为江南、江北两大营。刘公长佑等既破衡山土匪，余党窜入攸县界，遂督勇追剿。而安仁县土匪又起，劫狱烧官署，在籍候选知州张荣组带镇箪

勇数百，与楚勇会剿平之。江公忠源赴鄂，寻奉旨授湖北皋司，又奉旨令赴江南大营帮办军务。江公上书于公，言今日办贼之法，必合江、楚、皖各省，造战船数百艘，调闽、广水师数千人，先肃清江面，而后三城可复，否则沿江各省后患方长。公治水师之议，萌芽于是矣。

湖北崇阳、通城两县匪徒大起，聚党数千人。江公领兵勇于三月初旬回南剿捕，公饬江忠济带所部楚勇由平江前往会剿。初五日，刘公长佑楚勇回长沙，公亦饬其驰赴崇、通会剿。三战而匪徒歼焉。江公遂尽挈楚勇下赴江南。省城所招湘乡练勇千余人，署巡抚潘公铎议汰之还乡。公前调取三百余人，以王鑫领之，剿土匪于衡、永各属。其留未汰者，操练无虚日。塔齐布公方署长沙营都司，忠勇冠时，人鲜知者。公一见大奇之，委密捕巨盗数名，皆克获。千总诸殿元领辰勇数百人，亦经公所识拔。公委塔齐布兼管领辰勇，与湘勇会同操练，胆技精强，遂成劲旅。二月，潘公铎具折告病。骆公秉章仍奉旨署湖南巡抚，以四月十一日到任，奏委塔齐部署抚标中军参将。各州县捕送匪徒来省者渐多，严刑鞫讯，日有斩枭杖毙之案，前后所戮者二百余名，湘中匪徒闻风敛迹。李公瀚章以己酉选拔朝考，出公门下，时署湖南益阳县事，上书于公，劝以缓刑，公未之从也。安化县属蓝田市有串子会匪聚众谋乱，公饬湘乡县知县朱孙诒以练勇往捕，擒百余人，事乃解。桂东县有江、广边界匪徒窜入，城陷，公与骆公札委张荣组带三厅兵勇往剿，又调候补道夏廷樾督湘勇七百余人继之。未几，桂东平。骆公增募湘勇一营，以监生邹寿璋领之。欧阳夫人挈子女出都还湘，夫人之兄柄铨随行。五月初三日，抵长沙，寻归湘乡。

公弟国葆募湘勇一营，驻扎长沙南门外。江公忠源奏请招练楚勇三千，赴江南助剿。奉旨允之。公因函致江公之弟忠濬、忠淑与宝庆知府魁联，令招宝募勇，湘乡县知县朱孙诒令招募湘勇，来省操练，然后遣赴大营，与江公旧部合成一军，以壮其势。江公以四月初七日，由鄂东下，行抵九江，值贼船数百，自金陵上窜，再陷安庆，直抵湖口，势趋南昌省城。江公方驻守九江，十日即驰至南昌，筹备防守。部署粗定，而贼抵城下，设法堵御，贼不得逞。江公飞檄请援于湖南，湘中闻邻省之警，人心惶恐。公初拟六月归行小祥之祭，而湘省官绅倚公为防守。公乃札张荣组驻营永州，王鑫驻营郴州，以防南路土匪；而调夏廷樾、罗泽南以湘勇回省。适奉到寄谕，因金陵贼船驶赴上游，有回攻长沙，兼扰南昌之语，有旨令各省督抚严防，并令公与骆公会筹防御。骆公咨提督鲍起豹调兵来省，并札饬所募宝勇、湘勇三千人留省城听调。

六月十二日，公与骆公会奏办理防堵事宜一折。公又专折奏称：搜拿土匪，随时正法。省局委员添派候补知县厉云官审讯各案，粗有头绪。臣母丧初周，拟回籍修小祥之礼。适闻粤贼回窜江西，臣应留省城会筹防堵，不敢以事权不属，军旅未娴，稍存推诿。是日又与骆公会折奏参长沙协副将清德，请旨革职，以儆疲玩而肃军政。又专折奏保署抚标中军参将塔齐布、千总诸殿元，恳恩破格超擢，并称该二人日后有临阵退缩之事，即将臣一并治罪。附片特参副将清德性耽安逸，不理营务等款，请交部从重治罪。江忠淑募新宁勇千人，朱孙诒募湘乡勇千二百人，均抵长沙。公檄江忠淑由浏阳赴江西，朱孙诒

由醴陵赴江西，夏廷樾、郭嵩焘、罗泽南以兵勇千四百人，由醴陵继进。合计援江兵勇三千六百人，是为湘勇出境剿贼之始。二十二日，公与骆公会奏拨派兵勇赴江西援剿一折。湖南调各路兵勇防守省城者数千人，塔齐布逐日抽调操阅，暑雨不辍，公亟奖其勤。提督鲍起豹至省城，乃宣言盛夏操兵之非，由是营伍咸怨塔公以及于公，时复与湘勇争讧。公所奏参之副将清德，乃依附鲍起豹，而与塔齐布为仇者。公前疏入，二十九日奉到上谕："塔齐布着赏给副将衔，诸殿元以守备补用，先换顶带，以示奖励。"钦此。又奉上谕："曾国藩奏请将性耽安逸、不理营务之副将革职治罪一折，清德著革职拿问，交张亮基、骆秉章讯明定拟具奏"等因。钦此。由是兵伍益怨公矣。

七月，公以省城筹防之事粗备，援江之师已成行，遂回籍省亲。家居数日，复出至省垣。时新宁勇援江者，行抵瑞州，遇警而溃，至义宁复行招集以进。湘勇援江者，以七月十九日抵南昌，二十四日与贼战，小挫，阵亡营官谢邦翰、易良干、罗信东、罗镇南四人，湘勇死者八十余人。罗公泽南以诸生讲学，湘人多从受业者，是役阵亡各员，皆罗公弟子也。贼攻南昌，屡以地道轰城，官军堵之。江公忠源复以书致公，谓长江上下，任贼船游弋往来，我兵无敢过问者。今日之急，唯当先办船炮，击水上之贼。时郭公嵩焘在江公幕中，力主水师之议。文宗寄谕各督抚，亦屡及之。公商之巡抚骆公，奏请敕调广东琼州红单船放出大洋，由崇明入江口，以击贼于下游；调广东内江快蟹拖罟船，由梧州府江溯漓水，过斗门，浮湘而出大江，以收上下夹击之效。长江水师之议，自此始。

湖南营兵与湘勇断断不和。七月十三日，提标兵与湘勇械斗，公但将湘勇棍责。八月初四日，永顺协兵与辰勇械斗。公咨提督请按治军法，未行也。初六夜，永顺协兵掌号执杖至参将署，欲害塔齐布公。塔公匿菜圃草中以免。兵众毁其房室。旋出至公所馆抚署侧射圃中，大哗，骆公步出谕饬之，乃解。时有劝公据实参奏者。公曰："为臣子者，不能为国家弭乱，反以琐事上渎君父之听，于心未安也。"二月中，曾经奏请移驻衡、宝二郡，就近剿办土匪。遂定计移驻衡州以避之。因与骆公商调塔齐布领宝勇、辰勇八百人，益以抚标兵，移驻醴陵；调邹寿璋领湘勇驻浏阳，以防江西之贼；调训导储政躬所领湘勇一营，往郴州以防土匪；公弟国葆率所领湘勇上驻衡州。八月十三日，公具折奏言，湖南衡、永、郴、桂各属为匪徒聚集之薮，数月以来，聚众为乱，巨案叠出，臣即日移驻衡州，就近调遣。附片奏调委员厉云官等随往差遣。

十四日，公由长沙起行，绕道湘乡，抵家省亲，以二十七日抵衡州府。先是，南路土匪屡起，次第剿平。江西吉安府属土匪大起，太和、安福二县失守，江公忠源派罗泽南以湘勇往剿，大破之，擒斩数千，克复两城。余匪溃窜湖南界，茶陵、安仁皆不守。公乃调塔齐布以兵勇往剿，平之。王公鑫驻营郴州，闻江西援军营官阵亡之信，欲回籍募勇，赴江西剿贼，以抒公愤而复私仇。上书于公，词气慷慨。公嘉其义，札令即来衡州面商以讨贼之事。公言近日大弊，在于兵勇不和，败不相救。而其不和之故，由于征调之时，彼处数百，此处数十，东抽西拨，卒与卒不相习，将与将不相知。地势乖隔，劳逸不均，彼营出队，而此营袖手旁观，或哆口而笑，欲以平贼，安可得哉！今欲扫除更张，非万众一心不可。拟再募勇数千,与援江各营合成一军,交江公忠源统之以平贼。

八月二十二日,江西省城解严。贼窜陷九江府湖口县,仍陷安庆省城,皆据之。复分股上窜湖北。张公亮基以兵五千人扼守田家镇,贼至则大溃。江公忠源间道驰援,战不利,北屯广济。贼因上犯鄂渚。张公亮基奉旨调任山东巡抚,以吴文镕为湖广总督。吴公者,公会试座师也。九月初,由黔赴鄂,道出长沙,以书招公至省垣相见。公以军事方殷,未遑离次。吴公星驰赴任。时贼已陷黄州、汉阳,北扰德安,南及兴国、湖南,岳州戒严。骆公秉章驰书与公谋防堵。公以茶陵、安仁既平,札调塔齐布等军速赴长沙,并调援江之湘勇回援。二十七日,奉上谕:"长江上游,武昌最为扼要,若稍有疏虞,则全楚震动。著骆秉章、曾国藩选派兵勇,并酌拨炮船,派委得力镇将驰赴下游,与吴文镕等会合剿办,力遏贼冲,毋稍延误。"钦此。

十月初三日,奉上谕:"曾国藩团练乡勇,甚为得力,剿平土匪,业经卓有成效。著酌带练勇,驰赴湖北。所需军饷等项,著骆秉章筹拨供支。两湖唇齿相依,自应不分畛域,一体统筹也。"钦此。王公鑫募湘勇,初议欲为援江诸军复仇,既而闻贼窜湖北之警,骆公因札令募勇三千,赴防省城。公见王鑫气太锐而难专用也,既为书以戒之。又函致骆公,言兵贵精不贵多,新集之勇,未经训练,见贼易溃,且饷糈难继,宜加裁汰。骆公未能用。维时罗公泽南由吉安率勇回湘。李公续宾分领一营,战功卓著。又有杨虎臣、康景徽所带湘勇二营,先后自江西回抵长沙,合以王鑫新募之勇及所调兵勇,赴防省城者,不下万人。总督吴公到鄂,屡请援师。时又奉上谕:"武昌情形万分危急,着曾国藩遵照前旨,赶紧督带兵勇船炮,驰赴下游会剿,以为武昌策应"等因。钦此。公商之骆公,请饬王鑫带所招湘勇赴鄂。旋以贼船东窜,湖北解严,湘勇亦未北行也。公言今之办贼,不难于添兵,而难于筹饷;不难于募勇,而难于带勇之人;不难于陆战,而难于水战。江公忠源之守南昌也,派夏廷樾、郭嵩焘在樟树镇制造木簰数十具,载炮于其上,拟冲贼船。簰甫成,将发,而贼退出鄱湖。至是公亦于衡州仿造冲簰,既试之水面,钝滞难用。乃买民船改造炮船。

二十四日,公具折奏言,武昌现已解严,臣暂缓赴鄂,并请筹备战船,合力堵剿。该匪以舟楫为巢穴,长江千里,任其横行。欲加攻剿,唯以战船为第一先务。臣即在衡州试行赶办,果有头绪,即亲自统带,驶赴下游。是疏奉朱批:"所虑甚是,汝能斟酌缓急,甚属可嘉。"钦此。时广东解江南大营饷银过长沙。公附片奏,请截留四万两,以为筹办炮船、招募水勇之资。湘勇营制,以三百六十人为一营,每营用长夫百四十人,合为五百。公之选将领,以四科为格:一曰才堪治民;二曰不畏死;三曰不急名利;四曰耐辛苦。公欲募成六千之数,合江公忠源旧部,足成万人。甫立此议,江公遂奏请以公所练六千人出省剿贼。奉上谕:"湖北情形紧要,已有旨令江忠源暂留剿贼。着曾国藩即将选募之楚勇六千名,酌配炮械,筹雇船只,由该侍郎督带驶出洞庭湖,由大江迎头截剿,肃清江面贼船。想曾国藩与江忠源必能统筹全局也。"钦此。鄂中兵勇前防田家镇者,溃后或逃窜湘中,劫掠行旅。公捕得,即斩以徇,民赖以安。

是月，公致书湘乡人士，议建忠义祠于县城，祀援江阵亡营官四人，而以湘勇附祀焉。江公忠源回军汉阳，奉旨授安徽巡抚，并谕令楚、皖一体斟酌缓急，相机进剿。时贼已据安庆，议建庐州为省会。工部侍郎吕文节公贤基在籍办理团练。贼自舒桐北窜，吕公迎剿阵亡。周文忠公天爵亦卒于家。江公见鄂贼甫退，皖事尤棘，力疾提师北趋庐州。行至六安，病甚。

十一月，奉上谕："宋晋奏曾国藩乡望素孚，人乐为用，请饬挑选练勇，雇觅船只，顺流东下，与江忠源水路夹击，速殄贼氛等语。现在安徽逆匪，势甚猖獗，连陷桐城、舒城，逼近庐郡，吕贤基业经殉难，江忠源患病，皖省情形危急，总由江面无水师战船拦截追剿，任令贼踪往来自如，以致逆匪日肆鸱张，该侍郎前奏亦曾筹虑及此。着即赶办船只炮位，并前募勇六千，由该侍郎统带，自洞庭湖驶人大江，顺流东下，与江忠源水陆夹击。该侍郎忠诚素著，兼有胆识，朕所素知，必能统筹全局，不负委任也。"钦此。前此寄谕，有肃清江面之语。各省亦苦贼踪飙忽，公一以水师为急。所造木牌，既不可用，水师舟舰，无人经见，刱为此举，相顾色骇。公日夜苦思，博采众议。岳州营守备成名标、广西候补同知褚汝航、知县夏銮等，先后奉委托公行辕。公留置戎幕，遂询知拖罟、长龙、快蟹、舢舨各船式，鸠集衡、永工匠，依式制造。公研精覃思，不遗余力。彭公玉麟、杨公载福来营，公弟国葆亟称两人之才，公拔而用之。广西巡抚劳公崇光委解炮二百尊赴鄂，道出衡州。时田镇防兵已溃，公因截留其炮位并护解之水手，以备教练水师之用。公以湖南库款不敷提用，其募练之饷，特劝捐接济。公选派员绅，设局于各州县，不用官牍，以防抑勒。自刊军功执照，用抚藩钤印，自六品至九品，按资填给。

常宁县土匪起，县城失守。公调千总周凤山、公弟国葆，带勇往剿。十一日，贼窜踞羊泉洞，又调张荣组、储玫躬带勇会剿。十四日，陷嘉禾，犯蓝山，又窜踞道州之四庵桥。公又添调邹寿璋、魏崇德带勇往剿。各营与贼战，均有斩获，而储玫躬之功为多。公与巡抚骆公会奏常宁土匪滋事戕官，现已派勇往剿拿获首要各犯一折。

二十六日，公具折奏言：筹备水陆各勇，驰赴安徽会剿，而船炮水军一时未能就绪。前经奉旨，特派广西右江道张敬修购办夷炮、广炮千尊，并带工匠，自粤来楚。臣专候该道来楚，乃可成行。附片奏请设立水路粮台，提用湖南漕米二、三万石，以资军食。又附片奏请经手劝捐之款，准归人筹饷新例，随时发给部照，以免捐生观望不前之弊。公前拟募陆勇六千，本以付江公忠源统带。寻奉旨筹备水师，始建水、陆万人，大举东征之计，先派江公之弟忠浚带勇一千名赴皖，公则经营战舰，规造炮船二百号，雇民船二百以从其后，船行中流，陆兵则夹江而下。其规划大局如是。庶事草创，经费繁巨，有求弗应，则与巡抚骆公书函往复。骆公委曲应付，渐以就绪。公尝以蚊虻负山、商距驶河自况；又尝有精卫填海、杜鹃泣山之语。盖公之水师为肃清东南之基本，而是年冬间，最为盘错艰难之会矣。

十二月初一日，委褚汝航至湘潭分设一厂，监造战船。其衡州船厂，委成名标监督之。造船大者快蟹，次曰长龙。又购民间钓钩船，改修以为炮船。褚公又依式添造舢舨、

小艇数十号。两厂之船，往来比较，互相质证，各用其长。潭厂所造，尤坚利矣。贼船回窜湖北，仍陷黄州。公致书总督吴公，言今日南北两省，且以坚守省会为主，必俟水师办成，乃可以言剿。湖北巡抚崇纶公奏参督臣闭城株守，奉旨切责。吴公乃出，督师于黄州。吴公遗书于公。其略云："吾意坚守，待君东下，自是正办。今为人所逼，以一死报国，无复他望。君所练水、陆各军，必俟稍有把握，而后可以出而应敌。不可以吾故，率尔东下。东南大局，恃君一人，务以持重为意，恐此后无有继者。吾与君所处，固不同也。"公得书，深忧之。骆公秉章调罗泽南等湘勇二营，朔湘而上，会剿土匪。初十日，抵衡州。公与罗公商榷兵事，更定陆军营制，以五百人为一营，每营四哨，每哨八队，亲兵一哨六队，火器刀矛，各居其半。每营用长夫百八十人，营官、哨官、队长以至勇夫薪粮，分毫悉经手定。刊立营制数十条，营规亦数十条。自此以后，湘勇转战遍于各省，一依公所定规制行之。广东协拨鄂饷七万两，委员解楚，道出郴、桂。适永兴土匪起，公乃令罗泽南带勇迎护粤饷，剿捕土匪，平之。

公前奏一疏，于十六日奉到朱批："现在安省待援甚急，若必偏执己见，则太觉迟缓。朕知汝尚能激发天良，故特命汝赴援以济燃眉。今观汝奏，直以数省军务一身克当。试问汝之才力能乎？否乎？平时漫自矜诩，以为无出己之右者。及至临事，果能尽符其言甚好；若稍涉张皇，岂不贻笑于天下？著设法赶紧赴援，能早一步，即得一步之益。汝能自担重任，迥非畏葸者比。言既出诸汝口，必须尽如所言，办与朕看。"钦此。公于二十一日具疏，逐条陈明：其一，起行之期，必俟粤东解炮到楚，稍敷配用，即行启程；其一、黄州巴河，被贼艅占据，必先扫荡鄂境江面，乃能赴皖；其一，武昌为金陵上游，贼所必争，目今宜力保武昌，然后可以进剿；其一臣所练之勇，现在郴、桂一带剿办土匪，不能遽行撤回，俟来年正月船炮将齐之时，一并带赴下游。其后一条奏称：饷乏兵单，成效不敢必，唯有愚诚，不敢避死而已。与其将来毫无功绩，受大言欺君之罪，不如此时据实陈明，受畏葸不前之罪。疏入，奉朱批："成败利钝，固不可逆睹。然汝之心可质天日，非独朕知。若甘受畏葸之罪，殊属非是。"钦此。公又具折奏称："衡、永、郴、桂一带，尚有一股会匪，剿捕未毕，余党尚多。此股会匪，实为湖南巨患，亦是臣经手未完之件。"奉朱批："汝以在籍人员，能如是出力，已属可嘉。著知会抚臣剿办，或有汝素来深信之绅士，酌量办理亦可。"钦此。公又因衡阳、清泉两县，每用保甲催征银粮，民户抗欠，则追此保甲，而保甲亦包揽为奸，反置团防事于不理。公批饬两县，令但责成保甲稽查土匪，而催征仍责之吏役。亦于是折附片陈奏。奉朱批："此亟应改易者，着知照骆秉章将改办章程，速行复奏。"钦此。衡州府县差役，人数甚多，诈索乡间，倚势作威。公访得恶差数人诛戮之，不少宽贷。公于地方之事，知无不为，意在锄奸宄以安良善，不以侵官越俎为嫌也。

江忠烈公忠源自六安力疾人守庐州府，贼纠党合围数重。刘长佑、江忠濬等以楚勇往援，及各路援军皆阻隔不得进。十二月十七日，府城陷，江公赴水死之，城中殉难者不能悉记。候补知府陈公源衮、知县邹公汉勋死尤烈。陈公者，公同年友；邹公者，亦公所推许也。

船厂赶工，岁暮不息，成者过半。二十七日，公自衡州回籍省亲。

是年夏四月，贼党林凤祥自扬州掠众北窜，陷滁州，踞临淮关，复陷凤阳府。遂北窜河南，陷归德，扑开封省城，渡黄河。六月，围攻怀庆府。八月，窜入山西，陷平阳府，复出至临洺关，陷深州。九月，犯天津府，据静海、独流二城。江南大营向公荣、江北大营琦善公驻两城外围，攻经年，未得一战。内阁学士胜保公率兵追林逆一股，转战数千里。贼势飘忽不可遏。钦差大臣直隶总督讷尔经额督兵败贼于怀庆。贼之窜山西扰畿辅也。山西巡抚以下失守各员，与督兵之都统、提镇大员多获罪。诏授胜保为钦差大臣，逮讷尔经额治罪，特命惠亲王为奉命大将军，科尔沁郡王僧格林沁为参赞大臣，会兵进剿，贼势少蹙。

左都御史雷以诚募勇于扬州，刱收厘捐，以济军饷。各省厘捐始于此。

【甲寅】咸丰四年,公四十四岁。

正月初五日,公由家出抵衡州,督催船工,招募水勇。时湘中人未见水师,应募者少,乃招船户水手不怯风涛之民,用广西炮勇为之教习。快蟹船用桨工二十八人,橹八人;长龙船桨工十六人,橹四人;舢舨船桨工十人。每船用炮手数人。文另置舱长一名,头工二名,柁工一名,副柁二名,其口粮较优。亦刊发营制一篇。吴文节公文镕督兵于黄州,驻营堵城,亟攻黄州不下。贼焚毁堵城营垒,吴公力战阵亡。贼船上犯武昌,戒严。

十三日,奉到初二日上谕:"前因贼扰安徽,迭次谕令曾国藩置办船炮,督带楚勇,由湖人江,与安徽水陆夹击。本日据袁甲三奏请令曾国藩督带兵勇船炮,由九江直赴安徽安庆,刻下贼数无多,或先复安庆,亦可断贼归路等语。庐州为南北要冲,现在为贼所据,必须乘其喘息未定,赶紧进剿,遏贼纷窜之路。曾国藩制办船炮,并所募楚勇数千人,此时谅已齐备,著即遵旨,迅速由长江驶赴安徽,会同和春、福济,水陆并进,南北夹攻,迅殄逆氛,以慰厪念。"钦此。公既闻庐州失守,江公殉难,而探卒自鄂归者,亦报黄州堵城之败,公于时心愈迫矣。二十六日,船厂毕工,成快蟹四十号,长龙五十号,舢舨百五十号,拖罟一号,以为坐船。购民船改造战船者数十号,雇民船百数十号,以载辎重。募水勇五千人,分为十营。其五为正,其五为副。每营置一营官,又设帮办一人。在湘潭募水军四营,以褚汝航、夏銮、胡嘉垣、胡作霖为营官领之。衡州募六营,以成名标、诸殿元、杨载福、彭玉麟、邹汉章、龙献琛为营官领之。二十八日,自衡州启程,会师于湘潭,前、后、左、右、中营旗帜,各用其方色。陆勇五千余人,则以塔齐布、周凤山、朱孙诒、储玫躬、林源恩、邹吉琦、邹寿璋、杨名声及公弟国葆等领之。水路以褚汝航为各营总统,陆军以塔齐布为诸将先锋。粮台设于水次,载米一万二千石,煤一万八千石,盐四万斤,油三万斤,配炮五百尊,军械数千件,子药二十余万斤。应需之器物,应用之工匠,相随以行。辎重民船,亦给予旗帜枪炮,以助军势。合计员弁、兵勇、夫役一万七千余人,军容甚盛。作《讨粤匪檄文》一道,布告远近。贼船上窜,仍陷汉阳。湖北按察使唐公树义迎战,死之。贼上窜湖南境。

二月初一日,岳州失守。初二日,公在衡山舟次,奏报东征启程日期一折,并奏陈水陆营制、粮台章程大概情形,并奏调署抚标中军参将塔齐布、耒阳县知县陈鉴源、平江县知县林源恩、善化县知县李瀚章等随同东征差遣。又附片代递唐树义遗折一件。公之为是役也,水陆兼进,尤注重水师。自上年创为战船,每事必躬自考察,材木之坚脆,纵广之

矩度,帆樯楼橹之位,火器之用,营阵之式,下至米盐细事,皆经于目而成于心。粮台设立八所,条综众务:曰文案所、内银钱所、外银钱所、军械所、火器所、侦探所、发审所、采编所,皆委员司之。罗公泽南、李公续宾湘勇二营,留驻衡州,以防南路之土匪,委知府张丞实督办捐局,以资接济。时又奉到上谕"此时睢曾国藩统带炮船兵勇,迅速顺流而下,直抵武汉,可以扼贼之吭。此举关系南北大局,甚为紧要。此时水路进剿,专恃此军。该侍郎必能深悉紧急情形,兼程赴援"等因。钦此。贵州候补道益阳胡公林翼应前总督吴公之调,带练勇六百名由黔赴鄂,军抵金口。闻吴公阵亡,贼舟上犯,阻隔不能进。公商之巡抚骆公秉章,由湖南支给饷糈军械。并饬令回军,会剿岳州之贼。王公鑫所招湘勇在长沙者,不用公所定营制,有自树一帜之意。骆公札饬王鑫率所部先趋黄州。军未发而贼已由岳州窜湘阴,上踞靖港市,扰陷宁乡。公舟师抵长沙,调陆路各营剿之。

十五日,公具疏奏称,贼船上窜,东南大局,真堪痛哭。湖广江皖四省,止有臣处一支兵勇较多,每月需饷银近八万两,专恃劝捐,以济口食。现在湖南、江西、四川较为完善,请旨饬派大员办理捐谕,专济臣军之用。并言世小乱,则督兵较难于筹饷;世大乱,则筹饷更难于督兵。此次成师以出,已属竭力经营,若复饥疲溃散,此后不堪设想。附片奏胡林翼黔勇,暂令驻岳州附近地方,相机会剿。王鑫湘勇剿贼于乔口,败之。公所派陆营赵焕联、储玫躬、公弟国葆等,分投攻剿。储公玫躬击破贼大队于宁乡,旋因追贼阵亡。贼败溃下窜,公饬各营及战船追击之。

二十四日,公与骆公会奏逆船上窜派员前往分途截剿连获胜仗一折,附片奏留胡林翼在楚剿贼,暂未能赴鄂。又附报官军收复湘阴乘胜追剿一片。于时奉到上谕:"曾国藩统带炮船,想已开行,著即兼程驰赴下游,迎头截剿。此时水路进攻,专恃湖南炮船,遇其凶焰,务须赶紧前进,勿稍延误。"钦此。又奉到上谕"本日据青麟奏称:探闻曾国藩带勇已距金口百有余里,贵州道胡林翼随同前来,现复退往上游,贼船飙忽上窜,急需出其不意,顺流轰击。该侍郎炮船早入楚北,胡林翼何以退守?著曾国藩饬知该道迅速前进,无稍迟延"等因。钦此。公乃专折陈明胡林翼一军未能赴鄂留于湖南之由。并称胡林翼之才胜臣十倍,将来可倚以办贼。胡公之军回湖南境,崇阳、通城各属土匪四起,贼由兴国上窜,陷崇、通二邑,匪党大炽。公调胡公黔勇由平江往剿,平江县知县林源恩带员继之。胡公军至通城,请援于公,公又令塔齐布、周凤山等带勇往剿。贼退出岳州。王鑫湘勇先抵岳州,由蒲圻前进。公所派陆军三营亦抵岳州。公自统水军进剿。

三月初二日,抵岳州。初五日,公由驿具折奏称:贼踪令数退出南省,臣现驻岳州,搜捕湖汉徐匪,就近剿办崇、通股匪。上游肃清,则驰赴下游,庶无彼此牵掣之患。又具折奏训导储玫躬,屡著战功,拟保以同知直隶州升用。该员冲锋遇害,恳恩准照同知直隶州例议恤。阵亡之勇目喻西林、文生杨华英均请一体议恤,以慰忠魂。附片奏:在籍道员蒋征蒲捐助军饷,请先提银十万两,拨付臣营口粮,并请旨饬令该道员赴行营,总办粮台事务,以期呼应较灵。是日,公派战船搜捕西湖余匪。卫千总邹国彪遇贼掷火,烧伤而亡。初七日,北风大作,战船及辎重船在岳州湖畔者,漂沉二十四号,撞损数千号,勇夫多溺毙

者。

骆公秉章屡奉旨筹兵援鄂。骆公于二月内奏称:湖南弁兵存数无多,历次剿办土匪及此次所派追剿贼匪者,俱系臣与曾国藩督饬士绅招募自练之壮勇,较为得力。该逆现窜湖南,鄂省情形较缓,拟俟南省剿办事竣,臣派兵驰往鄂省跟踪追击。奉朱批:"楚南之贼明系分窜,现在湖北尚有多贼。曾国藩炮船原为肃清江面,第此时道路不通,暂可留在湖南剿办,亦不能专待事竣缓缓北上。楚南办有头绪,仍应速赴湖北为是。曾国藩素明大义,谅不敢专顾桑梓,置全局于不问。北重于南,皖、鄂重于楚南,此不易之局也。"钦此。

湖北贼势方炽,武昌省城岌岌不保,公屡奉寄谕,饬令统领舟师,驰赴下游。谕旨云"此时得力舟师,专恃曾国藩水上一军。倘涉迟滞,致令汉阳大股窜踞武昌,则江路更形阻隔。朕既以剿贼重任付之曾国藩,一切军情,不为遥制"等因。公启行之初,派陆路劲军,由崇、通剿贼,欲以次扫荡,进援武昌。公自统水师,顺流而下。既至岳州,遇风沉损各船。而王鑫湘勇之前进者,初八日抵羊楼司,遇贼溃败,退回岳州。贼乘胜上犯。公弟国葆、邹寿璋、杨名声等营在岳州者,皆溃退入城。贼扑城甚急。初十日,公急调炮船,齐赴岳州登岸击贼,拔出城中各营溃勇,乘风南返。十四日,泊长沙城外,贼船复上犯湘阴。公在衡州时,原任湖北巡抚杨健之孙杨江捐助军饷银二万两,公因奏请以杨健入祀乡贤祠。奉旨交部议处,部议革职,奉旨改为降二级调用。

十五日,骆公奏岳州官军失利、省城现筹防剿情形。王鑫革职,留营效力赎罪。十八日,公具折奏陈:岳州陆军败溃,水师遇风坏船,力难应敌,恐战船洋炮反以资贼,遂乘风退保省城,皆由臣不谙军旅,调度乖方,请交部治罪。附片奏船只遇风沉损情形,邹国彪伤亡请恤。又奏探明前路贼情一片。官军在崇、通者,屡获胜仗,胡公林翼有初六日上塔市之胜,塔齐布公有十四日沙坪之胜。贼势少挫。时值贼船上窜,长沙戒严。公乃调胡林翼、塔齐布两军旋省,委林源恩以平江勇扼守,防其南窜。

二十二日,奏报崇、通胜仗一折。奏称:武昌以南等属州县,皆已为贼所踞,臣本拟痛剿崇、通一股,即可直抵鄂省,以资救援。不谓岳州一败,大股上窜,须酌撤通城之兵,回保长沙,此皆臣调度乖方所致也。公之回长沙也,竹亭公为书以诫公,谓其筑垒不坚,调军太散,皆取败之道。结阵之法,缉奸之法,皆宜加意讲求,尤以早起早食为要。自是以后,公每日未明而起,甫明而食,凡十余年如一日。

贼船窜踞靖港市,复分股由陆路扰宁乡南及湘潭。二十七日,湘潭失守,贼于城外筑垒自固,于湘水上游掠民船数百号,竖立木城,以阻援师。二十八日,塔齐布公督军驰至湘潭,奋击贼营,大破之。连战四日夜,毙贼数千人。官军力战杀贼之多,实自此役始。二十九日,公派水师五营,驶赴湘潭助剿。

四月初一日,水师大破贼船于湘潭。陆军攻贼垒,尽破之。初二日,公自督战船四十号、陆勇八百人,击贼于靖港市。西南风发,水流迅急,不能停泊,为贼所乘。水勇溃散,战船为贼所焚,或掠以去。公自成师以出,竭力经营,初失利于岳州,继又挫败于靖港,愤极赴水两次,皆左右援救以出。而是日水师适破贼船于湘潭,连日报捷,军势少振。初三日,水师尽毁贼所掠船。塔齐布公会各军兜剿,屡破之。初五日,克复湘潭县城,贼乃大溃。自粤逆称乱以来,未受大创。湘潭一役,始经兵勇痛加剿洗,人人有杀贼之志矣。公之回长沙也,驻营南门外高峰寺。湘勇屡溃,恒为市井小人所诟侮,官绅间,亦有讥弹者,公愤欲自裁者屡矣。公言古人用兵,先明功罪赏罚,今时事艰难,吾以义声倡导,乡人诸君,从我于危亡之地,非有所利也,故于法亦有所难施,所以两次致败,盖由于此。湘潭未捷之时,公与骆公会奏贼势全注湖南,大局堪虞,请旨速饬广东、贵州遄调兵勇来楚协剿一折。

初十日,兵部火票递到前折。奉上谕:"曾国藩奏岳州水陆各军接仗情形并自请治罪一折。此次岳州水军,虽获小胜,惟因陆路失利,以致贼匪复行上窜,曾国藩统领水陆诸军,调度无方,实难辞咎,著交部严加议处。仍著督带师船,迅速进剿,克复岳州,即行赴援武昌,毋得再有延误。"钦此。又奉上谕:"曾国藩所统各勇,为数过多,既须剿办粤逆,又须搜捕土匪。即如所奏,有拨赴平江、通城者,有拨赴临湘、蒲圻者,又有不能依限前进者。散布各处,照料既不能周,剿捕自难得力,一有败衄,人无固志,似此何能力图进取?此时肃清江面,专恃此军。曾国藩初次接仗,即有挫失,且战船被风沉损多只,何事机不顺若是!现在湖北待援孔亟,曾国藩以在籍绅士,若只专顾湖南,不为通筹全局之计,平日所以自许者安在?鲍起豹本系水师大员,何以不令督带舟师剿办贼匪,是否不能得力?且该提督何以陆路亦未带兵前进?著骆秉章查明具奏。"钦此。

十二日,公与骆公会奏官军击贼靖港互有胜负,贼由陆路攻陷湘潭,官军水陆夹击大获胜仗,巨股歼克复县城一折。随折奏保副将塔齐布、守备周凤山,同知褚汝航、知县夏銮、千总杨载福、文生彭玉麟、哨官张宏邦、训导江忠淑八员。是役以塔齐布公为功首,而水师立功,亦于是始著。公专折奏:靖港战败,水师半溃,实由臣调度乖方,请交部从重治罪,并请特派大臣总统此军。臣未赴部之先,仍当力图补救。附片奏保塔齐布、褚汝航等数员,可分水、陆将领之任。奏奉上谕:"屯聚靖港,逆船经曾国藩亲督舟师进剿,虽小有斩获,旋以风利水急,战船被焚,以致兵勇多有溃败。据曾国藩自请从重治罪,实属咎有应得。姑念湘潭全胜,水勇甚为出力,著加恩免其治罪,即行革职,仍赶紧督勇剿贼,带罪自效。湖南提督鲍起豹自贼窜湖南以来,并未带兵出省,迭次奏报军务,仅止列衔会奏。提督有统辖全省官兵之责,似此株守无能,实属大负委任。鲍起豹著即革职,所有湖南提督印务,即著塔齐布暂行署理。该部知道。"钦此。又奉上谕:"曾国藩统领舟师,屡有挫失,此折所陈纰缪各情,朕亦不复过加谴责。现在所存水陆各勇,仅集有四千余人。若率以东下,诚恐兵力太单。该革员现复添修战船,换募水勇,据称一两月间当有起色。果能确有把握,亦尚不难转败为功。目下楚北贼踪,由应山窜回德安;随州之贼,亦回武汉。是鄂省望援甚急。该抚等务当督饬水陆各军,迅将此股败窜之匪歼灭净尽,兼可赴援武昌,以顾大局。"钦此。

官军既复湘潭,余贼溃窜者擒捕殆尽,贼船在靖港者闻风下驶,岳州贼亦退出。公所

造战船，经岳州之损，靖港之败，去其大半。旋委员于衡州、湘潭设两厂，续造船六十号，较前更加坚致。长沙亦设厂重修百数十号。已溃之勇丁，不复收集，别募水陆兵勇数千人。每船增设哨官一员。调罗泽南、李续宾带所部湘勇回长沙，又委增募湘勇数营。将领立功者，奖拨保奏，溃败者革退更置。奏调水师弁兵于两粤。广西巡抚委知府李孟群募水勇一千名，广东委派总兵陈辉龙带水师四百员名、炮一百尊，赴湖南会剿。规模重整，军容复壮矣。通城贼南犯，林源恩带勇堵之。公调江忠淑、陈鉴源等带勇会剿，破之。

五月初八日，公具折恭谢天恩。奏称：臣屡奉谕旨，饬令迅速东下，数月之久，未能前进，复多挫失，且愧且憾。是以吁请治罪。乃蒙皇上俯从宽宥，贷其前愆。期其后效。臣现将水陆各军严汰另募，重整规模。一俟料理完毕，即星夜遄征，誓灭此贼，以雪挫败之耻，赎迟延之罪。又因前折奉批谕，有太不明白之语，附片复陈湘潭、宁乡、靖港三处贼踪来去、官军胜败曲折情形。又附片奏请署提督塔齐布会师东下，出省剿贼。又奏称：臣系革职人员，此后出境剿贼，一切军情，必须随时奏报，请容臣专折奏事。奉朱批："准汝单衔奏事。"钦此。又奉上谕"曾国藩添募水陆兵勇，及新造重修战船，既据奏称，已可集事，则肃清江面之举，仍借此一军，以资得力。塔齐布胆识俱壮，堪膺剿贼之任。著骆秉章即饬统领弁兵，迅速出境。曾国藩与该署提督共办一事，尤应谋定后战，务期确有把握，万不可徒事孟浪，再致挫失"等因。钦此。

贼既退出湖南，旋复上犯，陷华容，踞岳州，分扰洞庭之西湖。十三日，陷龙阳，掠民船，攻常德府。十六日，陷踞之。塔齐布公统带兵勇三千，先赴岳州进剿。公乃调胡林翼与周凤山、李辅朝等，带勇由益阳进剿常德。行抵龙阳，湖水骤涨。贼船乘水攻营，周凤山等小挫。胡公林翼督各勇回益阳，改道绕赴常德。

六月，船厂修造战船毕工。广东总兵陈辉龙到长沙，添造浅水拖罟二号。李孟群所募广西水勇千名，亦到长沙，与公所新募水勇日夜操练，刻期进剿。汉阳之贼，于春初分股溯汉水，陷德安、随州。江汉城邑，大半残破。湖北学政侍郎青麟入守武昌，署巡抚事。将军台涌驻营随州，署总督事。贼于三月陷安陆府，四月陷荆门州，犯荆州府。将军官文公遣兵击却之。贼窜陷宜昌府。五月复下窜宜都、枝江，由太平口南入洞庭，与西湖股匪合并，陷澧州、安乡等城。青麟守武昌数月，城外贼踪四布，粮尽援绝，乃率饥军数千突围南出，就饷于长沙。贼遂陷武昌省城，踞之。公与骆公筹发饷银二万两，以赈鄂军，资遣至荆州。青麟奉旨正法，台涌革职。诏以杨霈署湖广总督。

公水师既集，分三帮起碇。十三日，先遣褚汝航等四营击楫而下。陆师则以塔齐布公之军为中路，驻营于新墙。胡公林翼等军出西路，趋常德。江忠淑、林源恩等由平江追剿崇、通者为东路。先后进剿，合计兵勇数近二万。贼闻官军大至，遂退出常德、澧州各城，将所掠船尽集岳州踞守。公以新墙兵力稍单，调派罗泽南等以勇二千继进，又调周凤山等兵勇齐赴岳州。二十二日，塔齐布公破贼于新墙，进逼岳州，晦日，水师破贼于南津港，贼乃宵遁。

七月初一日，官军收复岳州。初三日，贼船数百来犯，水师力战破之。初六日，公督

水师后帮，由长沙起行，陈辉龙、李孟群率师继进。十一日，公会骆公衔驰奏水师克复岳州、越日大股续至，复被水师痛剿，全数歼灭，南省已无贼踪一折，随折奏保褚汝航、夏銮、彭玉麟、杨载福、何南青等五员。附片奏调浙江候补知县龚振麟来楚铸造炮位，接济舟师之用。又附片奏称：水师以造船置炮为最要，出征船舰，不无漂损。臣设衡州、长沙两处船厂，仍不停工，酌留水勇在长沙操演，预备接济，请旨饬催两广督臣赶紧解运夷炮数百尊来楚，以资攻剿。又附片奏报水师前后起行日期，并雇船载陆勇二千，以资护卫。奉朱批："览奏稍慰朕怀。汝能迅速东下，借此声威，或可扫除武汉之贼。朕日夜焦盼，忧思弥增，护船陆勇终恐未可深靠。"钦此。又奉上谕："此次克复岳州，大获胜仗，湖南逆艚业就肃清，江路已通，重湖无阻。即著塔齐布、曾国藩会督水陆兵勇，乘此声威，迅速东下，力捣武汉贼巢，以冀荡平群丑。"钦此。

水师既克岳州，进破贼船于道林矶。十四日，贼船上犯，水师复破之于城陵矶。十五日，公抵岳州。十六日，驰奏水师迭获胜仗、将犯岳贼船全数歼灭一折。随折仍奏保褚汝航等五员，阵亡哨官秦国长请恤。是日公专差赍折，奏请旨饬部颁发部监执照，以速捐务而济要需。现在臣与提臣塔齐布一军，水陆共计一万三千余人，月需饷银六七万两，万分焦灼。是以专差赴部，守领执照。水师乘风击贼船于城陵矶下，南风大作，官军失利，总兵陈壮勇公辉龙、游击沙公镇邦战殁，褚公汝航、夏公銮等驰救，亦阵亡。战船陷失者数十号，兵勇死伤甚多。十八日，塔齐布公陆军破贼于擂鼓台，阵斩贼目曾天养。

二十一日，驰奏水师失利陆军获胜一折。阵亡总兵陈辉龙、道员褚汝航、同知夏銮、游击沙镇邦、千总何若、澧府经历唐嵘，均奏请恤。随折奏保陆营将弁童添云、周岐山、黄明魁三人，并自请交部严加议处。其时水师营官道员李孟群之父李愍肃公卿谷在湖北署臬司任内殉难。公附片奏报李卿谷殉难情形，请照臬司例赐恤；并称其子孟群忠勇奋发，思报仇殄逆，请留营剿贼；并请从权统领水师前营，以专责成。奉上谕"览奏曷胜愤懑！曾国藩系在水路督战，于陈辉龙出队时，不能详慎调度。可见水上一军毫无节制，即治以贻误之罪，亦复何辞！惟曾国藩前经革职，此时亦不必交部严议，仍责令督饬水师将弁奋力攻剿，断不可因一挫之后，遂观望不前"等因。钦此。又奉上谕："李孟群现在丁忧，著准其仍留军营带勇剿贼。"钦此。贼屯聚城陵矶者，为数尚众，诸公殿元等击贼阵亡。二十六日，贼党大至，罗公泽南奋击破之。二十八日，湘勇由陆路进攻贼垒。二十九日，水师毁贼船于城陵矶，贼大溃。闰七月初三日，驰奏岳州水陆官军四获胜仗一折。随折奏保知府罗泽南、守备杨名声、千总唐得升、李荣华四员，阵亡都司诸殿元、千总刘士宜请恤。奉上谕："塔齐布、曾国藩自带兵以来，既未尝遇败而怯，定不致乘胜而骄，总宜于妥速之中，持以慎重，则楚省贼踪，渐可扫荡。"钦此。塔齐布公陆军初二日，攻破贼营十三座，杀贼二千余人。李公孟群、杨公载福等率水师以火焚贼船，乘胜攻击，尽平沿江两岸贼垒，穷追二百余里至嘉鱼县境，贼溃下窜。公督水军出江，进驻螺山。

初九日，驰奏水陆两军大胜、贼垒尽平、大股歼贼一折。随折奏保周凤山、李续宾、何越埏、佘星元、滕国献、萧捷三六员。附片奏调湖北藩司夏廷樾总理行营粮台，暂驻岳州，

以资转运。又附片奏称：新授四川臬司胡林翼，才大心细，为军中必不可少之员，请旨饬令该臬司管带黔勇，酌拨他路兵勇，自成一队，随同东征。知府罗泽南经江西抚臣咨调赴援，该员现带湘勇，屡次大捷，独当要隘，以寡胜众，亦请随同出境东征，免其赴援江省。

贼之上犯也，濒江城市村镇，悉被残掠，岳州城陵矶以下，筑垒江岸，以图抗拒。至是水陆屡捷，乘势扫荡，贼垒悉平，难民焚香跪道以迎。公约束严明，秋毫不犯，解散胁从，抚恤疮痍。军抵湖北境，与将军官文公、总督杨公霈之军声息渐通。奉上谕："塔齐布、曾国藩奏水陆官军大获胜仗一折，办理甚合机宜。塔齐布着交部从优议叙，曾国藩著赏给三品顶戴，仍著统领水陆官军，直捣武汉，与杨霈所统官军会合，迅扫妖氛。"钦此。

骆公秉章具折奏称：东南形势，利用舟楫。自逆贼掠取江湖舟舰以数万计，以致糜烂数省，凶焰日张，军官坐受其困。自奉明诏，筹备舟师，始有湘潭、岳州诸大捷。疆圉危而复安，此舟师协剿之明效也。曾国藩所统水师船炮，本不为多；接仗失利，所失不少。现在曾国藩整军东下，通筹防剿大局，以船炮为最要。现饬绅民设局捐办船炮，以固本省藩篱，而资大营接济。又奏留胡林翼一军仍驻岳州。奉旨皆允之。贼之大股窜回武汉，而江岸支港汉湖，尚有余匪藏匿，崇阳踞贼数近两万，蒲圻、咸宁等县之匪倚崇阳为巢穴。公与塔公筹商，分路进剿。公督水军搜剿濒江贼船，进扼金口。贼屡来犯，击却之。塔公督陆军驰赴崇阳，连破贼卡。二十六日，破贼于羊楼司。贼败窜，塔公追剿，直抵崇阳。

八月初四日，克复崇阳县城。初九日，追击贼于咸宁，破之。荆州将军官文公所遣之魁玉、杨昌泗等，带兵五千会于金口。水陆并势，复破贼于沌口。公于初四日驻军嘉鱼，驰奏水陆官军迭获胜仗及现筹剿办情形一折，奉批谕："汝等自湘潭大捷后，屡次得手，有此声威，岂可自馁！惟利在速战，莫待两下相持。师劳饷乏，大有可虑处。塔齐布不致为崇阳一股牵制方好。"钦此。十一日，公进驻金口。

十九日，驰奏崇阳克复、咸宁大获胜仗、水师连日接战获胜一折。又奏恭谢天恩一折。奏称：臣丁忧在籍，墨绖从戎，常负疚于神明，不敢仰邀议叙，乃荷温纶宠锡，惭悚交增。嗣后湖南一军，再立功绩，无论何项褒荣，概不敢受奉。朱批："知道了。殊不必如此固执！汝能国尔忘家，鞠躬尽瘁，正可慰汝亡亲之志。尽孝之道，莫大于是。酬庸褒绩，国家政令所在，断不能因汝一请，稍有参差。汝之隐衷，朕知之，天下无不知也。"钦此。

胡公林翼军至通城，因骆公奏留，遂回驻岳州。塔齐布公、罗公泽南由咸宁北趋，击破贼党于横沟桥，与公会于金口。而崇阳余匪仍聚攻县城，陷之。公兼督水陆各军，分途进剿。公与塔齐布公、罗公泽南规划进取武昌之策。贼于城外洪山、花园两路皆驻重兵筑坚垒，罗公自请攻花园一路，

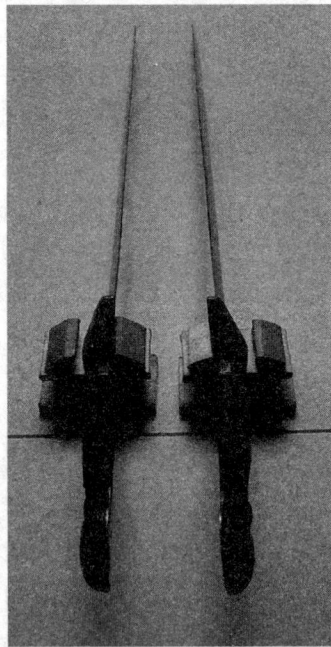

双剑　清

塔公攻洪山一路。二十一日，罗公破贼垒九座，塔公亦破洪山贼垒，水师破毁贼船五百余号。二十二日，驰奏水陆续获胜仗现筹进兵武汉情形一折。是日，水军奋击贼船，焚毁殆尽；陆军攻武汉城外贼垒，悉破平之，先后毙贼万余。二十三日，克复武昌省城，汉阳府城贼大溃，湖广总督杨公霈军汉阳以北。驰奏武汉克复大概情形。奉上谕："曾国藩等攻剿武汉情形尚未奏到，塔齐布陆路官兵，此时谅与曾国藩水陆合为一军，著俟杨霈抵省后商榷挑选精兵，水陆进剿，朕日盼捷音之至也。"钦此。

二十七日，公驰奏水陆大捷、武昌汉阳两城同日克复一折。奏称：臣等先后人城，镇抚子黎，飞咨署督臣杨霈，迅速渡江，妥筹进剿。随折奏保水军营官道员李孟群、游击杨载福、守备萧捷三、陆营将领知府罗泽南、知县李续宾、都司彭三元、守备唐得升、文生李光荣，并奏保荆州将领已革都统魁玉、总兵杨昌泗共十员。附片奏称：军务殷繁，差遣乏员，不能不兼用丁忧降革之员，从权办理。如果奋勉出力，仍当恳请天恩，一律保奖，以收后效而励戎行。又具折奏：六、七月以来，水陆两军迭次胜仗，已奏请将员弁兵勇保奖，奉旨允准。谨分为三起，先将第一单汇列，并粮台各员，昼夜辛勤，经各营官开单请保，臣等核实，缮单恭呈御览。其武汉克复折，奉朱批："览奏感慰实深。获此大胜，殊非意料所及。朕惟兢业自持，叩天速赦民劫也。另有旨。"钦此。又奉上谕"此次克复两城，三日之内，焚舟千余，蹋平贼垒净尽。运筹决策，甚合机宜。允宜立沛殊恩，以酬劳勤：曾国藩著赏给二品顶戴，署理湖北巡抚，并加恩赏戴花翎；塔齐布著赏穿黄马褂，并赏给骑都尉世职"等因。钦此。又奉上谕"楚省大局已定，亟应分路进剿，由九江、安庆直抵金陵，扫清江面。应如何分兵前进，如何留兵防守，著杨霈、曾国藩、塔齐布妥筹商定，即行具奏。曾国藩以杀贼自任，必能谋定后战，计出万全。沿江剿贼之事，朕以责之曾国藩与塔齐布。楚省防贼回窜及搜捕江北等处余匪事宜，朕以责之杨霈。务当协力妥筹，不可稍存大意"等因。钦此。武汉既克，贼船在襄河者尚多，奔出汉口，以图下窜。公派魁玉、杨昌泗带兵进剿，而杨载福等以水师舢板数十号溯流驶入汉口，纵火焚贼船千余号，几尽。三十日，驰奏水师搜剿襄河续获大胜一折。奏称：战船用力甚少，成功甚多。江汉以上贼舟无几，从此一意东下，无牵制之虞。然臣细察大局，有可虑者数端：一在兵气之散佚，一在乱民之太多，一则军去湘日远，军火银米输转为难，恐有缺乏溃散之患，不能不熟虑而缕陈之。附片奏请旨饬江西抚臣筹银八万两，广东、四川二省各筹银数万两，迅解行营。现因陆兵太单，拟添募陆勇二千，率以东下。又附片奏鄂省克复以后，查获贼中伪文卷，七月十八日，城陵矶之战，贼酋曾天养被毙情形，前奏未及详悉声明。又讯据贼供武汉贼情曲折，一并声明。奉上谕："曾国藩等以剿贼自任，虽当乘此机会，急思顺流而下，以次攻复沿江诸城，然须计出万全，谋定后战，方无挫衄之虞。若能由九江、安庆直抵金陵，使长江数千里尽荡妖氛，则从征将弁，朕必破格施恩，以酬懋绩。"钦此。

总督杨公霈自德安人驻武昌，时贼已退出黄州。南则踞兴国州，北则屯聚蕲州、广济，仍以船为巢穴。公与杨公会商进剿，分为三路：以塔齐布公统率湖南兵勇，进剿兴国、大冶为南路，派提督桂明等领鄂省兵勇进剿蕲州、广济等处为北路，公自督水军浮江而

九月初七日，驰奏统筹三路进兵分别水陆先后直捣下游一折。附片奏请饬谕陕西抚臣筹银二十四万两，解赴行营。又片奏参都司成名标监造船工，浮开款项，请革职查办。是日，又具折汇保出力员弁兵勇第二单。奉上谕："曾国藩等奏统筹三路进兵直捣下游一折。览奏布置各情，甚合机宜。以长江大局而论，楚北上游既已渐次肃清，则各路官军乘胜东趋，自成破竹之势。但兵机移步换形，贼情亦诡诈百出，总须出奇应变，步步为营，以免孤军深入，方操胜算。其桂明一军，较之楚南兵勇，强弱是否相当？倘彼强此弱，南岸被剿紧急，该逆必至伺隙北渡，该督等曾否虑及？此次东下之师，关系大局转机，务期成算在胸，相机筹办，能制贼而不为贼制，庶可次第廓清也！所请饬拨陕西饷银，已谕知王庆云照数筹拨，源源接济矣。"钦此。

十三日，驰折恭谢天恩，并奏陈：奉命署理湖北巡抚，于公事毫无所益，于臣心万难自安。臣统率水师，即日启行，于鄂垣善后事宜不能兼顾。且母丧未除，遽就官职，得罪名教，何以自立？是以不敢接受关防，仍由督臣收存。等因。是折未奏到时，奉上谕："曾国藩赏给兵部侍郎衔，办理军务，毋庸署理湖北巡抚。陶恩培著补授湖北巡抚。未到任以前，著杨霈兼署。"钦此。是折奏到，奉朱批："朕料汝必辞，又念及整师东下，署抚空有其名，故已降旨，令汝毋庸署湖北巡抚，赏给兵部侍郎衔。汝此奏虽不尽属固执，然官衔竟不书署抚，好名之过尚小，违旨之罪甚大，著严行申饬！"钦此。又奉上谕："曾国藩既无地方之责，即可专力进剿。但必须统筹全局，毋令逆匪南北纷窜，方为妥善。并随时知照江、皖各抚及托明阿、向荣等四路兜击，以期直捣金陵。固不可迁延观望，坐失事机；亦不可锐进贪功，致有贻误。谅曾国藩等必能兼权熟计，迅奏朕功也！"钦此。

水师杨公载福等领战船先行，公与李孟群等继进。南路陆营以十三日拔营进剿，北路陆军魁玉、杨昌泗等以十七日拔营。十九日，水师破贼于蕲州城下。二十一日，塔齐布公克复大冶县城，罗公泽南等克复兴国州城。公舟次黄州，按行前总督吴文节公堵城营垒，于其殉难之处，为文以祭之，词甚哀厉。祭文稿今佚。

二十七日，公驻舟道士洑，驰奏陆军克复兴国、大冶，水师在蕲州胜仗一折。附片奏探明贼踪，于田家镇坚垒抗拒，横江铁锁二道，拟先攻半壁山，夺其要隘。又具折奏称：臣自入鄂城以来，采访舆论，金谓武昌再陷之由，实因崇纶、台涌办理不善。督臣吴文镕忠勤忧国，殉难甚烈，官民至今思之。即于前抚臣青麟，亦尚多哀怜之语，无怨憾之词。前任督抚优劣情形，以及年余之成败始末，关系东南大局，不敢不据实缕陈。又奏遵保出力员弁兵勇第三次汇单请奖一折。奉上谕"蕲州贼势尚众，水师既经攻剿得手，何以桂明等陆路一军未能赶到？曾国藩经朕以剿贼重任，事权不可不专，自桂明以下文武各员，均归节制，倘有不遵调遣，或迁延畏葸贻误事机者，即著该侍郎专衔参奏，以肃戎行"等因。钦此。是月奉旨："胡林翼调湖北按察使，杨载福补湖南常德协副将，罗泽南授浙江宁绍台道，均督勇剿贼。"钦此。二十九日，蕲州贼船上犯，杨公载福、彭公玉麟等纵火尽焚之。

十月初一日，罗公泽南陆军破贼于半壁山，夺其营栅。初四日，罗公泽南等大破贼于

半壁山，歼贼逾万人。初五日，贼至，复击破之。初七日，驰奏陆军踏破半壁山贼垒水师续获胜仗一折，阵亡员弁何如海、石炽然、徐国本请恤。附片专奏营官白人虎阵亡请恤。又片奏查明前湖北道员刘若珪殉难情形，请饬部议恤。又片奏军中子药概系湖南支应，今全军将出楚境，距湘省千数百里，请旨饬江西抚臣遴委干员，筹款开局，监制火药，铸造铁子铅弹，解营接济。是日，具折谢恩赏兵部侍郎衔。附片陈明前折未署署湖北巡抚新衔，奉批谕申饬，蒙恩宽宥，谨奏申谢。又代奏浙江宁绍台道罗泽南呈谢天恩，仍请留营剿办贼匪。

初八日，水师攻贼船于蕲州，绕出贼前。初十日，贼船退至田家镇南岸，铁锁已为陆营湘勇斫断。杨公载福、彭公玉麟督水军于十三日攻断江中铁链，舟师飞桨而下，至邬穴纵火焚贼舟。适东南风大作，贼船四千五百余号皆尽，伏尸万数。田家镇北岸之贼大溃，毁营而遁。

十四日，驰奏南路陆军大捷、毙贼万余、斫断江岸铁锁、水师屡获胜仗一折。随折奏保李续宾、彭三元、普承尧三员，阵亡千总萧世祥请恤。附片奏陈贼踪遍扰，驿邮多梗，侦探难遣，文报难通，江、皖各营不克随时知照，请旨饬军机处，将江南、北大营现在情形及红单船现泊何处，随时未知臣行营，期通消息。奉朱批："获此大胜，皆因汝等和衷共济，调度有方，故能将士用命，以少击众。朕披览之余，感慰莫能言喻，仍另有旨。"钦此。奉上谕"此次我军陆路夺取半壁山，水师屡获大胜，逆贼不敢复窥南岸，办理甚为得手。据奏北兵不甚得力，究竟桂明一军现在何处？何以未与南军会合？著杨霈亲督后军，迅速前进，为曾国藩等后路声援，不准稍有迁延，致滋贻误"等因。钦此。

十四夜，蕲州之贼弃城窜去。水师追贼，船至九江城下。塔齐布公陆军破平南岸富池口贼垒。二十日，与罗公泽南率师渡江而北。二十一日，公舟次田家镇，驰奏官军水陆大捷、烧毁贼船四千余号、田家镇蕲州两处贼悉溃窜一折。随折奏保副将杨载福、同知彭玉麟、道员罗泽南、游击普承尧、水师将弁刘培元、秦国禄、孙昌国、洪定二十八余员。附片奏报水师前队追逐贼踪已至九江城外，陆军即日渡江北岸进剿。又片奏臣等一军，以肃清江面直捣金陵为主，设该逆旁窜他县，陆军竟难兼顾，请旨饬各路带兵大臣及各省督抚择要堵御，预防流贼之患。奉朱批："续获此胜，皆因汝等筹划尽心，朕甚廑念。"钦此。又奉上谕："曾国藩、塔齐布自岳州统帅东下以来，沿江攻克城池，歼除丑类，所向克捷。皆由同心戮力，调度有方。节次披览奏章，朕心实深欣慰。在事文武员弁兵勇亦能人人用命，奋不顾身，尤堪嘉奖。"钦此。

陆军渡江，循北岸而下。二十六日，遇贼于莲花桥，击破之。二十六日，克复广济县城。水师追击贼船，二十八日战于九江城外，破之。

十一月初一日，陆师破贼于双城驿。初三日，破贼于夏新桥。初四日，克复黄梅县城。初六日，驰奏莲花桥胜仗克复广济及水师九江胜仗一折。阵亡将弁苏胜、郑沐、李金梁请恤。附片预报黄梅胜仗，并陈桂明一军未能会剿缘由。又附片奏蕲州州判魏作霖殉难，请恤。又片奏调湖南永州府知府张丞实来营，添募湘勇，交该守管带，以厚兵力。又附片奏报服阕日期,现在办理军务,在营释服。是日具折奏保克复武汉及兴国、大冶、蕲州各案水陆两军出力员弁兵勇共三百四十人,开单请奖。罗公泽南自黄梅拔营进剿,破贼于濯港。

十一日,公驰奏双城驿、大河埠、夏新桥胜仗黄梅克复一折。随折奏保周发胜、余星元、滕国献三弁,阵亡千总王映轸,请恤。附片奏濯港胜仗。又奏陈近日剿办情形一折。奏称:九江贼船不多,我师两次苦战,未能大挫凶锋,皆因两岸贼营太多,水陆依护,抵拒甚力。我之水师与陆军隔绝,昼夜戒严,劳苦倍甚。并陈可恃者数端,可虑者亦数端。时迭奉谕旨,令湖北、江西两省派兵会剿,总督杨公霈派桂明一军留驻黄州,魁玉、杨昌泗随同剿贼。蕲州以下,杨公霈自驻黄梅、广济之间。江西派桌司恽光宸、总兵赵如胜驻军九江境上。皆奉旨归公节制调度。又奉上谕:"杨霈奏克复广济、黄梅一折,所叙进攻九江情形,似该郡贼党尚复不少。塔齐布渡江而北,南岸官军即不能得手,是江西陆路兵勇殊不足恃,塔齐布仍须渡回南岸。倘南北两岸专恃一塔齐布奔驰追剿,则湖北、江西两省官兵,岂不皆成虚设耶?"钦此。

十二日,塔齐布公、罗公泽南等破贼于孔陇驿。十三日,小池口贼遁去。十四日,水师焚贼船牌,浔郡江面贼踪略尽。公即日进驻九江城外。十五日,塔公陆军抵小池口。水师击破贼船,进泊湖口。贼踞守九江,坚不可下。十八日,陆军渡江南岸,驻营九江南门外。

二十一日,驰奏濯港孔陇驿小池口胜仗、浔郡江面肃清,水师进扼湖口一折。随折奏保朱南桂、童添云二员。附片奏参鄂军营官李光荣所带川勇搪掠滋扰,请革职讯办。又片奏称:攻围九江陆兵单薄,湖北桌司胡林翼识略冠时,已札饬带勇二千,驻防田家镇,就近飞调该军来浔助剿;副将王国才、都司毕金科朴实勇敢,驭军有法,请拨带劲旅,交臣调遣;皖省道员何桂珍、知县李沛苍在六安等处带勇防剿,亦请归臣调遣。又片奏请旨饬江西抚臣赶造攻具,解交行营。均奉旨允准。又奉上谕:"曾国藩、塔齐布运筹决胜,戮力同心,麾下战士率皆转战无前,争先用命,皆由曾国藩等调度有方。览奏之余,实堪嘉慰。曾国藩著赏穿黄马褂,并发去狐腿黄马褂一件,白玉四喜搬指一个,白玉巴图鲁翎管一枝,玉靶小刀一柄,火镰一把,交曾国藩祗领,以示优奖。"钦此。

贼踞九江、湖口两城,浚濠坚垒,结木簰于湖口城下,以阻官军入湖之路,而别筑石垒于梅家洲,水陆相倚。贼舟屯踞大姑塘,扰犯南康府。二十一日,罗公泽南湘军渡江未毕,为贼所乘,回军击却之。胡公林翼军亦至,均驻九江城外。水军登岸攻贼,屡破之。贼每乘夜惊营,水师亦彻夜戒严。

十二月初一日,陆军合攻九江城,未克。初三日,驰奏水军屡获胜仗、陆军围逼浔城、现筹攻剿情形一折。阵亡将弁曾献成、周福友、罗嘉典请恤。奉上谕:"我军自肃清浔江进扼湖口以后,满拟九江郡城乘胜可克,乃连日焚毁贼船,踢破贼垒。而该逆死党仍负固坚守,殊属凶悍。贼情变幻靡常,著曾国藩、塔齐布相机筹划,不可稍有孟浪,致误事机。"钦此。

初六日，胡公林翼、罗公泽南击贼于梅家洲，破之。水师乘势攻破湖口木簰贼卡。初八日，童壮节公添云因攻城受伤，卒于军。初十日，水陆合攻湖口贼营，未克。十二日，水师舢板驶入内湖，焚贼舟数十号，乘胜追逐至大姑塘以上。贼复于湖口设卡筑垒增栅，以断其后。舢板船遂不得出。其在外江者，皆快蟹、长龙诸大船，掉运不灵，贼以小艇乘夜来袭，战船被焚者三十九号，余皆退回九江大营。

十四日，驰奏九江、湖口水陆攻剿情形一折。随折奏保刘国斌、孙昌国二弁，阵亡参将童添云暨兵弁叶楚南、杨玉芳、黄韵南、姜凌浩请恤。水师既退，集九江城外湖口之贼分股渡江，踞小池口皖贼复上犯鄂境。公派周凤山陆营渡江，攻剿小池口贼垒，大挫而还。公急调胡林翼、罗泽南回援九江，驻营南岸官牌夹。二十五日，贼复以小艇夜袭水军，放火焚战船十余号。公座船陷于贼，文卷册牍俱失。公棹小舟驰入陆军以免。调舟师悉泊南岸，与罗公泽南湘勇陆营，紧相依护。粮台辎重各船皆退驶至邬穴，以上战舰亦多溃而上溯者。公愤极，欲策马赴敌以死，罗公泽南、刘公蓉及幕友等力止之。

三十日，驰奏水师在内湖三获胜仗一折，外江水师两次败挫一折。奏称：水师屡获大捷，声威尤震。自至湖口苦战经月，忽有挫失，皆由臣国藩调度无方，请交部严加议处。水师阵亡将弁史久立、李允升、李选众、沈光荣、葛荣册及座船弁兵刘盛槐等请恤。奉上谕："水师锐气过甚，由湖口驶至姑塘以上，长龙、三板各船与外江师船隔绝，以致逆氛顿炽，两次被贼袭营，办理未为得手。曾国藩自出岳州以后，与塔齐布等协力同心，扫除群丑，此时偶有小挫，尚与大局无损。曾国藩自请严议之处，著加恩宽免。"钦此。

杨公载福留邬穴养病，闻败，力疾而下，督战船拒贼却之。寻以病甚回籍。水军在外江者，李公孟群、彭公玉麟与陆军依岸而守；其入鄱湖者，营官萧捷三、段莹器、孙昌国、黄翼升等领之。由是水师遂有内湖、外江之分。

是岁正月，科尔沁郡王僧格林沁及胜保公督兵破贼于独流。二月，破贼于阜城。三月，贼由安徽分股窜山东，陷临清州。四月，胜保公歼贼于临清，僧王大军克阜城。五月，贼陷高唐州，大兵围之。江北大军于去冬收复扬州，贼窜踞瓜洲。

贼陷太平府，孙文节公铭恩死之。闰七月，江南官军克太平府，是年二月，瞿威壮公腾龙阵亡于瓜洲。江北督师文勤公琦善卒于军，江宁将军托明阿代其任。庐州陷后，皖北城邑多残破，诏以福济为安徽巡抚。江南大营复遣提督和春以兵援皖。五月，克六安州。捻匪乘乱起于皖、豫之交，副都御史袁公甲三督师驻临淮关防剿。何公桂珍奉旨授皖南兵备道。道阻不得之任，袁公委以带勇剿贼，驻于霍山。屡有功，欲西与楚军会合。公亦疏调来营，阻于贼而不能达。

卷四

【乙卯】咸丰五年，公四十五岁。

正月，公驻罗泽南湘勇陆营中。贼既踞小池口，皖中大股续至，塔齐布公、罗公泽南率勇渡江击之，挫败而还。贼以一股循江北岸上窜蕲州，一股窜犯广济。官军溃退，总督杨公霈退驻汉口，又退守德安。贼至汉口，溯襄河大掠民船，武昌戒严，江、汉之间纷扰矣。公派臬司胡林翼、总兵王国才、都司石清吉领兵勇六千余人，先后回援武汉。李孟群以战船四十号溯江上驶，以援蕲、黄。初四日夜，东北风大作，巨浪撞击，水师老营战船在九江城外者，漂沉二十二号，撞损数十处。公乃饬外江炮船全赴鄂省，扼紫金口，李公孟群、彭公玉麟领之。而于沔阳州境之新堤镇，设立船厂，修补已损之船，添造舢板小艇。其陷入内湖之水师，闻老营被袭及大风坏船之警，相率赴南昌，巡抚陈公启迈给以口粮，抚而辑之，军心渐定。公自督陆军，急攻九江城，未克。贼屡出扑营，均击退之。

初五日，拜折恭谢天恩，上年十二月奉旨赏穿黄马褂等，并年终奉赏福字荷包银钱银锞食物等件。是日，驰奏陆军渡江挫于小池口、北岸贼踪大股上窜、并陈近日贼势军情一折。奏称：目前局势可虑者多端，臣等一军进止机宜有万难者。

初八日，驰折奏报大风击坏战船，饬令全数赴鄂，并自陈办理错谬之处：一在武汉既克，未留重兵防守；一在九江未克，遽攻湖口，又遭风坏船，事机不顺。目前筹办之法凡四条：其一在鄂省添修外江水师，以固荆湘门户；其一飞饬鄂省兵勇胡林翼等军先后回援武昌；其一拟亲至南昌，修整内湖水师；其一围攻九江之陆军有进无退，攻克浔城，仍当鼓行东下，直捣金陵，以雪积愤。又奏浔城贼出扑营陆军获胜一折。奉上谕"览奏殊深悬系，所称办理错误之处，如水师冲入内河，以致声势隔绝，诚不免锐进贪功。至武汉收复，未留后路声援一节，则其势本有不及，水陆两军全数进剿，犹恐兵力单弱，若彼时即分防武汉，兵数愈少，刻下更不知如何棘手！曾国藩等既定直捣金陵之计，即著迅速设法攻克九江，合军东下，毋得再存顾虑"等因。钦此。

十二日，公由九江启行。十六日，抵南昌，谕营官萧捷三等抚辑众心。委员设局制造炮位子药，专供楚军炮船之用。是为楚师三局。派委员弁回湘增募水勇，拨用江省所造长龙战舰三十号，归人楚军，添造快蟹十余号。又委在籍候选知府刘于浔设立船厂，添造各船。署臬司邓仁坤总理船炮，支应各局。内湖水师，自成一军矣。援鄂之师，胡公林翼一军先发，抵鄂后驻军沌口。石公清吉之军继行。王公国才一军守领饷项，犹驻九江城外。贼出扑营，塔公合击破之。蕲州贼党由富池口渡江而南窜，踞兴国、通山、崇阳、通

城、咸宁各城邑，扰陷殆遍，并扰及江西武宁县境，武昌戒严。陶公恩培入守武昌，飞书请援。公急调王国才一军，取道武宁，转战而前，以为之援。

二十七日，驰奏九江陆军胜仗、内湖水师重加整理情形及调派鄂军先后赴鄂援剿情形一折。附片奏江西臬司邓仁坤经理船炮等各要务，于秋审事件势难兼顾，江西臬司恽光宸拟即调回本任，所带之勇归九江镇将居隆阿统辖。又片奏水师哨官万瑞书乘贼匪袭营之时，搬抢粮台银两，请旨饬湖南抚臣严拿正法。又奏保上年半壁山、田家镇、蕲州、广济、黄梅五案出力员弁兵勇一折。奏称：武汉以下，复为贼踪往来之地，前此战功，竟成空虚。可愤可憾！然事机之不顺，调度之失宜，咎在臣等，而将士之劳勤究不可没。惟录其既往之功，冀作其将来之气。奉旨允之。又奉上谕："楚北贼焰复燃，于曾国藩等剿贼机宜大有关系。此时唯有会合各兵迎贼攻剿，使曾国蒲、塔齐布各军无腹背受敌之患，方为妥善。"钦此。

二十八日，公在南昌，派大小战船六十余号进泊康山。贼在九江、湖口及江北岸小池口者，益浚壕增垒，守备益固。湖口之贼，由都昌窜陷饶州府，分犯乐平、景德镇、祁门、徽州，扰及广信之境。公调派罗公泽南统带湘勇三千，由南昌绕出湖东攻剿。又增募平江勇四千名，同出东路会剿。塔齐布公所统陆营在浔城外者，仅五千人，但主坚守，不复仰攻矣。水师至武昌，泊舟城外，连遇大风，复多沉损，乃上泊金口，以扼贼上窜。胡公林翼一军。亦退驻金口。

二月，贼扑武昌省城。十七日，城陷，巡抚陶文节公恩培死之，各军驰援皆不及。

二十七日，公驰奏统筹全局一折。奏称：臣来江省，已逾月余，探悉各路贼情大略。论江、楚、皖三省全局，陆路必须劲后四支，水路须兵两支，乃足以资剿办。江之北岸，自蕲水、广济、黄梅以达于太湖、宿松为一路，自汉口、黄、蕲循江岸而下达于小池口为一路。南岸自九江以上兴国、通山等属为西一路，湖口以下至于皖南为东一路。臣之水军，已分为两支，陆军若再分，则立形单弱，谨就目前急务，凡臣力所能办者，分条陈奏。并声明前月奏报，均未奉批谕，此次改由湖南绕出荆州驿递进京。附片奏称凤阳、临淮由寿州、光固以达于麻城、黄州，不过八百余里，请旨饬令袁甲三募勇五千，练成劲旅，驰出黄州，以通皖、鄂声息，以挽江北大局。又片奏水师大营被贼艕袭毁之时，座船被夺，文卷全失，其所领部照监照遗失数目，俟查明咨报。又片奏：臣军万余人，饷道梗阻，请旨饬拨江西漕折银两就近接济，并请闽浙两省每月各筹银二万两，解赴行营。是日，又奏恭谢天恩宽免处分一折。时袁公甲三奉旨革职来京，公所筹四路分兵剿办之策，谕旨嘉之，亦未能行也。

杨公霈军驻德安，贼复遍扰江、汉各城邑，由岳家口、仙桃镇窥犯荆、襄，荆州将军官文公拒却之。胡公林翼抵鄂后，擢授湖北藩司，寻奉旨署理湖北巡抚。水陆两军在金口者为数无多，而贼势益炽。鄂军在德安者屡败不振，饷尤绌无所出。胡公与李公孟群、彭公玉麟、王公国才等竭力守御，荆、湘，上游赖以稍安。江西新募平江勇至南康，公委幕中候选同知李元度管带操练。因调战船，前赴南康，令陆军紧相依护。公言此军之起原，专为肃清江面而设，陆军所以护水营，九江、湖口之挫失，皆以水师孤悬，与陆师远隔之故。时塔公军在浔城，罗公东剿广饶，不得合并。

三月，公在南昌登舟，督将弁操练，分起调赴南康，与平江勇水陆驻扼，使贼不得掠舟来往湖中：十九日，罗公泽南一军由贵溪进剿。二十日，击贼破之。二十一日，克弋阳县城。公两奉旨统筹全局。

二十三日，复奏谨陈水陆军情一折。奏称：臣等一军，水陆为分四支。回援武汉之师，距臣营在八百里外，江之两岸，仍为贼踞，欲以楚军回剿武汉，其难有三端：一则浔郡为长江腰膂，陆兵未可轻撤；一则内湖水师乘此春涨，可以由湖出江，所虑在既出以后孤悬无依；一则金口水陆诸军饷项缺乏，若再添师前往，更无可支拨，恐饷匮而有意外之虞。臣实乏良策，唯有坚扼中段，保全此军，以供皇上之驱策而已。奉上谕："行兵之道，合则力厚，分则力薄。自师船陷入鄱湖，贼匪再扰武汉，文饶一带，复有贼踪窜突。该侍郎等水陆两军，实有不能不分之势。该侍郎所谓千里驰逐，不如坚扼中段，所奏亦不为无见。当此上下皆贼，总宜计出万全，勿以浪战失机，勿以迟回误事。一切机宜，朕亦不为遥制。该侍郎不可因挫失之余，遂至束手无策，仍当激励军士，踊跃用命，谋定后动，勿负初心，以副委任。塔齐布攻剿九江，近日情形，未据奏及，岂为贼氛阻隔，竟不能声息相通耶？并著随时奏报，以纾悬系。"钦此。刑部侍郎黄公赞汤在籍，公于上年奏请督办江西劝捐，至是计捐银数四十余万两。公军人江西后，皆赖黄公筹捐银两接济。湖南协饷，专拨供湖北金口之师。公所请拨浙、闽协饷，以有警不时解到，公乃议借运浙盐，行销于江西、湖南。旧日淮南引地，用盐抵饷，仍请以黄公赞汤总理盐饷事务。江西巡抚陈公启迈与公谋调遣兵勇，意见多不合，饷尤掣肘。万载县知县李皓，与其乡团举人彭寿颐，以团事互相控诉。公见彭寿颐，赏其才气可用，札调来营差遣。陈公乃收系彭寿颐，令臬司恽光宸严刑讯治之。以是尤多龃龉。

二十三日，贼窜陷广信，罗公泽南由弋阳追剿破之。二十七日，克广信府城。贼窜入浙江境。公由南昌督水师进发，驻吴城镇。

四月初一日，驰奏罗泽南陆军克复弋阳一折，阵亡勇弁张以德、易传武、喻能益请恤。又奏陈湖北兵勇不可复用、大江北岸宜添劲旅一折。奏称：自粤匪至鄂，迄今不满三载，而全军覆溃者五次，小溃小败，不可胜数。既溃之后，仍行收集兵勇，习为故常，恬不为怪。宜变易前辙，扫除而更新之。请饬下湖北督抚另立新军，涤除旧习，使江之北岸得两路足恃之兵，则不惟有益大局，即臣等水陆各军，亦有恃而不恐。奉寄谕："交湖广总督杨霈、署巡抚胡公林翼办理。"时鄂军屯聚德安，湘军回援武汉者为数无多。公屡函致胡公林翼，论东南大势，以武昌据金陵上游，为必争之地，宜厚集兵力，以图恢复。杨公载福伤病在籍，病稍痊，湖南巡抚骆公秉章委令招募水勇，又添造战船，赴鄂助剿。李公孟群补授湖北臬司。胡公委令添募陆勇，扼防金口，饷械均仰给于湘中，兵势稍振。是日，又奏请拨浙引用盐抵饷一折。奏称：贼踞金陵，长江梗塞。淮南盐务，片引不行。奸民偷送贼中，贱售于各岸，江西、湖南民间皆食私盐。方今饷项缺乏，请旨饬拨浙盐三万引，设法运

销于淮引口岸，以济军饷之不足。附片奏现当干戈扰攘，招商领运为难，拟仍用劝捐之法行之。请旨饬派在籍侍郎黄赞汤，在江西临江府属樟树镇设局，劝谕绅富，措资办运，并请浙江学政、侍郎万青藜，在浙督办盐运，江西道员史致谔、万启琛协理西省盐运，湖南盐法道裕麟、在籍知府黄廷瓒，协理楚省盐运。又将《盐饷章程》分条咨商户部，并咨商浙江巡抚及江西、湖南、湖北巡抚。户部议准。既而贼氛大扰，未能畅行也。公又奏湖北在籍礼部主事胡大任、江西在籍礼部主事甘晋，并办理臣军粮台，未能赴部当差，请饬吏部查明办理。是时南昌设立后路粮台，公委甘晋、李瀚章综理之。罗公泽南移军剿贼于景德镇。贼窜入徽州境，罗公乃移驻饶州，以图湖口。

十二日，公驰奏陆军克复广信郡城一折，奏保罗泽南转战千里，谋深勇沉，常能从容镇定，以少胜众，请交部从优议叙。

十三日，公由吴城进驻南康，派前队战船进泊青山，以攻湖口。十九日，贼由姑塘上犯，水师击之，挫败，退泊火焰山。二十一日，水师焚贼船于马家堰，于徐家埠，又追焚之于都昌城下，计百数十号。湖北兴国崇通等属贼党日炽。分股窜入江西境，陷踞义宁州，杀掠甚惨。

五月初八，公派水师搜剿贼船于都昌。十三日，水师击贼船于青山，破之，追奔至鞋山以下。罗公泽南驻军饶州。浙江巡抚檄调湘军往徽州会剿，未行，而江西闻义宁之警，省城戒严。陈公启迈亟调湘军回南昌，罗公遂移军而西。

二十一日，公驰奏内湖水师近日接仗情形一折。附片奏：臣前在江省吴城，近在南康，与臣塔齐布信息常通。九江与南康仅隔一庐山，因贼匪时时窥伺，昼夜巡防，臣等二人不敢远离营次，屡约以匹马相见，而未能也。又称，罗泽南一军既须回湘省，则不能由都昌进剿湖口。东岸无陆兵，则水军孤悬可虑。奉上谕："该侍郎等务当通筹大局，谋勇兼施，以副朕望。"钦此。杨公载福督带舟师，由岳州出大江剿贼于蒲圻，会扎金口。

白玉三镶八仙御题如意　清

三十日，内湖水师击贼于青山，破之，夺回拖罟大船，并获他船炮等。拖罟，即九江之败所失座船也。

六月初五日，湖南巡抚咨送万瑞书到案正法。

十二日，驰奏水师胜仗、夺回拖罟大船一折，阵亡外委苏光彩请恤。公又专折奏参江西巡抚陈启迈劣迹较多、恐误大局一折。奏称：臣与陈启迈同乡同年，同官翰林，向无嫌隙。自共事数月，观其颠倒错谬，迥改常度，深恐贻误全局，不敢不缕晰陈之。奉上谕："江西巡抚著文俊补授。来到任以前，著陆元烺署理。陈启迈著即革职，按察使恽光宸先

行撤任,听候新任巡抚文俊查办该抚。到任后,著即将曾国藩所参各情节逐款严查,据实具奏,不得稍有徇隐。"钦此。

十三日,公派水师攻贼于徐家埠,委知县李锟带陆勇会剿,破之,毁船八十余号。塔齐布公陆军击贼于新坝,破之。十五日,水师攻贼卡于梅家洲,贼冲出卡外,战船四号陷于贼,兵勇伤亡数十人。罗公泽南军至南昌。二十四日,拔营进剿义宁之贼。湖北德安府失守,杨霈退走襄阳,革职。官文公奉旨授湖广总督、钦差大臣,都统西凌阿,由河南赴湖北督师,以攻德安。

二十七日,塔齐布公与公相见于青山营次,会商攻剿之策。

七月初六日,驰奏浔城陆军胜仗、水师在徐家埠获胜湖口小挫一折,阵亡将弁黄明魁、洪建勋、李文田请恤。附片奏浔郡陆营久无成功,日对坚城,顿兵糜饷。拟于七月臣与塔齐布移驻青山,渡湖而东,会剿湖口,是亦大局旋转之一策。又片奏新选湖北督粮道万启琛现在樟树镇协理盐饷事务,请暂缓赴任。罗公泽南陆军抵义宁。初八日,破贼于梁口。十三日,破贼于乾坑。十四日,大破贼于鳌岭鸡鸣山,毙匪六千余名。水师萧捷三等破贼于鞋山。李元度率平江勇渡湖而东。十五日,击贼于徐家埠,破之。罗公泽南陆军攻贼营,大破之。十六日,克复义宁州城。

十八日,湖南提督忠武公塔齐布卒于军。十九日,公驰赴九江陆营,哭之恸,派副将周凤山接统其军。公亲巡营垒,抚定其众,派副将玉山等弁兵三百人护丧至南昌。李元度击贼于文桥。

二十一日,李元度攻贼于苏官渡,破之。二十三日,平江营与水师会攻湖口。破贼营数座,烧贼船几尽。舟师驶出大江,仍回泊青山。是日,萧节愍公捷三阵亡。平江勇攻下钟山贼营,未克,仍驻军苏官渡。周凤山督军会操,贼出扑营,力战却之。公在大营中,复督众攻城,未克。

二十四日,驰奏:提督塔齐布因病出缺,臣驰赴大营,料理丧事,兼统陆军,拊循士卒,保此劲旅。请旨将提臣塔齐布交部从优议恤,准于湖南省城建立专祠,以慰忠魂而洽民望。附片奏派广东罗定协副将周凤山统领全军,旋获胜仗,士气犹锐,可无涣散之虞。又附片奏报义宁、湖口水陆三路胜仗大略,当名将新失之际,而事机尚为顺利,军威尚足自振,堪以抑慰圣怀。公于是日闻萧捷三阵亡,即带陆勇数百名驰赴青山,抚定水勇。

二十五日,公回驻南康水营,札调彭玉麟来江西督领内湖水师。二十七日,平江营击贼于流澌桥。二十八日,烧贼栅于柘矶。

八月初四日,贼扑平江营,拒却之。

初七日,驰折奏报罗泽南陆军攻剿义宁,迭次大胜,克复州城。随折奏保罗泽南及李续宾、李杏春、唐训方、蒋益澧五员。又奏水陆两军攻剿湖口、迭获胜仗、湖内贼船几尽一折,阵亡都司萧捷三,请照副将例议恤。罗公泽南既克义宁,军威振于南服。是时湖南四境皆有贼氛,两粤匪徒攻陷郴州,逆焰尤盛。骆公秉章奏调湘军折回湖南剿贼,罗公由义宁策单骑谒公于南康舟次,指画吴、楚形势。谓方今欲图江、皖,必先复武昌;欲图武昌,

必先清岳、鄂之交。定计率军出崇、通以援武汉。公从其策。

初八日，罗公渡湖，督平江勇攻湖口下钟山贼垒。未克。是日，水师击贼于梅家洲，大败，失战船二十一号。其时江西之贼，唯存九江湖口两城、梅家洲下钟山两垒未克，坚据不可攻。罗公旋至南康，谓湖口水陆官军但当坚守，不宜数数进攻，以顿兵损威，仍当俟江汉上游攻剿有效，以取建瓴之势。公又从之，饬水师勿事浪战，抽调九江大营宝勇千五百人并归罗公统带，由义宁进剿。

十六日，罗公还义宁营。胡公林翼攻武昌未下，乃议先攻汉阳。由金口渡江，军于多山，进攻汉阳。杨公载福、彭公玉麟率水师进泊沌口，毁贼船数百号。南岸崇、通各属之贼，攻金口李孟群陆营，陆营大溃。德安贼党回援汉阳，多山陆营亦溃，惟沌口水师屹然未动。胡公度不可攻，率水军退驻新堤，以扼荆湘之路。委都司鲍超增募湘勇数千以为援。驰疏奏调罗泽南率湘军援鄂，公已令罗公由义宁拔营前进矣。

二十一日，驰奏陆军攻剿湖口胜仗水师小挫一折。奏称：去年湖南水师靖港、城陵矶之役，均因风顺水利，不能收队，以致挫败。臣屡饬水营，不令顺风开仗，乃各弁勇轻勇进，致蹈覆辙。请将营官吴嘉宾、秦国禄等分别撤革。阵亡千总葛维柱请恤。又奏调派罗泽南一军由崇、通回剿武汉一折。附片奏：提臣塔齐布病故后，周凤山新领全军，尚为奋勉，臣令其专意防守，不图进取。又附片奏派委员弁护送塔齐布灵柩。时长江梗塞，塔公之柩由南昌取道长沙、荆州以北也。公又专折汇报安徽道员何桂珍在江北英山、蕲水、罗田等处剿贼胜仗。又附片奏称蕲、黄、英、霍当楚皖之交，匪党最多，与粤逆勾结响应，何桂珍以二千饥疲之卒，转战于群盗出没之区，与地方绅民以信义相孚。请旨饬令何桂珍督办皖楚交界英山、麻城各处团练，严清土匪，实于大局有益。公前奏调何公一军归东征大营调遣，既而阻于贼，不得合并。何公提一旅，崎岖苦战，屡立战功，克英山、蕲水两城，斩贼目田金爵，而军饥饷匮，皖中大府不之恤，专特劝捐米麦接济军食。频遣探卒，间关跋涉，抵公大营以求援。公为缕陈其战绩十余案，请旨授以团练之任，盖欲设法以援之，而势未能也。罗公泽南回义宁营，上书于公，申陈前议。公所调九江之宝勇，以参将彭三元、都司普承尧领之，并湘勇各营为五千人。刘公蓉在公幕中二年，至是亦从罗公军赴鄂。二十七日，由义宁州拔营，直趋通城。彭公玉麟接公札调，阻于贼未能前，公因委刘于浔暂统内湖水师。

九月初三日，公至青山巡视水陆各营。初五日，公驻屏风水营。具折奏保陆军克复广信一案，水师肃清鄱湖一案。出力员弁兵勇，汇单请奖。附片请饬浙江巡抚补解五月以后饷银。又片奏：罗泽南一军去臣营日远，湖北抚臣胡林翼尚在江北，亦恐为贼氛所隔。拟令罗泽南自行具折奏报军情。又奏称：臣自抵江西，整理水师已逾半年。师久无功，虚縻饷项，请交部严加议处。至助臣办理军务、实有劳绩、不可泯灭者：侍郎黄赞汤，督办捐输，力拯大局；南昌府知府史致谔，支应军需；候补知州李瀚章，办理粮台，权衡缓急；湖南巡抚骆秉章与其幕友同知左宗棠，一力维持，接济军饷，照料船炮；知府彭玉麟，保守金口，力能坚忍；主事胡大任，劝捐济饷，历险不渝；知府黄冕，造炮精利，实属有用之

才。除黄赞汤、骆秉章未敢仰邀恩叙外,其史致谔等各员,拟归入义宁案内,开单保奏。奉上谕:"曾国藩奏师久无功,自请严议,并保劳绩较多人员等语。兵部侍郎曾国藩督带水师,屡著战功。自到九江,虽未能迅即克复,而鄱湖贼匪已就肃清。所有自请严议之处,著加恩宽免。著刑部侍郎黄赞汤督办捐输,以济军饷,尤为出力,著加恩赏戴花翎。"钦此。

初六日,公渡湖至苏官渡,巡视陆营。留二日,还屏风营。罗公泽南进攻通城。初六日,克之,贼大溃。十四日,进克崇阳县。

二十三日,公驰奏罗泽南一军进剿获胜克复通城一折,阵亡把总李懋勋请恤。附片奏探明湖北抚臣胡林翼驻扎嘉鱼县六溪口,与罗泽南之军声息可通,此后援鄂一军,由胡林翼转奏。又遵奉谕旨保举堪任总兵人员一折。奏保副将杨载福、周凤山、参将彭三元三人。湖南兵勇援鄂者,至羊楼司大溃,江壮节公忠济殉难。罗公泽南驻军崇阳,派李公续宾等五营进剿羊楼司,旋派彭公三元等营进剿濠头堡。

二十四日,贼大股来犯,彭勤勇公三元、李公杏春等阵亡,弁勇挫溃。二十六日,罗公督军至羊楼司,击贼破之。

二十七日,奏到上谕:"兵部右侍郎著曾国藩补授。曾国藩现在督办军务,兵部右侍郎著沈兆霖兼署。"钦此。夏秋之间,黔、粤匪徒侵扰湖南西南境,其东北岳、鄂之交,贼势正炽。公弟国潢、国华皆治团练于乡邑。公弟国荃考取是科优贡,亦办乡团。是月,广东匪徒自茶陵窜入吉安境,江西之西境又纷扰矣。

十月初三日,罗公泽南大破贼于羊楼司。十三日,胡公林翼至羊楼司会商军事。十七日,拔营进剿蒲圻。

二十日,公具折谢恩授兵部侍郎。又奏报罗泽南一军在濠头堡败挫,在羊楼峒获胜。阵亡参将彭三元、知府李杏春、将弁彭献杰、萧馥山、李光炽、刘碧山请恤。奏称:此次军情应由楚省具报,缘彭三元系臣军屡战得力之将,未便没其忠绩,是以仍行奏报。附片奏称:臣前请于湖南省城为塔齐布建立专祠,奉旨允准。应请以去年阵亡参将童添云及彭三元入祠附祀。

二十一日,罗公泽南克蒲圻,转战而前,师锐甚。杨公载福以水师破贼于金口。湖广总督官文公至德安,接受钦差大臣关防。都统西凌阿督兵力攻德安府城,克之,乘胜收复江北各城邑。官文公督各军进逼汉阳,收集王国才、李孟群陆营兵勇兼辖之,与南岸楚军为犄角之势。九江、湖口陆营数月无大战事,贼亦不以大股来犯。水师泊扎青山、屏风各岸,陆勇二营护之。公自驻屏风水营,不时巡视青山、苏官渡各营,一意严防,不事进剿。而贼酋石达开由湖北崇、通等处,纠合匪党,窜入江西境,陷据新昌县。其在吉安境内匪徒连陷安福、分宜、万载等县,与石逆合股。于是赣水以西,乱民响应,众至十余万。瑞、临、袁、吉同时告警。署巡抚陆公元烺调兵援剿,日不暇给,乃抽调湖口陆勇回援西路。

十一月初五日,九江贼出扑营,周凤山击却之。初七日,湖口贼出扑营,李元度击却之。初十日,贼陷瑞州府。十一日,陷临江府,攻扑袁州、吉安二府。四郡属邑大半失守,

省城戒严。维时江西官军，西路则臬司周玉衡、总兵阿隆阿一军，援剿吉安；东路则道员耆龄、游击遮克敦布一军，防守饶州；其平江勇由湖口调回者，剿贼于瑞州。营官李锟、刘希洛阵亡，勇遂溃散。陆公元娘复调耆龄、遮克敦布之师回援。

十五日，公调周凤山九江军回南昌，调水师防守省河，添调平江勇一营驻扎青山，以护水师。十七日，九江贼扑营，周凤山击却之。十八日，周凤山拔营回省。二十日，湖口贼扑营，李元度击却之。

二十一日，公具折谢恩宽免处分。又奏九江湖口陆师、青山水师接仗情形一折。又奏逆匪攻陷瑞州、临江，逼近省垣，急调周凤山全军并抽拨水师驰往堵剿一折。分条奏目前布置情形：其一，江省腹地别无重兵，不得不撤九江之军，先其所急；其一，江西水军单薄，抽调战船驶赴省河，防其东渡；其一，拟调罗泽南一军回驻通城，牵掣逆贼后路，亦可兼顾楚省；其一拟留遮克敦布一军防守东北四府，庶钱粮有可征之处，奏报有可通之路凡四条。又声明本年三月以后，奏报均由湖南驰递，此次道途梗塞，仍由浙江驰驿呈递。奏上谕："曾国藩、陆元娘着妥筹兼顾，万不可因有警信张皇失措，徒使兵勇有调拨之烦，转授贼以可乘之隙也。"钦此，又奉上谕："石逆所带贼党虽多，一经罗泽南痛剿，即连次挫败，可见兵力不在多寡，全在统领得人。曾国藩等着激励在事文武奋勉图功，殄此巨寇。至九江一路能否足资堵剿，倘有疏懈，不特江西内地堪虞，并碍及长江大局。该侍郎等不得顾此失彼，是为至要。"钦此。

罗公泽南克咸宁县，大破贼于山坡，会师金口，进攻武昌。二十八日，大破城外贼垒，驻营于洪山。水贼进泊沌口。

三十日，贼陷袁州府城。彭公玉麟屡接公催调函牍，由衡州赴江西。值贼氛遍布，彭公间关微服，徒步七百余里，行抵南康。公见大喜，派领战船赴临江扼剿。何文贞公桂珍驻军英山，是月为降人李兆受所戕，皖中大吏不为奏请议恤。公闻而深痛之。

十二月初三日，九江贼出扑青山陆营。营官林湖恩、黄虎臣、胡应元等击却之。贼既踞临江，分股屯聚樟树镇。周凤山回至南昌。初四日，进击樟树镇，克之。刘于浔以水师毁贼之浮桥。初十日，周凤山陆军进剿新淦县城，克之。

十二日，驰奏九江、湖口、青山、姑塘水陆接仗情形，阵亡千总吕国恩请恤。附奏瑞州剿贼殉难之知县李锟、刘希洛二员，请加赠知府衔议恤。又附报樟树镇胜仗一片。

十九日，驰奏周凤山一军会合水师，克复樟树镇、收复新淦县城一折。又具折汇保陆军克复义宁攻剿湖口两案，出力员弁兵勇，开单请奖。公每于军事孔棘之际，奖拔有功，优恤死伤。二者必详必慎。由是人心维系，军虽屡挫，气不少衰。江西巡抚文俊公到任。贼攻吉安，臬司周公玉衡入城，坚守经月，请援甚急。周凤山既克樟树，收新淦，将赴吉安。虑贼复至，拨派八百人回驻樟树，以护水师，扼防南昌之西南路。

是年正月，江苏巡抚吉尔杭阿公克上海县。僧王督军歼灭连镇之贼，擒贼酋林凤祥，槛送京师斩之。河北肃清。二月，僧王攻克高唐州。贼窜冯官屯，官军围之。四月，克之。山东肃清，官兵凯撤。七月，江南大营分兵克芜湖县。十月，安徽官军克庐州府，皖、鄂贼势少衰。吉尔杭阿公督师攻镇江,未克。苏州、浙江、湖北、湖南皆于是年仿办厘捐以济军饷,浸及于川、广矣。

【丙辰】咸丰六年,公四十六岁。

正月,公驻南康水营。初二日,贼扑樟树镇,陆营挫溃,营官岳炳荣走丰城;刘于浔以水师击贼船,破之。初三日,周凤山自新淦回援樟树,遇贼于瓦山,击破之。彭公玉麟水师至樟树镇。初七日,击贼船,破之。初九日,攻临江贼垒,又破之。先是,御史萧浚兰条陈江西军务,公奉谕旨责问。又奉兼顾临江及严扼九江之旨。公遂复奏缕陈各路军情一折。奏称:瑞、临接近省城,臣与抚臣文俊商令周凤山一军先剿临江之贼。湖口、青山水陆存营至为单薄。九江之贼日夜环伺。又有湖北兴国土匪窜扰德安县,去来无常。勉力支撑,深虞决裂。臣军自岳州而下,水陆万余人,并为一支。今则分调为四、五支,其得力之将,如塔齐布中道殂谢,罗泽南、杨载福分往鄂省,不克合并。所以久困一隅,未能扫荡群丑。寸心焦灼,愧悚难名。江西西路四郡。贼踪遍扰,值冬春水落,赣水处处可涉。贼可于上游掠民船,兼造小艇,有东犯抚州扑省城之势。公饬令彭玉麟、刘于浔以战船往来扼截,饬周凤山一军驻扎樟树镇,与水师战船全力扼守。

十八日,青山陆营出队击贼于九江,破之。

二十二日,驰折奏报周凤山分兵小挫,旋以全队击贼大胜,水师在樟树三获胜仗。附片奏报青山陆营同知林源恩、都司黄虎臣等击贼获胜,请奖拔数人,归案汇保。又奏:楚军在江西境内,每月需饷六万有奇,而入款约有三端:一曰拨用漕折,二曰督办捐输,三曰借运浙盐。今贼匪大势全注江西,漕折难以催征,捐输不能措办,盐引无处销售,来源俱竭,有坐困之势。惟查江苏上海县商货云集,请旨饬令该省督抚转饬道府等官,于上海抽厘,拨解臣营,专济楚军之用。臣军无饥溃之虞,得专心于战守机宜,不复以请饷之奏屡渎圣聪也。公于上年奏议借运抵饷,及盐引到江地,贼氛大扰,不复行销。江楚之交,文报梗阻,不能通者累月。贼围攻吉安,外援不至。赣州周汝筠一军来援,阻于泰和之贼,不得前。文俊公派遮克敦布率勇赴援,行至乐安。

二十五日,吉安府城失守,周贞恪公玉衡等死之。文俊公因令遮克敦布驻军乐安,扼抚、建之路。

二十九日,青山水师击贼于姑塘,挫失战船六号。

二月初五日,奉到上谕"文俊甫经到任,于该省地势军情一时未能周悉。现当万分棘手之时,倘布置稍疏,难免贻误。曾国藩自抵江西,为时已久,贼情亦所深悉。此时江西匪踪几欲蔓延全省,既不能处处调兵,又不能顾此失彼,自应择其最要之处,先为攻剿。着曾国藩与文俊妥速会商,务筹全局,不可徒事张皇,亦不可专顾一处。军情变幻靡常,大势所关,应从何处下手,则身在其间者,必能挈其纲领。该侍郎与该抚酌度机宜,即著会同驰奏,以慰廑念"等因。钦此。

贼既陷吉安,大股东窜,江西官军溃于乐安。贼扑犯抚州、建昌,所属城邑多失守。十四日,扑樟树营,周凤山击破之。十七日,大股扑营,周凤山出击之,挫败。十八日,周

凤山出队大败，营垒全陷，弁勇溃回南昌省城，人心大震，夺门奔走者，不可禁御，或相践以死。公亟棹舟赴省，途次闻警，飞调青山陆营赴南昌，调水师退扎吴城镇，调李元度一军由饶州绕回，进剿抚州之贼。

二十日，公至南昌，收集溃勇暂统之。筹备守御，抚定居民，人心稍安。时自鄂渚以南，达于梅岭，贼踪绵亘千数百里，众号数十万。公遣弁勇怀密函赴楚请援，多为贼所截杀，不得达。湖南巡抚骆公秉章派委刘长佑、萧启江等募勇分道赴援。刘公长佑由醴陵克萍乡，萧公启江由浏阳攻万载。皆募死士，怀赍函牍，间行赴南昌，旬月而始达。公与文俊公会商军事，意见甚叶。

二十一日，具折会奏各路堵剿情形，并奏复谕旨垂询各件。奏称：江西全省，赣水中分，以樟树镇最为扼要。石逆久据临江，凶悍之贼必萃聚于此。意图尽披枝叶，困我省会。至德安县城，被贼窜据，乃湖北新到之股匪。既乃窜入武宁，并归石逆。至周汝筠一军，不能救援吉安，拟令其退守赣州。赣郡天然雄镇，为古来必争之地，倘存疏虞，则两广、湖南股匪皆得以赣州为巢穴，后患不可胜言。请旨饬广东督抚迅派兵勇数千赴赣，会同战守，保此重镇，顾全大局。又奏江西贼氛日炽，岌岌将殆，请旨饬湖北抚臣速令罗泽南一军，兼程来江援剿。又奏江西需饷甚迫，请旨饬江苏督抚借拨上海关税银十万两，迅解江西，以济眉急。又片奏：臣国藩单舟晋省，途次闻周凤山全军挫败之警，飞调湖口、青山水陆各营同回省城，以固根本。公又专折奏谢年终恩赏福字荷包等件。又奏捐输实官人员请给部照一折。附片奏：布政司衔罗泽南、盐运司衔李续宾经湖北抚臣胡林翼奏请，给予二品、三品封典，奉特旨允准。臣军水陆员弁，奋勇出力，未经补缺者实不乏人，请照罗泽南、李续宾之例，容臣择尤照升阶咨请封典，以示鼓励。又片奏：水师在姑塘小挫，请将营官陈炳元、刘国斌参处，阵亡勇弁周华堂请恤。又奏：知府李瀚章、知县黎福畴、张秉均三员，在营闻讣丁忧，该员等办理臣军粮台，洵为得力熟手，仍请留营当差。

二十二日，贼陷抚州府。二十九日，陷建昌府，分股由安仁、万年窜入徽州境。李元度带平江勇由湖口拔营至饶州，与耆龄会军驻守。公之调回青山诸军也，南康府亦没于贼。综计是时贼陷江西府城八，州县城邑五十有奇。屡分股党，南扑赣州，东扰广信。文报往来，饷需转运，仅广饶一路可通，亦时有贼踪焉。

三月初一日，奏报周凤山陆军在樟树镇挫败情形，请将副将周凤山革职，营官岳炳荣、黄玉芳分别参革，并自请交部议处。阵亡委员马丕庆、林长春、李清华请恤。附片奏称：广信一府，为奏报进京、江浙转饷之路，一有疏虞，四面梗塞，现调李元度一军由饶州绕回，进剿抚州，以保广信。上年九江、湖口水陆万余人，今全数撤入内地。前功尽弃，回首心伤，然舍此亦无他策。广东援防赣州之师，请旨再饬催迅速来江，并请饬浙、闽督抚严防窜越。公在南昌孤危之中，奏报军情，每以赣州、广信为急，是后全局之转机，亦赖两城之存也。

初二日，贼犯吴城镇，水师击退之。初四日，彭公玉麟赴吴城水营督领防剿，分派水师扎饶州南河。公又派战船分扎省河及市汊，扼截防守。又与巡抚文俊公调派驻省城之

平江勇二千人，委候选知府邓辅纶、同知林源恩带领进剿抚州，又派周凤山、毕金科等带勇随往会（剿辅纶者，臬司邓公仁堃之子也）。罗忠节公泽南攻武昌，未克，亲督队进攻受伤。初八日，卒于洪山营次。胡公林翼奏派李续宾接统湘军。

公回省后，收集陆军，裁并训练，每日巡视操场。既而出居营盘，虽当士民惶恐之际，从容镇定。时以诗古文自娱，羽檄交驰，不废吟诵，作《陆师得胜歌》《水师得胜歌》以教军士，于战守技艺、结营布阵诸法曲尽其理，弁勇咸传诵之。

十一日，邓辅纶、林源恩击贼于罗溪。十二日，克进贤县城。彭公玉麟击贼于吴城，却之。十四日，水师破贼于涂家埠。二十日，李元度克东乡县城。二十二日，邓辅纶、周凤山等会军于东乡，公派都司黄虎臣带勇三营，赴吴城镇会水师。二十三日，克建昌县城。抚州贼扑东乡，李元度、林源思等击破之。二十四日，黄虎臣回军南昌。二十五日，李元度等军进扎江桥，以攻抚州。

二十六日，驰奏陆军平江营在湖口罗溪胜仗、克复进贤县城一折，又奏吴城水师三获胜仗并水师分布各处情形一折，又奏报湖南授军刘长佑等克复萍乡一折。附片奏报：贼分大股窜至徽州、婺源一带，江西贼势稍分，剿办较易措手。又片奏：正月二十一日所奏折片，未奉批谕，想因贼氛方盛，中途沉失，请饬军机处抄录，寄交臣营。又专折奏保樟树、新淦两案水军出力员弁，开单请奖；其陆军后来溃败，前功尽弃，应无庸保奏，以示惩警。

文俊公屡疏请援师，楚、粤、闽、浙各省督抚均奉寄谕，派拨兵勇赴江西援剿。方江西之初警也，众议请调罗公泽南军回援。公函致胡公林翼、罗公泽南，谓东南大局，当力争上游，亟望武汉速克，水陆东下，不欲其奔驰于崇、通之郊，以援瑞、临也。及贼氛大炽，及从众议，奏调罗公湘勇驰回援剿，而罗公已伤亡。公弟国华奉竹亭公命，赴鄂请援师。胡公曾派知县刘腾鸿、刘连捷湘勇千五百人，同知吴坤修彪勇七百人，参将普承尧宝勇千四百人，交公弟国华总领之，以援江西。募勇夫怀蜡丸书，间行以达南昌。公始闻罗公之亡，鄂军之来援矣。

二十七日，李元度、林源恩击抚州贼垒，破之。

四月初二日，平江军渡抚河，扎五里塘，进攻抚州，未克。初四日，调派黄虎臣陆军，又派刘于浔市汊水师，进攻瑞州。初八日，进攻未克。初九日，水师回泊市汊。黄虎臣剿奉新县之贼小挫，回军南昌。平江营连日攻抚州，未克。湖南援军刘公长佑等攻万载县贼，以大股踞守不下。湘军击贼垒，尽平之。二十日，刘于浔领水师克丰城县。南昌省城附近各城邑均陷于贼，建昌、进贤、东乡、丰城四邑经官军收复，而贼踪犹往来不绝。

二十一日，奏报李元度等军克复东乡破贼五营围攻抚州一折，奏报黄虎臣等水陆两军克复建昌攻剿瑞州、奉新一折。附片奏：臣请拨上海关税银两，经户部议驳，臣等何敢再渎。惟江西饷源已竭，补救无术，请旨仍饬江苏督抚于上海税项筹拨银十万两，以济急需。又附片奏称：吉、袁、临、瑞、抚、建等府之贼，浚濠坚守，近者各县，亦有老贼踞守城池，盖欲使省会成坐困之势。目前剿办之法，惟当力保广、饶，通苏、杭之饷道；先剿抚、

建,固闽、浙之藩篱。其南路赣州,必借广东之援;西路吉、袁,必借湖南之援。请旨饬催广东援兵,星驰逾岭,保全赣州,不胜跂幸。又奏江西士民请建罗泽南专祠以伸爱慕一折。

二十八日,杨公载福焚汉阳贼船几尽。刘公长佑进军袁州。萧公启江攻万载。二十九日,克万载,进军合攻袁州。耆龄公一军防守饶州,贼屡犯境,公调派都司毕金科带勇千人,扎营童子渡以援之。建昌府城陷后,知府何栻、团绅张家驹等,招勇谋收复。公派委都司黄虎臣、彭山屺、训导罗萱等带勇三千余名,驰往助之。

五月初一日,杨公载福督水军沿江下剿,破焚两岸贼船,贼溃,莫敢抵拒。初三日,水军直抵九江城外。初四日,回舟溯江旋鄂。公遣卒探知水军江面之捷,函告楚军各营,士气为之一振。抚州城贼踞守益坚,屡攻不克。建昌、临江之贼各分股来援城贼,亦屡出扑营。李元度等均击却之。十二日,黄虎臣等军至建昌,与何栻、张家驹分途进攻。十三日,贼船犯吴城,彭公玉麟击却之。十五日,毕金科击贼于由墩,破之。十九日,贼援抚州,李元度等渡河击贼,破之。

二十三日,公驰奏官军攻剿抚州情形一折,又奏饶州防剿情形及毕金科在饶州胜仗。奏称:毕金科身先士卒,骁勇冠伦,军中称为塔齐布之亚。此次以少胜众,请赏加勇号。又奏建昌官绅办理防剿并由省城拨兵会剿一折。附片奏报水师刘于浔克复丰城,彭玉麟吴城胜仗,水师分扎要地,均尚得力,但无陆军以辅之,只能扼守,未能进剿。又片奏报:湖南援军已至袁州,湖北援军已克咸宁而进两湖,集厚力以相拯救,贼亦出死力以相抗拒,臣等募长发探卒,蜡丸隐语,以通消息,但能知其大略,而不能详悉。浙江边防孔亟,不暇议及援江,福建援军亦无入境确信。每念赣州天险必争之地,非得厚援,终恐疏虞。恳恩饬下广东督抚,迅拨兵勇,保守赣州,不独江西之幸,亦广东之先著也。公是时注意赣州,而兵力不及,吁请援师。疏已三上矣。又奏:江西城池沦陷甚多。凡在地方有守土防汛之责者固应一律严办,其中不无情有可原之人,如建昌府知府何栻、万载县知县李吉言、宜春县知县锡荣,此三者,实系失守案内愧奋有为之员。臣等责令襄办一切,如果出力,再请宽免处分。

黄虎臣等攻建昌,未克。二十八日,福建援军至建昌。副将陈上国、张从龙领之。公调派参将阿达春带勇赴饶州,与耆龄、毕金科合军防剿。公谓兵家以攻坚为最忌,再三谕饬各营将领,勿徒事仰攻,以损精锐,而贼踞城垒,亦以坚守为坐困我师之计。数月以来,无大战事可纪,惟力支危局,以待援师而已。

江西学政廉兆纶奏陈江西军务,奏参臬司邓仁堃物议沸腾,其子捐职知府邓辅纶,本不知兵,不宜管带兵勇。公遂札撤邓辅纶解兵回省。

周凤山督勇攻抚州久未下,自请问道回湘,招募旧部,以援江西。公批答许之。周凤山遂由建昌取道于闽、广,绕回湖南。其在抚州之勇,并归李元度、林源恩兼辖之。

六月初二日,建昌援贼大至,都司黄公虎臣阵亡。初五日,贼突扑饶州,耆龄、毕金科、阿达春军皆败溃,府城失守。公闻警,急调建昌六营,彭山屺、罗萱、李大雄、胡应元等

撤回抚州，仍调回南昌。学使廉兆纶方驻河口，公又与咨商，奏调建昌城外官兵撤赴广信防守，其福建援师在建昌者未撤也。

十九日，彭公玉麟带水师收复南康府城。城荒不能守，乃回泊吴城镇。毕金科回南昌，整辑弁勇，仍赴饶州。公调派总兵居隆阿、都司林葆带勇会剿。二十二日，毕金科等力攻饶州，克之。公弟国华、总领刘腾鸿、普承尧、吴坤修等军，克咸宁、蒲圻、崇阳、通城四县，转战而前，暑雨不息，进抵江西境。十八日，克新昌。二十四日，克上高。二十九日，军抵瑞州城外，其锋锐甚。公闻上高之捷，急调彭山屺，李新华、滕如洪、胡应元等带勇四千，先后拔营，驰赴瑞州以迎之。南赣道汪报闰于春间剿贼泰和，失利，退守赣州。阿隆阿、遮克敦布均以溃兵入城协守。贼来扑犯郡城，屡拒却之。五月，广东援军抵赣州入守。是月，出攻贼营，破平之。赣郡解严。

三十日，驰奏抚州攻剿情形一折，会剿建昌府城一折，阵亡都司黄虎臣请恤。随折奏保李大雄、胡应元、王永和三弁。又奏水师收复南康府城一折。又奏报饶州失守旋经克复一折。布政司耆龄专办饶防，与知府张澧瀚等均有应得处分，唯以克捷迅速，请免议。阵亡将弁李鹤龄、李退龄请恤。附片奏报福建援江兵勇现到建昌者，已有二千六百人；湖北援师已克新昌、上高，两湖声息可通；广东援师，已人守赣州，当可保全要郡。先是，贼踪四布，赣、吉、袁、瑞声息久不达于南昌；至是音问渐通。贼至江西以来，水师扼剿屡胜，贼不得逞。乃于吉、袁、瑞、临各处造战船，制攻具，乘夏水涨盛时，齐举以赴南昌；于瑞河口、临河口、塘头凌、生米司皆为营垒。

七月初一日，贼舟下犯，刘于浔以水师击贼瑞河口，破之。湖北援军抵瑞州。初二日，扎营西门外。初三日，拔瑞州之南城，公之遣军迎援军也。贼之大股扰犯省河西岸，屯垒于沙井。初四日，营官羊瀛、万泰、胡应元、李大雄、滕加洪带勇五营，渡河击贼，破之。初五日，援军攻瑞州，未克。水师击生米司贼垒，贼溃走。初九日，彭山屺、李新华拔营赴瑞州。瑞州城贼屡出扑营，援军击却之。楚军中以刘公腾鸿谋勇最著。公所派彭山屺、羊瀛等带勇四千人，委彭山屺总理营务，又以训导罗萱兼理各营营务。十五日，军抵瑞州，与援师会合。公令罗萱与刘腾鸿合并为营，以联合江、楚两军之势。十七日，瑞州贼出扑营，江军稍却，刘腾鸿、普承尧击破之。公弟国华以暑月行师，得病甚剧，棹小舟至南昌见公，公为之悲喜。吴公坤修偕至南昌迎饷，还瑞州。公与文俊公筹拨银五千两，以犒援军。公弟国华留省养病，旬日渐愈。二十七日，瑞州贼出扑营，楚军、江军合击破之。彭公玉麟以水师击贼于南康，破走之。刘于浔水师击临河口贼船，破之。二十八日，水师攻临河口贼垒，悉平之。饶州之复，都司毕金科战功为最。藩司耆龄揭参毕金科，公与文俊公商调藩司回省复任，委毕金科驻军饶州防剿。楚军既至瑞州、新昌、上高仍为贼陷，吴坤修率勇收复二邑，回剿奉新，为援军之游兵。是月，有边钱会匪起于吉安、建昌之界，勾结粤匪游勇，有众千数百人，窜陷广昌、南丰、新城、泸溪，复窜贵溪县境。建昌府官军分途援剿；贼势飙忽不可遏。

八月初一日，贼大股援瑞州，城贼亦出扑营，官军迎击破之。初四日，瑞州军击贼垒，

破之,贼溃走。楚军、江军立营始固。

初七日,驰折奏湖北援师进攻瑞州府城,江省派兵四千前往会合,屡获胜仗,江、楚之路渐通,全局转机,胥系乎此。奏保知县刘腾鸿谋勇为全军之冠,参将普承尧、同知吴坤修战功卓著,请将该员等分别保奖。曾国华系臣胞弟,未敢仰邀奖叙。又奏刘于浔水师在瑞河口、临河口胜仗,彭玉麟水师在南康胜仗。随折奏保刘于浔请赏戴花翎。又奏攻剿抚州胜仗一折。附片奏请敕山西、陕西两省,每月各筹银三万两,拨解至江西瑞州等处,专供两湖援师之用。又奏虎字营哨长周万胜私逃回籍,请饬湖南抚臣严拿正法。又奏遵奉谕旨咨催广东提督昆寿赴江南大营,并奏称:江西贼势浩大,党类众多,刻下兵力不为不厚,鏖战不为不苦,迄未能克复要郡,挽回全局。臣惟当一意镇静,化大为小,以安军民之心。又具折奏报赣州府城解严,并防守剿办情形,实为江省大局转旋之一端。又奏查明吉安府阵亡及殉难文武员弁,请从优议恤。又附报瑞州胜仗一片。

建昌城外官军,设粮台于新城县。会匪窜陷新城,何栻率领兵勇援剿。在建昌者,唯存福建援军。贼出犯营,闽军击却之。江西练勇曰广义营者,道员石景芬等领之.由广信赴贵溪迎剿会匪失利。匪徒大炽,由弋阳窜犯河口镇及铅山

单钩　清

县,扑广信府城,吏民惊走,城为之空。署知府沈公葆桢登陴固守,飞函请援于浙江总兵饶公廷选。方驻防玉山,率浙兵二千赴援。

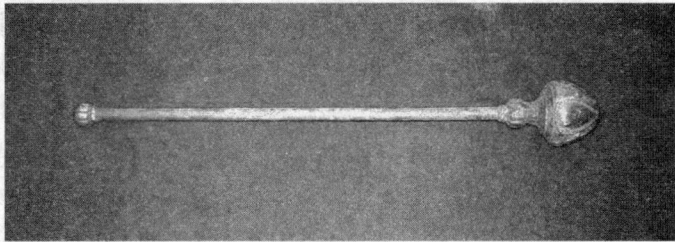

十五日,浙军击贼于广信城外,破之。贼溃走入徽州境,广信以平。瑞州援贼既退,城贼犹时出犯,官军皆击却之。吴坤修军破贼于奉新,分军收复靖安、安义二县。公弟国华病痊愈,仍回瑞州营。公弟国荃在长沙招募湘勇千五百人,周凤山既抵长沙,募勇千七百人,黄公冕、夏公廷樾督领以行,由南路直趋吉安,是为楚军援江之第三支。(黄公冕时奉旨放吉安府知府。)

三十日,驰奏官军攻围瑞州,屡获大胜,分军出剿奉新,收复靖安、安义二县。随折奏保营务处彭山屺、罗萱、请领万泰、滕加洪、詹荣清、黄纯珍、黄在玉七员。阵亡千总黄兆麟请恤。又具折奏报边钱会匪窜陷各属,围攻广信府城,浙兵援剿解围。奏称:近年以来,江西连陷数十郡县,皆因守土者先怀去志,惟沈葆侦守广信,独能伸明大义,裨益全局,参将荣寿、知县杨升、千总胡再升协同坚守,请分别保奖。其在新城殉难之官绅杨坤、诸葛槐、马长葛、吴毓浚、周光裕、陈德亮、陈济之、何彦琦八员名均请优恤。何栻之妻薛氏及其女三人,仆婢八人,全家尽节,请旨旌表。仍请分别建祠立坊,以慰忠魂。又奏闽兵援剿建昌府前后获胜情形,阵亡兵弁曾瑞英请恤。附片奏闽兵都司玉亮在建昌军营病故,请照阵亡例议恤。又片奏请饬湖南抚臣筹拨硝磺火药十万斤,迅解来江,以资攻剿。

又片奏：臣营发审委员李沛苍，系何桂珍军营差遣之员，因案革职，交部治罪，现在营中，实为得力，恳恩免其治罪，留营当差，仍饬确具亲供，咨皖定结。奉上谕："李沛苍着准其免罪，仍留江西军营，交曾国藩差遣。"钦此。

九月初三日，公至瑞州劳师。巡视营垒，刘公腾鸿治军严整，公深嘉奖之。李元度等军围攻抚州数月，大小五十余战，虽屡攻未克，而江西东路十余州县赖以屏蔽无患。广信、饶州、通苏、杭之道，许湾、河口，商贩所集，饷需器械，赖以接济。公饬诫平江各营一意坚守，且令其退扎十里之外，勿事进攻。李元度志在克城，未能从也。是月初二日，分军攻剿近县。初四日，收复宜黄县。初九日，收复崇仁县。抚州之贼，乃自城出扑营，复有援贼扰犯东乡至抚州。十七日，大营为贼扑陷，林公源恩等阵亡，李元度力战突围以走。崇仁贼势愈张，南昌戒严，广信、建昌皆震。

二十日，公由瑞州营还至南昌。咨留浙军饶廷选驻防广信，调李元度收集溃勇，扼守贵溪以保河口，调吴坤修率勇赴广信。吴坤修为奉新绅民所留，未果往。二十七日，瑞州军分剿南路贼。二十八日，贼出扑营，击破之。连日与贼战，皆破之。上高县再陷，知县傅自铭阵亡。

十月初四日，瑞州分军收复上高县。初十日，军回瑞州，遇贼，击破之。

十一日，驰奏瑞州胜仗收复上高一折。阵亡知县傅自铭、守备詹荣清请恤。又奏抚州一军被贼扑陷一折。李元度调度失宜，请以知县降补；殉难同知林源恩，请赏加道衔，照道员例议恤；营官唐得升、耿光宣、委员周尚桂，均请从优议恤。附片奏请旨饬浙江抚臣咨行总兵饶廷选率得胜之师，仍驻广信府城。臣等札饬李元度驻扎贵溪，则河口商民可以复业。饶廷选一军仍可策应四路，于浙江兵力无损，于江西筹饷有益。又片奏：新授吉安府知府黄冕与前任湖北潘可夏廷樾，在湖南劝捐募勇，规复吉安。已革副将周凤山，怀樟树挫败之耻，亦欲另募劲勇，力扫寇氛。两军合并，兵力较厚。臣等即饬径捣吉安，取上游建瓴之势。请饬颁部照两千张，发交黄冕、夏廷樾劝办捐输，专济此军之用，归臣处粮台报销。又片奏：江西捐输，请照湖南章程，以制钱千六百文抵银一两，俾捐生踊跃乐输，实于军饷有济。

瑞州军攻城未克，贼之出入接济者，屡被各营截击，仍不能绝。刘公腾鸿等督率弁勇夫役，毁瑞州之南城，筑新垒二座，以劲兵五千人坚守；分调各军，分途雕剿，以扼截贼援。吴坤修击贼于奉新，屡破之。抚州既败，建昌之贼屡出扑营，江西兵勇、福建援军皆溃。二十五日，大营失陷，闽军副将陈上国等死之，张从龙领闽兵退回杉关。新淦县复陷于贼。刘于浔以水师再克之。

是月奉上谕："曾国藩、文俊自八月奏报瑞州、建昌胜仗之后，已及月余未见续报。前闻贼匪多回至金陵，而江西失陷，各郡尚无一处克复。据江、浙各省奏报，皆言金陵内乱，恐石逆不得志于皖、楚，势必窜入江西。该逆于诸贼之中最为凶悍，若令回窜江西，占据数郡，煽惑莠民，其势愈难收拾。着曾国藩等乘此贼心涣散之时，赶紧克复数城，使该逆退无所归，自不难穷蹙就擒。若徒事迁延，劳师糜饷，日久无功，朕即不遽加该侍郎等以

贻误之罪，该侍郎等何颜对江西士民耶！又闻石达开与韦逆不睦，颇有投诚之意。倘向曾国藩处乞降，应如何处置之法，亦当预为筹划，经权互用，以收实效。现在仍将失陷各城先图攻克，使该逆无所凭借，不敢退至江西，是为至要。"钦此。

十一月初一日，刘公长佑、萧公启江等力攻袁州，克之。十三日，公弟国荃、周凤山会克安福县城，进攻吉安。

十七日，驰奏：瑞州一军屡次胜仗，现在新修南北两城，并力坚守，以为西路官军根本，以通江、楚要路。并奏报吴坤修一军在奉新胜仗，阵亡将弁王吉昌请恤。又具折奏：赣州南宁一路，匪势蔓延，兵勇战守，渐形疲乏。赣南距省城千里而遥，路途多梗，实有鞭长莫及之势，仍请添调粤兵来江会剿。又奏建昌官军挫败、营垒被陷、闽兵退回本境一折。阵亡副将陈上国与其殉难员弁苏廷美、伍连青、吕文炘、丁开第请恤。又奏报湖南援军克复袁州一折。又具折复陈江西近日军情。奏称：石逆若归命投诚，当令其献城为质，乃为可信，不敢贪招抚之虚名，驰防剿之实务。刻下瑞州、奉新剿办尚为得手。周凤山吉安之师，差称劲旅。袁州新复，西路大有振兴之机。水师则彭玉麟、刘于浔均甚得力。惟抚、建屡挫，东路空虚，惟当严饬诸将，克复数城，以副圣主拯民水火之意。奉朱批："尔等主见，甚属允妥。剿抚固应并用，尤重先剿后抚。可随时审其机宜，好为之。"钦此。先是，湖南巡抚骆公秉章奏称侍郎曾国藩招募乡勇，屡著战功，请加湘乡县文武学额。江西巡抚文俊公奏保曾国华以同知选用。均奉旨允准。公于是日具二折恭谢天恩。又奏保饶州、丰城等前后六案出力员弁汇单请奖一折。阵亡员弁汪焕文、赵德溶、黄邦治请恤。附片奏彭泽、都昌、湖口、鄱阳四县久陷贼中，其间颇有忠义之士，抗节不屈，办团杀贼，忠愤激发，不避艰险，请将该四县出力绅董开单保奖。

袁州克后，贼窜樟树镇，聚党日盛。刘于浔以水师攻战连日，击破之。毕金科驻防饶州数月，破贼于泥湾，又破贼于陶溪渡，又破贼于线洲。鄱阳境内肃清。贼之初起，以飘忽见长。及去年再陷武汉，窜扰江西各府州县，则坚垒浚濠，以困官军。兵勇仰攻，累月不下。官文公、胡公林翼之师攻武汉两城，迭奉严旨督促。李公续宾、杨公载福击各路援贼，戬除几尽，惟两城未下。江西八府，惟南康贼众不多，余城则皆以悍贼数千守之。

公在军终日凝然，奏牍书札，躬亲经理，不假手于人。益治书史，不废吟诵。尝谓军事变幻无常，每当危疑震撼之际，愈当澄心定虑，不可发之太骤。盖其数年所得力者在此，所以能从容补救，转危为安也。

二十二日，湖北官军水陆大举，克复武昌、汉阳两城，乘胜东下江宁。将军都兴阿公总统马队，李公续宾总统步军，杨公载福总统水军，水陆并进。沿江贼党，望风瓦解。二十四日，克武昌县。二十五日，克黄州府。遂连克兴国、大冶、蕲州、蕲水四城。李孟群、王国才、石清吉等以兵勇从将军都公。

十二月，克广济、黄梅。水军直抵九江，焚夺贼舟净尽，江面肃清，合力以攻儿江。李公续宾一军八千人屯九江城外，杨公载福率战舰四百号泊江两岸，都公马队益以副将鲍超之步军三千六百人扼小池口，兵威鼎盛。公由南昌至吴城镇，巡视水师。十八日，驰至九江，迎劳诸军。

二十三日，驰奏湖南援师周凤山等克安福县一折，饶州防军毕金科等屡次胜仗、鄱阳县境肃清一折，江西水师刘于浔再克新淦、在樟树镇迭次胜仗一折，随折奏保刘于浔、蔡康业二员。又奏保瑞州援军出力员弁开单请奖一折，阵亡将弁潘河清、李经元、吕长源、唐梅洪、李上安、彭益胜、姚长青、刘家全、吴秀山、向秀武请恤。附片奏：臣驰赴九江，迎劳水陆各军，见其军威严肃，士气朴诚，实为不可多得之劲旅。请旨饬催山西、陕西将每月协报之饷，解交湖北抚臣胡林翼经收，专济九江大军之用。其江西分驻各府兵勇，再请敕广东督抚，每月筹拨银四万两，解交湖南抚臣骆秉章，转解江西各营。夏间，奉旨饬查邓仁堃被参各款。是日具折复奏，请将臬司邓仁堃交部严加议处，并陈明邓辅纶带勇原委。自公入南昌以来，军务章奏，与文俊公会衔，均推公主稿。

二十八日，公旋至南昌。是时楚军在江西东路者，李元度贵溪一军，毕金科饶州一军，势稍单弱，裁足自守。西路军势大振，瑞昌、德安、武宁、建昌、新喻、永宁六县城先后收复，刘公长佑、萧公启江等进军临江府。南昌、袁州两郡全境肃清。九江、南康、瑞、临、临安各属邑，收复过半。贼势益衰。湖北崇、通一带，迭经官军剿克，仍为贼踪扰踞。王公鑫募勇一军曰老湘营，既剿平湖南南路各匪，巡抚骆公调令赴鄂，进剿通城、崇阳、通山、咸宁等县，皆破平之。

是年三月，扬州复陷，托明阿、陈金绶、雷以諴均革职。钦差大臣都统德兴阿接统江北大营，翁同书帮办军务，收复扬州。贼陷宁国府城，皖南大扰，浙江戒严。邓绍良率兵援之。四月，江苏巡抚勇烈公吉尔杭阿阵亡，道员刘刚愍公存厚、副都统勇节公绷阔亦战死。五月，江南大营失陷，向荣、张国梁退走丹阳。六月，贼攻丹阳，张公国梁击破之。七月，向忠武公荣卒于丹阳。八月，金陵贼内乱。贼酋杨秀清、韦昌辉皆毙，石达开窜安庆。和春奉旨授钦差大臣，由皖北渡江，接统江南大营。

卷五

【丁巳】咸丰七年，公四十七岁。

正月，公在南昌。初五日，吴公坤修克奉新县城，毕刚毅公金科由饶州率军剿贼于景德镇，遇伏阵亡。

十七日，奏报吴坤修一军迭获胜仗，克奉新县城。随折奏保吴坤修请以道员用，并保杜霖、孔广晋二员，阵亡勇弁陈有才、余瑞林请恤。又奏报江西官军克建昌、武宁二县，湖北援军收复瑞昌、德安，湖南军收复新喻、永宁等县城。附片奏：九江南北两岸水陆至二万余人之多，臣即日拟由瑞州前往九江料理联络，惟现患目疾，请赏假一月，即在军营调理。是日拜折后，出至奉新，督带吴坤修一军赴瑞州。扼扎府城东面，始合长围，掘堑周三十里，以断贼之接济。西安将军福兴奉旨领兵千人，由浙江赴江西会剿，于是月抵南昌。

二月初四日，公由瑞州回至南昌，会商军务。初九日，仍还瑞州营。

竹亭公以初四日薨于里第。十一日讣至瑞州，公大恸，仆地欲绝。次日赴告南昌及湘军各营，设次成服。十六日，驰折奏报丁忧开缺，奏称：微臣服官以来，二十余年未得一日侍养亲闱。前此母丧未周，墨绖襄事，今兹父丧，未视含殓。而军营数载，又功寡而过多，在国为一毫无补之人，在家有百身莫赎之罪。瑞州去臣家不过十日程途，即日奔丧回籍。查臣经手事件，以水师为一大端。提督杨载福、道员彭玉麟，外江、内湖所统战船五百余号，炮位至二千余尊之多。此非臣一人所能为力，合数省之物力，各督抚之经营，杨载福等数年之战功，乃克成此一枝水军。请旨特派杨载福总统外江、内湖水师事务。彭玉麟协理水师事务，该二人必能了肃清江面之局，并请饬湖北抚臣、江西抚臣每月筹银五万两，解交水营，以免饥溃。仍恳天恩，准臣在籍守制，稍尽人子之心。合家感戴皇仁，实无既极！抑或赏假数月，仍赴军营效力之处，听候谕旨遵行。

江西巡抚文俊公派委督粮道李桓至瑞州营，李公续宾之弟续宜，自九江驰赴瑞州唁公。二十一日，公与公弟国华自营启行。二十九日，抵里门。越数日，公弟国荃自吉安营奔丧回籍。湖南巡抚骆公秉章奏报公丁父忧一折。奉上谕："该侍郎现在江西督师，军务正当吃紧。古人墨绖从戎，原可夺情，不令回籍。唯念该侍郎素性拘谨，前因母丧未终，授以官职，具折力辞，今丁父忧，若不令其奔丧回籍，非所以遂其孝思。曾国藩著赏假三个月，回籍治丧，并赏银四百两，由湖南藩库给发，俾经理丧事。俟假满后，再赴江西督办军务，以示体恤。"钦此。三十日，具呈骆公请代奏报奔丧到籍日期。

三月初一日,奉上谕:"曾国藩奏丁忧回籍请派员督办军务一折,业经降旨赏假三个月,回籍治丧。所有曾国藩前带水师兵勇,著派提督衔湖北郧阳镇总兵杨载福就近统带,广东惠潮嘉道彭玉麟协同调度。所需兵饷,并著官文、胡林翼、文俊源源接济,毋使缺乏。该侍郎假满后,著仍遵前旨,即赴江西督办军务,以资统率。"钦此。安徽官军溃于桐城,皖北之贼大炽。官文公檄调李孟群督军援皖。二十六日,公具呈骆公,请代奏谢恩赏假并银两。

四月,贼酋陈玉成由安徽纠党犯鄂境,蕲、黄以北各州县城皆扰陷,李公续宜由瑞州分军回鄂以击贼。江西吉安、临江、瑞州等府城,久攻未克,贼酋石达开率贼党往来江、楚境,为城贼之援。骆公秉章檄调王鑫老湘营三千人,赴江西为雕剿游击之师。

五月,石逆大股援吉安,王公鑫驰往奋击,大破之。二十二日,公以假期将满,具折奏沥陈下情,恳请终制:臣在京十四年,在军五年,祖父母、父母先后见背。生前未伸一日之养,没后又不克守三年之制,寸心愧负,实为难安。臣恭阅邸抄,大学士贾桢丁忧,皇上赏假六个月,旋因贾桢奏请终制,奉旨允其所请。臣葬事未毕,恳照贾桢之例,在籍终制。

闰五月,奉上谕:"曾国藩奏沥情恳请终制一折。曾国藩在江西军营闻丁父忧,前经降旨赏假三个月,回籍治丧,俟假满时,再赴江西,督办军务,以示体恤。并据该侍郎奏称,假期将满,葬事未毕,吁准在籍终制。曾国藩本以母忧守制在籍,奉谕帮办团练,当贼氛肆扰皖、鄂,即能统带湖南船勇,墨经从戎。数载以来,战功懋著,忠诚耿耿,朝野皆知。伊父曾麟书因闻水师偶挫,又令伊子曾国华带勇远来援应,尤属一门忠义,朕心实深嘉尚。今该侍郎以假期将满,陈请终制,并援上年贾桢奏请终制蒙允之例。览其情词恳切,原属人子不得已之苦心。唯现在江西军务未竣,该侍郎所带楚勇,素听指挥,当兹剿贼吃紧,亟应假满回营,力图报效。曾国藩身膺督兵重任,更非贾桢可比。著仍遵前旨。假满后即赴江西督办军务,并署理兵部侍郎,以资统率。俟九江克复,江面肃清,朕必赏假,令其回籍营葬,俾得忠孝两全,毫无余憾。该侍郎殚心事主,即以善承伊父教忠报国之诚,当为天下后世所共谅也。"钦此。

初三日,奉竹亭公葬于湘乡二十四都周壁冲山内丙山壬向为茔。李元度其驻贵溪御贼,屡有功,专弁诣公函商军事。公复书谓:江西军务,刻不去怀。所以奏请终制者,实以夺情两次,乃有百世莫改之誉。至其所自愧憾者,上无以报圣主优容器使之恩,下无以答诸君子患难相从之义。常念足下与雪芹皆有极不忘者。前年困守江西,贼氛环逼,雪芹之芒鞋徒步,千里赴援;足下之力支东路,隐然巨镇。鄙人自读礼家居,回首往事,眷眷于辛苦久从之将士,尤眷眷于足下与雪芹二人。(雪琴,彭公玉麟字也。)王公鑫击贼于宁都州永丰县境,皆大破之。

六月初六日,公具折恭谢天恩,请开兵部侍郎署缺。又具折沥陈历年办事艰难竭蹶情形:臣处二军,概系募勇,虽能奏保官阶,不能挑补实缺。将领之在军中,权位不足以相辖,大小不足以相维。臣居兵部堂官之位,而事权反不如提镇。此其一端也。筹饷之事,如地丁漕折,劝捐抽厘,均需经地方官之手,臣职在军旅,与督抚势分主客,难以呼应灵

通。此又一端也。臣办团练之始，仿照通例，刻木质关防，文曰"钦命帮办团防查匪事务前任礼部右侍郎之关防"。四年八月，剿贼出境，湖南巡抚咨送木印一颗，文曰"钦命办理军务前任礼部侍郎关防"。五月正月换刻之，文曰"钦命办理军务前任礼部侍郎关防"。秋间又换刻，文曰"钦差兵部右侍郎关防"。臣前后所奉寄谕，援鄂援皖，筹备船炮，肃清江面，外间皆未明奉谕旨，时有讥议。关防更换既多，往往疑为伪造。如李成谋已保至参将，周凤山已保至副将，出臣印札，以示地方官而不见信，反被诘责。甚至捐生领臣处实收，每为州县猜疑。号令所出，难以取信。此又一端也。三者其端甚微，关系甚大。臣处客寄虚悬之位，又无圆通济变之才，恐终不免贻误大局。目下江西军势，无意外之虞，无所容其规避，若果贼氛逼迫，当专折驰奏，请赴军营，不敢避难。若犹是平安之状，则由将军福兴、巡抚耆龄两臣会办。事权较专，提挈较捷。臣在籍守制，多数月尽数月之心；多一年，尽一年之心。

疏人，奉上谕："曾国藩以督兵大员，正当江西吃紧之际，原不应遽请息肩。惟据一再陈请，情词恳切。朕素知该侍郎并非畏难苟安之人，着照所请，准其先开兵部侍郎之缺，暂行在籍守制。江西如有缓急，即行前赴军营，以资督率。此外各路军营，设有需才之处，经朕特旨派出，该侍郎不得再行渎请，致辜委任。"钦此。

王公鑫破贼于广昌，又破贼于乐安。贼回窜吉安。周凤山等军败溃。胡公林翼督军于黄州击贼，连破之。王刚介公国才阵亡于黄梅。

七月，楚军攻克瑞州府城，刘武烈公腾鸿阵亡。耆龄公檄调普承尧等移师会攻临江府。

八月初四日，王壮武公鑫卒于乐安营次。其老湘营一军，以张运兰、王开化分领之。十四日，奉上谕："昨据给事中李鹤年奏曾国藩自丁父忧后，迭蒙赐金给假，褒奖慰留。此后墨绖从戎，宜为天下所共谅，岂容以终制为守，经再三渎请，请饬仍赴江西，及时图报等语。军务夺情，原属不得已之举。朕非必欲该侍郎即人仕途，然如该给事中所奏，亦可见移孝作忠，经权并用，公论自在人心。现在江西军务，有杨载福统带，虽无须曾国藩前往，而湖南本籍逼近黔、粤，贼氛未息，团练筹防，均关紧要。该侍郎负一乡重望，自当极力图维，急思报称。所有李鹤年原折，著钞给阅看。"钦此。

李公续宜引军渡江，至黄州，会鄂军克蕲水、广济、黄梅、击小池口贼垒，破平之。湖北全境肃清。胡公林翼至小池口，督诸军合攻九江。

九月初八日，官军水陆齐举，克湖口县城，攻破梅家洲贼垒，内湖、外江水师始合。初九日，公具折复奏：臣两奉谕旨，现在江西军务，办理得手，自可无庸前往。湖南目下全省肃清，臣仍当暂行守制。如果贼氛不靖，应须团练筹防之处，届时商之抚臣，奏明办理。臣自到籍以来，日夕惶悚。欲守制，则无以报九重之鸿恩；欲夺情，则无以谢万世之清议。惟盼各路军事日有起色，即微臣寸心亦得以稍安。附片奏称：此后不轻具折奏事，前在江西经手未完事件，拟函致江西抚臣耆龄，请其代奏。疏人，奉朱批："江西军务渐有起色，即楚南亦就肃清，汝可暂守礼庐，仍应候旨。大臣出处，以国事为重，抒忠即为全孝，所云

惧清议之訾,犹觉过于拘执也。"钦此。

十三日,杨公载福督水师,破小姑山贼卡。二十一日,克彭泽县,拔其伪城,乘胜而下,连克望江、东流,直抵安庆城外。进克铜陵县,又拔其伪城二座,逐北千里,遂与定海镇之红单船相接。红单船见楚师旗帜,大惊以为神。杨公分银米火药以饷下游船兵,皆大感服,仍率水师回泊湖口。自公在衡州创立舟师,苦战四载,至是克奏奇功,肃清江面之势成矣。胡公林翼以水一军,本自公建立,杨公载福、彭公玉麟皆经公识拔于风尘之中,所统将弁,皆公旧部。遂于二十四日在九江营次,驰奏起复水师统将一事权一疏。奉上谕"曾国藩丁忧后,奏派杨载福总统内湖、外江水师,彭玉麟协同办理。业经明降谕旨,允其所请。朕因该侍郎恳请终制,情词恳切,且江西军务渐有起色,是以令其暂守礼庐"等因。钦此。

湘军之攻吉安也,公弟国荃所部湘勇曰吉字营。夏间周凤山之败,公弟国荃方在籍,而吉字营独全军而退,保守安福。于是江西巡抚耆龄公奏请起复曾国荃治军吉安,旋令总统吉安各军。公居礼庐,眷念江西援军连失刘腾鸿、王鑫二劲将。于国荃之行也,反复训诫,以和辑营伍、联络官绅与夫攻战之法,至数千言,并令辞总统之任。十月,公弟国荃抵安福,约会各军,并集吉安城下。

十一月,石达开纠贼党由皖入江,犯湖口。李公续宜击破之。贼由饶、抚疾趋吉安,官军合力迎击,破贼于吉水县之三曲滩,城围遂合。

十二月初八日,楚军克临江府城。刘公长佑因病回籍,其所部勇,并归萧公启江总统,而以刘公坤一分领之。进攻抚州。张公运兰等进军建昌府。于时江西西路,仅吉安、九江两城未复而已。

公治军五载,粮台无定处,经涉三省,头绪繁多。公于读礼之次,酌拟报销大概规模。于是月具折咨江西巡抚附奏。奏称:臣处一军,未经奏派大员综理粮台,亦无专司之员始终其事。越境剿贼,用银渐多,历时既久,散漫难清。拟将水陆各军,分为数大款,在臣处领饷之月日截清起讫,归臣处报销。至若经手人员,如同知陶寿玉、知府李瀚章、道员裕麟、厉云官、礼部员外郎胡大任、甘晋等,经臣前后派委,分处江、楚各省,俟江西军务将毕,即饬该员等为臣办理报销事件,造册送部。如有款目不符,著赔追缴之处,皆臣一身承认,不与该员等相干。请旨饬部核议施行。附奏报邓辅纶捐造战船请叙一片,请注销李新华捐案一片。

是岁安徽之贼与河南之捻匪相结,党众炽盛。安徽巡抚福济罢职,以李孟群署理巡抚。钦差大臣都统胜保与副都御史袁甲三,均驻皖豫之交,督办军务,又以翁同书为安徽巡抚。十一月,德兴阿公克瓜洲,张公国梁克镇江府。

【戊午】咸丰八年,公四十八岁。

正月,公在里第卜宅兆,将谋迁葬。公过罗忠节公家、刘武烈公家,慰其老亲,抚其孤子。又至刘公蓉家,小住二日,畅谈忘倦,江西巡抚耆龄公奏委公弟国荃总理吉安攻剿事务。

二月，行小祥礼，公弟国华除服。公与弟国华议立家庙，祀曾祖以下，置祭田四十六亩，庙中庋藏御赐衣物若干事，诰命十一轴，祖考遗念衣履、几砚、宗器、祭器若干件，书籍数千卷，分条记注于簿。公之为学，雅重礼典，国朝尚书徐公乾学《读礼通考》，秦文恭公蕙田更为《五礼通考》，二书皆公素所服膺。自上年奉讳家居以来，日取二书，昕夕研校，读之数反。凡几筵奠祭，必参考古今，衷于至是而后已。

三月，公弟国华出，从军于九江。李公续宾留之军中，遇事谘之。户部议复东征一军水陆各营报销规模，如公前疏中所拟，奉旨依议。公初行军，粮台设于水次，总属于内银钱所。公之回里也，彭公玉麟兼综理之。公致书胡公林翼商立报销局，又致书彭公玉麟筹拨恤银数千两，给内湖、外江水师殉难员弁及陆军平江营殉难员弁之家，如褚汝航、夏銮、林源恩、唐得升、白人虎、伍宏鉴六人，尤公所加意。又如毕金科之在饶州，力战死绥，李元度之驻贵溪，坚忍扼守，屡悍巨股，均以公不在军中，赏与恤为之缺然。然公恒自谓负之。李元度军驻贵溪两年，贼酋石达开由江西窜入浙江之境，连陷城邑。胡公林翼奏保李元度，请旨饬令率所部平江勇前赴浙江，择要扼守，以遏贼锋，并由鄂省筹银一万两以资之，从公所请也。

四月初七日，水陆两军合攻九江府城，克之，屠戮无遗。二十日，萧公启江、刘公坤一等克复抚州府城。二十四日，张公运兰、王公开化等克复建昌府城。贼悉窜入浙江境。将军福兴驻军广信，奉旨切责，以总兵周天受督办浙江防剿事宜。寻诏和春兼督江浙军务。李公续宾补授浙江布政史，既克浔城，军威大振，浙人官都中者奏请其移军援浙，浙中官绅争催其督师赴任。适逆酋陈玉成窜扰皖、鄂之交，城邑多陷，势方大炽，李公续宾率师回援。五月，击贼于黄安、麻城，克之，楚境以清。

官文公、胡公林翼会奏统筹东征大局：先剿皖北，次及皖南，节节扫荡，请以陆路军事专属之李续宾，奉旨嘉奖。寻复奉旨："李续宾加巡抚衔，军入皖境后，得专折奏事。而调湘军之在江西东路者，悉移师以援浙。"五月二十一日，奉上谕："前因江西贼匪窜入浙江，恐周天受资望较浅，未能统率众军，复谕和春前往督办。兹据和春奏现在患病未痊，刻难就道。东南大局攸关，必须声威素著之大员督率各军，方能措置裕如。曾国藩开缺回籍，计将服阕。现在江西抚、建均经克复，止余吉安一府，有曾国荃、刘腾鹤等兵勇，足敷剿办。前谕耆龄饬令萧启江、张运兰、王开化等驰援浙江。该员等皆系曾国藩旧部，所带勇丁，得曾国藩调遣，可期得力。本日已明降谕旨，令曾国藩驰驿前往浙江办理军务。著骆秉章即传旨，令该侍郎迅赴江西，督率萧启江等星驰赴援浙境，与周天受等各军，力图扫荡。该侍郎前此墨绖从戎，不辞劳瘁，朕所深悉。现当浙省军务吃紧之时，谅能仰体朕意，毋负委任。何日启程，并着迅速奏闻，以慰廑念。"钦此。二十五日，骆公秉章具疏奏称：现在援江各军将领，均前侍郎曾国藩所深知之人，非其同乡，即其旧部，若令其统带赴浙，则将士一心，于大局必有所济。且江、浙本属泽国，利用舟师，杨载福、彭玉麟两军，皆系曾国藩旧部。曾国藩统陆师赴浙，或从常山更造战船，顺流而下；或派船由长江入太湖，溯流而上。江南大军既免后顾之虞，援浙陆军亦得戈船之助。其勇饷一项，拟由湖南

每月筹解饷银二万两。请旨饬下湖北抚臣胡林翼,每月筹解银二万两,专供曾国藩军之用。

六月,奉上谕:"骆秉章奏分拨楚军援浙,并请饬曾国藩统率前往。与前降谕旨,适相符合。每月筹解银二万两,作为援浙勇饷,实能统筹大局,不分畛域,著即照办。该侍郎兵力既精,饷需又足,必当迅奏肤功也。"钦此。初三日,接奉谕旨。初七日,公治装由家启行。初九日,过湘乡县城。十二日,抵长沙,与骆公秉章、左公宗棠会商军事。刻木质关防,其文曰"钦命办理浙江军务前任兵部侍郎关防"。具札调派萧启江、张运兰、王开化等湘军,由江西抚、建一路,拔营进驻铅山县之河口镇。公拟由水路东下,过九江登陆,会军于河口,督师以赴浙。骆公派委主簿吴国佐管带练勇千二百人,隶公麾下。公札令由陆路先赴江西。

十七日,具折恭报启程日期,并陈明进兵援浙之道。奉朱批:"汝此次奉命即行,足证关心大局,忠勇可尚。俟抵营后,迅将如何布置进剿机宜,由驿驰奏可也。"钦此。是日又会奏萧启江请假两月回籍一片。

十九日,由长沙登舟。二十四日,行抵武昌,与胡公林翼会商进兵之路、筹饷之数、大营转运粮台报销各事。留署中旬日。鄂省协饷二万两,亦奉旨允准饬拨。公素称胡公才大心细,事无巨细,虚衷商度。胡公亦悉心力代为之谋,谈议每至夜分不息。

七月初三日,由武昌解缆。初四日,泊巴河。公弟国华、李公续宾、续宜、彭公玉麟等,先后谒见于巴河,筹商陆营统领营官哨长及随营委员章程、兵勇行军止营出队之法。李公续宾派拨湘勇二营,以副将朱品隆、唐义训领之,隶公麾下,以为亲兵营。公与李公议改修湘乡忠义祠。李公捐银两千两,公捐银一千两,以为之倡。十一日,行抵九江府,致祭塔忠武公祠。杨公载福来见公。

十二日,舟次湖口。彭公玉麟修建水师昭忠祠于石钟山,祀楚军水师之死事者萧公捷三以下弁勇夫役等,凡数千人。十五日,公至昭忠祠致祭,遍赏外江、内湖水勇,为钱二千二百余贯。札调朱品隆、唐义训率所部勇先行赴河口镇。公之初出也,以肃清江面为期。公自驻水营,设粮台于水次。至是楚、皖江面,以渐廓清。下游虽有贼踪,势不得复逞。贼酋石达开,由江西窜扰浙、闽边界,所陷郡县,不复踞守,渐成流寇之势。公督师援浙,舍舟而登陆,治兵转饷,均改前规。设立报销总局于湖口,札调李瀚章来江总理报销局,清釐东征水陆各军饷糈收发之数,分款核销。设陆路随营粮台,派委喻吉三、彭山屺带勇数百以护之。武昌、九江、贵溪皆设转运局,南昌省城设支应局,札委道员李元度、知府王勋综理营务处,札委陆营管理银钱所、军械所、发审所,公牍案卷各员弁十有余人。

二十一日,舟抵南昌,与巡抚耆龄公会商军饷。札撤前年江省所较楚军支应炮位子药三局,以所余硝磺火器之属归于陆军支领。撤遣李大雄、滕加洪两营。其上年在江西差委员弁,分别撤留。是时楚军在江西者,张运兰、萧启江所领两军,已集于河口镇,合以朱品隆等军,共万余人。其刘公长佑一军,经江西巡抚派委,由抚州移防杉关;李元度一军,亦奏派由贵溪拔营援浙。贼既解浙江衢州之围,由处州窜入福建,分股由浦城窜出二

度关，围攻广丰、玉山二县，广信戒严。李元度力守二城，击贼却之。寻接公札委办营务处，以所部平江勇属沈公葆桢权领之。

二十四日，公由南昌解缆，泊瑞洪。江西水师道员刘于浔来见公。途次奉上谕："前因浙江军务紧急，谕令曾国藩赴浙剿办，现在衢州业已解围，处州等府县亦相继克复，境内余匪，不难克日肃清。惟闽省浦城、崇安、建阳、松溪、政和等处贼势蔓延，亟应赶紧剿办。和春等现饬总兵周天培于援浙兵勇内，挑选精锐三千数百名，由龙泉一带进剿；饶廷选带漳州兵勇，亦驰往浦城；曾国藩业已奏报启程，著即以援浙之师，由江西铅山直捣崇安，相机进剿。迅将闽省各匪一律扫除，毋少延误。"钦此。又奉上谕："总兵李定泰，前令帮办和春军务，此时周天受等会剿窜闽各匪，著总归曾国藩调度。"钦此。又奉上谕："署福建漳州镇总兵周天受，著加恩赏还提督衔，即著驰往福建与周天培、饶廷选、张腾蛟等分路进剿，俟前任侍郎曾国藩到后，即归曾国藩调度。"钦此。是月，胡公林翼丁母忧，解任回籍，诏官文兼署巡抚事。

八月初八日，公抵河口营。沈葆桢、李元度来见。札各营营官支发勇粮，每日每名领银一钱四分，夫粮每名一钱，画一定制。楚军在江西境内者，迭被乡团截杀，多至数十百人。公出示晓谕各兵勇，严禁骚扰。又出示晓谕团练，禁毋得妄杀人。委员提各案证讯鞫得实，按法处办。

十二日，驰奏遵旨援闽拟即日由崇安进剿、并陈明现在贼情军事一折。又奏报闽贼窜扑广丰、玉山两县，官军力战获胜，两城解围一折。奏称：李元度自从军以来，备尝艰险，百折不回臣忧回籍，该员以孤军支柱东路，屡能以少胜众。此次力保两城，有裨大局。请赏加按察使衔，并给勇号。阵亡弁勇易金榜、李传纶、龚茂发、张应龙、龚拱纶、李家纯、黄查七名请恤。附片奏调游击喻吉三随营差遣。又奏：此次由江人闽，应于广信府城、铅山县城设立粮台，转运米粮军火等件，已札委驻防广信之九江道沈葆桢兼理。臣军粮台，并委在籍道员雷维翰经理铅山水陆转运。又札调李元度带所部平江勇一营，随臣赴闽办理营务处，余勇并交沈葆桢接管，留防广信。札调王勋来营会办营务处。又会奏九江府城建立提督塔齐布祠，湖口建立水师昭忠祠。臣在途次，经历两处，见其祠宇将次工竣，请敕下地方官春秋致祭。又奏湘乡县城捐建忠义祠汇祀阵亡员弁勇丁一折。附片奏：湖南补用知府李瀚章在臣军粮台经手最久，该员现回庐州原籍，应令迅来湖口水营办理报销。所请皆奉旨允之。公弟国荃督各营攻克吉安府城。江西全省肃清。江西、湖南巡抚会奏。保曾国荃以知府遇缺即选，并加道衔。贼由福建邵武分股窜出铁牛关，刘公长佑击贼失利。泸溪、金谿皆失守。贼窜陷安仁县。

十五日，公率军移驻弋阳县，调张运兰回军截剿。十九日，克复安仁县，贼由万年窜入饶州境，屯踞景德镇。公调吴国佐会剿安仁之贼。吴国佐追贼于万年，小挫，帮办营官刘本杰阵亡。

二十四日，驰奏闽贼窜入江西，官军克复安仁一折。随折奏保道员张运兰、知府王文瑞二员，阵亡千总周玉田请恤。附片奏阵亡知县刘本杰请恤。又片奏请旨敕四川督臣每

月筹银二万两，由湖北转解行营。又片奏同知胡兼善在营病故，请恤。

二十七日，公拔营赴云际关。二十九日，行抵双港，闻警驻营。闽中之贼，分大股回窜新城县。吉安余匪窜陷崇仁、宜黄两县。抚州、建昌两郡戒严。公调张运兰一军进剿新城。公改道南趋建昌。

九月初二日，李元度请假回籍。刘公长佑击贼于新城，大破之。贼退回闽境，崇仁、宜黄股匪亦窜入闽境。

初七日，公行抵金羚，闻新城大捷。初九日，抵建昌府，驻军城外。刘公长佑来见公。公登麻姑山，周览建昌形势，高下远近攻守之途，浚濠坚垒，委弁勇严守垒门，每夜亲巡查之。委员弁专司更鼓，晨昏漏刻，毋得参差。委员分巡营垒附近数里之地，严禁赌博及吸食鸦片之馆。出示晓谕弁勇，严禁强索夫役，抑勒货物。每日传见哨长三人，察其材力能否，密为记注。

十三日，驰折奏移师建昌，商筹抚、建各府防剿事宜，拟从杉关入闽剿贼。附片请给捐生纪以凤等执照。萧公启江假满还江西，抵建昌大营。公调张运兰一军，由杉关进剿，萧启江一军由广昌进剿，派吴国佐一军为后路策应。时闽中贼氛方炽，官绅函牍迭至，催公赴援。而岭路崎岖难行，天雨不止，疾疫大作，不能速进。公弟国荃克吉安后，撤遣所部之勇回湘。所统湖南援军各营，亦先后遣回湖南境。自率所部勇千人，从公于建昌。二十六日，抵大营。公留其勇为亲兵，谓之护卫军。其营官、哨长，亦每日传见数人，视其能者奖拔之。公弟国荃留营十余日。李公瀚章由庐州应调来营。公核定在营委员夫役等薪水口粮章程，查核火器大小炮位抬枪鸟枪等项所食子药多少轻重之数，为表以记之。

十月十一日，公弟国荃回湘。公送之行，以课子读书为属。十六日，具折奏保玉山、广丰守城案内出力员弁，开单请奖。又驰奏调派官军分道入闽并陈现在办理情形一折。附片奏报：疾疫盛行，从前所未见。张运兰、萧启江、吴佐国等军，报病多者千数百人，少或数百人，臣亦不忍亟催其进。刘长佑一军，积劳过深，患病尤众，请移驻抚州调理。奉上谕："曾国藩奏办理情形，朕亦不为遥制。该侍郎惟当督饬将士，相机剿办，探知何处有贼，即由何处进剿，以期迅歼丑类。至建昌等属疾疫流行，各营兵勇现多染病，著该侍郎妥为拊循，俾得迅速调治，无误军行。"钦此。

李忠武公续宾、公弟愍烈公国华于巴河相见，别后督军入皖。八月，克太湖、潜山。九月，克桐城、舒城，兵势甚锐。时庐州复陷，贼屯聚三河镇，李公续宾督军攻三河贼垒。是月，贼酋陈玉成纠合大股援贼，连营围之。官军全覆，李公赴敌阵亡，公弟国华及在军员弁兵勇从殉难者六千人。湘军精锐歼焉！舒城、桐城后路之军，相率溃退，楚、皖之间大震。都兴阿公由宿、太进攻安庆之师，亦退屯鄂境。李公续宜抚定溃卒，屯于黄州。官文公奏请公移师援皖。奉寄谕，以江西援闽之军疾疫方盛，难以跋涉长途。诏起复胡林翼署理湖北巡抚，督办军务，以援皖北。是月，公编记江、浙、皖、闽各省府州县所属山川扼塞，逐日记注，以为常课。出示晓谕被贼州县流亡户口，招集复业。

十一月，公闻三河之警，悲恸填膺，减食数日，作《母弟温甫哀词》。专遣弁勇，间行人皖北,收觅骸骨。公核定大营阅视操练之期。每月逢三日,阅步箭刀矛之属,逢八日阅马箭火器之属。其时江西乡团犹有截杀楚勇之案,公作《爱民歌》一篇,令军中习诵之。张公运兰进军福建邵武府,贼已悉数南窜,由汀州窜扰江西赣州,南安之境,萧公启江军至石城县,值潮勇为匪,扰乱县境萧公捕讨平之。皖北军覆后,贼之在景德镇者,乘势益张,江西之兵进剿失利。公乃调萧启江剿江西南路之贼,调张运兰回军建昌,移剿景德镇,与刘于浔水师会剿。

二十六日,驰奏分调官军追剿闽省窜贼,移剿景德镇股匪一折,附片奏萧启江军过石城讨捕潮匪一案。又奏探明贼踪大略一片。胡公林翼营葬甫毕,驰至湖北接受关防,进驻黄州,拊循士卒,人心稍安。刘公长佑因军中多病,由抚州撤遣楚勇回籍。骆公秉章奏陈军情缓急,请公由江援皖。奉上谕:"皖北贼势鸱张,楚省边防吃紧,谅曾国藩亦必有探报。此时闽省之贼已南趋漳、泉,距江西渐远。若照骆秉章所请,令该侍郎移师赴皖,而留萧启江所部四千余人防守江西,亦未始非权衡缓急之计。惟曾国藩所部各军多染疾疫,前奏尚需休息。且景德镇尚有大股逆匪,随剿随进,亦非计日可到。著曾国藩豫为筹度。如果闽省兵勇足资剿办,而江西边境防剿有人,自以赴援皖省尤为紧要。不独庐州省城可收南北夹攻之效,即上窜湖北之路,亦可借资堵扼。倘因汀州等处尚须兵力,一时不能移军,或须俟景镇股匪歼除,再回楚北,亦著斟酌具奏。"钦此。

十二月十一日,公具折复奏:近日贼势,以皖江南北两岸为最重。皖南大山绵亘,自山以北,久为粤匪出没之区;自山以南,现惟婺源县、景德镇两处有贼。皖北贼势浩大,实倍甚于皖南。论大局之轻重,则宜并力江北,以图清中原;论目前之缓急,则宜先攻景镇,保全湖口。臣已札张运兰一军驰剿景镇。至福建之贼,为数无多,其回窜江西者,已饬萧启江一军,迅速追剿。奉朱批:"所拟尚属妥协。"钦此。公又附片奏目疾请假一月,在营调理。李公鸿章来谒于建昌,因留幕中。

十五日,李元度假满来营,王勋请假回籍。十七日,张公运兰等军至景德镇,吴国佐遇贼军败,公批饬责之,令其撤营回湘。贼陷南安府城,萧公启江进军攻之。张公运兰击贼于景德镇,破之。

是岁二月,和春公、张公国梁克秣陵关,复进攻金陵。诏授何桂清为两江总督。前江西巡抚张芾督办皖南军务,驻徽州。七月,江南大营筑长围于金陵以困贼。九月,德兴阿军大溃于浦口。贼复陷扬州府城及仪征、天长、六合等县,温壮勇公绍原死于六合。张公国梁引兵渡江,克扬州。十月,捻匪李兆受以天长归顺,更名世忠。十二月,戴武烈公文英、邓忠武公绍良剿贼于宁国府之黄池湾汊,先后阵亡。

【巳未】咸丰九年，公四十九岁。

正月，公在建昌营中，奉谕旨通筹全局。十一日，公具折奏称：数省军务，安徽吃重，江西次之，福建又次之。计惟大江两岸，各置重兵，水陆三路，鼓行东下。剿皖南，则可以分金陵之势；剿皖北，则可以分庐州之势。北岸须添足马步军三万人，都兴阿、李续宜、鲍超等任之；南岸须添足马步军二万人，臣率张运兰等任之；中流水师万余人，杨载福、彭玉麟任之。至江西军务，分南北两路，臣当与抚臣耆龄分任之。粤贼勾结捻匪，近来常以马队冲锋，拟调察哈尔马三千匹，募马勇数千，择平旷之地，驰骋操习。臣愿竭数月之力，训练成熟，皖豫军务，可期大有起色。附片请敕健锐营、内外火器营选派精练弓马、曾经战阵之员，咨送来营。并奏调翰林院编修郭嵩焘、礼部主事李榕二员。又片奏江西南路防剿吃紧，暂难移师北行，请饬赣南镇总兵饶廷选带兵来江，驻防南路。是日，又奏陈明李续宾死事甚烈功绩最多一折。又奏陈臣弟曾国华殉难情形一折。奉上谕："巡抚衔浙江布政使李续宾前在三河阵亡，业经降旨，优加褒恤。兹据曾国藩胪陈该员功绩具奏，览之，亦深悼惜。李续宾从军数载，所向成功，乃其见危授命，麾下将士无一偷生，实有古名将之风。允宜垂诸信史，百世流芳。著将曾国藩此奏交国史馆采入列传，以示褒嘉。"钦此。又奉上谕："曾国藩此奏伊弟曾国华殉难情形一折。著再加恩，赏给伊父曾骥云从二品封典，以示褒嘉。"钦此。同日又奉上谕："曾国藩奏遵筹全局请添马队进取一折。该侍郎统筹全局，意在并力大江两岸为节节进剿之计，所见甚是。唯现在江西南赣等处贼氛尚炽，该侍郎未能即日北行。俟南路稍松，再赴楚皖交界，筹办大局。编修郭嵩焘现随僧格林沁前赶天津，俟该处撤防，再降谕旨。主事李榕已令赴营差委。汝弟曾国华在三河阵亡，可嘉可悯，业经迫赠道员，从优赐恤。该员之子，例有应得世职。本日复明降谕旨，赏给伊父曾骥云从二品封典，以示褒奖。"钦此。公作《圣哲画像记》，图画昔时圣贤先儒三十三人，系之以说明，抗希古人之意，略依孔门四科及近世桐城姚氏论学，以义理、考据、词章三者，分门依类而图之。

官军攻景德镇小挫，公调驻防广信之平江勇等营赴镇助剿，饬张运兰等坚守营垒，与贼相持，军心以安。萧公启江击贼于南康县，大破之，克新城墟及池江贼垒。

二月初三日，萧公启江等攻克南安府城，收复崇义县城。贼酋石达开纠党西窜，入湖南境。初四日，公在营中，行大祥祭礼。初九日，奏报萧启江一军胜仗，阵亡将弁龙复胜等十七名请恤。又奏张运兰一军攻剿景德镇情形一折。汇奏水陆各军阵亡病故员弁何

长庚等八十员名，开单请恤。又奏汇保新城、安仁两案老湘营、平江营出力员弁兵勇开单请奖一折。是日，又具折谢弟国华从优赐恤恩，又折恭谢年终恩赏。附片奏：邓辅纶捐造战船请叙一案，经工部咨查何项工例。臣查江楚创造战船，本系臣新立规模，并未仿造他省战船成式，实无工例可援，仍请照前案议叙。奉朱批："著照所请奖励该部知道。"钦此。

十一日，公查核报销七柱清单。公闻闽省已无贼扰。十二日，由建昌拔营，移驻抚州。李忠武公遗骨，经难民收得，负送大营。胡公林翼遣弁觅得公弟愍烈公遗骨，而丧其元。公闻而益悲之。胡公委员弁先后殡送回湘。

十五日，公在途次驰折奏报萧启江一军，协同各勇攻克南安府城，现在引兵驰援信丰县，江省南路可望肃清。随折奏保道员萧启江请加勇号。附片奏移军抚州，距景德镇较近，军中声息易通。又具折恭谢天恩，并奏称：臣胞叔曾骥云，臣在侍郎任内，恭遇两次覃恩，曾邀她封至正一品光禄大夫。兹复渥荷褒嘉之典，诰轴则祗领新纶，顶戴则仍从旧秩。奉上谕："前因曾国藩奏伊弟曾国华殉难情形，当经赏给曾国华之父曾骥云从二品封典。本曾国藩谢恩折内，声明曾骥云曾邀驰封正一品封典等语。所有曾国华之子曾纪寿，著再加恩，俟及岁时，由吏部带领引见，以示朕褒崇忠节有加无已之至意。"钦此。

十六日，公至抚州，赁城内谢氏宅以为行馆。萧公启江援剿信丰县，力战贼解围去。贼之窜湖南者，连陷桂阳、郴州各城邑，攻扑永州府。江西南境余匪相继西窜。公乃调萧启江一军，驰赴吉安府境，以为湖南援应之师。骆公秉章亦奏调萧启江由间道回军湖南，听候调遣。自是南路军饷，不复关公虑矣。公以景镇之贼，久攻未克，委副将朱品隆、游击喻吉三、知县张岳龄、县丞凌荫廷等，回湖南续招湘勇四千人，赴抚州训练，以备攻剿。二十七日，派委员弁巡查抚州城防。

二十八日，具折奏谢弟国荃保选用知府加道衔恩。又奏报萧启江一军力解信丰城围，现在飞调该军驰赴吉安为湖南援应一折，阵亡将弁李先益、李楚文、黄龙光、刘文友请恤。附奏添招练勇，即由江西添筹月饷一片。

三月，朱品隆等所募乡勇先后抵抚州。公按日阅操，传见各营哨官，时时训饬之。十三日，张公运兰击贼于景德镇，军势复振。刘公腾鹤领湘军驻防湖口。皖南之贼窜陷建德，刘公进剿阵亡。公调派平江勇千人，委知府屈蟠领之，以防湖口。

二十六日，奏报景德镇官军两月以来攻剿情形一折。阵亡将弁喻福庆、易福升等五十二员名，开单请恤。附片奏添募湘勇，在抚州教练，俟吉安防务稍松，即调派各营合攻景镇之贼。又具折奏谢曾纪寿由吏部带领引见恩。是月，李武愍公孟群攻剿庐州阵亡。

四月，湖南永州解围，贼以全股围扑宝庆府城。公弟国潢治团练于乡邑。湘勇从军在外者，人怀家乡之虑。公札饬各营官禁勇丁告假回籍。委员至衡州府城，坐探湖南贼势军情，三日一报，随时函告各营以慰之。公出城阅视操演，其队伍整齐者，亟犒赏以奖励之。

二十五日，拜发万寿贺折，专弁入都。二十七日，公弟国荃到抚州营。

五月初九日，公与弟国荃设次行释服礼，仿《通礼》中品官祭仪，而略变通以行之。初十日,派调湘军之在抚州者旧部四营、新募者七营,为数共五千八百人,公弟国荃总领之,赴景德镇助剿,李公鸿章同住赞画。二十二日,总兵饶公廷选来见公。

二十六日,奏报楚军进攻景德镇连获胜仗,现在添军助剿一折。附片奏饬九江道沈葆桢赴本任,调总兵饶廷选接防广信。又奏记名道编修李鸿章留营襄办军务,檄令会同曾国荃等督剿景镇。又奏陈明服阕日期一片。时公麾下名军悉赴景德镇,其留防抚州者千数百人,皆本归江省调度之营,借公为之镇抚而已。

六月初三日,礼部主事李榕来抚州见公。湖南贼固宝庆,久不解,萧公启江军亦至宝庆。总督官文公奏探知湖南贼势将窜入蜀,请令公带兵赴夔州一带,择要扼守。奏上谕:"官文奏请饬曾国藩迅赴夔州一折。详览该大臣所奏各情,实为通筹大局起见,本日已谕令有凤派兵扼要严防。惟该省兵力恐不能当此悍贼。曾国藩前派萧启江带兵援剿湖南,现在湖南吃重,此一军自未能调回。此外如江西、湖北等兵,素称得力,著曾国藩即日统带,由楚江前赴四川夔州扼守,以据两湖上游之势。倘贼踪窜至,即可有备无患。至江西景德镇之贼,尚未剿平,著曾国藩斟酌情形,咨商耆龄,妥为布置。俾得迅扫逆氛,不至顾此失彼,是为至要。"钦此。

公弟国荃督军至景德镇,三战皆获胜。十四日,克景德镇。贼窜浮梁县。十五日,公弟国荃、张公运兰等追击贼于浮梁,克之。贼溃入徽州境。江西全省肃清。

十八日,复奏寄谕防蜀一折。奏称:臣所部兵勇为数无多,目下景德镇攻剿之师,难以遽行抽动。若令由鄂赴蜀,应须兵力稍厚,乃可携以入峡。维时湖南宝庆贼势犹盛,湘军既克景镇后,弁勇等思归尤切,势不能止。公乃调张运兰引军回湘,以援宝庆。拟自率六千人,溯江西上至宜昌,驻军扼湖广之西路。

二十二日,驰奏克复景德镇及浮梁县城,江西全省肃清一折。奏称:曾国荃系臣亲弟,不敢仰邀议叙。随折奏保道员张运兰、王文瑞、游击任星元三员,阵亡都司李印典、守备向其昌、陈玉才、高成春请恤。附片奏。调张运兰一军会剿宝庆,以副弁勇迫救桑梓之情,可期得力。臣拟先驻湖北宜昌等郡,如贼果入川,再行酌量前进。又奏保已革编修吴嘉宾、前奏保升同知,经吏部核驳,请以内阁中书选用,并加五品衔。又片奏副将黄翼升复姓归宗一案。

二十八日,张公运兰拔营回湘。公弟国荃率吉字中营拔赴抚州。公饬调朱品隆等军由景镇拔营,取道湖口渡江,驻军于小池口。

七月初一日,公弟国荃至抚州。公作《林君殉难碑记》刊石立于抚州城外林源恩殉难之处,以表其忠。

初六日,奏报景镇官军分两路赴楚拔营日期一折,奏保萧启江一军南安、信丰两案出力员弁,开单请奖。附片奏:臣前在江西,重整水师,设立楚师子药炮位三局,历时三载有余,始行裁撤,请将该局员量予保奖。公弟国荃以病留抚州数日。初七日,公由抚州启行,绅民酌酒于路,以饯公行。

初十日,公行抵南昌省城,奉上谕:"现在江西全省一律肃清,剿办甚为得力。曾国藩

调度有方，著交部从优议叙。在事出力之道衔候选知府曾国荃，著免选知府，以道员用。"
钦此。李公续宜由黄州率军回援湖南，击贼于宝庆城外，大破之。石达开窜入广西境。
湖南解严。公弟国荃病愈，由抚州拔营回湘。公弟国葆更名贞干，从军于黄州。胡公林
翼奏留办理军事，是月至抚州，旋至南昌见公。沈公葆桢见公于南昌。

十五日，公登舟启行，李公瀚章、鸿章皆从。十七日，泊吴城镇。李公瀚章所设报销
总局在焉。十八日，核阅报销清册。十九日，泊湖口。彭公玉麟、杨公载福来见。公棹小
舟石钟山下，作《湖口水师昭忠祠记》，彭公立石焉。是月奉上谕："该侍郎原折所称驻札
宜昌等处，即可稳占上游，但为镇守湖北起见，尚未筹防蜀省。曾国藩当熟思大势，应如
何定计之处，详悉驰奏，毋得迁延。"钦此。又奉上谕："曾国藩虽先驻宜昌等处，仍当侦探
贼情。如宝庆一带未能遏其入川之路，即当亲督兵勇赴蜀，以便调度堵剿机宜，未可迁延
贻误。"钦此。又奉暂留兵勇赴徽州会剿之旨。又奉酌拨兵勇留防江西之旨。

二十五日，复奏四次谕旨一折。奏称：江西北路，饶州有刘于浔一军，彭泽有普承尧
一军。臣与耆龄熟商，拟令饶廷选、吴坤修各添置一军，或以留防本省，或以助攻皖南。
臣所带领人数无多，不能抽拨赴皖，亦不能酌留防江。臣筹防全蜀，断不能迁延贻误。俟
抵鄂后，察看贼势，与官文、胡林翼会商，再行驰报。是日，又奏折恭谢天恩交部优叙，弟
国荃以道员用。公舟次湖口，所调朱品隆、唐义训等营咸集，驻营于江之两岸。触暑多
病，公留湖口旬日，令各营休息医调。

八月初一日，札调朱品隆拔营，由陆路赴鄂，驻扎巴河。公舟解缆，溯江而上，泊九
江，谒先贤周子墓。十一日，行抵黄州，与胡公林翼相见于行馆，留七日而行。公在舟中，
定每日静坐读书日课。武昌门人张裕钊谒见公舟中，公教以文词甚详。途次奉到上谕
"官文奏皖省贼势日张筹议由楚公路剿办一折。皖省粤匪与捻匪勾结，蔓延日甚，官文以
宝庆解围，败贼悉数南窜，川省已有备无患。请饬曾国藩缓赴川省，暂驻湖口，分军四路
进剿皖省。所筹实于大局有益，曾国藩如已启程赴鄂，著与官文商酌。如湖南大局已定，
川境可保无虞，即暂驻湖北，调回湖南各军，为分路追剿皖省之计"等因。钦此。

二十三日，公至武昌省城。与官文公会商军事，留旬日。是月公弟国潢、国荃迁葬竹
亭公、江太夫人于台洲新茔。胡公林翼委公弟贞干回湘募勇二营，赴鄂助剿。

九月初三日，公由武昌解缆回黄州。与胡公林翼商筹进兵皖省之途，须分四路：循江
而下者为南二路，循山而进者为北二路。胡公拨派兵勇十营，隶公麾下。初五日，公至巴
河登陆。驻陆营中，接见各营营官、哨长，简校军实。胡公林翼至公营视师。

十二日，驰奏遵奉谕旨会商大略由鄂省回驻巴河一折。催调萧启江一军，克日前来，
会师东下。副都统多隆阿公攻克石牌贼垒，进规安庆。

二十五日，公至黄州。留二日还营。李公鸿章奉旨授福建延建邵遗缺道，留公营幕
中不之任。两淮贼氛肆扰，胜保、翁同书督师屡失利。漕运总督袁公甲三奏请以公一军，
由河南光固进剿，遏贼北窜。奉上谕："袁甲三等所虑，不为无见。著官文、曾国藩、胡林
翼再行悉心筹酌。至此次官文等会筹大举，关系全局利害，总须计出万全，不妨稍迟时

日,谋定后动也。"钦此。

十月初一日,核定马队营制章程。初二日,公弟国荃领所部吉字营勇至巴河。公弟贞干领所招乡勇至黄州。初八日,见公于巴河。

十七日,会奏悉心筹酌一折。奏称:逆贼洪秀全踞金陵,陈玉成踞安庆,窃号之贼也;石达开窜扰楚、粤,流贼之象也;皖、豫诸捻,股数众多,分合不定,亦流贼之类也。目前要策,必先攻安庆,以破其老巢,兼捣庐州,以攻其所必救。现拟四路进兵之局:第一路由宿松、石牌以规安庆,臣国藩任之;第二路由太湖、潜山以取桐城,多隆阿、鲍超任之;第三路由英山、霍山以取舒城,臣林翼任之,先驻楚皖之交,调度诸军,兼筹转运;第四路由商城、固始以规庐州,调回李续宜一军任之。湘勇久战江滨,于淮北贼情地势不甚熟悉,能否绕出怀、蒙以北,应俟李续宜到后,察看情形,再行奏明办理。附片奏李续宜因母病请假归省,先调该道所部各营回鄂,由北路进发。又具折奏保员外郎胡大任、道员厉云官,请特旨记名简放,以昭激劝。又附片请旨饬浙江巡抚罗遵殿,月筹饷银四万两,解交湖北粮台。是日,公专衔奏保张运兰等军克复景镇、浮梁案内出力员弁,开单请奖。附片奏江西绅士刘锡绶报捐饷银壹万两,请照例给奖。又奏参将邬世莲复姓归宗一案。又片奏报目疾未痊,兼患头晕,请假一月,在营调理。奉上谕:"曾国藩著赏假一月,在营调理。该侍郎一路兵勇既待另筹,而李续宜亦系独当一面,复因母病给假,是四路中已有二路急难进征,于皖北待援情形,实有缓不济急之势。至所称先图安庆,兼捣庐州等语,所筹尚属周妥,但恐言之易而行之难。所有前谕派出一军,取道光、固、颍州,绕出怀、蒙以北之处,仍著官文、曾国藩、胡林翼悉心筹酌办理。"钦此。

二十四日,公督各营拔营入皖,分为前后帮启行。公弟国荃请假回湘。十一月初三日,公驻军于黄梅县。十三日,拔营进驻宿松县。公统领步队二十营、马队一营,派朱品隆、李榕总理营务处。萧公启江、张公运兰两军,由湖南分途出境,援剿两粤。公两次奏调萧启江一军,谕旨饬调张运兰赴皖,均经广西、湖南奏留。

十九日,奏报入皖日期一折。奏称:萧肩江、张运兰两军均不调回,谕旨另筹一军,绕赴淮北,由臣官文会奏办理。前月通筹四路进剿之议,由公主稿。其后奏报各路军情,多由胡公林翼主稿,公会衔而已。

十二月,胡公林翼由黄州拔营进军英山,公弟贞干从之。公调派前帮十营,以朱品隆、李榕总领之,进驻太湖县,派委彭山屺总理营务处。公与营官讲求坚垒浚濠之法,濠深丈有五尺,躬亲巡视量度,虽风雪不避也。是月公弟国潢、国荃迁葬星冈公王太夫人于大界新茔。江西巡抚耆龄公调任广东。公乃作《毕君殉难碑记》,刻石立于景德镇毕刚毅公阵亡之处。

是岁,和春公奏劾德兴阿罢职,江北大营不复置帅,诏和春兼辖之。周武壮公天培阵亡于浦口。胜保丁忧,陈请回京穿孝。以袁甲三为钦差大臣,与南河总督庚长督办军务,攻克临淮关。袁公驻守之。

【庚申】咸丰十年,公五十岁。

正月，公在宿松大营。贼酋陈玉成大股由安庆上犯小池驿，围扑鲍超营甚急。公与胡公林翼调派各营援之。飞札调萧启江一军驰回援皖。每遇寒风雨雪沉霾阴曀之晨，则终日惶然，以前敌为虑。二十五日，多隆阿、鲍超大破贼于小池驿。二十六日，击破贼垒七十余座，克太湖、潜山两县城，贼下窜。

公叔父高轩公卒于家。

萧公启江军至长沙，骆公秉章派令援皖。公以陈逆败退，皖军解严，而萧启江一军迭奉旨令赴蜀，遂咨湖南止其前来。萧公乃引军由常德入川。是月张公国梁攻克沿江贼垒，袁公甲三克凤阳府城，而颍州府又为贼所陷。石达开踞广西之庆远府，分扰湖南、广东边境。

二月初五日，闻高轩公讣，悲痛，目疾复剧。初六日，专折奏谢年终恩赏。专差赍部监执照一百八十七张，历年筹饷劝捐所余者，具折奏缴。附片报：官军大捷，拟分路进剿，臣目疾复发，又得臣叔父曾骥云病故之信，请假四十日，在营调理。初七日，公入宿松县城，设次成服，设奠服衰十有四日，公弟贞干自太湖营来，就次成礼。官文公、胡公林翼会奏小池驿大胜，克复太湖、潜山两县。奉上谕："官文、胡林翼、曾国藩督师进剿，调度有方，著先行交部从优议叙。"钦此。

二十日，公改服还营，公每日黎明即出，巡视营墙，按期阅视操练。虽羽檄交驰，而不废书史。是月始辑录《经史百家杂钞》，以见古文源流，略师桐城姚氏鼐之意而推广之。李公续宜假满到鄂，寻赴大营。张公国梁攻金陵上下关贼垒，克之。皖南之贼，陷泾县及广德州，窜入浙江境。张公玉良由金陵大营分兵援浙。二十七日，杭州省城陷，罗壮节公遵殿等死之。

三月初一日，探明安庆城内贼踪之强弱多寡及城外贼垒拒守之形势，定计攻之。初五日，李公续宜来见，筹度分兵进剿。议以公所部围攻安庆，多隆阿公围攻桐城，李公驻军于青草塥以为援。鲍超伤病发，请假回籍。

二十六日，公调所部吉字等营拔赴安庆。是月杭州将军瑞昌公督驻防兵坚守满城，贼攻之不下。提督张公玉良以援兵至，克复杭州省城，寻收复广德州。贼窜陷建平、东坝、溧阳，纠皖南大股萃于金陵。

闰三月初五日，奏折恭谢天恩交部优叙。又奏景德镇、浮梁案内保举文员遵部议分晰开单声明各员劳绩一折。

十一日，会奏鄂皖军情一折。又奏保小池口击破援贼克复太湖潜山三案出力员弁开单请奖一折。

十四日，作《何君殉难碑记》，立石于英山县何文贞公殉难之处。二十二日，编《经史百家古文杂钞》成，又约选四十八篇，以为简本。公寄书家中，名其所居曰八本堂。其目曰："读书以训诂为本，诗文以声调为本，事亲以得欢心为本，养生以少恼怒为本，立身以不妄语为本，居家以不晏起为本，居官以不要钱为本，行军以不扰民为本。"

二十六日，李元度来见公。公派令综理宿松大营营务处。二十七日，公弟国荃到营。

公令督勇攻安庆集贤关贼垒。左公宗棠自英山来见公。是月，贼攻陷江南大营，官军溃走丹阳。张忠武公国梁阵亡，钦差大臣忠壮公和春受伤，卒于浒墅关。贼陷丹阳县，攻常州府城。总督何桂清退走常熟，江浙戒严。诏令公传旨荆州将军都兴阿驰赴江北，办理军务。

四月，奉上谕："江浙安危，在于呼吸。曾国藩现扎安庆，若与杨载福率领所部水陆各军，迅由东流、建德一带分剿芜湖，并入宁境，以分贼势而顾苏、常，于东南大局实有裨益。惟安庆贼势颇众，曾国藩能否舍安庆而东下，著酌度情形，相机办理，迅速奏闻。有人奏左宗棠熟悉形势，运筹决策，所向克敌，现在贼势披猖，东南蹂躏，请酌量任用等语。应否令左宗棠仍在湖南本籍襄办团练等事，抑或调赴该侍郎军营，俾得尽其所长，以收得人之效，并著曾国藩酌量办理。"钦此。

初二日，罗壮节公灵柩自浙归宿松，公派队迎护。寻与胡公林翼诣其家祭之。

十三日，驰折复奏：臣军万余人，兵力单薄，若尽撤赴芜湖，则桐城之师不能独立。左宗棠刚明耐苦，晓畅兵机。当此需才孔亟之时，无论何项差使，求明降谕旨，必能感激图报。附片奏目疾未痊，肝气复发，军中又乏著名统将，拟调张运兰一军前来，以厚兵力。左公宗棠留营中两旬，昕夕纵谈东南大局，谋所以补救之法。十八日，左公回湘募勇，奉旨以四品京堂候补，襄办军务。

二十日，公核定报销稿案。贼攻陷常州府城，连陷苏州省城，江苏巡抚徐庄愍公有壬死之。奉上谕"曾国藩规取安庆，屯兵坚城，即使安庆得手，而苏、常有失，亦属得不偿失。全局糜烂，补救更难。为今之计，自以保卫苏、常为第一要务。著官文、曾国藩、胡林翼熟商妥议，统筹全局"等因。钦此。是时都中犹未闻苏、常已失。公接奉谕旨，咨商胡公林翼，称苏、常业已失守，救援不及。据安庆各营搜获逆首陈玉成伪文，定于秋间两路大举上犯湖北、江西。欲合江西、两湖三省之力，防御陈逆秋间大举之狡谋。如能并力击退，再行分兵驰赴下游，图复苏、常也。又咨商江西、湖南巡抚。贼由苏州犯浙江，陷嘉兴府，张公玉良引兵退守杭州。奉旨："何桂清革职逮讯，以张玉良暂署钦差大臣关防，总统江南诸军。"又奉上谕："曾国藩着先行赏加兵部尚书衔，迅速驰往江苏，署理两江总督。"钦此。又奉上谕："目下军情紧急，曾国藩素顾大局，不避艰险，务当兼程前进，保卫苏、常，次第收复失陷地方。重整军威，肃清丑类，朕实有厚望焉。"钦此。是月，萧壮节公翰庆奉调援浙，阵亡于湖州。萧壮果公启江卒于四川省城。胡公林翼奏请以左宗棠入蜀，接统湘军。刘公长佑、蒋公益沣克广西庆远府城，贼窜贵州境。

五月初三日，拜折恭谢天恩署两江总督。又驰折复奏通筹全局并办理大概情形。奏称：目下安庆一军已薄城下，关系淮南全局，即为克服金陵张本，不可以遽撤。臣奉恩命，权制两江，必须带兵过江，驻扎南岸，以固吴会之人心，而壮徽、宁之声援。无论兵之多寡，将之强弱，职应南渡，不敢稍缓。拟于江之南岸分兵三路：一由池州进规芜湖，与杨载福、彭玉麟水师就近联络；一由祁门进图溧阳，与张芾、周天受等军就近联络；一分防广信，以至衢州，与张玉良、王有龄等军就近联络。臣函商官文、胡林翼酌拨万人，先带启

程，仍分遣员弁回湘添募劲勇，赶赴行营，以资分拨。至于饷糈军械，必以江西、湖南为根本。臣咨商两省抚臣，竭两月之力，办江、楚三省之防。布置渐定，然后可以言剿。又具折奏请起用告养回籍道员沈葆桢，驰赴江西，仍办广信防务。附片奏陈察看海漕，兼保盐场之利。又片奏请敕下湖南抚臣，迅催张运兰一军，取道江西，至饶州一带，听候调遣。又奏委道员李元度驰赴湖南，另募平江新勇三千，与饶廷选之平江勇五营合为一军，防剿广信、衢州一路。又片奏：请设粮台于江西，委江西藩司总办，添委道府数员帮同办理。自咸丰三年至十年五月，由臣分作三案，造册报销。自接受总督任务以后，即由江西藩司报销，以专责成而免牵混。另设江西通省牙厘局，遴委大员专管。此后江西钱漕归抚臣经收，以发本省兵勇之饷；牙厘归臣经收，以发出境征兵之饷。疏入，奏上谕："曾国藩奏统筹全局并办理大概情形，甚合机宜，即著照所拟办理。胡林翼奏保之左宗棠一员，前已有旨，赏给四品京堂，令其襄办曾国藩军务矣。"钦此。又奉上谕"曾国藩现署两江总督，军务地方，均属责无旁贷。所请调张运兰一军。本日已寄谕骆秉章，饬令该道前赴该署督军营，听候调遣"等因。钦此。公自奉到署两江总督之旨，与胡公林翼函商兵饷之计。筹饷以江西为本，筹兵以两湖为本。调鲍超所部六千人，朱品隆、唐义训所领二千人，杨镇魁所领千人，渡江而南，驻军徽州之祁门。其围攻安庆之师，坚垒不撤。攻剿之事，以公弟国荃任之。

初六日，专弁递万寿贺折。又专折奏历年军需、支给官弁兵勇盐粮等款，照例造册，分送部科核销。自咸丰三年起至六年十二月止，是为报销第一案。初九日，李元度回平江募勇。十五日，公登舟启行。朱品隆等拔营，由陆路至华阳镇渡江，期集于祁门。十六日，舟泊老洲头。宿松绅民数千人，饯送于江干。

十七日，驰奏钦奉谕旨先行复陈并报启程日期一折。又具折奏预筹三支水师，俟皖南贼势稍定，即行分途试办。查淮扬里下河产米最多，而盐场为大利所在，非于淮安急办水师，造船购炮，实有岌岌不保之势。欲克金陵，必先取芜湖；欲取芜湖，必于宁国另立一支水师，遍布固城、南漪诸湖，与外江水师，为夹攻之势。苏州既失，四面皆水，贼若阻河为守，陆军无进兵之路。欲攻苏州，必于太湖另立一支水师。此三者皆目前之急务，如力不能兼，则先办淮扬、宁国二支；力仍不逮，则专办淮扬一支。苏省财赋之区，沦陷殆遍，若不设法保全，则东南之利尽失矣。附片奏保彭玉麟任事勇敢，励志清苦，实有烈士之风，如须兴办水师，再行奏请简派；湖南道员李瀚章，廉正朴诚，遇事精核，请以道员改归江西，遇缺简用，与署藩司李桓会办江西通省牙厘事务。又片请敕下户部，查明京仓米石存余若干，咨行到臣，俾得斟酌缓急，设法筹办。又奏：调饬下游水师总兵吴全美、李德麟所领师船，分扼狼山、福山、焦山、瓜洲一带江面，与扬州陆军联络，无任贼船得渡北岸，以保全里下河为主。又奏：鄂省为用兵之枢纽，据上游之形胜，全局攸关，一有疏虞，则南六省之奏报不能达于京师矣。臣与都兴阿分调万数千人，拨饷数万，湖北之力，甚形竭蹶。应请嗣后无再抽拨该省兵勇，俾官文、胡林翼等勉力支持，不蹈金陵覆辙，天下幸甚。

二十日，李公瀚章赴江西办理牙厘局。公行泊华阳镇，彭公玉麟来见。二十一日，泊

黄石矶。公弟国荃、贞干、杨公载福皆来见。公派委员弁察看皖南山路。二十三日，札江西粮台，支发银数千两，委守备成名标赴广东购买洋炮。二十六日，饬谕巡捕、门印、签押各员弁吏役，约以三条：一不许凌辱州县，二不许收受银礼，三不许荐引私人。凡六百余言。二十七日，登陆，行至东流。二十八日，至建德，巡视普承尧营垒，接见各营哨官。是月，张玉良革职留营，以瑞昌公总统江南诸军。江苏巡抚薛焕驻上海，暂署两江总督印务。松江府失守，官军旋复之。

六月初三日，公驻建德县。驰折奏：安庆之围，不可撤动，盖取以上游制下游之势。臣南岸一军，先守徽、宁要县，暂不深入，庶免贼抄我后路之虞。至于地方公事，未可置为缓图。臣在皖南驻扎行营，仍于安庆水次设立老营，规模与行省衙署相似。历年文卷概存水次官署，专委司道大员经管。其地方寻常事件，即令代拆代行，紧要者汇封送营核办。此臣兼管地方变通办理之大概也。附片奏已革守备成名标请开复原官。又片奏水师各营候补候选人员，请援照咸丰六年奏准前案，各照升衔，给予封典。又片奏调四川万县知县冯卓怀来营差委。又奏副将成发翔复姓归宗一案。

初四日，拔营启行。初九日，途次奉到上谕："曾国藩现已抽调兵勇万人，由宿松进驻祁门，俟鲍超、张运兰、李元度到后，即行分路进兵。具见胸有成竹，谋定后战。惟苏省待援迫切，该署督惟当催令鲍超等迅速来营，会筹进剿。但能援师早到一日，即早一日救民水火，实深殷盼。该署督现统兵勇较单，未可轻率前进，宜加持重为要。"钦此。

十一日，行抵祁门县。各军以次集，公调派择要驻营。十三日，派员专管地方案牍。其时文卷，日以繁多，乃仿照平时衙署章程，分别吏、户、礼、兵、刑、工六科，择书吏收贮，汇归安庆老营。

十六日，奏报行抵祁门日期一折。并奏陈：鲍超、张运兰均难刻期至皖，左宗棠、李元度新募之勇，则须七八月间陆续前来。臣兵力过单，未敢轻进。又具折奏称：杨载福、彭玉麟本系臣之旧部，兹复奉旨，归臣调遣，自应钦遵办理。惟军情未可遥度，奏报不可太迟。杨载福统率水师，谋勇器识，度越诸将。所有江面战守事宜，仍令该提督自行具奏。附片奉寄谕"徽、宁等府，本曾国藩兼辖地方，该处军务，并由该署督督办，自觉事权归一"等因。臣查询徽、宁两郡兵勇不能得力。臣初到祁门，情形未熟，兵将未齐，未便接办皖南军务。张芾所部各军，应暂由该副都御史统筹调度。是日，又与官文公、胡公林翼曾奏请令左宗棠督勇来皖一折。维时张公芾在徽州被人纠劾，而左公宗棠曾奉旨赴川省督办军务也。公治军八载，转战两湖、江、皖等省，与地方大吏，分主客之势。至是兼任疆圻，百务填委。乃以安庆水次为老营，设立行署，奏派大员，总理地方文卷，札委银钱所、军械所、发审所各员弁，刊发营制营规，训饬各营将领士卒，刊发《居官要语》一编，训饬僚吏，密札司道，举劾属员，札各营统领，举劾营官哨弁，均得以密函上达。札饬道府州县官，访求地方利病、山川险要，留心所属绅民之才俊、田野之树畜。现前急应办理事件，均用书函答复。出示晓谕江南北士民凡六条：其一，禁官民奢侈之习。谓吴中民俗好善，而遭祸之故，由于繁华。其二，令绅民保举人才。以两江之才，足平两江之乱。其三，安插流徙。

凡衣冠右族、经生大儒与殉难死事之家,均令地方官加意存恤,贫乏者给予口食之资。其四,求闻己过。凡己之过失与军中各弊端,许据实直告。其五,旌表节义。于行营设立忠义局,委员采访,详复事实,或由地方官汇报,或由该家属亲邻径禀,随时汇案具奏。请建总祠总坊,其死事尤烈者,另建专祠专坊,以慰忠魂而维风化。其六,禁止办团。军兴以来,各省团练未闻守城杀贼之功,徒有敛费扰民之害。自后非其地、非其人,毋得擅自举办,其从前各处练丁支领口粮者,概予裁撤。又出示晓谕军营兵勇,严禁骚扰,三令五申,词极剀切。接见守令各员,教之以廉静为体,以善听断为用。虽军事倥偬之时,而修理秩然不紊矣。

二十日,公子纪泽来营省视。江苏城邑,扰陷殆遍,避贼者群集于上海。贼复陷松江,扑犯上海,薛公焕督官军固守。贼之入浙江者,围湖州,逼近杭州,分陷各属城邑。皖南之贼,攻围宁国甚急。官绅皆望公以军赴援,公牍私函至者日以十数。公以军将未集,弗能遽进也。公之在营也,未明即起,黎明出巡营垒,阅操练。日中清釐文卷,接见宾僚,以其余时披览书史,不使身心有顷刻之暇逸。尝称时局艰难,惟劳勤心力者可以补救。前后数十年,治军治官,虽当困苦危险之际,以至功成名遂之时,不改其度焉。

二十四日,奉上谕:"两江总督著曾国藩补授,并授为钦差大臣,督办江南军务。"钦此。

七月初三日,驰奏钦奉谕旨斟酌进兵兼顾皖南军务一折。奏称:臣自行抵祁门后,瑞昌、王有龄迭次催臣援浙,张芾亦催拨兵赴援宁国。钦奉谕旨,饬臣斟酌办理。臣以鲍超尚未旋鄂,张运兰一军虽入江西境,又经抚臣毓科留防。袁州新军未齐,统将未至,往返商办,徒托空言。且待兵将齐集,察贼势最重之处,疾趋而痛剿之。至徽、宁两处防军,历年取用浙饷,约计千万,浙中恃为长城,本省别无防守之师,一旦藩篱尽撤,任贼长驱,杭州惨遭浩劫,周天受、张芾不能不任其咎。皖南地方辽阔,处处与江浙毗连,一片逆氛,几无完土。唯系臣兼辖地方,自应力筹兼顾。如奉旨归臣督办,断不能更顾浙江。又具折奏保道员李鸿章,请简授江北地方实缺,举办淮扬水师。附片奏江南河道总督,奉谕旨裁撤,添设总兵一员,特保水师营官副将黄翼升,请简授淮扬镇总兵一缺。又具折奏湖南平江县,捐建忠义祠,汇祀阵亡员弁勇丁,请列入祀典,饬地方官春秋致祭。附片奏行营设忠义局,采访江苏、安徽等省历年剿贼阵亡及殉难官绅士女,随时奏请,分别旌恤。兹以宁国县殉难绅士程枚一家男女十人为第一案。

初七日,兵部火票递到补授总督谕旨。同日奉上谕:"薛焕僻处海隅,兵力单弱,剿办恐难得手。此时苏、常一带并无重兵攻剿,都兴阿尚在英山驻扎。江北各军,无人总统,深恐贼势北趋,剿办愈难措手。曾国藩现授为钦差大臣,事权归一,责无旁贷,大江南北,均应妥为布置。著即飞催左宗棠、李元度、鲍超、张运兰等到齐,由池州、广德分路进兵,规复苏、常。其江北一带尤为紧要。应如何布置之处,并著先行筹划,免至临事周张。该大臣膺兹重任,务当统筹全局,迅扫逆氛,以副委任。"钦此。

初十日,置木匦于营门外,许军民人等投书言事。十二日,公拜发恭谢天恩一折。奉朱批:"卿数载军营,历练已深。惟不可师心自用,务期虚己用人,和衷共济,但不可无定见耳。"钦此。公又奏通筹全局一折。奏称:左宗棠、李元度、鲍超、张运兰均未到皖。顷闻窜杭之贼回扑广德,州城失守;宁国一城,群贼环萃,势孤援绝。目下皖南危乎其危。臣军调齐以后,须攻广德,援宁国,不能绕越皖境,径趋苏、常,上海、嘉兴相距愈远,文报梗塞,实难兼顾。至江北军务,迭奉谕旨,饬催都兴阿驰赴扬州,迄今未能成行。以臣愚见,淮、徐风气刚劲,不患无可招之勇,但患无训练之人。抑即函商官文,都兴阿酌带楚军千人,先行驰往。到江北后,用楚军之营制,练淮、徐之勇丁。若得一二名将出乎其间,则两淮之劲旅,不减三楚之声威。臣力所能勉者,当勤恳以图之,力所不逮,亦不敢欺饰。又奏保新授浙江温处道李元度调补皖南道缺一折。江浙贼氛大炽,纷纷请援于公。

十四日,接奉派兵援剿宁国之旨。十五日,接奉由严州转战而东赴援浙江之旨。十七日,接奉统师南下,规复苏、常郡县之旨。二十一日,接奉派兵救援浙省之旨。

二十三日,驰奏复陈四次谕旨一折。奏称:臣由皖南进兵,以急援宁国、急攻广德为要。力不能兼顾,则以专救宁国为要。徽、宁等属,一片贼氛,皖南不安,臣军且有岌岌不保之势,何能屏蔽浙江?更何能规复苏、常?目下兵力未齐,上不能分圣主宵旰之忧,下不能慰苏人云霓之望,寸心负疚,惶悚无地。附片奏团练一事,实为地方大弊,皖南岭隘分歧,若筑碉设卡,尚可以资防守。在籍编修宋梦兰,众论称许,请赏加侍讲衔,令其董劝绅民,兴筑碉堡。又片奏保安徽臬司毛鸿宾堪胜江苏省藩司之任。又奏报江长贵收复广德州城一片。是日,接奉上海危急设法救援之旨。又奉派拨兵勇赴援宁国之旨。

二十四日,张公运兰到祁门营。二十八日,拔营由徽州、旌德进援宁国。是月薛公焕击贼,却之,上海解严。张玉良攻嘉兴不克,全军败溃,杭州戒严。贼陷金坛县,周威毅公天孚等死之。贼杀戮极惨。京口将军巴栋阿守镇江府,派提督冯子材攻丹阳。

八月初一日,公出至渔亭,巡视营垒。奉到上谕:"张芾著即来京。所有皖南军务,统归曾国藩督办,周天受著交曾国藩差委。"钦此。又奉上谕"薛焕片奏江南贼匪滋蔓难图,唯以重兵直捣金陵,该逆必回顾根本等语。著曾国藩体察情形,或即先捣金陵,亦可牵制贼势"等因。钦此。公调派副将宋国永代领鲍超所部霆字营一军,进攻泾县,以援宁国。李元度新募平江勇,行抵江西贵溪。公亟调来徽州会剿。

初三日,驰奏张运兰、宋国永分路进兵日期一折。附片奏:上海情形已松,臣军未能即图金陵。又片奏:杭城危急,浙省贼势浩大,非数千人所能救全。必须左宗棠新军到后,配足万人,乃可赴杭援剿。骆秉章奉命督办四川军务,奏请左宗棠人蜀,湖南本省空虚,人心惊恐,左宗棠未克成行。恳恩敕令骆秉章暂缓人蜀,俾左宗棠星夜兼程来皖,合两湖、江西之全力,以救浙而攻苏,或有补于万一。

初七日,李元度领军到祁门。贼再陷广德州,攻扑宁国府。初九日,朱威肃公景山阵亡。十二日,宁国府城失守,周忠壮公天受死之。于是周氏兄弟殉难者三人。十四日,李元度赴徽州接办防务。二十日,鲍超到祁门,公饬令迅赴营中,公移驻祁门城北。

二十三日,驰折奏报援军甫进,宁国府城被陷,徽州戒严,自请交部议处;鲍超迁延不

如期抵营,请革去勇号,仍责令督军进剿;道员廖士彦委解浙饷,闻警折回,以致宁国军因饥败溃,请即革职;周天受捐躯殉节,查明另折请恤。附片奏沥陈身在皖南,心悬江浙,俟立脚稍稳,即当分军先趋苏境,以符原议。又片奏:臣军及皖南防军需饷甚巨,所收江西牙蕉,实多不敷,请旨饬江西每月拨解漕折银五万两,以济徽、宁之防;陕西每月协解银二万两,专发安庆一军。三月之后,即行截止。又以前奏奉到批谕,启牖愚蒙,指示亲切。附片复陈懔遵感激之忱。李元度率军至徽州。贼以大股由绩溪扑犯徽州,平江勇败溃,原防官军亦溃。

二十五日,贼陷徽州府城,势趋祁门。公飞调鲍超回军渔亭,张运兰回军黟县,以遏其锋。左公宗棠军行抵南昌,公飞咨调赴乐平、婺源之间,以防贼窜江西之路。是月僧王军败于天津,都城戒严,胜保奏请飞召外援,銮舆巡狩热河,恭亲王留守京师。

九月初一日,公遣子纪泽赴安庆大营,由安庆回湘,为书以训之。初四日,李公续宜率军四营至祁门。公闻都下之警,悲不自胜。初六日,驰折奏称:臣自恨军威不振,甫接皖南防务,旬日之间,徽、宁失陷。又闻夷氛内犯,凭陵郊甸。东望吴越,莫分圣主累岁之忧;北望滦阳,惊闻君父非常之变。且愧且愤,涕零如雨,应恳天恩,于臣与胡林翼二人中,饬派一人,带兵北上,冀效尺寸之劳,稍雪敷天之愤。又奏报徽州失守一折,自请交部议处。又咨呈恭亲王文书一道。公与李公续宜筹商北援之举一切调度。李公留营旬日乃去。公又函致胡公林翼,作北援议八条。寻以和议既成,奉上谕:"皖南北均当吃紧之时,该大臣等一经北上,难保逆匪不乘虚思窜,扰及完善之区,江西、湖北均为可虑,曾国藩、胡林翼均著毋庸来京。该大臣甫接皖南防务,连失两郡,虽因饷绌兵单,究属筹划未密,著即振作军心,再接再励,勿以一挫之后,即损军威。李元度谋勇兼优,此次失衄,殊属可惜。人才难得,著即迅速查明下落具奏。"钦此。

十六日,驰折奏查明提督周天受殉节情形,请开复原官,从优赐恤,于宁国府建立专祠。周天受之胞弟周天培、周天孚先后殉难,一门忠烈,请于四川本籍建立三人祠宇。署皖南道福咸、宁国知府颜培文、宣城县令王乃晋、副将朱景山均请优恤。皖南道李元度请革职拿问,徽州知府刘兆璜等请革职,其阵亡同知童梅华、守备张斐文二员请恤。附片奏请旨饬广西藩司蒋益沣率所部三千人,迅由江西入皖。会合左宗棠一军,并力东征。又奏皖南北近日军情贼势一片。左公宗棠军抵乐平县。贼由徽州分股窜浙江,陷严州府城。

十八日,接奉拨兵援救上海之旨。二十八日,接奉拨兵援救镇江之旨。是月贼攻扑镇江府,巴栋阿、冯子材拒却之。都兴阿公抵扬州,接办江北军务。

十月初四日,驰奏统筹缓急机宜一折。奏称:臣处止左宗棠、鲍超、张运兰三军尚为得力,已有应接不暇之势。皖南立脚未稳,于镇江、松江未能赴援也。附片奏报鲍超、张运兰会攻休守县胜仗。又片奏兴办淮扬水师,拟于上游先造战船,请截留江西应解江北饷银二万两,通融接济。又折奏查明江苏金坛县守城殉难官绅总兵萧知音、参将周天孚、知县李淮、绅董吴秉礼等七十三员名,开单请恤,于金坛县建立总祠,汇祀各员。附片奏

丹阳县知县方浚泰阵亡请恤。又片奏请展缓江南、江西各营将弁举劾年限。

初九日，公出营至黟县查阅岭路。十四日，回祁门营。十九日，贼由羊栈岭窜入，黟县失守。公饬祁门各营严守。

二十日，鲍超、张运兰破贼于黟县。贼退出岭外。广东韶州股匪窜入江西赣南境，犯建昌、陷河口，连扰广信、饶州各属邑。左公宗棠军至景德镇。二十二日，分军破贼于贵溪，克德兴、婺源二城。余匪溃窜入浙境。

二十六日，驰奏休宁胜仗黟县克复一折，随折奏保鲍超请加清字勇号，张运兰请交部从优议叙。又保营官杨镇魁、娄云庆、张玉田、余大胜四员。附片奏鲍超营中副将宋国永、黄庆、陈由立请先拨补实缺。又奏已故统兵臬司萧启江功绩最多，恳恩赐谥，于湖南、江西建立专祠一折。代奏新授淮扬镇总兵黄翼升谢恩一折。附奏安徽学政邵亨豫患病请开缺回籍一片。又奏参代理怀宁知县莫样芝一片。

二十七日，左公宗棠到祁门营，与公商度军事。留数日，回景德镇。是月，张公玉良克复严州府，多隆阿公大破贼于桐城。

十一月初四日，贼陷建德县。普承尧一军败溃。又陷东流县。时议借洋兵助剿金陵之贼，委洋商采米运天津，以代南漕。奉旨令公酌量具奏。

初八日，公具折复陈，并陈明大西洋各国夷情。且云：款议虽成，中国岂可忘备？河道既改，海运岂可不行？目前借其力以助剿济运，得纾一时之忧，将来师其智以造炮制船，尤可期永远之利。附片奏报建德失陷及皖南北近日军情。又片奏遵旨饬查安徽道员萧盛远在和春军营偾事实迹，请革职发往新疆。皖南镇总兵陈大富驻军南陵县，督率军民，坚守数月，粮尽援绝，四面皆贼。杨公载福率水师炮船驶入鲁港，破平贼垒，拨出陈大富全军及士民男妇十余万人，安置东流县城，欢声腾于江介。建德既陷，普承尧退走九江，贼分股一扰彭泽、湖口、都昌，一扰犯浮梁、鄱阳、景德镇。彭公玉麟以水师赴湖口，收集陆路溃勇，协守湖口，城得以完。十四日，分军收复都昌、鄱阳，杨公载福以水师收复东流、彭泽，左公宗棠分军收复浮梁。

十七日，公派唐义训一军克建德县。公之接统徽防也，调取原防兵勇，以副将杨名声领一军驻上溪口，副将王梦麟、程永年领一军驻江湾，扼守东路。公调鲍超一军回祁门。贼扑陷上溪口、江湾各垒，兵勇溃退。公乃委提督江长贵收集简汰，以成一军。

十九日，北路之贼逾岭而人。二十日，鲍超回军黟县，与张运兰军合击贼于庐村，大破之。是时皖南贼党分三大股环绕祁门，欲以困公：一出祁门之西，至于景德镇；一出祁门之东，陷婺源县，复南窜玉山；一由祁门之北，越岭南犯，直趋公营。庐村既捷，公乃调鲍超赴景德镇，与左公宗棠合力堵剿，以保饷路；张公运兰一军，仍防黟县。当其赃氛四逼，羽檄交驰，日不暇给，文报转饷之路几于不通，旬有五日之间危险万状，复值寒风阴雨，自治军以来，以此时最为棘迫之境矣。二十一日，雨霁，贼退出羊栈岭外，军心乃安。候选知府冯卓怀到营，公委令巡查皖南碉堡。

二十八日，驰折奏左宗棠一军在贵溪大捷，克德兴、婺源两城，十日之内，转战三百余里,实属调度神速,将士用命。随折奏保王开化、杨昌浚、刘典等十三员。又奏建德失守,旋经官军克复,请将九江镇总兵普承尧革职拿问。随折奏保唐义训、朱声隆、沈宝成、黄惠清、陈玉恒、叶光岳六员。附片奏称:安庆合围以来,江北则大战于桐城,江南则麇集于徽州,无非欲救援安庆。此次南岸之贼,分三大支环绕祁门,作大围包抄之势,欲断臣之粮路,掣臣之军势。贼之狡谋,显而易见。今西路大股未退,而各城均经收复,东路贼已南窜,北路之贼,曾受大挫,当不敢再来犯岭,可望转危为安。此近日军情之梗概。是月援贼至安庆,公弟国荃击却之。

十二月十三日,具折驰奏贼犯湖口,彭玉麟以水师,保守,并派船克复都昌县城。彭玉麟请旨交军机处记名,遇有按察使缺出,请旨简放。随折奏保副将成发翔、都司丁义方二员,阵亡勇弁李逢贵、吴修霖请恤。又奏提臣杨载福水师拔出南陵全军,救全百姓十余万人,处之善地。杨载福出奇制胜,请赏赉荷包、搬指等物,以示旌异。其出力将弁,由该提臣奏保。又奏官军在黟县庐村大捷并迎剿小溪、渔亭等处接仗情形一折。又奏上溪口、江湾两处营盘失陷一折,副将王梦麟、程永年请革职,杨名声已经参革,不准留营。另缮清单开报,上溪口、江湾两营阵亡员弁徐祚明等二十名,休宁、黟县阵亡伤亡将弁陈青云等二十一名,水陆各营前后阵亡病故员弁张继兴等五十四名请恤。附奏陈明皖南、江西全局一片。前此贼氛环逼之时,有劝公移营江干,以与水师相附,或退入江西境。公雅不欲轻退,以摇军心,坚忍数十日,势乃稍定。既而隆冬盛寒,各军与贼相持,无大战事。公自言精力渐衰,若不克自持者,然胸怀豁达,成败生死,不复计较,故不生烦恼耳。浙江巡抚王公有龄奏调处州镇总兵刘培元、候选道金国琛赴浙差委。公奉寄谕。二十八日具折复奏,刘培元现在湖南,能否赴浙,应由湖南抚臣酌核复奏;金国琛现在安徽李续宜营中综理营务,不能驰赴浙江。又奏湖南官绅设立东征局,于本省釐捐之外,酌抽釐金协济皖南北两军之饷。凡盐茶各商抽收较多者,应仿照江西茶捐之例,给予奖叙。请饬部颁发执照,寄交湖南经收填用。附片奏:湖南一省向食淮盐,自粤匪扰乱,运道梗塞,于是湖南尽食川私。本年川井被贼蹂躏,盐价骤贵。臣在江西,曾奏借浙盐抵饷,拟仿照成案,借运粤盐于湖南行销。酌抽釐金,以抵淮课,犹不失为两江任内应筹之饷。请敕下户部,查照办理。又奏请简放九江镇总兵一缺。又奏报近日江皖军情一片。又奏桐城县知县杜滋、铜陵县知县柴时霖开缺改选教职一片。又奏:臣驻祁门,距京较远,部文到营太迟,诸多不便。应请饬下军机处,凡遇臣处奏事,批折发下之日,即将本日谕旨随同钞发。又具折奏采访忠义第二案,官绅士民妇女共二百五十九名。附片奏报常州武进县举人赵起合家男妇共三十二人,在常州府城殉难,阳湖县职员曹禾守城伤亡,均请优恤,并请建立赵起专祠。是为第三案。

是岁东南寇乱方剧,惟秦晋差安,其余各行省征战之事,纷不可纪。公职任崇高,控驭广远,章奏较多于前。嗣是循例奏案,不能悉纪矣。

卷七

【辛酉】咸丰十一年,公五十一岁。

正月,公在祁门营。初六日,贼由石埭县分二股,一由大洪岭窜入,一由大赤岭窜入,直趋祁门。公老营单薄,人心震恐,居民惊走。初七日,提督江长贵击贼于大洪岭,却之。初八日,公派唐义训、朱品隆出队,击贼于历口,破之,追剿出岭外。贼之内犯者歼焉。初九日,左公宗棠、鲍公超合击贼于洋塘,大破之。贼窜屯下隅坂,鲍超引军击之。贼之在祁门东路者,窜扰江西之玉山、铅山,扑攻广信府,内犯抚、建之境。公札饬刘于浔防守抚州,黄鸣珂守建昌,魏喻义防守南昌省城。左公宗棠一军仍驻景德镇,防剿婺源之贼。

二十四日,驰奏左宗棠、鲍超两军扼守景德镇,迭获胜仗,会剿洋塘大捷一折。又奏逆匪分犯大赤、大洪二岭进扑祁门老营,官军迎剿获胜追贼出岭一折,附单汇奏阵亡员弁周芸亭等三十六人请恤。附片奏报皖南、江西贼势军情。又片奏请敕颁钦差大臣关防并令箭旗牌等件,由江西递至行营交领。

二十六日,鲍超攻贼于黄麦铺,左公宗棠分军助剿,大破之。贼濒江下窜。总兵陈大富收复建德县,江西北路饶州、九江境内肃清。是月公作《解散歌》一首,流布陷贼之境,于难民之久困贼中者,曲达其苦衷。士民读之,莫不感泣,因此而自拔来归者颇多。

二月初八日,驰折奏官军击贼黄麦铺大捷。奏称鲍超勇冠三军,每战必克,请以提督记名简放,阵亡守备曹有余请恤。附片奏逆匪李秀成一股由广信内犯,围攻建昌府城,意图窜江西腹地;陈玉成大股在皖北,亦须劲旅援剿。拟移驻东流、建德,防堵下游池州各股,而抽出鲍超一军为游击之师,视其尤急者而应援之。是日,具折恭谢年终恩赏。

初九日,张运兰、唐义训、朱品隆等击上溪口贼垒,破之,进攻休宁。十一日,收复休宁县城。胡公林翼移营太湖,合围安庆。贼酋陈玉成纠皖北大股犯霍山。总兵余际昌全军败溃。贼遂陷英山县,直趋湖北之蕲水,扑黄州府,陷之,分陷德安、随州。武汉戒严。李公续宜奉旨授安徽巡抚,率军回援鄂省。

十七日,驰奏上溪口胜仗克复休宁一折。道员张运兰请以按察使记名简放,总兵朱品隆、唐义训请简授实缺,并奏保叶光岳、胡玉元、朱声隆、李公选、禹志涟五员。附片奏报江楚军情:江西抚州吃紧,省城震动,飞调鲍超一军由九江驰赴南昌,以固根本。臣因休宁新克,徽州可图,暂缓移营,仍驻徽境,当力攻徽郡,以通江浙之气而开米粮之路。

二十三日,贼由桦根岭窜入箸坑,扑副将沈宝成之营于历口。其北路一股,由禾戍岭

窜人，分扰各岭路。二十四日，提督江长贵击北路犯岭之贼，却之。二十五日，朱品隆援历口。二十六日，会剿箬坑之贼，破之。左公宗棠由景德镇移军进剿婺源窜贼，分军剿乐平窜贼，皆获胜。贼大股继至，左公驻军乐平之境。三十日，贼窜陷景德镇，总兵陈威肃公大富阵亡，全军挫溃。公所设转运粮台在景镇者，水师救护以免。是月，公于祁门修筑碉堡，设局督工。公每日亲出巡视，数旬而工毕。

三月初二日，公由祁门拔营。初三日，驻休宁。调张运兰、唐义训等军九千人集于休宁，分两路进攻徽州。初五日，唐义训军进攻失利而溃。维时景镇既失，祁、黟、休宁三县四面皆贼，米粮接济已断，公军有坐困之势。公商之各军统领、营官，拟再力攻徽州，以图克复。函致左公宗棠、鲍公超，令其夹攻景镇。十二日，公督各军进攻徽州，不克。贼出迎战，官军败退，夜还休宁。十三日，贼跟踪来犯。公闻警愤甚，自书教遣二千余言寄家，誓有进而无退。诸将力劝公回祁门。公乃饬张运兰、朱品隆两军坚守休宁。十九日，公回驻祁门。左公宗棠大破贼于范家村，驻军于乐平县。贼由景镇来犯，左公迭击破之，乘胜进剿，前后六获大捷，计杀贼逾万人。贼乃溃走浮梁。乐平一带肃清，转运道通，皖南军气稍伸矣。贼攻建昌、抚州两郡，皆坚守得完。贼乃西窜，陷吉安府，旋经官军收复。二十日，贼陷瑞州府城而踞之。贼酋陈玉成由鄂窜皖，连陷黄梅、宿松，以为安庆城贼之援。二十三日，公亟调鲍超一军渡江援剿。多隆阿公截剿援贼于桐城、怀宁之境，大破之。贼悉窜踞集贤关。

二十四日，奏报上月箬坑、禾戍岭等处击贼胜仗一折，又奏进攻徽州未能得手一折。奏参营官总兵唐义训、副将沈宝成、同知朱声隆，其阵亡之副将叶光岳、胡玉元、千总梅魁员请恤。又奏报上月左宗棠一军分剿婺源、乐平等处先后接仗胜负情形一折，阵亡游击陈明南、将弁陈石台、赵玉莲、曾文清、喻拔元、陈正彪请恤。又奏报景德镇失陷一折。总兵陈大富力战捐躯，请照总兵例从优赐恤，并于南陵县建立专祠，以表忠荩而留遗爱。所部将弁田应科、萧传科、胡占鳌、胡凤雍、熊定邦、吴定魁、罗廷材七员请恤。附片奏参婺源县团绅余述祖、黟县知县王峻、婺源知县申协煊，均请革职。又片奏江皖军情，贼匪约分四股，惟李秀成一股西窜，距祁门较远，其三股环绕祁门，无日不战，现已迭获大胜，皖南军务日有起色。惟安庆官军危急，已调派鲍超一军驰援，臣亦即日拔营，移驻东流，就近调度。

二十六日，公由祁门拔营。饬派张运兰守休宁，朱品隆守祁门，江长贵、沈宝成等分守岭隘，暂辍进攻之谋，为坚守之计。公自率亲兵数百人以行。三十日，行抵建德县，鲍超迎见公。

四月初一日，公行抵东流县，按视鲍超霆字军营，饬催渡江会剿安庆援贼。

初二日，驰奏左宗棠一军大破贼于乐平，景德、浮梁、鄱阳等处一律肃清一折。阵亡副将罗近秋、游击史聿舟及其将弁李启昭、聂棠本、张致和、聂福申、孙绍凯请恤，伤亡将弁赵克振、周崇高、杨清和请恤。随折保道员王开化、知县刘典二员，三品京堂左宗棠迭破巨股，振江皖之全局，勋绩甚伟，请御赏珍物，以示旌异。又附奏请将左宗棠改为帮办

军务,俾事权渐属,储为大用。又附片奏:移驻东流,援助江北,臣所统全军皆留徽州境内,布置防守。左宗棠一军伺贼所向,跟踪追剿。是日,又具折汇保左宗棠一军出力员弁,开单请奖。又具折汇保鲍超一军出力员弁,开单请奖。

初四日,接奉钦差大臣关防。初七日,拜印开用。初八日,谕文案委员书吏:凡军务地方公私函牍,分条呈送核阅。贼扑安庆官军营,杨公载福派水师助守。多隆阿公连战破贼,贼酋陈玉成遁走。其集贤关内贼垒十三座,公弟国荃掘长濠以困之,公弟贞干移营菱湖以扼之。鲍公超率军攻赤冈岭贼垒,悍贼坚守不下。胡公林翼调副将成大吉一军助剿,筑炮台进逼贼营,日夜攻之。左公宗棠追击贼于广信府境。贼窜入浙江,陷金华府及所属数城。瑞州踞贼分扰武宁、义宁、奉新、靖安等县,窜入湖北之境。

五月初一日,鲍超、成大吉合攻赤岗岭贼垒,破之,擒斩数千人。贼之由瑞州窜湖北者,分扰兴国、大冶、通山、崇阳等属。初二日,胡公林翼调成大吉一军渡江剿之。鲍公超尽平赤岗岭贼垒,拎斩贼目刘玱琳。初三日,讯失律营官李金□、张光照,于军前斩之。徽州之贼犯羊栈岭,窜陷黟县。初五日,朱品隆、江长贵等攻黟县贼垒,破之,收复县城。初六日,张运兰、唐义训等击犯岭之贼,破之。初九日,诸军进剿庐村贼垒,破之。十三日,徽州之贼弃城遁去。十四日,

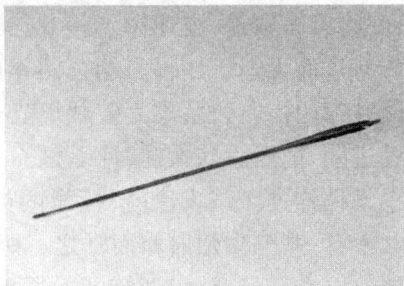

齐梅针箭　清

张公运兰率军收复徽州府城。左公宗棠派军击败窜贼于鄱阳县,贼窜入浙境。胡公林翼自太湖拔营回鄂省援剿,与公期相见于华阳镇。公棹舟至香口候之。十五日,胡公来见,会议军政,统筹大局。留三日。时胡公已病咯血,公则癣疾大作,如官京师时。

十八日,驰奏鲍超、成大吉围攻赤岗岭贼垒,悍贼悉数歼除一折。随折奏保吴亮才、周开锡、余大胜、颜绍荣、王衍庆、李文益、明兴、伍华瀚、曾昭仕、萧玉元十员,阵亡副将苏文彪等三十二员弁,开单请恤。又奏江南乡试未能举行一折。附奏李金□、张光照正法一片。又奏代递前太常卿唐鉴遗折,奏请特旨赐谥。奉旨予谥确慎。

十九日,公还东流营。左公宗棠由广信回军景德镇,值池州之贼窜陷建德县。二十二日,左公分军击贼,败之,收复建德城。二十四日,批饬鲍超引军击剿宿松、黄梅之贼。

二十八日,驰奏逆匪犯岭袭陷黟县,旋经官军克复并乘胜收复徽州一折。随折奏保臬司张运兰、总兵唐义训、副将娄云庆、知县朱声隆,奏参参将袁国祥、黄朝升革职,不准留营。又奏遵旨酌保唐义训升署皖南镇总兵,江西知府姚体备以道员归于安徽补用,即令署理皖南道缺。又奏提督杨载福请假四月回籍省亲一折。附片奏参霆营将弁郑阳和等分别降革。又片奏饬水师营官陈金鳌赴南赣镇总兵任。又片奏陈江、楚、皖三省贼势军情:安庆贼粮垂尽,必须力争此城,而后大局有挽回之望,金陵有恢复之期矣。

六月初一日,公弟国荃攻菱湖两岸贼垒,悉破平之,安庆城外贼营俱尽。福建汀州股匪窜江西境,又将窜徽州,左公宗棠由景德镇拔营赴婺源扼剿。贼犯祁门岭路,朱品隆击

却之。胡公林翼回驻武昌,派成大吉等击贼,破之,收复武昌所属各城邑。

初八日,奏水陆各军阵亡病故员弁汇案请恤一折,单开一百二十一员名。又奏皖南、江西官军克复黟县、建德等城前后七案出力员弁开单汇保一折。又具折复奏:谕旨饬令左宗棠一军应援浙江。臣查徽州一郡,群贼环伺,防守为难,景德镇、婺源县皆皖浙扼要,战守事宜,均赖左宗棠就近维持。该军纵横策应七百余里,以目下形势而论,实不能分身赴浙。附片奏新授广东按察使彭玉麟统带水师,扼要驻守,暂难赴任。又片奏遵旨查参江西藩司张集馨革职。

十三日,缉获徽防将弁黄胜林,于军前斩之,贼酋李秀成一股,扰逼南昌省城。公调鲍超一军渡江,由九江进剿。

十八日,驰奏钦奉谕旨复陈江西各路贼情。奏称:江西之贼凡五大股。其由皖境窜入者三股,惟李秀成一股深入江西腹地,占据瑞州,旁扰各属。其由两广窜入者二股。五股之中,或分或合,头绪迷离。并陈明斟酌缓急,调派援剿先后节次,以及饬调官军筹防江西南路大略情形。附奏江、楚、皖三省战守情形一片。又奏黄胜林正法一片。

二十六日,左公宗棠分军迎剿窜贼于德兴县境,破之。贼败窜入浙境。

七月初四日,江苏巡抚薛焕委员赍送两江总督关防、两淮盐政印信到营。初六日,行礼拜印。公闻胡公林翼病甚剧,委弁至武昌馈药,且问之。十一日,湖北官军克复德安府城。贼酋陈玉成纠大股围扑太湖县,攻犯桐城围师。多隆阿公击却之。

十八日,驰奏汇报左宗棠一军五、六两月战守情形一折。又奏复陈恭亲王奕䜣等,奏请购买外洋船炮,实为今日救时之急务。附奏请调现泊上海之轮船,由长江驶赴安庆,就近察看试用。令楚军水师将弁预为练习,俟明年购到洋船,庶收驾轻就熟之功,即与抚臣文报往来,数日可达,不致淹滞。请饬下江苏抚臣薛焕迅派干员,押令上驶,以资演习。附片奏派委员并购买口外战马八百匹,请饬部查验,免税放行。又片奏五月由驿拜发折片,逾期已久,未奉批谕,请查驿递在何处沈失,照例办理。又奏报江、楚、皖军情一片。

公弟国荃攻安庆城外石垒,尽拔之。贼以大股来扑营,公弟国荃坚守却之。鲍公超军渡九江进剿,贼退出瑞州,窜丰城。二十四日,鲍超引军追击于丰城西北岸,大破之,擒斩逾万人。贼由抚州东窜。二十七日,公弟国荃击于贼援城外,破走之。二十八日,专差奏报接印日期一折。

八月初一日,公弟国荃克安庆省城,贼党残焉。初二日,驰奏鲍超一军进援江西,在丰城大获胜仗一折。奏称:鲍超盛暑鏖兵,所向克捷,立功最伟,请赏赍珍物,以示旌异。随折保宋国永、陈由立、黄庆等十七员,阵亡知州袁观丰、都司殷雄亮请恤。附片奏报克复安庆省城大概情形,称:楚军围攻安庆,已逾两年,划谋决策,皆胡林翼一人所定,卒得克此坚城,歼除悍贼。臣即日前往部署,其详细情形,另由官文、胡林翼、李续宜会衔具奏。

初三日,多隆阿公克复桐城县。初五日,杨公载福派水师克复池州府城,杨公谒辞面籍城,杨公谒辞回籍。初七日,公舟抵安庆。初八日,公与公弟国荃、贞干入安庆省城,巡视城垣，安抚士民，治行馆廨署。搜擒降贼之知县孙润于军前斩也。多隆阿公分军克舒城、宿松、黄梅等县。

初十日，驰报水师克复池州进攻铜陵一折。附片奏：各营欠饷过多，请旨饬江西每月拨解漕折银五万两，筹清欠饷，并请江西停解各省协饷。所有地丁入款，漕折釐税，先清本省守兵及臣处征兵欠饷，以免决裂之患。是日，接奉批折及赞襄政务王大臣咨文，惊闻七月十六日文宗显皇帝龙驭上宾。公恸哭失声，自以十余年来，受上知遇，值四方多难，圣心无日不在忧勤惕厉之中。现值安庆克复，军务方有转机，不及以捷报博玉几末命之欢，尤为感怆无已。

十一日，湖北官军克广济县，旋收复蕲州、蕲水等城。十二日，水师进克铜陵县。十七日，贼扑浙江严州，府城失守。

十八日，接奉哀诏。乃设次于安庆城中，率文武员弁成服哭临三日，日三哭。鲍公超追贼至抚州，贼窜贵溪、双港、湖坊、河口一带，与闽广股匪合并，其数犹众。鲍公追剿，连战破之。二十二日，大破贼于双港，平贼垒八十余座，擒斩万余人。二十三日，克铅山县，追剿河口，贼悉溃窜浙境。江西全省肃清。

二十四日，湖北官军克复黄州府城。二十六日，胡文忠公林翼卒于武昌。公闻胡公之卒也，悲悼不已。谓胡公赤心以忧国家，小心以事友生，苦心以护诸将，天下宁复有似斯人者哉！

二十七日，专弁赍奏恭慰大孝一折。官文公奏请以李续宜署湖北巡抚，奉旨调授湖北巡抚彭公玉麟补授安徽巡抚，毛公鸿宾补授湖南巡抚。

九月初二日，公弟国荃督军循江北岸而下，派道员刘连捷等进军庐江县，总兵黄翼升以淮扬水师顺流下驶。

初九日，公驰折奏鲍超一军，追剿江西股匪于湖坊、河口等处，大获胜仗，克复铅山县城，江西全省一律肃清，阵亡将弁王友得、黄友胜等十一名请恤。随折保谭胜达、明兴、李文益、刘玉堂等十一员。附奏称提督鲍超转战三省，风驰电掣，骁勇罕匹，请旨授提督实缺，其部将宋国永、陈由立、黄庆、娄云庆、张玉田等，请授总兵实缺，以示奖励。又奏："臣移驻安庆省城，酌派司道大员分任责成"一折，附片奏：张运兰奉旨补授福建按察使，例应赴任，该司带勇，徽州防剿吃紧，无人可以接办，请俟军务稍平，再请陛见。又奏报孙润正法一片。

十六日，公弟国荃克泥汉口贼垒。十九日，克神塘河贼垒。官文公会奏安庆克复情形。奉上谕："曾国藩调度有方，著加恩赏加太子少保衔。"钦此。又奉上谕："官文等另片奏曾国荃等于围攻安庆时，智勇兼施。道员曾国荃著赏加布政使衔，以按察使记名，遇缺题奏，并加恩赏穿黄马褂，以示优奖。候选训导曾贞干著免选本班，以同知直隶州知州尽先选用，并赏戴花翎"等因。钦此。又奉上谕："官文等奏请将殉难道员予谥等语。候选同知曾国华前在三河殉难，令其兄曾国藩、其弟曾国荃、曾贞干率师剿贼，克复安庆。一门忠义，深堪嘉尚。曾国华著加恩予谥，以彰忠烈。"钦此。

二十日，公弟国荃克复无为州城。二十一日，公作《劝诫浅语》十六条，营官、僚属、委员、绅士各四条。二十二日，查阅城上防守兵勇，巡视城堞及城外营垒。二十三日，公弟国荃克运漕镇。

时外洋轮船由上海驶至汉口者渐多，上下往来，一日千里，奸商往往雇民船载货，系于其后，拖带以行，借免课税厘金，亦或借以资贼。公咨行通商衙门，称盐茶为货税大宗，饷源所赖，请照会上海洋商，毋得揽带民船货物。

寿州练总苗沛霖亦捻匪之党，前岁与李世忠先后受抚，督师胜保公叠次奏保，补授四川川北道，加布政使衔。李世忠升任江南提督，帮办军务。苗沛霖与在籍办团之员外郎孙家泰等为仇，率其党围攻寿州。巡抚翁同书屡出谕之，苗沛霖不退。孙家泰等自杀，苗沛霖攻陷寿州。袁公甲三派李世忠以兵击之。诏命公移得胜之军分讨苗逆。

二十九日，公弟国荃克东关贼垒，前后所克城镇，派军扼守，乃还安庆。是月浙江之贼陷绍兴、处州二府城，其余州县属邑，蹂躏殆遍。

十月初一日，公弟国荃还至安庆，商定增募湘勇直捣金陵之计。湖北官军克随州城。初三日，颁发捐输章程。扎派委员，按赏填给。札饬水师营官严拿游勇。出示抚恤殉难员绅家属，被难流亡之士民招集复业，清理房产争讼。左公宗棠军至广信。公调鲍超一军回皖，进军青阳，调朱品隆、唐义训等军进剿石埭，规复宁国。

初六日，接奉遗诏，设次行礼。公弟国荃回湘增募湘勇六千人。初十日，彭公玉麟至安庆见公。彭公时奉安徽巡抚之命，具疏力辞。

十四日，公具折奏陈湖北抚臣胡林翼忠勤尽瘁，勋绩最多，乞饬付国史馆，查照施行。又驰折奏报水陆各军克复铜陵县、无为州、运漕镇并沿江要隘三处，随折奏保王明山、黄翼升、李朝斌等二十员。附片奏官军攻克运漕以后，本可直捣金陵，惟深入腹地，人数单薄，应令曾国荃添募湘勇六千，替出各城防守之师，进剿巢和，与下游都兴阿一军联络剿办，易于得势。又奏保知府陈滨补安庆知府一折。附片奏前办皖南军务张芾所有文卷簿领，均因徽郡失陷，焚毁无存，请免造报。又片奏称：军兴十载，凡地方查办馈贼资粮受伪官职之案，徒为奸吏讼棍讹索之柄，江西新建县候选通判程迪昌迭次以馈贼军重罚诬告善良，请将程迪昌革职严办，以儆刁风。又片奏皖南督办团练在籍编修宋梦兰、知府张韶南与其子张同生均以积劳病故请恤。浙江杭、湖两郡，久被贼扑，岌岌不保，公咨商左公宗棠由广信进军衢州，以援浙江，调派张运兰防徽之军及江西东境防守之师，均归左公调遣。江苏官绅栖保上海县。

十六日，钱公鼎铭由轮船赴安庆，见公痛哭，以请援师，且呈递官绅公函。谓吴中有可乘之机，而不能持入者三端：曰乡团、曰枪船、曰内应是也；有仅完之土而不能持久者三城：曰镇江、曰湖州、曰上海是也。公见而悲之。时饷乏兵单，楚军无可分拨，与李公鸿章筹议，期以来年二月济师。

十八日，奉上谕："钦差大臣两江总督曾国藩著统辖江苏、安徽、江西三省，并浙江全省军务。所有四省巡抚提镇以下各官，悉归节制。浙江军务，著杭州将军瑞昌帮办，并著

曾国藩速饬太常寺卿左宗棠驰赴浙江，剿办贼匪。浙省提镇以下各官，均归左宗棠调遣。"钦此。

二十六日，专折奏谢天恩加官保衔。又代奏弟国荃、贞干谢恩晋秩一折。又奏谢弟国华奉旨予谥恩一折。是月湖北全境肃清，官文公调派成大吉等军进驻霍山，以规寿州。刘公蓉奉旨署四川布政使。

十一月初二日，公巡视安庆城垣，度地拟建试院一区，令上下江分闱乡试，既而不果。多隆阿公收复三河镇。

十四日，奉到节制四省之旨，旋又奉酌保封疆将帅人才之旨，又奉察看江苏巡抚薛焕、浙江巡抚王有龄能否胜任据实具奏之旨。公自以任大责重，值时事之艰难，弥觉惕然不敢自安。

十六日，驰折奏左宗棠一军定议援浙，请将广信、徽、饶诸军统归节制，以一事权。该处一切军情，即由左宗棠自行奏报，以昭迅速。信郡钱粮。河口、景德镇釐金，拨归左宗棠经收。其防剿进止，均由左宗棠相机办理。又具折奏保江西署藩司李桓留办粮台，并请敕交军机处记名，以藩、臬两司遇缺题奏。又具折奏保道员万启琛署理安徽按察使、李榕署理江宁盐巡道，均随同驻安庆，筹办善后事宜。附片奏新授衢州镇总兵朱品隆现调令会合鲍超一军，进攻宁国，暂难赴任。又片奏：两江政务殷繁，现在行营一无成案可查，所有刑名钱谷及盐员武职补缺与地方寻常事件。应由臣衙门循例具题者，请暂行展缓，抑或改题为奏，以归简易。是日，又奏水陆各军攻克赤岗岭、菱湖贼垒克复安庆省城三案出力员弁开单请奖一折。又奏克复休宁、黟县及徽州府城迭次攻剿各岭隘出力员弁开单请奖一折。又奏行营采访忠义第四案，附片奏刑部主事柯铖之母柯王氏骂贼殉难，请建专坊。又查明柯氏一门殉节者五名，列为第五案。

二十五日，奏辞节制浙江省一折。奏称：臣自受任两江以来，祁门被困，仅得自全；至于安庆之克，悉赖鄂军之功，胡林翼筹划于前，多隆阿苦战于后，非臣所能为力。江苏乃职分应办之事，尚无一兵一卒达于苏境。乃蒙宠遇非常，节制四省，自顾菲材，实难胜任。左宗棠之才，实可独当一面，即无庸臣兼统浙省，苟恩虑所能得，才力所能及，必与左宗棠合谋，不分畛域，不必有节制之名，而后尽心于浙事也。又具折复奏查明苏浙两省抚臣优劣情形，奏参候补盐运使金安清请即革职。附片奏保道员李鸿章可膺封疆重寄，现在臣处统带水军，请酌拨陆军数千人，驰赴下游，以资援剿，又奏保提督鲍超功绩甚伟，请赏穿黄马褂，以示旌异。又片奏常州一郡士尚节义，多可用之材，就所知者，奏保周腾虎、刘翰清、赵烈文、方骏谟、华衡芳、徐寿六员名，请量材录用。

二十六日，奉到大行颁赏遗念衣物一箱。公拜领行礼谢恩。浙江贼攻扑徽州，左公宗棠派军援剿。公调朱品隆回军援徽。是月贼攻杭州，张忠壮公玉良阵亡。贼分陷宁波、台州各府城。二十八日，杭州省城失守，将军忠壮公瑞昌、巡抚王壮愍公有龄、总兵饶壮勇公廷选等皆死之。

十二月，鲍公超击贼于青阳，屡破之，进攻县城未克。张公运兰病甚回籍，其弟运桂

代领其军守徽州。朱品隆军至,击贼破之。

十七日,奏遵旨筹商苗沛霖剿抚情形:该练逆迹昭彰,断无再抚之理。现楚军剿办粤逆,难以同时并举,须俟庐州克后,与袁甲三临淮之师联络,乃可并力剿苗。彭玉麟素统水师,舍舟登陆,用违其长,且江面太长,照料非易。该抚两次奏请开缺,应请旨另简大员接任皖抚,俾得仍领水师,于南北大局,两有裨益。又遵旨派员赴上海押解革员何桂清来京候讯一片。又奏得鲍超一军攻克安庆贼垒肃清江西全省两案出力员弁开单请奖一折。

十八日,恭接登极诏书。是日,驰奏:浙江省城失守,徽郡被围,臣奉援浙之命,赴救莫及,请交部严加议处。谨通筹全局,力图补救之策,分条陈奏:其一,浙江全省惟衢州一府可以图存,左宗棠一军,先固江皖边防,再筹进剿;其一,请敕下闽浙督臣庆端速派劲旅,严守浦城,俾贼不得由闽境而窜江西;其一,请调广西臬司蒋益澧带领所部五六千人迅赴浙江,随同左宗棠筹办防剿,道员陈士杰带勇驰赴安庆,听候调遣,并请将该二员补授苏、浙两省实缺;其一请饬下闽广督抚,粤海关、闽海关按月筹拨银十三万两,解交左宗棠军营。附片奏团练一法,不能剿大股悍贼,请将江南团练大臣裁撤。又奏左宗棠一军乐平、建德、德兴等处大捷,出力员弁,汇案请奖。附片奏布政使衔道员王开化积劳病故,请照布政使例从优赐恤予谥。奉旨予谥贞介。

二十六日,朱品隆等大破贼于徽州,左公宗棠分军破贼于大鳙巅。徽境肃清。

二十七日,奉到上谕:"曾国藩奏接奉节制江、浙等四省军务沥陈恳辞一折,谦卑逊顺,具见悃忱真挚,有古大臣之风,深堪嘉尚。江浙军情,本属相关一气,凡该大臣思虑所到,谅无不协力同心,相资为理。节制一事,该大臣其毋再固辞。"钦此。侍郎宋公晋奏请饬川、楚、江、皖五省会剿粤逆,诏公与官文、李续宜等详议。公会奏称:增兵必先增饷,非一省所能为力,必须五省合力筹划,众志一心,方于事有济。现拟咨商各省详议饷数。

是月公弟国荃奉旨赏加头品顶戴,左公宗棠授浙江巡抚,沈公葆桢授江西巡抚,李公桓授江西藩司,暂署巡抚,彭公玉麟以兵部侍郎候补。诏公酌保皖抚。安庆复后,公至省城,招徕士人,修葺敬敷书院,每月按期课试,校阅文艺,其优等者捐廉以奖之。于嘉惠寒士之中,寓识拔才俊之意。皖中人士,莫不感奋。公札司道设立善后局,安抚遗黎,清查保甲,刊发《劝诫浅语》十六条。分设谷米局及制造火药子弹各局,委员司之。又设内军械所,制造洋枪洋炮,广储军实。委员查核民田,分别荒熟。其已垦者,暂令按亩出钱四百文,以助军饷,谓之抵征。除日,派忠义局委员协同街团绅士施放钱米,以赈饥民。

是岁亲王僧格林沁与兵部侍郎胜保,皆奉旨授钦差大臣,督师剿办捻匪。内阁学士毛昶熙,奉旨督办河南团练。提督冯子材办镇江军务,以副都统魁玉为帮办。

卷八

【壬戌】同治元年，公五十二岁。

正月，公在安庆。初一日，内阁奉上谕："曾国藩著以两江总督协办大学士。"钦此。又奉上谕："曾国藩节制四省，昨又简授协办大学士，其敷乃腹心，弼予郅治，朕实有厚望焉。"钦此。

初十日，奏遵旨保皖抚大员一折。又奏再陈下情力辞节制浙江军务一折。奏称：图浙之道，必以广信为运粮之路，以严州为进兵之路。现在惟左宗棠一军不能遽达于严州，必俟蒋益澧之军到衢州后，两路并进，取势渐紧。所以规复浙江者在此，所以保全江西、皖南者亦在此，至臣所以再三渎陈不愿节制四省者，非因浙事既已决裂有透过之意，实因权位太重，恐开斯世争权竞势之风，兼防他日外重内轻之渐。机括甚微，关系甚大。又奏遵旨保举李朝斌、喻俊明、任星元、丁泗滨等四员堪胜水师总兵之任。附片奏前浙江巡抚罗遵殿殉难杭州，已奉旨赐恤，旋经御史高廷祜奏请撤销恤典。苛刻之论，殊欠公允。仍请从优赐恤，并将随同殉难之家属等一并旌恤，以彰忠节。王有龄以粮尽援绝，见危授命。其在任时，迭被参劾，难保无身后之訾议，请并从优议恤，以为以死勤事者劝。附片奏参安徽巡抚翁同书酿成苗逆之祸，两次失守，不能殉节。请旨革职议罪，不敢因其门第鼎盛，稍为迁就。又片奏报徽郡解围及各路军情大概。是日，奉谕旨，李续宜调安徽巡抚，严树森调湖北巡抚。钦颁令箭、令旗、王命旗牌到营。

十一日，批饬江西藩司停止州县官吏摊捐之案。公谓地方亲民之官，必须令其旷然无累，然后可责之以民事，不至苛取民财也。

十七日，公奉到协办大学士之旨。公弟国荃授浙江臬司，蒋益澧授浙江藩司，陈士杰授江苏臬司。鲍超补浙江提督，并赏穿黄马褂。从公奏也。

二十日，左公宗棠击贼于开化县，破之。

二十一日，新购外洋火轮船一号到安庆。

公出阅视，派委员弁管带，配以兵勇，于江面试行之。

二十二日，拜折恭谢天恩。附片奏称：自去秋以来，臣一门之内迭荷殊恩，感激之余，继以悚惧。恳求于金陵未克以前，不再加恩于臣家，庶可以保全功名，永承圣眷。前此迭奉保荐督抚大员之旨。封疆将帅，乃朝廷举措之大权，岂敢干预？疆臣既有征伐之权，不当更分黜陟之柄，不特臣一人为然。凡为督抚者，辨之不可不早，所以预防外重内轻之渐，兼杜植私树党之端。庶几纪纲弥肃，朝廷愈尊矣。贼窜吴淞口，上海告急。镇江府城

屡被贼攻扑。又分股渡江,扑江浦、浦口官军营盘。赵公景贤坚守湖州府城一年有余,粮援俱断,文报亦梗阻不得达。大学士翁公心存奏苏中士民结团抗贼,望曾国藩如慈父母,请饬该大臣派一素能办贼之员,驰往援剿。侍郎宋公晋条陈恢复江南大略。是时公屡奉筹划全局派援江浙之旨,于是日具奏:浙江之事,必俟左宗棠进攻严州,蒋益澧进驻衢州,鲍超进抵宁国,乃有下手之处。江苏之事,必先清江北,次及江南。现催李鸿章募练淮勇,酌拨湘军数营,驶赴下游,察看情形,再行驰奏。江浙贼势浩大,尽占富庶之区,财力与人数皆数倍于官军,不敢过求速效,以至偾事。又奏徽州官军胜仗郡城解围一折,随折奏保张运桂、朱品隆、唐义训、刘松山等十三员,阵亡参将黄和鸣等四十六员名,开单请恤。附片奏鲍超一军,在青阳大获胜仗,阵亡弁勇唐泗和等十一名请恤。又片奏江苏绅士议借洋兵剿贼之事:上海本通商之地,借洋兵以保守人财则可,若令攻剿苏州、金陵代复中国之疆土则不可。盖以现在攻城,而无助剿之师,将来克城,又无防守之师,专恃洋兵,洋人或见德而生怨望,不可不虑。维时上海已设立公局,会同洋人防守。公咨商巡抚薛焕,言苏州、金陵非可以幸袭而得,目前权宜之计,只可借兵防守沪城,尤当坦然以至诚相与,不可稍涉猜疑,致碍大局。其函到苏州绅士,言之尤详。

二十四日,奉到上谕:"贼氛日炽,而该大臣等章奏寥寥,南服倦怀,殊深廑念。其如何通筹全局,缓急兼权,著将一切机宜,随时驰奏,以纾悬系。"钦此。李公鸿章募淮勇到安庆,公为定营伍之法。器械之用、薪粮之数,悉仿湘勇章程,亦用楚军营规以训练之,拨湘勇数营以助之。两省将卒,若出于一家然,公所教也。

二十六日,咨濒江各省督抚商定长江通商章程。饬善后局查办保甲。公自核定门牌团册之式。是月,李世忠收复江浦、浦口二城。贼纠捻匪围攻颍州府,胜保公督师援之。彭公玉麟补授兵部右侍郎。

二月初二日,公拜折奏称:忝列戎行,奏报甚少,其所以硁硁自守者,盖亦有故:一则不轻奏谣传之言,一则不轻奏未定之事,一则不轻奏预计之说。因此三者,遂蹈迟延之咎。臣忝非常之遇,倚任弥重,延访更殷。嗣后拟十日奏事一次,有急则加班具奏。所有谕旨垂询之件,谨分条详复,其一,计曾国荃、杨载福、张运兰回营之期;其一,李鸿章募练淮勇,二月可以成军,拟由陆路驰至镇江;其一,攻捣金陵,必先清后路,脚跟已稳,而后可进;其一,李续宜筹派兵勇,援颍州之路;其一,左宗棠援剿浙江,必从衢、严之间下手;其一,上海筹借洋兵,以助防守之法。凡六条。饬安庆藩司核定釐金卡局支发军饷坐支章程。

初四日,阅视李公鸿章营勇及所部程学启、滕嗣林等营。多隆阿公大破贼于庐州城外,尽平贼垒。

初五日,奉到上谕:"曾国藩奏沥陈下情遵保皖抚各折片,具见该大臣虑远思深,实深嘉悦,已明白宣示,仍令该大臣节制四省矣。朝廷黜陟之权,原非封疆大吏所能侵越。第该大臣简任纶扉,督师江皖,膺股肱心膂之寄,朕畴咨岳牧,延访甚殷,该大臣图济时艰,不当稍有避嫌之见,方合古大臣知无不言之义。嗣后如有所知,不妨密封呈进,以备采

择。"钦此。同日奉上谕:"曾国藩晓畅戎机,公忠体国,中外咸知。当此江浙军务吃紧,生灵涂炭,若非曾国藩之悃忱真挚,岂能轻假事权!所有江南、安徽、江西、浙江四省巡抚提镇以下,仍归曾国藩节制。该大臣务当以军务为重,力图攻剿,以拯生民于水火之中,毋许再行固辞。"钦此。时又因三载考绩之典,奉上谕:"大学士湖广总督官文,久任封圻,虚怀延揽,于吏治戎行均能整饬,著交部从优议叙。协办大学士两江总督曾国藩,督军办贼,勤劳罔懈,于江皖地方,迭复名城,战功卓著,甄拔所部将士,贤能称职,前经简授协办大学士,仍着交部从优议叙。四川总督骆秉章,前在湖南巡抚任内,剿办贼匪,不分畛域,其所荐举人才,尤为有裨实用,自升任川督,办理丹棱股匪及整顿地方,均能妥速,著赏加太子少保衔,用示嘉奖。"钦此。

初六日,专弁人都,赍奏登极贺表。初八日,张公运兰假满还抵皖。初九日,李公续宜抵任来见。公派提督成大吉等进军固始,以援颍州。左公宗棠击贼于遂安县,大破之,克复县城。

初十日,拜发万寿贺折,专弁人都。又代弟国荃奏谢天恩一折。十二日,驰折奏安徽省城仍宜设于安庆,前此改建庐州,系一时权宜之计。安庆处滨江适中之地,足资控制。至大江水师战船千余号,炮位三千余尊,逐年积累,成此巨观。事定之后,江防仍不宜撤,请专设长江水师提督一员,添设将弁额缺若干,均候吏、兵二部详核议奏。附片奏:江海虽同一水面,而风涛气候各殊。楚军水勇战船,但可用之江面,未可以出重洋。臣料粤逆所掠江楚之民,必无遽能纵横海上之事。又附片奏浙江衢河浅窄,不宜水军,江西刘于浔水师专防本省汛地,不能赴浙援剿。又奏采访忠义第六案,附片奏委员王敬恩请恤。

十五日,公弟国荃至安庆,所募湘勇以次集于皖境。是日,奉到上谕:"江苏布政使著曾国荃补授,即赴新任,毋庸来京请训。该员系两江总督曾国藩之弟,例应回避,惟该省军务紧要,需员办理,著毋庸回避,以资得力。"钦此。又以李元度补授浙江臬司。

二十二日,拜折代弟国荃奏谢天恩。附片奏参新授臬司李元度请革职,交左宗棠差遣。又具折分条奏报军情:其一曾国荃募勇已经抵皖,饬令进剿巢县、含山一带;其一,李鸿章带勇,拟会同曾国荃,攻剿江边一路,冲过贼中,以期速达镇江;其一,多隆阿进攻庐郡大捷,伤亡亦多,需稍事休息,再图进取;其一,李续宜派兵援颍情形,由李续宜具奏;其一,左宗棠剿贼大捷,克遂安城,由左宗棠详报;其一,援浙之军,必须蒋益澧到后,乃能合力兜剿;其一,湖州孤悬贼中,无路赴援,惟闻城中粮米足支数月,或可保全;其一,徽州解围后,改令朱品隆接防郡城,派张运兰老湘营为游击之师;其一,上海有高桥、萧塘之捷,当可保全,冯子材仍守镇江。凡九条。公出城巡阅新到之湘勇七营。

二十四日,公弟国荃启行,督军沿江岸进剿。李公鸿章成军八千人,拟濒江而下,傍贼垒冲过,以援镇江。计未决。二十八日,上海官绅钱公鼎铭等筹银十八万两,雇洋人轮船七号,驶赴安庆,以迎李公鸿章之师。定以三次载赴上海。是日,上海官绅借洋兵连破贼于浦东,贼少却。胜保公督兵援颍州解围。

三月初一日,札调张运兰扼婺源白沙关,以防贼窜江西之路。初七日,鲍公超击援贼于青阳城外,破之。初八日,李公鸿章领所部勇第一起三千人,由安庆附轮舟启行赴沪。公拜折奏谢京察从优议叙恩。又驰报李鸿章一军改由轮船赴沪启程日期一折。又驰折奏称:东南寇氛,蔓延日久,生灵之涂炭深矣!臣受命两年,无一兵达于苏境,无一旅进攻宁国。左宗棠苦战衢、严,独任其难,不克分兵往助。赵景贤困守湖州,坚贞盖世,不克设法往援。徒有兼辖之名,并无统筹之实。倘蒙圣恩收回成命,俾臣稍释神魂之震惧,尤感圣慈之曲尽矣!又查广东一省,财力殷富,为东南之冠,请特派大员,驰赴广东办理釐金,专供苏、浙、皖三省之饷。附片奏浙江殉难提督饶廷选,请于广信府建立专祠。又附片奏报各路军情。又片奏新授河南归德镇总兵萧孚泗,现在曾国荃军营随同进剿;记名总兵陈由立,经河南抚臣奏调,现在鲍超军营,围剿青阳。该二员仍留原营,均未便饬赴河南。

十三日,公弟贞干破贼于荻港旧县、三山夹等处,贼垒皆平。十四日,李公鸿章所部勇第二起由安庆启行。公派黄翼升附轮船赴上海,察看下游地势贼情。李公续宜赴六安州督师,以规颍寿。

十五日,公弟国荃破贼于望城岗。十六日,鲍公超克复青阳县城。十八日,公弟国荃破贼于铜城闸。十九日,克雍家镇贼垒。二十日,克巢县、含山二城。二十一日,公弟贞干克复繁昌县城。二十二日,公弟国荃克复和州城。鲍公超连克石埭、太平二县城。左公宗棠剿贼于江山、常山之境,连战破之。二十三日,公弟国荃攻克裕溪口。二十四日,攻克西梁山沿江北岸贼垒,悉破平之。

公驰折奏报青阳克复,随折奏保娄云庆、冯标等二十七员,阵亡将弁罗春鹏、李遇春等十七员名,开单请恤。附片奏水陆各军破贼于荻港、旧县、三山等处,一律肃清,阵亡将弁刘照志、王虞廷、刘华泗三名请恤。又片陈报皖浙各路军情。又具折复奏:江浙绅士请借洋兵规复苏、常各属城邑,臣谬膺重寄,治军无状,致使苏省士民迫于水深火热之中,为此不择之呼吁。此皆臣之咎也。以目前之贼势,度臣处之兵力,纵使洋人转战内地,实无大枝劲旅与之会剿,尤为可愧。请饬下总理衙门照会洋人,定议于先,或不至责怨于后。又奏拟结普承尧罪名一折。

二十七日,公弟贞干破贼于鲁港。二十八日,鲍公超克复泾县。公札饬鲍超派兵援湖州。三十日,公弟贞干克复南陵县城李公鸿章全军抵上海,奉旨,署理江苏巡抚薛焕授通商大臣,专办中外交涉事件。诏以副都御史晏端书赴广东办理釐金税务。是日,金陵贼党渡江北窜,都兴阿等军击破之。维时公统制各军,公弟国荃循江北岸,至于和州;公弟贞干循江南岸;至于南陵,彭公玉麟派水军中江而下助剿两岸。是为直捣金陵之师。李公鸿章领湘、淮陆勇,佐以黄翼升淮扬水师,突过贼境。是为援剿苏、沪大师。大江以北,多隆阿公为围攻庐州之师,李公续宜有派援颍州之师。大江以南,鲍公超为进攻宁国之师,张公运兰等为防剿徽州之师,左公宗棠为规复全浙之师。十道并出,皆受成于公。公建节于安庆,居中控驭,广轮数千里。此外如袁公甲三及李世忠淮上之师,都兴阿公防江北之师,冯子材、魁玉守镇江之师,或不出自楚军,或不归公节制,均奉旨统筹兼顾。军书辐凑,英彦风驱,上而朝端倚畀之隆,下而薄海想望之切,洵千载一时矣!

　　四月初二日,张公运兰等军克旌德县城。初四日,公驰折奏水陆各军克复北岸巢县、含山、和州三城,夺铜城闸、雍家镇、裕溪口、西梁山四要隘。随折奏保李成谋、李朝斌、刘连

雕花双铜　清

捷、张胜禄等二十四员。又折奏官军击败大股贼众于三山夹,乘胜攻克繁昌县城。随折奏保曾正明、黄润昌等七员。附片奏报:南陵克服,统计沿江南岸克城池九座、关隘五处,并报庐州、宁国、湖州等处军情。又驰折奏鲍超一军连破贼垒,克复石埭、太平、泾县三城,阵亡将弁刘兰桂等二十四员名请恤。又奏遵查闽浙总督庆端事迹一折。

　　初五日,水师进攻金柱关。初六日,公出阅湘勇操演。初七日,巡视谷米局、火药局。

　　十五日,驰折奏水陆各军会克鲁港,陆师攻克南陵县城,彭玉麟驰赴下游铜陵、西梁山一带察看进兵形势。又奏报徽州防军克复旌德县城一折。又奏江南乡试现难举行仍请展缓酌办一折。附片请开复余述祖革职处分。多隆阿公攻克庐州府城,贼溃走寿州,多公追击,大破之。贼酋陈玉成自投寿州,苗沛霖缚献胜保公军前斩之。

　　二十日,公弟国荃引军渡江南岸,会合水陆各军,克太平府城。二十一日,攻克金柱关、东梁山贼寨。二十二日,克复芜湖县城,水师进攻江岸贼垒,下抵大胜关。公核定赈厂章程,给与饥民钱米,毋或不均。出示晓谕城厢内外居民,绥辑约束。李公鸿章会洋兵收复青浦、奉贤二城。

　　三十日,奉到上谕:"该大臣调度有方,深堪嘉尚。曾国荃等宣力戎行,连克要隘,洵足以褫贼魄而快人心。若不量予恩施,将何以昭激劝?头品顶戴江苏布政使曾国荃,著交部从优议叙。候选同知直隶州知州曾贞干,著赏给迅勇巴图鲁名号,以示鼓励。朝廷赏功罚罪,一秉大公,非独有厚于该大臣也。该大臣惟当督饬曾国荃等乘胜进攻,尽歼丑类,同膺懋赏,毋再固辞。"钦此。是日都兴阿公军破贼于扬州,李世忠追击窜贼,破之。江北肃清。浙东官军收复台州府城,上海洋兵由海道收复宁波府城,浙东之贼少衰。皖北之贼由河南窜入陕西境。陕中乱作,回民交讧。诏多隆阿移军人秦。公与官文公商留多公部将石清吉等十营防守庐州。

　　五月初三日,公驰折奏水陆各军克复太平府城、芜湖县城、金柱关、东梁山要隘,开单奏保王明山、李成谋、李朝斌等二十七员。附片奏保道员黄冕、李瀚章、赵焕联等九员,前往广东随同晏端书办理分卡,抽收釐金。又附片复奏奉旨筹议江苏巡抚宜驻镇江,居适中之地。扼形胜之区,责成新任巡抚李鸿章办理。又片奏结莫祥芝参案,留营差委。是日,又具密折复陈胜保、袁甲三办理军务优劣情形,请责成李续宜专办安徽军务。其时曾奉密谕,饬公筹议也。湖州失守,赵忠节公景贤被执不屈,其后死于苏州。公弟国荃攻克大胜头、秣陵关、三汊河贼垒,会合水师攻克头关、江心洲、蒲包洲贼垒,遂进军金陵城外,驻营雨花台。初四日,鲍公超击贼于寒亭、管家桥等处,大破之。

初五日,核减江西丁漕规费,永定章程。初十日,核定皖南茶引捐釐章程,出示晓谕茶商,期归划一。十三日,课试在皖委员。公弟国荃破贼于六郎桥。十五日,鲍公超破贼于抱龙岗,越敬亭山进攻宁国府。

十七日,驰折奏官军水陆并进,迭复秣棱关、江心洲等要隘六处,官军驻金陵之雨花台。附片奏报浙江、徽、宁等处军情,并称曾国荃一军进逼金陵,屯扎南面一隅,洪逆见惯不惊,无慑惧之意。此时宜以全力会办江南,先复财赋之区,则各省可以次剿办矣。又奏特参私行远扬之将领以肃军纪一折:鲍超所部营官陈由立、余大胜、郑阳和均保至总镇,任意远扬,请将该员等革职。并请敕下湖南抚臣,派员押回皖南原营,通谕各路军营,不准辄留投效将弁。以惩扈跋之风,杜效尤之渐。附片密陈军营积习,设法惩究,并请将分统霆营宋国永授以总兵实缺。又片奏查复冯子材所部兵勇滋事情形。

十九日,驰折奏鲍超一军,进攻宁郡,破贼于寒亭、管家桥等处,逆垒悉平,阵亡将弁郑永福等十八员名请恤。附片奏淮扬镇总兵黄翼升统带水师战船,于本月十二日驶过金陵、前赴镇江、上海一带,请令其接署江南水师提督员缺,节制松、沪各军。又片奏参江西河口釐务委员向绍先弊混巧取,请即革职。又奏遵查克复沿江两岸城隘出力员弁六案,并保开单请奖一折。

二十日,出示晓谕江西通省军民,札饬各府州县,永定征收丁漕画一章程。二十三日,杨公载福假满回营,至安庆见公,寻出视水师于金陵。李世忠降众凡数万人,不领官饷,专两淮盐利,委员至安庆请饷。公筹拨军火银米以给之,世忠感悦。

二十八日,拜发万寿贺折,又专奏代弟国荃、贞干恭谢天恩一折。是月李公鸿章收复南汇县、川沙厅,贼大股犯青浦、嘉定,洋兵败退,上海戒严。李公鸿章击败于虹桥,大破之。松江围解,沪防亦解严。李公屡奉移驻镇江之旨。至是以上海军务吃紧,遂奏请直攻苏州,不复移军矣。

六月初三日,公与彭公玉麟修元臣余忠宣公墓。工毕,诣墓前致祭。时皖省印委各务悬缺以待人乏员差委。公定以每日接见州县佐杂三人,与之久谈,而训之以吏治。西洋兵既为贼所败,遂有调印度兵来沪大举会剿之说。公接总理衙门咨文,深恐江浙士民大遭蹂躏,慨然忧之。

初六日,具折复奏:请勿裁撤南洋通商大臣之缺,改为长江通商大臣,专力濒江四省中外交涉事件。所有广东、闽、浙三省,即由监督道员经理。又奏拣员署理安徽各府州县之缺,开单呈览。附片奏称:安徽地方渐次克复,急需讲求吏治,请敕下吏部,于本年新进士、拔贡两班掣签分发之时,皖省多分十数员,庶几正途较盛,气象一新。又片奏上海贼氛四逼,李鸿章不能移驻镇江,多隆阿统军入陕,不克会剿金陵。并附陈鲍超、曾国荃两军大概情形。又片奏新援甘肃臬司刘于浔在江西本省防务紧要,暂难赴任。又奏报江西绅商捐饷开单请奖一折。公弟国荃击援贼却之。

初十日,金陵大营营官张壮勇公胜禄击贼阵亡。十五日,鲍公超攻克宁国府城。贼目洪容海以宁国县城归顺,鲍公抚纳之,因其众收复广德州城。公饬鲍超选留降众二千

人,其余设法遣散。十六日,金陵贼大股扑营,公弟国荃击退之。公咨复总理衙门,力陈借印度兵助剿之为害,宜设辞以谢之。

二十二日,具折奏称:洋人有另调印度兵来秋间大举之说,臣以此事函商左宗棠、李鸿章二人,皆称洋人未必果有其事。然既有所闻,宜由总理衙门与在京公使查询确实,然后申大义以谢之,陈利害以劝之。如其不见听,则须申明前议,进攻无助剿之师,克城无防守之卒。吾方以全力与粤匪相持,不宜再树大敌,惟当以谦退忠信相与,不事猜疑,免生枝节,庶有忍有济也。附片奏报宁国克复及各路军情。又片奏浙江失守,降贼之员林福祥、刘齐昂、米兴朝请由左宗棠讯明正法。又片奏提督江长贵请假回籍葬亲,所部各营暂令唐义训兼辖,酌量遣撤,以节饷需。又奏采访忠义第七案一折。附片奏阳湖、休宁等县绅士杨锡嘉、汪念祖、胡泽顺等殉难情形,汇入第七案,分别请赐旌恤。是月公次子纪鸿以县试案首入学。

七月初二日,驰折奏金陵陆军屡却悍贼,阵亡总兵张胜禄,请从优议恤,将弁刘永样、鄢兰亭二员请恤。又奏鲍超一军围攻宁国克复府城详细情形,出力员弁开单请奖,阵亡将弁马胜奎、楚训武等十一员名请恤。附片奏贼目洪容海投诚,酌筹招纳。又具折奏查明江西被害州县蠲免钱粮分数。附片奏请恩旨豁免江西各州县历年摊捐之款,俾州县无赔累之虞,而民间无科勒之苦,吏治可臻上理。又附奏奉谕旨择保西北各省藩臬人员一片。又请暂缓江南、江西三省军政一片。

初四日,查阅轮船机器。初六日,李公续宜闻讣丁忧,公兼署安徽巡抚印务。李公以所部成大吉、萧庆衍、蒋凝学、毛有铭等军归公调度。

初十日,公驰折奏安徽抚臣李续宜闻讣丁忧,请按照胡林翼丁忧之例,赏假数月,仍令回皖署理抚篆。附片奏报近日军情梗概。又奏采访忠义第八案。又奏请暂缓江南武闱乡试。又片奏杨载福更名岳斌。夏秋之间,暑雨失时,疾疫大作,各路军营多染疾病。皖南诸军为最甚,死亡甚多,浙江大营次之,金陵大营亦染疫病。皆暂事休息,未遑攻剿也。

十七日,左公宗棠击贼于油埠破之。袁公甲三告病卸任。奉旨授李续宜为钦差大臣,督办安徽全省军务。二十一日,公具折代李续宜奏陈请假回籍治丧,仍请仿胡林翼之例。又请袁甲三暂缓交卸督师之任,附片奏接奉寄谕,饬查军情,奏报袁甲三、李续宜驻扎之处,路近而较速;臣奏报往返,取道湖北、河南,道梗而较迟。兹开呈前三次拜发折片,以备查核有无疏失之处,并陈明各路军营疾病过多,未能进剿情形。袁公甲三委员押解已革盐运使金安清等至安庆,归公讯办。其李世忠全军,归公节制调遣。李公续宜奏报丁忧之疏未人,接奉督师之旨,李公病已逾月矣。是月奉上谕:"该抚现丁母忧,着即在军营穿孝,改为署理巡抚,毋庸赏假回籍"钦此。又奉上谕"钦差大臣科尔沁博多勒噶台亲王僧格林沁著统辖山东、河南全省军务,并调度直隶、山西两省防兵。所有剿匪事宜,即著会商钦差大臣李续宜妥为筹办"等因。钦此。又奉上谕:"胜保著以钦差大臣,督办陕西军务。"钦此。于是多隆阿公一军,有旨令公酌量调度江北里下河一带,镇江冯子材

一军,皆有旨令公统筹兼顾矣。李公鸿章克青浦城,分军会洋兵渡海人浙江境,收复余姚县。蒋公益澧领湘勇五千人,由长沙启行,取道江西以赴浙。

八月初二日,出示谕乡民扑蝗。初三日,李公续宜至安庆。苗沛霖退出寿州城及正阳关,李公续宜派蒋凝学引军入守寿州。萧庆衍守霍邱县。成大吉、毛有铭两军分守三河尖及固始县。总兵王载道留守六安州城,而自扶病回省城,见公商奏,力请回籍。捻匪犯颍州境,各军连击破之。

十二日,驰奏迭奉谕旨分条复陈一折:其一,多隆阿一军,援秦之局,中变回鄂,当驻扎南阳一带,鄂、豫、秦三省交汇之处,为游击之师。其一,里下河之防,请责成都兴阿严密防堵。现商令杨岳斌亲赴下游,察看布置,又拟赶造太湖水师战船,防剿苏、松,腾出黄翼升水军,专防淮扬,以符原议。其一,李世忠军众五六万人,据有城池,自为风气,擅淮盐釐金之厚利,势难绳以法律。且其击退贼股,功未可没,拟姑循其旧,不设机心,不禁遏其利,不拒绝其求,但不甚资其力,亦不轻调其兵,暗销其予智自雄之气,将来或不至于决裂。其一,李鸿章不能离沪移驻镇江,应责成冯子材耐苦坚守,不作出剿之计。凡四条。附片奏称:曾国荃、鲍超、左宗棠各营,皆因患病者多,未能攻剿。李续宜患病未瘳,继以哀毁,肌肉全瘦,若不令离营回籍,恐难速瘳。是以该抚自奏陈情,未便劝阻。又奏筹办广德州受降事宜一折。洪容海降众数万,但令选留三千人,编立五营,余皆资遣回籍,请给洪容海游击虚衔,其部下头目等,请分别给予顶戴。附片奏豫省派员招募湘勇一节,请停止以节糜费。又片请旨饬江西循照前案,按月拨解漕折银四万两,协济徽、宁饷需。又奏采访忠义第九案。附奏烈妇焦王氏等汇案请旌一片。李公续宜陈情疏人,奉旨赏假百日,回籍假满,仍出督师。以唐训方署理安徽巡抚,袁公甲三仍留督防临淮。广德州降众叛乱,洪容海率其党一万人自拔奔回宁国。

二十九日,公驰奏遵旨查复湖北抚臣严树森被参各款一折,附奏遵旨查复江苏巡抚薛焕被参各款一片。又因何桂清逮讯时,呈出司道公禀请退守苏州一节。奉旨饬将薛焕、查文经等查明参办。公具折奏称:督抚权重,由来已久,司道以下,承迎风旨,不敢违拒,若此类者,无庸深究。疆吏以城守为大节,不当以僚属一言为进止;大臣以心迹定罪状,不必以公禀有无为权衡。附片奏广德州降众复叛,现筹办理情形:贼之大股,将并窜皖南,而鲍超、张运兰、朱品隆等军疾疫大作,张运桂已病故,左宗棠军病者过半,曾国荃金陵营中染病者亦逾万数,深恐羸卒不足以当强寇,皆由臣以菲材妄窃高位,上干鬼神之谴,莫救厄运之灾,中夜以思,不胜焦灼。公每日以吏事、军事、饷事、文事分条分时,以次清理,定为日课。是月贼犯上海,李公鸿章力战,破贼于七宝街。洋兵克慈溪县。浙江官军收复处州府。左公宗棠击贼于龙游县,大破之。

闰八月初四日,定江西厘局章程。是时釐金收数渐减,公札饬各卡局委员比较每月收数,以增减为优劣。十一日,葬桐城儒士方东树、戴均衡、苏厚子等六人,皆因乱未葬者。并为立石,以表其墓。

十二日,驰折奏唐训方暂署皖抚,仍应驻扎临淮,接统袁甲三一军,使楚、皖官军联为一气。附片奏陈：大江以南，疾疫盛行，宁国境内最甚，金陵、徽州、衢州次之，水师及上海、芜湖各军亦皆疠疫繁兴，死亡相继。鲍超一军，军者数千，其猛将如黄庆、伍华瀚等先后物故，鲍超、张运兰、杨岳斌皆染病甚重。皖南道姚体备、营务处甘晋，则一病不起。天降大戾，近世罕闻，恶耗频来，心胆俱碎。若被贼匪扑犯，战守俱无把握，甚至欲逃走以待再振而不可得。臣自度薄德菲材，不足以挽厄运而支危局，请旨简派在京亲信大臣驰赴江南，分重大之责任，挽艰难之气数，庶几补救于万一，臣断不敢稍存推诿，致误戎机。奉上谕："朝廷信用楚军，以曾国藩忠勇发于至诚，推心置腹，倚以挽救东南全局，自诸军进逼，金陵逆匪老巢已成阱槛。唯以艰难时会，诚不易得，迭经寄谕，总以毋徒求效旦夕，唯当立足不败之地，以俟可乘之机，矧兹疾疫繁兴，各军将士疫病之余，谍忍重加督责？该大臣惟宜愈矢忠诚，拊循加意，使军心益固，诊气潜除。各营病疫将士，其各传旨，优加存问。本应明降谕旨慰劳，诚以事关军务，或恐人心疑惧，奸宄从而生心，贼人转益张其凶焰。我国家深仁厚泽二百余年，当此艰危时势，又益以疾疫流行，将士摧折，深虑隳士气而长寇氛。此无可如何之事，非该大臣一人之咎。意者朝廷政事，多所阙失。足以上干天和。唯当齐心默祷，以祈全消诊戾。我君臣当痛自刻责，实力实心，勉图禳救之方，为民请命，以冀天心转移，事机就顺。至天灾流行，必无偏及各营将士，既当其阨，贼中亦岂能独无传染？该大臣郁愤之余，未遑探询。刻下在京，固无可简派之人，环顾中外，才力气量如曾国藩者，一时亦实难其选。该大臣素尝学问，时势艰难，尤当任以毅力，矢以小心，仍不容一息稍懈也。"钦此。公接奉此旨，读之泣下。

十七日，专差奏皖南加广学额中额一折，请奖徽州捐生一折，报销淮北课盐一折。二十日，苏州贼大股援金陵，围扑官军营盘。贼结垒二百余座，日夜环攻。公弟国荃力战御之。鲍公超军挫于新河庄。贼犯宁国府，鲍公入城拒守。二十三日，公李续宜启行回籍，唐公训方到任。

二十四日，拜发万寿贺折。二十七日，驰折奏陈皖北一带楚军单薄，不能分拨，李续宜所部将领五人，才位相埒，难相统驭。并陈明苗沛霖诡谲多端，不易言抚，惟赦其罪而不资其力，犹不失为中策。附片奏报：金陵、宁国两处军营被贼大股扑犯，将领士卒皆为病所苦，防守尚无把握。总由微臣德薄位尊，莫挽厄运之故，忧惶无已。又片奏：臣军前调黑龙江马队二百余员名，随同转战，屡有功绩，因水土不宜，抱病者多，应资遣回旗，以资休息。是月，蒋公益澧军至浙江，克复寿昌县城。

九月初一日，安徽藩司马新贻奉旨暂统临淮官军。初六日，宁国县城失守。

十二日，公驰奏汇报各路军情一折：雨花台营垒贼以大股百道环攻，此金陵之可虑也；宁国之贼，欲由间道上犯江西，此宁国之可虑也；小丹阳之贼，由东坝拖过战船，时图出江，冲断江中粮路，北水师之可虑也；河南捻匪窜扰鄂境，有取道皖北回援金陵之说，而皖北各城空虚，深恐逆踪阑入，此皖北之可虑也。现在调派各军，移缓就急，力图挽救。惟皖北地广兵单，北调提督成大吉一军，由三河尖驰赴英、霍、相机防剿。仍请敕下多隆阿迅速东还，驻军舒桐，兼顾皖、鄂两省，大局幸甚。附片奏报宁国县城失守，徽州、旌德

两城首当其冲。唐义训守徽州，朱品隆守旌德，两处兵力皆单，未知能坚守否。又片奏：江西省厘务，数月以来，解数寥寥，藩司李桓总办粮台，兼管盐局，经理不善，已添委甘肃臬司刘于浔访察商情，署盐道孙长绂专司月报，整顿积弊。臣统军过多，欠饷太久，徒受揽江右利权之名，究无济苏皖饥军之实，不能不力图补救之法。又片奏查明巢湖水师营官黄国尧于咸丰八年在庐郡阵亡情形，请从优议恤。

时贼船过东坝者，分布固城、南漪诸湖，欲冲出大江，杨公岳斌力疾扼守金柱关。公派陆军数营，往助防守。金陵之贼，环雨花台官军营盘日夜猛攻，挟西洋开花炮，自空中击下，呼声动地。公弟国荃督军苦守不退，面受枪子伤，血流交颐，仍裹创巡营，以安众心。公弟贞干驻营江干力战以通馈运。大营军火，赖以接济，与贼相持兼旬。初五日，击贼破之。十二日，击贼又破之。攻扑之势稍衰。都兴阿公派兵千八百人渡江助守。公念湘军疾疫之余，继以大股逼犯，恐局势决裂，日夕徬徨，寝不安席者数旬，而江西协饷多掣肘，公益忧之。

十四日，公作《三字箴》，其清字箴曰："名利两淡，寡欲清心，一介不苟，鬼伏神钦。"慎字箴曰："战战兢兢，死而后已，行有不得，反求诸己。"勤字箴：曰："手眼俱到，心力交瘁，困知勉行，夜以继日。"公言此十二语，当守以终身，遇大忧患大拂逆之时，庶以此免于尤悔耳。

十八日，水陆军合击贼于金柱关，大破之。二十一日，又击破之，毁贼船几尽。金陵之贼，开地道，用火药轰我垒壁。公弟国荃力战，拒破之。令军士于营内掘隧以迎之，贼不得逞。李世忠攻贼于九洑州，禀请分兵援金陵。公批札止之。

二十七日，驰奏汇报军情一折，金陵、宁国、芜湖、金柱关战守大概，并陈明调度各军，有与前奏不符者，视乎各路缓急之形。又奏采访忠义第十案。附片奏宿州二郎山练总马维敏、乔元功等结寨御贼，为贼攻陷，殉难者二千余人。请照阵亡例，赐恤建祠，以褒忠节。又奏绩溪县孝烈妇胡程氏请旌一片。是月，李公鸿章克嘉定县城。贼复犯青浦，李公大破贼于四江口，沪防肃清。贼攻镇江，冯子材破贼于汤岗。多隆阿公督师人陕西。

十月初五日，公弟国荃击贼，大破之，俘斩数万。自闰月二十日以后，贼三十余万围扑营盘，百计攻轰，公弟国荃苦守四十六日，至是大捷，贼乃解围窜江北。十一日，唐公训方启行赴临淮关，袁公甲三回籍。

十二日，公折驰奏水陆官军迭获胜仗，力保芜湖、金柱关要隘，贼舟存留无几，江西肃清，阵亡副将郭明鳌请照提督例议恤，将弁洪得胜、王明元请恤。又折奏毛有铭一军，在颍州西路迭破捻圩，毁其老巢，仍回驻皖、豫边境。附片奏报金陵扑营之贼解退，芜湖等处，防守稳固。前奏可虑者四端，今三患稍舒，所虑专在宁国一路，若能支持一月，新募之勇渐集，或能力遏凶氛。是日，又具折奏保鲍超一军迭克青阳、石埭等四城，出力员弁开单请奖。又奏保曾国荃一军迭克太平、芜湖等各城隘出力员弁，开单请奖。附片奏称：保案所开之员，有随后病故者。不及查核扣除，俾逝者得奖荣以饬终生者，亦观感而图报

矣。鲍公超军在宁国府，贼扰湾沚，断其粮路。公派陆军由繁昌、南陵让陆运以接济之。贼攻旌德县，公咨商左公宗棠，调所部王文瑞一军援旌德。十七日，贼大股攻扑九洑洲李世忠之营，旋渡江北窜。

十八日，张公运兰离营至安庆见公。公令其买舟回籍养病，其所部老湘营，以总兵易开俊、刘松山分领之。朱品隆等军破贼于旌德。十九日，贼解围去。湘军在寿州正阳防守者，时为苗练所杀害。僧王督师河南，奏请抚苗以剿捻。苗沛霖上书僧王，极诋楚军之失。公察苗沛霖有意挑衅，恐其沮坏大局也。又因皖北兵单，贼方北窜，调蒋凝学一军移营而南，毛有铭、萧庆衍等军皆移驻庐州之境，以避苗练，即以防皖境也。

二十七日，驰折奏缕陈金陵官军苦守四十六日，力战解围情形，道员刘连捷等七十三员开单请奖，阵亡副将倪桂等二百七员名开单请恤。附片奏：金陵援贼虽退，伤亡将卒太多。宁国、旌德两城，同时吃紧。自金陵以至徽州，地段太长，贼股太众，皖北十余城，毫无准备。实恐溃败决裂，尽隳前功。仍请简派大臣会办诸务，稍分臣之责任。又片奏湘勇驻防寿州正阳关，与苗练逼处太近，挑衅构怨，无有已时。刻下皖北正苦无调防之兵，拟撤出蒋凝学一军，并抽拨霍邱防兵，调防庐州、巢县一带，以遂苗练之私，以成僧格林沁急欲灭捻之志。是日，又具折奏保张运兰、朱品隆、唐义训战守徽州军中出力员弁，开单请奖。附片奏张运兰因病回籍，请旨将易开俊、刘松山二员授总后实缺，以资钤束。又奏请展缓三省查阅营伍之期一折。

贼之窜江北者，攻和州，陷含山县。二十八日，陷巢县。公乃札留新募淮勇之张树声、吴长庆等军暂缓赴沪，分守无为州及庐江县，调霍邱之湘军驻防舒城。公弟国荃派军回守西梁山，寻又派军扎东梁山。广德州贼窜陷绩溪县。是月浙东官军会洋兵收复上虞、嵊县、新昌三城。江忠濬补授安徽布政使。

十一月初一日，贼陷和州。初二日，唐义训、王文瑞收复绩溪县。初三日，旌德之贼窜扰太平、黟县之境，直趋祁门。初四日，贼围泾县，易开俊引军人城守御，却之。初七日，祁门县失守。

初八日，奉上谕："江苏布政使曾国荃著赏给江绸黄马褂料一件、小卷江绸袍料一件、白玉喜字翎管一枝、白玉柄小刀一把。曾贞干著加恩以知府用。"钦此。

初十日，唐义训、王文瑞收复祁门县城。贼回窜石埭。

十二日，公驰奏汇报军情一折，江北含山、巢县、和州失守，调度防剿，并陈明宁国各军战守情形，绩溪、旌德、太平、黟县贼踪，奏称：秋冬以来，群盗如毛，南北环逼，前奏请多隆阿移师东剿，今则秦人方痛深水火，何敢渎请？惟请饬贵州提督江忠义统率所部赴皖防剿，大局幸甚。附片奏报祁门失守。又片奏撤回蒋凝学一军分防颍州、霍邱两处，调毛有铭、萧庆衍两军移驻舒城，以防贼上窜。是日，又具折奏保水师迭克沿江城隘出力员弁，开单请奖。又折奏浙江省城失守时溃走之副将陈步高等，讯明定拟。

十八日，公弟靖毅公贞干卒于军。是日奉到以知府用之旨。公出城巡视盐河，委弁勇修濠墙一百八十六丈，核定工程。十九日，水师破贼于三汊河。二十日，鲍超闻讣丁

忧。公以宁国军情紧急，批令在营穿孝。二十一日，公出城巡视城濠。二十二日，闻靖毅公之卒，公哭之恸，派弁赴金陵迎护其丧。

二十七日，驰奏钦奉谕旨分条复陈一折：其一，毛有铭、萧庆衍之军由舒城拔营，取道巢湖之南，进攻运漕镇。其一，李世忠军于九洑。此次贼窜北岸，该提督亦屡接战，有所斩擒，惟贼股太众，未能堵截。其一，曾贞干已于十八日病故。由臣德薄，殃及手足。其芜湖要地，留防兵力尚厚。其一，洋将白齐文奉调赴援金陵。该将迁延不进，且毫无纪律，应由李鸿章严行惩办，其一，查贼酋李秀成踪迹。其一，催李续宜销假回营。凡六条。又奏旌德、泾县解围、绩溪祁门克复一折。奏保王文瑞、王开琳等五员，阵亡总兵胡太旗、参将刘永胜、游击张仁兴请恤。附片奏宁国一带军务渐稳，鲍超丁母忧，请毋庸开缺，改为署理。又折奏结金安清、汪耀奎参案。又奏采访忠义第十一案。附片奏定远县练总陈鼎需等殉难请恤。贼自金陵解退后，其一股复由东坝拖过战船，以图出江。公所派水陆防军，破之于护驾墩，毁贼船二百余号。鲍公超击贼于马头镇杨柳铺，大破之。是月，左公宗棠克复严州府城，李公鸿章克复常熟县城，多隆阿公奉旨授钦差大臣，接受关防，胜保革职逮问。

十二月初五日，石埭贼陷窜青阳县，朱品隆弃旌德不守，移剿青阳。初九日，靖毅公灵柩过安庆。公出迎，抚棺恸哭，入城受吊。初十日，水师击三汊河贼垒，破之。萧庆衍等会水师克运漕镇。公调蒋凝学一军移驻舒城。

十二日，具折奏遵旨筹派水师将弁兵勇演习轮船火器，奏保总兵蔡国祥堪以统辖，参将盛永清等七员堪以分领。又申明楚军水勇难以出洋，轮船配用楚勇，须坚守前议，但用之于江面。又折奏贼由九洑洲分股上犯李世忠一军堵战获胜情形，请敕下山西巡抚，将应解月饷迅解该营，以资接济。阵亡副将程自有、汪德喜、知县胡学诗请恤。附片奏报各路军情。又片奏调道员隋藏珠回营当差。是日，又具折奏保李续宜所部成大吉、萧庆衍等军援剿颍州、霍邱出力员弁，开单请奖。又折奏夏秋以来，厉疫繁兴，将士官吏婴疾而殒命者，殆以万计。其中功绩卓著者九十六员名汇案开单请恤，张运桂、黄庆、伍华瀚、沈宝成、周成南五员功绩尤多，请从祀湖南昭忠祠。附片奏伍华瀚之父文生伍宏铿，于咸丰四年在宁乡阵亡请恤。

十三日，奉上谕"曾国藩一门忠义，不避限险，兄弟均在行间，为国宣劳，深为嘉悦。不料曾贞干遽尔病故，览奏曷胜悼惜"等因。钦此。又奉上谕："曾贞干自赴江南军营，屡著战功，朝廷早欲擢用，因曾国藩再三恳辞，拟俟江宁克复后从优奖励。兹以力疾督战，积劳病故，悼惜殊深。虽未经曾国藩奏请给恤，而曾贞干系效力疆场战功卓著之员，著即追赠按察使，即照按察使军营立功后病故例议恤，以示优异。"钦此。

十六日，公作季弟墓志一篇。二十日，靖毅公灵柩登舟回湘，公行遣奠礼。毛有铭一军进剿巢县芙蓉岭，小挫。宣城县属之金宝圩，为贼所攻陷，杀掠甚惨。其练众及难民之脱出者，公给银米以赈之，编立营伍，安置于芜湖县，凡数千人。

二十一日，公弟国荃击贼于谷里村六郎桥，破之。二十二日，萧庆衍击贼于铜城闸，

连破之。二十三日,青阳之贼窜回石埭。

二十四日,具折代弟国荃、贞干奏谢天恩。二十五日,朱品隆军收复青阳县城。

二十七日,复奏钦奉谕旨并案条陈一折:其一,寿州撤回湘军以后,苗练尚无据城以叛之迹,正宜推诚相待,无庸派兵戍守,使反侧者无以自安;其一,李世忠骄亢任性,目前无甚扞格,将来或须示以检制。其一,杨岳斌军守金柱关以防东坝贼船,彭玉麟驻守裕溪口以防巢湖贼股,战争方急,不能移扎下游江面。其一,洋人用兵,其处长在器械精坚,步武齐整,其短处在口粮太重。若使官军学习其法,恐未得其长而先图增饷。其一,金陵贼势方强,未易言抚。至其自拔来归,当禁约军士,不得妄加杀戮,以导向化之路。凡五条。附片奏报水师攻三汊河,陆军克运漕镇,及金陵官军胜仗,皖南各路军情。又奏保湖南东征筹饷局出力官绅开单请奖一折。附片奏保江西补用道黄冕、湖南署藩司恽世临主持东征饷事,尤为出力,请旨优奖。是月贼又由东坝拖过战船,以窥芜湖。于是贼船过东坝者,前后三起。

是岁,发逆、捻匪纠合大股迭犯湖北之西北境,官文公调楚军击退,全楚肃清。骆公秉章、刘公蓉调派湘军,大破贼酋石达开于叙州之境。江公忠义剿匪于湖南、广西之境。毛公鸿宾檄调回湘,募楚勇万人以援皖。都统富明阿帮办江北军务,吴公棠署漕运总督。

卷九

【癸亥】同治二年,公五十三岁。

正月,公在安庆。初三日,接奉年终赏福字、荷包、钱锞、食物等项,再加赏寿字一张。贼大股围攻泾县,易开俊等守御却之。初五日,鲍公超驰援泾县。初六日,击贼大破之。初七日,贼解围去,鲍公追击破之。

十二日,驰折奏克复运漕镇,进剿巢县铜城闸接仗情形,阵亡总兵彭星占请优恤,将弁胡得胜、刘义胜、陈东祥、谢齐偁、吕鸿榜、李春生请恤。附片奏报青阳收复,泾县大捷,并搜获伪文。苏省大股有再犯江北上窥皖楚之说。又具折奏谢弟贞干赠恤恩。附片奏保叶兆兰委署皖南道缺。

二十七日,驰折详报鲍超一军破贼于马头镇、杨柳铺,进援泾县,大捷解围,阵亡参将罗国才等六十七员弁开单请恤。附片奏易开俊等保守泾县情形,阵亡参将倪昌明等五十一员弁,开单请恤。又片奏:宁国金宝圩被贼攻破,芜湖金柱关防守难以松劲,九洑洲江面有贼船赶渡,臣当驶赴金陵,察看前敌。是日,又代奏江南提督李世忠自请褫职立功以赎胜保之罪一折。

二十八日,公由安庆登舟启行。二十九日,泊池州登岸,揽视池州形势。是月,左公宗棠克复金华、绍兴两府城,汤溪、龙游、兰溪、永康、武义、浦江、桐庐各县,浙东肃清。

二月初一日,贼犯金柱关,水陆官军击破之。贼逼近宁国府城,刘松山守御却之。鲍公超克西河贼垒,击贼大破之。初二日,击贼连破之。梅岭、马家园、小淮窑、麒麟山等处贼垒尽平,宁国近城百里之地肃清。初三日,贼扑九洑洲,李世忠营盘失陷。贼渡江攻陷浦口城。公舟泊芜湖,彭公玉麟来见公。初四日,公登岸按视芜湖城守,行泊金柱关,杨公岳斌见公。初五日,公舟泊大胜关,杨公岳斌从。水师攻克湾沚贼垒。初六日,公登陆驻雨花台大营。与公弟国荃按行各垒,传见各将弁慰劳之。十一日,公还舟次。

十二日,驰奏查阅沿江各军现抵金陵恭报近日军情一折。十五日,奏谢年终恩赏一折,年终密考一折,学政加考一片。公坐舢板船探视九洑洲贼垒,回舟溯江按视三汊河营垒。石埭之贼大股窜青阳,鲍公超引军援剿。贼由建德窜扰江西彭泽、鄱阳之境。太平县贼窜入徽州境,扰及黟县、祁门。十五日,攻扑休宁县城。又有浙江于潜、昌化一股,亦窜入徽境,郡城戒严。左公宗棠派刘典一军援徽州。十六日,公舟泊乌江,按视杨公岳斌水师老营扼守之处。贼大股扑犯金柱关,官军水陆合击,大破之于查家湾。贼乃却退。渡江之贼陷江浦县城。十八日,公舟泊金柱关,入小河,巡视水陆各营。十九日,行视东、

西梁山防军营盘,舟泊裕溪口。二十一日,换小舟入自裕溪口,按视运漕镇无为州军营。二十三日,由神塘河出大江,回舟次。

二十七日,舟次大通镇。驰奏由金陵回皖沿途查阅恭报近日军情一折。附片奏陈:臣巡阅诸军,详观贼势,揽南北之形势,察天人之征应,窃以为可惧者数端,可喜者亦数端:江岸难民,避居江心洲渚之上,死亡枕藉;苏浙之田,多未耕种,贼无所掠食,一意图窜江西,窥皖浙已复之土,恐其变为流贼,更难收拾;李世忠心迹难信。皆可惧之端也。金陵之贼,粮源已竭,贼居不耕之地,其势必穷,无能久之理;东南要隘多为我有,水陆军将颇能和衷,百姓仰戴皇仁,沦肌浃髓,久困水火之中,不闻怨咨之语。此皆可喜之端也。附片奏新授安徽臬司万启琛请暂缓入都陛见。又具折汇报水陆各军阵亡、伤亡、病故员弁一百八十九名,开单请恤。附片奏前祁门县知县唐治,咸丰四年在任死节,请建祠祁门。又奏采访忠义第十二案。附片奏舒城练总韦斌殉难请恤,并该团男妇等百四十七人。

二十八日,公回至安庆。公舟往来江中,见洲渚之上皆难民所聚,编葺苇茅以为庐。一不戒于火,延烧数里,相率露处,呼号求救之声,至不忍闻。公以贼踪蹂躏各处,无可安置

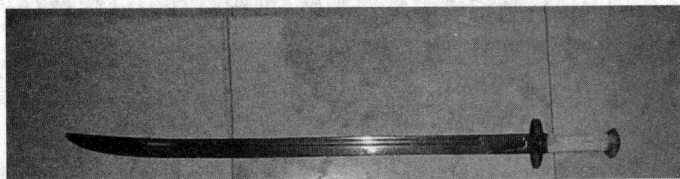

康熙年间王爷佩刀 清

之地,因札善后局委员议赈恤之。是月,僧王擒捻酋张洛行,斩之。刘公长佑由两广总督调任直隶总督,航海以北,达于畿疆。

三月初二日,贼自江浦上犯,围毛有铭、刘连捷两军于石涧埠。公弟国荃派道员彭毓橘等领军三千余人,上援无为州。沈公葆桢调派江西各军扼守景德镇、东平县等处,防剿徽、池窜贼,派委同知王沐领军进援徽州。初八日,公急调鲍超一军渡江而北,援石涧埠。初十日,芜湖水陆各军克黄池贼垒。十一日,悉以内河要隘,毁贼舟净尽,贼遁走金宝圩、溧水、丹阳一带,金柱关防务解严。刘典、王文瑞、王沐会击贼于徽州休宁境,大破之。

十二日,驰折奏鲍超一军大获胜仗,攻克宁国近城诸要隘,阵亡参将李芳菲等二十六员弁开单请恤。又折奏:贼渡九洑洲,李世忠营盘及浦口、江浦两城失陷,请将李世忠革职,不准留营,并自请交部严议。附片抄呈李世忠咨文二道。并称李世忠前此曾立功绩,此次力竭战败,亦足以雪物议。谓其通贼之诬,恐其怀疑生怨,激成他变。仍求明降谕旨,示以宽大,毋庸革职,仍准留营,奖其前功,责其后效,则恩出于朝廷,而怨归于臣等。彼必感激图报,不生疑贰。又片报皖南皖北近日军情。奏称江之南岸,徽州与江西同警;江之北岸,下游与上游同警。调度无方,实深忧灼。又奏保王吉、彭楚汉、周惠堂、谭胜达四员堪胜水师总兵之任一折。疏入。奉上谕:"李世忠著加恩撤去帮办军务,免其革职,以示薄惩。"钦此。

十七日,萧庆衍、彭毓橘、毛有铭、刘连捷合击贼于石涧埠,大破之。刘典、王文瑞、王

沐克黟县城。十八日，苗沛霖复叛，引其党围攻寿州。知州毛维翼坚守。十九日，贼大股围攻庐江县，二十一日，贼围攻舒城县，蒋凝学御却之。二十二日，朱品隆攻石埭之贼，破之。发、捻大股由湖北下窜，围攻桐城县，提督周宽世御却之。贼窜孔城镇，合围大股窜六安州。二十四日，贼围六安州。二十五日，刘公典击贼于徽州，破之。徽境肃清。贼悉窜归浙江。江西之贼扰及浮梁，沈公葆桢调回王沐一军剿之。

二十七日，驰折详报芜湖金柱关水陆各军累月苦战情形，阵亡游击姜固国等三十六员弁开单请恤。附片奏报皖南、江西、皖北、湖北贼势军情：该逆蓄谋甚狡，无非欲掣动官军之势，以解金陵之围。苗练叛迹大露，事变迭生，忧愤何极！又折奏拣调良员留皖补用，并请本科新进士即用知县一班，多发数员来皖，以资差委。附片奏保代理无为州知州穆其琛坚忍镇定，保守危城，厥功甚伟，请即补该州实缺。又奏采访忠义第十三案。

是月，李公鸿章克太仓州城，公弟国荃奉旨补授浙江巡抚，左公宗棠奉旨升授闽浙总督，兼署浙江巡抚，万启琛授江苏藩司，马新贻授安徽臬司，郭嵩焘授两淮运司。李公鸿章奏陈公弟贞干战绩。奉到上谕："曾贞干著加恩照二品例议恤，并准其予谥，于本籍及死事地方建立专祠，仍宣付史馆，特予立传，以彰忠尽。"钦此。

四月，公调鲍超、刘连捷等军援六安。初二日，贼解围东窜，鲍公引军追击之。初七日，鲍公超等陆军、彭公玉麟等水师会克东关贼垒。初十日，克铜城闸。

十二日，驰折奏石涧埠、庐江、桐城、舒城六安州先后解围情形，随折奏保刘连捷、毛有铭等六员，阵亡参将黄仁亲等十一员弁请恤。附片报近日军情。奏称：徽郡防兵单薄，是臣布置最疏之处。贼之窜鄱阳者逼近浮梁，江西之门户可虑。皖北之贼悉数东趋，并未西犯鄂疆，即属大局之幸。现檄鲍超等进兵追击，檄调蒋凝学、毛有铭、成大吉等会师寿州，共讨苗党。是日，又具折奏江、楚各省本淮盐引地，被邻私侵占日久，非一蹴所能规复，察核现在情形，暂难改办官运。又片奏在籍侍讲吕锦文在宁国办理团防，捐输被参各款，查明复奏。又奏采访忠义第十四案。时都统富明阿驻军江北，派委知府杜文澜试办官运淮盐，行销于楚岸。

十八日，易开俊击贼于泾县，破之。朱品隆击贼于青阳，破之。

二十二日，具折奏谢天恩：臣弟国荃补授浙江巡抚，兄弟均当大任，受恩愈重，报称愈难，请开浙抚一缺，以藩司效力行间。附奏新授江苏藩司万启琛呈请开缺一片。又以弟贞干奉旨加衔议恤予谥建专祠奏谢天恩一折。鲍公超等军克复巢县城。公派李榕一军渡江而南援池州。二十三日，克建德县城。二十四日，鲍公超等军克含山县城，进克和州城。皖北之贼全退。

二十七日，驰折奏水陆军官会克东关、铜城闸两隘，阵亡勇弁彭胜华、曾彩云、胡德云、石太和请恤。附片奏报军情称：兵事迟钝，半由饷需奇绌。鲍超、毛有铭两军均有饷匮逃散之事。臣治军九年，不敢轻上请饷之奏，不欲以危词上烦圣听，又不欲以苦语涣散军心。兹因有勇丁逃溃之案，不得不据实密陈。请于九江洋税项下，月拨银三万两，以济皖饷，并请特派大员来南，稍分臣之责任。是日，又具折奏保雨花台解围案内出力员弁，开单请奖。附片奏新授云南迤东道黄冕,现办东征筹饷局务,请缓赴任,并拟调该道来营,面商淮盐事例,与运使郭嵩焘会筹差政。又片奏凤台县知县蔡锷被苗练戕害,请恤。公之初任两江也,奏拨江西漕折银两,以供徽、宁防军之饷。至是沈公葆桢奏留供江西本省防军,经户部议准。公既失此巨款,于是筹饷之情,词气迫切,而请衙大臣以分责任之疏,已三上矣。公弟国荃攻破雨花台贼垒及金陵南门外石垒共十座,皆坚垒也。调彭毓橘一军回金陵大营。寿州知州毛维翼固守州城,兵少粮尽,坚守不懈。毛有铭、蒋凝学两军赴援,营于九里沟,阻于捻匪,未能进。皖南之地,经乱最久,人相食者数月。公闻之,愀然自咎,常曰:"乱世而当大任,人生之至不幸也。"是月,李公鸿章克昆山县城。骆公秉章擒贼酋石达开,斩之。粤逆自永安州起事,始封之五伪王者,至是尽毙矣。

五月初三日,易开俊击贼于泾县,破之。初五日,江北之贼由九洑洲渡江而南。公调成大吉、周宽世两军进援寿州,调李朝斌领水师赴上海,腾出黄翼升水军溯江入淮,以为临淮官军之助。初七日,李裕军援剿湖口县。初十日,李朝斌水师东下浦口,扼截渡江之贼。贼大半不能渡。杨公岳斌以水师入浦口,收复江浦县城。鲍公超、刘连捷等陆军沿江追剿,与水师夹击,贼之未渡者歼焉,伏尸数万。江北肃清。

十二日,驰折奏报金陵官军攻克雨花台伪城及聚宝门外诸石垒,随折奏保总兵李臣典、晏澧周等八员。又奏报水陆会克巢县、含山、和州三城,随折奏保成发翔、彭毓橘、萧庆衍等十员,阵亡参将陈邦荣等十二员弁请恤。附片奏报皖南、江西军情,寿州危急,调派水陆官军援剿,势恐不及。

十三日,公弟国荃、杨公岳斌、彭公玉麟水陆会克下关、草鞋夹、燕子矶贼垒。李朝斌、成发翔、刘连捷等军攻九洑洲贼垒,力战大破之,杀贼二万人,弁勇伤亡者亦二千人。十五日,攻克九洑洲,江面贼艚净尽。鲍公超等陆军渡江,会攻金陵。公自奉肃清江面之旨,创造舟师,至是十载。全功乃竟。长江上下,一律肃清。公由安庆发银一万两,犒赏是役将卒。芜湖陆军吴坤修等击贼,破之。进收金宝圩。易开俊、刘松山击贼于泾县,连破之。十八日,公弟国荃攻长干桥贼垒,破之。二十三日,朱品隆击贼于青阳,连破之。二十六日,刘典、王文瑞会江西官军击贼于陶溪渡,破之。景德镇、鄱阳县肃清,贼并归湖口。

二十七日,驰折奏水陆各军会克江浦、浦口、草鞋夹、燕子矶诸城垒,力破九洑洲一关,江面一律肃清。随折奏保总兵喻俊明、丁泗滨等二十六员,阵亡副将邹桂芳、胡俊友请恤。附片奏报皖南、江西及寿州军情,金陵城大贼众,合围不易,必须严断接济贼粮之船。请敕下总理衙门,照会西洋各国,不得于金陵城外停泊轮船。又折奏鲍超一军克宁国府与泾县、西河胜仗出力员弁三案,并保开单请奖。又折奏保毛有铭一军迭破颍西捻圩,会克运漕镇出力员弁,开单请奖。附片举劾江西釐局委员。江公忠义领楚勇至江西,由九江渡军进剿湖口。是月,公与李公鸿章会奏请旨核减苏州松江两府、太仓州浮粮。

六月初二日,奉到上谕:"曾国藩奏为伊弟国荃恳辞巡抚恩命,并曾国荃奏恳收回成命以开缺藩司专办军务各一折。该大臣等受宠若惊,固辞恩命,洵属至诚,而朝廷懋赏懋

官,权衡悉当。现在军事方亟,时局孔艰,凡在臣工,正宜黾勉效忠,共期宏济。该大臣惟当督率曾国荃忠诚报国,以副委任,正不必渎辞朝命也。"钦此。公子纪泽来安庆省公。江西官军韩进春挫于洋塘,湖口贼势复张。江公忠义与李榕军力击之,贼稍戢。鲍公超攻钟山贼垒,破之,回驻江干。军人多病,未能进剿。

初四日,苗练陷寿州,知州毛公维翼死之。成大吉驻守三河尖,周宽世、毛有铭等退守六安州境。

十二日,驰折奏金陵围师布置情形:寿州失陷,现图补救之法。知州毛维翼亮节孤忠,请旨追赠道员,从优议恤。臣调度各军,顾此失彼,请交部严加议处。道员蒋凝学、提督成大吉赴救不力,请撤去升衔勇号,以示惩儆。又具折奏请裁南洋通商大臣一缺,交各省督抚兼理华洋交涉事件。附片奏委员采买口外战马二千四百匹,请敕兵部查验免税放行。

十六日,石埭贼窜陷黟县。十八日,刘公典等军收复黟县,贼退归石埭。十九日,江公忠义与李榕军击贼于坚山,破之。

二十二日,专折奏采访忠义第十五案。附片奏歙县殉难绅士程枚功请恤,并其家属十人。二十七日,驰奏汇报各路军情一折:金陵城下,暂难合围。皖南、江西滨江滨湖,一片逆氛。苗逆既破寿州,围攻蒙城益急。鞭长莫及,徒深忧灼。附片奏马新贻远在蒙城,势方危急,其安徽臬司印务,委万启琛暂行署理。是月,李公鸿章克吴江县城。毛公鸿宾升授两广总督,奏调张运兰募勇赴粤。

七月初三日,江公忠义等军攻贼于湖口之文桥,克之。贼滨江下窜,江西全境肃清。郭公嵩焘奉旨赏三品顶戴,署广东巡抚。李榕补授浙江盐运使司。初八日,公弟国荃克印子山贼垒。

十二日,驰奏汇报各路军情一折:其一,群贼援救金陵,则苏、常等处或有可乘之机;其一,张运兰奉调入粤,原部老湘营现分守宁国府、泾县两城最要之地,未可掣动,应令该臬司另募新勇;其一,太平、石埭之贼,逾岭窜入黟县,王文瑞一战克之,剿办极速;其一,江忠义、李榕两军剿平湖口之贼,即令由皖南进取东坝;其一,李世忠一军近颇愧悟歙抑,其与苗逆积怨甚深,若坦然相处,当不至别生枝节;其一,周宽世、蒋凝学、成大吉、毛有铭各军防守要害,难以掣动,此外实无劲旅可援蒙城。凡六条。附片奏黄翼升水师赴援临淮,应令李朝斌接署江南提督印务。又片奏陕西巡抚英桑奏请筹拨陕省饷盐一案:现在苗逆叛乱,淮河梗阻,盐无可运之道,请无庸置议。又奏采访忠义第十六案。歙县殉难绅士汪士勋请恤,并其家属。

十七日,吴公坤修击贼于双斗门,破之。二十日,贼由江西下窜者,大股围攻青阳县。朱品隆力疾督军苦守。

二十七日,驰折奏报湖口各军迭挫贼锋,会克文桥贼巢,群贼遁走,阵亡将弁张仪卿等十三名请恤。附片奏报金陵、芜湖、青阳军情及淮甸水陆布置情形。又具折奏保芜湖金柱关水陆防守攻克湾址、黄池出力员弁,开单请奖。附片奏江西茶商照办落地税,又奏

参庐江知县吴燮和革职一折。

三十日，公弟国荃攻上方桥贼垒，克之。是月，李公鸿章攻克太湖贼营，进军苏州。袁端敏公甲三卒于家。公编录《训诂小记》《雅训杂记》，每日记录数则，以为常课。

八月十一日，易开俊、刘松山击贼于泾县，破之。

十二日，驰奏迭奉谕旨复陈一折。奏称：近淮诸军扼要防守，难以调动。皖南各军，援剿方亟，不能调赴淮上。李世忠一军，调以剿苗，亦不可恃。俟皖南军势稍松，当另筹劲旅，驰往临淮会剿。附片奏查获武职周瑞、知县贾连城沟通苗逆，请革职讯办。公弟国荃攻江东桥贼垒，克之。

十八日，贼袭攻宁国府，刘松山自泾县，回援破之。公调鲍超一军由金陵上援青阳。二十四日，易开俊击贼于泾县，破之。

二十七，驰折奏报金陵陆军攻克上方桥、江东桥诸坚垒，一律毁平。附片奏报青阳、泾县等处军情：目下皖南群盗如毛，几与去年冬月相似。寿州苗党凶焰复炽。周宽世、成大吉、蒋凝学、毛有铭等势均力敌，不相统属。李续宜病势日深，暂难东下，深恐军志不齐，贻误大局。请旨饬降调道员金国琛驰赴皖北军营，综理周宽世等四军营务处，必能调护联络，无涣散之虞。又片奏上年奏派委员经理广东釐金，仍应调回各原省当差，候补知县丁日昌等调回皖营，仍请酌予保奖。朱品隆苦守青阳县城，凡三十八日。江公忠义一军，所部道员席宝田一军，李榕一军，先后赴援，击贼，大破之，杀贼万人。贼解去，并归石埭、太平一带。自江面梗阻以来，湖南北借食川盐粤盐，江西借食浙盐，两淮引地皆失。至是江面肃清，公乃咨谋于谙悉盐务之委员杜文澜等，议复旧日引地，先行试办官运淮盐，行销于江西一岸，核定西岸票盐章程，招商领运。是月，李公鸿章分军克江阴县城，左公宗棠克富阳县城。调刘典、王文瑞引军回浙，进攻杭州。唐公训方奉旨总统皖北各军，刘公蓉授陕西巡抚。

九月初八日，易开俊击贼于泾县，破之。十二日，驰折奏朱品隆苦守青阳，援师大捷，立解城围，阵亡将弁李殿华、许和山等十六员弁请恤，江忠义、李榕、朱品隆、席宝田等开单保奖。附片奏报：蒙城文报渐通，可期解围；刘典回浙，徽州防兵单弱；鲍超军至南陵，进规东坝；江忠义等分兵以攻石埭太平之贼。但使皖南各股悉数驱除，则军势顺矣。

十九日，公弟国荃分军克博望镇贼垒，尽平之。二十二日，具折奏陈京仓需米甚殷，遵照部议，悉心妥筹，并详陈近年事势，不得仍拘成例，拟将漕运、盐引二大政变通办理。附片奏请将道员黄冕留于苏皖，经理漕政、盐务。又片报皖鄂军情。维时黄冕至安庆见公，禀请于皖省设立米盐互市一局，招湖南米商运米至皖，由皖设法运至上海，以达于天津；招两淮盐商运盐至皖，与楚中米商交易而退。是为盐漕二政变通之法，既而不果行。

二十四日，公弟国荃攻克上方门、高桥门、土山、方山、七瓮桥等处贼垒，凡二十余座。二十五日，进克中和桥贼垒。

二十七日，驰折奏报宁国、泾县防军迭获胜仗，阵亡勇弁邓光武、雷国英请恤。又折奏讯结已革总兵黄彬被参一案。公弟国荃克秣陵关伪城。于是金陵西南、东南两面往来

之路已断，官军渐已合围。是月奉到文宗御制诗文集。二十八日，专折奏谢天恩。石埭贼目古隆贤率众投诚，官军收复石埭、太平二城。易开俊收复旌德县城。彭公玉麟水师克水阳、新河庄等处贼垒。二十九日，欧阳夫人率眷属到署。是月，捻匪窜扰湖北德安、蕲、黄之境，官文公调成大吉、石清文两军赴鄂援剿。

十月初一日，彭公玉麟水师克沧溪长乐镇贼垒。初二日，收复高淳县城。初三日，易开俊收复宁国县，蒋凝学、成大吉收复颍上县。初六日，公弟国荃攻金陵城东贼卡五处，贼垒二十余座，悉破平之。初七日，鲍公超会水师克东坝。

十二日，驰折奏金陵陆师迭克东南沿河八隘，并复秣陵关伪城，渐成合围之局。又折奏贼众就抚，收复石埭、太平、旌德三城，请将降人古隆贤赏给虚衔顶戴。附片奏报淮上军情：皖南水陆官军攻克东坝，得此要隘，皖南可冀肃清，金陵、苏州攻剿之事较有把握。又片奏查明石埭、太平、旌德、宁国四县前后失陷原委。又折奏保金陵一军迭克城隘出力员弁六案，并保开单请奖。鲍公超军克建平县，收复溧水县，派营官宋国永招抚广德州贼，未下。江公忠义引军回驻江西饶州境。

十五日，公弟国荃领萧庆衍等军扼扎孝陵卫。僧王军至淮北，苗沛霖众溃走死，蒙城解围，练党瓦解。唐公训方收复淮南各城邑。公核定楚岸皖岸票盐章程，刊发委员，招商办运。

二十七日，驰折奏水陆官军剿抚兼施，迭复水阳、东坝等要隘，高淳、溧水、宁国、建平四县，现派鲍超扼守东坝，调各军分守城隘。请将就抚之张胜禄等三人赏给虚衔顶戴。附片报提督王明山丁忧回籍。是日，又具折密陈彭玉麟战绩，并奏报金陵大营将领李臣典等四员，请补提镇实缺。皖南经乱，凋残特甚。收复后，公亟派员散赈贫民，每县筹银数千两，采买耕牛籽种，颁给乡农，民大感悦，流亡渐复。是月，李公鸿章克复苏州省城。公奉旨交部从优议叙。李勇毅公续宜卒于家。江忠潎调四川布政使。

十一月初五日，金陵官军治地道轰城，未克。十二日，具折汇奏李世忠一军迭破苗逆各圩，会克怀远县，请开复革职处分。附片奏报金陵城东百余里内，一律肃清，贼之粮路已断。长淮一带颍上、正阳、寿州、上蔡均已收复。又折奏保肃清皖北水陆出力员弁，四案，并保开单请奖。又代奏提督杨岳斌请回籍养亲一折。又具折奏保员外郎范泰亨、御史周学濬、知府陈濬、孙衣言、同知李鸿裔、知县邓瑶、涂宗瀛、黎庶昌、训导向师棣九员，皆学行修饬，可备任使。是日奉到上谕："兵部侍郎彭玉麟著加恩赏穿黄马褂，以示优奖。"钦此。从公奏也。

十三日，金陵城贼出扑营，公弟国荃击破之。十六日，贼于城外修筑营垒，又击破之。贼大股犯建平、溧水二城，官军守御却之。公日课：于哺后，披阅诗古文词，读诵经子一卷，时读《孟子》书，分四条编记——一曰性道至言，二曰廉节大防，三曰抗心高望，四曰切己反求。

二十七日，具折汇奏水陆阵亡、伤亡、在营病故各员弁，凡八百四十三员名，开单请恤。周万倬、曾正明二员，请从祀湖南昭忠祠。又折奏安徽抚臣李续宜病故，寻其临终遗书呈览,以明忠愤悱恻之枕。附片奏报贼酋李秀成自苏州逸出,已人金陵;官军攻城获胜二次,并调派各军,严防江西边境。又奏采访忠义第十七案。附片奏定远县人陈鼎霈合族殉难,男妇七十六人,汇请分别旌恤。

二十八日,接见安庆所属各邑新人学生员七百余名。是月,李公鸿章克无锡县城,分军人浙江境,克平湖、嘉善、海盐等县。

十二月初二日,建多宝仓,积贮谷米,核定歙散章程。初十日,核定皖南开垦荒田章程。

十二日,驰奏迭奉谕旨分条复陈一折:其一,查明李世忠在寿州、下蔡,与提督陈国瑞争功构衅之案;其一,查明蒋凝学收复正阳关时,与副将康锦文兵勇开炮误伤之案;其一,贼之大股分屯梅渚,意在夺关上窜,鲍超力扼东坝,故暂不能进取,以合金陵之围;其一,周宽世军调回安庆防守,毛有铭军移驻皖南,作游击之师,成大吉、石清吉两军现赴鄂省,或能拨赴陕西,应由官文调度。凡四条。又折奏保江西肃清,青阳解围,在事出力员弁汇单请奖。附片奏陈明李世忠近日情状。

二十日,委员蔡国祥新造小轮船一号成,公登船试行江面。二十七日,拜折奏谢天恩,交部优叙。并奏陈近日军情:贼之大股图犯江西,已飞咨左宗棠、沈葆桢并力扼守,以保上游完善之区,金陵贼气尚固,一时恐难速克。又折奏保攻克九洑洲肃清江面水师出力员弁,开单请奖。附片奏总兵喻吉三请加提督衔,简授实缺。又折奏讯明周瑞、贾连城通苗一案,查无实据,应请无庸置议。是月,江诚恪公忠义卒于军,唐公训方经僧王奏参,奉旨以藩司降补,乔公松年补授安徽巡抚。

【甲子】同治三年,公五十四岁。

正月,公在安庆。初六日,贼由宁国县上窜,陷绩溪县。初九日,唐义训引军收复绩溪,追贼于歙县南境破之。贼窜遂安、开化之境,势趋江西。

十二日,奏规复淮南盐务一折。奏称江路肃清,运道畅行无阻,所有楚西各岸,力图整理,而筹办之难有二大端:一则邻私浸灌太久,积重难返,不能骤禁;一则厘卡设立太多,诸军仰食,不能概裁。按今日时势,仿昔年成法,唯有疏销轻本,保价杜私四者,实力讲求行之,以渐期于课饷,两有裨益。附片奏报近日军情:金陵城贼为负隅死守之谋,其一股由宁国窜绩溪,意在冲过徽州,直上江西。又折奏讯结贪鄙营私之将弁张禄等,请革职永不叙用。时苏浙田荒未耕已久,官军攻剿,收复大半,贼饥无所得食,乃突窜徽、浙之交,就食于江西。

十七日,贼大股续窜绩溪,与遂安股匪分扰婺源、玉山,遂窜广丰、铅山一带,广饶抚建皆为戒严。二十一日,公弟国荃攻克钟山石垒——伪号天保城,遂调派各军,分扼太平门、神策门,城围乃合。

二十七日,驰折奏贼陷绩溪,旋经收复。毛有铭一军由安庆渡江,计可抵徽。沈葆桢所派席宝田、韩进春两军亦可到防。饬各军扼要防堵,力保江西藩篱。附片奏江宁藩司万启琛应赴江北督办粮台,安徽臬司英翰驻蒙、宿一带襄办剿捻,请催马新贻赴藩司任,

委何璟署臬司一缺。附片奏陈李世忠近日情形,已交出五河县城,撤遣所部弁勇,发给饷盐,资以回籍,不至再有滋扰。又片奏江楚米价翔贵,本届湖南漕米,请仍解折色到部,就近采办,以归简易。二十八日,专奏恭谢年终恩赏一折,年终密考一折,学政声名一片。是月,李公鸿章克宜兴县城,左公宗棠克桐乡县城。都兴阿公奉旨移防绥远城,诏公拣派得力之员接统其军。河南发、捻股匪窜扰湖北之境。

二月初三日,核定江宁七属扬州、仪征等处盐务章程。初九日,席宝田收复金溪县城。

十二日,驰折奏金陵官军攻克钟山伪城,遂合城围,贼之外援将绝,粮米无多,唯是围师不满五万,分布九十余里,而贼众数十万,深有穷寇奔突之虞。附片奏浙境股匪觅食偷生,锐意上窜,绝不返顾,势将蔓延江西腹地,窥伺抚、建两郡。溧阳老巢新为苏军所破,其党归并湖州。目下湖州贼数极多,若窜江西,毫无阻隔,防兵单薄,势实可虞。又片奏:臣所部各军,添募益多,将材益少,类皆朴谨自守之员,实乏统率一路之选。其都兴阿所部一军,请特简大员接统。其水师红单船等,即由臣兼辖,酌量裁辙,以节糜费。

十五日,乔公松年至安庆见公,接受巡抚关防,出防临淮。贼退出广德州城,并人湖州。鲍公超进军攻句容。江西之贼窜扰抚、建各属邑。十八日,席宝田破贼于建昌城外。十九日,李世忠委其部将王廷瑞、陈自明二员,到安庆禀请交出各城,遣散所部,以三月为期。公奖慰而遣之。

二十七日,具折奏筹议江苏、安徽等省,绿营额兵,经乱之后散亡殆尽。已溃之卒不准收伍,孱弱之兵即予裁撤,弁目出缺,停缓叙补,统俟军事大定,乃复旧制。庶几兵归实用,饷不虚糜。又折奏湖北防务正殷,提督江长贵请饬赴本任。附片奏:金陵城贼放出老弱妇女万余人,为节省米粮之计;湖州群匪□集,皆思上犯江西,以觅生路;江西抚、建股匪人数实众。请饬下闽、粤、两湖一体严防,免致变成流寇,又烦兵力。江忠义旧部,交江忠朝统带。又片奏遵旨提讯江西知县石昌歊一案,派委刑部郎中孙尚绂会审。又片奏保道员忠廉署理两淮盐运使,堪以胜任。又片奏李世忠呈请刻期遣散滁州等处兵勇,酌留千余人,交总兵陈自明统带。又与沈公葆桢会奏查参江西釐金委员万永熙革职。

是月,李公鸿章分军克溧阳县城,又克浙江嘉兴府城。程忠烈公学启受伤,旋卒于苏州。程公初陷贼中,投诚后,经公弟国荃拔擢立功,苏省之复,战功为多。左公宗棠攻克杭州省城,余杭县城贼并人湖州,踞守不下。都兴阿公领马队北上。富明阿公署江宁将军,接办扬州防务,派军渡江,会冯子材之军进攻丹阳。

三月初五日,鲍公超攻破三分贼卡。初七日,克句容县城。初九日,克宝堰贼垒五座。周宽世军中营官杨复成侵吞军饷。公亲提讯得实,于军前斩之。江西贼势日众,沈公葆桢奏请截留江西釐金,专充本省之饷,户部议准。公接户部咨文,深忧之。

十二日,驰折奏:江西牙釐,仍应归臣处经收,以竟金陵将藏之功。附片奏报军情:金陵城贼坚忍不下,句容克复,贼之外援将尽;江西之贼,扰犯南丰、新城、广昌之境。又折奏结水师巡江酿命一案。又奏采访忠义第十八案。

十三日，浙江之贼，续窜徽州，唐义训、毛有铭击贼小挫。十四日，贼扑徽州城，官军击却之。

十五日，奉到上谕："协办大学士两江总督曾国藩督军剿贼，节制东南数省，尽心区画，地方以次削平，举贤任能，克资群力，著交部从优议叙。"钦此。是岁京察行省督抚奉优叙之旨者，曰官文公，曰骆公秉章，曰左公宗棠，曰李公鸿章。凡五人。

十七日，唐义训、毛有铭两军击贼于杨村，官军大挫。贼势日炽，大股窜婺源，入江西境。公调朱品隆军驰援徽州，调鲍超军回东坝，调周宽世、金国琛两军渡江进驻饶州之境。二十日，鲍公超收复金坛县城。

公既上江西牙釐一疏，词气抗厉，于是沈公葆桢亦奏请开缺，诏慰留之。户部议以江西牙厘之半拨归金陵皖南大营，以其半留供本省之饷。公以是时金陵未克，江西流寇复盛，统军甚多，需饷甚巨，既恐饷匮以致军事决裂，又以握兵符掌利权为时所忌，遂有功遂身退之志矣。

二十五日，驰折奏鲍超一军，克句容县，生擒二酋，毁五贼垒。随折奏保总兵冯标、谭胜达、唐仁廉等二十员，阵亡知府田芬、参将阳茂泰等六员请恤。附片奏徽州军败，遍地贼氛，前队已窜江西，续至者络绎不绝。金陵围师，责成曾国荃经理，傥坚城幸克，即由曾国荃、彭玉麟、杨岳斌三衔驰奏大概，以慰圣怀。陕西汉中发、捻各匪窜犯鄂豫之境，图解金陵之围。江面上下，皆宜筹防。又片奏身患呕吐眩晕之症，请假一月，在营调理。又片奏降补藩司唐训方请假回籍省墓。又片奏浙江盐运使李榕暂缓赴任，留营剿贼。又奏杨复成正法一折。

二十七日，专折奏谢京察优叙恩。是日奉到寄谕："总理衙门奏拨轮船经费改解京师一款，为银五十万两有奇，先行拨解金陵军营，以资散放。"二十八日，核定淮北票盐章程。是月，左公宗棠克武康、德清、石门三县城。江西官军克新城县城，贼窜入福建边境。陕西发逆合捻匪窜湖北。成大吉击贼于樊城，破之。贼窜河南境。西安将军忠勇公多隆阿卒于盩厔营次。

四月初三日，设立书局，定刊书章程。江南、浙江自宋以来，为文学之邦，士绅家多藏书，其镂板甚精致，经兵燹后，书籍荡然。公招徕剞劂之工，在安庆设局，以次刊刻经史各种，延请绩学之士汪士铎、莫友芝、刘毓松、张文虎等分任校勘。初九日，彭公玉麟过安庆见公。旋赴九江防守。

十二日，驰奏徽州防军挫失，未能遏贼西窜，自请交部严加议处，唐议训、毛有铭分别革降，阵亡将弁金茂荣、李祖祥等十三员名请恤。又折奏鲍超一军克复金坛。随折奏保游击张遇春一员，阵亡将弁鲍昌龄、宋连升、王正礼请恤。又折奏江北一律肃清，提督李世忠遣散部众，次第交出全椒、天长、来安、滁州、六合五城，呈请开缺，回籍葬亲，恩恩准予开缺回籍，保全令名。所遗江南提督一缺，恩迅赐简放，以重职守。附片奏：接准户部文称湖北、湖南、四川、江西、广东、江苏每月协供臣营之饷，为数甚巨。查核湖南一省，除东征局半釐外，无有奏守协解之款。去夏奏拨江西洋税，旋即退还广东釐金，系臣所最抱

疾之端，然本年仅解过九万两。江苏釐金，系臣职分应筹之饷，本年亦仅解过三万两。四川、湖北两省，则并无协解臣台之款。户部所指六省供饷，不知以何处奏咨为据，遂疑臣广揽利权，收支巨款。臣以庸愚，谬当重任，局势过大，头绪太多，论兵则已成强弩之末，论饷则久为无米之炊，万一竭蹶颠覆，亦何能当此重咎？恳恩饬将皖北军饷，责成乔松年、吴棠、富明阿共筹之，其萧庆衍、毛有铭等数军原支鄂饷，请饬下官文、严树森一力供支，俾臣得少减谋饷忧灼之情，不胜大幸。又片奏报军情：金陵一军，开地道以攻城，伤亡弁勇近三千人，此时睢有严围猛攻，力禁接济之法；江西续窜入之贼，又将延扰腹地；发捻巨股，突过随、枣，意在假道皖鄂，东援金陵。彭玉麟现赴上游，防扼江面，惟皖北兵单，空虚可虑。又片奏江西南康知县石昌猷供词支吾，请革职以凭严讯。

十四日，丹阳之贼上窜。鲍公超截击，大破之。常州之贼窜至徽州境，唐义训、毛有铭、金国琛截击破之，余匪窜江西。

十九日，奉上谕："曾国藩奏徽军挫失，自请严议之处，著加恩宽免。"钦此。又奉上谕："江南提督，著李朝斌补授。江南水师提督，著黄翼升补授。江南淮扬镇总兵员缺，著阳利见补授。"钦此。

二十七日，驰折奏报鲍超截击丹阳之贼大胜。又奏苏贼续窜徽州，官军击剿获胜，擒斩解散过其大半。附片奏称：苏浙群贼由徽上窜者，约分六起：第一起现据江西之南丰，分窜福建汀州之境；第二起延扰于铅山、湖坊等处；第三起攻扑抚州，退据许湾；第四起则为徽军所败，入江境者人数无多，而广德、湖州各贼酋尚有二起，图犯徽境，并人江西。目下军情，以江西为最重。又折奏请展缓江南本科乡试。附片奏陈：臣于上月请假，现已期满，病势未能遽痊。惟湖北贼势下窜，金陵围师，江西群贼，均在危疑震撼之际，已力疾强起，照常治事。

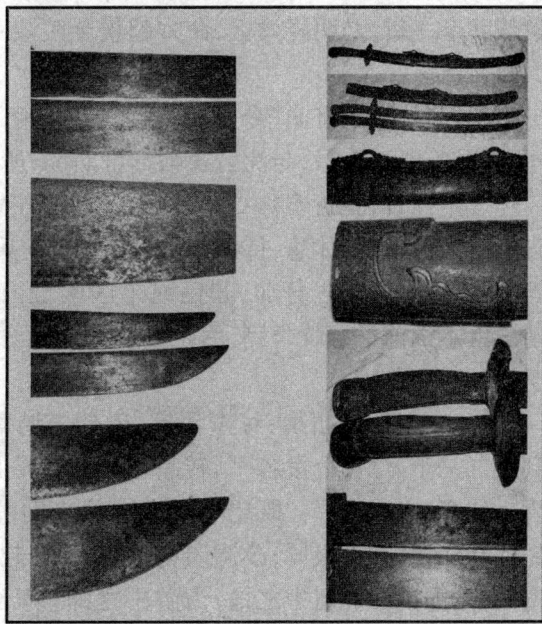

龙凤腰刀　清

是月，江西赣水以东，广信、抚州、建昌、宁都各属，贼踪遍扰，失陷十数城。江西官军、浙江援军破贼于玉山，又破之于抚州城外，又破之于弋阳、贵溪等处，而贼势未衰。张公运兰军在广东，奉旨饬赴福建臬司任，率勇至闽境防剿。李公鸿章克常州府城，扬州、镇江官军会克丹阳县城。江苏全境皆平，惟金陵未克。李公鸿章拨派刘铭传等军进守句容、东坝。公乃调鲍超一军循江而上，援剿江西。杨公岳斌奉旨督办皖南、江西军务，刘公典帮办军务。李朝斌领太湖水师攻湖州城外贼垒，破之。李公鸿章委员解到上海饷银

二十二万两。公以其十三万两解付金陵大营,以五万两给付鲍超军营,以四万两留安庆粮台。贼之窜湖北者,人数极众,护军统领贞恪公舒保阵亡。僧王击贼于随州,破之。逆首洪秀全于二十七日服毒自毙,李秀成立其子福瑱坚守金陵,秘不发丧,虽城中贼亦不知也。

五月初六日,专折恭谢天恩宽免严议。鲍公超军由芜湖拔营,上援江西。杨公岳斌领水师陆军共万人,援江西。初十日,来安庆见公。旋赴江西督剿。公派提督黄翼升接领水军,扼攻金陵。

十二日,驰折奏:浙江提督鲍超请假四个月,回四川籍葬亲,该军将弁,即令杨岳斌统率以行,必可指挥如意。恳恩俯念鲍超苦战功多,俾得成归定之礼,展乌私之谊,弥彰圣朝孝治之隆。附片奏报军情:湖州、广德尚为贼踞;江西省城戒严,调派水陆各军入省防守;鄂省发、捻下窜,距皖甚近,调李榕等军渡江北防。疏入。奉上谕“曾国藩奏带兵大员请假葬亲一折,乃明降谕旨,命鲍超俟金陵攻克、江皖肃清,再行给假回籍,以遂孝思”等因。钦此。

十四日,奉到寄谕“令李鸿章会军攻金陵”。公即日具咨李公催之。十七日,鲍公超军至九江,寻至南昌,与沈公葆桢商度防剿,所部一军由瑞州进剿。

二十二日,驰折奏称:苏、常既克,本拟咨清李鸿章亲来金陵会剿。前接李鸿章来文,言将士太劳,宜少休息,待湖州克后,再行拨兵助攻金陵等语。不知者,谓臣弟国荃贪独得之美名,忌同列之分功,非臣兄弟区区报国之意。今幸钦奉寄谕,已恭录具咨加函催请。臣本欲前往金陵督剿,因皖中防剿吃紧,未可暂离,恳恩饬催李鸿章速赴金陵,实为至幸。

二十七日,驰折奏:续奉谕旨,飞催李鸿章会剿金陵。前此奉拨轮船经费一项,已解到银二三十万两,分拨各军,转瞬已罄。不敢谓筹饷之太少,而深悔募勇之太多,惴惴焉恐生他变,或误大局。既望李鸿章统兵来助,尤望其携饷以相遗也。并奏称:杨岳斌、鲍超均赴江西,兵力极厚;改调周宽世一军,令赴皖北,以防鄂省东窜之贼;拟令陈国瑞驻扎寿州,处淮南江北适中之地,为游击之师,仍当防守要区,严扼江面,以免掣动金陵全局。附片奏:臣于前年曾请添设长江水师提督,旋经部臣议准。此次钦奉谕旨,李朝斌补授江南提督,自系李世忠所遗之缺;黄翼升所补水师提督,当系长江新设之缺。应请敕部撰拟字样,新铸印信,颁发来南,以昭信守。又具折奏保鲍超一军迭克东坝、句容、金坛三案出力员弁,汇单请奖。又奏保高淳、溧水各城水陆会攻克复出力员弁,汇单请奖。

二十八日,核定石昌猷案卷。江西道员周汝筠禀讦石昌猷祖匪杀良一案,卷宗繁委,公亲讯数次,委藩司马新贻、臬司何璟、道员勒方锜与奏委之郎中孙尚绂反复研鞫。至是定案拟结。

三十日,公弟国荃攻克龙膊子山阴坚垒——伪号地堡城,遂督军日夜环攻,不少休息。是月,李公鸿章克浙江长兴县城。湖北捻匪窜扰英山、霍山之境。杨公岳斌奉旨授陕甘总督。

六月初八日，复讯周汝筠、石昌猷一案。十二日，驰折奏称：旬日以来历奉寄谕，殷殷指示，不外迅剿金陵及皖北、江西两路军务。所有近日筹办情形，分条详复：其一，李鸿章平日任事最勇，进兵最速，此次会攻金陵，稍涉迟滞，盖无避嫌之意，殆有让功之心；其一，中外匪徒，仍有偷济贼粮军火之事，自合围以来，搜查防范，何敢信其绝无疏漏？唯当谆饬各营，加意严防而已；其一，发、捻东趋，窜入英山境内，调派江南岸各军驰赴皖北，目下不能速到；其一，安庆人心震动，未可轻离，俟皖北稍安，即当前赴金陵，会商剿办。凡四条。

十六日，金陵官军治地道成，轰陷城垣二十余丈。公弟国荃督领将弁冲杀入城，围攻伪宫城。即日由驿八百里驰报金陵克复大概情形。是夜攻克内城，搜杀三日夜。十九日，擒贼酋李秀成、洪仁达。贼党死者十余万人。公闻捷后，喜极而悲者，良久乃已。

二十三日，会衔由驿六百里加紧驰奏克复金陵全股悍贼尽数歼灭详细情形一折。奏称：金陵一军，围攻二载有奇，前后死于疾疫者万余人，死于战阵者八、九千人，令人悲涕，不堪回首。臣等忝窃兵符，遭逢际会，既恫我文宗不及目睹献馘告成之日，又念生灵涂炭，为时过久。惟当始终慎勉，扫荡余匪，以苏孑遗之困，而分宵旰之忧。此次应奖应恤人员，另缮清单，吁恳恩施。

二十四日，公由安庆登舟，由火轮船驶赴下游，泊采石矶。二十五日，抵金陵大营，见诸将领慰劳之，亲讯贼酋李秀成，札委员弁访求咸丰三年城陷时殉难员绅遗骨。

二十六日，奉到上谕："杨岳斌、彭玉麟、曾国荃驰奏克复金陵大概情形一折。逆首洪秀全等以数十万逆众久踞金陵，负隅死守。曾国荃等督兵围攻，所部不满五万，两载以来，将城外贼垒悉数扫荡。兹复于炎风烈日之中，伤亡枕藉之余，并力猛攻，克拔坚城，非曾国藩调度有方，曾国荃及各将士踊跃用命，不能建此奇勋。披览之余，曷胜欣慰。此次立功诸臣，将伪城攻破，巨憝就擒，即行渥沛恩施，同膺懋赏。"钦此。

二十七日，公巡视金陵城垣地道攻人之处，按行城外各军营垒。二十八日，军士将洪秀全逆尸舁之江干，公亲验而焚之。

二十九日，奉上谕："本日官文与曾国藩由六百里加紧红旗奏捷克复江宁省城一折，览奏之余，实与天下臣民同深嘉悦。此次洪逆倡乱粤西，于今十有五年，窃据江宁亦十二年，蹂躏十数省，沦陷数百城，卒能次第荡平，殄除元恶，该领兵大臣等栉风沐雨，艰苦备尝，允宜特沛殊恩，用酬劳勋。钦差大臣协办大学士两江总督曾国藩，自咸丰三年在湖南首倡团练，创立舟师，与塔齐布、罗泽南等屡建殊功，保全湖南郡县，克复武汉等城，肃清江西全境。东征以来，由宿松克潜山、太湖，进驻祁门，迭复徽州郡县，遂拔安庆省城，以为根本，分檄水陆将士规复下游州郡。兹幸大功告蒇，逆首诛锄，实由该大臣筹策无遗，谋勇兼备，知人善任，调度得宜。曾国藩着加恩赏加太子太保衔，锡封一等侯爵，世袭罔替，并赏戴双眼花翎。浙江巡抚曾国荃以诸生从戎，随同曾国藩剿贼数省，功绩颇著。咸丰十年，由湘募勇，克复安庆省城；同治元、二年，连克巢县、含山、和州等处，率水陆各营进逼金陵，驻扎雨花台，攻拔伪城，贼众围营，苦守数月，奋力击退；本年正月，克钟山石

垒,遂合江宁之围,督率将士鏖战,开挖地道,躬冒矢石,半月之久,未经撤队。克复全城,殄除首恶,实属坚忍耐劳,公忠体国。曾国荃著赏加太子少保衔,锡封一等伯爵,并赏戴双眼花翎"等因。钦此。其同案奉旨锡封者:提督李臣典一等子爵,萧孚泗一等男爵,均赏戴双眼花翎;提督黄翼升、张诗日等,总兵朱洪章、熊登武等,按察使刘连捷等,凡百二十余员,均奉旨奖叙。其阵亡总兵郭鹏程、王绍义、副将陈万胜等十六员,奉旨优恤。皆公前疏所请也。同日又奉上谕:"粤逆久踞江宁,负隅抗拒,实为从来未有之悍寇。此次水陆各军于溽暑炎蒸之际,猛力环攻,迅克坚城,悍党悉除,渠魁就缚,非曾国藩运筹决策督率有方,曾国荃等躬冒矢石鼓勇先登,未由建此奇功,成乃丕绩。朝廷嘉悦之怀,实难尽述。除曾国藩等已加恩锡封外,其出力员弁兵勇,并著查明保奏,候旨施恩。发去银牌四百面,著曾国藩、曾国荃等择其功绩最著者,先行颁给,以励戎行。"钦此。同日又奉旨赏赉东南各路统兵大帅及封疆大臣,普加异数。钦差大臣僧王、官公文、李公鸿章、杨公岳斌、彭公玉麟、骆公秉章、鲍公超等各有差。左公宗棠、沈公葆桢等也有待也。是月,左公宗棠克孝丰县城。萧公孚泗闻讣丁忧。

七月初一日,阅视金陵城北伪城伪垒及官军所开地道之处,派委道员庞际云、知府李鸿裔,会讯李秀成,令其自书供词,前后凡四万余字。初二日,李忠壮公臣典卒于军。金陵之克,以李公为战功之首,公弟国荃恸惜之。初四日,周视金陵城垣,委员修筑,定议裁撤湘勇,设善后局,抚恤难民。鲍公超击贼于抚州许湾,大破之,杀贼四万人,贼大溃。初六日,公亲讯贼供,诛李秀成、洪仁达、洪仁发三名。

初七日,驰折奏:洪秀全、李秀成二贼酋分别处治,伪幼主洪福瑱查无实在下落。李秀成供词,谨抄送军机处,以备查考。历年以来,中外纷传逆贼之富,金银如海,乃克复老巢,而全无货财,实出意计之外。目下筹办善后事宜,需银甚急,为款甚巨,如抚恤灾民、修理城垣、驻防满营,皆善后之大端。其余百绪繁兴,左支右绌,欣喜之余,翻增焦灼。金陵之克,贼所造宫殿行馆,皆为官军所毁。公乃于水西门内择房屋稍完者,委员葺治,以为衙署。幼逆洪福瑱遁走广德,贼党争迎之。

初十日,公设酒于城内,宴犒诸将领。十一日,鲍公超收复东乡、金溪两县城。十二日,江忠朝等克复崇仁、宜黄两县城,江西东路贼势稍衰。十三日,公札撤湘勇二万五千人,留万人防守金陵,留万五千人,派委刘连捷、朱洪章、朱南桂等领之,以为皖南北游击之师。咨湖北、湖南督抚筹拨撤勇欠饷。

十六日,专折奏谢天恩锡封侯爵,并赏所获伪金、玉印三方,咨送军机处。十七日,巡视江南贡院,委员修葺。出示晓谕士民复业,核定金陵房产章程。凡八条。

二十日,驰折奏福建陆路提督萧孚泗闻讣丁忧,请开缺回籍。又折奏一等子爵李臣典病故请恤,并将李臣典战功开列清单,录呈御览,请于江西之吉安府及安庆、金陵建立专祠。附片奏李秀成业经正法,未及槛送京师;洪秀全戮尸焚化,未及传首各省。又片奏保金陵各军将领熊登武、朱南桂、张诗日、伍维寿、朱洪章皆有独当一路之才,请次第简放提镇实缺。现守宁国之总兵刘松山,足以独当一面,亦后起之将材也。又片奏:近岁以

来,但见增勇,不见裁撤,无论食何省之饷,所吸者皆斯民之脂膏,所损者皆国家之元气。前此贼氛方盛,不得已而增募,以救一时之急。今幸大局粗定,因与臣弟国荃商定,将金陵全军裁撤其半;镇江冯子材之兵,全行裁撤;扬州富明阿一军,暂难遂撤。军兴日久,各有厌苦兵间之意,但使欠饷有著,当不至别生枝节。并陈明曾国荃克城之后困惫病状,姑在金陵调养,料理善后。"臣即日回安庆一次,布置上游军事。江西军事得手,即由杨岳斌主稿会奏。"公拜折后,登舟上溯。

二十五日,舟泊桐陵夹。咨广东督抚停止釐金,还归本省经收。札委钱鼎铭、丁日昌等办上海捐输,分拨松沪釐金,以济军饷。鲍公超军克复南丰县,续克新城县,招降数万人。贼党南窜,南、赣、宁都三郡戒严,浸及闽粤之境矣。二十七日,李公鸿章、左公宗棠,会克湖洲府城。二十八日,公舟抵安庆。

二十九日,驰折奏广东釐金一款:两年以来,深资馈运,私衷耿耿,如负重疚。请旨饬下广东督抚,截至本年八月止,毋庸再解。并请照一百二十万两之数,加广该省乡试文武永远中额四名,以彰粤人急公之义。附片奏称:湘勇招募之初,选择乡里农民,有业者多,无根者少,但使欠饷有著,当可安静回籍。昨奉谕旨,有挑补额兵一条,恐湖南之民,必不愿补三江绿营之额,臣以为勇则遣回原籍,兵则另募土著,各返本而复始,庶经久而可行。至寄谕饬查洪福瑱实在下落,应俟查明续奏。又片奏补送李秀成供词。又片奏报军情:江西兵威大振,无须添派援军;所虑者皖南之广德,皖北之英、霍,现在陈国瑞进剿麻城,英翰进扎商城,蒋凝学进扎英山,李榕调防桐城,布置尚密,但无大支劲旅痛加剿洗耳。是日,具折奏结周汝筠、石昌猷一案。左公宗棠克安吉县城。浙江全省皆平。李公鸿章派刘铭传一军克复广德州城。贼党挟洪福瑱遁走宁国山中。是月,僧王由豫入楚,击剿发、捻各匪,破之。

八月初一日,湖州、广德之贼窜徽州南境,刘松山截击破之。初三日,左公宗棠截击窜贼于昌化、淳安之境,大破之,斩贼目黄文金。初七日,唐义训、易开俊截击窜贼于歙县南境,破之。初九日,易开俊击贼大破之。

十三日,驰奏钦奉谕旨分条复陈一折:其一江宁省城贼踞最久,居民流亡尚未复业,委记名臬司黄润昌赶紧兴修贡院,庶冀士子云集,商民亦可渐归。其一驻防旗营,俟贡院工竣,以次修理。旗兵现存八百余人,俟营房粗定,再议挑补足额。其一苏皖两省疆舆跨越江淮,据御史陈廷经陈请变通画江分省。臣以为军事、吏事之兴废,视疆吏之贤否,不必轻改成宪。其一杨岳斌应赴陕西新任,江西军务,应令鲍超专顾北路,刘典、席宝田、王文瑞、江忠朝等分剿南路,不必另派督办大员。其一皖北吃紧,飞催刘连捷等渡江防剿。凡五条。附片奏委道员庞际云署江宁盐巡道缺,仍饬办善后局。又其折奏保克复金陵陆军出力员弁,开单请奖,阵亡、伤亡、病故员弁五百一名,开单请恤。附片奏称:臣自任两江督师,东征数年,奏保积至二十二案之多,军务倥偬,未及按名注考。恳敕部将臣军保案,均照原单一体注册。又附片密奏:大功粗立,臣兄弟及前后文武各员均叨窃殊恩异数,追思昔年患难与共之人,其存者,如李元度一员,独抱向隅之感;其没者,如江忠源、何桂珍、刘腾鸿、华金科四人,皆有私衷抱疚之端,谨略陈一二,恳请恩旨。

十四日,易开俊击窜贼,破之。十六日,唐义训、金国琛击窜贼,破之,余匪挟洪福琪窜入江西广信之境。浙江官军追击之。

十七日,专折进呈安徽全省地图,并《长江图说》,奏称:知府刘翰清、县丞方骏谟淹雅详慎,臣派委该二员细查详绘,装成全册,恭呈御览。

贼围扑英山县,蒋凝学固守击贼破之。刘连捷、朱洪章、朱南桂领湘勇万余人渡江而北。公调派湘勇由桐城进剿英山,调派李榕、王可升、何绍彩等军八千人,由六安进援霍山。

二十七日,驰折代奏:臣弟国荃病势日增,请开缺回籍调理。又折奏湖州、广德败贼并犯歙南,官军截剿屡胜,阵亡参将唐远昆请恤。附片奏长江水师新定规模,应责成彭玉麟周历巡察,区画一切。其安庆善后事宜,札饬藩司马新贻、臬司何璟、总兵喻吉三会同妥办。又片奏报江西、皖北军情,调军剿办,并报定期启程,驻扎江宁旧治。又奏截停淮北饷盐规复票盐旧制一折。是月,杨公岳斌赴赣州督师防剿,王文瑞克复雩都县城。

九月初一日,公由安庆登舟启行赴金陵。初八日,舟抵金陵,黄公润昌监修贡院工毕。初九日,公入城阅视贡院工程。初十日,入居署中,核定安徽全省丁漕征收章程。是日奉到上谕:"曾国荃督兵数载,克复江宁省城,伟绩丰功,朝廷甚资倚畀。弟栉风沐雨,辛苦备尝,致病势日见增剧。若不俯知所请,不足以示体恤。已明降谕旨,准曾国荃开缺回籍,并发去人参六两,以资调理。该抚其安心静摄,善自保卫,一俟病就痊愈,即行来京陛见,以备倚任。所有江宁善后事宜,即着曾国藩驰往江宁,斟酌机宜,妥筹办理。"钦此。同日奉到上谕:"浙江巡抚,著马新贻补授。英翰著补授安徽布政使。安徽按察使,著何璟补授。"钦此。

十一日,驰折奏江南贡院修建工竣,已通饬各属,出示晓谕,定于十一月举行乡试。两江人士,闻风鼓舞,流亡旋归,商贾云集,请旨简放考官。附片奏札饬江西藩司赶办江南朱墨卷各一万八千套,定期解赴金陵。又片奏札调藩司万启琛回驻江守,运司忠廉由泰州移驻扬州。湖北发、捻大股围英山城。蒋凝学坚守,贼退。其一股趋太湖。刘连捷等军至太湖,贼均退回湖北蕲水、罗田之境。公札调朱南桂、朱洪章二军驻宿松、太湖,刘连捷一军驻安庆。

二十日,公弟国荃奉旨诣明孝陵致祭。江西、浙江官军会击窜贼于广信府境,大破之。洪福瑱遁走石城。江西东境肃清。二十五日,席宝田军追擒幼逆洪福瑱,送南昌斩之。二十六日,设发审局。

二十七日,驰折奏报官军驱贼出境,全皖肃清。随折奏保易开俊、唐义训、刘松山、金国琛四员。又具折奏续保彭玉麟水军、王可陞陆军青阳、溧水、高淳、东坝各案,出力员弁,开单请奖。又奏续保江忠义、席保田两军青阳案内出力员弁,开单请奖。是日,又具折奏称:安徽界连楚北,自楚师入境,迭复郡邑,按亩捐钱,支应兵差,百姓苦之。安庆克后,停止亩捐,改办抵征。现在札饬一律开办丁漕,所有从前收过抵征项下,应专案作正

报销。二十八日，札派乡试内外官员。

是月，鲍公超击贼于宁都州城外，大破之，州城解围。贼溃窜闽粤境。江西全省皆平。左公宗棠奉旨锡封一等伯爵，鲍公超一等子爵。杨公岳斌由赣州回南昌省城，奏请回湘增募陆勇赴甘肃剿办。贼之窜广东者，攻扑南雄州；其窜闽者，陷武平县城，张忠毅公运兰死之。贼遂遍扰汀州属境，陷漳州府城而踞之。湖北发、捻大股围扑蕲水官军营盘，石威毅公清吉阵亡。

十月初一日，公弟国荃登舟回湘，公送之至采石矶乃还。初四日，公还署。初五日，专折奏谢弟国荃开缺恩旨。又奏谢弟国华、贞干各加赏恩。初七日，考试督署书吏。李公鸿章委员解到上海协饷银十七万两，支发江皖各路湘军欠饷。公定议撤遣湘勇，什去八九。

十二日，具折代奏提督鲍超请假六个月，驰回四川本籍，亲营葬事，兼养伤病，令其部将宋国永、娄云庆分领霆营之众。附片奏金陵遗撤勇丁，先后回籍，沿途安帖。并报皖鄂军情，檄调刘连捷等军赴鄂援剿；调易开俊一军渡江，而北与李榕、王可升等为后路策应之师。又奏采访忠义第十九案。附片奏安庆通判达凌阿在寿州殉难请恤，苏州从九品蒋映枸、训导梅振镳请恤，并其家属十一人。

十三日，奉上谕："现在江宁已臻底平，军务业经蒇事，即着曾国藩酌带所部，前赴皖鄂交界督兵剿贼，务其迅速前进，勿少延缓。李鸿章前赴江宁，暂署总督篆务。江苏巡抚，著吴棠暂行署理。"钦此。

十七日，李公鸿章到金陵见公。公与商裁退楚军，进用淮勇。檄调刘铭传、李鹤章等引淮军渡江而北，上援皖鄂。

十九日，奉上谕："曾国藩奏提督鲍超遵奉前旨请假葬亲一折，已明降谕旨，赏假两月，回籍经理葬事矣。现在甘肃军务未蒇，新疆回匪日益蔓延，非得勇略出群如鲍超者前往剿办，恐难壁垒一新。著曾国藩传旨鲍超，令其俟假期一满，即行由川起程，出关剿办回匪。其旧部兵勇及得力将弁，准其酌量奏调，随带同行。从前回疆用兵，杨遇春即系川省土著，立功边域，彪炳旂常。鲍超务当督率诸军，肃清西陲，威扬万里，以与前贤后先辉映。该提督忠勇性成，接奉此旨，必即遵行，以副朝廷委任。"钦此。

二十二日，奏遵旨驰赴皖鄂交界督兵剿贼一折。奏称：臣用兵十载，未尝亲临前敌，自揣临阵指挥，非其所长。此次拟仍驻扎安庆、六安等处，派刘连捷等入鄂，听候官文调遣。檄调淮勇两军随臣西上，更资得力。附片奏沥陈才竭力蹙，难胜重任，楚军出征过久，渐成强弩之末，不如淮勇之方锐。一俟皖鄂肃清，即请开各缺，调理病躯，仍当效力行间，料理经手事件。如军饷之报销，撤勇之欠饷，安置降将部众，区画长江水师营汛，皆分内应了之事也。又折奏请于江宁省城，建立昭忠祠，汇祀湘军阵亡病故将士。附片奏广东、江西釐金全归本省经收，唯留饶州、景德镇厘金之半，拨解祁门粮台，以充皖南五军之饷。

二十五日，作《修治金陵城垣缺口碑记》一篇，立石于龙膊子山下官军攻人之处。二

十七日,奏报淮南征收盐课第一案。是月,僧王军击贼,大破之。官文公、乔公松年调派各军,防剿招抚数万人,余贼窜德安。广东贼陷嘉应州城、大埔县城,与闽省汀、漳之贼延扰凡数百里。左公宗棠移驻衢州,调派刘典等军分道入闽进剿。钦命刘琨典试江南,以平步青副之。

十一月初一日,委员择地修建昭忠祠、靖毅公祠。设工程局委员监督工役,次第修复学宫及群祀祠宇。初三日,交卸总督关防。初五日,奉到上谕:"皖省一律肃清,楚境余贼由黄、孝窜德安一带,逆数无多,楚军可敷剿办。曾国藩无庸前赴安庆,亦无须交卸督篆,仍驻扎金陵,妥筹调度。李鸿章现在入闱监临,俟出闱后,仍回江苏巡抚本任。"钦此。初六日,诣贡院迎主考官入闱。初八日,得前总督陆公建瀛遗骸,改棺重殓,公出城吊而祭之。初十日,作《家训四条》。十七日,李公鸿章派弁送还总督关防,公接印回任。

十八日,驰折奏交卸督篆遵旨仍回本任日期。奏称:鄂、豫、皖三省,均捻匪往来熟径,刘连捷等军宜以黄州上巴河为老营,派吴坤修料理营务;刘铭传等军宜以三河尖固始为老营,派李鹤章料理营务。又折奏续保克复金陵水陆各军随营筹饷各员弁,汇单请奖。又片奏请敕部添铸淮扬镇总兵新印,颁发来营。又片奏国子监典籍钱继文,前在金陵殉难请恤。二十二日,会考江南拔贡、优贡。

十二月初三日,马公新贻过金陵见公。旋赴浙江任。初六日,李公鸿章还苏州。

十三日,奏送奉谕旨分条复陈一折:其一,前明孝陵勘估工程,目下元此巨款,应稍缓筹办;其一,李秀成供词,前有删节之处,补钞进呈;其一,张国梁忠骸,访求未得;其一,江北粮台,每月收银不过五万两,酌解甘省及留供皖军之数;其一,池州知府范先谟调省察看。凡五条。附片奏保四品京堂胡大任,请旨简用。又片奏云南迤东道黄冕请开缺。又片奏知府范泰亨、主事柯钺均在营积劳病故,请恤。是日,又奏复御史刘毓楠条陈淮北盐务一折,附请展缓江南武乡试一片。十五日,乡试揭晓,公人闱钤榜,取士二百七十三名。

二十八日,奏送奉谕旨分条复陈一折:其一,剿办捻匪,宜用淮勇,人地相宜,淮军所用火器,须由水路运送河南,以周家口为都会;其一,西路军务,宜先清甘肃,次及关外,楚勇离甘太远,不如川勇较近,宜用川北保宁、龙安两府之人,与甘肃风气不甚相远,臣处饷项奇绌,不能协济鲍军;其一,楚勇必须多撤,金陵守兵,已裁去七千人,朱品隆、唐义训、刘连捷等军应即先撤,庶腾出有用之饷,以济西征之师。凡三条。附片奏陈何桂珍、刘腾鸿、毕金科三员忠绩,请赐谥以表示来兹。是日,又具折奏请蠲免安徽州县钱粮杂税,并将各州县克复年月、被扰轻重,分别开单呈览。附片奏金坛、溧阳、丹阳、宜兴、荆溪五县被贼蹂躏最甚,请豁免两年钱漕。又片奏递进江南乡试题名录。是冬,捻匪由湖北襄阳窜扰河南之境,僧王督师追击,连获胜仗,而贼势飙忽不可制。福建之贼踞漳州,左公宗棠督师入闽攻剿。

卷十

【乙丑】同治四年,公五十五岁。

正月,金陵昭忠祠成。初十日,公率僚属致祭。

十四日,具折奏两淮运使忠廉因病出缺,拣委道员李宗义署理,请旨简放。附片奏江南乡试新中举人来江宁请咨者,随时通融,缮给咨文,以凭迅速启程会试,请敕礼部查照。又片奏寿春镇总兵易开俊调援皖北就近赴任。又奏采访忠义第二十案。附片奏石埭县训导朱彦升请恤,并其家属二十人。二十日,设粥厂,令湘勇煮粥,以食饥民。二十一日,拜折专奏恭谢年终恩赏。又奏循例密陈文武考语一折,三省学政声名一片。又奏采访忠义第二十一案。

二月初三日,作《江忠烈公神道碑》。初八日,道饬委员籴买积谷以备荒。十四日,具折奏易开俊、刘松山两军坚守宁国、泾县出力员弁,开单请奖,并陈明应保之案,久未奏保,自请交部议处。又汇案奏参貌法滋事之将弁江发云等,请革职讯办。又折奏上年奉拨轮船经费银五十一万余两,全数解清,汇入军饷案内报部。二十日,核定收养贫民章程,议挑补绿营弁兵章程。二十三日,前云贵总督潘忠毅公铎之枢自云南还葬,过金陵,公遣弁护送回籍。

二十七日,专折奏营中欠饷,遵照部议新章,发给饷票,准照实银报捐请奖。又奏酌度江宁现在情形,城外龙江关、西新关两处,暂缓开关征税,俟商民复业,再行奏复旧制。附片奏江、安两省武营遗缺,请通融借补。札委工程局员修葺江南钟山书院、尊经书院。

是月奉上谕:"上年江宁克复后,曾国荃因病陈请开缺回籍,当经降旨,令该抚病痊即行来京陛见。迄今已及半载,该抚病体当可渐次就愈。朝廷以该抚功绩昭著,且年力盛强,正可借资倚任。著曾国藩传知曾国荃,如病已就痊,即行来京陛见。现当勤求治理需才孔亟之时,该抚慎勿遽萌功成身退之志,以副期望。"钦此。彭公玉麟奉旨署漕运总督,吴公棠署两广总督,李公瀚章授湖南巡抚。李公鸿章派提督郭松林等军,由海道赴福建厦门助剿漳州之贼。杨公岳斌募湘勇五千成军,由长沙启行赴甘肃。公方议裁撤湖南东征釐局,于是杨公奏请改为西征局,充甘肃军饷。贵州巡抚张公亮基,亦请以东征局饷协解黔中。

三月十五日,奏通筹滇黔大局一折。奏称:行军之道不一,而进兵必有根本之地,筹饷必有责成之人。谋滇者当以蜀为根本,即以饷事责之四川总督;谋黔者当以湘为根本,即以饷事责之湖南巡抚。湘蜀两省物力有限,倘任滇黔之饷,则甘肃之饷,应责之江浙等

省,不敢有所推诿。又奏福建汀漳道彭毓橘因病未能赴任,请开缺。附片奏李世忠前后捐助军饷银十五万九千余两,请并入河南捐款,为将来加广中额之地。又附片奏:湖南设立东征局,当时实由黄冕主持,因此大招物议。上年金陵幸克,臣即议定期裁撤东征局。湘中商民,人咸知之。今杨岳斌请改供西征之饷,滇黔各省,亦指请协解。臣既奏停江广釐金,而于桑梓独食其言,且令黄冕专受其谤,有甚不安于心者,谨先事沥陈。俟四月间,即专折奏请裁停东征局务,另由江南筹解甘饷,俾湘民沾高厚之恩,臣亦稍释隐微之疚。又片奏称:新疆之地,大漠苦寒,艰险异常,鲍超威严有余,恩信不足。倘出关以后,部曲离怨,必为回众所轻。一有挫失,全局震动,后人更视关外为畏途矣。且甘肃未平,遽谋新疆,则后路之根本不稳。鲍超历年苦战,臣岂忍忘其大功而摘其小过?唯有仰恳圣慈,饬令鲍超随同都兴阿、杨岳斌先清内地,再行出关,不宜轻于一发。不独鲍超一军为然,自古有事塞外者,未有不慎于始谋者也。又片奏:臣弟国荃病尚未痊愈。钦奉寄谕,已恭录传知。时有御史朱镇奏参湖南兵勇在江南骚扰情形,请即遣散回籍。公于是札饬各军,大加裁撤,在金陵者,仅存四营而已。

二十五日,具折奏续保攻克金陵水师员弁,开单请奖。附片奏彭玉麟固辞署漕运总督之任,并陈明捻匪飘忽,恐南人江境,调张树声一军驻清江浦,调刘铭传、周盛波两军由六安移防徐、宿。时彭公玉麟已专奏力辞新任,而捻匪窜山东境,蔓延曹州、济宁一带,徐州清江皆防窜越。吴公棠亦以防务留清江,未赴两广之任。二十七日,公登舟出江泊瓜洲。二十八日,登焦山,彭公玉麟从。二十九日,渡江登北固山,览京口形势。旋登金山,回瓜洲,查阅盐河工程。

四月初一日,公抵扬州。运司李宗羲禀商盐政蕉务。设盐栈于瓜洲之新河口,以利捆运。裁减江北釐卡,改定江北釐政务章程。初三日,还金陵署。

十五日,具折奏黄翼升水师、张树声淮军已到清江防所,刘铭传、周盛波日内当抵邳、宿之境。又折奏前漕督袁甲三先经奉旨于临淮建立专祠,旋因案撤销,请仍准建复。附片奏皖南镇总兵唐义训开缺,以总兵刘松山、道员金国琛办理徽、宁防务。该二员蒙恩授甘肃镇道实缺,并催令赴任,请暂留皖南,仍即以刘松山调补皖南镇实缺。又片奏新授安徽臬司李宗羲暂留两淮之任,整理盐务。

二十日,核定瓜洲盐栈章程。二十一日,接奉廷寄书公爵加称曰毅勇侯。鲍公超回川后,所部霆字营分为两军。其一总兵娄云庆领之人闽,其一总兵宋国永领之赴蜀,将率以出关也。入闽之军,在上杭县大哗,回向江西索饷。江西藩司孙长绂急发银六万两,迎解于军前,众稍定。入蜀一军,行至湖北金口登岸,哗溃为乱,窜陷咸宁县,扰犯江西、湖南边境。李公瀚章调车平之。公久虑霆营之有变,至是闻警,适如前疏所虑。为之忱然,忧念不已。僧王追击捻匪至于山东,日驰百数十里不息,捻匪势亦飘忽,迭奉谕旨,以持重为戒。公亦具密疏,请令僧邸一军稍休暇以养锐,疏未上也。

二十四日,忠亲王僧格林沁在曹州中伏阵亡。兖豫之间贼势益张,远近人心,为之惶骇。

二十五日，公接见洋人，议江南通商事宜。是月，公与李公鸿章会奏遵旨核减苏松等属浮粮一折。郑公敦谨奉旨授湖北巡抚，吴昌寿调河南巡抚。

五月初一日，驰折奏迭奉谕旨，复陈大略：其一，鲍超霆营溃叛之故。固惮万里长征之苦，实由积年欠饷之多，已飞咨鲍超迅赴鄂中调停解散。檄调刘连捷等军南渡九江，咨彭玉麟调派水师扼防江西。其一，水师炮船宜用于长江大川之中，若运河水窄岸高，断难施展。黄河与大江，船式迥殊，水性亦异，宜由山东、河南抚臣另造舢板，分防黄、运两河，则畿辅永无捻患。凡二条。附片奏称：金口霆营叛乱，容有别情，至娄云庆一军在闽鼓噪，则系因饥生变，实无他故。臣不在江西，不能筹发欠饷，又明知霆营出关，必将生变，不能及早奏请停调，至酿今日之祸，皆由臣区画不善，恩信不孚，无可辞咎。容俟查明原委，自请严处。又代奏陕西臬司陈湜谢恩一折，奏请应否陛见。

初二日，奏到寄谕。令公出省至淮、徐一带，督率水陆援军，相机剿贼。初三日，公闻僧王阵亡之惊。奉到上谕："钦差大臣协办大学士两江总督一等毅勇侯曾国藩著即前赴山东一带，督兵剿贼，两江总督著李鸿章暂行署理，江苏巡抚着刘郇膏暂行护理。"钦此。又奉上谕"曾国藩著即携带钦差大臣关防，统领所部各军星夜出省，前赴山东督剿"等因。钦此。初四日，奉到寄谕一道，初七日，奉到寄谕二道。皆催公迅速启程。

初九日，驰折奏遵旨前赴山东剿贼，沥陈万难迅速情形：金陵楚勇裁撤殆尽，仅存三千人，作为护卫亲兵，此外惟调刘松山宁国一军，如楚勇不愿远征，臣亦不复相强。淮勇如刘铭传等军，人数尚少，不敷分拨，当酌带将弁，另募徐州勇丁。以楚军之规制，开齐兖之风气，期之数月训练成军，此其不能迅速者一也。捻匪积年掳掠，战马极多，驰骤平原，其锋甚锐，臣不能强驱步兵，以当骑贼，亦拟在徐州添练马队，派员前赴古北口采买战马，加以训练，此其不能迅速者二也。扼贼北窜，惟恃黄河天险，若兴办黄河水师，亦须数月乃能就绪，此其不能迅速者三也。直隶一省，宜另筹防兵分守河岸，不宜令河南之兵兼顾河北。僧格林沁剿办此贼，一年以来，周历湖北、安徽、河南、江苏、山东五省，臣接办此贼，断不能兼顾五省，不特不能至湖北也，即齐、豫、苏、皖四省，亦不能处处兼顾。如以徐州为老营，则山东只能办兖、沂、曹、济四郡，河南只能办归、陈两郡，江苏只能办淮、徐、海三郡，安徽只能办庐、凤、颍、泗四郡。此十三府州者，纵横千里，捻匪出没最熟之区。以此责臣督办，而以其余责成本省督抚，则汛地各有专属，军务渐有归宿。此贼已成流寇，飘忽靡常，宜各练有定之兵，乃可制无定之贼。方今贤帅新陨，剧寇方张，臣不能速援山东，不能兼顾畿辅，为谋迂缓，骇人听闻，殆不免物议纷腾，交章责备。然筹思累日，计必出此，谨直陈刍荛，以备采择。附片奏称：精力日衰，不任艰巨，更事愈久，心胆愈小。疏中所陈专力十三府州者，自问能言之而不能行之。恳恩另简知兵大员，督办北路军务，稍宽臣之责任，臣仍当以闲散人员效力行间。又折奏保张树声补徐海道缺，吴世熊补淮扬道缺。僧王没后，将军国瑞革职留营，接护其军，并护钦差大臣关防，军心不固。公亟调刘铭传一军赴济宁以助之，李公鸿章调派道员潘鼎新领淮勇五千人，由轮船航海赴天津，以卫畿辅。是日，奉到上谕："钦差大臣协办大学士两江总督一等毅勇侯曾国藩，现赴山

东一带督师剿贼,所有直隶、山东、河南三省旗绿各营及地方文武员弁,均著归曾国藩节制调遣,如该地方文武不遵调度者,即由该大臣指名严参。"钦此。寻又奉督率亲军轻骑就道兼程北上之旨。于是公定计撤退湘军,进用淮军。酌留金陵湘勇四营,增募千人,凡六营,委道员罗麓森等领之,以为亲兵,随同北征。其余湘军在江南者,全行撤遣回籍。

十三日,驰奏钦奉谕旨谨陈筹办情形并请收回成命一折。奏称:潘鼎新一军,由轮船驰赴天津,可以壮畿辅之威,可以补臣迁缓之过,目前局势似可无虞。至于节制三省,臣实不能肩此巨任;即才力十倍于臣者,亦不必有节制三省之名。并称河北宜责成直隶总督另筹防兵,不宜调南岸之师,往来渡黄,疲于奔命。各省巡抚,亦宜另筹防兵,不可使剿捻之师追逐千里,永无归宿。反复申明前疏之说。附片奏潘鼎新、刘铭传、张树声、周盛波等四军皆系淮勇,经李鸿章兄弟苦心训练而成者。已调甘凉道李鹤章办理行营营务处,请旨准开甘凉道缺。并令李鸿章之季弟李昭庆赴营差遣。又片奏镇江、扬州水陆防军撤遣已竣,所有原设粮台,一并裁撤,另设报销局,造册报销。又片奏咸丰三年,江宁城陷,将军祥厚等殉难,布政使祁宿藻先在围城中积劳病故,已奉旨优恤,仍请将祁宿藻附祀祥厚专祠。

二十一日,公诣晋臣卞忠贞公祠,祠新葺成也。二十二日,李公鸿章至金陵,公交卸总督关防。二十三日,奉到上谕:"曾国藩恳辞节制三省之命,具见谦抑为怀,不自满假。该大臣更事既多,成效凤著,若非节制直、东、豫三省、恐呼应未能灵通,勿再固辞。"钦此。

二十四日,驰折奏报交卸督篆带兵出省日期,并报捻匪回窜皖、豫、山东,情形渐松,当无渡河北犯之虑。又折奏保肃清皖南出力员弁,开单请奖。附片奏:本年二月,提督鲍超委员赴口外采办战马八百匹。今鲍超出关之行,已因兵变而中止。应请敕下兵部,令此项马匹径赴山东,解臣行营,俾资练习。又片奏裁撤湖南东征局,其湖南协甘之饷,由抚臣李瀚章酌筹协解。又具折奏报淮南盐课收数第二案。附片奏:两淮盐课拨解京饷之银五万两,请改解臣营,以应急需。又奏查得已故两江总督陆建瀛遗骸,护送回籍。

二十五日,公由金陵登舟,饬北征六营湘军即日拔队启行。其所撤遣各湘勇,委员押令,悉数溯江西上,毋得停留。二十八日,公舟解缆渡江,彭公玉麟从。公与彭公核定长江水师章程。是月,唐义川、金国琛所部徽州防军索饷鼓噪。刘公长佑驻军开州,督造防河战船。左公宗棠克漳州府城。苏省所派郭松林等军克漳浦县城。福建全省皆平,贼窜广东之境。刘公坤一奉旨授江西巡抚。

闰五月初一日,公舟泊瓜洲。初三日,泊扬州。札委知府彭嘉玉办理江宁粮台。初八日,抵清江浦。

十一日,驰折奏捻匪南趋安徽,藩司英翰在雉河集被围,调水师入洪泽湖,以达临淮;调

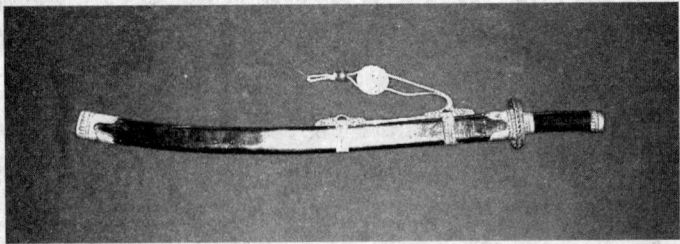

铜云浪文饰清腰刀 清

刘铭传、周盛波回援皖北。又片奏道员罗麓森委办营务处。又片奏力辞节制三省,恳请收回成命。

十二日,札委淮扬道吴世熊办理转运粮台。维时捻酋四人,曰张总愚、曰任柱、曰牛洪、曰赖文光,赖逆则粤匪之党也。四股匪徒数十万,马数万匹,分合不常,往来飙忽。官军追逐,或求一战而不可得,甚或委弃军火粟马以资贼。大河以南,淮、汉以北,蹂躏数千里。公既奏定专办十三府州,扼要驻军,不事驰逐。其用湘、淮各军火器饷需,由水道转运,以江南为根本、以清江为枢纽,溯淮、颍而上者达于临淮关、周家口,溯运河而上者达于徐州、济宁州。治军转饷之规,与前此北方官军迥殊矣。札撤徐州镇总兵詹启纶一军,遣散回籍。出示晓谕淮北民圩,严辑奸匪。二十日,刘松山军到清江浦。

二十一日,驰折奏:群贼全萃皖境,英翰突出重围以求援。寿春镇总兵易开俊目疾增剧,拟亲率湘军赴临淮驻扎,就近调度。派刘松山兼统易开俊之军。臣初奏四省十三府州之地,安徽以临淮为老营,河南以周家口为老营,江苏以徐州为老营,山东以济宁为老营,各驻重兵,多储粮械,一处有急,三处往援,有首尾相应之象,无疲于奔命之虞,或可以速补迟,徐图功效。至于目前诸将,刘铭传、潘鼎新均可独当一面,张树声、周盛波两军合当一面,刘松山、易开俊合当一面。另派郎中李昭庆训练马队,合以亲王旧部,同为游击之师。又折奏派委浙江运司李榕前赴济宁,承领国瑞交代事件,并迎提亲王旧部军马,赴徐州调遣。饬潘鼎新一军移驻济宁,会同李榕料理接管。附片奏:钦奉寄谕,陈国瑞、刘铭传曾有互斗之案,饬臣斟酌,妥为调派。现在刘铭传援剿皖北,应令陈国瑞暂驻河南境,不宜共事一处,以杜诸军内讧之渐。又片奏总兵陈国瑞优劣事迹。请旨饬归河南巡抚节制调遣。是日前折递回,奉到上谕:"曾国藩因节制三省,任大责重,复恳请收回成命,具见谦抑之忱。第贼氛猖獗,时事孔艰,事权不专,则一切调度事宜,深恐呼应不灵。该大臣惟当力任艰巨,与三省督抚和衷筹划,将此股贼众克期殄灭。彼时三省军务既平,自可毋庸该督节制。既为其实,毋避其名,万不可稍存过虑之心,再有渎请。"钦此。

二十二日,公由清江登舟换用淮船。二十六日,渡洪泽湖。二十八日,舟泊五河。驰折奏皖境一片逆氛,非马队不足以制胜。请将寄谕拨交河南之马队,一起凡四百九十六员名,调赴皖北助剿。附片申陈:精力衰颓,军势单弱,尚未开总督两江之缺,而更增节制三省之名,耿耿寸衷,如负重疚。恳收回成命,但责臣以会办剿捻,自当通力合作,不敢稍分畛域。如不蒙俞允,更当累疏渎陈,不辞严谴。

二十九日,公舟抵临淮关驻营。是月,安徽雉河集解围,贼窜河南许州境。湖北蒋凝学一军奉调赴甘肃,行至襄阳哗溃。

六月初六日,批总兵陈国瑞禀牍凡二千余言,称其所能,而历数其过失。申明禁约,凡三条:一曰不扰民,二曰不私斗,三曰不梗令。词旨严切。陈国瑞复禀,未能遵公约束也。

初八日。乔公松年来见公。初十日,出示晓谕:"亳州、蒙城、宿州、永城四属民圩,分别良莠,擒送捻匪赴军营者,重赏。并委员会同州县严拿匪徒,就地惩办。

十二日，与乔公松年驰折会奏援军大捷，雉河解围。附片专奏陈州府库存银二十万两，拟与江苏、安徽、河南分拨各五万两，给付军营，其李鸿章应得之饷，即就近拨发刘铭传等军月饷。

十三日，公移驻陆营。时淮水盛涨，各营多移淮南岸以避水。公营在北岸，筑堤以捍之。公弟曾国荃奉旨授山西巡抚。二十四日，奉到上谕："曾国荃已简授山西巡抚，曾国藩当嘱该抚勉图报效；作速赴任，勿以病辞。"钦此。是月，贼西窜南阳、襄、陕一带。

七月初八日，驰奏钦奉谕旨复陈一折。奏称雉河解围以后，贼分两路西窜。檄调刘铭传全军驰赴周家口，添调马队以助之。山东拨交马队二起，系曹南新挫之余，人马俱疲，必须在徐州大加整理。细观贼情，已成流寇，若贼流，而官兵。与之俱流，则节节尾追，著著落后。臣坚持初议，以有定之兵，制无定之寇。令刘铭传驻周家口，张树声驻徐州，刘松山驻临淮，潘鼎新驻济宁，贼至则迎头击之。请敕下河南、湖北督抚，于豫之巩、洛、宛、邓，楚之随、枣、黄、麻，各驻劲兵一枝，专重迎剿，不事尾追，庶几渐有归宿。且此贼有不甚似流寇者，蒙、亳老巢田庐尚在，贼尚眷恋，既设法以遏其流，又拟查办民圩，以清其源。谨将告示一道，抄呈御览。又折奏徽、休防军索饷哗噪，已饬查拿侵饷之营官、倡乱之勇丁，认真严办。请将唐义训、金国琛交部议处。皖南道张凤翥措置不善，先行撤任。并奏自请交部议处。附片奏委吴坤修署皖南道缺。又折奏扬防凯撤，借用漕折银两，目前无款归还，请旨敕部暂缓催提。又奏谢弟国荃授山西巡抚恩，并陈明近日病状，未知现在是否痊愈，已恭录谕旨，驰函家中，嘱其勉图报效。

十五日，奉上谕："曾国藩身任统帅，责无旁贷。前经迭谕该大臣筹拨一挥，兼顾晋省。并令刘铭传等军驰赴豫省北路，绕出贼前，防贼窜越秦晋之路。又令派拨马队驰赴豫境助剿，复以贼去徐郡甚远，令该大臣酌量前进驻扎。乃该大臣日久迄无奏报，于近来皖豫军情及各路如何布置情形，均未陈奏，历次所奉谕旨，亦未答复，实属疲玩因循。若欲借此获咎，冀卸节制三省仔肩，何以仰副朝廷倚任之重？该大臣公忠体国之心，何忍出此"等因。钦此。

十八日，公渡淮按视刘松山老湘营。二十三日，巡视凤阳府城，行诣明陵。

二十四日，驰奏钦奉谕旨复陈一折。奏称：周家口八面受敌，最为扼要。刘铭传将略较优，人数较多，故以周家口重任付之。至秦晋边防五百余里，实非该军所能遍防，若令其西去，则无益于晋，而有损于豫。且湘淮各军不惯面食，军火炮械，挽运维艰。今河南等省用兵，全不讲求转运，粮械缺乏，莫肯尽力。项在临淮檄委编修张锡嵘招募淮勇，专取能食麦面杂粮之人，冀备他日征剿西北之用。至于节制三省之命，臣已三疏固辞。自念赋性颛愚，即一省已难专任，然受恩深重，虽数省亦当通筹。计捻匪可到之处，约有八省，皇上饬臣兼顾晋省，已在节制三省之外，而外间之责望尚不止此，臣何以堪此重任？又何能当此重咎？恳敕下九卿科道、八省督抚，会议剿捻事宜，各抒所见，恭请宸断，定一不可改易之策，大局幸甚！至臣之不轻奏报，曾于同治元年具奏陈明，迄今不改此度。若欲因此获咎以谢仔肩，则生平所志所学，断不肯如此取巧。又折奏徐州镇总兵詹启纶、寿

春镇总兵易开俊均因病开缺,请旨简放,以重职守。又折奏总兵陈国瑞与已革总兵郭宝昌,同为亲王军翼长,曹南之役,未能救护主将,该总兵同罪异罚,补行纠参,请撤去帮办军务,革去黄马褂,责令戴罪立功,以示薄惩而观后效。附片密陈前月给予陈国瑞批牍及陈国瑞禀复之词,尚无诚心悔过之意,原牍均抄送军机处备查。又片奏保总兵董凤高、李祥和二员,请补徐州、寿春两缺。

是日公拜折后,登舟启行赴徐州。二十六日,舟泊泗州。二十八日,登陆启行,宿灵璧县。三十日,宿宿州。是月,贼窜湖北境。公弟国荃具折辞山西巡抚之命,陈湜入都调授山西臬司,专办防务,得专折奏事。

八月初四日,公抵徐州府。初八日,专折奏查明宁国府宣城县金宝圩殉难绅民,汇案开单,请分别旌恤。十六日,出城点验马队,阅视操练。

十七日,驰折奏移驻徐州,整理马队。计马队已到徐州者前后四起,饬营务处李昭庆等认真挑选,编立队伍,配齐器械,换补马匹,其老病死废者概行遣撤回旗。并奏报捻匪回窜皖境,调派各军赴颖州会剿。附片奏称此次实收到战马七百七十七匹,管解各官,异常劳瘁,应请奖叙。

二十四日,按视张树声淮军营垒。二十八日,阅淮军操演阵法。是月,迭奉寄谕,令公移驻许州,节制皖、鄂、豫三省军务,居中调度。捻匪任柱、牛洪、赖文光,由颖州、陈州窜山东之曹州,张总愚一股尚留屯南阳之境。

九月初一日,驰折奏刘铭传一军迭获胜仗,贼东窜曹州,趋重东路。调徐州全军赴山东会剿,调临淮军接防徐州,调周盛波移驻归德。惟马队无多,久未办成游击之师,自问尚无破寇之术。附片奏金国琛所部勇丁闹饷一案,尚未讯办就绪,不能赴甘肃巩秦阶道之任。又片奏湖北军务,请仍全归官文节制调遣。

初三日,核定马勇营制营规及马步合队章程。十五日,贼破辛家寨,徐州戒严。

十九日,驰折奏:接奉寄谕,欲令李鸿章亲带杨鼎勋等驰赴河、洛,将豫西股匪扑灭,兼顾山、陕门户,而以吴棠署理两江总督,李宗羲、丁日昌递署漕督苏抚,饬臣函商,迅速复奏。又奉寄谕,令鲍超驰赴河南,归臣节制各等因。查近日贼势东趋,距徐城不远,当以全力专顾东路,已调郭松林、杨鼎勋两军防剿沂海一带。若李鸿章视师河洛,别无可调之军,以带赴西路。近闻闽粤兵威大振,发逆穷蹙,若令鲍超改赴河南,实为有益于豫。至李宗羲、丁日昌权领封圻,未免嫌其过骤。数年以来,皇上求才若渴,于疆臣保荐人员破格超迁,外间疑为非常之才,责备吹求,于是台谏弹劾生风,并归咎于原保之员。若令循资渐进,少为回翔,则刻员不至见妒于同僚,而言路亦不至仇视于疆吏,实有裨于中外和衷之道。且庙堂之黜陟赏罚,非阃外诸臣所宜干预。今以督抚要缺,谕令臣等往返函商,尤觉非宜,因不俟李鸿章、吴棠商定,直抒管见。附片奏报贼势南趋,有回雉河老巢之说,张总愚一股已近湖北之境。是时陕西巡抚刘公蓉为御史陈廷经所劾,疏词激切,获谴甚重云。

是月张总愚窜湖北境,回窜河南。福建官军进克广东镇平县,贼踞嘉应州城。左公

宗棠奉旨节制广东、江西各军,出境督剿,三省官军合围嘉应州。鲍公超新募湘勇一军赴江、广会剿。

十月初九日,按视李昭庆所部马队步队,饬令训练成军,以出为游击之师。

十一日,驰折奏徐州官军击贼获胜,贼仍窜山东,潘鼎新破贼于丰县,回驻济宁。附片奏:贼所以注重山东者,以运河东岸平衍富饶,不似河南之荒瘠。臣所以注重东路者,以山东北邻畿辅,天下之根本也;南邻江苏,湘淮各军之根本也。霜降以后,水落冰坚,河防尤急,请敕下直隶督臣严冬春之防,只可增兵,断难减戍。若贼回窜开封以西,当调大支游击之师赴豫会剿。附片奏保吉林协领春寿、营总穆隆阿开复处分。又奏四川训导唐焕章留营差遣。是时张总愚股匪由郏县、禹州东窜开封之境,任柱、牛洪、赖文光等股由曹州西窜,与张总愚合股,扰犯襄城、舞阳,势趋鄂境。

三十日,驰折奏捻匪西窜,周盛波在宁陵击贼获胜,刘铭传在扶沟击贼获胜。现在贼势谋扰湖北,檄饬徐州马步各军分驻周家口,腾出刘铭传一军为游击之师,不复拘泥十三府州之说,随贼所向,跟踪追剿。李昭庆所领万人,俟鞍马齐备,即令驰赴河南,纵横追剿。附片奏资遣吉林、黑龙江、察哈尔应撤官兵九百员名,启程回旗,参领三栋阿等病故请恤。又奏抵军办捐委员前广东臬司龄椿病故请恤。又片奏预筹鲍超一军进兵之路,须以襄阳为老营。由湖北粮台照料银米军火。是月,公读《左氏传》,记灵分类事目。

十一月初七日,核定长江水师永远章程及营制营规等,阅两旬核毕。徐州、铜山、沛县之境,有微山湖涸出地一区,咸丰四五年间,山东曹州之民因河水泛溢,避水南徙,占据其地,其后来者益多至数万人,占田浸广。地方官因为按亩征税充饷,号曰湖团,与沛县居民屡有争讼械斗之案。捻匪东窜之时,与湖团相勾引,沛民诣公行辕控诉。公批饬严拿通捻之团民,讯明惩治,委员赴山东察看,团民原籍之地,设法资遣回籍。

二十七日,驰折奏称:捻匪全数西窜,本拟进驻国家口,因李昭庆一军鞍马未齐,未能前进。又因铜、沛湖团一案,与剿捻之事大有关系,俟料理安插有绪,即当赴豫督剿。并奏粤中贼氛尚炽,悍党数万窜陷嘉应州,鲍超已由赣州进剿,暂难改调赴豫。又折奏讯明徽州闹饷一案,分别拟结,并将两军十七营全行遣撤回籍。附片奏前皖南道张凤翥病故请恤,水师营官提督成发翔病故请恤。是月,张总愚窜湖北襄阳边境,任柱、牛洪等股由光、固窜安徽颍州边境,旋窜入鄂。

十二月初二日,湖北成大吉军在麻城溃叛,捻匪乘之,江汉以北贼氛肆扰,蔓延数百里。十三日,按视张锡嵘淮北新营,详定长江水师营制事宜。二十五日,公子纪泽自金陵来营省视。

二十八日,驰折奏两路捻党全萃湖北,又有叛勇之变,檄调刘铭传率军援楚。又奏会议长江水师营制事宜。凡水师事宜三十条,营制二十四条。又折奏遵旨查明河南巡抚吴昌寿、总兵张曜等被参各款。又奏遵旨密查山东巡抚阎敬铭、藩司丁宝桢被参各款。附片密奏称:山东、河南居四战之地,阎敬铭、吴昌寿二人,军务均非所长,而情形各自不同,谨抄录河南绅士原禀呈览。是月,公批结沛县湖团各案,将安分之唐团、赵团等六团留住

徐州,通捻之王团、刁团等勒限撤归本籍。出示晓谕土客各民安业。湖北襄樊之贼,张总愚一股回窜南阳。

是岁郑公敦谨调户部侍郎,李公鹤年授湖北巡抚,张公树声授直隶臬司,均未赴任。张公所部树字营淮勇,以其弟总兵张树珊领之。

卷十一

【丙寅】同治五年,公五十六岁。

正月,公在徐州营。初十日,专折奏谢年终恩赏。派委刘松山率军督遣王团、刁团回山东原籍。十四日,驰折奏酌拨现防徐州之马队二起。共计九百余人,驰赴奉天省城,剿捕马贼,听候文祥调遣。附片奏调侍讲学士刘秉璋来营襄办军务。又片奏报湖北军情吃紧,张总愚折回河南,有东窜之意。湖团撤遣事竣,即调李昭庆军驰赴周家口。又片奏知县向师棣在营病故,请恤。二十八日,刘铭传军克湖北黄陂县城,贼窜河南。

是月,左公宗棠督诸军克复嘉应州城。鲍公超追剿窜贼,至大嶂岭破之,招降二万余人。粤逆尽灭,东南底平。左公宗棠暂驻广东境,筹办善后。公弟国荃奉旨授湖北巡抚,李公鹤年调补河南巡抚。

三十日,奉到上谕:"刻下捻匪窜扰湖北边境,防剿正当吃紧。曾国荃素娴军旅,朝廷为地择人,正资倚任,且由湘赴鄂,相去甚近。著曾国藩、李瀚章即行知照该抚,迅速驰赴新任,力图报稱,不得稍存推诿之念,有负属望。"钦此。

二月初八日,驰折奏结湖团历年讼案,剖别是非,平情论断,不分土民客民,但分孰良孰莠。王团、刁团业已全数徙去,安静回籍,酌定善后事宜。饬地方官次第经理:一曰酌给钱文,以恤已逐之团;二曰设立官长,以安留住之团;三曰拨还田亩,以平土民之心,并请将骂贼殉难之团绅唐守忠、唐锡彤、唐振海三名优恤建坊,以为草莽效忠者劝。又具折奏谢天恩,已知照臣弟国荃招募旧部,迅赴新任。又折奏浙江衢州镇总兵朱品隆、河南归德镇总兵朱南桂均请开缺。又奏保总兵唐殿魁、徐鹍二员。附片奏报视师山东启程日期。又片奏张树声经手营务,俟料检完毕,即启程北上,赴直隶臬司任。又片奏阵亡总兵夏金标请恤。

初九日,由徐州拔营启行。十五日,宿邹县,谒亚圣孟子庙,接见孟氏宗子孟广均。是日驰折奏报刘铭传一军援鄂,克复黄陂县城。随折奏保刘铭传及其营官唐殿魁,刘盛藻等十九员,阵亡勇弁陈福禄、张思聪、李先道、钱万桂请恤。

十六日,行次曲阜县,谒至圣先师庙,见衍圣公孔祥珂,观金丝堂彝器,谒复圣颜子庙。十七日,偕衍圣公孔祥珂出谒圣林及述圣子思子墓。十八日,宿兖州府。十九日,至济宁州。丁公宝桢护理山东巡抚,来济宁见公。二十一日,阅视潘鼎新一军操演。二十八日,巡视运河、泗水形势。是月,牛洪、任柱、赖文光由湖北窜河南汝宁,扰及颍州、陈州境。张总愚一股窜山东曹州。

　　三月初五日,驰折奏报:张总愚大股东窜,调潘鼎新全军堵剿,李昭庆军来山东会剿,调徐州杨鼎勋军护卫孔林。任、赖等股回窜皖、豫之界,锐志东趋。刘铭传、周盛波合力剿办。查捻逆西逼楚疆,东趋海岱,相去动三千里,马步以数万计,必须鲍超、刘秉璋、刘松山等多成数路游击之师,乃足以布远势。臣现驻济宁,就近调度,东事定后,再行赴豫。又折奏遵调鲍超一军北来剿捻,请饬江西月解七万两,湖北月解二万两,江苏月解二万五千两,专供鲍超霆营之饷。请饬左宗棠、刘坤一将江闽各军分别遣撤,次第销兵,以靖民气。臣自抵临淮,察看皖豫等省行军,每以柴草细故,兵民成仇,因令各营发价购买,不得妄取丝毫。鲍超所部,颇有骚扰之名,今筹定有着之款,于襄阳设粮台,委员支应,俾得专精办贼,且申明纪律,秋毫无犯,乃能军民一气,一以保全鲍超之令名,一以拊循河南之赤子,关系甚重。

　　二十一日,驰折奏汇报山东近日军情,潘鼎新、李昭庆两军剿贼胜负情形。任、赖等逆续窜曹州之境,张逆屯于濮范之境,一片贼氛。刘铭传、周盛波两军追贼均抵东境。现在调派各军严扼运河,刘松山军来济宁会剿。阵亡将弁刘洪盛、裴兆宏二十八名员请恤。又折奏报刘铭传、张树珊两军,在皖豫之境,剿贼获胜,阵亡将弁胡凤喈、刘得发请恤。附片奏东豫两省车辆甚少,难于雇觅,派员前赴张家口采买骆驼五百匹来营应用,请饬部援照买马成案,免税放行。又附片沥陈:此股捻匪奔突六省,攻剿十年,久成流寇之症。中外论者,或轻此贼,以为不足平;各路奏报,每多粉饰虚浮,或并无战事,而开单请奖。臣受命剿贼,已满十月,制寇之方,尚无把握,终夜以思,且忧且愧。愿我皇上弗轻视此贼,博储将材,求为可继,稽核奏报,戒其勿欺,庶凭圣主朝乾夕惕之怀,以救中原火热水深之厄。又奏称督师有年,损折将士甚多,凡当时未及奏报,漏未请恤之员弁,统计阵亡者一百四十四员名,伤亡七员名,病故者一百五十员名,汇开清单,恳恩敕部分别议恤,以慰忠魂。是月,公弟国荃到湖北巡抚任,李公鹤年到河南巡抚任。捻匪由山东南窜淮、徐之境。

　　四月初三日,阎公敬铭来济宁见公。初七日,驰折奏报:捻匪自山东回窜,刘铭传、周盛波等军追剿迭胜。并陈明潘鼎新一军力战保全东境之功,山东官军扼防运河之功。刘铭传、周盛波、周盛传竭力苦战,冒险立功,容俟汇案请奖。附片奏:贼势南趋,刘松山回军徐州,该处现有刘秉璋、杨鼎勋等军,尚为联络。臣军注重东路,不得不借运河以为阻截之界,拟大加修浚,增堤置栅,以为之防。拜折后,与阎公敬铭登舟查勘运河,以至黄河。是日,泊分水龙王庙。

　　初九日,泊申家口。刘公长佑来舟次见公。十一日,渡河至张秋镇。十二日,回舟次。十三日,登南岸,宿东平州,十五日,行抵泰安府,谒东岳庙。十六日,登岱岳,上至天柱峰。十九日,公回济宁州。

　　二十五日,驰折奏捻匪张总愚、牛洪一股窜扰曹州、徐州之交,任柱、赖文光等一股窜扰淮、泗一带。并陈湘淮各军防剿情形:刘铭传一军,自去年腊月以来,驰驱四省,已饬该军移赴济宁,暂予休息,腾出潘鼎新军代为游击之师。附片奏查勘运河、黄河布置防守情

形。

五月二十二日，驰折汇奏刘秉璋、刘松山、刘铭传、周盛波等军与贼接仗获胜情形。捻党分股回窜，张总愚、牛洪入豫，任柱、赖文光人皖。饬潘鼎新、周盛波为一路，刘秉璋、杨鼎勋为一路，刘松山、张诗日为一路，分途驰击。刘铭传、李昭庆两军分驻徐州、济宁，暂予休息。附片奏黄、运两河应划分汛地，归直隶、山东督抚派兵设防。又拟查阅运河南路，兴工修筑堤墙。是月，公录《朴目杂记》，分小学、修齐、礼、兵、经济、诗文。凡六门。

六月初七日。行至嘉祥县，谒宗圣曾子庙，接见曾氏宗子曾广莆，公捐银一千两。以助祀产之资。初八日，出诣南武山宗圣林墓。初九日，回济宁。

十四日，驰折奏捻匪西窜，官军追剿情形。并称：中原平旷，四通八达，此剿彼窜，不能大加惩创，拟自周家口以下扼守沙河，周家口以上扼守贾鲁河，自朱仙镇以北，至黄河南岸，无水可扼，拟掘濠守之。调派水师及刘铭传等军分段扼防，咨商河南、安徽两抚臣调兵分守。至群贼南窜，不出南、汝、固、黄州、六安等处，则鲍超一军、刘秉璋杨鼎勋等之淮军、刘松山张诗日之湘军足敷剿办。臣拟拔营东下，阅勘运堤，即由运入淮，迳赴周口。附片奏：防河之举，地段太长，派刘铭传、潘鼎新、张树珊扼守朱仙镇以下四百里之地，力任其难。自朱仙镇以上，专资河南兵力，已咨请李鹤年暂驻汴梁，调回各军，先办防务，主守而不主剿。诚恐李鹤年蒙顿兵不进之机，设将来河防不成，臣愿独当其咎，不与李鹤年相干。

十五日，由济宁登舟，行阅运河所修堤墙。二十五日，舟泊宿迁，登岸驻营中。时豫皖大水，淮流盛涨，微山、南阳等湖与运河连成巨浸。公深以民间饥溺为忧。

是月，捻匪在河南合股，既而张总愚、牛洪西窜、刘松山、张诗日截剿破之。任柱、赖文光东窜，潘鼎新迎击却之。公弟国荃调派郭松林、彭毓橘等军防守德安、随州。鲍公超军行抵湖北蕲、黄之境。

七月初四日，驰折奏报查阅运河堤岸情形：任、赖股匪回窜东路，前奏扼守沙河之策，难遽兴办，现令刘铭传、周盛波、潘鼎新赴东路驰剿。惟淮南北大水，为数十年所未有，既自憾军务毫无起色，又恐饥民失所，从贼偷生，则剿抚两俱棘手，实深忧愧。初六日，由宿迁解缆，下泊杨庄。初七日，吴公棠来见公于舟次。运河堤决于高邮州之清水潭二闸，浸兴化、东台、盐城等县之境。初八日，公换船入淮。初十日，渡洪泽湖，泊盱眙。十五日，舟次王家圩，大风，舟几覆，水师舢板船覆者八号，弁勇死者五人。公言生平经历江湖风波之险：道光戊戌之秋，在襄河遇风；咸丰甲寅三月，在岳州水军遇风；并此为三度矣！十六日，抵临淮，登岸驻营。二十二日，巡阅张锡嵘淮勇营。二十三日，公病暑湿证，服药阅数日乃愈。自是以后，遇有疾病，公恒持勿药之说，盖其视生死之际，已脱然矣。

二十八日，驰折奏潘鼎新一军迎剿获胜，任、赖一股窜至贾鲁河以西，仍拟扼防贾鲁河、沙河，杜其回窜。附片奏船遇大风，委员知县谭鳌舟覆陨命请恤。又片奏报刘松山、张诗日两军在西华、上蔡等处大捷，并自陈途中病状，力疾西上。公拜折后登舟行，泊怀远县。三十日，泊蒙城县。是月，官文公奏请以公弟国荃帮办军务。张总愚、牛洪西窜南

阳,刘松山与河南官军宋庆等追剿至新野、邓州、南召、鲁山之境。任柱、赖文光窜襄城以南。

八月初一日,公由蒙城换小舟溯涡河而上,派亲兵由陆路先赴周家口,令辎重各船改道溯淮上颍,以赴周口。初二日,泊雉河集。初四日,行抵亳州。初六日,由亳州登陆起行。初八日,行至陈州府,诣袁端敏公祠。初九日,至周家口营。

二十日,驰折详报刘松山、张诗日剿贼胜仗。奏称:近年捻逆纵横,从未大受惩创,此次湘军奋击,凶焰顿衰,容查明汇案奏奖。附片奏患病未痊,请假一月,在营调理。又片奏任、赖一股久踞舞阳、叶县之交,有回窜东北之势;张、牛一股,亦闻有回窜之意。调派各军堵剿。鲍超由汝宁北出迎剿,力扼东窜之路,刘铭传等仍兴修堤墙,分汛防守,以符初议。又附片奏:臣向办保案,极为矜慎。金陵克复,续保六案,迭准部咨驳斥,查取考语申复,自应遵部议办理。惟原保各统领散处各省,行查为难,恳恩俯念将士立功之苦,敕部准照原奏清单注册,以为奋勇立功者劝。

刘铭传等军修筑贾鲁河堤墙工竣。李公鹤年调官军六营于朱仙镇以北,开濠置守,淮军复分众助之。浮沙壅塞,难于挑浚。时捻逆全股由许州北窜。十六日,逼近汴梁,全股冲濠东窜,疾趋山东。

二十三日,驰折奏捻匪东窜,河防无成,檄调刘铭传、潘鼎新等赴山东追剿。附片奏称:剿捻年余,仍无成效,忧愧无极,请旨饬令李鸿章带两江总督关防出驻徐州,与山东抚臣会办东路;湖北抚臣曾国荃携带关防移驻南阳,与河南抚臣会办西路;臣现驻周家口,居数省之中,庶可联络一气,呼吸相通。又片奏称:防守沙河、贾鲁河,本系策之至拙者,唯以流寇难制,不得已而出于下策。此次捻匪东窜,出于豫军汛地,或不免归咎于抚臣李鹤年。谨缕陈持平之论,恳恩暂予免议,以期和衷共济,为将来同心设防之计。又片奏调浙江处州镇总兵马得顺带所部马队来豫剿捻。是日,又具折奏:捻逆以蒙、亳老剿为归宿,莠民勾引,居则为民,出则为捻,若商贾之远行,恬不为怪。臣于上年选委各员,查办民圩,擒斩著名积捻甚多,谨将蒙城、亳州、宿州阜阳四属已经正法之捻徒,汇单附呈为第一案,以后续获,逐案汇奏。

是月,捻匪窜扑运河,山东官军堵御却之,回窜河南。左公宗棠调授陕甘总督,乔公松年调陕西巡抚,英翰公授安徽巡抚。

九月初四日,李公鹤年来营见公。初六日,漕督张公之万来营见公。

十三日,驰折详报刘松山等在新野、南阳等处迎剿张、牛逆股,迭次胜仗。奏称:刘松山等闻豫军宋庆被围,即日驰援,及解围后,即与宋庆联络一气,同心苦战,尤得师克在和之义。又折奏刘铭传、潘鼎新两军往来剿贼齐、豫之境,迭获胜仗。捻匪既不得逞志于东,必仍狂窜而西。檄令刘松山由扶沟迎剿,鲍超由南阳进军,遮截西窜之路。附片奏请续假一月,在营调理。是日又具折奏彭玉麟所部水师报捐饷银十万两,请加广衡州府县学额。附片奏彭玉麟报捐历任应得养廉银二万余两,不敢仰邀议叙。

十九日,彭公玉麟来营见公。是月,捻匪由山东窜河南,循河南岸至荥泽决河堤,河

南官军堵塞之。捻复南窜。捻酋牛老洪死。张总愚西窜陕、汝,遂入陕西商州境。任柱、赖文光仍窜山东,疾趋济宁,攻扑运河,山东官军扼之。李公鸿章出视师于徐州。公弟国荃出视师于襄阳,具疏劾官文公。

十月初九日,乔公松年来营见公,遂赴陕西任。十二日,英翰公来营见公。

十三日,驰折奏汇报军情,贼分东西两路。东路任、赖逆股,刘铭传、潘鼎新等追剿,逆踪盘旋于巨、郓一带;西路张总愚一股,已入陕西,鲍超军驰至陕州,未及接仗。又折详报刘铭传、潘鼎新在郓城等处追剿胜仗。又折奏病难速痊,请开协办大学士两江总督之缺,并请另简钦差大臣接办军务,自以散员留营效力,不主调度。附片奏陈剿捻无效,请将臣所得封爵暂行注销,以明自贬之义。又具折续报水陆阵亡病故员弁,汇单请恤。又附片密陈山东抚臣阎敬铭、藩司丁宝桢澄清吏治,讲求军务实际,请开复处分。又片奏李鸿章已带印出省,黄翼升回驻江宁,藉资镇抚。

十五日,公子纪鸿来营省视。十九日,奉到寄谕一道,词旨严切,催令速筹援军,以赴陕、洛。二十五日,奉到上谕:“该大臣勋望夙著,积劳致病,自系实情,著再赏假一个月,在营安心调理。钦差大臣关防著李鸿章暂行署理。曾国藩俟调理就痊,即行来京陛见一次,以慰廑系。朝廷赏功之典,具有权衡,该大臣援古人自贬之义,请暂注销封爵,著无庸议。”钦此。

三十日,任、赖捻股由山东回窜陈州境。公行营戒严,调亲军出队截剿。是月,公弟国荃出驻黄州。

十一月初二日,驰折奏报西路张逆深入秦境,尚无回窜之说,调鲍超一军进荆紫关,以援秦中;东路任、赖一股回窜河南,饬刘松山迅赴汝州,遏其西窜之路。附奏奉旨复陈一片。称行军太钝,精力日衰,俟病体稍痊,入都陛见,自请办捻不善之罪。又片奏杨鼎勋、张锡嵘追剿任、赖一股,捻踪直奔沙河以南,刘松山仍由汝、洛进兵,以力保黄河,先顾山西为主。初六日,奉到上谕:“曾国藩著回两江总督本任,暂缓来京陛见。江苏巡抚李鸿章著授为钦差大臣,专办剿匪事宜。”钦此。

十七日,驰折奏酌筹西路军务,鲍超一军援秦,派委江苏道员薛书常专办霆营粮台,采办军米。又折奏:交卸钦差大臣关防,赍送徐州,交李鸿章祗领,钦奉谕旨,饬臣竟回本任,臣自度病体不能胜两江总督之任,若离营回署,又恐不免畏难巧取之讥,请仍在军营照料一切,维系湘、淮军心,庶不乖古

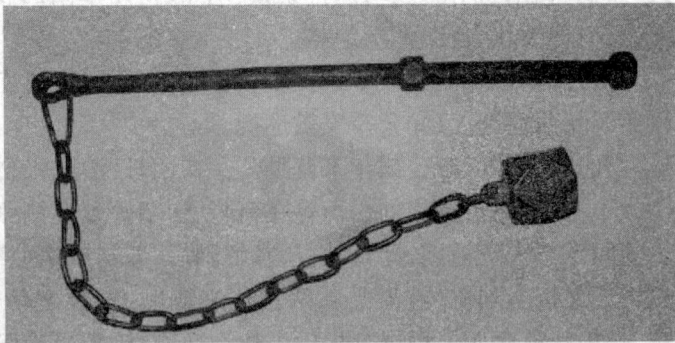

链子锤 清

人尽瘁之义。附片奏刊用木质关防一颗,其文曰“协办大学士两江总督一等侯行营关

防"。又片奏任、赖股匪奔扰信阳之南,将入鄂境,周盛波跟踪追剿,现饬张树珊拔队追击。刘铭传军疲劳太久,在周家口稍休,即行赴鄂。又檄调李昭庆全军由皖赴鄂,以收夹击之效。又附密片奏保湘、淮各军将才。如道员刘盛藻、总兵戴春林、潘鼎立、提督章合才,均为后起之选。前任大名道祝垲、编修张锡嵘,皆文员中出群之才。略陈品概,以备采择。

十九日,委员赍送钦差大臣关防赴徐州营。二十八日,奉到上谕"曾国藩请以散员仍在军营自效之处,具征奋勉图功,不避艰险之意。惟两江总督责任綦重,湘、淮军饷,尤须曾国藩筹办接济,与前敌督军,同为朝廷倚赖。该督忠勤素著,且系朝廷特简,正不必以避劳就逸为嫌,致多顾虑"等因。钦此。是月,公弟国荃驻军德安,湖广总督官文公奉旨开缺,人都供职。钦差户部侍郎谭公廷襄暂署总督。

十二月初三日,驰折奏钦奉谕旨,再陈下悃,仍请开两江总督协办大学士缺。附片奏任、赖一股窜扰孝感,鄂军接仗获胜,檄调刘秉璋与刘铭传军合为一路,探踪追剿。又具折奏保刘铭传一军:克复黄陂,并在济宁、雄河、阜阳、扶沟等处战功最伟,劳苦尤甚。五案并保,开单请奖。附片奏保吏部主事钱应溥在营效力,请加四品卿衔。十五日,奉到上谕"曾国藩当仰体朝廷之意,为国家分忧,岂可稍涉疑虑,固执已见?著即懔遵前旨,克期回任,俾李鸿章得专意剿贼,迅奏肤功"等因。钦此。

二十一日,驰折奏:遵旨回驻徐州,暂接两江总督关防。臣病体未痊,仍恳另简江督,而臣以散员效力行间。至中外交涉事件,素未讲求,请旨令两淮运司丁日昌护理通商钦差大臣关防,必能有裨时局。附片奏东路任、赖一股,盘旋于安陆之境。刘铭传等追剿,贼窜向鄂东一带。西路张逆,渡过渭北,鲍超自请移师赴鄂,先剿东段。因檄令刘松山、张锡嵘等由潼关人秦,即在陕州设立粮台,仍派薛书常管理。是日具折奏江西南康县查办案内充公田产,分析办竣。又奏保刘松山、张诗日等军在西华、上蔡、新野等处大胜,汇案请奖。附片奏请酌提安徽丁漕,加该省兵勇之饷。又片奏前年饬委运同衔容闳前往西洋,采办机器百数十种,均交上海制造局收用。该员不避艰阻,请予奖励,以昭激励。又片奏参安徽涡阳县知县沈濂革职。

是月,楚军、淮军集于湖北之境,凡七万余人,会剿任柱、赖文光一股。郭松林军挫于德安,总兵张壮勇公树珊阵亡,贼益张。陕西官军挫溃,张总愚逼近西安省城。乔公松年到陕后,亟檄刘松山一军人援关中。公办理捻匪一载有余,初立驻兵四镇之议,次设扼守两河之策,皆未久而改变。其在临淮,搜擒蒙、亳匪徒,以绝捻之根株;在徐州办结湖团巨案,以除捻之勾引。刘铭传、刘松山、潘鼎新三军,大小数十战,贼众纵横飙忽之势,实因以少衰。是冬张逆入秦,任、赖入楚,中原稍得息肩矣。

而是岁言路劾公办理不善者,有御史朱镇、卢士杰、朱学笃等疏,皆奉寄谕钞发。御史穆缉香阿奏督师日久无功,请量加谴责一疏,奉上谕:"年余以来,曾国藩所派将领,驰驱东、豫、楚、皖等省,不遗余力,歼贼亦颇不少,虽未能遽尽全力,亦岂贻误军情者可比?该御史所奏,着毋庸议。"钦此。是后,又有御史阿凌阿劾公骄妄各款,亦奉旨辨斥。公念

权位所在,众责所归,惕然不敢安焉!

【丁卯】同治六年,公五十七岁。

正月,公在周家口营。初六日,启行赴徐州。十三日,过砀山境,散钱二十六缗给饥民。十五日,公至徐州。十九日,接受两江总督关防、两淮盐政印信、通商大臣关防,与李公鸿章通筹西北大局。

二十一日,驰折奏报回驻徐州接篆日期。附片奏贼在鄂中,官军有合围之势,恐任、赖一股续窜入秦,鲍超一军应留豫西拦截,俟贼情定后,再调赴秦。又片奏:彭玉麟报捐养廉银两,奉旨查明子弟,给予奖叙。该侍郎力辞,出于至诚,恳如所请,以遂其报效之诚。

二十九日,奉到上谕:"曾国藩既经接受两江督篆,所有察吏筹饷及地方应办事宜,均关紧要;且金陵亦不可无勋望素著大员坐镇。着即回驻省城,以资震慑。该督公忠体国,自当仰体朝廷倚畀之隆,勉为国家宣力。一切军情调度,仍着李鸿章随时咨商,以资裨益。"钦此。

是月,张公锡嵘在陕西阵亡。鲍公超回军襄阳,击贼于杨家泽,大破之;追剿至丰乐河,复大破之,杀贼万余人。任、赖捻股窜河南境。李公鸿章奉旨授湖广总督,李公瀚章调授江苏巡抚,暂署湖广总督,刘公琨授湖南巡抚。

二月初三日,李公鸿章拔营赴河南督师,仍驻周家口。初八日,专折奏谢年终恩赏。又奉报军需款目:自咸丰三年起,至金陵克复之日,凡为时阅十二年之久,用款至二千一百三十余万之多,分为四案,开列简明清单,照例报销。附片奏动用安徽抵征一项,比例请销。又片奏江忠义、席宝田二军饷银,归入江西汇总造报。又片奏补发湘军欠饷,作为第四案续报之款。又奏新授江苏布政使丁日昌请暂缓陛见。

十四日,驰折奏迷奉谕旨,移驻金陵,恭报启程日期。又折奏:上年奉旨,发交臣营差委各员——道员钟文、总兵沈宏富、提督何绍彩,分别发往各路差遣。附片奏道员祝垲应仍交李鸿章随营差遣。又片奏甘肃道员金国琛,请开缺终养。又片奏阵亡编修张锡嵘,请加恩其子。又奏阵亡总兵张树珊,请于周家口建立专祠。又折奏彭玉麟水师营、鲍超霆军查办滋事弁勇。

十六日,由徐州启行,至韩庄登舟,沿途查阅运河堤墙。二十二日,至清江浦,张公之万来见公。二十三日,吴公廷栋来见公于舟次,方舟从公赴金陵。二十六日,查阅清水潭堤工。三十日抵扬州。

是月,任、赖捻股东窜安徽境,回窜湖北东境,湘军败挫,彭忠壮公毓橘阵亡于黄州。刘松山军人陕西,击张逆一股,连破之。

三月初一日,公与官文公相见于舟次。初二日,查阅瓜洲盐栈。初六日,抵金陵,还署。金陵之民,焚香于道以迎公。初十日,按视新修江宁学宫工程。十五日,刘公琨舟过金陵见公。

二十日,驰折奏报回省日期,并陈鄂东之贼向西北窜走,张逆在秦,与回逆合股,刘松

山攻剿屡胜，尚有把握。附片奏酌拨军饷，协解陕、甘两省。是月，鲍公超在襄阳伤病大作，公委员赍药馈问之。左公宗棠赴陕甘任，行至湖北，接受钦差大臣关防。丁公宝桢补授山东巡抚。

四月初七日，驰奏提督鲍超伤疾甚剧，请调直隶署提督娄云庆南来接统霆军。附片奏回任以后，通计饷需款目，入不敷出，且有万不容缓之事，须行筹款者，如制造轮船，购买机器，湘军入秦，淮军在楚，多未发足军饷，长江北岸，拟添陆军，以为防运河堤坝，险工林立，均属刻不容缓，请旨将江海关洋税应解部之四成，酌留二成以济要需。十六日，专折奏谢京察从优议叙恩。又奏遵照新章，甄别劳绩州县，开单附呈。江南苦旱，公出祷雨于甘露神祠。二十四日，雨。是月，任、赖捻股由湖北窜河南南阳境。

五月十六日，驰奏续查民圩，擒斩捻党，开单奏结，嗣后归地方官办理。附片奏：任、赖逆股自鄂省窜出，有东趋之势。本年天气亢旱，农田枯坏，人心皇皇，皆由臣德薄，累及斯民，忧愧无地，且运河水涸，东路军情可虑。又闻张逆有回窜出关之意。又折奏本年乡试依限举行，并兼行乙卯科武乡试。又片奏保员外郎王家壁，请以五品京堂，遇缺题奏。公连日步出祷雨。十九日，公诣灵谷寺取水。二十日，大雨。公筹银四千两，修复灵谷神祠。是月，任、赖逆股由河南窜山东，越运河而东犯青州之境。奉到上谕："曾国藩着补授大学士，仍留两江总督之任。"钦此。

六月初十日，专折奏谢天恩补授大学士。又折奏鲍超伤病深重，恳请回籍养病。附片奏贼已渡运东窜，令黄翼升驻扎射阳湖，为里下河之防。又片奏江宁建立昭忠祠，其初专祀湘军陆营将士，请并祀水师员弁。又折奏本年乡试，派学政鲍源深入闱监临。又奏请展缓本年军政。十八日，专折奏江南、江北粮台收支军需各款，分案开单奏销。

是月，任、赖逆股东窜登、莱之境，李公鸿章、刘公长佑建议：合四省兵力合堵运河，就东境剿灭任、赖一股；河南、湖北两省兵力严扼潼关，毋令东窜，就关中剿除张总愚一股。英翰公疏请合兵严守胶莱河，逼贼于海隅，聚而歼之。

七月二十九日，驰奏霆营将领公禀不愿隶娄云庆部下，请将鲍超全军撤遣大半，其余令谭胜达等带赴济宁，归李鸿章调遣，并令娄云庆另募新军，以备防剿。又奏遵旨筹拨直隶赈灾一款，皖军协饷一款，并陈现筹兴复淮渎，使水归故道，以减淮扬水患，于清江设立导淮局，试办挑浚。附抄章程十六条咨送军机处，以备查核。附片奏筹拨本年大运银两，解交织造衙门应用，俟军务平定，再议添拨。是月，任、赖股匪回窜，越潍河扰犯沂州境，窜扰赣榆、海州、沭阳之境。

八月，接到总理衙门公文，预筹换约事宜。公饬属吏悉心条议，择其善者具咨与函，专派员弁，由沪入都呈复。议增修金陵昭忠祠。祀江南殉难官绅。

九月十八日，具折奏甄别府县等官。续奏采访忠义第二十八案。附片奏水营记名提督冯标病故请恤，皖南殉难县丞罗庆恩请恤，烈妇程胡氏请旌。是月，海州捻股回窜山东境。

十月初五日，公下闱典校武乡试，提督李朝斌会考。十九日，试竣，取中武举一百五十七名。是月，山东贼复窜赣榆，刘公铭传追剿，破之，阵毙捻酋任柱。公弟国荃开缺回籍。

十一月初三日，专折奏报江南武闱乡试事竣。初六日，专折奏江北粮台捐造船炮，用过银数，循例报销。又奏徐州善后局报销。又折奏扬州虹桥乡殉难绅民妇女请旌恤，巡检陆炘请恤，澄海营副将陶位中、参将黄占魁出洋捕盗遇害，请恤。十五日，驰折奏遵旨预筹修约事宜。二十七日，刘公铭传击贼于寿光洱河，大破之，擒斩数万人，贼大溃，赖文光遁走。山东肃清。是月，官文公署直隶总督，丁公日昌授江苏巡抚。

十二月初三日，奏查明本年江北新漕征解实数，现在筹办情形。又奏筹解明年协甘饷银。又折奏：江宁省城，自咸丰三年沦陷，向荣、和春等驻兵八载，阵亡之文武将弁，殉难之官绅士民，尚未建祠崇祀，实为阙典。湘军昭忠祠地基宽敞，因与僚属议建三祠，中为湘军陆营，西为湘军水师，东为金陵官绅，务使毅魄忠魂，萃于一处。其金陵官绅，综举约有六端：一曰咸丰三年城陷殉难之员，二曰向荣、和春营中阵亡病故之员，三曰江宁七属殉难之绅，四曰江南大营援剿他处殉难之员，五曰镇江、扬州两军阵亡病故之员，皆祔祀祠中；六曰满汉妇女不屈而死者，别立贞烈祠祀之。恳饬令地方官一并致祭，实有裨于圣朝劝忠之道。附片奏霍邱县殉难团绅李友张请恤，并其家属五十一名。

初十日，扬州官军擒捻酋赖文光斩之，余党进散，东南荡平。二十二日，奉上谕："大学士两江总督一等毅勇侯曾国藩著加恩加赏一云骑尉世职。"钦此。是月，张总愚捻股由陕西越黄河窜至山西境，东趋畿辅。

是岁骆文忠公秉章奉旨以四川总督协办大学士，寻卒于成都。李武壮公祥和在陕西宜川阵亡。

【戊辰】同治七年，公五十八岁

正月初二日，接见西洋公使浦安臣。十七日，专折奏谢天恩加赏世职。又折奏谢年终恩赏。又奏年终密考学政声名。又奏江苏臬司李鸿裔请假。二十一日，定书局章程八条，又训手民四条，委道员洪汝奎经理书局。汝奎，汉阳刘公传莹之门人也。二十七日，核定长江水师未尽事宜及水师补缺章程。是月，张总愚捻股窜直隶境，扰犯保定、河间、天津各属境，畿辅戒严。丁公宝桢督军入援，驻固安；左公宗棠督军追剿，驻天津；李公鸿章驻军大名；李公鹤年、英翰公，皆引兵防河南北。

二月十七日，刘公长佑过金陵见公。三月初五日，驰奏拟补长江水师各缺，并续陈未尽事宜十条。奏称：衡州试办水师之始，非有旧例可循，屡试屡变，渐推渐广。今已奏定章程，著为令典，不敢谓立法之尽善而无弊，所愿数十年后，督抚提镇，随时损益，遇事详求，冀将材辈出，历久常新，此则臣等所祷祀以求者也。又折奏总兵张诗日病故请恤，并准加恩予谥。奉旨予谥勤武。公又奏上年江北冬漕并归海运，详议海运章程十条，开单附呈。附片报江北漕粮起运实数。又片奏筹解甘饷分数。又附片奏陆营武职大衔借补小缺，请敕部核议准行。又片奏保总兵王可升、章合才、易致中三员，皆足胜专阃之任。二十日，作《灵谷龙神祠碑记》。二十八日，欧阳夫人至署。

四月初一日，江南苦雨，公出诣神祠祈晴。李公瀚章调任浙江巡抚。初四日，过金陵见公。初七日，奏结霆营上年在襄阳闹饷一案，查办营官哨官，审明定拟。又奏上海铁厂制造火轮船，及广东艇船，仍须酌改营制，略仿西洋之法，拟会同丁日昌履勘查阅，再将外海水师章程核议具奏。二十日，调验船厂所造八团舢板。二十四日，由金陵登舟启行，公子纪泽从。二十六日，至扬州，查运库。二十九日，登金山，观苏文忠公玉带，为诗纪之。旋登焦山。是月，直隶捻匪窜运河以东，分扰及山东东昌、武定各属境。时河北水涨。官军因扼运河以困之。

闰四月初一日，公舟泊丹阳。初二日，泊常州。初三日，泊苏州省城，留五日。初八日，出巡阅李朝斌太湖水师，遂行赴上海。丁公日昌从。途次奉到上谕："曾国藩著授为武英殿大学士。"钦此。初十日，行至上海，驻铁厂，查阅轮船洋炮工程。洋领事官白来尼等来见公。十四日，会奏拨解直隶军饷，并汇陈近年协拨陕甘军饷情形。又奏酌提制钱三十万串，由轮船解运天津，请照银价划抵京饷。附片奏上海旧存轮船两号，不能行驶外洋，适有福建华福轮船来沪，即令改调前赴天津，以备巡防之用。公专奏遵旨派员驰赴合肥，催令刘铭传销假，迅赴直隶、山东军营。并沥陈：剿捻之师，谋勇以刘铭传为最，而劳苦疲乏，亦惟铭军独甚。念本年畿辅之警，若非去岁先灭任、赖一股，大局不堪设想。恳于寄谕中奖其勋谋而慰其劳苦，则天语一字之褒，胜于臣等函牍万万矣。是日，公拜折后登舟查阅吴淞口、狼山、福山各营。十五日，由轮船回金陵署。

五月初八日，专折奏谢天恩。附片奏提督黄翼升、总兵欧阳利见所领水师已赴济宁。并查看山东河防提督刘松山添募湘勇，饬湖南盐局拨银二万两，以利遄行。

六月十八日，专折奏江北水灾赈济银数，造册报销。又折奏李鸿裔病状，请开缺调理。又折奏总兵娄云庆撤营事竣，请开缺回籍养亲。附片奏保总兵谭胜达、王衍庆二员。又折奏采访忠义第二十九案。附片奏已故总兵张运桂请祔祀张运兰专祠。又奏常州殉难绅民史承简等合族一百二十名，请于郡城建史氏忠节专祠；全椒县知县孟煊在任殉难，请建专祠。是月，刘公铭传赴直隶，时湘、淮各军将领萃于三辅，诏都兴阿出视师于天津。

七月，彭公玉麟经理长江水师事竣，奏请开兵部侍郎之缺，补行守制。奉旨允之。官军会剿捻匪，破平之。张总愚走死直隶。山东肃清。李公鸿章以湖广总督协办大学士，刘公铭传封一等男爵，封疆将领承恩赏各有差。初十日，奉上谕："曾国藩筹办淮军后路军火，俾李鸿章等克竟全功，著交部从优议叙。"钦此。扬州民与天主教堂哄斗，公委藩司李宗羲、运司李元华、上海道应宝时提案会讯。二十二日，专折奏前次有密疏一件，未能缜密，自请交部议处。又折奏东西捻股一律肃清，湘、淮各军亟应赶紧裁撤，以节饷需而苏民困。谨预筹经费，为撤勇之用。又折奏查明运河水志情形。又折奏查报阵亡、伤亡、病故员弁，汇单请恤。附片奏河工道员潘鸿焘请恤。又折奏江宁府属查出熟田，试办抵征。二十七日，奉到上谕："曾国藩著调补直隶总督，两江总督著马新贻调补。"钦此。

八月初六日，专折奏谢天恩，一为交部优叙，一为调任直隶。吁恳陛见。附片沥陈丁忧两次，均未克在家终制；从公十年，未得一展坟墓。瞻望松楸，难安梦寐。又称剿捻无功，本疚心之事，而回任以后，不克勤于其职，公事多所废弛，皆臣抱歉之端。俟到京时，剀切具奏。十一日，作《江宁昭忠祠碑记》。十三日，上海船厂造火轮船第一号成，驶至金陵。公登船试行至采石矶，命名曰"恬吉"，取四海波恬、公务安吉之意。批发扬州教堂一案，具咨文呈报总理衙门。是月，李公鸿章奏凯，撤剿捻官军，惟留刘铭传一军驻扎畿南之张秋镇。又奏筹款修葺孔林。湘勇刘公松山军从左公宗棠入秦，剿办回逆。

九月初二日，奏报恬吉轮船工竣，并陈明上海机器厂筹办情形。附片奏金陵善后局经用之款，请免造册报销。又片奏内江水师粮台委员、船厂委员汇案请奖。初十日，酌定湖北撤勇一案。十七日，核定外海水师章程。丁公日昌至金陵，会议扬州教堂一案。二十日，马公新贻到金陵。二十六日，交卸关防印信。二十八日，公弟国潢来署，相见甚欢，大被同宿，纵谈家乡琐事，以为笑乐。又自书箴言六条赠之。是月，公与漕督、河督会奏荣工漫水渐入洪湖会筹堵御一折。

十月初五日，具折奏报交卸日期，遵旨会商公事，暂缓启程。又具折奏请禁止川私行楚，收回淮南引地，以复旧制而整鹾纲。附片奏刘松山一军由江南协饷，请改道湖北襄阳转解入奏。并称：臣交卸之际，应将经手事件略为结束。又折奏原任广西抚巡抚邹鸣鹤在金陵殉节，请从优加恤，并准予谥，以彰忠节。又奏水师营副将柳寿田病故请恤。二十六日，李公鸿章赴湖广任，过金陵见公。

十一月初三日，专奏湘军第五案军需款目造册报销一折。奏称：从前军营办理报销，中外吏胥互相勾结，以为利薮。此次臣严饬属员，认定实用实销四字，不准设法腾挪，不准曲为弥缝。臣治军十余年，所用皆招募之勇，与昔年专用经制弁兵者情形迥异。其有与部例不符之处，请敕部曲为鉴谅，臣初无丝毫意见欲与部臣违抗也。是折奉旨："著照所请，该部知道。"钦此。是日，又具折奏酌议江苏外海内洋里河水师事宜十四条，请敕下李鸿章、马新贻、丁日昌各抒所见，妥为核议，并求部垣详核，不厌驳诘，以期利多弊少。臣不敢因系初议之人，稍涉回护。又折奏江楚用兵太久，武职保举太多，惟借补小缺一途，可以安置撤遣之将弁。谨将江南近年考试武职章程四条，录呈御览。又折奏："江淮等属。历年垫应兵差，添设台站，头绪纷繁，州县交代，永无结算之期，实有妨于吏治。臣任两江最久，唯此为经手未完之件。现拟设法清釐，准仿照粮台之例，开单报销，仍按据金陵未克以前及既克以后年分，分别办理。附片奏补发湘军欠饷，归案报销。又片奏：臣未交卸之时，两次接准造办处来文，俱称移会两淮监督。查两淮只有盐政，并无监督之官。造办处系内务府司员，与部院司官体制相同，行文督抚，应用堂官之印。请旨敕下该衙门，嗣后遇有传办要件，统归内务府大臣行文，不宜迳由造办处移会，以符定制而杜弊端。又片奏报经手事竣，启程北上日期。

初四日，公由金陵登舟起行。金陵士民焚香酌酒以钱送者，填咽街巷。于时欧阳夫人患咳喘甚剧，公长子纪泽留金陵侍疾，次子纪鸿从行。初八日，泊扬州。公弟国潢从公于扬州，乃别回湘。十三日，抵清江浦。十七日，由清江启行。江宁将军魁玉公出都赴任，谒公于途次。二十日，彭公玉麟从公于郯城境，乃别回南。三十日，渡黄河，宿齐河

县。丁公宝桢来见公。

十二月初四日,行抵直隶境。公在途次,每日按舆图稽查山川原委,尤详考畿辅水利,随时延访官绅贤否,证以舆论而密记之。

十三日,人都门,寓东安门外贤良寺。十四日,昧爽趋朝,见军机大臣于朝房,召见于养心殿,奏对数十语,赐紫禁城骑马。退朝,谒恭亲王于邸第,及军机大臣文祥公等。十五日,递折奏谢天恩召见,奏对十余语。十六日,又召见,奏对语尤详。移时乃出。时在廷诸臣,想望丰采,退朝之际,千官属目焉。十八日,至内阁上任,接见侍读中书各员。旋至翰林院上任,接见讲读学士以下各员。谒至圣庙及先儒韩文公祠。十九日,公访塔忠武公宅,登堂见其母,厚馈之。二十日,移寓城南法源寺。二十四日,至内阁,集议通商事宜,凡三日。二十八日,会奏议复修约事宜一折。二十九日,递折奏谢年终恩赏。

【己巳】同治八年,公五十九岁。

正月初一日,早朝捧庆贺表,从驾诣长信门行礼。天明皇上升殿受贺,公与朱公凤标上阶展表。太常寺司员宣读表文毕,公与内廷诸臣,行礼而退。初二日,始为《无慢室日记》,条记密事。初五日,公访倭仁公宅,因偕至内阁。醇郡王与大学士会议奏陈机务六条,公手稿数千字,移时而成。初七日,趋朝奏事。初九日,至琉璃厂书肆,纵观书籍。十五日,趋诣保和殿,侍赐宴藩王。十六日,赐宴廷臣于乾清宫。内监引入,皇上升座,倭仁公领满大学士、尚书西向坐,公领汉大学士、尚书东向坐。乐三阕,乃宴倭仁公起奉爵御座,皇上遍赐大臣爵,乐三阕,乃出谢恩颁赏珍物。十七日,具折请训,又递折奏略陈直隶应办事宜,请酌调人才,以资差委,酌拨银两,以济要需。直隶最大之政,在于练兵饬吏,次则河工。请留刘铭传一军,长作拱卫之师,再练万人,使成劲旅,则畿辅不患空虚。民间疾苦,由于积狱太多,差徭太重,属僚玩上虐民,当以严法重惩之。永定、滹沱二河,常为民患,亦宜大加疏浚。请敕下江苏督抚,每月拨解银三万两,稍资周转。并开单奏调道员钱鼎铭、陈鼐、知府李兴锐、知州游智开、赵烈文、知县方宗诚、金吴澜及员外郎陈兰彬八员召见,奏对数十语,皆疏中事也。退朝谒恭亲王邸第。二十日,出都。二十一日,巡视永定河堤工。二十七日,行抵保定府。

二月初二日,接受直隶总督关防、长庐盐政印信。初八日,拜发到任接印日期一折。附片奏试办永安河工,请敕户部借拨银两,赶修要工。初九日,送官文公人都。十三日,札饬永定河道及河工委员择日兴工。十六日,阅直隶选练六军操演阵法。时直隶营伍疲弱,刘公长佑为总督时,遵部议于绿营弁兵中挑选数千人,酌加练饷。至是已五年矣。十八日,作清讼事宜一编,为四柱册,通饬各州县官,刻期清结积案,以为课程。二十三日,具折奏查明州县积潦大洼地亩,分别豁减粮赋。又奏粮台循案报销一折。

三月初五日,刊发直隶清讼事宜十条,核定限期功过章程十四条。初九日,三口通商大臣崇厚公来见。十四日,刘公坤一人都,过保定见公。直隶臬司张树声调山西臬司。新授臬司史念祖,诏公察看。十六日,折奏直隶讼案最多,积压未办,臬司张树声情形较熟,清厘甫有端绪,请暂留本任;并钞呈清讼事宜十条。又折奏举劾属员,以饬吏治。又奏报上年抢修永定等河,用过银数。二十八日,丁公日昌入都,过保定见公。史念祖到省,公派委综理发审局。

四月初一日,专折奏报查勘永定河工合龙出省日期。是日启行。初六日,验收河工。初八日,回署。十四日,奏报勘工回省日期。又奏直隶采访节义第三案。十七日,粤南使臣黎峻等过境见公。二十日,公子纪泽奉欧阳夫人到署。二十八日,郭公柏荫入都,过保定见公。

五月初四日,专折奏刘松山军在陕西宜君、绥德两处有溃变之案,实因军士久役思归所致。该军剿办得力,锐气未减,未可遽议撤遣。初十日,杨公昌浚入都,过保定见公。二十一日,具折奏称:近日内外臣工间奏,多主练兵,不主养勇,当此全境敉平,自不宜留勇队于近畿,然目前练军,实无化弱为强之法,当参用东南募勇之意,仍须户部筹拨的饷,然后营务渐有起色。又折奏永定河工合龙,请开复河员处分。附片奏报提用长庐复价银两,以济河工,并拟酌加岁修领款。二十二日,李公宗义入都,过保定见公。二十三日,永定河复决口。

六月初六日,作《客座示僚属箴言》四条,定以每日传见州县二员。十一日,奏遵照部议,裁撤长庐总商,以杜把持之弊。又折奏永定河水暴涨,道厅各员抢护新工,竟于他处漫溢,请分别参办,并自请交部议处。又奏提督朱南桂、谭国泰病故,请恤。奏调琼州总兵彭楚汉来直隶差委。是月作李忠武公、勇毅公神道碑铭二篇。

七月初一日,奏永定河漫口抢堵,未能合龙,拟缓期秋后将挑浚中泓、疏浚下口二事,认真筹办。初四日,作《劝学篇》示直隶士子。二十一日,奏酌议直隶、山西、河南三省毗连州县会哨章程。二十四日,郑公敦谨自山西入都,过保定见公。

八月初六日,奏续查属员,据实举劾。二十七日,奏接准部咨再行酌议练军事宜一折。奏请调南方战将以练北方新兵,拟于古北口增练千人,提督傅振邦领之;正定府增练千人,总兵谭胜达领之;保定府增练千人,以彭楚汉领之。附片奏刘铭传一军护卫京畿,未可遽撤。该提督开缺回籍,其部将刘盛藻代领其军,尚能胜任,毋庸另派统领之员。又片奏保道员蒋春元署永定河道。

九月初四日,作《湘乡昭忠祠碑记》。初六日,奏采访节义第四案。十二日,核定直隶练军章程,委知府李兴锐查访长庐盐务。二十一日,具折奏试办永定河挑浚中泓、下口二法核定工程,请停止摊捐,发给现银,使厅汛无所借口,以作兵弁夫役之气。附片请拨长庐运库银两,以济河工之用。二十三日,作《唐确慎公墓志铭》。

十月初八日,作《罗忠节公神道碑》。初十日,公启行出省勘河工。十二日,抵固安,巡视工程,验收合龙。十三日,奏报勘工出省日期,并报循河勘验下口。十七日,登舟顺流而下,至天津府查勘盐政,校阅洋枪洋炮队。二十日,由天津启行。二十三日,回署。

十一月初一日,奏酌议长庐盐政十条。又折奏查明州县灾歉情形,分别蠲缓,以纾民力。大、顺、广一带尤苦旱,恐须预筹赈济。附片奏查工回省日期。又奏采访节义第五案。十九日,具折奏芦纲备累日甚,宜减轻成本,以苏商困而保颓纲酌议五条。又折奏永

定河漫口合龙及疏浚中泓下口，均属稳固深通，请开复河员处分。又具折奏遵旨察看臬司史念祖，请酌调刑名稍简之省分，乃为相宜。是月作《王考星冈府君墓表》。

十二月十四日，奏铭军将领刘克仁、刘盛璪病故，请恤。二十四日，奏查明畿南各属灾歉较重，拟于来春以贷为赈，请于天津存储项下拨制钱十万串，解至大名。预备散放。附片奏升任臬司钱鼎铭请暂留大名道任督办赈贷。又折奏滹沱河改道北流，已阅两年，亟应设法修治，谨陈大概情形，请敕部核议。

是岁，公壹意清釐狱讼，遇重大之案，则亲自鞫讯，每月数次。统计专折奏结重案及京控发交之件，前后凡五十余疏，不能悉纪。公自到任以后，定以每日分时清釐案牍、接见宾僚、吟览经史诗古文，以为日课。每月以暇时为文一二篇，计成碑、铭、序、记之属凡十余篇。

【庚申】同治九年,公六十岁

正月十六日,专折奏年终密考。又奏永定河工拨借运库银两,请于应解京饷项内照数扣还。二十四日,核直隶练军马队章程。委陈兰彬前往大名助办赈贷。是月,刘忠壮公松山在甘肃攻剿回逆于金积堡阵亡,其兄子锦棠接领其军。

二月初二日,专折奏谢年终恩赏。又奏直隶清理积狱,旧案陆续完竣,新案办理就绪。计审结并注销之案四万一千余起,多年尘牍,为之一清,请将勤奋之员酌予奖励。又奏州县留支银两,请免提解四成,俾地方官有办公之资,以为振兴吏治之助。又奏直隶州县应付兵差款项,酌议报销。二十一日,专折奏谢京察从优议叙恩。又奏湘、淮各军剿捻军需第一案报销。附片报洋枪洋炮教练勇粮款目,附案请销。又具折奏提督刘松山宣力最久,忠勇迈伦,力攻回寨,受伤殒命,谨胪陈事迹,请宣付史馆,并于本籍建立专祠。

三月初五日,出城诣刘孝子墓及杨忠愍公祠。初十日,奏直隶留防兵勇收支饷项,截数报销。二十九日,奏报永定河凌汛安澜一折。又奏复核部驳保案一折。又奏采访节义第六案。公自入春以来,屡患目光昏蒙,而治公牍览书史未尝少息,至是验知右目已失明,于是闭目静坐之时为多。是月,公子纪泽入都,赴荫生试。

四月十一日,改定练军马队步队营制。十六日,奏试办练军,酌定营制,比照湘勇、淮勇军营旧章,参酌增损,次第推行。又以官马不如私马,亦欲仿募勇章程,自养营马,以冀练成劲骑。附抄呈步队营制十条,马队营制六条。附片奏筹议口北三厅防务。是日,公眩晕,病作甚剧,旬日渐平。二十一日,奏陈病状,请假一月调理。二十五日,公子纪泽试竣,吏部带领引见,奉旨以员外郎分部行走,签分户部陕西司。

五月初八日,专折奏谢子纪泽受员外郎恩。二十二日,奏病尚未瘳,续假一月。又折奏畿南赈贷,办理事竣,各地方官赔累已甚,请免报销,以示体恤。又折奏保永定河工出力员弁,开单请奖。又奏采访节义第七案。

二十五日,奉上谕:"曾国藩着前赴天津,查办事件。"钦此。同日奉上谕:"崇厚奏津郡民人与天主教起衅,现在设法弹压,请派大员来津查办一折。曾国藩病尚未瘳,本日已再行赏假一月,惟此案关系紧要,曾国藩精神如可支持,著前赴天津,与崇厚会商办理。匪徒迷拐人口,挖眼剖心,实属罪无可逭。既据供称牵连教堂之人,如查有实据,自应与洋人指证明确,将匪犯按律惩办,以除地方之害。至百姓聚众将该领事殴死,并焚毁教堂,拆毁仁慈堂等处,此风亦不可长。著将为首滋事之人查拿惩办,俾昭公允。地方官如

有办理未协之处，亦应一并查明，毋稍回护。曾国藩务当体察情形，迅速持平办理，以顺舆情而维大局。原折著抄给阅看。"钦此。

先是，天津境内屡有迷拐幼孩之案，并有剖心挖眼之谣，署天津知府张光藻擒获拐匪张拴、郭拐二名严办。旋有民团拿获匪徒武兰珍，供出法国教堂之王三授以迷药。由是津民与教民屡有争哄之事。三口通商大臣崇厚约法国领事馆丰大业来署，提犯人对质。于时讹言四起，人情汹汹。丰大业在崇厚署中施放洋枪，崇厚亟起避之。丰大业忿而走出，遇天津县知县刘杰，复用洋枪击伤其家丁。津民见之者，遂殴毙丰大业，烧毁教堂等处。洋人及本地从教之民男妇死者数十名口。此五月二十三日事也。

二十七日，奉上谕："崇厚奏津郡民教起衅争殴，自请治罪，并请将地方官分别严议革职一折。崇厚、周家勋、张光藻、刘杰著先行交部分别议处，仍著曾国藩于抵津后，确切查明，严参具奏。至迷拐人口匪徒及为首滋事人犯，均著严拿惩办，并会同崇厚彻底根究，秉公办理，毋稍偏徇。"钦此。

二十九日，公复陈一折。奏称：据天津镇道来禀，武兰珍所供之王三，业经弋获，必须讯取确供；武兰珍是否果为王三所使？王三是否果为教堂所养？挖眼剖心之说，是否凭空谣传？抑系确有证据？此两者为案中最要之关键。从此两层悉心研鞫，力求平允，乃可服中外之心。谕旨饬臣前往，仍垂询臣病，臣之目疾，系根本之病，将来必须开缺调理，不敢以病躯久居要职；至眩晕新得之病，现已十愈其八，臣不敢因病推诿，稍可支持，即当前往。一面先派道员博多、宏武等，迅速赴津，会同天津道、府洋讯办理。

六月初一日，奉上谕："曾国藩奏所称案中最要关键等语，可谓切中事理，要言不烦。日内如可支持，即著前赴天津，会同崇厚悉心商办。"钦此。崇厚驻天津近十年，调停于民教之间，人颇讥之。事变之后，崇公出示解散，有严禁聚众滋事之语，由是怨声载道。崇公寻奉旨充出使法国大臣，其三口通商大臣以大理卿成林署理。初四日，公将启行，书遗教一纸，其略云："余自咸丰二年募勇之初，自誓效命疆场，今年老病躯，危难之际，断不肯苟于一死，以自负其初心。"初六日，由保定启行，宿高阳县。初七日，宿任邱县，具折奏报启程日期，并称与崇厚往返函商，拟先将俄国误伤之三人，及英、美两国之讲堂，速为料理，不与法国一并议结，以免歧混。初八日，奉上谕："此案起衅之由，因迷拐幼孩而起，总以有无确据为最要关键，必须切实根究。曲直既明，方可另筹办法。至洋人伤毙多名，若不将倡首滋事之犯惩办，此事亦难了结。曾国藩拟将俄国人命、英、美讲堂先行议结，所见甚是。"钦此。

初十日，公至天津。津郡民团，旧有水火会名目，人数甚众，怨崇厚公之护教，咸望公至，必力反崇公之所为。公奉命之初，凡诣公条陈此事者，或欲借津人义愤之众以驱逐洋人，或欲联合俄、英各国之交以专攻法国，或欲参劾崇厚以伸士民之气，或欲调集兵勇以为应敌之师。公意在坚保和局，不与洋人构衅，以致启兵端。其函致崇公，则称"有福同当，有谤同分"之语。既至津郡，出示晓谕士民，仍不奖其义愤，且变有严戒滋事之语。由是津人以怨崇公者怨公矣！公初至时，出令放告，投诉牒者数百人。查讯挖眼剖心，并无

事实,而拐匪一案,拿到教堂之王三、安三等,皆市井无赖,供词反复狡展,不能定案。公亦令委员暂予缓讯,以为洋人转圜之地,但饬缉拿天津滋事之民。由是都门士大夫中,讥议纷然起矣!十一日,接到法国洋官照会一件,系都中洋人由总理衙门转递来津,词气尚顺。十二日,英国洋人来见。十三日,美国洋人来见。十四日,内阁学士宋晋奏和局固宜保全,民心未可稍失,请布置海口防兵,兼婉谕各国,以为解散约从之策。奉旨令公酌量办理,据实奏闻。十六日,公咨复总理衙门,为洋人力辨挖眼剖心之诬。

十八日,专折奏报永定河南岸五工漫口,自请议处,并请河员处分。十九日,法国洋官罗淑亚来见。二十一日,崇厚来,言洋人将大兴波澜,有以府县官议抵之说。公峻词拒之。二十二日,洋官罗淑亚复来,词气凶悍。又来照来一件,有请将府县官及提督陈国瑞抵命之语。

皇帝御用冰箱　清

二十三日,公将现在查办情形照复洋人,并驳诘之。是日,遂与崇厚公会奏。奏称:王三虽经供认授药武兰珍,然且时供时翻。仁慈堂查出男女,讯无被拐情事。至挖眼剖心,则全系谣传,毫无实据。此等谣传,不特天津有之,各省皆然。以理决之,必无是事。天津民所以生愤者,则亦有故:教堂终年扃闭,莫能窥测,其可疑者一;中国人民至仁慈堂治病,恒久留不出,其可疑者二;仁慈堂死人,有洗尸封眼之事,其可疑者三;仁慈堂所医病人,虽亲属在内,不得相见,其可疑者四;堂中掩埋死人。有一棺而两三尸者,其可疑者五。百姓积此五疑,众怒遂不可遏。仰恳明降谕旨,通饬各省,俾知谣传之说多系虚诬,以雪洋人之冤,以解士民之惑。现已将天津道、府、县三员,均撤任听候查办。又奏委丁寿昌署天津道,马绳武署天津府,萧世本署天津县。又附片奏称:洋人照会,挟制多端。请将知府张光藻、知县刘杰二员革职,交刑部治罪。陈国瑞现在京城,请交总理衙门就近查办。公雅意不欲加罪于府县,是日乃勉徇崇厚之请会奏。此疏拜发之后,公意痛悔之,病势渐剧。

二十四日,奉到上谕"有人奏风闻津郡百姓焚毁教堂之日,由教堂起有人眼人心等物,呈交崇厚收执。该大臣于奏报时并未提及,且闻现已消灭等语。所奏是否实有其事,着曾国藩确切查明"等因。钦此。又奉上谕:"崇厚已派出使法国,自应及早启行。著曾国藩体察情形,如崇厚此时可以交卸,即著来京陛见,以便即日启程。通商大臣事务,著曾国藩暂时接办,俟成林到时,即行交卸。"钦此。

二十五日,接洋人照会一件,仍执前说。二十六日,公照复洋人,仍驳诘之。是日奉到上谕:"曾国藩、崇厚奏查明天津滋事大概情形,另片奏请将天津府、县革职治罪等语,已均照所请,明降谕旨宣示矣。此次陈奏各节,固为消弭衅端委曲求全起见。惟洋人诡

谳性成，得步进步，若事事遂其所求，将来何所底止？是欲弭衅，而仍不免起衅也。"钦此。公前疏力辨洋人之诬，又陈五可疑之端，意在持平立论。内阁钞发奏稿，文理不全。都人士见之，谓公偏护洋人，遂以诋崇公者诋公矣！责问之书日数至，公惟自引咎，不欲以自明也。崇厚公每日一来行馆，为主府、县议抵之说。公方在病中，置不答。崇厚乃驰奏法国势将决裂，曾国藩病势甚重，请由京别派重臣，来津办理。

二十八日，公复陈谕旨垂询之件。奏称：焚毁教堂之日，众目昭彰，若有人眼人心等物，岂崇厚一人所能消灭？其为讹传，已不待辨。至迷拐人口一节，实难保其必无，臣前奏请明谕力辨洋人之诬，而于迷拐一节，言之不实不尽，诚恐有碍和局。现在焚毁各处，已委员兴修。王三、安三该使坚索，已经释放。查拿凶犯一节，已饬新任道府拿获九名，拷讯党羽。惟罗淑亚欲将三人议抵，实难再允所求。府、县本无大过，送交刑部，已属情轻法重。彼若不拟构衅，则我所断不能允者，当可徐徐自转；彼若立意决裂，虽百请百从，仍难保其无事。崇厚与洋人交涉已久，应请留津会办，暂缓来京。又奏称：中国目前之力，实难遽起兵端，唯有委曲求全之法。谕旨所示，弭衅仍以启衅，确中事理，且佩且悚。外国论强弱，不论是非，若中国有备，和议或稍易定。现令铭军全队拔赴沧州一带，稍资防御。臣自带兵以来，早矢效命疆场之志，今事虽急，病虽深，此心毫无顾畏，不肯因外国要挟，尽变常度。抑臣更有请者，时事虽极艰难，谋划必须决断。优见道光庚子以后，办理夷务，失在朝和夕战，无一定之至计，遂使外患渐深，不可收拾。皇上登极以来，外国盛强如故，惟赖守定和议，绝无改更，用能中外相安，十年无事。津郡此案，愚民愤激生变，初非臣僚有意挑衅。倘即从此动兵，则今年即能幸胜，明年彼必复来，天津即可支持，沿海势难尽备。朝廷昭示大信，不开兵端，实天下生民之福。惟当时时设备，以为立国之体，二者不可偏废。臣以无备之故，办理过柔，寸心抱疚，而区区愚虑，不敢不略陈所见。是日，接奉寄谕亦云张光藻、刘杰交部治罪，已属过当，若在津正法，万难允准等因。

二十九日，奉到上谕"据崇厚奏称曾国藩触发旧疾，病势甚重，朝廷实深厪系。此案关系颇大，该督抱恙甚剧，恐照料或有未周，已谕令丁日昌星速赴津，帮同办理。又以丁日昌航海前来，须在旬日以外，先派毛昶熙前赴天津会办。惟该国兵船业已到天津，意在开衅，不可不预为防范。已谕令李鸿章带兵驰赴畿疆，候旨调派"等因。钦此。又奉上谕："曾国藩奏遵旨复陈一折。另片所陈善全和局，以为保民之道，备预不虞，以为立国之本，甚属曲中事理。即著该督坚持定见，悉心经理，用全大局。"钦此。

七月初五日，毛公昶熙至天津，随带侍讲吴元炳、刑部员外郎刘锡鸿、总理衙门章京陈钦、恽祖贻四员。公一见，皆叹异，以为难得之才。初七日。奏报永定河南岸五工续漫成口，再请议处。英国洋官威妥玛来天津，毛公昶熙约洋官会议。既集，陈钦按理抗辩，侃侃而谈。洋人不能诘，罗淑亚犹执前说，径行回京。崇厚亦奏疏自请入都陛见。

初九日，公与毛公会奏罗淑亚回京缘由，请中外一体，坚持定见。并将连日在津会议问答情形，咨报总理衙门。又奏请将福建船局购办京米，截留二万石，存储津郡，以备李鸿章军营及刘铭传全军之用。时李公鸿章督军至潼关，驰折奏称：洋人照会内称"天津府

县帮同行凶，主使动手"等语，所闻得自何人？所查得有何据？必须将府县如何帮同主使证据交出，由中外大员会问提集，当堂质讯，乃可以成信谳而服众心。如果该府县等有实在重情，亦不能曲为宽贷。

十二日，奉上谕："罗淑亚无理要挟，所请府县抵偿一节，万无允准之理。已传谕钱鼎铭将张光藻等解赴天津，并令曾国藩等取具该府县等亲供，以期迅速了结。"钦此。十三日，奉上谕："崇厚著即来京。三口通商大臣，著毛昶熙暂行署理。"钦此。丁公日昌奉旨启行北上，驰折奏称：自古以来，局外之议论，不谅局中之艰难。然一唱百和，亦足以荧听而挠大计，卒之事势决裂。国家受无穷之累，而局外不与其祸，反得力持清议之名。臣每读书至此，不禁痛哭流涕。现在事机紧急，守备则万不可缺。至于或战或和，应由宸衷独断，不可为众论所摇。又称：百姓纷纷聚众，地方官不能认真弹压，过误似亦不轻。十六日，奉上谕"该使臣非理之求，断难迁就。而于近情之请，必当赶紧办理，以示诚信。此时如将下手滋事之犯按律惩办，则洋人自不至节外生枝，再归咎于府县"等因。钦此。

十九日，公奏奉谕旨，檄催刘铭传赴直隶统带铭军，并陈明江面水师与洋面不同，彭玉麟、杨岳斌在籍情形，因及捍御外侮，徐图自强之法。

二十日，奉上谕"军机大臣呈递直隶按察使钱鼎铭禀函，不胜诧异！张光藻、刘杰以奉旨治罪人员，即使患病属实，亦应在天津听候查办。乃该革员等，一赴顺德，一赴密云，捏病远避，尚复成何事体！朝廷令该革员赴津，实曲示保全之意。乃皆不能体会，置身事外。曾国藩率行给假他出，实属不知缓急"等因。钦此。二十三日，奉上谕："近来内外臣工，往往遇事机紧急，徒事张皇，迨祸患略平，则又泄沓成风。为目前苟安之计，即使创立战守章程，而在事诸臣奉行不力，有名无实，遂使朝廷深谋远虑均属具文。似此因循成习，何时可冀自强？何时可平外患？宵旰焦忧，无时或释。"钦此。

二十五日，刘杰到案。丁公日昌到天津。即日悬赏勒限缉拿凶犯。二十六日，奉上谕："该督到津后，统筹全局，次第办理，其中委曲求全万不得已之苦衷，在稍达事理者，自无不谅。该下府县一层，坚持定见，当可就我范围，如能将为首滋事及下手之人严拿务获，讯取确供，按律议抵，大局似可粗定。"钦此。二十七日，张光藻到案。

三十日，公与毛公会奏已革天津府、县到津日期一折。奏称：该员六月十六日撤任，即行请假，臣见其本无大过，故允其所请。其后奉到谕旨，即飞檄催提，目下均已到案。顷接总理衙门来信云，有法国照会，言及该府县主使证据，现饬同文馆翻译，应俟译文寄津，按照所指情节，逐一质讯，再行取具亲供，录送核办。至查拿凶犯，现已获三十七名，仍严饬尽数弋获，从严惩办，以杜外患。八月初二日，总理衙门奏天津一案与洋人照会来往辩论情形一折。奉谕旨钞寄，令公迅速缉凶，详讯严办，催取府县亲供，及早结案。两江总督马端敏公新贻，猝遇行刺，因伤出缺。

初四日，奉上谕："曾国藩著调补两江总督，直隶总督著李鸿章调补。"钦此。初七日，公具折恭谢天恩。并奏称：前在假期之内驰赴天津，实因津事重大，不敢推诿。臣目病甚重，往来文件，难以细阅，幕僚拟稿，难以核改。江南庶政殷繁，若以病躯承乏，贻误必多。

目下津案未结,仍当暂留会办。一俟奏结后,即请开缺,安心调理。又特奏保刑部郎中陈钦在总理衙门当差多年,于中外交涉情形洞悉本末。顷来天津,与洋人诤论,其辩才足以折服强悍,其诚心足以感动彼族。请以署理天津府知府,必收折冲御侮之效。又奏江南月协直隶饷银,截数报销。三口通商大臣成林到任。

初九日,陈钦、刘锡鸿、丁寿昌等会讯府县亲供。十一日,公与毛公昶熙、丁公日昌复讯府县亲供。十二日,奉到上谕:"曾国藩奏沥陈病目情形请别简贤能畀以两江重任一折。两江事务殷繁,职任綦重,曾国藩老成宿望,前在两江多年、情形熟悉,措置咸宜,现虽目疾未痊,但能坐镇其间,诸事自可就理。所请另简贤能之处,著毋庸议,仍著俟津案奏结,即著前赴两江总督之任,毋再固辞。"钦此。

十四日,奏呈府县亲供,请交部核议,并称拿获滋事凶犯八十余名,俟讯明会奏。十七日,毛公昶熙回京师。十八日,奉上谕:"此案为日已久,若不赶紧办结,必致易生枝节。著李鸿章驰赴天津,会同督饬承审各员,认真研鞫,及早拟结。"钦此。

二十三日,公具折奏审明天津案内第一批人犯,分别定拟。又奏咨送复讯府县供词,并陈明该员解送刑部,恐难定限。又奏称办理迟延,自请交部严加议处。刘公铭传至天津。

二十五日,李公鸿章至天津。二十七日,陈国瑞到案。二十八日,奏已革天津府县解部启程日期,并抄呈陈国瑞供词。附片奏称:府县本无大过,张光藻尤著循声。臣之初意,岂肯加以重咎?过听浮议,举措失宜、遽将府县奏交刑部。此疏朝上,夕已悔憾。外间物议,纷纷不平。此次该革员等入狱,诚恐洋人执臣原奏,欲得而甘心,则臣之负疚愈深。请敕刑部细核供词,从轻定议,以平天下吏民之情,臣亦稍释隐憾。并申陈各省民教滋事实情,筹议预杜后患之法。

二十九日,奏开缺臬司史念祖请授以实缺。并陈军营保举记名人员,现经部议新章,保至藩、臬者,必先补道员,仍乞圣慈存记,每年于部章之外,特简实缺数人,实振历人才之道。又奏天津道周家勋开缺,请以陈钦补授天津道缺。又代奏提督刘铭传恭谢恩赏一折。

九月初一日,奉上谕:"陈国瑞所递亲供,既与津案并无干涉,毋庸再令总理衙门刑部复办。"钦此。初三日,丁公日昌回江苏任。初六日,公交卸关防印信,具折奏报卸篆日期。又折奏报闽省采办京米十万石,全数验收。附片奏调前台湾道吴大廷随至江南综理轮船操练事宜。刑部奏已革天津府、县二员,拟发往军台效力。

十一日,奉上谕:"张光藻、刘杰均著从重改发黑龙江效力赎罪,以示惩警。"钦此。是案刑部奏结,照例从重定拟,谕旨又以该员私往顺德、密云逗留貌玩,再行从重也。是日奉上谕:"经此次严办之后,各直省地方务当晓谕居民,安分守法,毋任再滋事端。遇有中外交涉事件,并须按照条约,持平妥办。总期中外商民,彼此相安,以靖地方。"钦此。

十三日,奏续讯天津案内第二批人犯,分别定拟。附片奏署天津道丁寿昌摄篆已久,情形熟悉,措置裕如,请即补授天津道缺。并称已保臬司刘盛藻与丁寿昌分领铭军,皆司

道中难得之才,亦请简放道员实缺。公以本年寿六十,奉旨赐寿,由军机处咨交到御书勖高柱石匾额一面、御书福寿字各一方、梵铜像一尊、紫檀嵌玉如意一柄、蟒袍一件、吉绸十件、线绉十件。十六日,传折奏谢天恩。又具折奏遵旨赴任,恳请陛见。奏称:臣前承乏江南,初无治状,荷蒙奖励,惭感交并,欲勉从后命,则病躯难供驱策,必致陨越贻差;欲自遂初衷,则圣恩已极优容,何敢再三渎请?揆诸古人鞠躬尽瘁之义,一息尚存,不敢稍耽安逸。附片奏刑部主事陈兰彬,有任重致远之志,不避艰险,仍拟带至江南,讲求防海制器操练轮船之事。又奉前次奏结人犯内,有穆巴一名,查无行凶实据,请予开释。另将续获范永一名,归案正法,以示慎重人命之意。

二十三日,由天津启行入都,公子纪鸿奉欧阳夫人并眷口由运河南旋,公子纪泽从入都。二十五日,入都门。二十六日,早朝召见于养心殿,奏对十数语。二十七日,又召见,奏对十数语。

十月初一日,奉派入坤宁宫吃肉。初三日,张光藻、刘杰来见。初六日,军机大臣传旨,催公赴江南任。初九日,递折请训,传宣召见,奏对十数语。初十日,朝贺万寿圣节。十一日,公六十初度日。湖广同乡官设宴于会馆,以为公寿。十五日,启行出都。十八日,次雄县,藩司钱公鼎铭来见公。二十六日,抵济宁州,登舟与眷口船相维南行。

闰十月十三日,抵清江浦。十六日,泊扬州,查勘瓜洲盐栈。二十日,行抵金陵,借寓巡道署。二十二日,接受关防印信。

十一月初一日,专折奏报接印日期。初三日,作家训日课四条:一曰慎独则心安,二曰主敬则身强,三曰求仁则人悦,四曰习劳则神钦。江苏巡抚丁公日昌丁母忧开缺,张公之万奉旨授江苏巡抚。十一日,公奏派应宝时署江苏藩司,并暂护巡抚印务。十七日,奉到上谕:"曾国藩著充办理通商事务大臣。"钦此,二十二日,丁公日昌扶枢回粤。舟过金陵,公往吊于舟次。

十二月初二日,专奏本年轮应查阅营伍,请展缓于明年举行。又奏丹阳、金坛两县,本年仍办抵征。又奏扬军厅堤工报销。十六日,奏筹拨湖南、陕、甘军饷,分别起解,以资接济。马端敏公被戕后,凶犯张汶详即时擒获。诏派漕督张之万与将军魁玉会讯,都下言官,累疏奏请推究主谋。钦命刑部尚书郑敦谨前往金陵查讯。二十九日,郑公抵金陵。

【辛未】同治十年,公六十一岁。

正月初三日,核江苏水师续议章程。十二日,具折奏钦奉谕旨筹议海防、江防事宜一折。附片奏预筹日本通商修约章程。又折奏陈河运艰难情形,请旨饬各督抚通筹运道全局,为可久之规。附奏到任未久,请展缓文武密考一案。二十九日,公与郑公敦谨奏结张汶详行刺一案,仍照魁玉、张之万原拟罪名定拟。附片复奏犯供实无主使别情。

二月初二日,专折奏谢年终恩赏。又折奏湘、淮各军剿捻军需报销第二案。又折奏接到部议,复陈淮南盐引碍难增价情形。附片请停止场商内河盐釐。十五日,监视张汶详正法。二十四日,具折奏详议河运章程,又奏已故督臣马新贻请于本籍建祠。附报张汶详正法日期。是月,安徽建平县境有土匪起,寻捕平之。欧阳夫人病疫,逾月乃愈。

三月初六日，张公之万来见公。十九日，专折奏湖南永州、宝庆二府引地未便改运粤盐，并陈明楚省引地被川盐侵占太甚，请饬部核议。又续奏采访忠义第四十三案。

四月十四日，作《江宁府学碑记》。十六日，专折奏年终密考学政声名。又折奏江宁府属田地科则尚未查清，仍办抵征。李世忠、陈国瑞在扬州舟中斗殴，江岸商民大哗。公派委瓜洲镇总兵吴家榜、候补道袁保庆查讯。是月，大学士文端公倭仁卒于位。

五月初一日，李公瀚章出都，过金陵见公，十一日，具折奏结李世忠、陈国瑞寻仇斗殴一案，请将提督李世忠即行革职，勒令回籍，交地方官严加管束；提督陈国瑞以都司降补，勒令速回原籍，不准在扬州逗留。二十日。作《湖南文征序》。

六月初二日，公携酒就饮吴公廷栋之宅。吴公僦寓金陵五年，居宅甚隘，年八十岁，足病不能行步，终日端坐一室，校书不辍。公每月必一再过访，谈论移时。公前官京师时，相与讲学之友岿然独存矣。初八日，泛舟城北玄武湖，回入秦淮，见商民稍复业，为之欣然。时奉到文宗圣训全部。十三日，专折谢恩。又代递在籍前任总督张亮基遗折。又奏采访忠义第四十四案。二十五日，作《台洲墓表》。

七月初三日，公与李公鸿章会奏派委刑部主事陈兰彬、江苏同知容闳选带聪颖子弟，前赴泰西各国肄习技艺。从前斌椿、志刚、孙家谷等奉命游历海外，亲见各国军政船政，皆视为身心性命之学，中国当师仿其意，精通其法。查照美国新立和约，拟先赴美国学习，计其程途，由东北太平洋乘坐轮船，径达美国，月余可到。已饬陈兰彬、容闳二员酌议章程，所需经费，请饬下江海关于洋税项下按年指拨，勿使缺乏。并请饬下总理衙门，将该员所议章程酌核。

八月初一日，专折奏湘、淮各军剿捻军需报销尾案。十二日，赴校场大阅江宁省城督标兵四营，绿营选练新兵五营，留防湘勇二营。十三日，登舟出省大阅。十九日，至扬州校阅盐捕二营、洋枪炮队二营、奇兵泰州泰兴三江兴化等五营、留防淮勇三营。二十一日，专折奏报查阅营伍日期。二十八日，至清江浦阅清河漕标七营，淮扬镇标九营，选练新兵一营。

九月初三日，登陆启行赴徐州。初八日，至徐州，阅徐州镇标中军营、城守营、萧县营，选练新兵二营、淮勇二营。十五日，回清江舟次。

十九日，泊金山寺。二十日，舟人丹阳，阅镇江营、淞北营、淞南营。二十二日，至常州阅常州营、孟河营、靖江营。二十六日，至常熟县阅狼山福山镇标二营、水师四营，登福山以望洋面。二十七日，诣周虞仲墓、先贤子游墓。二十八日，至苏州省城，阅抚标兵三营、太湖二营、淮勇二营。

十月初六日，至松江府阅提标八营、选练新兵二营、洋枪队三营。初七日，至上海查阅铁厂、轮船、机器。洋领事官来见。十一日，至吴淞口，阅吴淞川沙南汇等八营、外海艇船六营、内洋八团舢板五营。并阅轮船新阵铁厂造成轮船四号：曰恬吉，曰威靖，曰操江，曰测海。皆公所命名也。十三日，乘威靖船，且操且行。十五日，改登测海船回金陵署。

十一月初一日，专折奏查阅营伍事竣，开单举劾各营员弁。又奏遵筹协济畿辅赈米，

拟由江南拨解银两赴津,以便籴贷。又奏运河堤工报销。初十日,奏报奥斯马加国在沪换约事竣,金陵新修督署成。二十二日,移入署。二十九日,奏查明李世忠在籍情形。又奏派大员前赴安徽查办天长县令冯至沂自尽一案。

十二月初八日,核定江苏水师续议事宜。十六日,何公璟调任江苏巡抚,过金陵见公。二十二日,奏江苏水师续议章程二十一条。又奏采访忠义第四十五案。附片密保江宁盐巡道孙衣言可备藩臬之选。

公右目失明已两年,见者咸以静息为劝,而公昕夕孜孜,未尝倦怠。身体有不适,恒守勿药之戒。视生死之际,弥觉怡然无累。平生以宋儒义理为主,而于训诂词章二途,亦研精覃思,不遗余力。处功名之际,则师老庄之谦抑;持身型家,则尚禹、墨之俭勤。是岁为诗凡数首,为文十余篇。其自书日记,尤多痛自刻责之语。

【壬申】同治十一年,公六十二岁。

正月初二日,公访吴公廷栋宅,畅谈学业。语及邸抄倭文端公遗疏,交口称之,谓倘非自撰,不能抒写其心中所欲言。因语及昔年故交零落殆尽,黯然而别。十四日,值宣宗忌辰。公言道光三十年供职礼部,闻遗命立皇太子之信,即时驰赴淀园,恭递如意。途次闻升遐确耗,仓黄悲恸。今忽忽已二十三年,不堪回首。言已泫然。

二十三日,公病肝风动,右足麻木,良久乃复。自上年定以每日读《资治通鉴》,随笔录其大事,以备遗忘。是日已至二百二十卷,因病辍笔,犹取《宋元学案》《理学宗传》等书,披览大意,自谓身心一日不能闲也。

前河道总督苏公廷魁,亦早岁都门讲学之友也。二十六日,公闻苏公将过金陵,出城迎之,又病风动,舌蹇不能语,遂回署,旋愈。二十八日,苏公廷魁至,见公。是日,与李公瀚章会奏淮盐行楚章程一折。奏称:近年淮南销引日疲,存盐壅积,无术疏通。楚省引界,几被川鹾占尽。今欲于积重难返之后挽回一二,暂分疆界,徐图规复,俟滇黔肃清以后,仍还淮引之旧。公自肃清江面以来,首整盐政,刊定章程。各岸设招商局,各省设督销局,于瓜洲建总栈,商民称便。八年之中,征收课银凡二千万两有奇。公之在军中也,公牍私函,皆亲治之,不以假人。晚年多令幕友拟稿,公自核改而已。右目失明后,其最要者,犹不假人也。是月,作《刘忠壮公墓志》,属草稿三百余字,遂成绝笔。其日记自咸丰八年六月起,至于易箦之日,犹书前一日日记,未尝闲也。

二月初二日,公方阅案牍,握笔而病作,遂止,病旋已。初四日午后,公乃散步署西花圃,子纪泽从。公连呼足麻,扶掖回书房,端坐三刻乃薨。是日戌时也。金陵微雨,天色阴惨,忽火光烛城中,江宁、上元两县令惊出救火,卒无所见,见有红光圆如镜面,出天西南隅,良久渐微,江南士民巷哭。事闻,上震悼,辍朝三日。

奉上谕:"大学士两江总督曾国藩,学问纯粹,器识深宏,秉性忠诚,持躬清正。由翰林蒙宣宗成皇帝特达之知,洊升卿贰。咸丰年间,创立楚军,剿办粤匪,转战数省,迭著勋劳。文宗显皇帝优加擢用,补授两江总督,命为钦差大臣,督办军务。朕御极后,简任纶扉,深资倚任。东南底定,厥功最多,江宁之捷,特加恩赏给一等毅勇侯,世袭罔替,并赏

戴双眼花翎。历任兼圻,于地方利病尽心筹划。老成硕望,实为股肱心膂之臣。方冀克享遐龄,长承恩眷,兹闻溘逝,震悼良深!曾国藩著追赠太傅,照大学士例赐恤,赏银三千两治丧,由江宁藩库给发。赐祭一坛,派穆腾阿前往致祭,加恩予谥文正,入祀京师昭忠祠、贤良祠,并于湖南原籍、江宁省城建立专祠。其生平政迹事实,宣付史馆。任内一切处分,悉予开复,应得恤典,该衙门察例具奏。柩枢回籍时,著沿途地方官妥为照料。其一等侯爵,即著伊子曾纪泽承袭,毋庸带领引见。其余子孙几人,著何璟查明具奏,候朕施恩,用示笃念忠良至意。"钦此。何公璟奉旨署两江总督,驰奏胪陈勋迹一折。何公旋至江宁,哭殡受篆,驰奏查明子孙详晰复陈一折。李公瀚章、英翰公先后具疏胪陈事迹。

四月二十八日,奉上谕:"据何璟、英翰、李瀚章先后胪陈曾国藩历年勋绩,英翰、李瀚章并请于安徽、湖北省城建立专祠,又据何璟遵查该故督子孙,详晰复奏,披贤之余,弥增悼惜。曾国藩器识过人,尽瘁报国,当湘、鄂、江、皖军务棘手之际,倡练水师,矢志灭贼。虽屡经困阨,坚忍卓绝。曾不少渝,卒能万众一心,削平逋寇。功成之后,寅畏小心,始终罔懈。其荐拔贤才,如恐不及,尤得以人事君之义。忠诚克效,功德在民。允宜迭沛恩施,以彰忠荩。曾国藩著于安徽、湖北省城建立专祠,此外立功省分,并著准其一并建祠,伊次子附贡生曾纪鸿、伊孙曾广钧,均著赏给举人,准其一体会试;曾广镕著赏给员外郎,曾广铨著赏给主事,均俟及岁时,分部学习行走。何璟、英翰、李瀚章折三件,均著宣付史馆,用示眷念勋臣有加无已至意。"钦此。

公弟国潢闻讣,自长沙驰至金陵临丧,率公子纪泽、纪鸿扶柩回籍。五月二十日。公之丧抵长沙省城。六月十四日,出殡于南门外金盆岭之阳。

刘公坤一寻奏请于江西省城建祠,奉旨允准。其明年二月,李公鸿章奏天津郡绅士沈兆云等联名禀请建已故督臣专祠以资报飨一折,奉旨:"著照所请,该部知道。"钦此。

公之为学,其大纲宗,略见于所作《王船山遗书序》,而备见于《圣哲画像记》。自登第以还,于学无所不窥,九经而外,诸子百氏之书,靡不规得要领。其于《庄子》《史记》《汉书》《资治通鉴》《明史》《文献通考》《五礼通考》数种,尤笃好不厌,治之三反。平生为诗古文辞,雅不欲存稿,应手散佚,公子纪泽等料检手泽,门人李鸿裔、黎庶昌等为搜辑于知故之家,凡得诗四卷,文十二卷。其存官署者,批谕奏章凡百二十卷,政迹批牍二十四卷,书札六十卷;其存家中者,《日记》三十四卷,《尺牍》五十卷,《家书》二十八卷。皆公亲手迹也。在京师时,著有《茶余偶谈》若干卷,久佚。又为《曾氏家训长编》。其成者:《朱子小学》一卷、《冠礼长编》一卷、《历朝大事记》数卷、《藩部表》一卷,抄辑盐漕河工水利赋役成案各若干卷。余则胪列序目,未有成编。选录《十八家诗抄》三十卷。出都以后,治军临官,不废书史,著有《孟子四类编》《左氏分类事目》《礼记章句校评》《朴目杂记》《周官雅训杂记》各若干卷。选录《经史百家杂抄》,分十一类,为二十六卷。又为《古文简本》二卷,《鸣原堂论文》二卷。晚年衰病,犹日从事于经史,为《论语言仁类记》一卷,《易象类记》一卷,《通鉴大事记》未成书。又选录古诗之得闲逸意者,自陶渊明至陆放翁六家为《六家诗抄》,亦未刻成书。门人王定安辑录公所为经史评注,为《师训汇记》若干卷,又掇公平生言行,为《求阙斋弟子纪》四十卷。

同治十三年八月十三日,欧阳夫人薨。十一月初五日,公子纪泽等改葬公于善化县湘西平塘伏龙山之阳乾山巽向为茔,奉夫人枢合葬。

黎庶昌为编《年谱》,记公行事,乃书其后曰:年谱非古也,近世刊刻前贤专集,乃必为年谱一编,以考订其所作诗文之先后岁月,盖本《孟子》诵诗读书论世知人之意,固无伤于稽古之雅。国朝《阿文成公年谱》,累数十百卷,可谓至多。其所记载则奏案与其政迹为详。吾师曾文正公,盖世忠勋,薄海宗仰,身没之日,知与不知,得公楮墨者,莫不私什袭以珍之,公镂板以传之,所在风行,争以先睹为快,窃恐数十载后,流风渐远,见闻异辞,而于当日事迹原委,无资以质证,亦门人故吏之责也。不揣固陋,按据近年所睹记。粗纪其大略。自道光中叶以还,天地干戈,庙堂咨儆,二十有余年,人才之进退,寇乱之始末,洵时事得失之林,龟鉴所在。而我公所以树声建绩,光辅中兴者,或筹议稍迂,而成功甚奇;或发端至难,而取效甚远;或任人立事,为众听所骇怪,而徐服其精;或为国忘躯,受万口之诋訾,而所全实大。凡若此类,不敢忽焉。官墙美富,何敢妄云窥见?惟后世读公书者,谅亦有取于此云。